Dieter Rohrbach

Madagaskar erleben

Das umfassende Reisehandbuch zur roten Insel

5. überarbeitete und aktualisierte Auflage 2014

Mafy Bé Verlag Pfahlbronn

Druck bei Lindemann/Offenbach: www.top-buch.de
Verantwortlich für den Inhalt: Der Autor
www.madagaskar-erleben.com oder www.mafy-be-verlag.de
email: dieterrohrbach@yahoo.de

ISBN 978-3-9815772-0-4

Madagaskar erleben

Inhalt:

Vorwort zum Vorwort

Seit dem Erscheinen meines Reisehandbuches "Madagaskar erleben" sind nun fast eineinhalb Jahre ins Land gegangen, nicht nur deshalb war eine gründliche Überarbeitung nötig geworden: Einerseits trägt diese Überarbeitung den vielen Anregungen meiner Leser Rechnung, die vor allem den Umfang und das hohe Gewicht der ersten Ausgabe als nachteilig empfanden, z.T so sehr, das das Buch nicht mehr im Reisegepäck Platz fand! Daher lege ich nun eine veränderte und im Seitenumfang verringerte Ausgabe vor, deren Informationsgehalt jedoch keineswegs verringert wurde – vor allem das Schriftbild wurde verkleinert und die aus Sicht vieler Leser wenig aussagekräftigen Farbbilder wurden gestrichen. Denn im Zeitalter der globalen Informationstechnologie ist es für Jedermann ein leichtes, sich die bunte Vielfalt der roten Insel selber vorbereitend zu erschliessen, eine unübersehbare Flut hervorragender Farbaufnahmen ist in zahllosen Bilderplattformen und Portalen verfügbar!
Andererseits hat sich auch auf der roten Insel allerhand geändert, seit ich vor Jahren begonnen habe, das Buch zu schreiben: Die politische Krise, die seit dem Militärputsch des "DJ" Rajoelina ihren Anfang nahm, ist nicht beendet und hat sichtbare Spuren im Land hinterlassen. Mag die rege Bautätigkeit und der Boom des Bergbausektors und des Tourismus ein anderes Bild vermitteln – deutlichstes Zeichen für die zunehmenden Probleme sind die Buschfeuer in allen Teilen des Landes sowie das Verhalten der Kinder. Haben diese noch vor wenigen Jahren den Reisenden mit "Salut Vazáha" begrüsst, machen sie nunmehr durch Betteln nach Bonbons aus sich aufmerksam oder fordern sogar gleich Geld und legen mancherorts ein geradezu aggressives Verhalten an den Tag! Nur ein Hinweis darauf, dass es um Madagaskars Menschen und die Natur nicht zum Besten bestellt ist.
Dennoch bin und bleibe ich Optimist und gebe meiner Hoffnung Ausdruck, dass es die Madagassen schaffen werden, sich ihrer unfähigen und korrupten politischen Nomenklatur zu entledigen und die dringenden Probleme endlich selbst anzupacken. Denn nach wie vor ist Madagaskar ein geradezu unglaublich reiches Land, gesegnet mit Natur- und Bodenschätzen wie kaum ein anderes Land auf der Welt. Es bedarf nur einer Volksstimme und einer Initiative, um die Ausbeuter abzuschütteln und die Gaben der Natur endlich gerecht an die an Zahl stetig zunehmenden Menschen zu verteilen.
Von daher lade ich hiermit weiterhin dazu ein, dieses grossartige Land mit all seinen Wundern und Schattenseiten kennen zu lernen.

Pfahlbronn, im Mai 2014

Vorwort

Wo der Pfeffer wächst oder: „Salût Vazáha“

Madagaskar, in der Landessprache **Madagasikara** genannt, kaum ein Land ist gleichzeitig so bekannt wie unbekannt. Ein Widerspruch? Nun, fast jeder Deutsche kennt zumindest den Namen der „roten Insel“ (was wohl dem Lied „Wir lagen vor Madagaskar“....zu verdanken ist), aber kaum jemand weiß auf Anhieb, wo dieses Land eigentlich liegt.

Dabei ist die Inselrepublik Madagaskar mit einer Gesamtfläche von 587.041 km² und einer Küstenlinie von fast 5.000 km auf dem Globus eigentlich unübersehbar. Die viertgrößte Insel der Welt bildet dort, vor der Ostküste Afrikas, eine sehr große Landmasse. Und hat außer Gewürzen wie Pfeffer und Vanille unglaublich viel zu bieten!

Der Grund für die mangelnde Präsenz dieses Landes im Bewusstsein der Deutschen liegt wohl in der jüngeren Geschichte Madagaskars begründet: Als ehemalige Kolonie Frankreichs ist Madagaskar zunächst dem frankophonen Teil der Welt zuzurechnen (Französisch ist neben Malagasy n.w.v. Amtssprache) und wird als solcher in erster Linie von französisch sprechenden Reisenden besucht. Tatsächlich stellen Franzosen, neben Schweizern, Italienern und zunehmend auch Südafrikanern das Hauptkontingent der - zuletzt 330.000 – Besucher im Jahr.

Andererseits nimmt die Zahl der deutschen Besucher jedes Jahr zu. War Madagaskar bis vor einigen Jahren noch ein „Geheimtipp“ für Freaks und Individualreisende, ist das Land zunehmend ins Blickfeld deutscher Reiseveranstalter geraten: Die Zahl der angebotenen Pauschalangebote nimmt stetig zu, und auch in Madagaskar selber haben manche Veranstalter die Chance erkannt, die darin liegt, speziell deutschsprachigen Klienten den Zugang nach Madagaskar zu erleichtern. Sind es doch v.a. sprachliche Barrieren, die manchen Interessierten abschrecken, sich in ein frankophones Land zu begeben. Mit etwa 8.000 Besuchern pro Jahr (!) ist Madagaskar daher von uns Deutschen nicht gerade rege frequentiert!

Wer über keinerlei Französischkenntnisse verfügt, sollte sich aber keinesfalls abschrecken lassen, Madagaskar zu besuchen: Es gibt durchaus die Möglichkeit sich auf Englisch zu verständigen, welches mittlerweile in den madagassischen Schulen unterrichtet wird – und überraschenderweise scheinen sich immer mehr Madagassen für die deutsche Sprache zu interessieren und erlernen diese!
Im Übrigen gilt auch in Madagaskar, was überall gilt: Mit einem freundlichen Gesicht und ruhigem, besonnenem Aufreten öffnen sich Herzen und Türen !
Es soll nicht verschwiegen werden, dass die Madagassen den Deutschen auffallend viel Sympathie entgegenbringen: Die Gründe hierfür sind vielfältig und nicht immer von bester Provenienz: So stellt der Umstand, dass Deutschland in der Vergangenheit mehrfach Kriege gegen Frankreich geführt hat, in den Augen der Madagassen einen Pluspunkt für die Deutschen dar – die jahrzehntelange Dominanz der Franzosen und die mit der Kolonialgeschichte verbundene Unterdrückung der eigenen Kultur hat zu dieser eigenartigen Sympathie für die Deutschen mit beigetragen.

Bliebe noch anzumerken, dass die Bundesrepublik Deutschland unter ihrem damaligen Kanzler Gerhard Schröder zusammen mit der Schweiz und den USA die ersten Nationen waren, die die neue Regierung unter Marc Ravalomanana nach den Unruhen im Jahre 2001 anerkannt haben. Im öffentlichen Bewusstsein der Madagassen ist dies hängen geblieben uns trägt den Deutschen daher Dank und Anerkennung ein. (Ebenso wie die vielen grünen VW-Polizeibusse im Straßenbild von Antananarivo, welche als Spende der deutschen Regierung an die madagassische Polizei importiert wurden.)

Daneben ist die Arbeit deutscher Entwicklungsdienste seit langem bekannt und von der Bevölkerung geschätzt – schon seit vielen Jahren engagiert sich die BRD bei vielen Entwicklungsprojekten im Land.

Der **Cercle Germano-Malagasy CGM** in Antananarivo leistet außerdem seit langem eine hervorragende, nicht zu unterschätzende Arbeit bei der Vermittlung der deutschen Sprache an die Madagassen: es hat fast den Anschein, als ob sich die Madagassen mit dem Deutsch ziemlich leicht tun, obschon es ja als „schwere Sprache" gilt: zumindest hat der Verfasser einige Madagassen getroffen, die einen Grundkurs Deutsch besucht hatten und - ohne jemals tiefere Konversation mit Deutschen betrieben zu haben – über eine bemerkenswert korrekte und gewählte deutsche Grammatik verfügten!

Nach der turbulenten Amtsübernahme der neuen Regierung 2001 war das Land ohne Zweifel auf einen neuen Kurs gegangen: spätestens nach der Wiederwahl M. Ravalomananas und dem Beginn seiner 2. Amtszeit war die anfängliche Skepsis einem schier unaufhaltsamen Reformwillen gewichen.

Mit Unterstützung des IWF, der Weltbank und mehrerer Geberländer wurden und werden Straßen gebaut oder asphaltiert, Brücken instand gesetzt, viele bislang fast unzugängliche Regionen sind jetzt erreichbar, Telefone – vor Jahren noch undenkbar! - sind auch in entlegenen Siedlungen zu finden, eine neues Datenkabel von Tana nach Tulear wurde nach jahrelanger Verlegearbeit in Betrieb genommen und verbindet Madagaskar seitdem über ein Hochgeschwindigkeits-Glasfasernetz mit der übrigen Welt!

Das vom Verfall bedrohte Eisenbahnnetz wird derzeit, wenn auch langsam, wieder betriebsklar gemacht und am Flughafen in Ivato wird bereits an die Verlängergerung der Landebahn im Hinblick auf den XXL–Airbus A 380 gedacht! Das augenfälligste Bild jedoch – und gleichsam Symbol für eine bessere Zukunft Madagaskars – sind die vielen, uniformierten Schulkinder mit ihren gleichfarbigen Taschen und die unzähligen kleinen Schulen, die überall im Lande dafür sorgen, dass die **Alphabetisierung** des Landes voranschreitet und die Kinder dereinst mehr haben als ein wenig Reis mit Romazava....

Bei einem Bevölkerungswachstum von 2,8% p.a. und einer durchschnittlichen Kinderzahl von 5 (!) Kindern bei den Frauen auf dem Lande wird deutlich, dass die Madagassen ein unglaublich junges Volk sind – wer durch das Hochland fährt, bekommt streckenweise den Eindruck, dass die Region fast ausschließlich von Kindern bewohnt wird.

Bleibt also zu hoffen, dass diese jugendliche Dynamik hilft, die Krise zu überwinden, die seit 2009, als ein ehemaliger Diskjockey sich zum Präsidenten geputscht hat, das Land lähmt!

Und dazu beiträgt, Madagaskars großartiges, geschundenes, in unzählige wunderschöne

Fragmente zersplittertes Naturerbe vor dem endgültigen Untergang zu bewahren und gerade dadurch eine bessere Zukunft zu finden, als mancher Pessimist voraussagt.

Vieles ist unwiederbringlich verloren – und manches ist nur unter Mühen zu erreichen.

Wer sich als Reisender nicht scheut, auch ein wenig Mühe auf sich zu nehmen, den wird Madagaskar reich belohnen:

Mit der unübertrefflichen Vielfalt einzigartigen endemischen Lebens, mit der Freundlichkeit seiner Menschen, mit atemberaubenden Panoramen und Orten, die – wie der Photograph **Frans Lanting** befand - „aus der Zeit gefallen" sind.

Noch ein persönliches Wort zum Buch: als ich vor über zwei Jahren begann, dieses Buch zu schreiben, war mein Hauptmotiv – neben meiner Liebe zum Land! - die Tatsache, dass es praktisch keine gute Reiseliteratur in deutscher Sprache gab, die aktuell gewesen wäre.

Mag mein Versuch, Madagaskar in diesem Werk gerecht zu werden, unausgereift und allzu oft amateurhaft sein: tatsächlich bin ich Krankenpfleger von Beruf und habe weder journalistische noch publizistische Erfahrung.

Auf der anderen Seite habe ich nach bestem Vermögen recherchiert und versucht, so aktuell zu sein, wie man es in einem so wandelbaren Land wie Madagaskar nur sein kann. Insbesondere der Teil „A-Z Orte" mit den Gastronomie – und Unterkunftsempfehlungen ist dabei steten Veränderungen unterzogen worden, da sich (Qualitäts-) Standards oft rasch und dramatisch wandeln!
Abweichungen zur angetroffenen Realität bitte ich daher mit Nachsicht zu bedenken, für Hinweise und Verbesserungsvorschläge bin ich jederzeit zugänglich.

Schließlich bitte ich den Leser noch zu bedenken, dass ich dieses Buch ohne jedwede Hilfe eines Verlages in Eigenregie realisiert habe.

Danksagung

Ich möchte jenen Menschen danken, die mich unterstützt und ermutigt haben, insbesondere meiner Freundin Dagmar, die mit mir durch Wüste und Dschungel gewandert ist, um all die Informationen zusammenzutragen.

Und schliesslich mein freundschaftlichster Dank an Klaus Konnerth/Antsirabe: ohne ihn wäre dieses Buch nie fertig geworden.

Misaotra!

Pfahlbronn, im Frühjahr 2011

Hinweis: die Karten und Ortspläne im Buch sollen lediglich der groben Orientierung dienen: aus Sicht des Autors ist für den Madagaskar-Reisenden eine gute Landkarte unerlässlich. Als beispielhaft kann hier die Karte des Reise-Know-How-Verlages empfohlen werden.

Bitte beachten Sie: Die Ortsnamen sind in diesem Buch teilweise unterschiedlich wiedergegeben: Neben der madagassischen Bezeichnung sind auch die fränzösischen Namen in Gebrauch und werden ebenfalls genannt!

Madagaskar auf einen Blick

Name: Republik Madagaskar

madagassisch: **Repoblikan`i Madagasikara**
französisch: **Republique Madagascar**

Wahlspruch: „Tanindrazana, Fahafahana, Fandrosana“ (Heimat, Freiheit, Fortschritt)

Amtssprache (n): **Malagasy**, Französisch

Hauptstadt: Antananarivo (franz. Tanarivé)

Staatsform: Präsidiale Republik, momentan Militärdiktatur

Staatsoberhaupt: Präsident **Hery Rajaonarimiampania**

Regierungschef: Premier **Roger Kolo**

Einwohnerzahl: (lt. Zensus 2010) **21 Mio.**

Bevölkerungswachstum: 2,8% p.A.

Fläche: **587.041 km²**

Pro Kopf - Einkommen: 271 Euro - pro Jahr! Damit zählt Madagaskar zu den **10 ärmsten** Ländern der Erde!

Bruttoinlandsprodukt BIP (2007): 7,5 Mrd: US$

Außenhandel: V.a. **Export** von Rohstoffen und Bodenschätzen. Hauptexportprodukte sind: Vanille, Nelken, Litschi, Kaffee, Tee, Fischereiprodukte, Sisal und auch Kosmetika. An Bodenschätzen werden v.a. Edel- und Halbedelsteine, Graphit (80% des Weltbedarfs), Chromerz, Gold, Titan exportiert.

Importiert werden v.a. Konsumgüter, Nahrungsmittel, Erdölprodukte.

Währung: **Ariary (MGA)** ersetzte 2004 den bis dato gültigen **Franc Malgache (FMG).** (Achtung: Da manche Banknoten noch beide Währungen aufgedruckt haben und der alte FMG um den Faktor 5 höher war – 5000 alte Franc entsprechen 1000 Ariary - versuchen viele Händler einen höheren Gewinn einzuheimsen, indem sie den „alten“ Zahlenwert nennen, jedoch vergessen zu erwähnen, dass es sich bei der genannten Summe um alte Franc und nicht um neue Ariary handelt. Der unbedarfte Reisende zahlt so nicht selten den fünffachen Preis....in Ariary)

Bevölkerung: 98% Madagassen, die sich aus 18 unterschiedlichen Volksstämmen zusammensetzen, 2% Komorer, Franzosen, Inder und zunehmend Chinesen.

Religion: 52% animistisch, 41% Christen (18% röm.-kath., 23% Protestanten), 7% Muslime und: 0,1% Zeugen Jehovas!

Verwaltungsgliederung: Das Land ist in **6 Provinzen** gegliedert: Antananarivo (Tanarivé) Fianarantsoa, Mahajanga (Majunga), Toliara (Tuléar), Toamasina(Tamatave), Antsiranana (Diego-Suarez). Die Provinzen wiederum sind in **22 Regionen** eingeteilt, welche wiederum aus **112 Firondronano** genannten Kreisen bestehen.

Zahl der ausländischen Besucher: 300 000 (2011)

Zahl der deutschsprachigen Besucher (2011): **ca. 8000**

Klima: Bedingt durch die Lage im Ozean und die sehr unterschiedlichen Landschaften variabel: tropisch/feucht an der Ostküste, trocken und z.T sehr heiß an der Westküste, gemäßigt im Hochland, heiß im Süden. Die Nordspitze ist ebenfalls warm, teilweise trockene Landstriche wechseln hier klimatisch mit ausgesprochen feuchten Regionen ab.
Da Madagaskar auf der Südhalbkugel liegt, sind die Jahreszeiten den unseren entgegengesetzt: Der Südwinter (April bis Oktober) ist die trockene Jahreszeit, die Vegetation ist daher um diese Zeit nicht so üppig, der Südsommer (November bis Mai) die regenreichste Zeit, viele Sehenswürdigkeiten (z.B. die Flussfahrt auf dem Tsiribihina oder Wanderungen im Isalo-Gebirge) sind um diese Jahreszeit nicht oder nur sehr erschwert realisierbar!

Eigentlich ist Madagaskar zu jeder Jahresezeit bereisbar: Man muss eben die saisonalen Besonderheiten mancher Zeiten und Regionen beachten.

Reiseland Madagaskar

Warum nach Madagaskar? Allein die Einzigartigkeit der Natur sowie der besondere Umstand, dass Madagaskar die weltweit höchste **endemische Dichte** an Fauna und Flora aufweist, macht einen Besuch auf diesem Kontinent lohnenswert. Endemisch heißt, dass die damit bezeichneten Lebensformen nur hier und sonst nirgendwo zu finden sind. Dies bedeutet in Zahlen ausgedrückt, dass

- **82% aller Säugetiere,**
- **82% aller Reptilien,**
- **93% aller Palmen,**
- **80% aller Blütenpflanzen,**
- **41% aller Vogelarten,**
- **73% aller Amphibien**

Madagaskars nur hier anzutreffen sind.!

Aus dieser Einzigartigkeit erklärt sich auch, dass Madagaskars Ostteil mit seinen berühmten Regenwaldreservaten von der **UNESCO** als Weltnaturerbe unter Schutz gestellt wurden und die gesamte Insel als „Mega Diversity Area" gilt – also ein Biotop mit höchster Artendichte.

Von den genannten Arten sind insbesondere die berühmten Halbaffen, die **Lemuren** Madagaskars, auf der ganzen Welt ein Begriff, obschon diese durch zunehmende Bedrohung ihrer Lebensräume und durch Wilderei innerhalb ihres Heimatlandes einen ungewissen Überlebenskampf führen müssen.
Die drolligen Tiere, die an einigen Orten in wahren Haufen anzutreffen und zu beobachten sind, sind **die wahren Botschafter Madagaskars**. Die stets neugierigen braunen Lemuren und die ringelschwänzigen Kattas mit ihrem seltsam tanzenden Gang sorgen für unvergessliche Momente und Motive.

Hinweis: Obgleich in einigen, vorwiegend privaten Lemurenparks die Tiere gezielt mit Bananen gelockt werden, um sie vor die Kameras der Reisenden zu locken, sollten Sie davon Abstand nehmen, die Lemuren zu füttern. Es handelt sich um wilde Tiere, deren Reaktionen Sie nicht einschätzen können. Bisse gehen immer auf das Konto des Unvorsichtigen und dürfen keinesfalls den Tieren angelastet werden. Bewahren Sie also genügend Abstand und fürchten Sie sich nicht: Mit Ausnahme von Krokodilen gibt es in Madagaskar keine wirklich gefährlichen Tiere.

Aber auch die Vielfalt der Landschaften und nicht zuletzt die Freundlichkeit seiner Bewohner machen Madagaskar zu einem Reiseland, das fast keine Wünsche offen lässt.

Wandern Sie gerne in grandiosen Naturkulissen umher? Lieben Sie Trekkingabenteuer jenseits betretener Pfade? Möchten Sie einmal wissen, wie ein richtig dichter Dschungel aussieht und wie man darin vorankommt (oder auch nicht)? Wollen Sie sich an tropischen Traumstränden niederlegen, Wassersport treiben und erlesenste Meeresfrüchte zum Diner essen? Interessieren Sie sich für fremde Kulturen und Kulte? Oder sind Sie ein Freund edler bunter Steine und Mineralien? Möchten Sie einmal Buckelwalen fast „hautnah" begegnen?

Wer eine dieser Fragen mit „Ja“ beantwortet, sollte sich ernsthaft Gedanken über eine Reise auf die „rote Insel“ machen. Er wird nicht enttäuscht werden!

1. Nationalparks und Schutzgebiete

Obwohl die Infrastruktur noch weit vom Wünschenswerten entfernt ist, bedeutet Reisen in Madagaskar durchaus nicht nur Beschränkung, Komfortverzicht und Mühsal, wie dies in früheren Zeiten der Fall war. Mittlerweile hat – insbesondere natürlich im Umkreis der bekannteren Schutzgebiete und Nationalparks – eine bemerkenswerte touristische Entwicklung ihren Lauf genommen (nicht immer mit positivem Ergebnis, wie man auf St. Marie und Nosy Bé sieht), die sowohl gehobeneren wie auch einfacheren Ansprüchen genügt.

Die Verwaltung und der Ausbau der Schutzgebiete ist in den letzten Jahren deutlich vorangekommen, mittlerweile existieren fast 50 (offizielle) Schutzzonen, dazu gesellen sich noch verschiedene Meeresreservate - am bekanntesten die Westküste der **Masoala-Halbinsel** an der Bucht von Antongil mit ihren **Seekühen und Walen.**

Waren die Schutzgebiete Madagaskars bis 2009 von der staatlichen **ANGAP (L´Association Nationale pour la Gestion des Aires Protégées)** verwaltet worden, wird diese Aufgabe nun von einer amerikanischen Gesellschaft Namens **Madagascar National Parks** wahrgenommen – die Zukunft mag zeigen, ob dies ein gutes oder schlechtes Signal st!

Insgesamt stehen damit derzeit etwa 3% der Landesfläche unter Schutz, der Aktionsplan der Regierung Ravalomana sah vor, bis 2009 insgesamt 10% d. Lf. unter Schutz zu stellen. Dieses Programm wurde bereits 1990 mit Hilfe der **WWF** (World Wildlife Fund), der **UNC** (United Nations Foundation) sowie der **IDA** (International Development Organisation) angestoßen, nach Beendigung der dritten Phase des Projekts, 2003 begonnen, wurden dann insgesamt **ca. 100 Mio.US$** in den Erhalt der einzigartigen Natur Madagaskars investiert.

Angesichts der finanziellen Größenordnung manch anderer, weit fragwürdigerer Projekte, welche die internationale Staatengemeinde mitfinanziert, kann man sich über solch vergleichsweise Almosen nur wundern.

Die offiziellen Schutzgebiete werden unterteilt in

• Nationalparks	**Parc National (PN)**
• Integrale Schutzgebiete	**Réserve Naturelle Intégrale (RNI)**
• Spezialreservate	**Réserve Spéciale (RS)**

Die Nationalparks in Madagaskar

Nationalparks sind Ökoschutzgebiete und i.a.R. für Besucher gegen Eintritt geöffnet.

- **Andohahela**: 76.020 ha.,zwischen Fort Dauphin und Amboasary gelegen, interessanter Übergang vom Regenwald zur Trockenvegetation, extrem artenreich!
- **Andranomena:** 6.420 ha., ca. 30 km nördlich von Morondava an der Östküste. V.a. nachtaktive Lemuren und Reptilien lassen sich hier beobachten.
- **Andringitra-Gebirge**: 31.160 ha., ca 100 km südlich von Fianarantsoa im zentralen Hochland, 650 – 2658 Meter Höhenlage (auch Madagaskars zweithöchster Berg, der

Pic Imarivolanitra, ist hier als höchste Erhebung zu finden), mit einer faszinierenden Bergkulisse inmitten eines Granitmassivs. 14 Lemurenarten, die höchste Diversität dieser Halbaffen, wurden hier gezählt!

- **Ankarafantsika**: 135.000 ha., 78 km östlich von Mahajanga an der RN 4 zw. Tana und Antsiranana (Diego-Suarez) gelegen, mit Trockenwald, 39 Reptilienarten, 7 Lemurenarten und mehr als 100 (!) Vogelarten. Zuchtstation für die extrem bedrohte Schnabelbrustschildkröte.
- **Baie de Baly**: 57.142 ha., ca. 140 km südwestlich von Mahajanga
- **Parc National Tsingy de Bemaraha** (Südlicher Teil): 72.340 ha., eine einzigartige Landschaft aus nadelspitzen Felsen, 11 Lemurenarten, 90 Vogel – und 350 Pflanzenarten wurden hier gezählt.
- **Kirindy-Wald**: 12.200 ha., ca. 60 km nördlich vom Morondava, 40 km südlich von Belo–sur Tsiribihina gelegen, ausgesprochene Trockenwaldvegetation, trotz fast völlig fehlendem Regen unglaublich dicht, mehrere v.a. nachtaktive Lemurenarten, Reptilien, Amphibien.
- **Parc National de Isalo**: 81.540 ha., ca. 350 km nordöstlich von Tuléar an der RN 7 bei Ranohira gelegen.Trockenwälder, grandiose Landschaft aus verschiedenfarbigen Tafelbergen, durchzogen von zahlreichen Wasserläufen mit paradiesischen Bademöglichkeiten. 7 Lemurenarten, die vielleicht beste Gegend zum Wandern in Madagaskar überhaupt!
- **Kirindy-Mitea,** ca. 72.200 ha, südlich von Morondava gelegenes Schutzgebiet mit Trockenwald – und Feuchtgebietsvegetation (Mangroven). Noch im Aufbau begriffen und kaum bekannt.
- **Montagne d´Ambre**: 18.200 ha., 30 km südlich von Antsiranana (Diego Suarez) gelegen, Regen- und Bergnebelwald, bis 40m hohe Baumriesen, 7 Lemurenarten, über 1000 (!) Baumarten.
- **Mananara Nord**: 140.000 ha., 80 km nördlich von Toamasina (Tamatave) an der Ostküste gelegen.) Lemurenarten, dazu eine Schutzzone an der Küste mit Meeresschildkröten und Walbeobachtungsmöglichkeit.
- **Mantadia**: 10.500 ha., in unmittelbarer Nähe zum Perinet oder Andasibe – Reservat 30 km östlich von Moramanga an der Straße von Tana nach Toamasina gelegen.
- **Marojejy:** 60.150 ha., etwas 60 km westlich der Straße von Sambava nach Andapa an der Nordostküste. Mindestens 7 Lemurenarten, darunter der seltene Seidensifaka, regenreichstes Gebiet Madagaskars, entsprechend anstrengend und nur sportlichen und abgehärteten Naturen zu empfehlen.
- **Masoala-Halbinsel**: 230.000 ha., an der Ostküste der Masoala-Halbinsel, einzigartiger Primärwald, Heimat zahlreicher, seltenster Tierarten wie roter Vari und Madagaskar-Schlangenadler.
- **Midongy du Sud:** 192.198 ha., nahe der südl. Ostküste, 100 km westlich vom Küstenort Vangaindrano gelegen.
- **Parc National de Namoroka**: 22.227 ha., ähnlich den Tsingy von Bemaraha und Ankarana, ca.150 km südwestlich von Mahajanga
- **Parc National de Ranomafana**: im Hochland nahe Fianarantsoa, 42.601 ha., 12 Lemurenarten, seltene Schmetterlinge, Bergnebelwald mit höchster Schutzpriorität.
- **Tsimanampetsotsa**: 43.200 ha., 100 km südlich von Tuléar an der Südwestküste . V.a. Wasservögel wie Flamingos. Schwer zu erreichen!
- **Zahamena**: 73.160 ha., mehrere Lemurenarten, zahlreiche Vogelarten.
- **Zombitse-Vohibasia :** 32.000 ha großes Gebiet , etwa 190 km nordöstlich von Toliara (Tuléar) an der RN 7 gelegen, v.a. für Vogelkundler sehr interessant weil extrem artenreich!

In nahezu allen Schutzgebieten wird das Prinzip des **ökologischen Tourismus** praktiziert: Was mitgebracht wird, hat der Verursacher wieder mitzunehmen (insbesondere den Müll), Tiere und Pflanzen dürfen nicht gestört oder entnommen werden und man sollte tunlichst auf den Wegen bleiben – diese sind übrigens fast überall bemerkenswert gut ausgebaut, so dass auch weniger versierte Wanderer Schritt halten können. Darüber hinaus gelten in einigen Regionen bestimmte Tabuvorschriften, die Sie unbedingt respektieren sollten: So ist es im Bemaraha-Gebiet **fady** (also tabu), auf irgendetwas mit dem Finger zu zeigen, oder – noch schlimmer! – irgendetwas zu entfernen und mitzunehmen, und sei es auch nur ein kleiner Stein.
Da in praktisch allen Schutzgebieten und Nationalparks ortskundige und meistens auch sehr naturkundige Führer, **Guides**, anzuheuern sind, ohne die das Betreten gar nicht erlaubt und meist auch nicht ratsam ist, wird man vor Ort über die geltenden Regeln informiert.

Hinweis: In einigen Schutzgebieten geht es v.a. um das Aufspüren und Beobachten verschiedener Tierarten – der Hauptgrund für die Anreise so vieler unterschiedlicher Menschen. Dabei scheinen manche Zeitgenossen zu vergessen, dass man sich bei einer derartigen „Pirsch" nicht im Zoo oder im Disneyland befindet: Wilde Tiere sind nun mal nicht an laute Diskussionen, Geschrei, Gesang, Zigarettenrauch und andere Emissionen des modernen Menschen gewöhnt. Ruhe, eine möglichst geräuscharme Fortbewegung und Aufmerksamkeit gegenüber den Weisungen des Guides und den Tücken des Untergrundes sind hier geboten. Wenn Sie dies beherzigen, werden Sie gewiss einige der scheuen Bewohner Madagaskars im natürlichen Habitat beobachten können...

Die Integralen Schutzgebiete Madagaskars

Integrale Schutzgebiete sind streng geschützte Areale, deren Biotope möglichst unberührt bleiben sollen – daher ist Touristen das Betreten grundsätzlich untersagt!

- **Tsingy de Bemaraha** (Nördlicher Teil): 85.370 ha., Lemuren, Reptilien, Vögel
- **Betampona**: 2230 ha., 40 km nördlich von Toamasina (Tamatave). Regenwald, Orchideen, Lemuren.
- **Lokobe:** 740 ha. große Insel vor Nosy Bé, Refugium für braune und schwarze Mohrenmakis
- **Tsaratanana**: 48.600 ha, rings um den **Maromokotro**, (mit 2876m Madagaskars höchster Gipfel) gelegen, ca. 150 km südlich von Antsiranana gelegen.
- **Tsingy de Namoroka** , Teil des gleichn. Nationalparks bei Mahajanga
- **Zahamena** (südlicher Teil): 22.000 ha..

Die Spezialreservate Madagaskars

Bei den Spezialreservaten handelt es sich um Schutzzonen, die dem Erhalt bestimmter Tier– oder Pflanzenarten dienen. Diese sind z.T. für Besucher geöffnet – jedoch keineswegs immer leicht zugänglich!

- **Ambatovaky**: 60.050 ha, ca. 100 km nördlich von Tamatave (Toamasina) gelegen.
- **Ambohijanahary**: 24.400 ha. Das Schutzgebiet liegt an der Westküste an der Straße zwischen Maintirano und Tsiroanomandidy.
- **Ambohitantely:** 5.600 ha., 125 km nördlich von Antananarivo bei Ankazobe gelegen.

Das Reservat ist v.a. wegen der hier noch vorhandenen Hochlandflora und -fauna interessant.

- **Analamazoatra:** 810 ha., ca. 135 km östlich von Antananarivo an der Straße nach Tamatave gelegen, auch unter der Bezeichnung „Perinet" oder „Andasibe" bekannt. Rückzugsort für die seltenen Riesenlemuren Indri – Indri, die für ihre markerschütternden Singschreie berühmt sind.
- **Analamerana:** 42.000 ha., 60 km südlich von Antsiranana (Diego Suarez) gelegen. Rückzugsgebiet für die seltenen schwarzen Sifakas. Schwer zugängliches Reservat, am besten im 4 WD oder zu Fuß zu erkunden.
- **Anjanaharibe Sud:** 28.620 ha., 20 km westlich von Andapa an der Ostküste. Lemuren (Schwarze Seidensifakas!), Vögel. Relativ unerschlossen!
- **Ankarana:** 18.220 ha., 90 km südlich von Antsiranana, etwa 50 km nördlich von Ambilobe gelegen. Ankarana ist v.a. bekannt für seine **Tsingy**, messerscharfe Felsspitzen, die der Regen mit der Zeit aus dem Kalkgestein gewaschen hat. Einzigartige Trockenvegetation, die man eher im heißen Süden Madagaskars vermuten würde. Dazu zahlreiche Lemurenarten wie Sandfordmaki, Wieselmaki. Das Gebiet ist durchzogen von zahlreichen Höhlen, die bekannteste, die **Höhle der Fledermäuse** diente früher als Begräbnisstätte: mehrere Antakarana-Könige liegen hier bestattet. In anderen Höhlen sind außerdem – für Unerschrockene – Krokodile zu finden, die sich hier in den Schutz der Unterwelt zurückgezogen haben.
- **Bemarivo:** 13.269 ha., südlich von Mahajanga gelegen.
- **Bezaha Mahafaly:** östlich von Toliara (Tuléar) , etwas 40 km nordöstlich von Betioky im heißen Südwesten gelegen.
- **Bora:** 135.500 ha., nordöstlich von Mahajanga gelegen, speziell für seltene Vögel und Schildkröten wie die extrem bedrohte Schnabelbrustschildkröte bekannt.
- **Cap Sainte Marie:** Das Naturreservat Cap St. Marie liegt am südlichsten Zipfel Madagaskars und etwa 250 km von Taolanaro (Fort Dauphin) entfernt. Neben Krokodilen im Imonto-See gibt es hier die höchste Schildkrötendichte der Welt (nach Aussagen der Guides) V.a. die madagassische Strahlenschildkröte ist hier in großer Zahl zu finden. Das ebenfalls nahe gelegene falsche Kap „Faux Cap" bietet daneben Bademöglicheit. In dieser Gegend wurden zahlreiche Eier und Schalenreste des ausgestorbenen Elefantenfußstraußes gefunden.
- **Forêt d`Ambre,** 1.200 ha. großes Reservat direkt neben Montagne d´Ambre
- **Kalambatritra:** 28.255 ha., in der Nähe von Betroka im Süden gelegen
- **Kasijy:** 24.010 ha., etwas südlich von Mahajanga gelegen. Das Reservat ist sehr schwer zugänglich und am besten per 4 WD anzufahren und zu Fuß zu erkunden.
- **Kirindy**, 125.000 ha., zwischen Belo-sur-Tsiribihina und Morondava gelegenes Trockenwaldreservat. Zahlreiche v.a.nachtaktive Lemuren, Reptilien.
- **Mangerivola:** 11.900 ha., etwas südwestlich von Toamasina (Tamatave) gelegen.
- **Maningoza:** 9.826 ha., etwas südlich von Mahajanga gelegen.
- **Manombo:** 5.080 ha., südlich von Fianarantsoa gelegen.
- **Marotandrano:** 42.200 ha., Primärwaldgebiet östlich von Mahajanga gelegen.
- **Nosy Mangabe:** 520 ha., Insel in der Bucht von Antongil, etwa 5 km von Maroantsetra. Die Insel ist ein Rückzugsgebiet für das Fingertier Aye-aye, außerdem finden sich hier schwarze Varis und zahlreiche andere, v.a. nachtaktive Lemuren und Reptilien.
- **Pic d`Ivohibe:** 3.453 ha., südlich von Fianarantsoa in der Nähe von Ambalavao gelegen.
- **Tampoketsa-Analamaintso:** 21.742 ha., östlich von Mahajanga gelegen, hier finden sich **rote Tsingy** (was auf madagassisch soviel bedeutet wie „auf den Zehen laufen")

Private Parks

Neben den staatlichen Schutzgebieten und Nationalparks existieren in Madagaskar daneben auch einige privat betriebene Reservate, von denen hier die drei interessantesten kurz genannt werden:

- **Berenty Park,** ca. 40 km südöstlich von Taolanaro (Fort Dauphin) gelegenes Privatreservat der **Familie de Heaulme**. Wahrscheinlich der bekannteste Park in Madagaskar überhaupt, v.a. wegen seiner Kattas und der einzigartigen Vegetation berühmt. Die Familie de Heaulme ist schon seit Beginn des 20. Jh. In Madagaskar ansässig und hat in der Vergangenheit mit dazu beigetragen, den Süden Madagaskar durch die Anlage reisiger Sisalplantagen in eine Agrarwüste zu verwandeln und die einheimische Vegetation zu vernichten. Mittlerweile ist man anderen Sinnes und ist im Tourismus engagiert. Die Familie de Heaulme betreibt neben dem Park mehrere Hotels und Restaurants und gilt in Fort Dauphin als „Platzhirsch“.

- **„Madagascar Exotique“**, (auch als „Butterfly Farm“ bekanntes) Privatreservat des berühmten Biologen **André Pereyras**, ca. 150 km östlich von Antananarivo in dem Dorf **Marozevo** an der RN 2 nach Tamatave gelegen. Das Reservat bietet in einem Waldstück „hautnahe“ Begegenungen mit den (auch als Rotstirnmakis) bezeichneten braunen Lemuren und Larvensifakas. Daneben beinhaltet das Reservat in zahlreichen Gehegen und Käfigen eine unglaubliche Vielfalt von Insekten, Reptilien, Flughunden und Säugetieren wie den Tanreks, auch ein Krokodilgehege fehlt nicht! Vor allem die Vielfalt an Chamäleons ist erstaunlich: man hört, dass selbst der Zoo von San Diego (USA) voll Neid auf diese Sammlung blickt. In der Anlage wird außerdem der berühmte **Kometenschweif-Falter**, der größte Schmetterling überhaupt und einer der schönsten dazu, gezüchtet und als Präparat verkauft. (Vom Kauf ist aufgrund der in Deutschland geltenden Einfuhrbestimmungen abzuraten!)

- **Anja-Park**: 15 km südlich von Ambalavao an der RN 7 gelegenes Reservat, von der lokalen Bevölkerung initiiert und betrieben. Der Park befindet sich in einer weiten Schlucht unterhalb mächtiger Granitfelsen – zahlreiche, riesige Felsbrocken machen eine Wanderung durch den Park zu einer interessanten Wegstrecke, riesige Bäume und zahlreiche Höhlen unter den Felsen bieten einer großen Anzahl Lemuren Schutz und Nahrung. V.a. die ringelschwänzigen Kattas sind hier in nicht zu überbietender Zahl anzutreffen – über 500 (!) Exemplare drängen sich mittlerweile auf dem nur wenige Hektar großen Gelände und machen einen Besuch (in 2 Stunden hat man bereits fast alles gesehen!) zu einem „Muss“ auf der Route nach Süden. Zum Park gehört auch eine Fischzucht und – um der zunehmenden Lemurenpopulation gerecht zu werden – auch einige Schonungen, in denen fruchttragende Bäume nachgezogen werden.

2. Geographie

Als **viertgrößte Insel der Welt** mit einer Fläche von insgesamt 587.041 km² wird Madagaskar auch bisweilen **sechster Kontinent** genannt, dies weniger seiner Größe wegen als aufgrund seiner eigenständigen Natur. So weisen lediglich die ältesten Lebensformen auf der roten Insel verwandtschaftliche Beziehungen zu Arten aus Südamerika, Afrika und Australien auf.

Rote Insel (Île Rouge) wird Madagaskar durch den hier vorherrschenden roten **Lateritboden** genannt.

Der deutsche Forscher **Alfred Wegener** hatte bereits zu Beginn des 20.Jh. seine Theorie der kontinentalen Drift, der sog. **Plattentektonik,** formuliert. Diese – längst bewiesene Theorie – besagt , dass die Kontinentalplatten, welche die Umrisse unserer Kontinente bilden, in ständiger Bewegung auf der Erdkugel befindlich sind, da die Erdkruste auf dem flüssigen Erdinneren gleichsam schwimmt. Durch Konvektion und Strömungen im flüssigen Erdinneren verändert sich so das Angesicht unserer Erde - wenn auch langsam – so doch stetig.

Vor 250 Mio. Jahren, im Mittelkambrium, zerbrach der riesige Urkontinent **Gondwanaland**, welcher bis dahin die gesamten Landfläche aller heutigen Kontinente einnahm, aufgrund dieser kontinentalen Verschiebung in mehrere Teile , welche sich in verschiedene Richtungen voneinander entfernten.

Die Insel Madagaskar begann diese Drift zunächst als Anhängsel des afrikanischen und indischen (Sub-)Kontinentes, trennte sich jedoch vor ca. 160 Mio. bzw. 90 Mio. Jahren von diesen ab - und führt seitdem ein eigenständiges Dasein im indischen Ozean.

Heute erstreckt sich Madagaskar ca. 400 km von der ostafrikanischen Küste entfernt südlich des Äquators zwischen 12° und 25° südlicher Breite und 43° und 50° östlicher Länge. Die Insel ist zwischen **Cap d´Ambre** im Norden und **Cap St. Marie** im Süden genau **1580 km** lang und an ihrer breitesten Stelle **580 km** breit. Höchste Erhebungen sind der **Maromokotro** mit 2876 m im Norden im **Tsaratanana-Massiv** sowie der **Pic d ´Imarivolanitra** (früher **Pic Boby**) mit 2658 m im **Andringitra-Gebirge** im zentralen Hochland. Im Süden, bei Toliara (Tuléar) durchzieht der Wendekreis des Steinbocks die Insel – damit gehört der überwiegende Anteil des Landes zu den Tropen!

Dem madagassischen Festland vorgelagert sind eine ganze Reihe von Inseln: In direkter Nähe, etwa 10 km vor der Ostküste liegt die **Ile St. Marie** (Nosy Boraha), vor der Nordwestküste findet man die bekannte „Ferieninsel" **Nosy Bé**. Einige hundert Kilometer nördlich liegt die Inselgruppe der **Komoren** mit der Hauptinsel **Mayotte** und dem **Moroni–Atoll**. Etwa 1000 km östlich finden sich die Inselgruppe der **Maskarenen**, von denen **Mauritius** und **Réunion** die größten und bekanntesten sind. Noch weiter entfernt - in nordöstlicher Richtung - schließlich liegen die **Seychellen**.

Das zentrale Festland von Madagaskar stellt sich als **Hochplateau** dar, welches im Osten steil aufragt und gegen Westen allmählich abfällt. In Nord-Süd-Richtung verläuft dieser Sockel bemerkenswert linear und gleichförmig. Ebenso bemerkenswert ist die fast schnurgerade verlaufende Ostküste mit ihrem charakteristischen stufenförmigen und steilen Anstieg zum zentralen Hochland: Bedingt durch diese Lage und dem Wirken der

Passatwinde und den Gewalten des Ozeans ausgesetzt, ist diese Region die bei weitem regenreichste im ganzen Land.

Im Hochland finden sich einige Gebirgsmassive, die aus besonders hartem Gestein bestehen und der Erosion länger widerstehen: Im Norden das **Tsaratanana-Gebirge**, das **Ankaratra-Massiv** südlich von Tana mit dem **Tsiafajavona (2642 m)** und das **Andringitra-Gebirge** südlich von Fianarantsoa mit dem **Pic d´Imarivolanitra (Pic Boby, 2658 m)**. In Nord-Süd-Richtung verläuft, westlich von Antananarivo, das gewaltige **Bongolava-Massiv** und weiter südlich das **Makay-Massiv**.

Erwähnenswert in diesem Zusammenhang sind noch die **Tsingy**, die man (am schönsten)in Bemahara und Ankarana vorfindet: messerscharfe Felsspitzen erstrecken sich dicht an dicht über viele Quadratkilometer und lassen die Landschaft von oben wie einen endlosen Wald aus steinernen Nadeln wirken.

Das landschaftlich reizvollste Gebirge hingegen ist nach Meinung d. Verf. das **Isalo – Gebirge** im Südwesten mit seinen einzigartigen vielfarbigen Tafelbergen.

3. Geologie

Geologisch betrachtet besteht Madagaskar im Wesentlichen aus einem mehrere Milliarden Jahre alten Grundgebirge aus **kristallinem Gneis**, verschiedenen **Quarzen** und **Glimmerschiefern**, durchzogen von gewaltigen **Granit– und Graphiteinschlüssen**. Nicht von ungefähr liefert Madagaskar ca. 80% des Weltbedarfes an **Graphit!**

An Bodenschätzen und Mineralien ist Madagaskars Erde überaus reich und gilt als der Fundort mit den weltweit vielfältigsten Mineralien :
Chrom, Bauxit, Titan, Graphit, Eisen, Nickel, Glimmer, Steinkohle und **Erdöl** lagern hier in förderwürdigen Mengen und stellen eine der bedeutendsten Ressourcen des Landes dar. Aber auch „Hochkarätiges" nämlich **Schmucksteine** aller Art, finden sich in beträchtlicher Menge und Vielfalt. Besonders berühmt ist Madagaskar für seinen Reichtum an **Quarzen** und an vielfarbigen **Turmalinen,** die früher in armdicker Größe gefunden wurden so wie **Saphire,** die man südlich von Antsiranana und bei Ilakaka südlich vom Isalo-NP in einzigartiger Qualität entdeckte.
Praktisch fast alle Schmucksteine wie **Smaragde, Rubine, Berylle, Citrine** und (angeblich) sogar **Diamanten** liegen in der roten Erde verborgen.

Unter Geologen berühmt sind auch die **Pegmatite** der Insel: Dabei handelt es sich um gewaltige granitische Schmelzzonen, die aus dem Erdinneren nach oben gedrückt wurden und sich im Lauf der Erdgeschichte nur sehr langsam abkühlten. Durch den langen Zeitraum des Abkühlungsprozesses konnten sich die verschiedenen Bestandteile der Schmelze besonders in den Bruchzonen voneinander abscheiden und sind daher in reiner, oft kristalliner Form, zu finden. Da in Madagaskar die Pegmatite oft bis an die Erboberfläche reichen, ist der Abbau von Mineralien hier besonders einfach und z.T. im Tagebau möglich.

Fast erübrigt sich der Hinweis, dass es auch beträchtliche **Goldvorkommen** gibt: Westlich von Antsirabe an der Straße nach Miandrivazo kann man den Goldschürfern im quarzreichen Flussbett bei ihrer mühseligen Arbeit zusehen, auch ein südafrikanisches Unternehmen schürft hier nach dem gelben Metall. Weitere Vorkommen liegen bei Ambatolampy und Antsiranana.

Für Mineralienliebhaber stellt Madagaskar wohl eines der lohnenswertesten Ziele überhaupt dar: Nirgendwo sonst auf der Insel (und wahrscheinlich auf der ganzen Welt) wird eine derartige Vielfalt an Mineralien und Schmucksteinen angeboten wie in **Antsirabe** – je nach Verhandlungsgeschick immer noch für verhältnismäßig kleine Münze!

Vulkanismus war auf Madagaskar in früheren Zeiten sehr stark ausgeprägt: Bei Ankaizina im Norden (südlich Diego–Suarez) fallen dem Reisenden zahlreiche, grasbewachsene und geradezu „klassisch" geformte Vulkankegel auf. Aber auch das Tsaratanana-Massiv, Montagne d´Ambre und das Ankaratra-Massiv sind vulkanischen Ursprungs, daneben finden sich zahlreiche Kraterseen und Thermalwasservorkommen. Die bekanntesten sind in Ranomafana, in Miandrivazo sowie in Ampefy, westlich von Tana. In Ampefy findet man außerdem zahlreiche Geysiere, die mit ihren angenehmen Temperaturen (selten über 40° C) beliebte Ausflugsziele der einheimischen Bevölkerung sind.

Madagaskars Erde – so reich sie auch sein mag! – ist karg: fruchtbare Böden, die eine intensive Landwirtschaft zulassen, finden sich fast nur in Regionen vulkanischen Ursprungs, die auch über ausreichende Niederschläge verfügen. Sehr häufig findet sich ein roter Lehm, auch kalkreiche Untergründe sind nicht selten. Im Hochland fallen daneben die äußerst mageren steinigen Rohböden auf, die nur sehr speziellen Pflanzen ausreichend Halt und Nahrung bieten.

Prägendstes Merkmal und zugleich namensgebend für die „Rote Insel" ist der fast allgegenwärtige blutrote **Lateritboden**, der auch dort zum Vorschein tritt, wo die dünne Ackerkrume durch Raubbau und Erosion fortgeschwemmt wird. Besonders westlich von Antsirabe, in jener eigenartig stillen Graslandschaft, fallen die **Lavaka** genannten **Erosionsnarben** auf: als ob sich eine riesige Klaue aufs Land gelegt und festgekrallt hat, sind tiefe Furchen zu erkennen. Die fruchtbare Erde wird von den Flüssen Madagaskars ins Meer gespült, an einigen Flussmündungen ist das Baden wegen des hohen Gehaltes an roten Schwebstoffen ein zweifelhaftes Vergnügen, die Flüsse (z.B. der Tsiribihina) sind z.T. auf Ihrer ganzen Länge rot gefärbt. Dieses allmähliche „Ausbluten" des Landes kann man übrigens auch vom Weltall aus sehen, Raumfahrer berichteten, es sähe aus, als ob Madagaskar blutet...

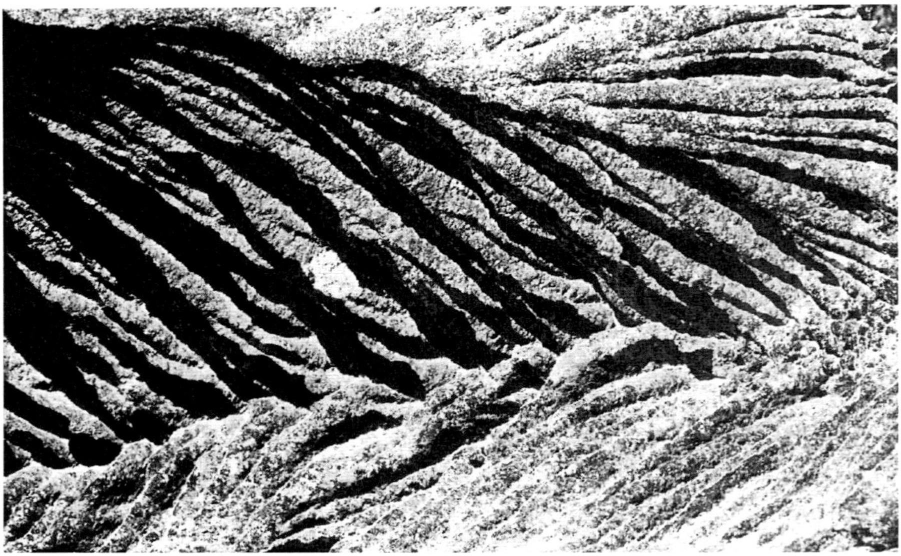

4. Flüsse und Gewässer

Obwohl viele Gegenden Madagaskars auf den ersten Blick eher trocken wirken, entpuppt sich das Land – v.a. wenn man mit dem Flugzeug darüber fliegt – als sehr wasserreich. Madagaskar ist von über **50 Flüssen** durchzogen, die in den Gebirgen ihren Ursprung haben und in alle Richtungen meerwärts fließen. Als längster Strom der Insel darf mit einer ungefähren Länge von 820 km der **Mangoky** gelten, gefolgt vom **Ikopa** mit einer Länge von ca. 660 km
.

Nicht unerwähnt bleiben sollen die v.a. touristisch sehr interessanten Flüsse **Tsiribihina** und **Betsiboka:** auf diesen Flüssen kann man abenteuerliche, mehrtägige Touren im Einbaum unternehmen, mit Camping auf Sandbänken unter einem großartigen Sternenhimmel. Ein einmaliges Erlebnis!

Eine hydraulische Besonderheit ersten Ranges ist der **Canal des Pangalanes:** Diese künstlich angelegte Wasserstraße, mit der natürliche Seen und Bäche verbunden wurden, verläuft auf einer Länge von fast **500 km** schnurgerade parallel zur Ostküste von Madagaskar. Der Kanal, früher und heute ein beliebter Schmuggelweg, nimmt seinen Ursprung bei Toamasina (Tamatáve) und endet bei Farafangana nördlich von Taolanaro (Fort Dauphin). Neben den schon erwähnten Bootsfahrten auf den Flüssen stellt eine Reise auf dem Pangalanes sicherlich einen Höhepunkt jeder Madagaskar-Reise dar!

In Madagaskar existieren darüber hinaus auch viele unterirdische Wasserläufe, von denen die bekanntesten jene im Ankarana-Gebiet sein dürften, die Ausdehnung dieses riesigen Höhlensystems kann bislang allenfalls vermutet werden.

Der bei dem Dorf Anivorano in der Nähe von Ankarana gelegene **Lac Sacre** z.B. ist Heimstatt von mehreren „heiligen“ Krokodilen, die nach den Überlieferungen der Einheimischen schon seit über 150 Jahren in dem See leben sollen. Bei meinem Besuch hatte ich in der Tat die Freude, zwei der heiligen Tiere in Augenschein nehmen zu können: Die Tiere waren nicht über 2 Meter groß und damit keinesfalls ausgewachsen! Da sich in den benachbarten Ankarana-Höhlen mit ihren Wasserläufen ebenfalls Krokodile finden, liegt die Vermutung nahe, dass hier unterirdische Verbindungen existieren.

Ein ebenso interessantes Phänomen ist der in der Nähe von Antsirabe befindliche Vulkansee **Lac Tritriva**: umgekehrt proportional zur Niederschlagsmenge steigt bzw. fällt der Spiegel des Sees, auch hier wird eine Verbindung zu anderen Gewässern vermutet.

Seen sind in Madagaskar relativ häufig, vor allem im zentralen Hochland, wo sie eine wichtige Rolle bei der Bewässerung der Felder, als Trinkwasserspeicher und Fischlieferant spielen. Wie überall auf der Welt sind die Seen – sofern erreichbar – auch in Madagaskar beliebte Ausflugsziele der Bevölkerung. Die größten und bekanntesten Seen Madagaskars sind der **Lac Itasy** südwestlich von Tana, der **Lac Alaotra** nördlich der Hauptstadt, der **Lac Kinkony**, der **Lac Ihotry** (im Westen) und der **Lac Tsimanampetsotsa** (Südwesten bzw. Süden).

Trotz dieses verhältnißmäßigen Wasserreichtums soll aber nicht verschwiegen werden, dass die Versorgung mit **Trinkwasser** nach wie vor eines der dringendsten Entwicklungsprobleme ist. Die Gründe liegen einerseits in der starken, saisonbedingten Schwankung der Wassermengen in den Flüssen: So trocknen viele Flüsse, v.a. im

Süden, in der winterlichen Trockenzeit nahezu oder völlig aus, verwandeln sich aber in der Regenzeit in reißende Fluten. Ein weiterer Grund für die Wasserknappheit ist das z.T. völlige Fehlen einer entspr. **Infrastruktur**, für den Bau von Brunnen, geschweige denn Wasserleitungen fehlt oft das nötige Geld! Wer einmal erlebt hat, welche Kostbarkeit eine 1,5l-Flasche Mineralwasser in den Augen vieler Madagassen darstellt, überdenkt vielleicht einmal seinen eigenen Umgang mit knappen Ressourcen.....

Die Nutzung der **Wasserkraft** zur Erzeugung von Energie schließlich steckt in Madagaskar noch in den Kinderschuhen: Zwar existieren in Fianarantsoa und in Ranomafana Wasserkraftwerke, aber diese sind schon recht betagt und haben allenfalls regionale Bedeutung. Ein großangelegter Plan zur Elektrifizierung des Landes mittels Wasserkraft ist derzeit nicht in Sicht – dabei wäre in einem Land wie Madagaskar der Umstieg von der allgegenwärtigen, landschaftsmordenden Holzkohle hin zu fossilen Energieträgern schon ein Fortschritt!

5. Klima

Bedingt durch seine Lage im südlichen Subäquatorialstrom herrscht auf Madagaskar überwiegend tropisches Klima.

Grundsätzlich unterscheiden wir die Trockenzeit im Südwinter (von April bis Oktober) und die Regenzeit im Südsommer (von November bis März). Allerdings lässt diese Einteilung keine sichere Einschätzung des Wetters zu, da das Klima, bedingt durch die Stärke der **Passatwinde** und des **Monsunregens**, z.T. recht variabel sein kann. Lediglich die **Niederschlagsmenge** lässt sich halbwegs genau einteilen: Liegt diese an der Ostküste bei z.T. 4000 mm, fällt sie in Richtung Südwesten kontinuierlich ab – auf z.T. weniger als 500 mm. Tatsächlich regnet es an der Ostküste praktisch jeden Tag, während ergiebige Regenfälle im Süden eine Seltenheit darstellen.
Dieses extreme Gefälle entsteht durch die feuchtigkeitsbeladenen (Südost-)Passatwinde einerseits, welche die Ostküste das ganze Jahr über mit Regen „versorgen", sich jedoch im Südwinter abregnen und im Hochland nur noch als trockene Fallwinde ankommen. Andererseits, im Südsommer, kühlen sich die Passatwinde nicht so stark ab und haben noch genug Feuchte in sich, um auch das trockene Hochland mit Regen zu versorgen.

Überdies ist Madagaskar in der Regenzeit auch dem Wirken des von der afrikanischen Küste kommenden **Nordwestmonsuns** ausgesetzt. V.a. im Norden und im Westen bringt dieser heftige Niederschläge und z.T. auch Stürme mit sich.

Wer den Norden und die Gegend um Antsiranana besucht, wundert sich über die Existenz von ausgesprochenen Trockenzonen mit entsprechender Vegetation, welche man eher im heißen Süden suchen würde. "Schuld" daran trägt das fast 3000m hohe **Tsaratanana-Gebirge**, welches manche Zonen schlichtweg „im Regenschatten" stehen lässt. Es erklärt sich fast von selbst, dass das Überleben der wachsenden Bevölkerung dadurch immer schwieriger wird und die Natur noch stärker unter Druck gerät!

Dies gilt umso mehr im heißen Süden der Insel: hier ist die ursprüngliche Vegetation durch **Brandrodung, Verköhlerung** und riesige **Sisalplantagen** bereits weitgehend zerstört und der Wasserhaushalt nachhaltig gestört: Verwüstung und Versteppung und Landflucht der Bevölkerung sind die Folge. Dies erklärt u.a. auch, dass die – früher längst nicht überall geübte – Technik der **Brandrodung (tavy)** von Waldflächen mittlerweile im ganzen Land ausgeübt wird: Die früheren Bewohner des Südens bewegen sich in einer Art Wanderfeldbau immer weiter nach Norden und verbreiten diese verderbliche Praxis überall.

Zyklone waren und sind eine der „biblischen" Plagen, welche die Insel immer wieder treffen und eine nachhaltige Entwicklung v.a. der Küstenregionen nahezu aussichtslos erscheinen lassen! Zyklone (Andernorts auch Taifun oder Hurrikan genannt) sind gewaltige tropische **Wirbelstürme**, die über den warmen Gewässern des Indischen Ozeans weit östlich von Madagaskar ihren Ursprung haben. Durch Verdunstung gewaltiger Wassermassen kommt es zu mächtigen aufwärts gerichteten Luftströmungen, welche (mit Feuchtigkeit beladen) bei Erreichen der höheren, kühleren Luftschichten kondensieren und wieder absinken. Durch die Rotation der Erde werden diese Luftmassen nun einerseits in Drehung um ein Zentrum versetzt und wandern andererseits über die Erdkugel nach Westen. Je nach Temperatur des Meereswassers und der Stärke der Sonneneinstrahlung nimmt dieser rotierende „Fahrstuhlwind" bedrohliche Ausmaße und Intensität an. Riesige Sturmfluten an den Küsten, extreme Windstärken und sintflutartige Regenfälle sind das Ergebnis: Die Windgeschwindigkeiten können weit über 200 km/h erreichen, und der Niederschlag erreicht Extremwerte von bis zu 700 mm innerhalb weniger Stunden!

Eindrucksvoll zeigte sich dem Besucher auf der Insel St. Marie, wozu ein Zyklon fähig ist. Im Frühjahr 2008 suchte der Wirbelsturm „Ivan" das kleine Eiland heim: Beim Besuch des Verfassers im Herbst 2008 waren ca. ein Drittel des Palmenbestandes entweder entwurzelt oder stark „geneigt". Unmengen Totholz lagen herum, die touristische Infrastruktur war schwer angeschlagen, viele Hotel- und Bungalowanlagen waren teilweise oder völlig zerstört. An der Ostküste, besonders in den entlegenen Regionen südlich von Farafangana werden jedes Jahr Tausende von Küstenbewohner ihrer Behausungen und ihres wenigen Besitzes beraubt, fast schon ein „Normalität".

Da die Zyklone an Intensität abnehmen, wenn sie auf eine Landmasse treffen, sollte man meinen, dass wenigstens das Landesinnere geschützt sei: dem ist aber nicht so! Die Zyklone nehmen nach Überqueren der Nordspitze Madagaskars über dem **Kanal von Mozambique** wieder an Intensität zu und treffen dann auch die Westküste und das Hochland. Die Betsileo berichten von Hochwassern, deren Ausmaß man sich als Aussenstehender kaum vorstellen kann.

Wenn - bedingt durch die zunehmende Erwärmung des Meeres! - in Zukunft mit einer Zunahme dieses Problems gerechnet werden muss, stellt sich die Frage, ob zumindest einige Küstenregionen Madagaskars in Zukunft überhaupt noch besiedelt werden können oder lediglich einer Art saisonalen Nutzung (wie die Schwemmlandgebiete am unteren Ende des Tsiribihina-Flusses) zugeführt werden können.

6. Klima - und Vegetationszonen

Wer zum ersten Mal nach Madagaskar kommt und sich eine gute Strecke im Lande bewegt hat, ist überrascht, wie viele verschiedenartige Landschaftsformen und Vegetationstypen dieser „Minikontinent" vorzuweisen hat. Obwohl die Insel – ursprünglich fast völlig bewaldet – zu mindestens 80% aus Steppe besteht, unterscheiden wir insgesamt fünf verschiedene Landschaftszonen:

1. **Das zentrale Hochland**
2. **Der Norden**
3. **Der Süden**
4. **Der Osten**
5. **Der Westen**

1. D**as zentrale Hochland** Madagaskars (franz: **„Hautes Terres"**) ist gekennzeichnet durch Berge, Hügel, Täler, Seen und viele Flüsse und unterschiedlichste Vegetationstypen. Da diese Gegend zugleich als „Reis- und Gemüsekammer" Madagaskars bekannt ist, finden sich hier – neben vielen anderen Anbauflächen – die charakteristischen **Reisterassen**, die der Gegend ein asiatisch anmutendes Gepräge geben.

Nimmt man die Hauptstadt Antananarivo als Mittelpunkt des Hochlandes an, so finden wir

- nördlich von Tana riesige, spärlich mit Gras bewachsene **Weideflächen**,
- südlich eine anmutige Hügellandschaft. Reisterassen, Felder, auf denen die unterschiedlichsten Gemüse wachsen, aber auch Getreide- ,Obst- und Weinanbau finden wir hier, Karotten, Kartoffeln, Tomaten und Möhren, alles wunderbar

schmackhaft! Saisonal bedingt werden hier auch Äpfel und **Erbeeren** angeboten! (Ich kann nur sagen, dass unsere heimischen Erdbeeren diesen Früchten fast nichts entgegen zu setzen haben). Dazwischen immer wieder Waldgebiete: In geringem Umfang Primärwaldgebiete, daneben Aufforstungsflächen mit **Eukalyptus-** und **Kiefernbäumen**. Da die Gegend sehr wasserreich ist, sind auch die Temperaturen für uns Europäer sehr angenehm und zuträglich: Um fast 10 Grad niedriger als an den Küstenregionen, liegen diese im Südsommer bei 16-27°C, im Südwinter bei 11-22°C. Allerdings sind auch rel. große Schwankungen – je nach Bewölkung und Regenlage – möglich. Insbesondere die **Nachttemperaturen** im Hochland sind überraschend niedrig: Im Südwinter erreicht das Thermometer nicht selten nachts **-5°C!** Insbesondere bei Unternehmungen im Gebirge ist auf warme Kleidung zu achten!

- Westlich ein ebenfalls hügeliges Grasland, welches sich allmählich zum Gebirgszug der **Bongolava-Berge** hin erhebt. Auch diese Landschaft ist durchzogen von zahlreichen Gewässern: Bekannt sind u.a. der **Lac Itasy**, die **Chutes de la Lily** sowie die heißen Quellen nahe **Ampefy**.

- Östlich der gewaltige **Alaotra-Graben,** der am Ende den gleichnamigen und mit 55.000ha größten See Madagaskars, den **Lac Alaotra,** aufweist. Hier stoßen wir noch auf einige Reste der ehemaligen **Primärwaldgebiete**.

2. **Der Norden** wird unterteilt von Küstenregionen und mächtigen Gebirgssockeln.Große Primärwaldgebiete, viele Seen – z.T. wie die Gegend vulkanischen Ursprungs – machen diese Region stellenweise sehr fruchtbar. Auch im Norden stellt **Reis** eines der Hauptanbauprodukte dar, daneben finden sich hier große Zuckerrohrpflanzungen. Auch wüstenähnliche Regionen, in denen man sich nach Australien versetzt fühlt, sind typisch für den Norden. Die RN 5a von Iharána´(Vohémar) nach Ambilobe führt mitten durch eine staubige, rote Wüstenei, durchsetzt mit riesigen Quarzbrocken. Bedeutende Gewässer des Nordens sind die Flüsse **Sambirano, Mahavavy** und der **Betsiboka,** dessen riesiges Mündungsdelta bei **Mahajanga** (Majunga) ins Meer fließt. Die Insel **Nosy Bé** lockt mit Traumstränden, **Ylang-Ylang**-Plantagen und einem natürlichen Regenwaldgebiet. Weiter oben, unweit der Nordspitze, öffnet sich nach der Ostküste hin die riesige, kleeblattförmige Bucht von **Antsiranana** (Diego-Suarez) mit dem **zweitgrößten Naturhafen der Welt.** Die durchnittlichen Temperaturen im Norden liegen mit 25-30°C deutlich höher als im zentralen Hochland, allerdings kommen auch hier nachts bisweilen Minusgrade vor: Im **Tsaratanana-Gebirge** wird es v.a. im Südwinter empfindlich kalt, sogar Schnee ist hier nicht selten (!), die Schutzgebiete **Montagne d´Ambre** und **Marojejy** sollte man um diese Jahreszeit nur mit entspr. Bekleidung aufsuchen!

3. **Der Süden** Madagaskars wird auch **Land der Dornenmenschen** genannt. Es ist eine **Trockensavanne** mit einzigartiger Vegetation, die dieser Gegend trotz der Trockenheit einen eigentümlichen Reiz verleiht. Riesige **Didiereaceen**, **Euphorbien** und **Pachypodien**, die man zunächst für Kakteen halten könnte, Aloe und viele andere nur hier heimische Arten machen diese Gegend zu einem Dorado für Botaniker. Tatsächlich sind viele der eigenartigen Gewächse des Südens noch gar nicht oder nur oberflächlich erforscht. Der Schweizer **Hermann Petignat** hat in seinem **„Arboretum d´Antsokay"** in der Nähe von Toliara (Tuléar) bis zu seinem Tode eine einzigartige Sammlung der endemischen Flora des heißen Südens zusammengetragen. Das Arboretum ist Besuchern zugänglich und lohnt einen Besuch! Neben den

Wüstenzonen finden sich südlich von Fianarantsoa grasige Ebenen und Steppen, waldreiche Gebirgshänge und neuerdings auch große Maisfelder. Das Klima im Süden ist ein trockenes, tropisches und in manchen Regionen mit extrem geringen Niederschlägen als Wüstenklima zu bezeichnen. Die Temperaturen liegen im Mittel bei 25–35°C, teilweise aber auch wesentlich höher! Entsprechend gering sind die Niederschläge: zwischen 300 und 800 mm liegen diese, in einigen Regionen regnet es z.T. jahrelang gar nicht! Überdies gehen diese geringen Niederschläge in der verhältnismäßig kurzen Regenzeit zwischen Dezember und Februar nieder, so dass die Region das restliche Jahr über in der Hitze brütet. Viele Gewässer sind oft monatelang trocken, lediglich in den Tälern größerer Flüsse ist ein bescheidener Feldbau möglich. Ansonsten wird die Region fast überwiegend als Weideland und für riesige Sisalplantagen genutzt.

4. **Der Osten** ist die tropisch-feuchte Heimat der **Küstenbewohner**, den traditionellen Opponenten der dominanten **Merina** des Hochlandes. Starke Niederschläge, hohe Luftfeuchtigkeit und eine geradezu verblüffende Fruchtbarkeit machen den östlichen Küstenstreifen aus: Nelken, Kokos, Vanille, Litschi, aber auch Kaffee und Kakao gedeihen hier prächtig! Regenwaldstreifen, sumpfige Niederungen und Mangrovenwälder bestimmen den Osten. Die kleine Insel St. Marie – obgleich durch zunehmenden Tourismus und den letzten großen Zyklon schwer gezeichnet - ist immer noch ein tropisches Traumparadies und kann als kleines Abbild des Ostens gelten. Nur der Fruchtbarkeit des Bodens wegen kommen die Menschen immer wieder auf ihre Parzellen zurück, trotzen den Stürmen oder bauen wieder auf, wenn diese ihnen alles genommen haben. Der Osten Madagaskars wird von den jährlich wiederkehrenden **Zyklone** durch seine Ausrichtung zu den Weiten des Indischen Ozeans natürlich am heftigsten getroffen Die Temperaturen sind mit einem Mittel von 25–35°C recht hoch, dazu kommt noch die hohe Luftfeuchtigkeit. In Toamasina (Tamatave) regnet es an ca. 240 Tagen im Jahr, weiter nördlich, in Maroantsetra an der **Bucht von Antongil**, praktisch jeden Tag! Mit jährlichen Niederschlägen von bis zu 4.000mm ist dies die regenreichste Region Madagaskars überhaupt! Allerdings dauern die Regenfälle selten lange oder erschöpfen sich in leichtem Nieselregen. Üppige Blütenpracht, exotische Früchte im Überfluss und eine reiche Tierwelt sind die Folge dieses Klimas und machen den Osten zu einem reizvollen Ziel jedes Madagaskar-Reisenden. Es muss von vorne herein gesagt werden, dass die gesamte Ostküste nur sehr schwer in einem Durchgang von Norden bis nach Süden bereist werden kann: Eine bis in den Süden küstennah verlaufende Straße gibt es zwar, aber die vielen Wasserläufe erschweren die Fahrt erheblich.

Lediglich der **Canal des Pangalanes** bietet die Möglichkeit, von Toamasina bis nach Farafangana die Ostküste rel. einfach zu bereisen: Vom offenen Meer oft nur ein paar hundert Meter entfernt, bildet diese Wasserstraße – immer parallel zur Küstenlinie verlaufend – die reizvollste durchgehende Verbindung. Eine gemächliche Reise auf dem Pangalanes zählt zu den interessantesten Unternehmungen in Madagaskar überhaupt. Entspr. Touren werden in Antananarivo und Toamasina von zahlreichen Veranstaltern angeboten. Weiterhin gibt es die Möglichkeit, sich dem Osten über die sog. **Vanilleroute** zwischen der Masoala-Halbinsel bis hinauf nach Iharána (Vohémar) zu nähern. Hier verläuft, von Antalaha ausgehend, eine gut ausgebaute Küstenstraße nach Norden, der Küste folgend.
Eine andere, äußerst reizvolle Reise zur Ostküste unternimmt man mit der **FCE** auf Schmalspurgleisen auf einer der schönsten Eisenbahnstrecken der Welt. Von

Fianarantsoa nach Manakara an der Ostküste geht die Reise

5. **Der Westen** von Madagaskar wird von Eingeweihten auch „wilder Westen" genannt. Nicht von ungefähr: Kaum eine Region ist so wenig erschlossen, hierher kommen Zivilisation (und Ordnung!) nur schwer. Nirgendwo sonst ereignen sich so viele **Viehdiebstähle** (oft mit tödlichem Ausgang!) wie hier, nirgendwo sonst in Madagaskar werden so viele Krokodile gewildert wie im Westen mit seinen Trockensavannen und Baobabwäldern. (Am Mangoky-Fluss findet sich der größte Baobab-Wald Madagaskars überhaupt!) Die ursprüngliche Vegetation ist – durch **Brandrodung** – einer Steppenlandschaft gewichen, die von **Sukkulenten** und einigen Palmenarten durchsetzt ist.

Temperaturen und Niederschlagsmengen			
Ort	Monat		
		Tagesmittel	Höchstwerte
Nosy Be	Aug./Feb.	24° - 27°C	28° - 34°C
St. Marie	Aug./Feb.	22° - 27°C	24° - 29°C
Antananarivo	Aug./Feb.	14° - 20°C	20° - 26°C
Morondava	Aug./Feb.	22° - 28°C	28° - 34°C
Toliara	Aug./Feb.	21° - 28°C	27° - 34°C

Antananarivo

	Jan	**Feb**	**Mä**	**Apr**	**Mai**	**Jun**	**Jul**	**Aug**	**Sep**	**Okt**	**No**	**Dez**
Höchstwerte	25°	26°	25°	24°	22°	21°	19°	20°	25°	25°	26°	25°
Minimalwerte	16°	16°	16°	15°	12°	10°	10°	10°	11°	12°	16°	15°
Sonnenstunden	7	7	6	8	7	7	7	8	8	9	7	7
Niederschlag(mm)	275	210	220	40	15	10	12	13	17	50	150	260

	Jan	Feb	Mä	Apr	Mai	Jun	Jul	Aug	Sep	Okt	No	Dez
Regentage	18	16	15	5	4	2	2	2	2	5	11	18

Toliara (Tuléar)

	Jan	Feb	Mär	Apr	Mai	Jun	Jul	Aug	Sept	Okt	Nov	Dez
Höchstwerte	33°	34°	34°	32°	30°	28°	27°	27°	29°	30°	31°	30°
Minimalwerte	22°	23°	21°	21°	18°	16°	15°	14°	16°	18°	18°	17°
Sonnenstunden	10	10	10	10	9	9	9	10	10	10	10	10
Niederschlag(mm)	65	60	40	8	14	13	5	4	12	15	40	60
Regentage	5	4	3	1	2	1	1	1	1	1	2	3

Meerestemperaturen

	Jan	Feb	Mär	Apr	Mai	Jun	Jul	Aug	Sept	Okt	Nov	Dez
Toliara(Tuléar	27°	27°	27°	26°	25°	24°	23°	22°	23°	24°	25°	26°
Nosy Bé	28°	28°	27°	27°	26°	25°	24°	24°	25°	25°	26°	27°

Die Westregion Madagaskars reicht von Mahajanga (Majunga) im Norden bis hinab nach Morondava an der Tsiribihina-Mündung. Das Klima ist wechselfeucht mit ausgeprägten Trockenperioden im Südwinter. Die ergiebigsten Regenfälle (bis 1500 mm) gehen in den nördlichen Regionen nieder, nach Süden hin nimmt die Niederschlagsmenge kontinuierlich ab (bis 300 mm).

Die Temperaturen im Westen liegen im Jahresdurchschnitt bei 25° - 27° C, allerdings lassen die schwankenden Niederschlagsmengen auch hier erhebliche Abweichungen zu. Von zahlreichen Wasserläufen durchzogen, bietet der Westen der Landwirtschaft ausreichende Bedingungen: Besonders im Bereich der Flüsse findet man große Flächen, die mit **Baumwolle** und **Tabak** bepflanzt sind.

Aber auch Tomaten, Zuckerrohr, Karotten und anderes sowie die allgegenwärtige Banane gedeiht.
Dazwischen finden sich **Weideflächen**, die regelmäßig abgebrannt werden, um frisches Gras nachwachsen zu lassen. Der westliche Horizont ist daher in den Monaten Oktober bis Dezember von zahllosen Rauchwolken verschleiert...

7. Naturschutz und Raubbau

Überall dort, wo der Mensch sich ausbreitet, kommt es zwangsläufig zum Widerstreit menschlicher Interessen mit der Umwelt. Wird diese im günstigsten Falle unter Schutz gestellt, so wird sie im schlimmsten Falle ausgebeutet, zerstört und für immer verändert.

Auch die Insel Madagaskar ist hier keine Ausnahme – und geradezu exemplarisch dazu: In kaum einer Weltgegend lassen sich die Folgen menschlichen Wirkens dramatischer und umfassender betrachten. Dabei sind es im Falle Madagaskars nicht einmal so sehr die Gier nach Reichtum oder die Befriedigung wirtschaftlicher Interessen, welche die Natur so stark unter Druck geraten lassen wie hier: Oft sind es schlichtweg **Traditionen**, die die Menschen dazu bringen, ein umweltschädigendes Verhalten fortzuführen, obgleich es – womöglich bessere! - Alternativen gäbe. Traditionen sind auf Madagaskar sehr stark verwurzelt, Gepflogenheiten, die den Menschen zwar eine Überschaubarkeit ihrer Welt verheißen, andererseits aber eine nachhaltige Entwicklung des Landes verhindern!

So wären die Madagassen eigentlich gut beraten, wenn sie den „Kult“ um ihre Nutzpflanze Nr.1, den **Reis,** generell in Frage stellen und sich um ertragreichere, dem Klima und dem Boden angepasstere Alternativen wie z.B. Kartoffeln bemühen würden – angesichts der fast sakralen Bedeutung dieser Nutzpflanze für die Madagassen jedoch eine Utopie!

Ebenso ist die geradezu religiöse Bedeutung des **Zeburindes** ein weiteres, tradiertes Problem: Da die Rinder – neben ihrer Funktion als Nutztier – auch als Wertanlage dienen, nimmt es nicht wunder, dass es heute mehr Rinder(ca. 20 Millionen) als Menschen auf Madagaskar gibt. Die Rinder verbrauchen riesige Flächen, die durch ihre Kargheit die Menschen dazu bringen, diesen einerseits durch Abbrennen das Letzte abzuringen, andererseits zur Erschließung weiterer Flächen – auf Kosten der Primärvegetation! - zwingen!

Als der Verfasser im Jahre 2004 zum ersten Mal nach Madagaskar reiste, befand er sich gegen 22 Uhr im Landeanflug, blickte aus dem Kabinenfenster und sah unzählige Feuer, die den gesamten Horizont durchsetzten, feurige Punkte und schlangengleiche Feuerbänder. Spätestens an diesem Punkt wurde ihm die ganze Misere schlagartig bewusst – es gibt Menschen, die meinen, es sei für Madagaskars Umwelt bereits 5 nach 12...............!

Ausgrabungen und Berichte früherer Seefahrer lassen den Schluss zu, dass Madagaskar einstmals fast völlig bewaldet war und überdies von einer eigenartigen **Megafauna** bewohnt: Der **Elefantenfußstrauß** Aepyornis, ein **Zwergflusspferd, Riesenlemuren** wie Megaladapis, **Riesenfaultiere** und andere bereits ausgestorbene Arten.
Jahrmillionen lang konnte sich auf Madagaskar, durch die isolierte Lage bedingt, eine endemische Flora und Fauna entwickeln, deren heutige Reste die Forscher ins Schwärmen geraten lassen: Die Insel gehört zu den artenreichsten Biotopen überhaupt, fast ein Viertel aller Blütenpflanzen des afrikanischen Kontinentes kommen hier vor, obgleich die Landesfläche nur 2% von ganz Afrika einnimmt.

Die Vielfalt an Orchideen ist bei weitem größer als im großen Nachbarkontinent und auch heute noch werden ständig neue Tier– und Pflanzenarten entdeckt und klassifiziert.
Obwohl der Umweltschutz in der Verfassung des Landes verankert ist, befindet sich die Praxis noch weit von den Erfordernissen entfernt. Zwar wird die Zahl der Schutzgebiete

stetig erhöht, und auch die Ausweitung der geschützten Flächen auf bis zu 10% der Landesfläche wird angestrebt.

Doch diese Maßnahmen machen nur dann Sinn, wenn die stetig wachsende Bevölkerung einerseits Alternativen zur Energiegewinnung aus **Holzkohle** und zu landschaftsschädigenden Anbaumethoden angeboten bekommt, andererseits an den Einkünften aus der touristischen Nutzung beteiligt wird.

Im Übrigen ist es in einem Land wie Madagaskar praktisch unmöglich, die Einhaltung der Umweltschutzgesetze zu kontrollieren und ggf. zu sanktionieren: Die meisten Gebiete sind viel zu entlegen und weitläufig, um überhaupt eine staatl. Kontrolle zuzulassen, ganz abgesehen vom schlichten Geldmangel!

Es wäre bereits ein Fortschritt, wenn es dem Staat gelänge, dem immer noch praktizierten **kommerziellen Raubbau** Einhalt zu gebieten: Bereits die Franzosen missbrauchten die Insel als billige Quelle von Edelhölzern und anderen Rohstoffen – bis in die späten 50er wurde hier auch Uran für das franz. Nuklearprogramm abgebaut! Heute setzt sich dieser Raubbau teils legal, teils illegal fort: Es ist ein offenes Geheimnis, dass hohe Staatsbeamte gegen Bestechung ganze Schiffsladungen illegal in den Schutzgebieten geschlagenen Edelholzes (v.a. Palisander- und Ebenholz) nach China verkaufen.

In jüngster Zeit wurde in Fort Dauphin mit dem Abbau von Titanerz in großem Stil begonnen – hier wird mit offizieller Billigung unwiederbringlicher Schaden verursacht, Tausende Hektar Primärwald werden gerodet! Und in Moramanga soll ab 2010 die weltgrößte Nickel/Kobaltmine in Betrieb gehen, bis zu 3,2 Milliarden Dollar sollen im „Ambatovy-Nickelprojekt“ investiert werden. Schon durch die „Vorarbeiten wurden “ riesige, unheilbare Schneisen und Wunden in den primären Waldbestand gerissen....

So kam es, dass heute nur noch 10% der ursprünglichen Vegetation Madagaskars überlebt haben – der Rest wanderte in die Kochfeuer, wurde ins Ausland verschifft oder musste riesigen Monokulturen von Sisal, Bananen, Kokos, Nelken usw. weichen. Pessimistischen Prognosen zufolge wird, wenn sich nichts drastisch verändert, in 25 Jahren der gesamte Waldbestand der Insel verschwunden sein – mitsamt den darin lebenden, hochspezialisierten Tieren.
Zurück wird eine versteppte, kahle Landschaft bleiben, deren Wasserhaushalt aus den Fügen gerät und die durch Erosion allmählich verwüstet und verkarstet.

Bereits jetzt lassen sich die Auswirkungen dieser Entwicklung auch auf andere Ökosysteme beobachten: Der durch Erosion fortgespülte Mutterboden wird in Form unzähliger Schwebeteilchen, die die Flüsse und ihre Mündungen rot färben, ins Meer getragen. Dort lagern sie sich auf den Korallen ab und bringen diese zum Absterben! Dies wiederum nimmt vielen Fischarten ihre Nahrungs– und Brutstätten, was einen drastischen Rückgang der Fischpopulationen zur Folge hat.

Durch weitere Eingriffe des Menschen wird dieser Lebensraum zusätzlich bedroht: 30 km südlich von Tuléar wird ein neuer Hafen für die Verschiffung von Kohle und Kalk geplant, die vorgelagerten Riffe sollen dem Vernehmen nach „unbeschädigt“ bleiben.....

Bleibt also zu hoffen, dass „Erziehung und Organisation“ die Wende bringen, wie mir ein Madagasse, der immer noch optimistisch ist, einmal sagte. Konkret heißt dies, den

Kindern frühzeitig ein Bewusstsein für die Bedeutung ihrer Umwelt zu vermitteln und sie anzuleiten, nachhaltiger mit ihrem Naturerbe umzugehen als die Generationen vor ihnen.

Ebenso wichtig wäre es auch, wenn das internationale Interesse an Madagaskar sich nicht nur an der Betrachtung der Einzigartigkeit dieses Landes erschöpft, sondern weitere, konkrete Maßnahmen verabredet und finanziert werden. Der Worl Wildlife Fund **WWF** ist bereits seit den frühen 60er Jahren in Madagaskar tätig, die deutsche Gesellschaft für Technische Zusammenarbeit **GTZ** leistet seit vielen Jahren Hilfe bei der Verbesserung der Infrastruktur des Landes – und auch die **UNESCO** hat die Ostregion mit ihren Regenwäldern zum „Weltnaturerbe“ erklärt und finanziert Schutzmaßnahmen.

Nicht zu vergessen sind auch die zahlreichen kleinen Initiativen und Unternehmen, die sich z.T. schon seit vielen Jahren mit Hingabe um einen Erhalt der Natur und ein Auskommen der Menschen bemühen:
Als Beispiele sollen genannt werden:

- der **Zoo von Zürich**, der eine „Patenschaft“ für die Masoala-Region, dem größten, zusammenhängenden Regenwald auf Madagaskar, übernommen hat. Neben Forschungsarbeit vor Ort und der Organisation und Finanzierung von Schutzmaßnahmen hat der Zoo eine neue, 11000 m² große **Masoala-Halle** eröffnet, um den Menschen hierzulande die Einzigartigkeit dieser Region nahe zu bringen.
- Dem Unternehmen **„priori“** des Ethnologen **Franz Stadelmann** in Tana. Dieses Unternehmen hat sich auf einen behutsamen und nachhaltigen Tourismus spezialisiert und versucht, die Interessen der Menschen vor Ort mit denen des Tourismus in Einklang zu bringen.
- Das Hilfsprojekt **„Zaza Faly“**. Mittlerweile als staatliches Programm **„Manda“** unter madagassischer Selbstverwaltung stehend, wird die Organisation n.w. v. von der deutschen Hilfsorganistion Zaza Faly unterstützt. Zaza Faly e.V. kümmert sich um die zahllosen Straßenkinder, die als Folge des Zerbrechens sozialer Strukturen in unbeschreibliches Elend gestoßen werden.
- Dem Unternehmen **SOLTEC** und dem **Deutsch-Madagassischen Verein Esslingen e.V**. Neben einer Ausbildungswerkstatt für ärmste Jugendliche, die der Verein betreibt, widmet sich das kooperierende Unternehmen SOLTEC der Herstellung und dem Vertrieb von Solarkochern.

Politische Stabilität ist neben den schon genannten Faktoren eine Grundvoraussetzung für den Erhalt von Madagaskars Naturerbe. Viele Mißstände der Vergangenheit konnten sich nur entwickeln und verfestigen, weil eine unfähige und zutiefst korrupte Nomenklatura sich einerseits schamlos an den Reichtümern des Landes gütlich tat, andererseits notwendige Entwicklungen vernachlässigte und das Land herunterwirtschaftete!

Die Geschichte Madagskars nach dem Ende der Kolonialzeit mag manchem als typisch afrikanisch gelten: Das Ringen um eine demokratisch gefestigte Gesellschaft ist langwierig und windungsreich! Gestalten wie Didier Ratsiraka, der jahrzehntelang, einem Chamäleon gleich, in immer neuen Gewandungen das Land „regierte“ oder der "DJ" Rajoelina, welcher derzeit das Land kaputt macht, gehören vielleicht zu den Geburtsschmerzen einer Demokratie bei einem so bitterarmen Volk, welches - weitgehend auf sich selbst gestellt - seinen Weg in die Moderne sucht. Die Ereignisse des Jahres 2009, als der gewählte Präsident durch Putschisten um Rajoelina aus dem Amt gejagt wurde, belegen dies umso schmerzlicher.

Die Regierung von M. Ravalomanana, schien bis zum Putsch 2009 eine glücklichere Hand zu haben als die bisherigen Regierungen. Selbst skeptische Geister konnten nicht übersehen, dass sich im Lande „etwas tat", man spürte allenthalben Veränderungen. V.a. international galt die Regierung als verlässlicher und vertrauenswürdiger Ansprechpartner – dass Herr Ravalomananas Sohn in Deutschland studiert hat und er als Besitzer des größten Unternehmens im Lande (Tiko Malagasy) offenbar auch ein sehr guter Geschäftsmann ist, bescherte dem Lande daher jahrelang gute Beziehungen zur Bundesrepublik. Dem ehemaligen Präsidenten Ravalomanana wurde sogar schon das Bundesverdienstkreuz verliehen. Der ehemalige Bundespräsident Horst Köhler hat 2009 das Reservat von Ankarafantsika besucht und M. Ravalomanana bei dessen Deutschlandbesuch 2006 ein Paar seltener roter Varis aus der Zucht des Kölner Zoos geschenkt.

8. Geschichte Madagaskars

Geschichtliche Daten über die menschliche Besiedelung Madagaskars sind ungenau und unvollständig, lediglich über die Entstehung des Landes und des Namens herrscht weitgehend Einigkeit.

So gilt als sicher, dass sich Madagaskar einst vom Urkontinent Gondwanaland, der vor 250 Millionen Jahren auseinanderbrach, entfernte: zunächst noch als Teil des späteren Afrikas, löste sich die Insel dann vor 160 Millionen Jahren von Afrika ab und entfernte sich auf die heutigen 400 km, welche den Kanal von Mozambique bilden.

Ebenso darf die Herkunft des Namens „Madagaskar" als sicher belegt gelten: **Marco Polo** soll die Insel im Jahr 1298 in seiner „Weltbeschreibung" erwähnt haben. Er nennt nämlich darin die Namen "Madeigascar" und "Mogelasio" – er meinte damit aber **Mogadischu**, die Hauptstadt des heutigen Somalias.

Um das Jahr 1490 schließlich verzeichnete der Kartenmacher **Martinus Behaim** aus Nürnberg eine Insel namens "Madagascar Insula" auf dem von ihm geschaffenen Erdglobus.

Mit der Zeit erhielt die Insel viele Namen: Cernea, Menuthias, Medruthis, Sherbezat, Camarcada, Kmor, Manuli, Phebol, St. Laurence, Sarandil, Ile Dauphin, zuletzt Madagascar. Dieser Name geht vermutlich auf **Araber** zurück , die bereits im 7. Jh. Stützpunkte an der Nordwestküste errichteten. Demnach wäre Madagascar die arabische Verballhornung des Namens Mogadischu , jenes Mogadischu, das auch Marco Polo meinte. Der Name wurde dann für eine Insel benutzt, die sich – nach damaliger Ansicht! – nördlich von **Zanzibar** befunden haben soll.

Da die Geschichtsschreibung der Madagassen erst rund 200 Jahre alt ist, gibt es keine schriftlichen, einheimischen Zeugnisse. Jedoch gilt als sicher, dass die Bewohner von Madagaskar den Namen seit dem 17. Jh. für ihre Heimat gebrauchen.

Frühgeschichte

Das bislang älteste Zeugnis menschlicher Präsenz sind Schnittmarken an den subfossilen Knochen eines ausgestorbenen Riesenlemuren, die sich auf ca. 300 v. Ch. datieren liessen. Die ältesten Aufzeichnungen über Madagaskar hingegen stammen von den Arabern, aus dem 7. Jh. Jedoch gilt als bewiesen, dass Madagaskar schon zuvor besiedelt gewesen sein muss. Da die Araber überwiegend **Sklavenhändler** waren, brachten sie viele verschleppte Sklaven aus Afrika – v.a. **Bantu** - nach Madagaskar, ein Grund für die einzigartige Mischkultur und die 18 verschiedenen Volksgruppen. Die Madagassen selbst sagen in ihren Überlieferungen, dass die Insel zuerst von den **Vazimba** besiedelt worden sei, einem kleinwüchsigen, dunkellhäutigem Volk unbekannten Ursprungs.
Die Vazimba werden von den Madagassen als die ältesten der Ahnen angesehen – manche Volksgruppen (Mikea) behaupten, mit den Vazimba verwandt zu sein. Es heißt außerdem, dass die Geister der Vazimba in den **Tsingy von Bemaraha** lebten, am Fluss **Manambolo**, der an den Tsingy vorüberfließt, befinden sich außerdem zahlreiche **Vazimba-Gräber**. Daher gelten in den Tsingy besondere Verhaltensmaßregeln – und es ist mittlerweile auch streng untersagt, sich den Grabstätten zu nähern. Diese befinden in

sich in Höhlen in der gewaltigen Manambolo-Schlucht unweit des Dorfes Bekopaka und sind nur vom Wasser aus erreichbar.

Die österreichische Ethnologin **Lotte Gernböck** hat zu Beginn der 60er Jahre versucht, Licht ins Dunkel der Vazimba-Mythen zu bringen. Sie überquerte damals – wohl als erste Vazaha – die wilden Bongolava-Berge westlich von Antsirabe bis zu den Schluchten des Manambolo. Sie war durch ein Gespräch mit einem hohen Staatsbeamten auf die Spur gebracht worden: Dieser hatte ihr versichert, dass mehrere Expeditionen zu den Vazimba-Gräbern unternommen worden seien. Man habe in den Gräbern am Manambolo die Gebeine von kleinwüchsigen, ca. 150 cm großen Menschen gefunden. Diese Menschen seien Reisbauern gewesen, wie man aus der Untersuchung der Knochen schließen konnte. Außerdem habe man Keramik von eigentümlicher Form und Ornamentik sowie Goldmünzen portugiesischer Prägung gefunden. Die Münzen habe man auf ca. 1500 datieren können. Woher diese Menschen kamen, wisse man aber auch nicht. Lotte Gernböck jedenfalls beschloss, den Gerüchten über Vazimba, die noch isoliert in ihren eigenen Dörfern lebten, nachzugehen. Sie fand schließlich Menschen, die sich rein äußerlich nicht sehr von den Madagassen unterschieden, wenngleich es durchaus kleinwüchsigere Individuen gab. Außerdem behaupteten diese Menschen von sich selber, sie seien die Vazimba, dies erkenne man u.a. auch an den eigenartig krausen Haaren. Mag dies stimmen oder nicht, jedenfalls erklären Lotte Gernböcks Entdeckungen vielleicht, warum man Außenstehenden heute jeden Zugang zu den Vazimba-Gräbern verwehrt mit dem Hinweis, die Gräber seien entweiht worden: böse Menschen, Wissenschaftler seien da gewesen und hätten die Gebeine der Vazimba zu Forschungszwecken gestohlen, ein schreckliches Sakrileg für die Menschen am Manambolo! Keinesfalls aber schließen sie die geschichtliche Lücke, die sich zwischen dem 16.Jh. und der mutmasslich frühesten Besiedlung Madagaskars zwischen dem 3.Jh. vor und 5. Jh. n. Chr. auftut.

Asiatische Besiedelung: Die Archäologen gehen heute davon aus, dass in diesem Zeitraum (zwischen 300 v. Ch. und 500 n. Chr.) die ersten Siedler Madagaskars aus Südostasien auf die Insel kamen. Diese kamen im Zuge der austronesischen Expansion, die zur Besiedlung des gesamten malaiischen Archipels sowie der pazifischen Inseln bis Rapa Nui und Hawaii führte. Es hat außerdem den Anschein, als ob diese Menschen direkt, ohne Zwischenlandung auf dem afrikanischen Kontinent übers Meer nach Madagaskar kamen.

Die 1985 durchgeführte **Sarimanok–Expedition** neuseeländischer Forscher erbrachte den Beweis, dass es möglich ist, mit einfachen **Auslegerbooten** solch gewaltige Entfernungen wie die 6000 km zwischen Malaysia und Madagaskar zu überbrücken.
Als deutliche Belege für diese Theorie können die vielen Parallelen gelten, die es gibt:

- Die Praxis der **Famadihana**, der Leichenwende, die im Hochland geübt wird, ähnelt fast haargenau Riten, welche auf der Insel Celebes praktiziert wird. Ebenso ist die in Madagaskar gebräuchliche Form des Ahnenkultes ebenfalls in Südostasien beheimatet.
- Die im Hochland angewandte Technik des **Reisanbaus**, insbesondere die ausgefeilte **Terassenkultur**, wird sonst nur in Südostasien betrieben.
- Die **Architektur** der Hochland– und Küstenhäuser ähnelt sehr stark denen im malaiischen Archipel: so sind **Rundhütten**, wie sie in Afrika vorkommen, in Madagaskar praktisch unbekannt!

- Die Verwendung von **Auslegern** sowie gewisse Eigentümlichkeiten in der Konstruktion von Booten.
- Die Nutzung von **Palmenfasern** (geflochten, versponnen und gewebt) zur Herstellung von Kleidung sowie der fast völlige Verzicht auf **Leder.**
- Die Ähnlichkeit der madagassischen Sprache, dem **Malagasy,** mit Dialekten aus Java, Sumatra und Borneo.
- Man schaue außerdem in die Gesichter der **Merina**, des früheren Herrenvolkes von Madagaskar: mit ihrer honigfarbenen Haut und ihren runden Augen sehen diese ihren Verwandten aus Südostasien zum Verwechseln ähnlich!

Afrikas Einfluss: Obwohl also in der madagassischen Geschichte und Bevölkerung der südostasiatische Anteil überwiegt, hat der naheliegende afrikanische Kontinent spürbaren Einfluss auf die Kultur der großen Insel genommen. So gilt es als sicher, dass

es Bantu aus Ostafrika waren, die einst die Straße von Mosambik überquert haben.

Es war bereits von der Rolle arab. Sklavenhändler bei der „Afrikanisierung" Madagaskars die Rede, jedoch sind bereits vor dem Erscheinen der Araber Angehörige ostafrikanischer Völker übers Meer gekommen. Da sich in der madagassischen Sprache neben Wörtern überwiegend malaiischen Ursprungs auch Bantu-Wörter befinden (z.B. omby – Rind), geht man davon aus, dass diese Vermischung sehr früh, also zeitgleich oder kurz nach dem

Erscheinen asiatischer Siedler aus Madagaskar geschah. Von den Bantu stammt die Kultur des Zebus, des **Buckelrindes**. Die Bedeutung dieser Rinderrasse als kultureller Mittelpunkt des Lebens, wie es von einigen Völkern Madagaskars, insbesondere den **Bara**, praktiziert wird, ist afrikanischen Vorbildern zu ähnlich, um Zufall zu sein. Daneben sind noch andere afrikanische Einflüsse sichtbar: Die madagassische **Valiha**, die bekannte **Bambuszither**, hat ihre Wurzeln in Afrika.
Wer sich einmal etwas genauer das Aussehen und die Kleidung der Küstenbewohner, insbesondere der **Sakalava**, ansieht, dem fällt auf, dass sich v.a. die weibl. Angehörigen dieses Stammes äußerlich kaum von den Bewohnern der **Swahili-Küste** zwischen Kenia und Tanzania und Zanzibar unterscheiden. Hier wie dort praktizieren die Frauen außerdem die Sitte des persönlichen Tuches, des **lamba hoany**, den jede Frau ein Leben lang als quasi Erkennungsmerkmal trägt, in aller Regel mit einer bestimmten Symbolik und einem Wahlspruch versehen.(Daher wird dieses Kleidungsstück auch „sprichwörtliches Kleid“ genannt)

Die **Vezo** im heißen Süden Madagaskars hingegen gelten als direkte Verwandte afrikanischer Küstenbewohner – was sich am auffallendsten daran zeigt, dass die Vezo als einziges Volk Madagaskars Hochseefischerei mit kleine Segelbooten als festen Bestandteil ihrer Kultur betreiben.

Die Araber haben uns bereits seit dem 7. Jh. schriftl. Zeugnisse hinterlassen – handfeste archäologische Beweise, wie sie bei Ausgrabungen in **Mahilaka** an der Nordwestküste zutage traten, lassen sich aber erst auf das 10. Jh. datieren. Als sicher gilt, dass arabische Seefahrer bereits ab dem 7. Jh. die Gewässer nordwestlich von Madagaskar befuhren – die Insel **Unguja** (Zanzibar) war bis in jüngere Zeit hinein Bestandteil des Emirates von Oman – und spätestens um das Jahr 1000 herum Niederlassungen an der Nordwestküste gründeten. Diese Araber waren zumeist **Sklavenhändler**, die zu jener Zeit quasi das Handelsmonopol auf diese schreckliche „Ware“ inne hatten. Neben den afrikanischen Sklaven, welche sie der Kultur Madagaskars hinzufügten, haben die Araber aber auch viel eigenen und direkten Einfluss genommen: Die Angehörigen des Volksstamm der **Antaimoro**, die an der Ostküste Madagaskars leben, sind Muslime – das berühmte Papier der Antaimoro soll erfunden worden sein, um die aus Arabien mitgebrachten und durch das Alter vom Verfall bedrohten Koranabschriften zu kopieren. Auch die geheimnisvollen **Sorabe,** die heiligen Schriften der Antaimoro, eine Mischung arabischer Schriftzeichen und madagassischer Worte, welche die Heiler und Sternkundigen benutzen, gehen auf diesen Einfluss zurück. Neben der Einführung der Astrologie haben die Araber aber auch etliche Wörter, v.a. für kalendarische Daten wie Tages- und Monatsnamen, in der madagassischen Sprache hinterlassen.
Schließlich seien noch die geheimnisumwitterten **Ombiasy** genannt, jene Medizinmänner und Heilkundigen, die es auf Madagaskar immer noch gibt. Lange Zeit war ihr Wirken nur konspirativ möglich, da sie von Gesetz wegen verboten waren. Ihre bislang noch wenig erforschten Kenntnisse erstreckten sich nämlich nicht nur auf Heilung, sondern auch auf die Verwendung von **Gift** zu weniger edlen Zwecken. Diese Menschen, Angehörige verschiedener Stämme Madagaskars, haben ihre Tradition ebenfalls aus dem arabischen Kulturraum übernommen.

Königreiche und Dynastien

Madagaskar hat eine lange monarchistische Tradition: auch heute finden sich noch – wenngleich ohne ihre frühere Macht – Könige in Madagaskar: So haben z.B. die Betsileo und die Antaimoro n.w.v. ihre Monarchen, deren Einfluss bei ihren Untertanen noch heute nicht unbeträchtlich ist!

Schon um das 15.Jh. herum müssen sich in Madagaskar die ersten Königreiche etabliert haben: Zuvor waren viele kleine Stämme über die Insel verstreut, die sich oft in ständigem Streit und Kleinkrieg miteinander befanden. Da die Madagassen über keine Geschichtschreibung aus jener Zeit verfügen, bleiben als Quellen v.a. mündliche Überlieferungen und jene wenigen Artefakte, die noch aus jener Zeit erhalten sind.

Danach standen bereits im 15.Jh. die beiden großen Sakalava-Königreiche **Menabé** und **Boina** an der Westküste im ständigen Hegemonialkrieg. Die Sakalava müssen um diese Zeit bereits eine sehr fortgeschrittene Zivilisation gehabt haben, die Monarchien waren gut organisiert und verwaltet. Dies muss besonders für die miltärische Organisation gelten, da die Sakalava auch eine expansive Eroberungspolitik betrieben, die ihren Einfluss nach mehreren Kriegen gegen die Betsimisaraka zeitweilig bis an die Ostküste Madagaskars ausdehnte.

Im Süden enstand im 16. Jh. das Königreich der **Mahafaly.**

Ebenfalls im Süden begründeten zwei Dynastien der **Anosy** im 17. Jh. das Reich von Masikoro.

Die **Betsileo** des Hochlandes gründeten im 17. Jh. nicht weniger als vier eigenständige Königreiche: Isandra, Arindrano, Lalangina und Manandriana.

Bei den **Antaimoro** an der Ostküste ist immer noch der Einfluss ihres Königtums spürbar, welches nach der Überlieferung von **Sultan Ramakarano** aus Mekka gegründet wurde.

Die **Betsimisaraka** durchlebten im 18. Jh. die unruhige Vereinigung ihres Volkes unter dem Mantel nur eines Königs: Die Monarchen Ratsimilaho, Ramahasarika und Ramananao rangen um die Vorherrschaft um dieses blühende Reich. Durch seine Ausdehnung an der Ostküste vorzüglich als Handels– und Umschlagplatz geeignet, profitierten die Betsimisaraka schon früh vom Eintreffen europäischer Schiffe und Waren. Sie verfügten auch als erste Madagassen über moderne Feuerwaffen!

Die Merina-Monarchie

„Das Meer ist die Grenze meines Reisfelds"

Kein anderer Volksstamm hat die Geschichte Madagaskars bis zur Annektion durch die Franzosen als Kolonie so sehr beeinflusst wie die Merina. Als Einwanderer aus Indonesien sieht man den Angehörigen dieses Volkes seine Herkunft unzweifelhaft an.

Die Merina waren ursprünglich Reisbauern – die Technik des terassierten Anbaus als Erbe ihrer Urheimat hatten sie frühzeitig perfektioniert und sich so nach jahrhundertelanger relativer Isolation im zentralen Hochland einen Versorgungsvorteil mit dem Grundnahrungsmittel sichern können. Daraus resultierte eine starke Zunahme der Bevölkerung, was schließlich gegen Ende des 18. Jh. zu einer expansiven, imperialistischen Politik führte, in deren Folge die Merina-Königinnen und Könige 1824 ihre Herrschaft über fast ganz Madagaskar ausgedehnt hatten. Durch frühzeitige

Handelskontakte mit Europäern sicherten sich die Merina überdies einen technologischen Vorteil, insbesondere was die Einführung von Feuerwaffen anbelangt. Aber auch weniger kriegerische Dinge wurden importiert:
König **Andiranampoinimerinandriantsimitoviaminandriampanjaka,** kurz **Andrianampoinimerina** (1745-1810) führte beispielsweise neben anderen Errungenschaften europäischen Ursprungs den **Metallspaten** ein und sorgte mit Nachdruck dafür, dass seine Untertanen – wie einst der alte Fritz bei den Preussen die Kartoffel einführte – ihn auch benutzen.

Hinweis: Dies ist angesichts der Traditionsversessenheit der Madagassen und der daraus resultierenden, manchmal irrational erscheinenden Ablehnung von Verbesserungen eine erstaunliche Leistung!

Da König Andrianampoinimerina auch ein ausgezeichneter Militärstratege war und sich durch große Organisationsgabe hervortat, dauerte es nicht lange, bis die Merina unter seiner Führung und dem Wahlspruch **Ny ranomasina no valapariako** („Das Meer ist die Grenze meines Reisfeldes") die Stämme der Betsileo und der Bara unterworfen hatten und sich aufmachten, ihren Einflussbereich bis ans Meer zu erweitern. Andrianampoinimerina machte die Stadt **Analamanga** zum Zentrum seines **Imerina** genannten Reiches und nannte den Ort fortan **Antananarivo** (Stadt der Tausend), nachdem die Stadt schon zu Beginn des 17. Jh. Königsitz (Rova) des Merina-Königs **Andrianaka** gewesen war.

1810 folgte **Radama I**. seinem Vater Andrianampoinimerina auf den Thron. In seine Zeit fallen die ersten außenpolitischen Kontakte u.a. mit Großbritannien und Frankreich, die in der Folgezeit die Geschichte der Insel so sehr beeinflusst haben.

1815, nach der Niederlage Napoleon I. bei Waterloo, kam es zu einer Veränderung der Kräfteverhältnisse in Europa, was sich unmittelbar auch auf die überseeischen Einflusssphären der europäischen Großmächte auswirkte. Großbritannien strebte eine Kontrolle der Schifffahrtswege seiner **East Indian Company** an und hatte daher die Maskarenen-Inseln **Mauritius** und **Réunion** besetzt.

1827 erkannte der auf Mauritius stationierte britische Gouverneur Radama I. durch einen entsprechenden Vertrag als Souverän über Madagaskar an und Großbritannien versuchte eiligst, Frankreich auf diplomatischem Wege zu bewegen, Selbiges zu tun: ohne Zweifel aus Furcht, die Insel könne sonst womöglich zur Beute Frankreichs werden.
Radama I. erließ viele Reformen, drängte die Vormachtsstellung des **Howa** zurück und schloss mehrere Abkommen und Verträge mit den Briten, u.a. über die Ächtung und das Verbot des Sklavenhandels und ließ erstmalig protestantische **Missionare** ins Land. Außerdem erhielt das Malagasy, welches bislang keine Schriftform kannte, lateinische Buchstaben. Jedoch hatte Radamas Vater Andrianampoinimerina diese Europäisierung immer vehement abgelehnt und daher verfügt, dass nach Radamas I. Tod dessen Ehefrau den Thron besteigen solle.

Die Briten entsandten an Radama I. als Gegenleistung vertraglich garantierte Geldzahlungen, Waffen, und Militärberater.

Mit dieser Hilfe gelang es Radama I. schließlich 1822, die wehrhaften und widerspenstigen Betsimisaraka zu unterwerfen. Radama I. soll damals gesagt haben:

„Heute gehört mir die ganze Insel. Das Land hat einen Regenten!“
Radama I. starb **1828** auf einem Feldzug – allerdings gab es Gerüchte über Selbstmord oder Alkoholismus als Todesursache. Seine Nachfolge trat – nach dem Edikt des Königsvaters Andrianampoinimerina - seine Witwe **Ranavalona I.**, genannt **die Grausame**, an.

Ihre 33-jährige Herrschaft ist eine Geschichte, wie sie auch die Merowinger oder dieTudor-Herrscher in Großbritannien nicht düsterer hätten schreiben können:

Schon die Übernahme der Königswürde stand unter schrecklichen Vorzeichen: die Königin ließ zunächst einmal die Verwandten und Erben des verstorbenen Königs ermorden! Die **Howa**, der Merina-Adel, der nach Radama I. Reformen stark an Macht verloren hatte, gewann unter Ranavalona I. wieder an Einfluss, ebenso wie die Sterndeuter, Wahrsager und Medizinmänner, mit denen sich die Königin umgab. Ob Ranavalona I. nun den Einflüssen dieser „Lobby“ nachgab oder schon von vorneherein entsprechende Absichten gehegt hatte, ist unklar.

Sicher ist aber, dass Ranavalona I. die Verträge, die Großbritannien mit Radama I. geschlossen hatte, nicht mehr anerkannte. Besonders was die Sklaverei anbelangt, erreichte dieses schaurige Kapitel der Menschheitsgeschichte unter Ranavalona I. in Madagaskar einen traurigen Höhepunkt: fast 90% der Bevölkerung waren damals Sklaven!

In Ranavalonas I. Herrschaft fällt auch die erste militärische Intervention der Europäer:

1841 besetzte eine französische Streitmacht die Insel Nosy Bé - die dort herrschende Sakalava-Königin hatte die Franzosen zur Hilfe gerufen, weil sie sich lieber unter Protektion durch französische Vazáha als unter die Herrschaft der Merina stellen wollte.

1845 griffen Großbritannien und Frankreich gemeinsam Madagaskar an. Als Grund wurde der Schutz der verfolgten Landsleute angegeben.

Bis **1857** vertrieb Ranavalona I. die britischen Missionare und machte außerdem die Reformen Radama I. rückgängig. Sie erließ ein Edikt, welches die Ausübung des Christentums verbot und unter Todesstrafe stellte. („Die Bräuche der Christen sind nicht die unserer Ahnen“) Da die protestantischen Missionare in den Jahren vor Ranavalonas Herrschaft nicht untätig gewesen waren, war ein schreckliches Strafgericht die Folge: Schätzungsweise 150.000 christliche Madagassen und andere, irgendwie Verdächtige, wurden durch **Tangena,** den Giftbecher, umgebracht. Am Königspalast von **Ambohimanga** kann der Besucher noch heute das verhängnisvolle Tor durchschreiten, durch welches diejenigen gehen mussten, die die Königin „zu sich gerufen“ hatte und denen man vor dem Tor einen vergifteten Erfrischungstrunk gereicht hatte. Aber so „privilegiert“ starben nicht alle: unweit des Königspalastes von Antananarivo, dem **Rova**, steht die erste protestantische Kirche Madagaskars an einem Felsen, von dem die Königin 1857 jene hinabstoßen ließ, die dem Christentum nicht abschwören wollten, darunter **Rasalama**, die erste Märtyrerin der madagassischen Christen. In jener Kirche wird heute noch der Getöteten gedacht.

Bis etwa **1850** hatte Ranavalona I. durch ihre Politik Madagaskar in fast völlige Isolation getrieben. Jedoch gab es am Hofe auch Menschen, die weitblickender zu sein glaubten und insgeheim konspirative Kontakte pflegten. Ranavalonas I. Sohn, der potentielle Thronerbe **Radama II.**, knüpfte Verbindungen zu französischen Europäern in Antananarivo und konnte so einen informellen Kanal nach Frankreich einrichten. In einem Brief, den der junge Kronprinz heimlich an **Napoleon III**. von Frankreich richtete, ersuchte er diesen, eine Invasionsstreitmacht nach Madagaskar zu entsenden! Man muss dazu wissen, dass der junge Kronprinz vom Katholizismus beeinflusst war und offenbar von Politik nicht viel verstand. Vielleicht war er einfach nur naiv, was aber angesichts des gewalttätigen Klimas am Königshof zu glauben schwer fällt. Womöglich dachte er, die Franzosen kämen aus christlichen Motiven zur Hilfe.

Anders ist es kaum zu erklären, dass ein künftiger Monarch sein Reich einer überlegenen Großmacht quasi auf dem Servierteller anbot. Für das weitere Schicksal Madagaskars jedenfalls erwies sich insbesondere der Brief an Napoleon III. als verhängnisvoll.

1855 unterzeichnete Radama II. ebenso heimlich die sog. **Lambert-Charta**, in welcher Frankreich einem gerissenen Geschäftsmann namens **Joseph-Francois Lambert** das Recht gab, alle Bodenschätze, Wälder und ungenutzten Landflächen Madagaskars auszubeuten - gegen eine Abgabe von 10% an die Merina-Monarchie! Diese Dokumente, der Brief des Prinzen und die Lambert-Charta, wurden in der Folgezeit immer wieder von Frankreich hervorgezogen, um seine Ansprüche auf Madagaskar und die schließliche Annektion als Kolonie zu legitimieren.

1857 deckte Ranavalona I. die Verschwörung ihres Sohnes auf und verwies alle Europäer des Landes. Sie musste ihre Macht jedoch schon 1861 an ihren Sohn. abgeben – letztlich waren es die unerträglichen Zustände, Zwangsarbeit, Giftmorde, Willkür und Intrigen, die zu derartigen Spannungen in der Bevölkerung führte, dass die Königin gehen musste.

Radama II: regierte nur zwei Jahre. In diese Zeit fallen wiederum viele Reformen, was unter anderem bedeutete, dass die meisten Reformen von Radama I. wieder in Kraft gesetzt wurden. Auch schaffte der König die Zölle, die Todesstrafe sowie die Armee ab. Man kann sich diese Zeit als kurze Verschnaufpause für die Madagassen zwischen Ranavalonas I. Terrorregime und dem ungehemmten Zugriff der Europäer vorstellen. Radama II. hatte die Europäer ausdrücklich ermutigt, wieder in Madagaskar Fuß zu fassen und trieb Handel mit den Niederlassungen der Franzosen und Engländer.

Es war der **Howa**, der Merina – Adel, der nun in das Schicksal der Insel eingriff: in der Gewissheit, wie unter Radama I. wiederum alle Privilegien zu verlieren, zettelten Angehörige dieses Adels eine Verschwörung gegen den König an, in welcher der Premierminister **Rainivoninahitriniony** eine tragende Rolle spielte.

1863 war es schließlich so weit: Die Verschwörer schlugen zu und erdrosselten den König in Gegenwart seiner Gattin **Rasoherina**. In der Folge heiratete der Premierminister die Witwe des Königs, um selber an die Macht zu kommen.

Nach Rainivoninahitrinionys Tod übernahm dessen Bruder **Rainilaiarivory** das Amt des Premiers. In bester Familientradition heiratete dieser wiederum Rasoherina, die Witwe Radamas II. und seines Bruders.

Rasoherina regierte von **1863** bis **1868**. Nach ihrem Tod bestieg 1868 **Ranavalona II.** den Merina-Thron - und wurde ebenso von Premier Rainilaiarivory geehelicht. Sie wurde im

Jahre **1869** als erste Merina-Monarchin anglikanisch-protestantisch getauft. In ihre Jahre fällt auch der bislang stärkste Einfluss Großbritanniens in Madagaskar: Zeitweilig ersetzte Englisch sogar das Französisch als 2. Amtssprache.

1883 starb Ranavalona II. – nun bestieg die letzte der Merina-Monarchinnen den Thron: **Ranavalona III**. regierte von 1883 bis 1897 und wurde – so unglaublich es klingen mag! - ebenfalls von dem politischen Überlebenskünstler Rainilaiarivory geheiratet! Im Jahr ihrer Thronbesteigung, 1883, griff wiederum Frankreich in Madagaskar ein: Im ersten französisch-madagassischen Krieg, in welchem es u.a. um die ungeheure Erbschaft des Franzosen **Jean Laborde** sowie – wiederum - um die Lambert-Charta (!) ging, griffen französische Schiffe die Küstenstädte des Ostens an, schwer bewaffnete Truppen fielen auf der Insel ein. Am Ende dieses Krieges musste Madagaskar den Erben von Joseph-Francois Lambert unglaubliche 560.000 Goldfranc als Entschädigung zahlen, zudem musste Antsiranana (Diego-Suarez) an die Franzosen abgetreten werden.

Doch das Schicksal Madagaskars war schon längst entschieden worden: auf dem **Berliner Kongress** von **1878** war die Aufteilung der Kolonien unter den europäischen Großmächten erörtert und verabredet worden. Im **Helgoland-Zanzibar-Vertrag** zwischen dem deutschen Kaiserreich und Großbritannien beispielsweise, der aus der Konferenz hervorging, erhielt Großbritannien von Deutschland Zanzibar im Tausch gegen Helgoland, verbunden mit einem „Vorkaufsrecht“ auf die gesamte Tangajika-Küste für Deutschland.

1885, nach dem Ende des ersten madagassischen Krieges, erklärte Frankreich Madagaskar zum Protektorat, nachdem ihm dies auf der Kongo–Konferenz zuvor zugesprochen worden war. Diese Quasi-Inbesitznahme wurde 1890 von den Briten im Gegenzug zur französischen Akzeptanz der britischen Ansprüche auf Zanzibar anerkannt. Ein Jahrzehnt erbitterten Widerstandes der madagassischen Bevölkerung gegen die immer brutaler auftretenden Kolonialherren knüpfte sich an.

1895 erfolgte dann eine weitere Invasion französischer Truppen, welche Antananarivo einnahmen. Mehrere tausend Angehörige dieses Expeditionskorps sind bei den mörderischen Märschen von der Küste ins Hochland durch Krankheiten dahingerafft worden – aber nur 20 (!) fielen im Kampf!

Daraus lässt sich vielleicht ableiten, wie schwach und desorganisiert die Merina-Monarchie in ihren letzten Tagen war.

1896 schließlich stimmte das französische Parlament für eine Annektion. Die Merina–Monarchie wurde 1897 nach **103** Jahren abgeschafft, die königliche Familie musste nach Algerien ins Exil gehen – und Madagaskar wurde **französische Kolonie.**

Europäer auf Madagaskar: Entdecker, Eroberer, Piraten und Abenteurer

Die ersten Europäer, die sich aufmachten, mit Schiffen die damals bekannte Welt zu erforschen, waren die **Portugiesen**. Anfang des 15. Jh. revolutionierten die Portugiesen in einer Art technologischem Quantensprung die Seefahrt. Der portugiesische Adlige **Heinrich der Seefahrer** entwickelte in seiner berühmten Schifffahrtsakademie nicht nur den hochseetauglichen Schiffstyp der **Caravelle**, die mit arabischen Segeln, sog. Lateinersegeln, bestückt war und so in der Lage war, gegen den Wind zu kreuzen. Auch die Kartographie und die Navigation wurden so entscheidend weiterentwickelt, dass die

Portugiesen in dieser Zeit daran gehen konnten, nicht nur das unbekannte Afrika zu umrunden, sondern die ganze bekannte Welt zu befahren:

1434 stießen die Portugiesen erstmals über **Cap Bojador** an der Westküste Afrikas hinaus nach Süden vor.

1487 gelangte **Pedro de Covilha** als erster Europäer nach Vorderindien.

1497 verließ ein Verband aus vier Schiffen unter dem Kommando von **Vasco da Gama** Portugal, um im darauffolgenden Jahr Calicut in Indien zu erreichen.

1500 ging eine Flotte von dreizehn Schiffen unter **Pedro Alvarez de Chabral** in See, mit dem Ziel, den von da Gama entdeckten Seeweg nach Indien für Portugal zu sichern. **Diego Diaz**, Kapitän eines der Schiffe wurde im selben Jahr vor der Küste Ostafrikas in einem heftigen Sturm vom Hauptverband getrennt und sichtete als erster Europäer nachweislich die Nordküste Madagaskars. Er gab der Insel den Namen **St. Laurentius.**

1504 erlitten etwa 80 portugiesische Seeleute an der Südostküste Schiffbruch und gingen im heutigen Taolanaro (Fort Dauphin) an Land. Immerhin konnten sie sich mehr als 20 Jahre dort halten – angesichts der mörderischen Lebensbedingungen eine beachtliche Leistung. Sie wurden schließlich vom Stamm der Antanosy vertrieben oder aufgerieben.

1506 schließlich erblickte **Fernando Suarez** den riesigen Naturhafen von Antsiranana an der Nordspitze der Insel. Die Stadt trägt daher – neben ihrem madagassischen Namen – immer noch den Namen Diego-Suarez.

Nach den Portugiesen versuchten auch andere Nationen, auf Madagaskar Fuß zu fassen:

1596 ging der holländische Kapitän **Cornelis de Houtman** in der Bucht von Antongil vor Anker. Houtman begegnete den Einheimischen mit Gewalt und Verachtung und brannte mehrere Dörfer nieder, um sich Proviant zu verschaffen.

1598 kam wiederum ein Holländer, der **Admiral van Neck** und ging am selben Platz wie de Houtman vor Anker. Die Einheimischen erkannten, dass es abermals die feindseligen Vazáha waren, die schon einmal Mord und Brand über sie gebracht hatten. Sie flohen daher vor van Neck, der damit seine erhoffte Nachschubquelle verlor. Dieser wandte sich danach der Insel Mauritius zu und errichtete dort eine Niederlassung der holländischen Handelskompanie.

1642 glückte erstmals den Franzosen die Errichtung eines festen Stützpunktes in Taolanaro/Fort Dauphin. Sie konnten sich dreißig Jahre lang halten und standen mit den Einheimischen zunächst auf gutem Fuß. Auch war es in der verhältnismäßig langen Zeit des Bestehens der Kolonie zu Eheschließungen mit einheimischen Frauen vom Stamme der **Antanosy** gekommen. Dennoch nahm die Geschichte ein gewaltsames Ende:

1672 kamen – neben anderem Nachschub für die Kolonisten – auch etliche **französische Frauen** an Land. Mit verheerenden Folgen: Offenbar entschieden sich nicht weniger als 14 der ansässigen französischen Siedler, ihre madagassischen Ehefrauen zu verstoßen und sich statt dessen mit einer „ebenbürtigen" Weißen zu verheiraten. Diese Demütigung ließen sich die Einheimischen nicht gefallen: Von den 14 weißen Bräuten sollen 13 ermordet worden sein, das französische Fort wurde von den Antanosy angegriffen und nach fast 2 Jahren Belagerung durch ein Schiff der französischen ostindischen Handelskompanie evakuiert. Nur 13 Mann und eine Frau waren der Katastrophe entgangen.

1646 gingen etwa 200 Engländer bei Tuléar (Toliara) an Land und richteten ein Fort ein. Nach zwei Jahren Kämpfen, Mühsal und tropischen Krankheiten waren noch etwa 20 Mann am Leben, der Stützpunkt musste aufgegeben werden.

Allerdings versuchte Großbritannien in den folgenden zwei Jahrhunderten immer wieder, seinen Einfluss auf Madagaskar geltend zu machen, britische (Sklaven-) Händler und Kaufleute trieben steten Handel auf Madagaskar. Mitte des 19. Jh. hatten es die Briten soweit geschafft, dass Englisch zeitweilig das Französisch als zweite Amtssprache ablöste!

Die Unbeugsamkeit seiner Bewohner, die Feindseligkeit der Natur und die unglaublichen Härten des Überlebenskampfes waren letztlich der Grund, warum sich bis zum Ende des 18. Jh. keine europäische Macht dauerhaft auf Madagaskar etablieren konnte.

Dennoch gab es auf Madagaskar Europäer, die ansässig wurden: Piraten!

Piraten hatten die Insel schon früh als ideales Versteck entdeckt: weit entfernt vom Zugriff staatlicher Gewalt und nahe bei den Handelsrouten der europäischen Handelskompanien nach Westindien. Außerdem befand sich der Seeweg von Ostindien nach Arabien in Reichweite: Indien wurde zu jener Zeit von den sagenhaft reichen **Mogulkaisern** regiert, diese unterhielten rege Handelsbeziehungen zur arabischen Halbinsel.

1680 war Madagaskar auch in Europa als Schlupfwinkel z. T. berühmter **Piraten** bekannt. Insbesondere die kleine Insel Nosy Boraha (St. Marie) an der Ostküste Madagaskars, die Bucht von Antongil sowie Diego-Suarez waren von den Piraten vereinnahmt worden. Einer der berühmtesten unter ihnen war

William Kidd (1645 – 1701)

Seine Geschichte ist vielleicht eine der widersprüchlichsten – steht der Ruf des Briten doch in einem krassen Gegensatz zu seinen persönlichen Taten als Pirat.

Begonnen hatte Kidd nämlich als Piratenjäger. 1645 in Schottland geboren, wanderte er als junger Mann nach Amerika aus und machte zunächst dort ein Vermögen. Im Jahre 1695, als es in den Meeren des Ostens nur so von Piraten wimmelte, beschloss eine Interessengemeinschaft zwielichtiger britischer Politiker und Geschäftsleute, ein Kaperschiff auszurüsten und auszusenden, vorgeblich, um die Meere von den Piraten zu säubern. In Wahrheit ging es einzig darum, möglichst viel Profit aus der Beute der zu kapernden Piratenschiffe herauszuschlagen – eine verhängnisvolle Vermischung von Interessen, wie sich zeigte.
William Kidd, durch die Aussicht auf Gewinn als Kommandant dieses Unternehmens geködert und durch zwei mehrdeutig und irreführend abgefasste Sondervollmachten davon überzeugt, unter dem Schutz der Krone Englands tätig zu sein, übernahm im Dezember 1695 das Kommando der **Adventure Galley**, eines 300-Tonnen Seglers mit 34

Geschützen sowie mit Riemen für das Manövrieren bei Flaute. ("galley" – engl.: Galeere)
Das Unternehmen stand von Anfang an unter keinem guten Stern: Unerklärlicherweise verweigerte Kidds Schiff schon kurz nach dem Auslaufen einer königlichen Yacht den Salut und seine Mannschaft zeigte der Yacht, die mit einem Warnschuss den Salut einforderte, buchstäblich den Hintern! Daraufhin wurde der größte Teil von Kidds Mannschaft zum Dienst bei der Royal Navy weggepresst und die Lücken mit einem wüsten Pöbelhaufen aufgefüllt.

Nach langer, beuteloser Fahrt bis in die Gewässer Madagaskars geriet Kidd, der weniger grausam als vielmehr willensschwach und zu Fehlurteilen neigend war, in Streit mit **Commodore Thomas Warren**, Kommandant eines englischen Marineverbandes. Diesem sagte Kidd im Zorn, er werde den erstbesten Ostindienfahrer angreifen und kapern, falls man sein (in unverschämter Weise vorgebrachtes) Ersuchen um Hilfe ablehne, ihm bei der Reparatur seines beschädigten Schiffen zu helfen.

Er war also schon als höchst zweifelhafter Mann bekannt, ehe er überhaupt ein Schiff gekapert hatte. Weitere unangenehme und höchst kompromittierende Zwischenfälle mit britischen Schiffen folgten, seine Mannschaft drohte mit Meuterei, wenn nicht bald Beute gemacht würde. Ein unglücklicher Vorfall, bei dem Kidd ein aufsässiges Mitglied der Manschaft im Zorn mit einem eisenbeschlagenen Eimer erschlug, verdüsterte die Athmosphäre auf der "Adventure Galley" noch mehr und trug Kidd nach seiner späteren Festnahme neben der Anklage der Piraterie auch noch eine Mordanklage ein!

Am 14. August 1697 folgte ein missglückter Überfall auf eine Flotte maurischer Handelsschiffe. Die Schiffe wurden von einem schwerbewaffneten, britischen Ostindienfahrer, der **HMS Sceptre** unter **Kapitän Edward Barlow**, als Geleitschutz begleitet.
Die Sceptre gab mehrere Schüsse auf die Adventure Galley ab, als diese offensichtlich versuchte, ein großes maurisches Schiff zu entern.
Kidd entkam zwar – die Kunde von der marodierenden Adventure Galley jedoch verbreitet sich rasch bis nach England.

So kaperte Kidd schließlich 1698 die Schiffe **November** und **Quedah Merchant**, in der irrigen Abnahme, es handle sich um legale Prisen, also Schiffe, zu deren Aufbringung er durch seine zweideutigen Vollmachten berechtigt war. In Wahrheit hatte er sich bis dahin schon mehrerer schwerer Vergehen schuldig gemacht, entweder, ohne sich dessen bewusst zu sein - oder einfach nur unter dem Druck seiner immer brutaler und wilder werdenden Mannschaft stehend.

Zwar war er grundsätzlich berechtigt, feindliche Schiffe zu kapern – beispielsweise Piraten oder Franzosen. Die November und die Quedah Merchant jedoch segelten zwar mit französischen Geleitpässen, waren aber keine französischen Schiffe, vielmehr Handelschiffe, welche **armenischen bzw. indischen Eignern** gehörten! Durch ihre Kaperung hatte Kidd sich also eindeutig der Piraterie schuldig gemacht.

Kidd segelte mit der Adventure Galley und den beiden Beuteschiffen nach Madagaskar – auf die **Insel St. Marie**. In Ambodifotatra, dem Hafen von St. Marie, liegt die **Ile aux Forbans** und der nahe dabei liegende Friedhof, auf der die Piraten von St. Marie – es müssen mehrere Hundert gewesen sein – einst ihre Zentrale hatte.
Offenbar glaubte Kidd bis hierher immer noch, er sei Piratenjäger und kein Pirat. Er

ersuchte seine Mannschaft, vor St. Marie ankernde Piratenschiffe anzugreifen. Doch die Mannschaft lehnte dieses Ansinnen nicht nur brüsk ab – sondern lief fast komplett zu den Piraten über! Kidds Schiff, die Adventure Galley, wurde abgebrannt und versenkt, noch heute ruht ihr Wrack in einer seichten Bucht vor St. Marie.
Von den auf St. Marie ansässigen Piraten wurde Kidd verschont, obwohl er zunächst von jenen interniert und mit dem Tode bedroht worden war – fühlte und benahm er sich zunächst noch immer als Piratenjäger!
Durch Intervention eines Piratenkapitäns, der Freundschaft mit ihm gefasst hatte, wurde er aber freigelassen und obendrein - als Kapitän - reichlich an der Beute der Quedah Merchant und der November beteiligt. Dadurch sehr reich geworden, beschloss Kidd nun unklugerweise, nach Amerika zurückzukehren. Doch die britische Regierung hatte ihn längst im Visier und jagte ihn. Er versuchte zwar, sich durch Bestechung die Protektion einflussreicher Leute in New York zu erkaufen, wurde aber 1700 verhaftet und in Ketten nach England gebracht, wo man ihm wegen Piraterie und Mordes den Prozess machte. 1701 wurde er zweimal – der Strick riss beim ersten Versuch und der Delinquent fiel in den Schlamm der Themse - in London gehängt.

Matthew James Plantain

Weder über das Geburts– noch das Todesdatum dieses bemerkenswerten Mannes ist viel bekannt: Um 1690 in Chocolate Hole auf Jamaika geboren, hatte der Engländer weder Erziehung noch Bildung genossen, verfügte aber über Zielstrebigkeit und ein unbändiges, gewalttätiges Temperament. Mit 13 ging Plantain zur See, bis er 1720 durch wechselvolle Umstände inmitten der europäischen Piraten geworfen wurde, die um diese Zeit. auf Madagaskar hausten.

Plantain gelang es durch Mut, Geschick und Brutalität, bis zum Oberhaupt der Piraten aufzusteigen, aber er hatte ehrgeizigere Pläne: Er zog sich um 1725 mit riesigen Reichtümern, zahlreichen Spießgesellen und einer gewaltigen Streitmacht einheimischer Krieger in die Bucht von Antongil zurück, wo er verwirklichte, woran Benyowski später scheiterte: er rief sich zum **König von Antongil** aus, ließ sich ein märchenhaftes Schloss bauen und lebte mit seinem Harem (Sue, Molly, Kate und Peggy) im Luxus, den er aus seinen geraubten Schätzen und seinen zahlreichen Sklaven bezog.

Es war ein regelrechtes Terrorregime, das „König" James führte, seine Piratenkumpane **James Adair**, ein Schotte und der Däne **Hans Burgen** hatten ebenfalls Ihre „Reiche" erschaffen und halfen ihm dabei.
Es war die Liebe, die den Traum vom Paradies für den Tyrannen ins Wanken brachte: da ihm König Dick, ein Betsimisaraka-König, die Hand seiner Enkelin Eleonora verweigert hatte, kam es zu einem blutigen Feldzug, an welchem auf Seiten der Piratenstreitmacht auch hunderte madagassischer Krieger teilnahmen, da ihre Könige Vasallen der brutalen Piratenkönige waren.
Es gelang Plantain tatsächlich, die schöne **Eleonora Brown,** Tochter eines englischen Piraten, zu erobern: er überwand die Festungsbauten König Dicks in Masselege und ließ den König samt seinen britischen Militärratgebern über dem Feuer rösten. Obgleich die schöne Eleonora nicht mehr unberührt war und ein Kind hatte, verliebte sich Plantain in die Schöne, heiratete sie und hatte mit ihr im Lauf der Jahre vier Kinder.

Einer seiner Vasallenkönige, „Kelly" genannt, hatte den Piraten während einer entscheidenden Schlacht verraten und war zum Gegner übergelaufen, nun sah er sich

deshalb dem schrecklichen Zorn Plantains ausgesetzt: mit mehreren tausend Mann zog dieser in einem schrecklichen Gewaltmarsch von Antongil bis nach Fort Dauphin, wo sich König Kelly verschanzt hielt. Dort nahm er grausame Rache: Fort Dauphin wurde überrannt, Kelly und seine Getreuen zu Tode gefoltert.
In seiner Abwesenheit hatten sich jedoch einheimische Rebellen über sein „Königreich“ in Antongil hergemacht, weshalb er eilig wieder nach Norden „raste“ - immerhin betrug die Strecke von Fort Dauphin aus über 1000 Kilometer!!!

Zurück in Antongil zerschlug er rasch die Rebellion und verkaufte tausende Gefangene als Sklaven an die Engländer, die zu jener Zeit in der Bucht von St. Augustine einen Stützpunkt errichtet hatten.

Um das Jahr 1730 herum hat sich Plantain dann aber doch entschlossen, seinem Königreich zu entsagen und verließ die Bucht von Antongil. Es heißt, das Klima sei ihm und seiner zahlreichen Familie nicht mehr bekommen, also ließ er ein Schiff bauen und segelte mit zahlreichen Getreuen nach Malabar, wo er wieder sein Piratenleben aufnahm. Wann und unter welchen Umständen das Leben dieses Mannes endete, darüber ist leider nichts bekannt.

Aber in den Geschichten der Madagassen taucht der schreckliche Plantain bisweilen immer noch auf und lässt die Kinder vor Furcht erstarren....

Die Piratenrebublik Libertalia

Weitere prominente Vertreter der auf Madagaskar ansässigen Piraten waren u.a. **Thomas Tew, Henry Avery, Mission** und **Caraccioli**. Die Geschichte der europäischen Piraten auf Madagaskar und ihrer sagenhaften Piratenrepublik Libertalia, die in Diego-Suarez gelegen haben soll, wurde überliefert von keinem anderen als **Daniel Defoe**, dem Schöpfer des "Robinson Crusoe". Ob Defoes Darstellung als historisch glaubwürdig anzusehen ist, bleibt umstritten: Zu phantastisch erscheint uns aus heutiger Sicht, dass es unter den Piraten damals basisdemokratisch und äußerst sozial zuging. So wurden die Anführer gewählt und konnten abgesetzt werden, es gab eine Versorgungskasse mit einem genau festgelegten Schlüssel, der die Schmerzens– und Ruhegelder im Kampf verwundeter Piraten regelte! Obendrein hielten die Piraten ihre eigene Gerichtsbarkeit ab. Keine Spur also von Anarchie und Chaos – vielmehr war den Piraten jegliche Despotie und Unterdrückung verhasst, sie waren von einer unbändigen Freiheitsliebe getrieben. Wer sich die menschenunwürdigen Zustände auf den Handels- und Kriegsschiffen jener Zeit vor Augen führt, kann dies vielleicht verstehen....

Allerdings gibt es handfeste Belege dafür, dass sich die Piraten zumindest mit den Einheimischen so gut arrangierten, dass sie dauerhaft geduldet wurden: gerade an diesem Punkt waren alle anderen Versuche europäischer Inbesitznahme gescheitert!

Die Bevölkerung der kleinen Insel St. Marie (Nosy Boraha) vor der Ostküste Madagaskars hat ihren Ursprung in der Vermischung der Europäer mit den Einheimischen, früher wurden die Bewohner auch **malata** oder **zanamalata** genannt, worin sich das Wort **Mulatte** wiederfindet: Noch heute findet man in den Gesichtern der St. Mariens unter der dunklen Hautfarbe alle erdenklichen - sehr häufig europäische! - Gesichtszüge wieder. Die eigentümliche Mischkultur, die Madagaskar so sehr prägt, hat hier einen ganz besonderen Impuls erfahren.

Abenteurer und Entdecker

Nicht nur Piraten kamen – der Ruf der einzigartigen Natur der Insel hatte sich schon früh herumgesprochen. So kamen einige, um zu forschen und machten die Insel bald in der ganzen Welt bekannt.

- **Etienne Flacourt** verfasste im 17. Jh. seine „Geschichte der großen Insel Madagaskar". Als Mitglied jener Gruppe, die **1642** den ersten französischen Siedlungsversuch durchführte, hatte er Land und Leute kennengelernt. Das von ihm verwaltete Fort auf der Halbinsel Fort Dauphin trägt seither seinen Namen. Flacourt verfasste auch das **erste Wörterbuch** der madagassischen Sprache.

- **Alfred Grandidier.** Er erforschte und klassifizierte im 19. Jh. als erster Europäer eingehend die Flora und Fauna Madagaskars – viele Pflanzen und Tiere tragen seinen Namen (z.B die Baobab-Art Adansonia grandidieri und eine Chamäleonart).

- **Albert Lacroix** führte zu Beginn des 20. Jh. die ersten, umfassenden **mineralogischen Feldforschungen** auf Madagaskar durch. Die wissenschaftliche Aufarbeitung seiner Expeditionen zur roten Insel nahm mehrere Jahrzehnte in Anspruch! Sein Buch über die Mineralien Madagaskars ist heute noch als Standardwerk zu bezeichnen.

- **André Pereyras** – der französische Forscher André Pereyras ist selbst im hohen Alter immer noch mit seinen Studien auf Madagaskar beschäftigt und gilt mit als porfundester Kenner v.a. der Fauna Madagaskars. In der Nähe von Moramanga hat er sein Mandraka (Butterfly Farm) oder Madagascar Exotique genanntes Reservat gegründet, dass über eine einmalige Sammlung von Reptilien und Insekten Madagaskars verfügt.

Schließlich seien noch die **Abenteurer** genannt – ein Land wie Madagaskar lockte schon früh verwegene Glücksritter geradezu magisch an.

Graf August Maurycy von Benyowski

Im Jahre **1772** betrat erstmals der **1741** geborene ungarische Adlige und Abenteurer Benyowski madagassischen Boden: eine Reihe höchst erstaunlicher Erlebnisse und eine unglaubliche Reise durch Russland, Kamtschatka, Asien und den stillen Ozean hatte ihn hierher geführt, als er sich auf einem von ihm gekaperten Kriegsschiff befand, welches die Bucht von Antongil als Ankerplatz gewählt hatte.
In Frankreich, Benyowskis nächstem Ziel, gelang es ihm, den französischen König Ludwig XV. für einen Siedlungsversuch in jener Bucht zu gewinnen, die er zuvor erblickt hatte.
1774 kehrte Benyowski in die Bucht von Antongil zurück und gründete für Frankreich die Siedlung **Louisbourg** – das heutige Maroantsetra. Von den Einheimischen sofort akzeptiert, führte er gleich zu Beginn seines Wirkens zwei erfolgreiche Feldzüge gegen die Sakalava an, welche die Betsimisaraka, aber auch seine eigenen Handelsbeziehungen störten. Sein Unternehmen scheiterte jedoch: nicht an den Einheimischen oder tropischen Krankheiten, sondern an den Intrigen der Gouverneure und Kolonisten von Mauritius und Reúnion, deren Handelsmonopol durch Benyowski faktisch zerstört wurde. Gleichzeitig war Benyowski aber auf eben jene Leute als Nachschubquelle angewiesen: Ursache für die gemeinen Machenschaften, denen

Benyowski letztlich zum Opfer fiel.

Benyowski verhielt sich den Einheimischen gegenüber gerecht, gütig und freundlich. Seine Autorität wuchs derart, dass die Betsimisaraka ihn 1776 zum **Ampansakabé** , zum Hochkönig Ihrer Stämme ernannten. Kurz darauf wurde er aufgrund der Verleumdungen seiner Gegner nach Frankreich zurückberufen, wo er von **Benjamin Franklin** zur Teilnahme am amerikanischen Unabhängigkeitskrieg gegen die Briten überredet wurde. 1786 versuchte Benyowski abermals, mit österreichischer und amerikanischer Hilfe, auf Madagaskar Fuß zu fassen und wiederum zum Hochkönig der Betsimisaraka zu werden. Die Siedler von Réunion und Mauritius entsandten daraufhin eine bewaffnete Strafexpedition. Diese tötete den Grafen bei einem Scharmützel. Fatal: er war der einzige Gefallene!

Jean Onésime Filet - „La Bigorne“

Um 1745 wurde der französische Abenteurer Filet als Schiffbrüchiger an die Gestade der Insel St. Marie (Nosy Boraha) gespült. Er war aus Réunion vor der Rache eines gehörnten Ehemannes geflohen und verstand es augenblicklich, seinen Sinn fürs Amouröse auch auf St. Marie zur Geltung zu bringen: Betty, die Tochter des Königs Ratsimilaho verliebte sich in den Franzosen und das Paar heiratete. „La Bigorne“ erhielt gemeinsam mit Betty als Hochzeitsgeschenk des Königs die ganze Insel St. Marie zu eigen. Nach Filets frühem Tod 1750 vererbte Betty die Insel an Frankreich – somit gilt Nosy Boraha als früheste madagassische Besitzung Frankreichs. Allerdings waren die französischen Siedler, die bald darauf an Land gingen, bei den Einheimischen nicht beliebt und waren in ihrer kolonialen Überheblichkeit so töricht, die königlichen Grabstätten zu entweihen: sie wurden fast alle von den Einheimischen umgebracht!

Der berühmteste Abenteurer und zugleich derjenige, dessen Wirken die Geschichte Madagaskars am nachhaltigsten beeinflusst hat, war Jean Laborde.

Jean Laborde

Laborde war 1832 als Schiffbrüchiger nach Madagaskar gekommen. Trotz der Fremdenfeindlichkeit der Königin Ravalona I. gelang es dem Franzosen, die Gunst der Königin zu erwerben und – zunächst befristet – in ihren Dienst genommen zu werden. Der Grund dafür dürfte einerseits in der Verschlagenheit Labordes zu suchen sein, andererseits hatte er ein gewichtiges Pfund, mit dem er bei der Königin wuchern konnte: Er besaß sehr umfassende technische Kenntnisse, kannte sich in der Herstellung von Waffen und Munition aus und war obendrein ein fähiger Architekt: 1838 baute er auf dem Rova in Antananarivo einen riesigen Holzpalast, Kern des späteren Königssitzes und zu jener Zeit das größte Gebäude Madagaskars.

Laborde veränderte das Gesicht Madagaskars nachhaltig, indem er zahlreiche Entwicklungen einläutete. Nicht nur Ochsenkarren mit großen, damit geländegängigen Speichenrädern, die man auch heute noch sieht, führte er ein, sondern auch Glas, Seife und Blitzableiter – neben den schon erwähnten Feuerwaffen! Obendrein kam es durch Labordes Wirken auch zu einer Art (vor-) industriellen Revolution: In einem Land wie Madagaskar zu jener Zeit geradezu wie eine Utopie anmutend, entstand am **Lac Mantasoa** bei Manjakandriana ein riesiges Industriekonglomerat, an dessen Errichtung 20.000 Sklaven beteiligt gewesen sein sollen. In der gewaltigen Industriestadt wurden

zahlreiche moderne Produkte hergestellt, neben Metallwaren, Glas, Seife u.v.a. auch Papier. Und selbstverständlich Waffen und Schießpulver!
Laborde selber gewann nicht nur an Ansehen, sondern auch an Vermögen: nachdem er sich fast ein Vierteljahrhundert hindurch hemmungslos bereichert hatte, fiel er bei der Aufdeckung der Verschwörung unter Kronprinz Radama II. in Ungnade und wurde des Landes verwiesen. 1863 jedoch kehrte er zurück – diesmal als französischer Vizekonsul! Nach seinem Tode entbrannte ein heftiger Streit um seine gewaltige Hinterlassenschaft – was schließlich einer der Gründe für den **ersten französisch-madagassischen** Krieg war.

Die Kolonialzeit (1896-1960)

Schon nach der Erklärung Madagaskars zum Protektorat Frankreichs war es zu einem zehn Jahre dauernden, erbitterten Guerillakrieg zwischen den neuen Herren der Insel und der einheimischen Bevölkerung gekommen. Ein Grund war die harte und despotische Weise, mit der die Franzosen sich des Landes bemächtigten.

1896 wurde Madagaskar per Parlamentsbeschluss als Kolonie annektiert. Die wirtschaftliche Ausbeutung nahm ihren Lauf. Zunächst jedoch erfolgte die politische Neuordnung. Nach militärischer Inbesitznahme wurde die Merina-Monarchie abgeschafft und die letzte Merina-Königin, Ranavalona III, ins Exil nach Algerien verbannt, wo sie **1917** starb.

An die Rückführung ihrer Gebeine in die Heimat, für die Madagassen eine Plicht, knüpfte sich später noch eine bemerkenswerte Geschichte.

Der militärische und politische Widerstand, der sich noch regte, wurde brutal niedergemacht: der **Gouverneur Galliéni** beispielsweise ließ den damaligen Innenminister Madagaskars sowie den Kronprinzen hinrichten und ging gegen die widerspenstigen Einheimischen mit gnadenloser Härte vor. Ganze Dörfer wurden niedergebrannt, Tausende wurden hingerichtet oder massakriert.

In dieser Phase leisteten die Madagassen den zweiten, riesigen Blutzoll in ihrer Geschichte.

Obgleich diese Zeit als **Befriedungsphase** bezeichnet wird, sind in diesen ersten Jahren mehr Madagassen gewaltsam gestorben als unter der Schreckensherrschaft der grausamen Ranavalona I.
Dennoch gelang es den Franzosen bis zum Ende der Kolonialzeit nie, den Widerstand völlig zu brechen oder zu verhindern.

Schon **1905** brach ein Aufstand los, gefolgt von einem zweiten **1915** und einem dritten **1929**. Allerdings blieben diese weitgehend wirkungslos und verstärkten lediglich die Repression.
Diese zeigte sich bereits von Anfang an in der fast völligen Verdrängung und Negation der madagassischen Kultur. Französisch war Amtssprache, die Europäisierung gipfelte in den Schulbüchern der madagassischen Kinder: Sie lernten fortan, ihre Vorfahren seien die Gallier gewesen - allerdings lernten sie in den französischen Schulbüchern nichts über eine französische Revolution oder über Begriffe wie Gleichheit und Freiheit und Brüderlichkeit – diese Passagen hatte man entfernt!

Ferner hatten Madagassen praktisch keinen Zugang zu höherer Bildung, Berufen oder Posten in der Verwaltung – man behandelte sie wie Menschen zweiter Klasse. Hingegen brachte die Abschaffung der Sklaverei, bis dahin im Merina-Reich normal, fast 70% der Madagassen die formale Freiheit, waren bis dahin doch fast alle Bewohner des Merina-Reiches Sklaven gewesen!

Außerdem hielt man die Madagassen immerhin für fähig, für´s Vaterland zu sterben: Allein im ersten Weltkrieg fielen 2.000 von den fast 45.000 Madagassen, die auf fremder Erde für Frankreich kämpften.

Die Franzosen ordneten das Land aber auch in anderer Hinsicht neu: Ganze Landstriche wurden umgestaltet, die ursprüngliche Vegetation musste riesigen Plantagen weichen, in denen begehrte Kolonialwaren erzeugt wurde: Kokos, Sisal, Tabak, auch den Weinbau brachte man ins Land und zu hoher Blüte. Städte wurden gegründet oder kleine Dörfer plötzlich zu Städten: Wer durch Joffreville bei Antsiranana oder durch Fort Dauphin oder Hell-Ville geht, kann das koloniale Flair noch sehen und erfühlen, das diesen Orten auch in architektonischer Hinsicht verliehen wurde. Antsirabe im Hochland wurde ein beliebter Wohn– und Kurort für Europäer, Badeorte wie Nosy Bé oder Ramena wurden bald auch in Europa bekannt und beliebt.

Die Infrastruktur wurde entscheidend verändert: Neben wichtigen Straßenverbindungen wie den **Nationalstraßen** (Routes Nationales), die den Reisenden auch heute noch durch die Landschaften Madagaskars führen, wurden auch einige wichtige Eisenbahnstrecken gebaut, z.T. unter mörderischen Schwierigkeiten und unsäglichen Opfern: die Strecken Antananarivo - Tamatave, Antananarivo – Antsirabe, Fianarantsoa - Mankara und Antananarivo - Lac Aloatra.

Für den Eisenbahnbau wurden tausende **Chinesen** nach Madagaskar geholt, die traditionellen Meister des Eisenbahnbau. Diese siedelten sich später z.T. an und bilden seither eine sehr einflussreiche Gruppe auf Madagaskar. Besonders im Vanille– und Edelsteinhandel finden sich auffallend viele Chinesen
Der **Canal des Pangalanes** wurde ausgebaut und nutzbar gemacht, die Erschließung mittels Flugzeug durch die Einrichtung von Landeplätzen und Pisten im ganzen Land ermöglicht.

1940 wurde Frankreich vom faschistischen Deutschland überrannt und das hitlertreue **Vichy-Regime** installiert. Da die Verwaltung Madagaskars ebenfalls Vichy-treu war, befürchteten die Allierten, dass sich die Japaner der Insel bemächtigen könnten.

1942 entsandte Großbritannien eine gewaltige See– und Luftstreitmacht, welche die französischen Truppen in Antsiranana (Diego-Suarez) angriff und den wichtigen Flottenstützpunkt nach schweren, verlustreichen Kämpfen im Mai des Jahres besetzte. Die vielen Schiffs– und Flugzeugwracks, die bei Ebbe wie schwarze Schatten der Vergangenheit aus der Bucht von Diego auftauchen, zeugen heute noch davon.

1943 übergaben die Briten die Insel der französischen Exilregierung unter **Charles de Gaulle.**

1946 gewährte Frankreich Madagaskar erstmals eine Art Autonomie, die allerdings kein wirkliches Zugeständnis an den Widerstand darstellte, der sich allenthalben formierte.

Hatten die Madagassen doch gesehen, dass ihre Herren, die Franzosen, nicht unbesiegbar waren! Bereits gegen Kriegsende, **1945** war es zur Gründung von drei Widerstandsgruppen gekommen, der **MDRM**, der **PANAMA** und der **JINA.**

1947 brach der „große Aufstand" los, mit einem Überfall auf einen Gendarmerieposten der Kolonialpolizei. Im ganzen Land griffen Tausende zu den Waffen. Die Organisation MDRM (Demokratische Bewegung zur Erneuerung Madagaskars) wurde von den Franzosen beschuldigt, die Aufstand organisiert zu haben, wie man heute weiß zu Unrecht:
Vielmehr waren wohl die beiden anderen (im Gegensatz zur friedlichen MDRM) militanten Widerstandsgruppen PANAMA und JINA die Rädelsführer.

Ein französisches Expeditionsheer von ca. 30.000 Mann mit modernster Waffentechnik gegen ein Volk von Reisbauern und Rinderhirten bereitete dem Aufstand nach einem Jahr blutiger Kämpfe und Massenhinrichtungen ein Ende. Die Zahl der Opfer ist nicht genau bekannt, je nach Quelle zwischen 15.000 und 100.000.
Die Führer der Oppositionsgruppen wurden ebenfalls hingerichtet, in Moramanga kann man noch die nationale Gedenkstätte besichtigen, die etwas außerhalb des Ortes an der Straße liegt: In einigen Straßenbahnwaggons, die dastehen, als wäre es gestern geschehen, wurden die Opfer zusammengepfercht und dann mit MG-Salven niedergemäht, die Wände der alten Waggons sind durchsiebt von Kugeln.....

Bis **1950** wurde das Kriegsrecht in Madagaskar aufrecht erhalten – dann aber musste sich Frankreich v.a. auf internationalen Druck hin der Frage der Autonomie seiner Kolonien stellen.
In Indochina wurde um die Reste einstiger Kolonien gekämpft, Algerien war im Aufruhr, die Unterdrückten ließen sich nicht auf Dauer mit Gewalt nieder halten. Charles de Gaulle versprach in seiner Rede von Brazzaville (Kongo) den Kolonialvölkern eine **Union Francaise**, also auch Mitsprache, was zur Folge hatte, dass sich bald Abgeordnete aus den Kolonien Frankreichs in der Nationalversammlung in Paris einfanden.

Die Autonomiebestrebungen jedoch ließen sich dadurch nicht mehr aufhalten: Zu sehr hatte sich die Welt nach dem Ende des 2. Weltkrieges verändert!

1956 beschloss das französische Parlament das sog. **Loi Cadre**, ein Rahmengesetz, welches die Neuordung der nationalen Institutionen in den überseeischen Kolonien Frankreichs vorsah. Dabei sollte auch für Madagaskar der Weg in die Unabhängigkeit geebnet werden.

1957 wurde Madagaskar innere Autonomie verliehen.

1958 wurde die Republik Madagaskar innerhalb der Union Francaise ausgerufen, eine provisorische Regierung übernahm die Amtsgeschäfte.

1959 bekam Madagaskar eine Verfassung – damit war der Weg in die Unabhängigkeit frei!

1960 schließlich erklärte **Charles de Gaulle** das Land - bei einem bewegenden Auftritt in Antananarivo - nach fast 65 Jahren Kolonialgeschichte für unabhängig.

Madagaskar für die Juden – der Madagaskar-Plan !

Die Geschichte der ***Shoa*** oder des ***Holocaust*** – des Massenmordes an den europäischen Juden – gipfelte in den Konzentrationslagern, in denen über 6 Millionen Juden systematisch ermordet wurden. Weniger bekannt ist, dass vor der ***Endlösung der Judenfrage***, wie dieses einzigartige Verbrechen zynischerweise auf der ***Wannseekonferenz*** der Nationalsozialisten betitelt wurde, eine andere Alternative erwogen wurde.

So wurde allen Ernstes vorgeschlagen, die Juden kurzerhand ***nach Madagaskar zu deportieren,*** um sie los zu werden. Dass diese Idee kein bloßes Hirngespinst war, zeigt die Tatsache, das sie Ende der dreißiger Jahre schon lange im Raume stand und diskutiert wurde:

Bereits 1885 forderte der deutsche Antisemit ***Paul de Lagarde*** den Ankauf von Land für die Deportation der Juden, entweder weit im Osten, oder in Palästina oder Madagaskar.

Die Nationalsozialisten griffen diese Idee später auf und planten, nach dem Ende des Weltkrieges ***Madagaskar in ein riesiges Konzentrationslager zu verwandeln.***

1937 kam eine Delegation der polnischen (!) Regierung mit Genehmigung der Franzosen nach Madagaskar ***um die Möglichkeit einer Ansiedlung der polnischen Juden im Hochland von Madagaskar zu erkunden.***

Bis zur Wannseekonferenz 1940 waren sogar konkrete Vorbereitungen getroffen worden: die Deportation polnischer Juden aus Lodz war z.B. verschoben worden, weil man glaubte, nach dem baldigen Sieg über England mit der Verschiffung der Juden nach Madagaskar beginnen zu können.

Jedoch blieb Hitlers Angriff auf England vergebens, die Seewege waren bis Kriegsende fest in der Hand der Alliierten und der Plan wurde schließlich aufgegeben.

Unabhängigkeit – die erste Republik (1960 – 1972)

Am 26. Juni 1960 wurde Madagaskar – mit dem Sozialdemokraten **Philibert Tsiranana** als Staatspräsident – unabhängige Republik. Diese 1. Republik war zunächst antikommunistisch und stark an Frankreich orientiert, auch lebten Anfang der 60er noch zahlreiche Franzosen im Land, die über bedeutenden Einfluss – und Besitz! - verfügten.

Daher ist es nicht verwunderlich, dass Tsirananas Regierung bei der Wahl 1965 immer noch die Mehrheit der Stimmen erhielt. Die politische Opposition hatte sich in den ersten Jahren nur schwer etablieren können und an eine Einigung der Oppositionsgruppen war zunächst nicht zu denken.

Tsiranana genoss in den ersten Jahren seiner Regierungszeit beträchtliches Ansehen: Wie in vielen afrikanischen Ländern war auch in Madagaskar der Präsident die Vaterfigur mit der Aura des Landesgründers (wie Jomo Kenyatta in Kenia oder Julius Nyerére in Tanzania).

Tsirananas Gestalt konnte daher lange Zeit die maßlose Korruption und die Vetternwirtschaft verbergen, die unter seiner Regierung im Lande umging.
Auch wirtschaftlich ging es mit Madagaskar zusehends bergab: Hatten unter französischer Kolonialherrschaft Hunger und Epidemien zur Ausnahme gehört, kam es nun zusehends zu Versorgungsengpässen v.a. bei der armen Landbevölkerung.

So brachen 1971 erste Unruhen im Süden Madagaskars aus, die von der Regierung mit brutaler Gewalt niedergeschlagen wurden. Dadurch verlor die Regierung schließlich den letzten Rest an Vertrauen, weitere, v.a. linksgerichtete Proteste flammten bald darauf in allen Landesteilen auf.

Militärdiktatur (1972-1975)

1972 hatten die Unruhen ein derartiges Ausmaß erreicht, dass die Regierung sich nicht mehr im Amt halten konnte. In dieser Stunde putschte das Militär: **General Gabriel Ramanantsoa** verhängte das Kriegsrecht über Madagaskar, löste die Nationalversammlung auf und zwang Philibert Tsiranana zum Rücktritt. Nach seiner wechselvollen Geschichte war Madagaskar nun für drei Jahre eine Miltärdiktatur. In dieser Zeit änderte sich der außenpolitische Kurs schlagartig, als die marxistisch orientierte Chunta engen Kontakt zur UdSSR suchte und die Union Francaise verließ. Im Inneren ging die Talfahrt immer weiter, das Land versank zusehends im Chaos.

1975 übergab General Ramanantsoa die Macht an den bisherigen Innenminister **Richard Ratsimandrava**. Er wurde nur wenige Tage nach seinem Amtsantritt Opfer einer Verschwörung und in Antananarivo am hellichten Tage und auf offener Straße erschossen.
Sein Nachfolger, **Gilles Andriamahazo** versuchte mit seinem Revolutionsrat, das krisengeschüttelte Land aus der jahrelangen Stagnation zu befreien und wieder auf den Weg Richtung Demokratie zu bringen. Doch er kam nicht weit: Noch im selben Jahr kam es erneut zu einem Militärputsch. Diesmal war es der ehemalige Außenminister, ein Marineadmiral, der an die Macht kam. Sein Name war **Didier Ratsiraka.**

Die zweite Republik (1975-1991)

Didier Ratsiraka übernahm die Macht 1975 zunächst als Führer des obersten Revolutionsrates. Doch noch im selben Jahr ließ er ein Volksreferendum abhalten, welches ihn mit 95% der Stimmen als Staatspräsidenten bestätigte. Außerdem erhielt Madagaskar per Referendum eine neue Verfassung. Diese war, wie auch die Politik Ratsirakas zweiter Republik, **marxistisch-maoistisch** ausgerichtet und um Einflüsse **Nordkoreas** bereichert, mit dessen Diktator Kim-Il-Sung der Präsident zeitweilig in telepathischem Kontakt stand, wie er einmal erwähnte (!)
Ratsiraka brach alle Beziehungen zu Frankreich ab, ließ die meisten Industriebetriebe verstaatlichen und trat aus der französischen Währungsunion aus.
Das Land geriet außenpolitisch immer mehr in die Isolation. Innenpolitisch sorgten wirtschaftliche Probleme für Zündstoff, die der Weltmarkt diktiert hatte. Der Ölpreis war drastisch angestiegen, gleichzeitig waren die Weltmarktpreise für die wichtigsten Exportgüter Madagaskars – Vanille, Nelken, Kokos – drastisch gefallen. In diese Zeit fällt die vielleicht dauerhafteste Errungenschaft der zweiten Republik: Das **Fokonolona-**System. Nach vorhandenen Traditionen der Dorfgemeinschaft mit marxistischen Elementen vermischt, stellt es die kleinste Form der Selbstverwaltungseinheit dar. Madagaskar wurde in über 11.000 Fokonolona aufgeteilt, jede mit einem Vorsteher, dem **Fokotany**. Er stellt so etwas wie der Bürgermeister dar. Es sollte der Versuch sein, sozialistische Zielsetzungen mit traditioneller Selbstverwaltung wie der althergebrachten Dorfgemeinschaft zu verbinden. Dieses System findet sich rudimentär noch heute in Madagaskar.

Hinweis: Das Haus des Fokotany ist überall im Land an dem hellblauen Dach zu erkennen, welches es von allen anderen Häusern abhebt!)

1977 gewann Ratsirakas Partei, die **AREMA** (Avantgarde de la Révolution Malagasy) die Wahlen mit überwältigender Mehrheit – kein Wunder, war sie doch als einzige Partei zur Wahl zugelassen!

1982 konnte sich der Präsident immer noch durch Volkes Stimme bestätigt sehen, doch die jahrelange Krise, die durch Sturmschäden, Seuchen und Epidemien noch verschlimmert wurde und die finanziell unhaltbare Lage, die durch den Abbruch wichtiger internationaler Wirtschaftsbeziehungen entstanden war, sorgten zunehmend für Unmut im Volk.
Hinzu kam die immer offenkundigere Weise, mit der sich Ratsiraka und seine Clique an den Schätzen des Landes bereicherte. Mehrere Milliarden Dollar soll sich der Präsident und Mitglieder seiner Familie u.a. durch den Verkauf von Edelsteinen und anderen kostbaren Rohstoffen ergaunert und ins Ausland geschafft haben, Ratsiraka zählte Anfange der 80er Jahre zu den reichsten Männern der Welt!

1986/87 kam es abermals zu gewalttätigen Übergriffen gegen Inder, Komorer und Pakistani, die man der Selbstbereicherung an der wirtschaftlichen Misere bezichtigte: Gerade diese Volksgruppen spielen im Wirtschaftsleben der Insel als Geschäftsleute und Hausbesitzer eine große Rolle und sind darin ziemlich erfolgreich.

1989 konnte sich die AREMA bei den Wahlen gegen die erstarkende Opposition nur noch knapp durchsetzen, es war sogar von Wahlmanipulation die Rede.
Ratsiraka geriet immer mehr unter Druck. Schließlich akzeptierte er angesichts der Lage

Auflagen der IWF und der Weltbank und begann damit, das Land wirtschaftlich zu liberalisieren. Im Inneren hatte die Opposition immer mehr Zulauf bekommen und Unruhen begannen wieder einmal, das Land zu erschüttern.

1991 kam es zu einem monatelangen Generalstreik und am 10. August des selben Jahres zur bislang größten Demonstration, die Madagaskar je gesehen hat: Mehrere Hunderttausend waren dem Aufruf der Opposition gefolgt und demonstrierten friedlich für einen Machtwechsel. Es kam zu einem Blutbad, die Garde des Präsidenten feuerte in die Menge, Hunderte starben. Dann warf schließlich ein Hubschrauber Handgranaten auf die Menge ab – und das Ende der zweiten Republik kam ganz undramatisch: die Flugbereitschaft und Air Madagascar verweigerten dem Präsidenten aufgrund des Helikoptermissbrauchs schlichtweg den weiteren Gehorsam, wodurch er keinen Handlungsspielraum mehr hatte! Ratsiraka blieb formell für eine Übergangsfrist bis zum Jahr 1993 im Amt, jedoch ohne seine bisherigen Befugnisse. Danach ging er nach Frankreich ins Exil, wo er sich scheinbar ruhig verhielt.

Die dritte Republik (1993-2010)

1993 wurde der Vorsitzende der bisherigen Übergangsregierung **Forces Vives**, der aus Ambilobe im Norden stammende Herzchirurg **Albert Zafy**, zum neuen Staatspräsidenten der dritten Republik gewählt.

Die Unerfahrenheit auf politischem Terrain sowie die Tatsache, dass auch unter Zafy Korruption und Amtsmissbrauch an der Tagesordnung war, sorgten jedoch rasch für Ernüchterung nach dem hoffnungsfrohen Neuanfang.

1996 wurde die Regierung per Misstrauensvotum abgewählt und Neuwahlen angesetzt. Als Kandidaten stellten sich Albert Zafy – und der wieder aufgetauchte Didier Ratsiraka (!), er hatte sein Exil verlassen und strebte nun erneut nach den Pfründen der Macht. So unglaublich es klingen mag: Ratsiraka gewann abermals das Vertrauen der Nation.

1998, nach Neuwahlen aufgrund eines gegen seine Regierung gerichteten Misstrauensvotums, setzte er sogar eine Verfassungsänderung durch, die ihm noch mehr Macht zusprach. Statt eines sozialistischen Kurses wie in den 70er wollte er das Land nun in eine „marxistisch-ökologische" Republik verwandeln.

2001 kam es nach den Wahlen zu Unruhen: Die Regierungspartei verbuchte den Sieg zunächst für sich, die Opposition glaubte aber beweisen zu können, dass die Wahl manipuliert worden war. Der Spitzenkandidat **Marc Ravalomanana** übernahm daher Anfang **2002** nach monatelangen bürgerkriegsähnlichen Unruhen in einer kühnen Aktion kurzerhand die Regierungsgewalt, indem er sich dabei des Rückhaltes der Streitkräfte versicherte.
Didier Ratsiraka wurde erneut nach Frankreich verbannt, wo er bis 2011 in Paris lebte.

2006 wurde M. Ravalomanas Partei **Tiako I Madagasikara** erneut mit überwältigender Mehrheit wiedergewählt. Von nun an konnte der Präsident auch international als echter Demokrat gelten, was den Beziehungen und der Wirtschaft Madagaskar spürbar weitergeholfen hat.

2009, im Januar, kam es leider zu gewalttätigen Unruhen in Madagaskar, die am Ende über 120 Menschenleben kosteten: Auslöser war die Schließung eines regierungskritischen Fernsehsenders (dieser hatte ein Interview mit dem Exildiktator Ratsiraka ausgestrahlt), was zu mehreren Großdemonstrationen in Tana und anderswo führte. Es kam es zu Auseinandersetzungen mit den Sicherheitskräften und zu Plünderungen. Was dann folgte, ließ Erinnerungen an schlimme Zeiten hochkommen: wie zu Ratsirakas Zeiten feuerten die Polizisten auf Demonstranten und Plünderer, welche sich vorwiegend Geschäftsimmobilien der präsidenteneigenen Firma TIKO Malagasy ausgesucht hatten.

Schnell wurde klar, dass die ersten Proteste nur der Anfang waren: dem Präsidenten wurden Korruption, Selbstbereicherung (u.a. hatte sich Ravalomanana einen neuen Regierungsjet für 60 Mio U$ geleistet!) sowie der Ausverkauf des Landes an Ausländer vorgeworfen: tatsächlich war die Regierung in Verhandlungen mit der südkoreanischen Fa. Daewoo, die eine riesige Landfläche für den Anbau (und Export) von Futtermais und Palmöl (zur Treibstoffherstellung!) für einen Apfel und ein Ei pachten wollte.

Vorgebliche Speerspitze der Protestbewegung war der Bürgermeister von Antananarivo, der ehemalige Diskjockey und „Medienunternehmer" **Andry Rajoelina**, von seinen Anhängern TGV genannt. Nachdem sich Staatspräsident und Bürgermeister der Hauptstadt gegenseitig ihrer Ämter enthoben hatten, verschlimmerten sich die Proteste und Unruhen, bis schließlich das bislang neutrale Miltär das Schicksal Madagaskars in die Hände nahm: Präsident Ravalomanana übergab die Amtsgeschäfte an das Militär und floh nach Swaziland, Rajoelinas Weg zur Macht war frei.

Obwohl Rajoelina selbst nach Maßstäben der Verfassung gar nicht Präsident hätte sein können (er war Anfang 2009 erst 34 Jahre alt, zum Präsidentenamt musste man aber 40 Jahre alt sein!), kippte sofort der gesamte Regierungsapparat um und erklärte alle Einwände für nichtig.
Im März 2009 wurde Rajoelina zum Staatspräsident gekürt, das Ausland verurteilte die Machtübernahme in seltener Einigkeit als Staatsstreich. Eine praktisch völlige außenpolitische Isolation war die Folge, Chaos und wirtschaftliche Krisen zeichneten sich ab. Es kam zu Übergriffen auf Weiße, Reisewarnungen der europ. Länder waren die Folge, die Tourismusbranche brach fast völlig ein! In den nun wächterlosen Nationalparks Masoala und Marojejy begannen bewaffnete Banden damit, Edelhölzer zu plündern und seltene Tierarten zu jagen, Meldungen über drohende Hungersnöte und den bevorstehenden Zusammenbruch des Bildungs– und Gesundheitssystems sowie der Staatsfinanzen kamen auf.
Anfang Mai 2009 gab es 2 Regierungen: die sog. **HAT** unter A. Rajoelina, die verzweifelt versuchte, irgendwie die Kontrolle über das Land zu erlangen. Es hat sich bereits damals gezeigt, dass Rajoelina nur die Marionette anderer Puppenspieler ist, deren prominentester der ehem. Diktator D. Ratsiraka war. Ratsiraka wurde auch sofort nach Rajoelinas Amtsübernahme Amnestie und eine baldige Rückkehr in die Heimat in Aussicht gestellt.

Mittlerweile hat es sehr den Anschein, dass Didier Ratsiraka einer der heimlichen Drahtzieher der Unruhen war - aber auch der abgehalfterte ehem. Machthaber **Albert Zafy** versuchte nun wieder, irgendwie im Geschehen mitzumischen. Mit Erfolg.

Bedenkt man, dass Rajoelinas Vater einst General während der Militärdiktatur und unter Ratsiraka war, wird klar, woher der Wind wehte.....

Die HAT behauptete, lediglich als Übergangsregierung bis zur nächsten Wahl 2011 im Amt sein zu wollen.

Die andere, die **Exilregierung** unter Ravalomana benannte eine neue Regierungsmannschaft und bereitete die Rückkehr in die Heimat (und ins Amt des gewählten Souveräns) vor.

Nach monatelangen Verhandlungen, Vermittlungen und der Schließung mehrerer Abkommen, die aber allesamt von der sog. HAT nicht eingehalten wurden, berief der „Präsident“ eine Verhandlungsrunde nationaler Kräfte ein. Mehrere Oppositionsgruppen hatten bereits im Vorfeld ihren Boykott angekündigt, der im Exil lebende Ex-Präsident wurde obendrein in Abwesenheit zu lebenslangem Zuchthaus verurteilt, was jeden nationalen Konsens von vorne herein hintertreiben wird (und wahrscheinlich soll!).

Denn am Ende der Verhandlungen stand Anfang Dezember 2010 ein Referendum, in welchem u.a. das Mindestalter für den Präsidentem herabgesetzt wird. Obwohl Rajoelina seither treuherzig bekundet, bei den (nach ständiger, jahrelang andauernder Vetragung) diesmal für Mai 2013 geplanten Präsidentschaftswahlen nicht kandidieren zu wollen, glaubt ihm dies kein ernsthaft denkender Mensch!
Zwar haben sich der ehemalige und jetzige "Präsident" mittlerweile sogar persönlich getroffen, doch bislang lehnt Rajoelina eine Amnestie und Rückkehr des vertreibenen Rivalen weiterhin strikt ab!

Die vierte Republik (2010- heute)

Nach erfogreicher Annahme seines maßgeschneiderten Referendums, bei dem unter anderem massive Manipulationen und Wahlfälschungen auftraten und dem verzweifeltem Aufbegehren von Teilen des Militärs, rief Rajoelina am 11. Dezember die **vierte Republik** aus und erklärte den Tag zum Nationalfeiertag!
Ohne Frage ist Madagaskar nach Jahren der Hoffnung wieder auf Talfahrt. Zunächst brachen die Touristeneinnahmen weg, dann begann der große Raubzug auf die letzten Naturschätze: der sog. Präsident bereichert sich nachweislich persönlich an der Plünderung der Regenwälder, in denen seit den Unruhen wieder massiv illegal Rosen-, Palisander- und Ebenholz gestohlen wird.
Auch der Schmuggel von seltenen Tieren wie den Strahlenschildkröten nahm massiv zu – kaum ein Monat vergeht, an dem nicht eine Sendung von Schildkröten auffliegt, immer mit dem Ziel Bangkok!!!

Die Kriminalität hat massiv zugenommen, insbesondere die Gewaltbereitschaft der Täter, die sowohl ihre eigenen Landsleute als auch arglose Touristen ausnehmen. Grosse Teile des Landes, v.A. Im Süden, gelten als "Banditenland" oder "rote Zone" – hier regieren militärisch organisierte Banden von Viehdieben.
Generell muss mittlerweile von Spauiergängen und Überlandfahrten in der Dunkelheit abgeraten werden!

Es steht daher zu befürchten, dass Madagaskar in nicht allzu ferner Zukunft eine kahle, zerstörte Insel sein wird - weil auch hier eine korrupte Elite, die Ihr Volk zutiefst verachtet, sich hemmungslos die Taschen füllt!

Der stillschweigende Pakt mit Paris ist ein Umstand, der weder öffentlich benannt noch in die Köpfe der Madagassen durchgedrungen ist: Es gibt deutliche Belege und Beweise dafür, dass der Putsch des „DJ“ Rajolina aus Paris gesteuert und unterstützt wurde: zur Zeit werden wichtige Schlüsselpositionen in den Bereichen Nahrungsmittelerzeugung, Energie und Telekommunikation mit französischem Personal besetzt, ein Zeichen für die zurückkehrende Gier Frankreichs auf die Ressourcen des Landes, die eine Industrienation so dringend benötigt.

Auf der anderen Seite gibt es auch Hoffnung und Zeichen, welche Mut machen: nicht alle Madagassen leben "hinter dem Mond", die Informationstechnologie in Form des Internets hat längst, wenn auch auf zögerlichen Füßen, Einzug gehalten. Mehr und mehr Menschen auf der roten Insel bekommen einen Blick auf die Welt jenseits des eigenen Reisfeldes, es entwickeln sich zwangsläufig Ideen und Initiativen: politisch, ökologisch und privatwirtschaftlich!

Zumindest hat sich Anfang 2014 ein Neuanfang abgezeichnet: Nach langem Hin und Her wurden schliessslich Ende 2013 allgemeine Wahlen für eine demokratisch legitimierte Regierung abgehalten, aus fast 40 Kandidaten suchten sich die Wähler ausgerechnet jenen heraus, der eigentlich als Handlanger des bisherigen Diktators Rajoeliona galt, den ehemaligen Finanzminsiter **Hery Rajaonarimampianina**. Jedoch liess dieser es schon kurz nach seiner umstrittenen Wahl an Gefolgschaftstreue zu seinem jugendlichen Vorgänger felhlen und beschreitet seither eigene politische Wege, die jedoch vom Rajoelina-freundlichen Parlament bislang kräftig torpediert wurden und werden. Rajoelina hat sich angeblich aus der Politik zurückgezogen, doch es steht zu befürchten, das dieser – ebenso wie sein Mentor Didier Ratsiraka! - weiterhin kräftig im Geschehen und im Kampf um die Fleischtöpfe Madagaskars mitmischen wird.

Es gibt immerhin einen Hoffnungsschimmer – die internationalen Geberländer reagieren bislang freundlich und entgegenkommend, was sich für Madagaskars ungewisse Zukunft abzeichnet, ist deutlich weniger pessimistisch als alle Vorhersagen der vergangenen 5 Jahre!

9. Provinzen Madagaskars

Die bereits im Kapitel Klima und Vegetationszonen vorgestellte Einteilung Madagaskars wurde bei der verwaltungstechnischen Einteilung des Landes in sechs Provinzen berücksichtigt.

- Das zentrale Hochland wird durch die **Provinz Antananarivo** mit einer Fläche von 58.283 km² repräsentiert. Im südlichen Teil dieser Provinz dominieren fruchtbare Ackerflächen und eine intensive Landwirtschaft. Reis und fast alle Gemüse– und Obstsorten gedeihen hier. Das subtropische Klima sowie die ergiebigen Regenfälle im Südsommer begünstigen die Gegend, zudem wird diese Region von den immer wiederkehrenden Zyklonen noch am mildesten getroffen, was der Infrastruktur zugute kommt: Das zentrale Hochland verfügt über das beste Straßennetz Madagaskars. Nördlich von Antanananrivo wird die Region merklich karger und dünner besiedelt, das sog. Tampoketsa- Gebiet, daß sich bis zur Provinz Mahajanga erstreckt, ist durch besondere Trockenheit und Bodenarmut gekennzeichnet.

- Das südliche Hochland wird von der **Provinz Fianarantsoa** mit einer Fläche von 102.323 km² repräsentiert. Auch hier dominiert Landwirtschaft, insbesondere die Terassenkultur der Reisfelder findet hier ihren perfektesten und schönsten Ausdruck. Die Provinz Fianarantsoa ist ebenfalls mit einer relativ gut ausgebauten Infrastruktur gesegnet, hier ist auch die einzige Eisenbahnlinie des Landes, die einigermaßen zuverlässig einen regelmäßigen Verkehr (vom Hochland zur Ostküste) unterhält. Hinzu kommen die touristischen Höhepunkte dieser Region: Der Ranomafana-Park, das Andringitra-Gebirge, um nur diese zu nennen, sowie die Erhabenheit der Landschaft an sich machen diese Provinz zu einer der am meisten besuchten Madagaskars überhaupt.

- Der Osten Madagaskars wird von der **Provinz Tamatave** (Toamasina) umfasst. Die Provinz hat eine Fläche von 71.911 km² und verfügt mit der Provinzhauptstadt Tamatave zugleich über den bedeutendsten Seehafen der Insel. Der Osten ist die feuchtwarme Zone des Landes, in der sich etliche einzigartige Regenwaldgebiete befinden, weshalb die Region zum Unesco-Weltkulturerbe erklärt wurde. Die Provinz lässt sich geographisch noch unterteilen in den tropisch-heißen nördlichen Anteil, der sich von der Bucht von Antongil bis Tamatave erstreckt und dem etwas gemäßigteren Anteil südlich, der u.a. den Canal des Pangalanes einschließt.

- Der Norden Madagaskars wird von der **Provinz Antsiranana** gebildet, die eine Fläche von 43.046 km² umfasst und dabei etwa 10% der Gesamtbevölkerung beherbergt. Im Norden wechseln sich regenreiche, durch einstigen Vulkanismus fruchtbare Regionen mit äußerst trockenen Zonen ab. Zahlreiche Touristenzentren sind hier zu finden: Die beliebte Ferieninsel Nosy Bé, die internationale Stadt Diego Suarez sowie die Schutzgebiete Ankarana, Montagne d´Ámbre und Marojejy. Der Nordteil der roten Insel unterscheidet sich generell vom Rest Madagaskars: Er gilt als wohlhabender und weltoffener, auch wird behauptet, die Bewohner des Nordens seien freundlicher als im Süden.

- Der Westen ist die **Provinz Mahajanga** (Majunga) mit der gleichnamigen Hafenstadt als Zentrum und einer Fläche von 150.023 km². Dies ist die am wenigsten besiedelte Provinz Madagaskars, was sich auch aus der relativen Kargheit und Trockenheit erklärt. Am fruchtbarsten ist noch die Gegend um Mahajanga, was vom Wasserreichtum des Betsiboka–Deltas herrührt. Im Norden der Provinz finden wir einsame Bergregionen, kaum erschlossen und bewohnt. Südlich dagegen haben Rinderzüchter es verstanden, das Land zu nutzen, weite, hügelige Weideflächen bestimmen hier die Region.

- Der Süden schließlich ist die **Provinz Toliara** (Tuléar) mit 161.405 km². Dies ist die heißeste und trockenste Region Madagaskars, der Wassermangel stellt eines der größten Probleme im Süden dar. So gedeihen hier die berühmten Trockenwälder aus Didereaceen, Pachypodien und Sukkulenten, die sich dem Klima angepasst haben. Menschen finden ihr Auskommen hier unten durch Viehzucht und wenig Landwirtschaft, die sich in den Niederungen einiger Flüsse betreiben lässt.

10. Bevölkerung

"Mora–mora" sagen die Madagassen gerne, was soviel wie „immer mit der Ruhe“ oder „langsam, langsam“ heißt. Der Umstand, dass die Einheimischen selten in Hektik zu versetzen sind sowie die sprichwörtliche Freundlichkeit machen Madagaskar zu einem lohnenden Reiseziel für gestresste Europäer.

Es ist es nicht auszuschließen, dass manches im Lande vielleicht schneller vorankäme, wenn ein wenig mehr Arbeitsenthusiasmus vorherrschte. Jedoch bekommt man schnell den Eindruck, dass die wesentlichen Dinge eigentlich immer irgendwie funktionieren – Improvisationsgabe gehört ebenso zu den Eigenheiten dieser Menschen wie gemeinschaftliches Anpacken von Schwierigkeiten. Gerade bei der Landbevölkerung, wo die sozialen Strukturen noch intakt sind, findet man diese Eigenschaften am meisten.

Das Vorherrschen einer gemeinsamen Sprache soll nicht darüber hinwegtäuschen, dass Madagaskars Bevölkerung ein vielfältiges Gemisch verschiedenster Völker darstellt, die sich zwar regional zuordnen lassen, jedoch haben sich auch auf Madagaskar Menschen verschiedener Stämme an allen möglichen Orten der Insel niedergelassen oder arbeiten fern der Heimat. Daher finden wir Merina heute genauso im Norden wie Antandroy, Sakalava in Tana und Bara im Osten.
Im Übrigen existieren auch in Madagaskar zahlreiche regionale Dialekte bzw. Sprachen, die sich zum Teil völlig voneinander unterscheiden und kaum Ähnlichkeiten miteinander aufweisen.

Hinweis: Es gilt als unhöflich, jemanden nach seiner Stammeszugehörigkeit zu fragen!

Es existieren 18 verschiedene Volksstämme auf der Insel, die sich durch sehr unterschiedliche kulturelle und auch sprachliche Eigenheiten voneinander abgrenzen.

Die Volksstämme Madagaskars

- **Antaifasy**, "die mit vielen Verboten leben". Dieser kleine Volksstamm (nur 1,2% d.B.) lebt in drei Clans unterteilt, von denen jeder einen König hat, an der südlichen Ostküste bei Farafangana. Ihre Herkunft ist unklar, einige behaupten, sie seien ein versprengter Zweig der Sakalava, andere halten sie für Nachfahren indischer Einwanderer. Die Antaifasy grenzen sich sehr stark von anderen Ethnien ab und pflegen ihr eigenständiges Kulturgut, dass von vielen fadys bestimmt wird, mit großer Hingabe. Unter anderem gilt ihnen der Besitz von Geld als „fady“!

- **Antaimoro**, "die von der Küste", sind ein Stamm von Waldbauern, die an der Ostküste in der Region von Manakara, leben. Ihre Abstammung ist sicher bei arabischen Einwanderern zu suchen – denn die Antaimoro sind Muslime! Berühmt sind sie wegen des von ihnen erfundenen Papiers, das heute in Ambalavao im Hochland hergestellt und verkauft wird. Die Antaimoro werden auch heute noch von Königen regiert. Für ihre Kenntnisse der Astrologie werden sie von anderen Völkern geachtet und gefürchtet, bemerkenswert ist auch, dass die Antaimoro als erstes Volk Madagaskars über eine eigene Schrift, die **Sorabe**, verfügten.

- **Antambahoaka**, "die von Rabevahoaka abstammen", ein sehr kleiner Stamm (nur

0,4% d.B.), welcher an der Ostküste um den Ort Mananjary herum siedelt. Auch die Antambahoaka sind wahrscheinlich Nachfahren arabischer Einwanderer. Zumindest deuten einige ihrer Riten, u.a. der Beschneidungsritus, darauf hin. Auf ihrem Stammesgebiet steht das Standbild eines Elefanten aus weißem Stein. Dieser soll aus dem 7. Jh. und aus Indien stammen.

- **Antandroy**, "die Dornenmenschen" (5,5% d.B.), ein Stamm von Halbnomaden, die in der heißen Dornensteppe des Südens als Rinderzüchter ihr Auskommen finden. Die Antandroy sind geachtet und gefürchtet wegen ihrer Zauberkräfte und ihres Wagemutes: so gehen sie als einzige Madagassen ohne Furcht nachts hinaus – daher sind sie im ganzen Lande als Nachtwächter begehrt! Mit ihren Speeren, ihren Lendenschurzen und dem traditionellen Kamm im Haar unverheirateter Männer wirken die An(tan)droy wie urtümliche Relikte einer längst verschwundenen Epoche. Über ihre Herkunft ist fast nichts bekannt.

- **Antankarana**, "die vom Felsen", ein kleiner Stamm von Hirtenbauern, die ihr Siedlungsgebiet im Tsaratsanana-Gebirge im Nordern Madagaskars haben. Die Antankarana gelten als Abspaltung eines Sakalava-Zweiges aus dem 16. Jhd., z.T. pflegen sie einen sehr eigenwilligen Islam und verschiedene, animistische Riten. Das berühmteste Ritual ist die **Tsakafara** genannte rituelle Errichtung eines großen Pfahls, die alle 5 Jahre stattfindet. Ihre Königsgräber finden sich in den Tsingy von Ankarana in den dortigen Höhlen.

- **Antanosy**, "die von der Insel", sind ein kleiner Volksstamm (2,5% d.B.) aus der Gegend von Taolanaro (Fort Dauphin), die dort v.a. als Viehzüchter und Reisbauern in beträchtlichem Wohlstand leben. Ein Teil ihres Volkes wanderte im 18. Jh. in die Gegend von Tuléar aus, um dort am Onilahy-Fluss zu siedeln. Sie versuchten so, der Unterwerfung durch die expandierenden Merina zu entgehen. Die Antanosy pflegen viele islamische Riten und verfügen ebenfalls über Kenntnisse der Astrologie und der Medizin, die auf frühe arabische Einflüsse zurückgehen.

- **Antehiroka** – als Volksstamm nicht mehr existent. Ursprünglich in der Gegend von Antananarivo ansässig, hielten sich die Antehiroka für Nachfahren der sagenhaften Vazimba.

- **Bara.** Der Stamm der Bara (3,3% d.B) lebt im südlichen Teil des Hochlandes, mit der Stadt Ihosy als Zentrum. Die Bara sind Rinderzüchter und stammen wahrscheinlich von afrikanischen Bantu ab. Die Verehrung des Zebu, des Buckelrindes, wie bei keiner anderen Volksgruppe machen dies wahrscheinlich. Die Bara sind in mehrere, teils verfeindete Clans unterteilt und haben die Sitte des Viehdiebstahls zum Zweck der Brautwerbung, was ihnen nicht unbedingt die Sympathie anderer Ethnien einträgt. Auch sind die Zauberkünste der Bara gefürchtet. Die Bara haben traditionelle sehr gute Sänger, von welchen **d´Gary** der (auch international!) bekannteste ist!

- **Betsileo**, "zu zahlreich, um besiegt zu werden", der zweitgrößte Volksstamm Madagaskars mit ca. 12% d.B. lebt im zentralen Hochland mit Fianarantsoa als Zentrum. Die Betsileo sind – ebenso wie die Merina – indonesisch-malaiischer Herkunft, wie man an ihren breiten flachen Gesichtern und ihrer eher hellen Haut sehen kann. Die Betsileo gelten als hervorragende Reisbauern und Väter der Terassenkultur. Auch als Musiker, Weinbauern und Kunsthandwerker sind sie berühmt.

- **Betsimisaraka**, "viele, die sich nie trennen", der viertgrößte Volksstamm Madagaskars mit etwa 12% d.B., leben an der gesamten Ostküste. Sie hatten schon früh Kontakte zu Europäern und waren daher technologisch lange Zeit in der Lage, den kriegerischen Merina Paroli zu bieten. Tatsächlich gehen die Betsimisaraka aus einem Zusammenschluss von vier Küstenstämmen hervor, die von dem engl. Freibeuter **Thomas White** vereinigt wurden. Dessen Name lautet auf malagasy **Ratsimilaho**, ein heute noch gebräuchlicher Name in Madagaskar. Die Betsimisaraka pflegen viele animistische Riten und glauben an Naturgeister (**angatro** und **kalonoro**). Sie waren jene, die sich (wie zuvor gegen die Merina) den Franzosen am heftigsten widersetzten, weil diese
sie u.a. zum Eisenbahnbau zwangsrekrutiert hatten.

- **Bezanozano**, "die sich viele Zöpfchen machen", ein großer Stamm (8% d.B.) welcher in der Gegend von Moramanga lebt. Die Bezanozano sind eng mit den Betsimisaraka und den Sihanaka verwandt. Zu besonderen Anlässen errichten die Bezanozano mit Rinderschädeln geschmückte Altarstelen, sog. Tsikafana. In früheren Zeiten waren die B. als Lastenträger und Fuhrleute bekannt.

- **Mahafaly**, "die Unantastbaren", ein kleiner Stamm von Hirten und Bauern an der Südwestküste bei Ampanihy, ca. 2,7% d.B., v.a. bekannt für ihre Grabmäler, die sehr aufwändig und kunstvoll gestaltet sind. Ebenso bekannt sind die hölzernen Grabstelen der. M., die **Alo-Alo** genannt werden und oben eine geschnitzte Skulptur tragen. Weniger bekannt ist ihre Fertigkeit, feine **Mohairteppiche** herzustellen. Die Mahafaly haben viele geheime Riten, die sich um einen **Andriamoro** genannten heiligen Fetisch drehen. Außerdem haben sie in jedem ihrer Dörfer einen heiligen Baum, **hazo manga,** der als Opferaltar und Treffpunkt des Dorfes dient.

- **Merina**, "die vom Hochland", mit 26% d.B. die größte Volksgruppe auf Madagaskar. Die Merina stammen von indonesisch-malaiischen Vorfahren ab, was sich v.a. in ihrer Sprache ausdrückt. Auch in ihrem Äußeren sind die Merina ihren asiatischen Vorfahren sehr ähnlich. Sie sind Reisbauern, die schon früh eine Monarchie mit einem komplizierten Kastenwesen hatten. So gibt es eine Andriana genannte Adelskaste, die wiederum in Untergruppen unterteilt ist. Die bedeutendste ist die **Zana Kandriana** (die Kinder Gottes). Unterhalb des Adels gibt es die freien Bürger **(Howa)** und die **Mainty** (die Schwarzen), welche angeblich von den Vazimba abstammen. Darunter stand die Kaste der **Andevo** (Sklaven) und der **Atsimo** (die gehorchen müssen). Das bekannteste Fest der Merina ist das der Leichenumbettung, der **Famadihana**, die alle fünf bis zehn Jahre abgehalten wird.

- **Mikea**, ein kleines, kaum erforschtes Waldvolk in der Gegend nordöstlich von Toliara am Ihotry-See ansässig. Sie scheinen sich von Wurzeln, Früchten und anderen Dingen zu ernähren, welche die Natur ihnen liefert.

- **Sakalava**, "die aus dem langen Tal", ein großer Stamm (7% d.B.), bewohnen die Westküste zwischen Mahajanga und Morondava. Sie scheinen afrikanischer Herkunft zu sein und haben eine höchst eigenständige, sehr reiche Kultur. So zählen z.B. die Grabskulpturen der S. mit ihren erotischen Motiven als einzigartig, auch gibt es sehr eigene Bräuche wie das In-Trance-fallen an besonderen, **Tromba** genannten Riten. Die Sakalava haben eine lange, stolze Tradition als Königsvolk, das früher in zwei Köngreiche **Menabé** (mit Morondava bzw. Belo-sur-Tsiribihina als Hauptstadt) und

Boina (mit Ambato-Boeny als Hauptstadt) unterteilt war. Der Verehrung der Königsreliquien, **dady** genannt, kommt bei den S. große Bedeutung zu: Beim großen **Fitampoha** genannten Fest werden die Reliquien im Fluss gewaschen. Obgleich die Gräber ihrer Könige, die **Fanompoha**, den Sakalava heilig sind, wird die Sitte der Leichenumbettung beim Volk selber nicht praktiziert.

- **Sihanaka**, "die vom See", ein kleiner Volksstamm (2,4% d.B.), der heute die Gegend um den Lac Alaotra besiedelt und dort sehr einträglich vom Reisbau lebt. Ihre Herkunft ist unklar, wahrscheinlich sind sie ein aus versprengten Merina und Betsimisaraka gebildeter Stamm.

- **Tanala**, "die in den Wäldern wohnen", ein kleiner Stamm (ca. 3,4% d.B), der im Osten im Binnenland zwischen den Antaimoro und den Betsileo lebt. Sie gelten als Flüchtlinge aller möglichen Ethnien, die sich im Wald versteckt haben und bis heute darin v.a. vom Honigsammeln leben. Sie verfügen über große Kenntnisse der Heilkunst, sind aber – wegen der von ihnen zusammen mit den Bezanozano und Sihanaka ausgeübten Praxis der Brandrodung und des Wanderfeldbaus – gefürchtete Neusiedler!.

- **Tsimihety,** "die sich nie die Haare schneiden", ein großer (12% d.B) Stamm von Reisbauern und Viehzüchtern, in der zentralen Region der Nordprovinz zu Hause

- **Vezo**, "das Rudervolk", ein sehr kleines (ca.10000), urprünglich von den Sakalava und den Antanosy abstammendes Volk, das v.a. vom Fischfang lebt. Die Vezo leben in der Region zwischen Tuléar und Morondava und haben als einzige Ethnie Madagaskars einen ausgesprochenen Hang zum Meer, was sich auch in ihren Riten und ihrer Religion ausdrückt. Sie praktizieren als einziges Volk Madagaskars keine Beschneidung.

- **Zafimaniry** , "Kinder der Wünschenden", ein kleiner Stamm (nur etwa 20.000 Menschen) der, von den Betsileo abstammend, die Gegend um die Stadt Ambositra bewohnt. In ihren kleinen Dörfern schaffen die Zafimaniry ihre berühmt gewordenen, zum Weltkulturerbe erklärten Holzschnitzereien, die heute besonders in Ambositra an Touristen verkauft werden.

Minderheiten

Zu den Volksgruppen, die schon seit Jahrhunderten ansässig sind, gesellen sich noch einige Minderheiten:

- **Komorer**: ca. 120.000, als größte eingewanderte Gruppe sind die Komorer v.a. als Geschäftsleute, Hausbesitzer und Vermieter zu relativem Wohlstand gekommen. Da sie sich kaum je mit den einheimischen Madagassen vermischen, sind sie eine sehr homogene Gesellschaft. Die Komorer sind Muslime und v.a. im Norden Madagaskars anzutreffen, wo man sie an ihren traditionellen Bärten und Turbanen und muslimischen Stoffmützen auf Anhieb erkennt. Die Komorer kamen einst unter der französischen Herrschaft ins Land und waren wirtschaftlich bald eine bedeutende Gruppierung geworden. Dies löst bisweilen auch Neid aus: im Dezember 1976 kam es in Mahajanga zu einem bedauerlichen **Pogrom** gegen die ansässigen Komorer, die man bezichtigte, an der vorherrschenden Wirtschaftskrise, wo nicht Schuld zu haben, so doch daran zu verdienen. Mehr als 1000 Komorer wurden umgebracht, der Ausnahmezustand wurde verhängt

- **Karana** und **Bamians** werden die Einwanderer aus **Pakistan** und **Indien** genannt, wobei Karana für die Muslime und Bamian für die Hindus gebraucht wird. Diese siedeln vor allem an der Nordwestküste Madagaskar. Sie sind vorwiegend im Textilgewerbe, aber auch im Edelsteinhandel tätig. Da sie sich ebenfalls stark von den Einheimischen abschotten und ihr überliefertes Kastenwesen auch hier weiter pflegen, wurden auch sie schon mehrfach zum Opfer von fremdenfeindlichen Pogromen.

- **Chinesen.** Eine zunehmende Rolle im wirtschaftlichen Bereich Madagaskars spielen die etwa 15.000 Chinesen, die ursprünglich für den Bau der Eisenbahnen ins Land geholt, nun v.a. im Plantagengeschäft tätig sind: An der Ostküste sind riesige Kokos– und Vanillepflanzungen fest in chinesischer Hand, auch im Import und Export mischen sie kräftig mit. Ein großer Teil der – meist minderwertigen – Produkte des täglichen Lebens werden aus China importiert, dagegen werden Rohstoffe wie Mineralien und Edelhölzer (oft illegal) massenhaft nach China verschifft. Wer sich eingehend mit den aktuellen wirtschaftlichen Entwicklungen in Madagaskar auseinandersetzt, wird vielleicht (so wie der Verfasser) den Verdacht in sich aufkeimen fühlen, dass die Chinesen in Madagaskar die Nachfolger der Franzosen sind. Mittlerweile stellen Chinesen auch auf dem Tourismussektor eines der größten Kontingente: seit 2009 fliegt Air Madagascar 2 mal pro Woche nach Hangxhou in China. Da sich die Chinesen nicht so stark wie andere Einwanderer abschotten, sieht man immer mehr Madagassen mit deutlich chinesischen Gesichtszügen im Lande.

- **Franzosen**. Die frühere Kolonialmacht hat zwar spürbar an Einfluss verloren – jedoch haben sich in Madagaskar etwa 27.000 Franzosen niedergelassen, manche schon vor Generationen wie z.B. die Familie deHeaulme in Taolanaro (Fort Dauphin). Auch im Touristikgewerbe spielen Franzosen eine erhebliche Rolle, oft sind sie mit einheimischen Frauen verheiratet und bestens assimiliert! Eine besondere Geschichte haben die vielen **Fremdenlegionäre** zu erzählen, die Madagaskar als Altersruhesitz gewählt haben. Das gerade sie unbehelligt hier leben können, spricht für die Friedfertigkeit der Madagassen , hätten sie doch Gründe genug für erheblichen Groll gegen diesen militärischen (und bisweilen äußerst brutalen) Arm der früheren Kolonialmacht.

Religion und Riten

Religion – oder was wir Europäer darunter zu verstehen scheinen – spielt bei den Madagassen eine große Rolle. So kann man durchaus sagen, dass das **Christentum,** zu dem sich immerhin 50% der Madagassen bekennen, mit großem Ernst und Inbrunst ausgeübt wird. Zahllose Dorfkirchen in den entlegensten Regionen zeugen vom Eifer früherer Missionare, in einigen Gegenden wie z.B. Antsirabe, haben die christlichen Missionare gar das Stadtbild (sowie die einheimische Nutztierwelt durch die Einkreuzung norwegischer Kühe) entscheidend mitgeprägt.
Dutzende christlicher Sekten sind ebenfalls vertreten und bemühen sich um die Seelen der Menschen.

.

Auch der **Islam** ist auf Madagaskar, besonders bei Stämmen mit eindeutig arabischen Wurzeln wie den Antaimoro, verbreitet, immerhin 7% der Madagassen bekennen sich dazu – auch wenn die Riten oft stark regional geprägt sind.

Animismus – d.h. die Ausübung einer wie auch immer gearteten Naturreligion, ist bei über 50 % der Bevölkerung fest verankert, oft sehen auch die christianisierten Madagassen keinen Widerspruch zwischen Christentum und ihrer traditionellen Glaubenswelt.

Die Welt der Ahnen

Insbesondere die Welt der Ahnen hat im Leben der meisten Madagassen eine herausragende Bedeutung, die sich in alle Bereiche des Lebens erstreckt.
In der Vorstellungswelt der Madagassen gibt es keine Hölle oder Paradies, aber auch keine Wiedergeburt, vielmehr glauben sie, nach dem Tode im Reich ihrer Ahnen (**Razana**) mit diesen vereinigt zu werden und von dort aus über die Lebenden zu wachen. Durch diese ständige Präsenz im Alltag ist daher der Kontakt zu den Ahnen unverzichtbarer Bestandteil des Lebens, was sich in verschiedene Opferriten, Orakeln und besonders bei der Grabkultur ausdrückt.

Gräber

Gräber sind nicht nur Orte der Andacht oder spezieller Riten (wie die Famadihana) – als Ruhestätte der Ahnen kommt ihnen ein weit höherer Stellenwert zu als den Häusern der Lebenden. So wurden Steinhäuser bei den Madagassen erst im 19.Jh. populär, davor hatte man Stein nur für Grabbauten verwendet, für die Lebenden war Holz „gut genug“!
Die Gräber finden sich meist außerhalb der Siedlungen an sehr verstreuten Plätzen. Oft sind sie mit Zebuschädeln geschmückt, was auf den Reichtum des Verstorbenen hinweisen soll.
Bei den Hochlandbewohnern ist es aber auch z.T. Sitte, Zebuschädel zur Warnung und als Siegel der Unantastbarkeit an den Gräbern zu platzieren.

Hinweis:

- **Nähern sie sich Grabstätten – wenn überhaupt! - mit Respekt und nach vorheriger Erkundigung bei einem Ortsansässigen.**
- **Zeigen sie nie mit dem Finger auf ein Grab!**

Brauchtum

Neben lokalen Festen und Riten gibt es drei große Ereignisse im Leben der Madagassen, die von zentraler spiritueller Bedeutung sind:

- Die **Beschneidung** der Jungen, die **Famorana**, wird – mit Außnahme der Vezo - bei allen Volksgruppen Madagaskars praktiziert. Dabei ist festzustellen, dass die Beschneidung traditionell in den Monaten zwischen Juli und September vollzogen wird, bei einigen Stämmen gibt es sogar eine turnusmässig abgehaltene Massenbeschneidung (so z.B. bei den Antanosy und den Antambahoaka).

- Die **Hochzeit** (**vodiondry**) wird bei den Madagassen freiwillig abgehalten, zwar kommt der Familie beim Aushandeln der vorbereitenden Modalitäten und insbesondere des Brautpreises eine erhebliche Rolle zu, aber die Partner finden sich von alleine und werden nicht einander versprochen. Die eigentliche Hochzeit, die **fampakarana**, ist geprägt von vielen, **kabary** genannten Reden, die oft einen sehr unterhaltsamen Charakter haben. Traditionell wird auch ein gemeinsames Dankgebet, die sog. **Soatra**, an den Schöpfergott **Zanahary** und die Ahnen gesprochen.

- **Toten – oder Leichenwende,** die **Famadihana**, ist sicherlich der madagassische Brauch, der uns Europäern am fremdartigsten und bisweilen anrüchig oder gar abstoßend vorkommt, gilt uns doch hierzulande die Ruhe der Toten und die Unantastbarkeit der Gräber als etwas Heiliges. Wer sich jedoch die immense Bedeutung der Ahnen für das alltägliche Leben der Madagassen vor Augen führt, dem wird sehr schnell klar, dass hier die Gemeinschaft der Madagassen mit ihren Ahnen die höchste und stärkste Manifestation erfährt und die Menschen daher ein Bedürfnis danach haben, ihrer Ahnen zeitweilig auch angesichtig zu werden.

Dass dies auch ein gegenseitiger Aspekt ist zeigt der Umstand, dass bei der Famadihana den Ahnen diejenigen vorgestellt werden, die seit der letzten Umbettung zur Welt kamen, die Ahnen werden mit Geschichten und Informationen „versorgt" und das allgegenwärtige Rumopfer fließt dabei nicht nur in die Erde, sondern reichlich in viele Kehlen.

Die Famadihana wird v.a. im Hochland bei den Merina und Betsileo praktiziert, es gibt jedoch auch regionale Abwandlungen wie die Waschung der königlichen ,Gebeine (fitampoha) bei den Sakalava.

Neben dem Öffnen der Gräber, was angesichts der Lage mancher Gräber in Höhlen inmitten eines steilen Felshanges oft ein lebensgefährliches Unterfangen ist, stellt die Bekleidung der Gebeine mit neuen kostbaren Grabtüchern, den **lamba mena** (rotes Tuch) den eigentliche Kern der Feier dar. Die Famadihana wird in Abständen von 5 bis 10 Jahren, oft auch unregelmäßig, abgehalten: stellt man sich den immensen Aufwand vor, den eine Familie treiben muss, um das ganze Dorf mit reichlich Speise und Trank zu versorgen, wird die wirtschaftliche Problematik dieser Tradition deutlich!
Die Kosten der Feiern treiben die Familie oft in jahrelange Schuldknechtschaft und hemmen so jeden wirtschaftlichen Aufstieg. Dies umso mehr, als sie sich immerzu wiederholt – manche Madagaskar-Kenner haben behauptet, dass es
diese Tradition sei, die Madagaskar am meisten in seiner Entwicklung behindere....

Jedoch muss gesagt werden, dass – wie alle Traditionen – auch diese zusehends an Bedeutung verliert, die enormen Unterschiede zwischen Stadt– und Landbevölkerung lassen auch hier eine Abkehr von den alten Sitten v.a. seitens der Städter erkennen. Oft ist es auch die schiere „Vernunft" und die Annahme einer modernen und pragmatischeren Weltsicht durch immer mehr Madagassen, die sich hier zeigt.

Das früher bei fast allen Madagassen abgehaltene Neujahrsfest (oder Badefest) **Fandroana** wurde 1896 durch die Franzosen „abgeschafft" und durch den Nationalfeiertag ersetzt. Es wird heute nur noch in Erinnerung an alte Zeiten am ehem. Königssitz von Ambohimanga abgehalten

Astrologie

Die Ausübung der Astrologie – als Erbe arabischer Einwanderer von einigen Stämmen traditionell praktiziert – ist in Madagaskar weit verbreitet. Zwar ist das überlieferte Wissen längst nicht bei allen Volksgruppen zu finden, doch wurden Sterndeuter und Wahrsager, die **mpanandro**, schon von den Merina-Königen an ihre Königshöfe geholt und konsultiert.

Und auch heute noch wird beispielsweise beim Hausbau ein Sternkundiger nach dem geeigneten Termin und Zeitpunkt für die Grundsteinlegung befragt.

Im übrigen sei noch auf die Bedeutung des **Mondkalenders** hingewiesen, die dieser beim eigentlichen Bau des Hauses spielt. Da die Madagassen die Vorstellung einer viereckigen Form der Welt haben, kommt dem Mondkalendarium bei der Ausrichtung und dem späteren Gebrauch der Wände des Hauses eine entscheidende Bedeutung zu. So ist jede Himmelrichtung bestimmten Tierkreiszeichen zugeordnet und die Monate werden – von der nordöstlichen Ecke ausgehend und im Uhrzeigersinn – auf die Ecken und Wände des Hauses verteilt, wodurch diesen eine bestimmte, unveränderliche Funktion zukommt.

Orakel, Fetische und Gottesurteile

Wie bei allen Naturreligionen sind auch bei den Madagassen **Orake**l, sog. **Mpisikidi**, bekannt und werden oft und bei allen Lebenslagen befragt. Eine ähnlich große Rolle spielen immer noch die Wächter der Fetische, die **mpitahiry sampy**, denen die Menschen noch heute mit großer Ehrfurcht begegnen. So ist denn der Gebrauch von **Fetischen (sampy)** bei Opferzeremonien sehr gebräuchlich: Bei den Sakalava konnte ich beobachten, wie mit dem Blut des geopferten Tieres ein phallusartiger Fetisch übergossen wurde, der danach mit Blumen geschmückt wurde.

Gottesurteile, auch **tanguin** (nach dem Giftstrauch) genannt, waren früher in Zeiten der Merina-Monarchie ein gebräuchliches Mittel, um die Todesstrafe formell zu umgehen, den Betreffenden aber dennoch ziemlich sicher zu beseitigen. So zwangen die Merina die gefangenen Antankarana einst, barfuß über die Tsingy von Ankarana zu gehen – wer es denn zur anderen Seite schaffte, sollte frei sein! Auch die Verabreichung von Gift zum Zwecke der Schuldbestimmung eines Angeklagten war gebräuchlich.
Ein Brauch, der heute noch praktiziert werden soll, ist das Gottesurteil mittels Zebus für Kinder, die an einem Unglückstag geboren sind: Übersteht das Neugeborene die Nacht im Zebupferch, ohne von den Rindern zertreten worden zu sein, so darf es leben und aufwachsen – in der Obhut von Pflegeeltern, denn die leiblichen Eltern nehmen es keinesfalls als ihr eigen an!

Hexerei-Zauberei

Die Madagassen dürfen wohl zu Recht als zutiefst abergläubisches Volk gelten: Kaum sonst wo auf der Welt begegnet einem ein derartige krasses Aufeinanderprallen von moderner Weltsicht und geradezu archaischen Vorstellungen wie auf Madagaskar. So ist selbst unter akademisch ausgebildeten Madagassen der Glaube an Hexerei, schwarze Magie und Liebeszauber derart hartnäckig verwurzelt, dass es manchmal scheint, als sei da eine unendlich weite Kluft zwischen diesem Volk und uns Weißen, die keine Wissenschaft und keine Aufklärung je ganz überwinden kann.
Besonders den Betsileo in der Gegend von Ambalavao werden ganz besonders schwarze Künste zugeschrieben, in dieser Gegend soll es von Hexen geradezu wimmeln. Aber auch die Bara südlich und auf der Horombe–Ebene gelten manchem hoch gebildetem (!!!) Hochlandbewohner als Teufel und Hexer, ihnen werden schauerliche Riten nachgesagt.

Persönlicher „Favorit“ des Verfassers ist der „Unverwundbarkeitszauber“, den die **Dahallos**, die Viehdiebe der Bara anwenden sollen, um sich bei ihren Raubzügen gegen Gewehrkugeln „immun“ zu machen. Dabei benötigt der Zauberer den Kopf eines neugeborenen Kindes, um den Zauber zu vollziehen! Um den Bann hingegen zu brechen, bedarf es aber weit weniger drastischer Utensilien: ein weißes Tuch, auf dem sich das Blut einer menstruierenden Frau befindet, wird um den Gewehrlauf gewickelt. Dadurch wird der Bara-Zauber unwirksam und die Kugel trifft den Räuber... !

Bei den Bewohnern der Westküste wiederum scheint es eine Häufung von Untoten und Zombies und dergleichen zu geben: Hier erzählte man dem Verfasser von Toten, die aus den Gräbern kämen, manche nur einmal, manche oft, weshalb man diese an dem Knochengerüst erkennen könne – jene, welche nur einmal kämen, könne man am Blick und am Geruch erkennen! Auch sei es dort üblich, diesen (Un-)Toten Speise und Trank als Opfergabe hinzustellen - was diese dann nächtens auch annähmen: durch die Knochen fiele aber alles Essen zu Boden und läge dann am nächsten Tag verstreut umher!
Die Bewohner von St. Marie schließlich haben ihre eigene, mit skurillen – uns bekannten! - Elementen durchsetzte Traumwelt: Hier wird in Vollmondnächten oft ein Geist gesehen, der hoch zu Ross über die Insel reitet und einen Dreispitz und einen langen Bart trägt! Bedenkt man, dass die Einwohner dieser Insel aus der Verbindung madagassischer Frauen und europäischer Piraten entstammen, versteht man dieses eigenartige Traumkolorit!

Ferner erscheinen hier auf St. Marie die Toten den Lebenden regelmäßig im Traum: besonders Opfer von ungesühnten Gewaltverbrechen erschienen den Hinterbliebenen und gäben Hinweise auf den Täter und forderten Rache ein. Die dann auch rasch genommen wird – die St. Mariens haben schon in der Vergangenheit bewiesen, dass sie (Frauen noch eher als Männer) auch schon mal zum Hackmesser greifen und kurzen Prozess machen können, wenn sie erst richtig aufgebracht sind.

Ob der Reisende solcherlei Geschichten Glauben schenkt oder nicht, ist einerlei – solange er sich nicht im Beisein von Madagassen darüber lustig macht, die können daran nämlich in der Regel nichts Komisches finden und nehmen derlei Dinge sehr ernst!

Fady

Jeder Madagaskar-Reisende sollte sich vor Antritt der Reise über die Bedeutung bestimmter Tabus, der **fady**, klarwerden.
Der Begriff selber wird dabei eigenartigerweise von kaum einem Madagassen je in den Mund genommen und ausgesprochen. Man redet dann eben von Tabu.

Fady sind religiöse Verbote, die bestimmte Orte oder Handlungsweisen betreffen. So ist es sehr häufig an heiligen Orten verboten, Schweinefleisch oder Salz mitzubringen oder zu verzehren (z.B. auf dem Rova in Antananarivo) oder mit Schuhen zu gehen. Auch Frauen, besonders während ihrer Monatsblutung, ist das Betreten vieler Orte untersagt. Fady ist es, auf geradem Wege von einem Grab ins Dorf zu gehen: der Tod findet sonst allzu leicht den Weg ins Dorf.

Oft markieren Zebuschädel Orte des fady – manches ist aber auch nicht so einfach zu erkennen. Wer ein fady bricht, hat schwere Schuld auf sich geladen, die er – wenn

überhaupt! – nur durch ein Zebuopfer von sich waschen kann!
In aller Regel wird man den Reisenden aber vor Betreten einer interessanten Örtlichkeit auf die geltenden Verbote hinweisen und man muss nicht befürchten, ein Sakrileg zu begehen. Falls es Ihnen möglich ist, gewöhnen Sie sich an, auf nichts und niemanden mit dem Finger zu zeigen – und deuten statt dessen mit der ganzen Hand oder der Faust in die gemeinte Richtung: Besonders ein Fingerzeig in Richtung eines Grabes gilt als fady, im Bemaraha-NP darf auf gar nichts mit dem Finger gezeigt und keinesfalls irgendetwas aus dem Gebiet mitgenommen werden!
Auch wenn Sie dies für Hokuspokus halten – beachten Sie die Gebote und Traditionen der Menschen!

Gesellschaft

Neben der allgegenwärtigen Armut, welche die meisten Madagassen miteinander teilen, fällt dem Reisenden bald der große Unterschied den ländlichen Regionen zu den Städten auf, zumindest, was den sog. Zivilisationsgrad anbelangt:
Da die Landbevölkerung z.T. noch in der Lage ist, ihren Unterhalt ohne industriell gefertigte Waren zu bestreiten und durch ihre jahrhundertealten Techniken über einen beachtlichen Grad an Autarkie verfügt, ist die Stadtbevölkerung fast gänzlich den Flüchen und Segnungen unserer modernen Welt ausgesetzt.
Und da in Madagaskar der Fortschritt nicht halt macht, ist das Auto auch des Madagassen liebstes Kind! Kilometerlange Staus in Tana, verpestete Luft durch die ungefilterten Uralt-Dieselmotoren sind die Folge, eine Woge aus stark verbeultem Blech durch ein Meer von Armut.
Dabei soll nicht vergessen werden, dass es in Madagaskar schon immer eine reiche Oberschicht gegeben hat, die schon in den 60ern zum Shoppen nach Paris flog! Und in letzter Zeit gibt es – auch an der Menge der Luxusfahrzeuge ersichtlich – immer mehr sehr gut betuchte Leute. Das fast völlige Fehlen einer Mittelschicht, welches früher so kennzeichnend war, hat sich gewandelt: auch dank des aufstrebenden Tourismus und der dadurch zunehmenden internationalen Kontakte gibt es mittlerweile eine – noch dünne – Schicht von Menschen, die die Armut abgestreift haben und ein für unsere Verhältnisse sehr bescheidenes, für dortige Verhältnisse jedoch äußerst privilegiertes Leben führen.
Da die meisten Stadtbewohner jedoch ihre Wurzeln auf dem Land haben, ist ein landwirtschaftlich geprägtes Dasein auch bis in die Innenstädte vorgedrungen, oder die Stadt ist einfach ins Land hinausgewachsen: anders sind die vielen Reisfelder, die in Tana bis in die Innenbezirke hinein angelegt sind, nicht zu erklären. Und auch das Treiben auf den Straßen hat immer noch mehr mit geradezu bäuerlicher Geruhsamkeit als mit hektischem Stadtmenschentum zu tun.
Da die sozialen Strukturen auf dem Lande noch stabil sind, fallen einem die übelsten Ausprägungen von Armut, die bettelnden Straßenkinder und die minderjährigen Prostituierten, nur in der Stadt ins Auge.

Bildungssystem

Nachdem die Analphabetenquote in den letzten Tagen der Āra Ratsiraka einen traurigen Höhepunkt mit fast 35% erreicht hatte, ist deren Zahl mittlerweile wieder stark rückläufig. Grund hierfür ist die durchweg gut organisierte Schulpflicht für die madagassischen Kinder. Trotz der teilweise steinzeitlich anmutenden Lebensumstände mancher Bewohner sind fast 70% der Kinder in der Schule, wobei Mädchen hier keiner Diskriminierung ausgesetzt sind und beide Geschlechter gleich stark vertreten sind. Dem gegenüber steht

aber eine hohe Zahl an Schulabbrechern. Dies liegt weniger an wirtschaftlichen Gründen als an der Tatsache, dass der Unterricht im ersten Jahr noch in malagasy, ab dem zweiten Schuljahr aber komplett auf französisch abgehalten wird – welches zu diesem Zeitpunkt nur von den wenigsten Kindern verstanden wird! Dieses kolonial anmutende System sorgt denn auch dafür, dass nur wenige Kinder den Weg zu höherer Bildung beschreiten und ist nach 50 Jahren Unabhängigkeit ein Beleg dafür, wie sehr es der früheren Kolonialmacht Frankreich gelungen ist, ihren Einfluss auch auf interne Bereiche des öffentlichen Lebens zu erhalten.
Etwa ein Drittel aller madagassischen Kinder gehen allerdings nicht in die staatlichen, sondern in private Schulen, meist konfessionell geführt. Ebenso schicken viele (besser gestellte) Eltern ihre Kinder auf private Vorschulen, wo u.a. auch die frühzeitige Sprachpädagogik (Französisch!) im Vordergrund steht!
Bislang betrug die Grundschulzeit 5 Jahre, daran knüpft(e) sich eine 7-jährige Oberstufenzeit an. Die neue Schulreform will künftig eine siebenjährige Grundschulzeit für alle Schüler verbindlich machen, zumal viele Schulabbrecher zumindest die Elementarstufe abschließen - durch die Schulreform erhofft man sich einen höheren Bildungsgrad selbst bei denen, die bislang aus wirtschaftlichen Gründen keine weiterführende Schule besuchen können. Die bislang 7-jährige Oberstufe wurde dagegen um zwei Jahre verkürzt. In der Grundstufe werden neben Malagasy auch Französich und Englisch (!) unterrichtet!
In den großen Städten des Landes, den Provinzhauptstädten, befinden sich darüber hinaus die **Universitäten** des Landes.

Gesundheitssystem

Wie in allen Entwicklungsländern auch in Madagaskar eines der größten „Sorgenkinder“ des Landes.
Zwar haben laut Gesetz alle Madagassen gleichermaßen Anspruch auf die Gesundheitsdienste – jedoch hinken diese noch weit hinter den Erfordernissen hinterher:

- **Krankenhäuser**, die funktionieren und halbwegs modernen Anforderungen genügen, sind rar und nur in bestimmten Zentren zu finden.
- Obwohl alle Anspruch auf dieselbe Versorgung haben: es liegt auf der Hand, dass bei entsprechender Vorauszahlung in harten Devisen der ganze Apparat schneller und exklusiver arbeitet! Schlechte Voraussetzungen also für mittellose Madagassen.
- **Ärzte** und geschultes **Pflegepersonal** sind Mangelware: Wer es als intelligenter und zielstrebiger Madagasse bis zur ärztl. Approbation schafft, sucht sein (profitableres) Heil meist im frankophonen Ausland!
- Die Versorgung mit lebenswichtigen Medikamenten funktioniert nur unzureichend: zwar existieren in den meisten Orten sog. **Depots de Pharmacie**, in den größeren Städten gibt es auch Apotheken mit einigermaßen gut sortiertem Angebot – in Anbetracht der örtlichen Entlegenheit, in der viele Einwohner ihr Dasein fristen, immer noch ein Tropfen auf dem heißen Stein und ein Entwicklungsproblem ersten Ranges!

Das Gesundheitswesen Madagaskars darf also ingesamt immer noch als unzureichend und lückenhaft bezeichnet werden, dafür spricht die nach heutigen Maßstäben sehr niedrige durchschnittliche Lebenserwartung von etwa 57 Jahren und die hohe Säuglingssterblichkeit von 8%!

Wesen und Charakter

Die Wesensart eines Volkes zu beschreiben, ist schwierig, ohne ins klischeehafte abzugleiten oder unzulässige Verallgemeinerungen zu betreiben. Jedoch gibt es schon einige typische Wesensmerkmale, die man den Madagassen zuschreiben kann:

- Schreien oder jegliche Form, seinem Zorn oder seiner Aufregung allzu laut Ausdruck zu verleihen, ist verpönt! Wer herumschreit, ist immer im Unrecht und löst Angst oder Unverständnis aus.
- Der Madagasse ist von ruhiger, stets moderater Wesensart: Nie wird er es aufgrund von Meinungsverschiedenheiten zu einem verbalen Konflikt oder Streit kommen lassen! Man könnte ihn daher als sehr harmoniebedürftig beschreiben!
- Kann er keinen Kompromiss erzielen, versucht er dennoch stets, den Standpunkt des anderen zu respektieren, auch wenn es nicht sein eigener ist.
- Insgesamt darf der Madagasse als friedfertig und eher konfliktscheu bezeichnet werden.

Gastfreundschaft

Eine kulturrelle Errungenschaft, welche in Madagaskar (im Gegensatz zu unseren „entwickelten" Ländern) sehr groß geschrieben und in einer Weise praktiziert wird, dass man oft beschämt dasteht! So ist es auf dem Lande selbstverständlich, dass – etwa bei einem aufziehenden Unwetter - das nächstbeste Haus betreten werden darf. Und man trotz schmutziger Schuhe gebeten wird, diese doch anzulassen.
Auch Einladungen zum Essen von wildfremden, oft bettelarmen Menschen sind nicht ungewöhnlich!

Ethnische Konflikte

Auseinandersetzungen im Inneren gibt es (trotz der Friedfertigkeit der Madagassen) allerdings auch. Bei der kriegerischen Vergangenheit des Landes, verbunden mit jahrzehnte– und jahrhundertelangen Hegemonialkämpfen verwundert es nicht, dass sich manche „alten Feindschaften" bis zum heutigen Tage erhalten haben. Es wurde bereits erwähnt, dass die Merina zu Beginn des 19. Jh. alle anderen Völker Madagaskars unterworfen hatten. Einige Volksgruppen, heutzutage unter dem reichlich schwammigen Begriff "**Küstenbewohner"** zusammengefasst, leisteten den Merina dabei besonders heftigen und erbitterten Widerstand. (Mit „Küstenbewohner" dürften daher wohl v.a. die Betsimisaraka und die Sakalava gemeint sein, d. Verf..) Bis heute schwelt der alte Konflikt fort, allerdings kommt es dabei fast nie zu tätlichen Auseinandersetzungen – der Streit ist eher von Misstrauen und Spott geprägt denn von echter Aggression.
Eine Ausnahme waren allerdings die Ereignisse nach dem Brand des **Rova**, des Königspalastes von Antananarivo: am 6. November 1995 brannte das Nationalheiligtum der Madagassen innerhalb kürzester Zeit völlig aus, unersetzliche Kunstschätze wurden ein Raub der Flammen – die spirituelle Bedeutung dieses Verlustes v.a. für die Merina können wir nur erahnen, nicht ermessen. Die fundamentale Verwirrung nach diesem Ereignis führte denn auch zu Auseinandersetzungen und Gewalttätigkeiten gegen Bewohner der Küste, sogar vor Angriffen auf Schulkinder wurde nicht halt gemacht: es ging das Gerücht um, die Küstenbewohner hätten aus alter Feindschaft das Feuer gelegt, um den Merina eins auszuwischen!

Kinder

Auf dem Lande, wo viele Kinder der Frauen Stolz und Vorsorge fürs Alter gleichermaßen sind, ist die Athmosphäre noch von fröhlicher Neugier bestimmt: unzählige, große dunkle Kinderaugen überall. Und fröhliches Kinderlachen und der Ruf **„Salût Vazáha!“**
Kinder sind in Madagaskar erstens allgegenwärtig und zweitens auffallend still: tatsächlich hört man praktisch nie ein Kind schreien oder stören. Der Grund mag die von Anfang an erfolgte Vereinnahmung durch einen stabilen sozialen Verband sowie das völlige Vertrauen sein, welches die Kinder offenbar empfinden! Die Erziehung der Kinder obliegt bei den Madagassen völlig den Frauen.

Kinderarbeit

Die Schattenseite des Kinderreichtums soll nicht verschwiegen werden: zu den wirtschaftlichen Problemen einer schnell wachsenden Bevölkerung kommt auch das Thema Kinderarbeit hinzu: Neueren Berechnungen zufolge müssen gegenwärtig etwa 2 Millionen Kinder in Madagaskar mehr oder minder schwer körperlich arbeiten! Insbesondere die „Jobs“ im Bergbau (!) oder die oft unerlässliche Mithilfe in der Landwirtschaft machen klar, dass Madagaskar bei aller Kinderliebe weit vom Paradies für Kinder entfernt ist

Pädophilie

Eine weitere Schattenseite des kinderreichen und bettelarmen Madagaskar ist die Anziehungskraft auf **Pädophile** beiderlei Geschlechts, welche das Land ausübt! Und obwohl entspr. Gesetze auf dem Papier auch auf Madagaskar gelten, staunt mancher Reisende über die Unverhohlenheit, mit der die meist angegrauten Perversen mit ihren minderjährigen Gespielinnen und Begleitern an vielen Orten der roten Insel spazieren laufen.
Besonders widerlich wird diese Abart, wenn diese Geschöpfe dann noch sog. „Kinderhilfsprojekte“ aus der Taufe heben – um unter dem Tarnmantel der karitativen Betätigung desto ungestörter ihren widerwärtigen Neigungen nachzugehen. Dies ist leider gar nicht so selten, wie es sich der erstaunte Leser fragen mag!!!

Senioren

Bei einer durchschnittlichen Lebenserwartung von ca. 57 Jahren nimmt es nicht Wunder, dass man schon recht früh als „alt“ gilt. Bei uns normal sind 80-jährige, die aktiv im Leben stehen. Hierzulande eine Rarität, Menschen so hohen Alters gibt es fast nicht, kommt ein (nach dortigen Begriffen steinalter) Tourist vorgerückten Alters nach Madagaskar, genießt er natürlich hohen Respekt.
Egal ob weiß oder schwarz: alte Menschen werden stets höflich und mit Respekt behandelt – wenn Sie in Madagaskar einem alten Menschen begegnen, sollten Sie ein leises **Azafady** - „entschuldige“(„dschaffad“ gesprochen) hören lassen.

Frauen

Obgleich die gesellschaftlichen Strukturen in Madagaskar stark von den Männern dominiert werden, genießen Frauen dennoch – besonders im Hochland – hohes Ansehen und eine gewisse Autorität. Tatsächlich kann man sich des Eindruckes nicht erwehren, dass es die Frauen – wie überall in Afrika! - sind, die das Land am Laufen halten. Der große Fleiß der Frauen – aber auch der Kinder, die von klein auf arbeiten oder ihre Geschwister hüten müssen, fällt auf.

Zumindest sieht man nirgendwo Frauen herumlungern, trinken oder wenig erträglichen Beschäftigungen nachgehen – dieses "Privileg" haben die Männer hier ziemlich für sich!

Wirtschaftliche Abhängigkeit der Frauen vom Ehemann ist in Madagaskar kein Thema: Eine Frau kann ihren Mann wegschicken und sich ohne große Probleme von ihm trennen, wenn er sie nicht gut behandelt - und dann zu ihrer Familie zurückkehren!

Sexualität

Die Sexualität ist für die Madagassen eine Angelegenheit, die nicht versteckt oder prüde gehandhabt wird. So haben schon frühere Reisende die auffallende Initiative erwähnt, die die weibl. Madagassinnen, die sie trafen, in sexueller Hinsicht gezeigt hätten. Auch die ersten Missionare waren entsetzt über den recht freizügigen Umgang der Einheimischen mit körperlichen Dingen. So gilt es auch als nichts Besonderes, sich beim gemeinsamen Baden nackt vor Angehörigen beiderlei Geschlechts zu zeigen. Uneheliche Kinder sind in Madagaskar nichts Seltenes und auch kein Problem: die Familie der Mutter kümmert sich um sie.

Übrigens steht Ehebruch in Madagaskar interessanterweise unter Strafe – wer sich mit Madagassinnen näher einlässt, kann unter Umständen (möglicherweise gezielt arrangiert) in prekäre Situationen geraten, siehe auch nächster Abschnitt.

Prostitution

Eine andere Sache ist die zunehmende Prostitution und der Frauenhandel. Hierbei geht es einerseits um knallharte Geschäftsinteressen internationaler Frauenschieberringe und andererseits um die Ausbeutung der bitteren Armut junger Mädchen durch Touristen.
Da die Madagassinnen wenig prüde sind, fällt es dem Alleinreisenden männlichen Geschlechts zuweilen sehr schwer, sich angesichts der Schönheiten, die sich im Licht der Discotheken und Bars darbieten, einfach abzuwenden.
Und auch unter den Mädchen spricht sich natürlich herum, womit man Vazáha, weißen Männern, gefällt – und das diese u.U. gut dafür bezahlen, mehr, als man durch Arbeit auf dem Feld vedient.
Zu den widerwärtigsten Anblicken in Madagaskar zählen denn auch jene, in denen alte, fette Männer sich mit minderjährigen Mädchen vergnügen!
Diese scheinen noch nicht gehört zu haben, dass auch in Madagaskar harte Strafen für Kindesmissbrauch verhängt werden. Je nach Schwere des Deliktes zwischen **5 Jahren Haft und 20 Jahren Zwangsarbeit!!!**

Allerdings steht zu hoffen, dass sich die spürbare Aufklärungsarbeit im Lande darin zeigt, dass es bald keine Hotels mehr in Madagaskar gibt, in denen man Prostituierte mit aufs Zimmer nehmen kann. Schließlich ist **AIDS** – anders als im übrigen Afrika hierzulande kein Massenphänomen! – auch in Madagaskar angekommen. Schon von daher ist Vorsicht geboten!

Menschenrechte

Leider auch in Madagaskar ein Thema, wenn auch eines, über das nur selten und in Reisepublikationen ungern geredet wird. Dabei hat sich im Zuge der seit 2009 andauernden Krise auch hier manches verschlechtert, was vorher schon im Argen lag: Da sind nicht nur die unsäglichen Bedingungen in den Haftanstalten, die Korruption und die vielen Straftaten, die auch von Ordnungskräften begangen werden. Da ist auch die Willkür von Polizeiorganen, bei Vernehmungen Verdächtiger wird traditionell gerne zugeschlagen, der Verfasser musste miterleben, wie zwei etwa 16 Jahre alten Kerls, die des Diebstahls verdächtig waren, von Polizisten mit einer Holzlatte verprügelt und mit Fußtritten traktiert wurden. Da die beiden umgehend geständig waren, war dies für den madag. Begleiter des Verfassers nur ein Beleg dafür, wie effektiv die Methoden seien und wie gut die Polizisten ihre Landsleute kennen würden....
Politische Gefangene gibt es ebenso wie eine unerträglich durchsichtige Manipulation der Staats– und Rechtsorgane durch die sog. „HAT", Waffengewalt gegen Demonstranten, Medienzensur und dgl. mehr.
Madagaskar darf sich auch in dieser Hinsicht dem afrikanischen Raum zurechnen – ein Entwicklungsland mit all seinen Schwächen eben, auch in dieser Hinsicht.

Freizeitgestaltung

Musik. Die Madagassen sind ein ausgesprochen fröhliches Volk – Musik und Tanz als Erbe Afrikas und Asiens, von denen sie entstammen, spielen auch im modernen Madagaskar eine große Rolle.
Neben der traditionellen Musik, die stark von – meist männlichem – Gesang geprägt ist und in denen die **Ziehharmonika**, die Bambuszither **Valiha**, die **Kabosy** genannte, kastenförmige Mandoline sowie die Bambusflöte **Sodina** die beherrschenden Instrumente sind, erobert sich eine moderne, mit elektronischen Klängen und ausgesprochen westlichen Elementen durchsetzte Popmusik ihr breites, jugendliches Publikum. Internationale „Stars" haben Seltenheitswert, jedoch sind Bands wie Ambondrona (mit dem Sound der deutschen SCORPIONS), Mahaleo, Rossy und nicht zuletzt der geniale Gitarist (und Sänger) d´Gary zumindest im frankophonen Sprachraum recht bekannt.

Videovorführungen sind in vielen ländlichen Regionen oft die einzige moderne Unterhaltung, weshalb die kleinen Hütten, in denen ein kleiner Farbfernseher vor 100 Menschen flimmert, am Wochenende regelmäßig ausverkauft sind. Der jeweilige Film steht stets in Kreide geschrieben vor der Hütte, versehen mit einem aufschlussreichen Filmfoto.
Meist handelt es sich um drittklassige "martial arts"- Filmchen, die obendrein noch unsynchronisiert mit französischen Untertiteln dargeboten werden. Wer im Vorführraum weiter hinten sitzt, versteht aber ohnedies nichts und kann das bunte Flimmerbild nur entfernt und verschwommen wahrnehmen.

Fußball spielt natürlich auch auf Madagaskar eine gewichtige Rolle – sowohl was das Interesse an internationalen Fußballereignissen anbelangt, als auch in den vielen kleinen Dorfclubs und den Bolzplätzen, die in ganz Madagaskar zu finden sind. Und selbstverständlich wird dieser Sport von der jungen Generation mit dem selben Eifer ausgeübt wie anderswo. Als Fußballnation spielt Madagaskar aber eher eine untergeordenete Rolle: die Talente, die es schaffen aufzufallen, werden alsbald nach Frankreich oder sonst wohin verkauft...

Alkohol spielt – entgegen den Behauptungen früherer Autoren – leider eine viel zu große Rolle im Leben der Madagassen. Zwar ist der Gebrauch von selbst gemachtem **Betsabetsa** und **Toaka gasy** zu festlichen oder religiösen Anlässen traditionell üblich und stört das Gemeinwesen nicht. Doch Alkoholmissbrauch, insbesondere in den Städten, stellt ein zunehmendes Problem dar!
Auch auf dem Lande fallen einem v.a. samstags und sonntags mancherort sehr viele betrunkene Männer – z.T. auch Frauen – auf.

Hira Gasy Das traditionelle Straßentheater **Hira gasy** stellt auch heute noch ein wichtiges kulturelles Merkmal der Madagassen dar. Diese öffentlichen, einen ganzen Tag andauernden Aufführungen von Anekdoten, Gesang, Sketchen und anderen musikalischen Einlagen nimmt oft ganze Stadtteile in Beschlag. Traditionell halten die Einwohner des Stadtteils Isotry in Antananarivo sonntags ihr Hira Gasy ab.

Hahnenkämpfe sind am Wochenende in ganz Madagaskar zu finden und eines der Ereignisse am Samstagnachmittag! Nicht nur, dass man auf die Tiere setzen und bedeutende Summen gewinnen (oder auch verlieren) kann – man kann sich auch einen Kampfhahn mieten und als Gladiator für sich selber ins Gefecht schicken!
Kaum ein Ereignis vermag einen Haufen madagassische Männer so in Entzücken und Aufregung zu versetzen wie ein Paar Kampfhähne in der kleinen runden Arena. Übrigens werden die Tiere dabei weder ernsthaft verletzt noch gar getötet!

Haustiere sind bei den Madagassen normal – allerdings steht der wirtschaftliche bzw. kulinarische Aspekt bei der Haltung klar im Vordergund des Interesses. Besonders Federvieh wie Hühner, Perlhühner und Enten findet man praktisch überall auf dem Lande – und z.T. auch in den Städten! Bei Fahrten über das Land ist in allen Orten, die man durchfährt, mit plötzlich auftauchendem Gefieder auf der Straße zu rechnen – auf der Fahrt des Verfassers von Antsirabe nach Miandrivazo mussten alleine drei Hühner ihre Langsamkeit mit dem Leben bezahlen, ein Hund entkam nur sehr knapp....

Hunde werden auch gehalten, wohl als Wachhunde, allerdings übersteigt ihre Zahl und der Grad der Unerzogenheit der Tiere den Nutzen. Selbstverständlich vermehren sich auch hier die Hunde unkontrolliert – nehmen aber seltsamerweise nicht so überhand, wie man befürchten müsste. Dem – mit Tierschutz und europäischen Umgangsformen gegenüber Tieren vertrauten – Reisenden wird es manchmal weh tun zu sehen, wie grob und desinteressiert manche Menschen v.a. den Hunden gegenüber sind. ...
Dass die Hunde als Wachhunde nur bedingt zu gebrauchen sind, zeigt die Tatsache, dass die Tiere bisweilen – aus welchen Gründen auch immer – manchmal die ganze Nacht hindurch lärmen. Tana in den Vororten bietet bei Nacht eine tolle Geräuschkulisse für Hundefans – es bellt und kläfft aus allen Himmelsrichtungen, von nah und fern und will kein Ende nehmen.

Allerdings hat Madagaskar der Welt der Kynologie immerhin eine anerkannte Hunderasse hinzugefügt: Tuléar (Toliara) ist die Heimat des **Cotton des Tuléar** genannten Rassehundes: ziemlich untersetzt, mit weißem, langem und flauschigem Fell (einem Westie nicht unähnlich) und im Gegensatz zu ihren mischrassigen Artgenossen in privilegierter Stellung gehalten.

Katzen scheinen mit dem Klima Madagaskars so ihre Not zu haben – zwar sieht man sie in fast allen Orten, aber nur sehr vereinzelt – allesamt sehen ziemlich zerzaust und heruntergekommen aus...

Pferde sind auf Madagaskar eine Rarität – nur an einigen touristisch frequentierten Orten werden Reitpferde zum Mieten angeboten, so in Andasibe an der Vakona Lodge oder in Antsirabe.
Die Tiere machen zumeist einen ziemlich mageren, abgehalfterten und wenig ausdauernden Eindruck – auch für Pferde scheint Madagaskar nicht das richtige Land zu sein.....

Esel gibt es in Madagaskar nur in der „Croc Farm" bei Tana, sonst überhaupt nicht.

Lemuren werden z.T. auch als Haustiere gehalten – ein wenig erfreulicher Anblick, sind die Aussichten der meisten gefangenen Lemuren doch ziemlich trübe, z.T. werden sie auch gegessen. Auch wenn manche Leute als Rechtfertigung angeben, man habe die Jungtiere mutterlos gefunden, werden die gefangenen Tiere kaum artgerecht gehalten.

11. Sprache

Madagassisch, auch **malagasy** genannt, ist die einzige Sprache des afrikanischen Raumes, die eindeutig asiatischen Ursprungs ist.
Die französische Bezeichnung "malgache" sollte der Reisende besser meiden – lässt sich diese Wortschöpfung auch als „mal´ gache“ interpretieren, was soviel wie „schlechter Madagasse“ bedeutet.....

Obwohl sich im Madagassischen viele Worte finden, die aus anderen Sprachräumen (arabisch, afrikanisch, französisch, englisch) stammen, zeigt die Sprache starke Ähnlichkeit mit Dialekten, wie sie heute auf Sumatra, Bali und Java gesprochen werden. Daneben existieren zahlreiche Parallelen zum Malaiischen und am deutlichsten zum **Manjan**, einer Sprache, die heute noch im Südosten Borneos gesprochen wird.
Womit sich die Herkunft zumindest der Merina am ehesten dort findet – wie auch die zahlreichen anderen Parallelen (s. Kapitel Geschichte) nahe legen.

Malagasy gehört damit zur **austronesischen Sprachfamilie**, die sich im Zuge der großen austronesischen Wanderung, welche vor etwa 6000 Jahren begann und vor etwa 1500 Jahren endete, bis vor die Küste Afrikas bewegt hat.

Die Herausbildung des Malagasy aus den dominierenden Einflüssen Asiens und den übrigen Einsprengseln begann also etwa im 5. Jh. und ist sicher seit dem 11. Jh. - dem Alter der frühesten bekannten Aufzeichnungen in den **sorabe** der Antaimoro - zur eigenständigen Sprache als weitgehend abgeschlossen zu bezeichnen.
Der **howa** genannte Dialekt der Merina gilt als die Hochform des Malagasy – und wird längst nicht von allen Madagassen gesprochen oder verstanden: ist die Existenz einer gemeinsamen Sprache bei einem solch bunten Völkergemisch wie den Madagassen schon erstaunlich genug, verwundert es nicht, dass es in Madagaskar eine Vielzahl **lokaler Dialekte** gibt, die mehr oder weniger starke Eigenheiten haben.

Malagasy ist – trotz des zunächst fremdartigen Klanges in unseren Ohren – eine recht einfache Sprache, besonders, was die Grammatik anbelangt: es existieren keine unterschiedlichen Artikel (der, die und das sind nicht sprachlich differenziert), auch die verschiedenen Fallformen sind stark vereinfacht – außerdem zeichnet sich das Malagasy durch das praktisch völlige Fehlen von Konjunktionen aus!

Nimmt man noch die Tatsache hinzu, dass es nur 21 Buchstaben gibt und v.a. die Konsonanten **e** und **a** eine große Rolle spielen, klingt es gar nicht mehr so abwegig, wenn man von den Madagassen gesagt bekommt, Malagasy sei für Deutsche sehr leicht zu lernen!

Tatsächlich tun sich die Franzosen (mit ihren vielen Nasal– und Singlauten) mit dem malagasy erkennbar schwer, ist dieses doch eher von harter Aussprache und dazu extrem kurzsilbig.
Probleme bereiten dem Anfänger allenfalls die Regeln, mit denen die oft ellenlangen, madagassichen Wortwürmer sprachlich verkürzt werden, so dass sich ein Wort ganz anders anhört wie die Schriftform sich liest.

Schriftform	gesprochen	Schriftform	gesprochen
0 = aotra	aodsch	10 = folo	full
1 = iray	irrei	20 = roapolo	ruhpull
2 = roa	ruh	30 = telopolo	telpull
3 = telo	tel	40 = efapolo	efapull
4 = afatra	efatdsch	50 = dimampolo	dimampull
5 = dimy	dim	60 = enimpolo	enmpull
6 = enina	enn	70 = fitopolo	fitpull
7 = fito	fit	80 = valopolo	walpull
8 = valo	wal	90 = sivifolo	schiwfull
9 = sivy	schiw	100 = sato	satt

Schriftform		gesprochen		heisst:
Manahoana	=	Manaona	=	Guten Tag
Misaotra	=	Missodsch	=	Danke
Azafady	=	safadsch	=	Bitte!/Verzeihung
Veloma	=	weluma	=	Auf Wiedersehen

12. Wirtschaft – Handel - Verkehr

Madagaskar ist arm. Die Gründe für den offenkundigen Gegensatz, dass ein Volk von 20 Millionen Menschen in einem so riesigen Land voller unschätzbarer Reichtumer nicht satt und wohlhabend sein kann, sind vielfältig.

Zwar ist es einerseits das **starke Traditionsbewusstsein** der Madagassen, welches ein Umlenken und –schwenken in vielen Problembereichen v.a. der Ökologie und der Ökonomie behindert. So ist es auf dem Lande praktisch unmöglich, irgendeine Maßnahme durchzusetzen, ohne das Einverständnis der **Ältesten** zu haben. Ohne deren Weisung und Billigung verhalten sich die Menschen gegenüber Veränderungen ablehnend.

Andererseits gibt es Gründe, an denen die Madagassen schuldlos sind. Die jahrzehntelange Ausbeutung und Degradierung durch eine fremde Macht ist wohl der wichtigste Grund: Das Unvermögen, ein unabhängiges Land in einer veränderten, modernen Zeit selber zu verwalten kann man nicht denen anlasten, die man zuvor immer von allzu modernen Einflüssen ferngehalten hat!
Dass die Madagassen, wie alle Kolonialvölker, die man einfach in die Unabhängigkeit entließ, immense Probleme hatten (und haben), all jene Errungenschaften der Zivilisation und der Moderne (wie Verwaltung, Infrastruktur, ein funktionierendes Gesundheitssystem und dergleichen mehr) zu erhalten und verwalten, in denen sie bis dato, außer als einfache Arbeitskräfte, keine Rolle gespielt hatten, ist einfach ihrer schlichten Unerfahrenheit zuzuschreiben.

Viele (meist europäische) Besucher der roten Insel behaupten gerne, die Madagassen seien arbeitsscheu, geradezu faul und extrem langsam bei der Umsetzung vorgeschriebener Aufgaben.
In Wahrheit haben diese Menschen eine festverwurzelte Aversion gegen jede Form der Knechtschaft. So hat unser modernes Verständnis von Lohnarbeit und Angestelltentum nicht mehr viel mit der Sichtweise einer Knechtschaft gemein, sondern ist vielmehr einem Verständnis von Gegenseitigkeit gewichen.

Die Madagassen kennen die milderen Formen des Kapitalismus, der sich v.a. in den Städten und touristischen Brennpunkten Madagaskar findet, noch nicht so lange wie wir! Die Erinnerung an Zeiten, in denen ihre Brotherren z.T. ähnlich wie Sklavenhalter auftraten, lebt im kollektiven Gedächtnis noch immer fort!

Man darf ferner nicht außer Acht lassen, dass dieses Volk eine tief sitzende, **bäuerliche Tradition** hat – im Grunde sind alle Madagassen mehr oder minder Bauern! - und es gewohnt war, sich mit der eigenen Scholle und dem eigenen Rind selbst zu versorgen.

Die Versuche der einfachen Landbevölkerung, im Zeitalter des Kapitalismus mitzumachen, muten manchmal etwas grotesk oder einfallslos an: Im Hochland fällt auf, dass über weite Strecken hinweg stets das selbe an den kleinen Verkaufsständen am Straßenrand angeboten wird. Über viele Kilometer Sisalflechtarbeiten, dann eine Weile nur Erdbeeren, bis wieder kilometerlang nur Holzschnitzereien angeboten werden. Die Tatsache, dass viele Madagassen ihr Leben im Umkreis weniger Kilometer verbringen und fast nie über diesen Rayon hinauskommen, ist die einzige Erklärung für dieses Phänomen. So schön und preiswert diese Dinge auch sind: auch der engagierteste und gutwilligste Reisende will halt doch nicht mehrmals hintereinander das Gleiche einkaufen....

Geld spielt nämlich in Madagaskar eine weitaus geringere Rolle als bei uns, zumindest was die Anlage von Werten anbelangt. Hier wird noch in großem Stil **Subsistenzwirtschaft** betrieben, auf dem Lande wird z.B. ein Großteil aller Pacht– und Leihverträge durch Abtretung von Nutzungsrechten oder durch andere geldlosen Leistungen geschlossen. **Tauschhandel und Naturalien** sind häufig wichtiger als Geld – weshalb sich Reichtum in einer großen Anzahl Rinder zeigt!

In ihren ureigensten Bereichen, der Bewirtschaftung ihres Bodens, dem (Kunst-)Handwerk und in allen sonstigen Formen des Broterwerbs aus natürlichen Ressourcen sind die Madagassen fleißig, ausdauernd und äußerst zäh.

Solange ein Madagasse auf seine **natürlichen Quellen** zurückgreifen kann und noch nicht völlig – so wie wir! - auf die Regelmäßigkeit von Lohn– und Gehaltszahlungen angewiesen ist, weil er andererseits auch keine finanziellen Verbindlichkeiten wie wir hat, wird er sich von bezahlter Arbeit kaum derart unter Druck setzen lassen, wie wir es hierzulande gewohnt sind! Dies erklärt vielleicht den oft kritisierten Mangel an Arbeitsenthusiasmus der Madagassen!

Aus diesen Gründen darf Madagaskar als überwiegendes **Agrarland** bezeichnet werden. Dies drückt sich am bildhaftesten in der **Marktkultur** der Madagassen aus: Einen Besuch der überall im Lande an bestimmten Tagen, mancherorts auch täglich, abgehaltenen Märkte sollte sich kein Reisender entgehen lassen. Die ganze Palette der landwirtschaftlichen Erzeugung, alles wunderbar frisch und knackig, wird feilgeboten, daneben strengriechender gesalzener Fisch, Geflügel (meist lebend) und alle möglichen Kleinigkeiten des täglichen Bedarfs.

Etwa **80%** der Bevölkerung arbeiten **im landwirtschaftlichen Sektor,** also Reisanbau, Fisch– und Rinderzucht, Arbeit in Plantagen usw. Dies ist umso erstaunlicher, wenn man bedenkt, dass nicht einmal **10 %** der Landesfläche überhaupt für Ackerbau geeignet ist! Die riesige Armee der Zebus in Madagaskar konnte nur auf ein solches Millionenheer anwachsen, weil im Unterschied zu Ackerflächen **relativ viel Weideflächen** vorhanden sind.

Eine zukunftsfähige Innovation ist die **Zucht von Garnelen**, welche das Land seit einigen Jahren mit gutem Erfolg verkauft.
Dennoch reicht die Kapazität der Landwirtschaft bislang noch nicht aus, den Eigenbedarf an Reis zu decken – daher ist Madagaskar regelmäßig auf Importe aus Südostasien angewiesen. Mit etwa **150 kg pro Kopf und Jahr** sind die Madagassen Weltmeister im Verzehr von Reis!

Der landwirtschaftliche Sektor erwirtschaftet nur etwa **35% des Bruttoinlandsproduktes (BIP)!**

Der **Dienstleistungssektor,** die Boombranche**,** ist mit fast **20 % Beschäftigten** momentan stärkste wirtschaftliche Kraft, dieser erwirtschaftet immerhin **50% des BIP** Madagaskars – die außerordentliche Bedeutung v.a. des Tourismus-Sektors für die Einkünfte des Landes wird darin deutlich!

Industrie ist auf Madagaskar immer noch zu wenig vorhanden, nur etwa **8%** der Bevölkerung arbeiten hier. So werden fast alle Güter des täglichen Gebrauchs aus Frankreich oder China eingeführt, meist von minderer Qualität.

Verarbeitende Industrie sind v.a.:

- Textilindustrie, die durch die Schaffung einer **Freihandelszone** besonders günstige Bedingungen erhalten hat.
- Lebensmittelindustrie (Getränke, Milchprodukte)

Der industrielle Sektor erwirtschaftet lediglich **15% des BIP** – ein Zeichen für die mangelnde Dynamik und bislang fast **völlige Importabhängigkeit** des Landes

Weitere wichtige Wirtschaftszweige – insbesondere für den so wichtigen Export – sind **Rohstoffe:**

Neben Vanille, Garnelen, Nelken, Kosmetika, Kakao und Kaffee werden v.a. **Bergbauprodukte** wie Graphit, Titan, Chromerz, Bauxit und (Halb-) Edelsteine exportiert. Erstaunlicherweise ist der Anteil der letztgenannten in den offiziellen Statistiken sehr gering – was angesichts der erheblichen Bergbauaktivitäten im Lande sehr verwunderlich ist. Man darf hier allerdings vermuten, dass dem Staat große Einkünfte durch massenhaften illegalen Export entgehen. Daher erwirtschaftet der Bergbausektor nur magere **4% des BIP.**

Durch neue Investitionen soll der Anteil des Bergbaus jedoch bis in einigen Jahren auf **14%** steigen: die riesige **Ambatovy Nickel-Kobaltmine** bei Moramanga mit einem Investitionsvolumen von 3,2 Milliarden US$ soll nicht nur 8.000 Arbeitsplätze schaffen, sondern auch einen förmlichen Entwicklungsschub für die lokale Wirtschaft mit sich bringen. Kritiker bemängeln bereits jetzt die Bedrohung der schon stark geschädigten Natur Madagaskars, riesige Waldflächen wurden gerodet, unkalkulierbare Umweltschäden werden folgen!

Der **Staatshaushalt** Madagaskar wurde bis 2009, nachdem das Land 2006 einem von **Weltbank** und **IWF** vorgeschlagenen **Aktionsplan (Madagascar Action Plan**) zugestimmt hatte, zu 40% aus den Leistungen von Geberländern bestritten.

Nach den Vorstellungen der Geberländer sollten durch Gesetzesänderungen, vereinfachte Steuergesetzgebung und Verbesserung der Verwaltung die Einnahmen des Staates erhöht und gleichzeitig die Rolle des Staates im Wirtschaftsleben verringert werden. Ein dauerhaftes Wirtschaftswachstum von 7-10% war das Ziel, ermöglicht werden sollte dies durch einen hohen Anteil von **Investitionen** im Staatshaushalt.

So wurden noch 2007 **73% des Haushaltes** in die Bereiche Gesundheit, Bildung, Infrastruktur und Daseinsvorsorge investiert.

Ein neues Investitionsgesetz soll ferner den Zugang ausländischer Investoren in Madagaskar erleichtern und fördern. So ist es seit Anfang 2007 Ausländern prinzipiell möglich, Grundbesitz im Lande zu erwerben – und ein gewisser „run“ auf die attraktivsten Parzellen hat schon begonnen. Besonders Grundstücke an der Küste sind begehrt – gehen offenbar viele davon aus, dass sich entlang der riesigen Küstenlinie Madagaskars bald noch mehr touristische Zentren bilden werden. Es bleibt zu hoffen, dass diese

Entwicklung nicht in einen Ausverkauf des Landes mündet.

In der Tat befand sich das Land bis zum Putsch 2009 insgesamt auf Wachstumskurs: So stieg das **BIP** im Jahre 2007 um satte **6,3%** - ein sicheres Anzeichen für spürbare Veränderungen nach Jahrzehnten des Rückschrittes.

Wichtigste Geberländer Madagaskars sind derzeit Kanada, Frankreich und China.

Deutschland ist mit Exporten nach Madagaskar in Höhe von 32 Mio. Euro und Importen aus Madagaskar in Höhe von 62 Mio. Euro (pro Jahr) ein weniger wichtiger Handelspartner.

Verkehr

Noch vor wenigen Jahren war Madagaskar ein Reiseziel für Leute mit Zeit: die Infrastruktur war marode und erschwerte ein Vorwärtskommen erheblich.
Natürlich ist heutzutage immer noch manches im Argen: mit Ausnahme der großen Nationalstraßen (Routes Nationales) gehört ein Asphaltbelag auf der Straße noch zu den seltenen Dingen, der Inlandsflugverkehr hat seine Tücken.

Aber es tut sich auch allerhand: überall im Lande wird an der Infrastruktur gearbeitet, sei es am Eisenbahnnetz, welches fast vollständig "widerbelebt" wurde, sei es die RN 5 A von Vohemar nach Ambilobe oder die RN 4 von Tana nach Mahajanga und die RN 6 weiter bis Antsiranana, die nunmehr durchgehend geteert und ausgebaut sind.

Daher sind die **Nationalstraßen** Madagaskars die wichtigsten Reiseverbindungen überhaupt: lassen sich doch nahezu alle Attraktionen der roten Insel mit dem Automobil – oder alternativ mit dem Fahrrad – erkunden!

Eisenbahn: Es verwundert nicht, dass sich ein Großteil des Verkehrs über die Straßen bewegt. Das Eisenbahnnetz spielt – obwohl einige Strecken vorhanden sind – aufgrund verschiedenster Ursachen nur eine untergeordnete Rolle. Die Gründe sind vielfältig: So wurde früher oft behauptet, die Madagassen empfänden die Eisenbahn als aufgezwungenes Instrument der Unterdrückung durch die Franzosen. Auch heißt es, dass die sehr einflussreiche Lobby der Speditions– und Taxi-Brousse-Unternehmer sich gegen die Wiedereinführung der Eisenbahn stark (angeblich auch durch Sabotage) ins Zeug legt!
Letzteres scheint wahrscheinlicher - in dem nämlich die Madagassen keinerlei Scheu zeigen, sich diesem rumpelnden und quietschenden Fortbewegungsmittel anzuvertrauen. Die Bewohner entlang der Bahnstrecke von Fianarantsoa nach Manakara jedenfalls scheinen die Eisenbahn als Lebensader zu empfinden, was sie auch ist: eine andere Verkehrsanbindung hat diese bergige Urwaldregion nämlich nicht!
Die **Fianar-Côte d´Ést** (FCE) wird daher wegen ihrer immensen wirtschaftlichen Bedeutung trotz defizitärem Betrieb am Laufen gehalten. Alle übrigen Strecken werden von **Madarail**, der staatlichen Eisenbahngesellschaft verwaltet.
Trotz der politischen Krise 2009 und 2010 konnten mittlerweile fast alle „klassischen" Bahnlinien Madagaskars wieder in Betrieb genommen werden: Die Strecke von Tana nach Moramanga und Brickaville ist wieder regelmäßig in Betrieb, von Brickaville verkehrt außerdem ein Touristenzug bis Toamasina, neuerdings wurde auch die grandiose Hochlandtrasse von Tana nach Antsirabe wieder dem Schienenverkehr übergeben – über

16 Haltestationen geht die 5-stündige Fahrt, bislang nur im Touristenzug.
Infos unter: www.madarail.com

Die Eisenbahnstrecken Madagaskars sind durchweg im **Schmalspurkaliber** gebaut, der sog. **"Meterspur"**. Die Waggons stammen z.T. noch aus den 40er Jahren und aus Spenden der Schweiz, die Alsthom-Lokomotiven, allesamt dieselbetrieben, sind mit ca.15 km/h recht gemächlich unterwegs.

Die **FCE** war lange Jahre die einzig regelmäßig verkehrende Eisenbahnstrecke Madagaskars und gilt noch heute als eine der technisch raffiniertesten und landschaftlich reizvollsten Bahnlinien der ganzen Welt!
Überhaupt: Madagaskar ist für Eisenbahnliebhaber ein Traumland ohnegleichen: die Bahnanlagen sind zwar teilweise in einem Zustand, den man nach unseren Vorstellungen kaum als betriebsbereit bezeichnen könnte – jedoch steht die Einzigartigkeit der Streckenführung, der hohe technische Anspruch und ganz besonders der enorme lanschaftliche Reiz in einem derartigen Kontrast, dass man sich als Madagaskar-Reisender (nahezu) ohne Bedenken in die rumpelnden Waggons setzen kann. Hinzu kommt noch der hohe antiquarische Wert der Züge und die Möglichkeit, bei ständig geöffneten Türen während der Fahrt einzigartige Panoramen ansehen und fotografieren zu können

Michelin: Ein Kuriosum aus alter Zeit hat sich in Madagaskar erhalten: Der Michelin! Dabei handelt es sich um einen **dieselgetriebenen Schienenbus** mit langer Motorhaube, der auf Gummireifen auf den Gleisen unterwegs ist. Diese Fahrzeuge waren bis in die 50er Jahre in Europa durchaus gängig – mittlerweile ist Madagaskar das einzige Land der Welt, in welchem dieses Fortbewegungsmittel noch existiert! Der Michelin kann, was besonders für Gruppenreisende sehr interessant sein dürfte, für Reisegesellschaften gemietet werden und fährt mittlerweile von Tana nach Moramanga, von Tana nach Antsirabe sowie auf einem Teilstück der FCE.

Flugzeug: Neben den Straßen ist das gut ausgebaute Flugnetz der **Air Madagascar** eines der wichtigsten Verkehrsmittel für Reisende in Madagaskar: Sind Rundreisen auf Madagaskar je nach Reiseverlauf doch mit sehr großen Entfernungen verbunden. Mit mehr als **100 Flugplätzen und 12 Flughäfen** im ganzen Lande ist prinzipiell jedes touristische Ziel mit dem Flugzeug zu erreichen. Wo dies nicht genügt, schließen private (allerdings sehr teure!) **Charterunternehmen** auch diese Lücke. Air Madagascar gilt als sehr sichere Fluglinie – der Reisende braucht nicht zu befürchten, in irgendwelchen Seelenverkäufern in die Luft geschickt zu werden. Allerdings sind mancherorts noch sehr eigene Check–In-Rituale üblich: im Süden Madagaskars wurde der Verf. mitsamt seinem Gepäck gewogen! Der Grund ist schiere Ökonomie und liegt einfach in dem Bestreben, das Flugzeug bis an die erlaubte Grenze vollzuladen und keine Gepäckkapazität zu verschenken!

Taxi-Brousse stellt mit Sicherheit **das wichtigste Verkehrsmittel Madagaskars** überhaupt dar: dieser Begriff bezeichnet das **Sammeltaxi**, unabhängig davon, ob es sich bei dem Basisfahrzeug um einen Kleinbus oder einen uralten LKW handelt! Das Taxi-Brousse ist für unsere Verhältnisse spottbillig und es darf wohl behauptet werden, dass jeder Ort Madagaskars, der irgendwie von einem Radfahrzeug erreicht werden kann, auch von Taxi-Brousses angefahren wird. Wer sich nicht scheut, seine Reise mit diesem Fortbewegungsmittel anzutreten, dem sei gesagt: viel Geduld (beim Warten auf die

Abfahrt und bei der Fahrt an sich), ein robuster Magen und ein gewisser Hang zur Lässigkeit sollten schon vorhanden sein! Es ist immer wieder erstaunlich anzusehen, wie viele Menschen in (oder auch auf!) ein Automobil passen, wenn man nur jeden Winkel vollstopft....
Daher fährt das Taxi–Brousse auch erst dann los, wenn genügend – und das sind viele! - Fahrgäste an Bord sind und sich die Fahrt daher lohnt.

Pousse–Pousse ist ein Fortbewegungsmittel, dass zu Recht als eine Parallele zur asiatischen Heimat der Madagassen gelten kann. Pousse–Pousse heißt auf französiche „schieb´, schieb´", ein etwas irreführender Name für eine Rikscha, die von einem Menschen gezogen wird. Im Unterschied zu den Rikschas Asiens zeichnet sich das klassische Pousse-Pousse Madagaskars durch folgende Kennzeichen aus:

- die Größe der Räder beträgt (im Gegensatz zu den asiatischen Varianten) nur etwa 50 cm im Durchmesser.
- Die „Taxis" haben allesamt eine Beleuchtungseinrichtung in Form einer Kerze, die in einer abgeschnittenenen Mineralwasserflasche unter der Achse baumelt.
- Jedes Pousse-Pousse hat einen Namen und eine Registrierung – und ist kunterbunt bemalt.

Besonders **Antsirabe, Tuléar** und **Toamasina** sind Zentren der Pousse–Pousse. Als Madagaskar-Reisender kommt man praktisch nicht umhin, sich zumindest einmal mit dieser Eigenheit auseinander setzen zu müssen. Bereitet uns der Gedanke, sich von einem anderen Menschen unter Schweiß und Mühen ziehen zu lassen, doch ziemliches Unbehagen.
Durchfärbt von unserer politisch korrekten Weltsicht schält sich alsbald das Gefühl heraus, dass man sich bei dieser speziellen Weise der Fortbewegung wie ein Ausbeuter vorkommt. Trotz des bemerkenswerten Verhandlungsgeschicks der Fahrer gegenüber Vazáha, was den Fahrpreis anbelangt, ist es eine komische Sache, einen Menschen wie ein Tier vor seinen Karren gespannt zu sehen. Der Verfasser kann und will nicht verleugnen, dass er sich (trotz der wirtschaftlichen Bedeutung dieses Gefährts für die Fahrer!) nur schwer dazu entschließen konnte, in ein Pousse-Pousse zu steigen. Auf der anderen Seite stellt diese Art Arbeit für die Fahrer natürlich deren einzige Einkommensquelle dar. Und ist für die Menschen hier völlig normal und alltäglich: schwere Arbeit zu verrichten ist für die Madagassen nichts Ungewöhnliches.
Es bleibt zu hoffen, dass diese Art von "Arbeit" eine der ersten Dinge ist, die beim prognostizierten Aufschwung Madagaskars von der Bildfläche verschwinden – mag der Anblick auch noch so malerisch sein!

Taxi Bé ist die Bezeichnung für einen PKW, der nur für kleine Gruppen geeignet ist und auch individuell gemietet werden kann. Im Unterschied zum Taxi-Brousse zwar nicht ganz so billig, aber dafür flexibler.

Mietautos sind in Madagaskar nur insofern üblich, als man gleich den Fahrer mitbekommt! Sie sind wahrscheinlich die am meisten von Touristen benutzten Vehikel überhaupt! Der Fahrer ist dabei unerlässlich: Zwar sind die Hauptstrecken des Landes durchweg geteert – jedoch zählen neben den Schlaglöchern auch unvermittelt auftauchende Zebuherden und andere Überraschungen während der Fahrt zur Regel - und machen das Engagement eines einheimischen Fahrers ratsam. Besonders die vollbeladenen Taxi–Brousse und die vielen LKW, die im Schritttempo die Berge

hochächzen und auf sehr kurvenreichen Strecken überholt werden müssen, sind nur etwas für Kenner der Materie.
Hinzu kommen noch die unschätzbaren Kenntnisse der Fahrer: Kaum eine andere Berufsgruppe verfügt über einen solch wertvollen Wissensschatz von Hotels, Guides, Restaurants und dergleichen.
Der technische Mut und das fahrerische Können der Fahrer ist beeindruckend – der Verfasser fuhr mehrmalig mit "normalen" PKW auf Strecken, die man nicht einmal mit einem Allradfahrzeug für befahrbar gehalten hätte.....
Selbstverständlich kann man in allen großen Städten auch **Allradfahrzeuge** (Quatte-quatte, 4x4 oder 4WD genannt) mieten, allerdings deutlich teurer (100 bis 150 Euro/Tag) als normale PKW, was angesichts der Qualität der Autos (die Quatte-quatte sind fast durchweg in gutem bis sehr gutem technischem Zustand!) auch verständlich ist.
In Madagaskar sind hohe Importabgaben für Autos fällig – so was muss sich schon amortisieren!
Lediglich in einigen ausgesprochenen Touristenzentren ist es möglich, ein Mietauto auch ohne Fahrer zu bekommen (St. Marie/Nosy Bé) Ein international gültiger Führerschein ist dabei erforderlich!

Fahrrad. Nicht nur für die Madagassen – auch für Touristen stellt der Drahtesel **das alternative Fortbewegungsmittel** dar! Tatsächlich sind v.a. Mountainbikes in Madagaskar äußerst beliebt und es erstaunt den Reisenden manchmal, in welch entlegenen Gegenden zumindest ein geschäftstüchtiger Mensch Fahrradersatzteile verkauft. Velos wie Ersatzteile stammen natürlich aus **chinesischer Produktion** und können unseren Qualitätsansprüchen nicht genügen! Wer eine Fahrradreise in Madagaskar plant, was angesichts der grandiosen Landschaften ein echtes Erlebnis ist, sollte sich ein gutes Fahrrad aus der Heimat mitbringen – oder alternativ mieten!

Hinweis: Vom Kauf eines Fahrrades für die Reise vor Ort ist aufgrund der beschränkten Auswahl und der mangelnden Qualität abzuraten!

Motorräder, Mopeds und Quads. Natürlich haben diese lautstarken Fortbewegungmittel in Madagaskar Einzug gehalten, sie sind v.a. in den Touristenzentren Nosy Bé , Nosy Boraha (St. Marie) zu mieten. Auch **Motorroller** sind zu haben – allerdings sollte sich der Reisende von vorne herein über die Wegstrecke im Klaren sein, die er mit dem Mietfahrzeug befahren will:
Sandige, lehmige Untergründe bringen v.a. Roller rasch ans Limit, besonders wenn diese noch von zwei Personen gefahren werden.
Quads sind nicht nur als Mietfahrzeug sondern auch bei den wohlhabenden Einheimischen der letzte Schrei und erfreuen sich zunehmender Beliebtheit.

Schiffsverkehr

Madagaskar unterhält **18 Seehäfen** rings um seine Küsten. „Internationale“ Bedeutung haben jedoch nur Tuléar (Toliara), Mahajanga (Majunga), Toamasina (Tamatave), Fort Dauphin (Taolanarao) Antsiranana (Diego-Suarez) und Nosy Bé, wo auch **internationale Kreuzfahrtschiffe** halt machen. Die übrigen kleinen Häfen haben lediglich regionale Bedeutung für den Küstenverkehr und die Verbindungen zu vorgelagerten Inseln.
Der Madagaskar–Reisende wird mit Schiffsverkehr also nur sehr beschränkt zu tun haben.
Unerlässlich ist die Benutzung eines Bootes allerdings bei folgenden Aktivitäten:

- Überfahrt nach Nosy Bé vom Festland aus - ebenso wie die Fahrt zu Inseln wie Nosy Komba etc.
- Bei der Überfahrt nach St. Marie (Nosy Boraha) von dem Küstenort Soanierana–Ivongo oder von Foulpointe aus.
- Bei der Fahrt ins Mer Emeraude (Smaragdmeer) bei Diego-Suarez.
- Fahrten von Tuléar nach St. Augustine und Anakao.
- Fahrten auf dem Canal des Pangalanes.
- Tsiribihina-Flussfahrt.
- Walbeobachtung in der Bucht von Antongil und vor St. Marie.
- Fahrten an der Masoala-Halbinsel entlang und nach Nosy Mangabe.
- Für Tauch– und Schnorchelexkursionen.

Die Boote, welche für diese Unternehmungen gemietet werden können, sind höchst unterschiedlich: Handelt es sich bei den Booten für Kanal– und Flussfahrten in aller Regel um **Einbäume**, so wird der Schiffsverkehr auf dem Meer sowohl mit Segel- als auch Motorbooten aufrech terhalten. Teilweise sind ausschließlich moderne Motorboote mit hoher PS-Zahl im Einsatz, so z.B. bei den Fahrten nach Nosy Mangabe oder St. Augustine. Dazu muss gesagt werden, dass die Benutzung eines modernen Bootes zwar erheblich kostspieliger ist als ein „Sammeltaxi“ im Wasser, jedoch auch viel sicherer! Jedes Jahr passieren **Havarien** mit Toten vor den Küsten Madagaskars! V.a. die Überfahrt nach St. Marie mit den alten (angeblich verbotenen) Holzkähnen von Soanierana–Ivongo aus ist aufgrund der starken Strömung des **Marimbona–Deltas** und des oft nebligen, nieseligen Wetters nicht ganz ohne Risiko. Wer sicherer hinkommen will, fliegt oder zahlt etliches mehr für ein Boot mit Radar, Lampen, Funk etc.

Eine Besonderheit ist die Überfahrt von Diego–Suarez in das wunderschöne **Smaragdmeer**: Zwar ist das Ziel – eine Lagunge zwischen unbewohnten Inseln, die in allen Grün– und Blauschattierungen wie ein Opal schimmert – die Aufregung wert: wohl gefühlt hat sich der Verfasser aber nicht in dem kleinen Segelboot, unter einer Persenning kauernd.
Pfeilschnell ging´s übers Wasser, eine starker Nordostpassat legte das Boot gefährlich auf die Seite und die Wellen schlugen so hoch, dass ich in kürzester Zeit trotz der Plane klatschnass war. Das Boot tanzte wie ein Korken auf den Wellen und ich gebe zu, selten in meinem Leben solche Bedenken ob einer heilen Ankunft gehabt zu haben...

Walbeobachtungen sind am besten von Maroantsetra in der Baie de Antongil und von Ambodifotatra auf St. Marie aus zu unternehmen. Aber auch bei Tuléar und Fort Dauphin und bei Cap. St. Marie lassen sich die riesigen Meeressäuger von Juli bis September beobachten. Da die Entfernungen zu den Tieren auf St. Marie kürzer sind – die Wale schwimmen praktisch am Strand vorüber! - ist diese absolute Glanzlicht einer Madagaskarreise hier deutlich preiswerter als anderswo.
Von Maroantsetra aus muss man die Tiere in der weiten Bucht schon suchen, das dauert länger und kostet Zeit und viel Sprit – die Kosten für ein sog. "speedboat" sind ganz schön happig!

Hinweis: Bei derartigen Unternehmen am besten vor dem Mieten eines Bootes mit anderen Reisenden eine Gruppe bilden, das spart Geld. Gleiches gilt auch für Fahrten nach Nosy Mangabe oder an die Masoala-Küste.

Tauchausflüge mit dem Boot sind von allen Hotels mit Tauchbasen (s. A-Z Orte) zu buchen.

13. Fauna und Flora

Fauna

Naturkundler bekommen beim Namen Madagaskar leuchtende Augen – die Vielfalt endemischen Lebens auf der Insel stellt alles Bekannte in den Schatten! Die Beschreibung aller Arten, welche die rote Insel beheimatet, kann dabei keinesweg als abgeschlossen bezeichnet werden. Die Entlegenheit und der extrem schwierige Zugang zu vielen Regionen des Landes machen auch heute noch Entdeckungen und Beschreibungen neu entdeckter Arten auf Madagaskar fast zur Regel.

Neben der Neuentdeckung mancher Art gehen allerdings auch zahlreiche Arten zugrunde und sterben aus – die Zerstörung natürlicher Lebensräume hat Madagaskar um einen Großteil seines Naturerbes gebracht, die Reste, immer noch eindrucksvoll genug, können die einstige Vielfalt und Üppigkeit des Lebens allenfalls erahnen lassen.

So verwundert es nicht, dass zahlreiche Arten bereits kurz nach dem Auftauchen der ersten Menschen auf Madagaskar auszusterben begannen. So sind allein **14 Lemurenarten** nur noch als subfossile Knochenfunde zu belegen, sie sind bereits seit Jahrhunderten verschwunden. Einer der größten von ihnen, **Megaladapis edwardsii,** war beinahe so groß wie ein Mensch. **Hadropithecus, Archaeoindri**, **Mesopropithecus** und **Babakotia** sind die vier bis heute belegten, ausgestorbenen Riesenlemurenarten, wobei Archaeoindri (mit ca. 200 kg Gewicht) bemerkenswerte Ähnlichkeit zu den Riesenfaultieren des amerikanischen Kontinents aufwies.
Noch im 17.Jh. sind die letzten Riesenlemuren durch die Wälder Madagaskars gestreift, dann war ihre Zeit abgelaufen.
Ebenfalls ausgestorben ist das **Zwergflusspferd** Hippopotamus Lemerlei, das uns auch nur noch als Knochenfund bekannt ist.

So wie das berühmteste „Fossil" Madagaskars:
Der sagenhafte **Vogel Rock**! Vorlage für den Sagenvogel aus 1001 Nacht war wohl der früher auf Madagaskar lebende **Elefantenfußstrauß** Aepyornis maximus.

Bereits **Marco Polo** erwähnt in seiner Weltbeschreibung den Vogel **Gryppon**, der so groß war, dass er einen Elefanten tragen konnte.

Der **flugunfähige Laufvogel**, in Madagaskar unter dem Namen **vorompatra** auch heute noch wohlbekannt, wog ausgewachsen fast 500 kg (!) und war fast drei Meter hoch. Mindestens sechs Unterarten muss diese Vogelart einst gekannt haben, zahlreiche Eier– und Schalenfunde am Südende Madagaskars bei Cap St. Marie brachten Eier von 35 cm Länge und 9 Litern Fassungsvermögen ans Licht.
Aepyornis ist nachweislich übrigens schon vor mindestens 300 Jahren ausgestorben – zumindest erwähnt **E. Flacourt** ihn in seiner 1661 erschienenen „Geschichte der großen Insel Madagaskar" nicht mehr als existent!

Diese Eierschalen werden übrigens zusammengesetzt und von geschäftstüchtigen Händlern v.a. in Tuléar angeboten. Finger weg! Selbst wenn die Eier echt sein sollten (was angesichts der Masse des Angebots unrealistisch erscheint) ist die Ausfuhr streng untersagt!

Es darf als sicher gelten, dass der Beginn der menschlichen Besiedelung Madagaskars und das Ende der Megafauna in einem direkten Zusammenhang stehen. Durch Zerstörung ihrer Lebensräume wie auch durch Bejagung wurde die **Megafauna Madagaskars** im Laufe der Jahrhunderte dezimiert und schließlich ausgerottet!

Als glücklicher Umstand darf dabei noch gelten, dass die von den Menschen eingeschleppten Tierarten (Hunde, Katzen, Ratten etc.) sich nicht so drastisch vermehrt haben, als dass sie der heimischen Tierwelt ernsthaft gefährlich werden konnten!

Hinweis: Allerdings ist v.a. der ursprüngliche Bestand an Süßwasserfischen stark zurückgegangen – hier dürfte ein Grund in der Einbringung fremder Fischarten in die Gewässer Madagaskars liegen.

Säugetiere

Etwa 160 Säugetierarten leben auf Madagaskar – damit stellt diese Tierfamilie ein vergleichsweise kleines Kontingent, was die Vielfalt anbelangt. Hinsichtlich der Bekanntheit jedoch stellen die Säugetiere der roten Insel alle Anderen in den Schatten: Sind es doch v.a. die **Lemuren** Madagaskars, die die Besucher am meisten in den Bann ziehen und in die Nationalparks locken!

Aber auch andere Säuger mit z.T. ganz erstaunlichen Eigenschaften findet man auf Madagaskar – und nur hier, die seit -zig Jahrmillionen bestehende Isolation der Insel hat Arten überdauern und entstehen lassen, die andernorts längst verdrängt wurden.

Daher verwundert es nicht, dass sich auf Madagaskar in einzigartiger Weise Arten halten konnten, die vom Standpunkt der Evolutionsgeschichte aus als sehr alt gelten dürfen.

Tanreks oder Borstenigel

Tanreks sind die wohl älteste Säugetierart Madagaskars und damit eine der ältesten der Welt. Dreißig Arten wurden bislang auf Madagaskar gezählt, die sich in drei Hauptgruppen einteilen lassen:

1. **Igeltanreks**

2. **Erdtanreks**

3. **Reistanreks**

Die Madagaskar-Tanreks sind überwiegend insektenfressende Tiere, deren Größe und Farbe von Art zu Art variiert: so gibt es sehr kleine Arten mit nur wenigen Gramm Lebendgewicht, aber auch große Exemplare, die schon mal ein Kilo auf die Waage bringen! Nur zum Teil mit Fell, sind die meisten Tanrekarten mit den charakteristischen Borsten versehen, was ihnen z.T eine enorme Ähnlichkeit mit unserem heimischen Igel verleiht.

Allerdings nahm die Zoologie lange an, dass die Tanreks zu den **Insectivoren** gehören und mithin auch mit unserem Igel verwandt seien.

Die moderne Genetik jedoch hat gezeigt, dass Tanreks rel. nahe Verwandte der **afrikanischen Klippschliefer,** der **Elefanten** sowie der **Seekühe** sind!

Somit werden Tanreks heute nicht mehr den Insectivoren, sondern der Familie der **afrikanischen Säugetieren** - Afrotherae - zugeordnet!

Tanreks haben eine hohe Fortpflanzungsrate, die Anzahl der Jungen pro Wurf schwankt zwischen 15 und 30 Jungen! Die Jungen verlassen bereits in der zweiten Lebenswoche das Nest und beginnen selbständig zu werden und auf Nahrungssuche zu gehen.

Die bekanntesten und häufigsten Arten sind der **große Tanrek** Tenrek ecaudatus und der **Streifentanrek** Hemicentetes semispeniosus.

Da Tanreks sehr häufig anzutreffen sind und obendrein auch nicht geschützt, sind sie ein beliebter Leckerbissen bei den Madagassen und werden gerne gegessen!

Fledertiere

Die Ordnung der Fledertiere hat auch auf Madagskar seine Vertreter, allerdings nicht endemisch:

Flughunde, Megachiropterae, sind auf Madagaskar sehr zahlreich und mit vier bekannten Arten vertreten. Sie spielen eine wichtige Rolle bei der Bestäubung mancher Baumarten, allen voran der Baobabs. Flughunde sind reine Fruchtfresser und trotz ihres Aussehens, welches Fledermäusen fast aufs Haar gleicht, wohl eher mit den Primaten als mit den Fledermäusen verwandt. Die Tiere haben Spannweiten bis zu einem Meter und stellen bei ihren Flügen in der Dämmerung sehr eindrucksvolle Erscheinungen dar. Flughunde verfügen über keinerlei Schallortung wie die Fledermäuse, verfügen dafür aber über sehr viel bessere Augen! Man findet die Tiere meist in großen Kolonien in hohen Bäumen oder an schattigen Felswänden, wo die Tiere beieinander hängen und dabei ein unglaubliches Gezwitscher veranstalten.

Fledermäuse, Microchiropterae, sind ebenfalls sehr zahlreich, die verschiedenen Arten sind dabei nur unvollständig erfasst und erforscht. Da Madagaskar reich an Höhlen ist, findet man die Tiere vorzugsweise in solchen – v.a. die Höhlen des Ankarana-NP sind eine wahre Brutstätte der kleinen Tiere: in der heiligen Grabhöhle der Ankaranana sind unzählige Fledermäuse zu Hause, zu Tausenden hängen sie dort an der Decke der weitläufigen Höhle oder jagen Insekten, die am Höhleneingang herumschwirren. Das Geräusch der unzähligen Tiere, verbunden mit der mystischen Atmosphäre des Ortes machen einen Besuch hier zu einem wahrhaft unvergesslichen Moment.
Aber auch in alten Häusern, Schobern und anderen typischen Unterschlupfen sind Fledermäuse zu finden.

Nagetiere

Madagaskar hat auch einige endemische Nagetierarten vorzuweisen. Die **Madagaskarratten** Nesomyinae sind mit 15 bekannten Unterarten vertreten.

Die hiervon bekannteste Art ist die **Madagassische Känguruhratte** Hypogeomys antimenta, ein Tier, das einer Kreuzung aus Hase und Känguruh gleicht! Bei den Madagassen ist sie unter dem Namen **votsotsa** bekannt. Das Tier ist etwa hasengroß, etwas über ein Kilo schwer und lebt, dem Hasen gleich, in Höhlen, welches es selbst gräbt. Die Votsotsa ist nachtaktiv und gilt als sehr scheu – deshalb dürfte der Reisende sie kaum je zu Gesicht bekommen.

Einfacher anzutreffen dagegen ist die **Rote madagassische Waldratte** Nesomys rufus die man mit etwas Glück im Ranomafana-Wald findet. Die Tiere sind von Körperbau und Größe her eher einem Igel ähnlich, haben aber ein glänzendes, dunkelrotes Fell. (Ohne große Scheu lief dem Verfasser bei der Wanderung durch den Wald ein Exemplar vor die Füße und setzte seelenruhig seien Weg fort, ohne Furcht, aber doch so schnell, dass die Kamera nicht rechtzeitig zur Hand war – schade, denn der Guide meinte, dass es sich um eine sehr seltene Spezies handele, welche nur in Ranomafana anzutreffen sei.)

Fleischfresser - Carnivoren

Bei einer derart üppigen Tier– und Pflanzenwelt wie auf Madagaskar sind selbstverständlich auch Raubtiere zu finden. Allerdings hat Madagaskar eigenartigerweise keine großen Landraubtiere wie das übrige Afrika hervorgebracht – als einzig großes Raubtier, welches auch dem Menschen gefährlich wird, ist das **madagassische Krokodil** (siehe Reptilien) zu betrachten.

Ansonsten ist die Diversität der Raubtiere auf Madagaskar mit nur 10 Arten sehr gering

Am bekanntesten ist die

Frettkatze oder **Fossa** Cryptoprocta ferrox, (8 Unterarten) mit 1,5 m Länge und bis zu 14

Kilo Gewicht das größte Landraubtier Madagaskars. Die sehr scheue Frettkatze ist in ganz Madagaskar verbreitet und ernährt sich hauptsächlich von Lemuren. Außerdem bezichtigen die Menschen sie des Hühnerdiebstahls, weshalb die Fossa auch gejagt wird. Von Angriffen auf den Menschen wird zwar berichtet, jedoch sind diese Berichte kaum als glaubwürdig zu betrachten, dazu sind die Tiere viel zu scheu und vorsichtig. Die Fossa ähnelt einem kleinen Puma, hat ein rotbraunes dichtes Fell, welches bei den Männchen und bei jungen Weibchen in der Bauchregion orangerot gefärbt ist. Der Name cryptoprocta kommt von der Tasache, dass die Tiere in der Afterregion verborgen Drüsen besitzen (cryptoprocta=verborgener Anus)
Die Fossa ist überaus schwer zu beobachten, ihre natürliche Scheu und die sehr geringe Populationsdichte machen es eher unwahrscheinlich, dass der Madagaskar–Reisende sie in freier Wildbahn antrifft. Im Vakona-Zoo nahe der gleichnamigen Lodge bei Andasibe (s. A-Z) sind mehrer Exemplare in (allerdings wenig artgerechten) Gehegen zu bestaunen. Die Tiere sind trotz ihrer geringen Größe überaus schön und eindrucksvoll anzusehen, hinzu kommen noch die ausgesprochen interessanten und vielfältigen Lautäußerungen.

Cryptoprocta ferrox wurde bis vor kurzem noch zur entwicklungsgeschichtlich sehr alten Familie der **Schleichkatzen** oder **Mangusten** gezählt, zu denen auch die europäische Ginsterkatze oder die Mungos gehören.

Mittlerweile jedoch wird die Fossa in die eigene Familie der **madagassischen Raubtiere,** Euplerinae, eingeordnet, zu denen auch ihre nächste Verwandte, die

Fanaloka Fossa fossana gehört. Die Fanaloka wird aufgrund ihres lateinischen Namens gerne mit der Cryptoprocta ferrox verwechselt, ähnelt dieser jedoch nur sehr entfernt:
Der Körperbau ist viel kleiner und gedrungener, die Beine sind deutlich schlanker und porportional länger. Dazu kommt noch die auffallende Streifenfärbung des Fells, die der Fanaloka das Aussehen eines kleinen Fuchses mit dem Fell eines Frischlings verleiht. Die Fanaloka ist überwiegend nachtaktiv und ernährt sich von Vögeln und kleinen Säugern.

Die **Ameisenschleichkatze** Eupleres guodoti ist nur in den östlichen bewaldeten Regionen Madagaskars anzutreffen. Von der Fanaloka unterscheidet sie sich v.a. durch die viele schlankere und spitzere Kopfform, welches eine Anpassung an ihre Hauptnahrung - Insekten und Ameisen - darstellt.

Das am häufigsten anzutreffende Raubtier Madagaskars jedoch ist der **Ringelschwanzmungo** Galidia elegans. Mit seinem charakteristischen roten Fell und dem schwarz-rot geringelten Schwanz sieht er haargenau aus wie ein Marder – ist aber ebenfalls den Schleichkatzen zuzuordnen. Der Ringelschwanzmungo ernährt sich von kleinen Säugern, Insekten und Vögeln und Reptilien – jedoch verschmäht er auch menschliche Essensreste nicht: Im Marojejy-NP konnte der Verfasser ein gutes Dutzend der ringelschwänzigen Gesellen beobachten, die hinter der Kochstelle des Camps auf Abfälle lauerten.....in Montagne d´Ambre schließlich traf der Verfasser an einer Raststelle auf einen Ringelschwanzmungo, der seelenruhig eine Mülltonne auseinander genommen hatte und durchwühlte...

Lemuren

Schlichtweg die Attraktion der roten Insel. Waren im alten Rom bestimmte Nachtgeister als Lemuren bekannt und benannt, haben die Tiere v.a. durch die Zeichentrickfilme "Madagascar" und "Madagascar 2" eine ganz neue Popularität erfahren.

Die Familie der **Feuchtnasenaffen** oder auch **Halbaffen** genannt, hat auf Madagaskar mit bislang etwa **75 bekannten Arten** eine einzigartige Vielfalt herausgebildet. Zugleich ist Madagaskar das letzte Refugium dieser Tierart überhaupt: Waren Halbaffen in erdgeschichtlich jüngerer Zeit über die ganze Welt verbreitet, wurden sie überall durch höher entwickelte (weil anpassungsfähigere) Arten verdrängt. Die einzigartige Inselfauna Madagaskar bewahrt so einen zusätzlichen Edelstein in seiner endemischen Vielfalt.

Aber auch in Madagaskar ist die ursprüngliche Diversität dieser Tiere bedenklich geschrumpft, 14 Arten sind nur noch als fossile Knochenreste nachweisbar, einige andere, lebende Arten stehen kurz davor, auszusterben....

Madagaskars Lemuren sind **Herrentiere**, also der Familie der **Primaten** zuzurechnen. Genauer gesagt haben die Lemuren, die Menschenaffen - und letztlich auch der Mensch - einen gemeinsamen Urahn. Sie sind gesellige Tiere, die sich vorwiegend von Blättern, Früchten, seltener von Insekten und kleinen Beutetieren ernähren. Ihre Größe schwankt stark: zwischen 25g Lebendgewicht beim Zwerg-Mausmaki bis zu 14kg beim Indri-Indri. Lemuren sind baumbewohnend, allerdings gibt es Arten (Sifaka, Brauner Lemur, Katta, Vari), die sich auch auf dem Erdboden recht gut zurechtfinden und fortbewegen – wenngleich dies bisweilen drollig oder sehr anmutig aussieht!

Katzenmakis – Cheirogaleidae

25 bekannte Arten, die in 5 Gattungen unterteilt werden

1. **Büschelohriger Katzenmaki – Allocebus – mit 1 Art:**

- Der **büschelohriger Katzenmaki** Allocebus trichotis stellt eine Besonderheit unter den Lemuren dar: diese Art hat sich offenbar auch auf Insekten als Nahrung spezialisiert, verfügt jedoch über eine Zunge, mit der er Blütenstände nach Nektar durchsuchen kann. Mit nur 80g Gewicht und einer Gesamtlänge von 30 cm (wovon allein die Hälfte auf den Schwanz fällt!) ist Allocebus trichotis einer der kleinsten Primaten überhaupt. Diese Art galt bis zu ihrer Wiederentdeckung im Jahre 1991 als ausgestorben.

2. **Riesenmausmaki oder Coquerel´s Katzenmakis – Mirza – mit 2 Arten:**

- **Rattenmaki** Mirza coquereli, ein nur etwa 300g großer Vertreter der Halbaffenfamilie. Mirza coquereli lebt vorwiegend in den Trockenwälder des Westens und ist nachtaktiv. Die Art ernährt sich von Blüten und Früchten, verschmäht aber auch Kleingetier wie Insekten und kleine Vögel nicht. Die Tiere sind grau-braun gefärbt und haben graue Gesichter. Die Länge beträgt ca. 50 cm, wovon alleine 30 cm(!) auf den Schwanz kommen.
- **Kleiner Riesenmausmaki** Mirza zaza ist eine der jüngsten Neuentdeckungen unter den Lemuren: erst 2005 wurde diese Unterart entdeckt.

3. Gabelstreifige Makis – Phaner – mit 4 Arten:

- **Gabelstreifiger Katzenmaki** Phaner furcifer furcifer. Diese Art ist in ganz Madagaskar zu finden und kann daher als relativ anpassungsfähig betrachtet werden. Der gabelstreifige Katzenmaki ist dabei als Nominatform zu sehen, die drei weiteren Arten Phaner furcifer gelten heute als Unterarten, die sich im Laufe der Zeit durch die voneinander isolierten Verbreitungsgebiete entwickelt haben. Die Tiere sind graubraun an der Oberseite gefärbt, die Bauchregion ist heller. Auffallend und namensgebend sind die schwarzen Streifen im Gesicht, die sich über beide Augen bis zur Spitze des Mauls hin abzeichnen. Die Tiere sind etwa 70cm lang, davon misst der Schwanz etwa die Hälfte. Ausschließlich nachtaktiv, ernähren sie sich von Blüten, Früchten und Insekten.
- **Südlicher Katzenmaki** Phaner furcifer pallescens, Unterart von P. furcifer furcifer, von hellerer Farbe als dieser, ansonsten hinsichtlich Lebensweise und Aussehen gleich.
- **Nördlicher Gabelstreifenmaki** Phaner furcifer electromontis, Unterart von P. furcifer furcifer, an der gelben Farbe des Bauches von diesem zu unterscheiden.
- **Gabelstreifenmaki** Phaner furcifer parienti, vierte Unterart von P. Furcifer furcifer, ausschließlich in der Masoala-Region zu finden. Aussehen und Lebensweise wie diese.

4. Katzen– oder Fettschwanzmakis – Cherogaleius – mit 6 Arten:

Fettschwanzmakis sind mit 6 bekannten Arten, ebenfalls in nahezu allen Waldgebieten Madagaskars zu finden. Sie sind nachtaktiv, leben ausschliesslich in Paaren und ernähren sich von Früchten und bestimmten Baumharzen und Säften. Sie sind von mittlerer Größe – etwa 50 cm lang und haben einen sehr langen Schwanz, der länger als der Körper ist.

- **Großer Fettschwanzmaki** (oder Crossley´s Maki) Cheirogaleus crossleyi
- **Großer Katzenmaki** Cheirogaleus major major
- **Großer grauer Katzenmaki** Cheirogaleus ravus
- **Kleiner grauer Katzenmaki** Cheirogaleus minusculus
- **Mittlerer Katzenmaki** Cheirogaleus medius
- **Sibree´s Katzenmaki** Cheirogaleus sibreei

5. Mausmakis – Microcebus – mit 12 Arten:

Mausmakis sind die kleinsten Herrentiere der Welt – mit nur 25-30 Gramm Lebendgewicht bei der kleinsten Art stellen sie eine weitere Besonderheit der roten Insel und einen erstaunlichen Beweis für die schier unglaubliche Macht der Evolution dar! Mausmakis sind ausschließlich nachtaktiv und halten – ebenfalls sehr ungewöhnlich – eine Art Winterschlaf: In diesen tropischen Gefilden und bei Halbaffen eine höchst ungewöhnliche Verhaltensweise. Die Tiere bewegen sich im dichten Geäst des Waldes mit erstaunlicher Geschwindigkeit und sind am besten mit einer weitreichenden Taschenlampe oder einem Infrarotgerät auszumachen: Dann reflektieren die großen Augen der Tiere den Lichtschein und man kann sie im Dickicht erkennen. Mit etwas Glück und Geschick lassen sie sich auch mit zerriebenen Bananen, welche man auf einen Baumstamm oder aufs Gebälk eines Unterstandes streicht, anlocken. Sie sind ungemein zierlich und flink, ihre Gestalt und ihr Wesen erinnert eher an Siebenschläfer oder Zwergchinchillas als an Primaten.

- **Berthes´ Mausmaki** Microcebus berthae, mit nur 30g Gewicht einer der kleinsten

Primaten überhaupt, wurde erst im Jahre 2000 entdeckt

- **Brauner Mausmaki** Microcebus rufus
- **Braun - goldener Mausmaki** Microcebus ravelobensis.
- **Claires Mausmaki** Microcebus mamiratra
- **Danfoss Mausmaki** Microcebus danfossi, erst 2006 entdeckte Art und damit eine der jüngsten Neuentdeckungen
- **Goodman´s Mausmaki** Microcebus lehilahytsara
- **Simmon´s Mausmaki** Microcebus simmonsi – ebenfalls erst 2006 entdeckte Lemurenart
- **Zwerg-Mausmaki** Microcebus myoxinus
- **Sambirano-Mausmaki** Microcebus sambiranensis
- **Jolly´s Mausmaki** Microcebus jollyae
- **Mittermeier´s Mausmaki** Microcebus mittermeieri, ebenfalls erst 2006 entdeckt
- **Nördlicher Mausmaki** Microcebus tavaratra

Indriartige – Indriidae

13 bekannte Arten, die in 3 Gattungen unterteilt werden:

1. Indri – Indri-Indri oder Babakoto – mit 1 Art:

- **Indri** , Indri Indri, von den Madagassen auch Babakoto genannt. Der Indri ist der letzte noch lebende **Riesenlemur** und nur noch im Zahamena NP und im Analamazoatra-Reservat (Andasibe oder Perinet) zu finden, wo noch etwa 600 Individuen einen ungewissen Kampf ums Überleben führen. Indris haben im Gegensatz zu anderen Lemuren nur einen kleinen Stummelschwanz, was ihnen das Aussehen kleiner Bären verleiht. Sie sind berühmt für ihre lauten Singschreie, die entfernt an den Gesang von Walen erinnern. Den Madagassen sind die Indris im Gegensatz zu anderen Lemurenarten heilig und dürfen nicht gejagt werden: Es heißt, dass Geister in ihnen wohnen und dass Indris bisweilen verloren gegangene Kinder in ihre Gruppen aufnehmen und dann zu den Menschen zurückbringen....Mit bis zu 15 kg Gewicht und ihrer charakteristischen schwarz-weiß-Färbung sind die Babakotos höchst eindrucksvolle Tiere. Übrigens ist es bislang nicht gelungen, Indris in Gefangenschaft zu halten: offenbar benötigen die Tiere eine höchst spezialisierte und differenzierte Pflanzenkost aus über 100 verschiedenen Blättern welche man ihnen in Gefangenschaft nicht bieten kann, weshalb sie im Zoo sterben!

2. Wollmakis – Avahi – mit 4 Arten:

Wollmakis sind die einzige nachtaktive Art unter den Indriartigen. Über ihre Lebensweise ist, wie bei allen nachtaktiven Lemuren, noch nicht viel bekannt. Sie ernähren sich von Blättern und leben offenbar in sehr kleinen Familien in lebenslanger Monogamie.

- **Einfarbiger Wollmaki** Avahi unicolor
- **Cleese Wollmaki** Avahi cleesei, nach dem Monty-Python-Komiker **John Cleese** („Ein Fisch namens Wanda“) benannte Art.
- **Westlicher Wollmaki** Avahi occidentalis, extrem seltene Art, erst 2007 entdeckt.
- **Wollmaki** Avahi laniger

3. Sifakas – Propithecus – mit 8 Arten:

Zu den wohl schönsten und anmutigsten Geschöpfen in Madagaskars reicher Natur zählen die **Sifakas**, die man in bislang 8 Arten in ganz Madagaskar finden kann, wobei einige, wie z.B. der Seidensifaka, extrem selten sind und nur in sehr isolierten Regionen leben. Sifakas sind ziemlich groß – mehr als einen Meter lang, wobei die Hälfte auf den dünnen Schwanz entfällt. Von allen Lemuren haben Sifakas das schönste und dichteste Fell. Die Farbe variiert dabei von Unterart zu Unterart, am bekanntesten und verbreitetsten sind wohl die fast schneeweißen **Larvensifakas** Propithecus verrauxi mit ihren dunklen Gesichtsmasken. Sifakas leben in kleinen Gruppen und sind tagaktiv – und daher relativ leicht zu beobachten. Früh am Morgen lassen sie sich am besten finden, wenn sie mit ausgebreiteten Armen, um die Sonnenwärme optimal zu nutzen, auf den Wipfeln von Bäumen sitzen. Wenn sich diese Tiere auf den Erdboden wagen, bewegen sie sich in eigenartigen Sprüngen, weil sie die Füße stets geschlossen halten! Diese sehr spezielle Art der Fortbewegung hat den Sifakas auch den Namen "dancing lemurs" eingetragen. In ihrem eigentlichen Element, den Bäumen, von deren Blättern und Früchten sie leben, bewegen sie sich mit enormen Sprüngen und höchst elegant vorwärts

- **Diademsifaka** Propithecus deckenii , auch als "Deckens Sifaka" bekannt, besonders im Zahamana-NP gut zu beobachten
- **Edwards Diademsifaka** Propithecus edwardsi
- **Kronensifaka** Propithecus coronatus
- **Larvensifaka** Propithecus verrauxi
- **Perrieris Diademsifaka** Propithecus diadema
- **Seidensifaka** Propithecus candidus, völlig weiße, extrem seltene Art. Hauptattraktion im Marojejy-NP an der Ostküste. Durch Wilderei extrem bedroht!
- **Coquerels Sifaka** Propithecus coquereli
- **Tattersalls Sifaka** Propithecus tattersalli

Fingertiere – Daubentoniae – 1 bekannte Art:

- Das **Fingertier (Aye-Aye)** Daubentonia madagascariensis stellt fraglos eines der seltsamsten Tiere unseres Planeten dar und hat durch sein skurilles Aussehen mehr als einem Naturforscher eine harte Nuss zu Knacken gegeben: So hat es lange gedauert, bis man anhand der Gebissstruktur erkannte, dass es sich bei diesem evolutionären Sonderling um einen Lemuren handelt. Das Fingertier oder Aye-Aye hat einen gedrungenen Leib, kurze Beine, ein struppiges Fell und fledermausartige Ohren. Hinzu kommen Nagezähne und - als Krönung - der namensgebende Mittelfinger der Vorderhände, der zu einer extrem langen und dünnen Klaue entwickelt ist. Das Fingertier benötigt diesen, um seine Hauptnahrung – Insekten – aus ihren Gängen im Holz von Bäumen herauszupulen. Zuvor hat das Tier die Insekten mittels eines Kopfstandes und der Verwendung seiner äußerst sensitiven Gehörorgane im Holz geortet! Reicht der lange Finger nicht aus, kann das Fingertier auch seine Zähne einsetzen, um das Holz aufzubeißen. Tatsächlich ist das Fingertier extrem scheu und sehr schwer zu beobachten, meistens verraten nur die charakteristischen Mulden im Holz der Bäume vom Beutezug des nachtaktiven Sonderlings. Daher wird das Tier auch als Schädling v.a. in Plantagen angesehen – neben der verbreiteten Volksmeinung, das Aye-Aye bringe Unglück und Tod, hat dies dazu beigetragen, dass dieses interessante Tier gnadenlos gejagt und verfolgt wurde und wird. Die kleine Insel Nosy Mangabe in der Bucht von Antongil wurde einst als Spezialreservat für diese

Spezies eingerichtet, zu jener Zeit ging man davon aus, dass Daubentonia nur noch hier zu finden sei. Mittlerweile ist man sich aber sicher, dass die Tiere viel weiter verbreitet sind, als bis dato angenommen. Daubentonia hat die ökologische Nische besetzt, die durch das gänzliche Fehlen von Spechten offenstand – diese Vögel gibt es auf der roten Insel einfach nicht!

Lemurenartige – Lemuridae

32 Arten, die in 5 Gattungen unterteilt werden:

1. Bambuslemuren – Hapalemur – mit 5 Arten:

Bambuslemuren zählen zu den seltenen und besonders spezifizierten Lemurenarten. Wie der Name schon verrät, ernähren sich die Tiere hauptsächlich von Bambus. Dabei teilen sich die einzelnen Gattungen die Bambuspflanze auf: ernährt sich die eine Art ausschließlich von den Sprossen, so fressen andere nur die Halme bzw. Stengel, andere wiederum die Blätter. Keine Gattung macht der anderen also Konkurrenz. Sie sind tagaktiv und leben in kleinen Gruppen zusammen. Von mittlerer Größe sind die Tiere etwa 70 bis 80 cm groß, wobei der Schwanz etwa die Hälfte misst. Mit etwas Glück und einem guten Guide lassen sich Bambuslemuren am besten in Ranomafana beobachten. Zwar machen die Tiere zunächst einen eher trägen und behäbigen Eindruck, doch können sie blitzschnell über weite Distanzen springen, was die Beobachtung bisweilen zu einem anstrengen Eilmarsch durchs Unterholz werden lässt.

- **Alaotra-Bambuslemur** Hapalemur alaotrensis. Der auch **Bandro** genannte Alaotra-Bambuslemur ist der einzige Lemur, der sein Leben über dem Wasser, nämlich im Schilfgürtel des Lac Alaotra, verbringt. Der durch Brandrodung des Schilfs zunehmend in der Existenz bedrohte Lemur ist nur etwa 1 kg schwer und von grauer, fast schwarzer Farbe.
- **Goldener Bambuslemur** Hapalemur aureus. Erst 1995 entdeckte Art mit besonders interessanter Nahrungsspezifikation: Der Goldene Bambuslemur ernährt sich ausschließlich von Bambussprossen. Die tägliche Nahrungsmenge an Sprossen enthält allerdings genug **Zyanid**, um mehrere erwachsene Menschen umzubringen. Dem Lemur hingegen macht das Toxin nichts aus, da er nach erfolgter Nahrungsaufnahme eine spezielle, eisenhaltige Erde frisst. Die Eisenjonen in der Erde binden das giftige Zyanid und wandeln dieses in ungiftiges Blutlaugensalz um. Die extreme Seltenheit dieser Spezies (H. aureus wurde bisher nur im Ranomafana-Wald nachgewiesen) erklärt sich daher möglicherweise aus der höchst seltenen Kombination von genügend Bambus und dem Vorhandensein bestimmter Erden.
- **Grauer Bambuslemur** Hapalemur griseus
- **Südlicher Bambuslemur** Hapalemur meridionalis
- **Westlicher grauer Bambuslemur** Hapalemur occidentalis

2. Lemur –Lemur catta – mit 1 Art:

- **Katta** Lemur catta, ist ohne Zweifel die bekannteste und populärste Lemurenart: mit ihren gestreiften Schwänzen, ihrer Neugier sowie der Tatsache, dass sie – neben den braunen Lemuren – am besten an ein Leben auf dem Erdboden adaptiert sind, machen sie zu den Lieblingen der Madagaskar-Reisenden. Kattas leben in Gruppen von bis zu 14 Individuen, welche stets von einem erfahrenen Weibchen angeführt wird.

Sie sind tagaktiv und tragen ihre Jungen auf dem Rücken mit herum. Obendrein sind sie durch ihre Geselligkeit, ihre relative Häufigkeit sowie ihre auffällige Färbung besonders leicht auszumachen. Sie ernähren sich von Früchten und Blättern und sind – wie die Sifakas – frühmorgens besonders leicht zu finden, wenn sie in den Bäumen, der Sonne entgegen gewandt, ihre Körper erwärmen.

3. Echte Lemuren – Eulemur – mit 10 Arten:

- **Brauner Lemur** Eulemur fulvus. Wohl die verbreitetste Lemurenart überhaupt – und aufgrund ihrer Neugier und ihrer bald nachlassenden Scheu gegenüber Menschen recht zutraulich. Manchmal auch geradezu verwegen: man hört, dass auf Nosy Bé schon Bungalows von braunen Lemuren heimgesucht und geplündert wurden - der Verfasser konnte sich auf der Insel Nosy Mangabé ein Bild von der Vorwitzigkeit und Raffinesse der Tiere machen, wenn es um Nahrungserwerb geht. Sie wühlen nicht nur in Abfalleimern nach Essbarem, sondern stehlen bisweilen auch – vorwiegend Süßes wie Früchte, Fruchtsäfte (auch im Tetrapak!!!) und andere Nahrungsmittel. Beim Campen sollte daher der Abfall an unzugänglichen Orten untergebracht und die Lebensmittel stets in Obhut und Verschluss gehalten werden.
- **Blauaugenlemur** Eulemur macaco albifrons
- **Brauner Weißkragenmaki** Eulemur albocollaris
- **Kronenmaki** Eulemur coronatus
- **Mohrenmaki** Eulemur macaco macaco. Nur auf der Insel Nosy Komba und den umliegenden Waldgebieten des Nordwestens anzutreffende, fast ganz schwarze Art.
- **Mongozmaki** Eulemur mongoz
- **Rotbauchmaki** Eulemur rubriventer
- **Rotstirnmaki** Eulemur fulvus rufus
- **Sanfordmaki** Eulemur sanfordi
- **Weisskopfmaki** Eulemur albifrons

4. Großer Bambuslemur – Prolemur – mit 1 Art:

- **Grosser Bambuslemur** Prolemur simus. Früher als Hapalemur simus bezeichnet, jetzt einer eigenen Gattung zugeordnet

5. Varis – Varecia – mit 4 Arten:

Varis zählen zu den größten Lemuren: mit mehr als 130 cm Länge, wobei der Schwanz mehr als die Hälte ausmacht und ihren charakteristischen buschigen Backenbärten sind sie eindrucksvolle Erscheinungen. Sie leben in kleinen Familien und ernähren sich als tagaktive Art von Blättern und Früchten. Wie die Indris kann man die schrillen Schreie der Varis kilometerweit hören. Eine guter Ort um schwarz - weiße Varis zu beobachten ist die Insel Nosy Mangabé.

- **Vari** Varecia variegata variegata. Unverwechselbar durch seine schwarz-weiß-Färbung und den „Bart“ erkennbar. Als eigene Unterart gilt :
- **Vari** Varecia variegata editorum
- **Roter Vari** Varecia variegata rubra. Äußerst seltener Lemur, nur noch im Nordosten Madagaskars im Masoala-Regenwald heimisch. Als eigenständige Unterart gilt :
- **Roter Vari** Varecia variegata subcinta

Wieselmakis – Lepilemuridae

11 bekannte Arten

Die Lepilemuren oder Wieselmakis werden heutzutage als eigene Art in der Familie der Lemuren betrachtet. Alle Lepilemuren sind nachtaktiv, was man v.a. an ihren großen Augen erkennen kann. Dennoch kann man die Tiere mit etwas Glück auch bei Tage beobachten: Dann sitzen sie gerne in großen Astlöchern und Baumhöhlen und werfen dem Reisenden interessierte Blicke zu (Im Ankarana-Reservat fand der Verfasser beim Rundweg gleich mehrer Individuen, die aus ihren Höhlen – etwas verschlafen, aber aufmerksam! - herab sahen.)

- **Edwards Lemur** Lepilemur edwardsi
- **Graurückenmaki** Lepilemur dorsalis
- **Großer Wieselmaki** Lepilemur mustelinus
- **Kleinzahnmaki** Lepilemur microdon
- **Mitsinjo-Maki** Lepilemur mitsinjoensis
- **Nördlicher Wieselmaki** Lepilemur septentrionalis
- **Rotschulter- Wieselmaki** Lepilemur aeeclis
- **Rotschwanzmaki** Lepilemur ruficaudatus
- **Seals Maki** Lepilemur seali
- **Sahamalaza-Wieselmaki** Lepilemur sahamalazensis
- **Weißfußmaki** Lepilemur leucopus

Reptilien und Amphibien

Neben den Lemuren haben v.a. die Reptilien und Amphibien Madagaskars das wissenschaftliche Interesse der ganzen Welt gefunden. So vergeht auch heute noch kaum eine Woche, in der nicht einen neue, bislang unbekannte Art entdeckt wird. Die isolierte Lage der Insel Madagaskar hat auch in diesem Falle dafür gesorgt, dass sich einige Arten wie z.B. die Schuppenkriechtiere in Form der **Chamäleons**, hier in einzigartiger Vielfalt entwickeln konnten – andere Arten hingegen fehlen völlig!

Mittlerweile sind über 350 Arten von Reptilien und über 200 Arten von Amphibien gezählt worden – nicht umsonst ist Madagaskar gerade für Herpetologen ein wahres Mekka!

Schlangen

Es wird viele Reise-Interessierte beruhigen, dass es in Madagaskar keine echten Giftschlangen gibt! Zwar verfügen einige **Trugnattern** der Familie Boigina über weit im Rachen sitzende Giftzähne, diese reichen aber selten zu einem richtigen Giftbiss mit bedenklichen Folgen. Überdies sind die meisten Schlangen überaus schnell und scheu und daher schwer zu ergreifen.

Etwa 60 verschiedene Schlangenarten sind auf Madagaskar bekannt. Da die Vielfalt unter den Schlangen Madagaskars v.a. speziell interessierte Reisende anspricht, sei auf die vielfältige Literatur verwiesen und nur die bekanntesten und häufigsten Schlangen genannt.

- **Madagaskarnatter** Lioheterodon madagascariensis. Die bis zu 150 cm lange Schlange ist auffallend dunkel, fast schwarz, gefärbt und trägt auf dem Rücken ein gelbes Bändermuster. Sie ist zwar dämmerungsaktiv – jedoch kann man sie bisweilen an sonnigen Tagen auf dem Lehmboden eines Pfades liegen sehen, wo sie sich aufwärmt. Beim Masoala-Trek fand der Verf. an einem Tage gleich dreimal diese Tiere auf dem Wege liegen und sich rasch entfernen. In die Enge getrieben, geben die Tiere ein lautes Zischen von sich und flachen ihren Rumpf ab.

Riesenschlangen

Mit drei Arten stellt die Familie der Riesenschlangen, der **Boidae** in Madagaskar eine weitere, seltsame Tatsache dar. So ist das völlige Fehlen von **Pythonschlangen** Pythonae trotz der geographischen Nähe zu Afrika schon erstaunlich. Umso erstaunlicher ist aber die Tatsache, dass es sich bei den auf Madagaskar vertretenen Riesenschlangen um **Boaschlangen,** Boinae, handelt, die sonst nur in Südamerika zu finden sind!

Boiden ergreiffen ihre Beute durch einen blitzschnellen Vorstoß des Vorderkörpers mit einer großen Anzahl spitzer Zähne im weit geöffneten Maul, reißen die Beute dann an den Körper und umschlingen sie gleichzeitig in einem Augenblick völlig. Das Opfer stirbt durch Unterbindung der Blutzirkulation (und nicht durch das Brechen und Zerquetschen des Skeletts!)

1. **Madagaskar–Hundskopfschlinger** Sanzinia madagascariensis. Die auffallend schön gefärbte Boa hat – wie ihre nächsten Verwandten in Südamerika – einen sich deutlich vom schlanken Hals absetzenden, herzförmigen Kopf. Sie wird bis zu 250 lang, ist grau bis olivgrün gefärbt und trägt ein regelmäßiges Muster aus Querbändern auf dem stämmigen Körper, die sich an den Flanken zu Rauten erweitern. Die Schlange ist dämmerungsaktiv und fast immer in der Nähe von ausreichend Wasser zu finden, oft liegt sie an regnerischen Abenden auf den Wegen und Straßen. Sie ernährt sich von Kleinsäugern und Vögeln. Nach **Trutnau** verhalten sich Individuen aus dem Westteil Madagaskars sehr friedfertig, hingegen seien Tiere aus dem Ostteil der Insel sehr aggressiv und beißfreudig.

2. **Nördliche Madagaskar-Boa** Acrantophis madagascariensis. Die Madagaskarboa ähnelt sehr stark der südamerikanischen **Boa constrictor**. Sie wird bis zu drei Meter lang, ist von kräftigem Körperbau und hat einen sich deutlich absetzenden, triangulären Kopf. Sie ist am Rücken braun, mit hellen Seiten. Sie trägt ein typisches Muster aus ovalen, sehr dunklen Flecken beiderseits des Rückens, die zum Bauch hin mit runden Flecken von brauner Frabe verschmelzen. Ein dunkler Streifen geht von der Schläfe bis zum Mundwinkel. Die Bauchseite ist cremeweiß mit kleinen, dunklen Flecken. Sie ist ebenfalls dämmerungsaktiv und lebt von Kleinsäugern und Vögeln, die sie blitzschnell ergreift. Im Andasibe-NP konnte der Verf. mehrere Jahre hintereinander am selben Ort jeweils eine A. madagascariensis unter einer zerfallenden Betonmauer hervorziehen, wo sie sich im Kühlen zusammengerollt hatte.

3. **Dumerils-Boa** Acrantophis dumerili. Die Dumerilboa ähnelt stark ihrer nahen Verwandten, der Madagaskarboa, bevorzugt aber im Gegensatz zu dieser trockenes Gelände. Die Schlange ist gewöhnlich friedlich und beißfaul, der Verf. konnte – zum Erstaunen und Entsetzen der anwesenden Guides – im Isalo-NP eine A. dumerili ohne Mühe und Gefahr aus den Blättern einer kleinen Palme „wickeln“.

Krokodile

Fragt man den Kenner, welches das gefährlichste Tier Madagaskars sei, sollte dieser eigentlich die Malariamücke nennen. Denn eigentlich ist sie gefährlicher als der größte Räuber der roten Insel. Tatsächlich braucht der Reisende nicht einmal das Krokodil in Madagaskar zu fürchten, wenn er sich an die Anweisungen der Guides hält und keine Dummheiten begeht.

Das **Nilkrokodil** Crocodylus nilotes madagascariensis erreicht in seiner Nominatform auf dem afrikanischen Kontinent zwar ausnahmsweise acht bis neun Meter Länge – solche Riesen sind in Madagaskar aber kaum zu finden. Immerhin geben die Krokodile der roten Insel mit bis zu sechs Metern Körperlänge stattliche Erscheinungen ab. Einer gnadenlosen Bejagung ausgesetzt, sind sie heutzutage rar geworden. Am Tsiribihina sieht man sie mit viel Glück bei Sonne am Ufer liegen, in den entlegenen Regionen des nördlichen Westens soll es sie noch in großer Zahl in den Flüssen geben, obgleich sie auch hier gewildert und dezimiert werden. Dabei sind die Krokodile nicht auf die küstennahen und tieferliegenden Regionen beschränkt: Am Mananatanana-Fluss, der unweit der Ortschaft Ambalavao, mitten im Hochland vorbeifließt, kann man unweit der Weingüter bei sehr sonnigem Wetter Krokodile auf den Felsen am Ufer sehen. An manchen Orten sind sie auch heilig (s. Lac Sacre) und daher noch leichter zu betrachten. (Wer ganz sicher welche sehen will, dem sei ein Besuch in der Crocfarm bei Antananarivo, in Madagascar Exotique/Peyreras oder – am aufregendsten - im Vakona-Zoo in Andasibe empfohlen.

Schildkröten

13 Arten von Schildkröten erwarten den Madagaskarreisenden. Fossile Funde lassen darauf schließen, dass diese Tierfamilie schon vor mindestens 100 Millionen Jahren auf Madagaskars Erde heimisch war.

Heute finden wir 5 Arten von Landschildkröten, vier Arten von Süßwasser- und vier Arten von Meeresschildkröten vor.

Meeresschildkröten

Da die **Meeresschildkröten** Cheloniidae wie die unechte Karettschildkröte, die echte Karettschildkröte, die pazifische Suppenschildkröte und die Bastardschildkröte im Meer leben und nur zur Eiablage an die Gestade der roten Insel kommen, sind sie nicht als landestypisch zu betrachten. Daher wendet sich dieses Buch in erster Linie den **Landschildkröten** (Geochelonae) Madagaskars zu.

Landschildkröten

Diese sind in fast allen Landesteilen heimisch – allerdings werden sie in zunehmendem Maße in ihrer Existenz bedroht. Nicht nur die Praxis der Brandrodung tötet alljährlich viele Tiere, auch als Leckerbissen und Fleischlieferant sind die z.T. recht großen Tiere beliebt und werden daher gefangen und gegessen.
Sämtliche Schildkröten Madagaskars stehen unter strengem Naturschutz, einige Arten sind so selten, dass ihr Überleben an Zuchtprogramme geknüpft und daher fraglich ist!

1. **Madagassische Strahlenschildkröte** Geochelone radiata (auch Asterochelys radiata), auf malagasy **sokaky** genannt. Diese Art darf als eines der Wappentiere Madagaskars gelten, ihr wunderschönes helles Strahlenmuster auf den dunkler gefärbten Panzerplatten machen sie unverwechselbar. Dabei schwankt die Grundfarbe von fast schwarz bis hellbraun, wobei Jungtiere grundsätzlich kontrastreicher und schärfer gekennzeichnet sind. Es gibt auch Exemplare, die so hell gefärbt sind, dass das Muster nur sehr verschwommen sichtbar ist. Geochelone radiata bevorzugt trockenes Terrain und ist auch in Laubwäldern zu finden. Sie ernährt sich von Blüten, Früchten und Blätterkost. Die Tiere werden ca 40 – 45 cm lang und bis zu 20 kg schwer! Vor allem der stark aufgewölbte Rückenpanzer, der an einen Stahlhelm erinnert, machen das massige Aussehen dieser Tiere aus. Die Strahlenschildkröte darf nachgewiesenermaßen als eine der langlebigsten Tierarten unseres Planeten angesehen werden: Eine im Besitz des Königs von Tonga befindliche Strahlenschildkröte namens **Tu´ Malila** starb im Jahre 1965 – das Tier war im Jahre 1773 von **Captain James Cook** als Geschenk an die Königin von Tonga überreicht worden!!! Zwar war Tu´ Malila in ihren letzten Lebensjahren blind und musste gefüttert werden – was in freier Natur ein Todesurteil darstellt. Dennoch zeugt dieses Beispiel von der unglaublichen Lebenskraft dieser Spezies und lässt daher die Verwendung als Nahrungsmittel oder präparierten Staubfänger als besonders verwerflich und unangemessen erscheinen. Die weltweit größte Dichte dieser Art findet man unweit Cap. St. Marie an der äußersten Südküste Madagaskars. Daneben wird die Art gerne in Privathäusern und Hotels im ganzen Land gehalten: Ein tropischer Garten in Madagaskar bekommt durch eine friedlich grasende Strahlenschildkröte erst den landestypischen Pfiff.

2. **Schnabelbrustschildkröte** Geochelone yniphora (auch Asterochelys yniphora), auf malagasy **angonoka** genannt. Diese Art – eng mit der Strahlenschildkröte verwandt – stellt ohne Zweifel die seltenste und am stärksten bedrohte Schildkrötenart unseres Planeten dar. Lediglich 250 Exemplare werden noch in freier Natur vermutet, so dass seit Jahren ein spezielles Zuchtprogramm unterhalten wird. Das Reservat dazu findet sich etwa 100 km östlich Mahajanga in Ampijoaroa, nahe dem Ankarafantsika-NP. Die Schildkröte ist v.a. an dem typischen Knochenfortsatz am Vorderende des Bauchpanzers zu erkennen. Dem geweihtragenden Hochwild nicht unähnlich, nutzen die Männchen diesen „Rammsporn“ bei den Kämpfen um die Gunst paarungswilliger Weibchen. Dabei kann es ganz schön lautstark zugehen und man hört die Klopfgeräusche über große Distanzen. Asterochelys yniphora erreicht mit 45 cm Panzerlänge fast das gleiche Format wie ihre „strahlende“ Artverwandte. Die Tiere sind von hellem Braun, das manchmal durch dunkle Flecken kontrastiert wird.

3. **Spinnenschildkröten** mit zwei Unterarten:

- **Flachrückenschildkröte** Pyxis planicauda, auf malagasy **kadipolo**. Auch P. planicauda Art trägt eine Art Sternmuster auf den dunklen Panzerplatten, jedoch tragen diese noch eine hellere Umrandung, was den Farbkontrast nicht so stark macht wie bei G. radiata. Außerdem ist die Art deutlich kleiner: mit nur 18 cm Panzerlänge zählt sie zu den kleineren Schildkrötenarten. P. planicauda lebt sehr isoliert in einem Gebiet an der Westküste nördlich von Morondava, wo sie trockene Wälder bevorzugt und nur selten zu sehen ist. Beste Gelegenheit bieten die hier sehr spärlichen Regenfälle – dann kommen die Tiere aus ihren Unterschlupfen, um zu trinken.

- **Spinnenschildkröte** Pyxis arachnoides. Wie ihre nahe Verwandte, die Flachschwanzschildkröte vom Aussterben bedroht, ist diese jedoch noch in einem recht weitläufigen Verbreitungsgebiet zu finden, der Südteil Madagaskars mit seinen Dornenwäldern und dem Sukkulentengestrüpp ist ihr Heimatgebiet.

4. **Schienenschildkröte** Erymnochelys madagascariensis, extrem seltene Art, nur noch in einigen Refugien im Nordwesten bzw. im Ampijoroa-Reservat (Ankarafantsika-NP bei Mahajanga) zu finden.

5. **Gelenkschildkröte** Kinixys belliana. Diese Art, v.a. im Norden Madagaskars und auf Nosy Bé beheimatet, ist wahrscheinlich von frühen Siedlern eingeschleppt worden – waren Schildkröten in früherer Zeit doch eine begehrte Fleischreserve für Seefahrer.

Süßwasserschildkröten

In den Flüssen und Gewässern Madagaskars finden sich außerdem mehrer Arten von **Pelomedusenschildkröten** Pelomedusidae mit mindestens drei Unterarten: P. castaneus, P. subniger und P. surufa. Die Pelomedusenschildkröten sind ebenfalls keine einheimische Art: Da sich ihre nächsten Verwandten auf dem afrikanischen Kontinent finden, liegt auch hier die Vermutung nahe, dass die Tiere einst nach Madagaskar eingeschleppt wurden.

Frösche

Als einzige Vetreter der Amphibien hat Madagaskar eine schier unübersehbare Vielfalt an Fröschen hervorgebracht. Mehr als 400 Arten wurden bislang beschrieben und ständig kommen neue hinzu. Bedenkt man, das z.T. extrem kleine Verbreitungsgebiet mancher Arten (das Goldfröschchen Mantella auritiaca z.B. lebt nur in einem einzigen Sumpfgebiet in Analamazoatra), dürfen wir noch allerhand aufregende Neuentdeckungen erwarten, da die Erforschung dieser Tiergattung noch nicht abgeschlossen ist.

Bis auf zwei Arten sind die Frösche Madagaskars allesamt endemisch (zu 99%), und fossile Funde beweisen, dass bereits vor 200 Mio. Jahren Frösche über Madagaskars Erde hüpften.
Von besonderem Reiz, relativ häufig anzutreffen und daher für den Madagaskarreisenden besonders interessant sind die farbenprächtigen **Mantella-Frösche.**

Die Mantellafrösche bilden heute eine eigene Familie, die Mantellidae. Die Familie gliedert sich in drei Unterfamilien und fünf Gattungen auf. Bis heute sind etwa 150 (!) verschiedene Arten gezählt worden

1. Unterfamilie **Boophinae** mit einer Gattung:

- Boophis 56 Arten

2. Unterfamilie **Laliostominae** mit zwei Gattungen:

- Aglyptodaktylus 3 Arten
- Laliostoma 1 Art

3. Unterfamilie **Mantelliniae** mit zwei Gattungen:
- Mantella 15 Arten
- Mantidactylus 85 Arten

Die bekanntesten Mantella-Arten sind der ausgesprochen farbenfrohe Mantella madagascariensis
und das berühmte Andasibe-Goldfröschchen Mantella aurantiaca.

Daneben existieren in Madagaskar noch zahlreiche andere Froscharten, auf deren Beschreibung hier angesichts der Fülle verzichtet wird. (Interessierte Reisende finden reichlich Information in "Glaw&Vences, Amphibians and Reptiles of Madagascar", Glaw Verlag Bonn.)

Lediglich

- Stumpffia pygmea, der mit **12 mm Körperlänge** kleinste Frosch,

- Boophis luteus, der mit ausnahmsweise über **50 cm Körperlänge** größte Frosch der roten Insel sowie
- Dyscophus antongil, der berühmte **Tomatenfrosch** seien erwähnt.

Echsen

Die Ordnung der Echsen ist auf Madagaskar, neben den schon erwähnten Krokodilen, ebenfalls überaus reich gestaltet. Besonders die vielfarbigen und bizarr aussehenden Chamäleons dürfen neben den Lemuren als die Symboltiere der roten Insel gelten.
Da die Vielfalt dieser Tiere ebenfalls ein Spezialgebiet an sich darstellt, sei hier nur ein grober Überblick gegeben.
Die Ordnung der Echsen ist auf Madagaskar in fünf Familien gegliedert:

- **Chamäleons**
- **Geckos**
- **Skinke**
- **Leguane**
- **Schildechsen**

Chamäleons

Die Familie der **Schuppenkriechtiere** hat mit 57 bekannten Arten auf Madagaskar eine weltweit einzigartige Artenreiche zu bieten: Fast die Hälfte aller weltweit bekannten Chamäleonarten sind nur auf der roten Insel zu sehen.
Die Menschen Madagaskars fürchten die Tiere oder respektieren sie! Es heißt, die Chamäleons könnten mit einem Auge in die Zukunft und mit dem anderen in die Vergangenheit sehen! Die erstaunliche Funktion des Sehapparates – die unabhängig voneinander sich bewegenden Augen - machen Chamäleons auch für unsereins interessant und ein wenig rätselhaft. Weiß man doch bis heute nicht genau, ob die Tiere die beiden Sehbilder getrennt voneinander und gleichzeitig im Nervensystem verarbeiten oder ob sich jeweils nur ein Auge auf ein Ziel konzentriert.
Die Chamäleons Madagaskars werden in die beiden Arten
Stummelschwanz- oder Zwergchamäleons mit der Unterart

- Brookesia

sowie der
Großen Chamäleons mit den Unterarten

- Calumna
- Furcifer

unterteilt.

Stummelschwanzchamäleons (auch Erd– oder Zwergchamäleon genannt) sind die unscheinbarsten Vertreter dieser interessanten Tiergattung. Zwar verfügen die Erdchamäleons nicht über das bekannte Farbwechselvermögen der großen Arten, jedoch brachten diese Tiere einige der erstaunlichsten Geschöpfe der roten Insel hervor. Die Art Brookesia peyreirasi z.B. ist so klein, dass ein ausgewachsenes Tier auf einem Streichholz Platz findet. Da man diese Art nur am Boden und am Besten unter trockenen Laub findet, ist die Suche nach ihnen ohne ortskundigem Führer praktisch aussichtslos.

Große Chamäleons bestechen auf den ersten Blick durch ihr interessantes Farbenspiel: Sind die Tiere schon von Art zu Art unterschiedlich prachtvoll gefärbt, so vermögen große Chamäleons ihre Farbe zu verändern. Dieser Vorgang, die **Somatolyse**, bis heute nicht restlos entschlüsselt, stellt ohne Zweifel eine der erstaunlichsten Fähigkeiten im Tierreich dar. Allerdings handelt es sich weniger um einen Tarnvorgang: zwar sind Chamäleons hervorragend auf die Umgebungsfarbe abgestimmt, aber der Farbwechsel erfolgt relativ langsam und auch nicht bei jeder Art gleichermaßen. Es scheint sich eher um eine Form der Kommunikation zwischen den Tieren zu handeln. Im übrigen verfügen die Chamäleons je nach Art nur über ganz bestimmte und begrenzte Farbspektren, was gegen eine Tarnung im eigentlichen Sinne spricht.
Was die Fähigkeit zur Tarnung angeht, verfügen die Chamäleons jedoch über eine andere, höchst verwunderliche Begabung: Unter Ausnutzung natürlicher Umgebungsformen und der Licht- und Schattenverhältnisse vermögen sich die Tiere schwer erkennbar zu machen bzw. Ihre Grösse zu verscheiern. Dieses erstaunliche Anpassungsvermögen wird "Mimese" genannt

Das Wesen der großen Chamäleons ist zwiespältig: Während sich in Gehegen gehaltene Tiere offenbar rasch an Menschen gewöhnen und sich problemlos mit der Hand ergreifen lassen, sind wilde Chamäleons teilweise ausgesprochen wehrhaft und bissig. Auch die üblicherweise an den Tag gelegte Langsamkeit der Bewegungen ist dann nicht zu sehen. Die Tiere fauchen vielmehr, versuchen zu schnappen und widersetzen sich mit heftigem Füßeschlagen jeglicher Annäherung.

Die größten Vertreter dieser Art sind Furcifer oustaleti mit über einem Meter Länge und das sehr verbreitete **Pantherchamäleon** Furcifer pardalis mit über 70cm Länge.

Man findet die Tiere praktisch überall in Madagaskar – meist in den Zweigen von Sträuchern und Büschen, wo sie die Sonne nutzen. Typischerweise ist der Schwanz in Ruhestellung meistens eingerollt wie eine Schneckennudel. Ebenso typisch ist die Art und Weise der Nahrungsaufnahme: Mit der langen Zunge, die bis zu einem halben Meter und mehr (je nach Art) hervorschnellen kann, werden Beutetiere wie Insekten, kleine Vögel und Säuger, blitzschnell umwickelt und ins geöffnete Maul gezogen. Der Vorgang vollzieht sich mit solcher Geschwindigkeit, dass das menschliche Auge ihm praktisch nicht folgen kann!

Geckos

Mit über 70 Arten ist die Familie der Geckos noch artenreicher als die der Chamäleons – und durch einen ihrer Vertreter, den weltbekannten **großen Madagaskar-Taggecko** Phelsuma madagascariensis fast ebenso bekannt. Geckos haben Haftzellen an den Enden der Finger, was ihnen eine erstaunliche Bewegungsfreiheit in alle drei Dimensionen hinein verleiht. Besonders die **Taggeckos** Phelsuma madagascariensis und Phelsuma grandis findet man sehr häufig in der Nähe von Behausungen. Auch in Hotelzimmern in den Küstenregionen ist das Vorhandensein von Geckos fast normal – und überaus nützlich dazu, fressen die Tiere doch vorwiegend Insekten wie die Moskitos!

Fast ebenso bekannt sind die **Plattschweifgeckos** wie Uroplatus fimbriatus. Diese Geckos vermögen sich aufgrund ihrer flachen Körper– und Kopfform und des blattartigen Schwanzes perfekt an den Untergrund ihrer Umgebung anzupassen. Hinzu kommt noch die Fähigkeit, die Hautfarbe dieser Umgebung anzugleichen. Dadurch wird der Gecko fast unsichtbar und ist nur mit sehr geübtem Blick – oder einem guten Guide – an den Baumstämmen zu entdecken, wo er kopfunter sitzt. Da er nachtaktiv ist, entdeckt man ihn am leichtesten mit der Taschenlampe an den großen, glänzenden Augen, die er zuweilen mit der Zunge sauber leckt.

Den Kopf hat der Plattschweifgecko deswegen stets unten, weil Raubvögel, die Hauptfeinde des Geckos, gerne beim Herabstoßen den vermeintlichen Kopf der Beute zu fassen suchen – beim Plattschweifgecko hingegen bekommt der Räuber nur ein Stück vom Schwanz. Der Kopf dieser Tiere hat starke Ähnlichkeit mit einem kleinen Krokodil, und der Gecko vermag sich natürlich mit seinen Haftfüßen vorzüglich festzuhalten. Allerdings ist die Geschichte vom Gecko, der so fest saß, dass man ihn mit der Rasierklinge entfernen musste, purer Unsinn....

Skinke

Mehrere Arten von Skinken der Familie Amphiglossus sind in Madagaskar zu finden – die bodenbewohnenden Tiere sind v.a. an der Westküste in der prallen Sonne am Boden zu beobachten. Obgleich sonnenliebend, sind sie fast immer in der Nähe von Gewässern zu finden, worin sie einen Teil ihres Lebens verbringen. Auffallend ist der stachelbewehrte, zapfenartige Schwanz der etwas 25 cm langen Tiere. Über ihre Lebensgewohnheiten und ihre Verbreitung ist wenig bekannt.

Leguane

Zu den vielen Merkwürdigkeiten der Fauna Madagaskars zählt auch das Vorhandensein von **Leguanen**. Wie Boas sind Leguane nämlich sonst nur in Amerika sowie auf einigen Südseearchipelen zu finden: wie Vetreter dieser Arten nach Madagaskar gelangt sind, ist eines der spannenden Rätsel der roten Insel.
Zwei Arten von Leguanen leben auf Madagaskar:

- **Chalarodon** mit einer Art
- **Oplurus** mit sechs Arten

Schildechsen

Schildechsen (oder auch Gürtelechsen) sind auf Madagaskar mit zwei Arten vertreten:

- **Zonosaurus**
- **Tracheloptychus.**

Wie bei den Skinken ist über ihr Leben und ihre Verbreitung fast nichts bekannt.

Wirbellose

Von allen Tiergattungen haben die Wirbellosen die größte Vielfalt unter den Tieren Madagaskars. Man schätzt die Zahl der hier vertretenen Arten auf über 100 000, und fast regelmäßig werden neue entdeckt.

Schmetterlinge

Über 3.000 Arten von Schmetterlingen und Motten bevölkern Madagaskars Himmel. Obschon die meisten Arten als endemisch gelten können, müssen einst Vorfahren dieser Tiere nach Madagaskar gekommen sein, als die Insel schon isoliert vor der Küste Afrikas lag. Jedoch erstaunt dabei die Tatsache, dass Madagaskars Schmetterlinge Verwandte nicht nur in Afrika, sondern in weit ferneren Erdteilen haben! So hat der **Uraniafalter** Chrysiridia madagascariensis Artverwandte in Südamerika, der **madagassische Schwalbenschwanz** Atrophaneura entemur hat einen Verwandten auf dem indischen Subkontinent.

Es gibt überaus schöne und eindrucksvolle Erscheinungen unter den Schmetterlingen Madagaskars. Am besten sind sie an der regenreichen Ostküste sowie in der Nähe von großen Gewässern der Westküste zu finden. An sonnigen Tagen tummeln sich Hunderte an seichten Uferstellen der Flüsse, wo sie mineralreichen Schlamm saugen. Im Montgne d ´Ambre NP ist ein sog. "butterfly valley" zu bestaunen, allerdings stark witterungs– und saisonabhängig.
Zu den schönsten Schmetterlingen der roten Insel zählen Hypolimnas dexitheia und der mit 30 cm Flügelspannweite geradezu riesige (Nachtfalter) **Kometenschweif** Argema mittrei.

Hundertfüßer/Skolopender

70 Arten von Hundertfüßern der Gattung Diplopodae, auch Skolopender genannt, sind auf Madagaskar beheimatet. Die Tiere sind von brauner bis grünblauer Farbe und durch die im Vergleich mit Tausendfüßern wesentlich geringere Anzahl der Beinpaare und an der kräftigen **Beißschere** am Kopfende zu erkennen. Da die Hunderfüßer **nachtaktiv** sind, wird der Reisende sie selten oder gar nicht zu Gesicht bekommen – allerdings empfielt sich in den Küstenregionen Madagaskars ein morgendliche Prüfung der Schuhe, da sich die Skolopender manchmal darin verstecken. Der Biss ist äußerst schmerzhaft und der Schmerz hält sehr lange an, die nachfolgende Schwellung an der Bissstelle ebenfalls. Die Giftwirkung ist dabei offenbar beträchtlich.

Tausendfüßer

Häufiger zu sehen sind da schon die **Tausendfüßer** Chilopodae, die man v.a. in den Waldgebieten Madagaskars recht häufig antrifft. Die Tiere sind z.T. fast 30 cm lang und durch ihre rotbraune Farbe und die hellen Tentakel gut zu erkennen. Sie schützen sich mit blausäurehaltigen Absonderungen vor Fressfeinden, was jedoch zumindest den **braunen Lemur** Eulemur fulvus nicht vom Verzehr abhält. Die Fähigkeit mancher Lemuren, zyanidhaltige Nahrung chemisch zu neutralisieren, liegt auch hier auf der Hand. (Ein Guide im Marojejy NP erzählte mir, wenn man so einen Tausendfüßer zerschneide und den Saft auf die Hand tropfen ließe, brenne sich ein Loch durch die Hand. Und nach dem Verzehr eines solchen Tieres folge unweigerlich der Tod...)

**Riesenkugeltausendfüßer
oder Saftkugler**

Die eigenartigsten Insekten Madagaskars sind ohne Zweifel die Riesentausendfüßer oder Saftkugler der Gattung Sphaerotherium. Die Tiere sind im entspannten Zustand einer großen Kellerassel ähnlich, ein langes Oval mit hintereinander angeordneten Querspangen auf dem Rücken. Bei Gefahr rollt sich der Saftkugler blitzschnell zu einer perfekten Kugel zusammen, bei der die Endstücke des Panzers einen perfekten Abschluss bilden. Die so gebildete Kugel kann Golfball– oder Mandarinengröße erreichen. Manche Arten sind dabei noch interessant gefärbt: Neben einer dominierenden dunkelbraunen Grundfärbung tragen einige leuchtend rot oder grün gefärbte Streifungen. Auch die Saftkugler vermögen sich mit zyanidhaltigen Absonderungen zu schützen, daher sollte man beim Berühren vorsichtig sein.

Spinnen und Skorpione

Als eine der artenreichsten Familien unter den Wirbellosen sind auch die Arachnoiden, Spinnen mit etwa 400 Arten und die zu den Spinnenartigen gehörenden Skorpione mit 12 Arten vertreten. Die Skorpione Madagaskars findet man – wie andernorts auch – unter Steinen und Rinde, im Verborgenenen. Sie sind ziemlich klein, allerdings kann ihr Stich bei empfindlich disponierten Personen ernste Folgen in Form allergischer Reaktionen haben.
Vogelspinnen sind auch auf Madagaskarzu finden, allerdings sehr selten. Die wenigen bekannten Arten findet man in den trockenen Waldgebieten der Westküste, z.B. in Kirindy.
Radnetzspinnen der Gattungen Nephila und Careostris begegnen dem Reisenden dagegen häufiger – die riesigen Netze überspannen regelmäßig sogar kleinere Flussläufe, eine erstaunliche Ingenieurleistung einer einzigen Spinne!
Die Spinnen selber sind mit bis zu 15 cm Spannweite auch nicht gerade klein und sitzen in der Regel mitten im Netz.

Käfer

Über 20.000 Arten von Käfern sind auf Madagaskar heimisch, die meisten endemisch. Darunter sind allein mehr als 500 Prachtkäferarten. Das Verbreitungsgebiet mancher Arten ist dabei sehr klein und bisweilen isoliert. Der bekannteste Käfer ist der sehr kleine **Giraffenhalskäfer** Trachelophorus giraffa, den man am besten in Analamazoatra oder im Ranomafana NP sucht. Häufiger sind die 12 Arten von **Mistkäfern** oder **Pillendrehern**, die zum Teil in enger Symbiose mit Säugetieren leben, deren Exkremente sie zum Leben brauchen.

Gottesanbeterinnen, Heuschrecken und Wanzen

Gottesanbeterinnen, Mantiden, sind auf Madagaskar mit 53 Arten vertreten, davon 47 endemischen. Sie sind vor allem Bewohner der feuchten Wälder, wo sie als räuberische Einzelgänger am Waldboden ihr Dasein führen. Manche Arten haben im Laufe der Evolution ein erstaunliches **Blattmimikry** entwickelt, wodurch sie sich von den grünen Blättern der Bäume und Sträucher kaum unterscheiden.

Die **Gespenst– und Stabheuschrecken** , mit über 80 Arten zahlreich vertreten, beherrschen diese Mimikry genannte Anpassung der Gestalt an die unmittelbare Lebensumgebung fast ebenso verblüffend. Einige Arten werden bis zu 25 cm lang und sind in den trockenen Zweigen der Sträucher optisch fast nicht vom Geäst zu trennen. Erst, wenn man die Tiere vom Zweig nimmt und sie ihre Arme und Beine bewegen, erkennt man dises perfekte Versteckspiel der Natur völlig!

Echte Heuschrecken sind mit 150 Arten vertreten, davon ein Drittel endemisch. Besonders die **Wanderheuschrecke** Locusta migratoria war lange Zeit eine der biblischen Plagen Madagaskars und richtete gewaltige Zerstörungen in den fruchtbaren Regionen des Westens und des Südens an.

Wanzen sind mit 1300 Arten sehr zahlreich. Wie überall auf der Welt stellen sie auch auf Madagaskar ein großes Problem als Ernteschädling sowie als Hausparasit dar. Eine recht bekannte und sehr eigentümliche Wanzenart ist **Phromnia rosea rasa**. Diese Wanze bildet im Larvenstadium schneeweiße, flechtenartige Büschel an ihren Hinterleibern aus, wodurch sie einerseits tatsächlich wie eine Flechtenart aussehen und andererseits durch die ungenießbare Konsistenz dieses Tarngefelchtes umso besser geschützt sind. Nach dem Larvenstadium geht eine erstaunliche Verwandlung mit der Wanze vor: sie verwandelt ihren Leib so, dass die Flügel wie rosafarbene Blüten aussehen, was auf den ersten Blick wie eine Orchidee wirkt. Da die Tiere stets gehäuft auftreten, verstärkt sich dieser Effekt sehr wirksam.
Überdies spielt die Phromnia rosea offenbar eine wichtige Rolle als Nahrungs– und Wasserlieferant des winzigen **Mausmaki** Microcebus: neuere Forschungen haben nachgewiesen, dass einige Mausmakiarten die extremen Trockenphasen in ihren Lebensräumen im heißen Westen Madagaskars nur überstehen, indem sie ein wasser– und zuckerhaltiges Sekret auflecken, welches die Wanzenlarven absondern!

Übrige Wirbellose

Bienen sind auf Madagaskar weit verbreitet, fast ebenso alt und verbreitet ist auch die Imkerei! Überall im Hochland kann man am im südlichen Frühjahr die unterschiedlichsten Honigsorten kaufen. In Mineralwasser-, Whisky– und Colaflaschen abgefüllt, gehört eine Probe vom Madagaskar-Honig zu einem empfehlenswerten Mitbringsel. (Persönliche Favoriten des Verf. Ist der Honig aus Ranomafana und aus der Gegend von Fianarantsoa.)

Libellen zählen auch in Madagaskar zu den schönsten Bewohnern von Feuchtgebieten. 76 Arten, davon 40 endemische, wurden bislang gezählt.

Stechmücken und **Moskitos** sind die wahre Plage Madagaskars! Die Anzahl der Arten geht dabei in die Hunderte, wirklich gefährlich sind jedoch jene Arten, die Krankheiten übertragen können. Die Liste der durch Mücken übertragbaren Krankheiten ist lang, in Madagaskar ist v.a die **Malaria** und das **Chikungunja-Fieber** von Bedeutung. Während letzteres seinen Infektionshöhepunkt schon hinter sich hat (2005 war Höhepunkt einer landesweiten Epidemie) und sehr selten ernsthafte Verläufe nimmt, ist die Malaria schon gefährlicher. V.a. bei der Landbevölkerung ist sie immer noch für eine hohe Zahl von Todesfällen verantwortlich, bei der letzten großen Epidemie 1985 starben im Hochland innerhalb weniger Monate 100.000 Menschen!

Fast ebenso lästig sind die **Blutegel**, die einem in Gegenden wie Montagne d´ Ambre, Ranomafana und Marojejy permanent ans Leder wollen! Dabei reicht es entgegen anders lautenden Aussagen eben nicht aus, nur die Beine vor dem Eindringen der Plagegeister zu schützen – die Tiere lassen sich auch von oben fallen und suchen den Weg durch die Oberkleidung. Die von den Einheimischen **Litschis** genannten Tiere sind dabei zunächst etwa halb so lang und dick wie ein Streichholz. Haben sie sich fest gesaugt, sind sie bald so groß wie ein kleiner Finger. Zwar ist der Biss selber zunächst kaum zu spüren und an sich nicht gefährlich, jedoch tut die gebissenen Stelle hinterher oft tagelang weh und reizt zum Kratzen, was angesichts der **Infektionsgefahr** gefährlich werden kann.

Zikaden sind auch auf der roten Insel das Nachtorchester der Tropen. Dabei gibt es aber erstaunliche Abweichungen von gewohnten Zirp-Zirp: In den Trockenwäldern des Westens lebt eine sehr große, nachtaktive Zikadenart, die eine Flügelspannweite von 12 cm hat und eher einem kleinen Vogel oder einer Riesenwespe gleicht. Die Tiere machen v.a. im Frühjahr abends einen Aufenthalt im Freien in der Nähe einer Lichtquelle unmöglich: von allen Seiten schwärmen die laut und schrill lärmenden Riesenbrummer herbei und prallen dabei gegen alle möglichen Hindernisse einschließlich Personen. Tagsüber, obgleich nicht in Bewegung, machen Zikaden in den Trockenwäldern und ganz besonders in den Tsingy von Bemaraha einen Aufenthalt zu einer ohrenbetäubenden Angelegenheit, wie schrille Kreissägen lärmen die Insekten in der Mittagssonne!

Schnecken finden sich auf Madagaskar in großer Vielfalt: fast 400 Arten wurden bislang gezählt, die meisten davon endemisch. Besonders in den küstennahen Regionen des Westens und in den Gebirgsregionen des Nordens findet man erstaunlich viele Arten. Die eindrucksvollsten Exemplare fand der Verf. im Ranomafana-NP: Eine Schnecke, deren Gehäuse flach wie eine Schneckennudel war und mit ca. 15cm Durchmesser auch ebenso groß. Der Körper des Tieres war selbst gut 25 cm lang, mit einem zitronengelben Bauch und einem olivfarbenen Körper. An der Westküste findet man in den Trockenwäldern sehr große Gehäuse von Schnecken, die extrem steile Windungen haben und eher wie Meeresschnecken aussehen. (Mit einer braun-weißen Streiffung gehören diese Gehäuse zum regelmäßigen Souvenir des Verfassers)

Meerestiere

Bedingt durch seine Lage im Indischen Ozean kann sich Madagaskar einer reichen Meeresfauna rühmen: mehr als 2.200 Fischarten tummeln sich in den Gewässern der roten Inseln. Nicht nur deshalb ist die Insel ein Geheimtip für Taucher und Schnorchler aller Herren Länder geworden!
Zahlreiche Korallenriffe säumen die Küsten Madagaskars, die Vielfalt der Fauna sorgt für Erstaunen: die Riffe werden bevölkert von unzähligen bunten Seesternen, Fischen und

Krebsen, weiter draußen im Meer sind die großen Tierarten zu sehen: Delfine, Haie, Seekühe, Mantas und **Buckelwale** Megaptera novaeangliae. V.a. letztere locken jedes Jahr im August/September eine große Anzahl Touristen nach St. Marie oder in die Bucht von Antongil, wo die großen Meeressäuger regelmäßig Station machen
Kulinarisch betrachtet stellt Madagaskar daher auch eines der lohnendsten Ziele für Gourmets überhaupt dar: Kaum sonst wo werden Langusten, Garnelen und alle anderen Arten von Meerestieren in solcher Vielfalt und Frische angeboten wie auf Madagaskar! Vom Spottpreis mal ganz abgesehen! V.a. an der Westküste, insbesondere in Belo–sur-Tsiribihina bekommt man die besten Garnelen überhaupt!.

Meeresschnecken und **Muscheln** werden v. a in den Küstenregionen wie in Tuléar und Diego - Suarez oft zum Verkauf angeboten. Die farbenprächtigen, bizarr geformten Gehäuse stellen ohne Zweifel eine Zier dar. Dennoch sollte der Reisende diese Souvenirs nicht kaufen: die in Deutschland geltenden Bestimmungen verbieten die Einfuhr von Molusken aus dem Indischen Ozean generell!
Davon abgesehen können insbesondere die schönen **Kegelschnecken** der Gattung Conus auch gefährlich werden, wenn man sie im Meer anfasst – Schnorchler und Taucher wissen i.a.R., dass die Tiere über einen sehr wirksamen **Giftapparat** verfügen.

Warzen– oder Steinfische der Gattung Synancea sind zwar nicht explizit durch Unfälle in Madagaskar bekannt geworden – was aber nicht heißt, dass diese sehr giftigen Meeresbewohner hier nicht gelegentlich anzureffen sind. Da sich die Fische im Sand eingraben und man sich den Stich durch Drauftreten zuzieht, ist die Verwendung von Badeschuhen im Zweifelsfalle vorzuziehen. Generell sollte an abgelegenen Stränden vorher nachgefragt werden, was gefährlich werden kann!

Seltener – aber dennoch anzutreffen – sind die **Feuerfische** der Familie Pterois: Beim Schnorcheln oder Tauchen kann einem schon mal einer der bizarr aussehenden gestreiften Fische begegnen, deren Rückenstacheln stark giftig sind! Der bekannteste ist der **Rotfeuerfisch** Pterois volitans.

Haie sind v.a. an Madagaskars Ostküste recht häufig. Zwar sind Haie längst nicht so gefährlich, wie viele glauben: normalerweise jagen Haie in der Dämmerung und fressen auch keine Menschen, da der Mensch für den Hai schlichtweg schwer verdaulich ist und die Verdauung ihn mehr Energie kosten würde, als er dadurch gewinnen würde. Jedoch kann es schon mal vorkommen, daß ein Hai einen Surfer oder Schnorchler mit einer Robbe verwechselt, wenn der Lichteinfall das Tier täuscht. Dann kann es geschehen, dass der Hai einen „Probebiss" vornimmt, um die Beschaffenheit der potentiellen Nahrung zu prüfen. Da der Mensch wie gesagt nicht in Betracht kommt, belässt es der Hai dann meist bei einem Biss und lässt dann vom Menschen ab: was angesichts der Zähne der Haie allerdings schon schwerwiegend genug sein kann.
Mitunter werden Haie aber auch durch menschliches Einwirken angelockt und verhalten sich dann aggressiv und nicht mehr artgerecht: v.a. entlang der Schifffahrtsrouten und in einigen Hafengebieten werden dann z.B. Arten heimisch, die normalerweise im offenen Meer leben und vom Abfall der Menschen angelockt werden. Insbesondere die Hafenstadt Tamatave (Toamasina) ist ein gutes Beispiel dafür: hier ist Baden der Haie wegen generell durch Warnschilder untersagt.

(Übrigens werden weltweit pro Jahr etwa 20 tödliche Unfälle mit Haien bekannt – dagegen im selben Zeitraum über 200 Tote durch herabfallende Kokosnüsse, d. Verf.)

Vögel

Für Ornithologen ist Madagaskar traditionell in reiches Revier für Feldbeobachtungen. Zwar sind die Vögel mit etwa 260 Arten nur zu 41% endemisch: etwa 105 Arten sind nur hier beheimatet. Jedoch bietet der enorme Artenreichtum der riesigen, dünn besiedelten Landflächen der roten Insel dem Vogelkundigen ein abwechslungsreiches Terrain. Besonders die zahlreichen Feuchtgebiete der Küstenregionen sowie die zahlreichen Wälder sind besonders für Freunde der gefiederten Welt von Interesse.

Als typisch madagassische Vogelarten können gelten:

- **Vangas** Vangidae. Die Vangas sind mit 14 Arten die größte Familie unter den madagassischen Vögeln. Es handelt sich um Waldbewohner, die man sowohl in Trockenwäldern als auch im feuchten Dschungel der Ostküste sieht. Die **Sichelvangas** Falculea palliata sind am leichtesten zu entdecken, ihre Nester in den hohen Bäumen der Trockenwälder, ihr gestreiftes Gefieder sowie ihr durchdringender Ruf machen sie sehr auffällig. Die schönsten der Vangas sind jedoch der **blaue Vanga** Leptopterus madagascarinus und der **Rotvanga** Schetba rufa, die in den grünen Dickichten der Regenwälder wohnen.

- **Kurole** Leptosomidae. Der Kurol Leptosomus discolor ist nahe mit unserem heimischen Kuckuck verwandt. Die Vögel leben in Höhlen und ernähren sich von Insekten und kleinen Reptilien.

- **Ibise.** Die Familie der Lophotibiae ist auf Madagaskar mit dem überaus seltenen **Mähnenibis** Lophotibis cristata und dem **heiligen Ibis** Threskiornis bernieri vertreten. Die feuchtigkeitsliebenden Vögel mit den charakteristischen krummen Schnäbeln bewohnen zahlreiche Flussdeltas und sind in einigen küstennahen Schutzgebieten zu finden.

- **Kuas** oder **Seidenkuckuck,** Couas. Neun Arten dieser Familie wurden bislang gezählt. Die Kuas sind bodenbewohnende Tiere und v.a. in dichten Wäldern zu suchen. Der größte unter ihnen ist der **Riesenkua** Couas gigas, der fast nur im heißen Südwesten Madagaskars vorkommt

- **Drongo**. Der Madagaskar-Drongo Discrurus forficatus kennt zahllose Fabeln und Geschichten, die sich die Menschen Madagaskars erzählen. V.a. das äußerst aggressive Wesen der Vögel während der Brutzeit wird ihnen dabei gerne als Mut ausgelegt und der Drongo, der selbst den Bussard in die Flucht schlägt, ist eine beliebte Figur im Fabelschatz Madagaskars. Der dunkel gefiederte Vogel ist an der auffallenden fächerförmigen Beule auf dem Schnabel zu erkennen und lebt vorwiegend in waldreichen Regionen.

- **Malachit-Eisvogel** Corythornis vintsioides. Eng mit unserem Eisvogel verwandt, teilt er mit diesem das schillernd blau/metallisch glänzende Gefieder und die Lebensweise am Wasser. Als hervorragender Jäger kleiner Fische wird der Eisvogel in Madagaskar auch **kingfisher** genannt.

- **Madagaskar-Schlangenhabicht** Eutriorchis astur, ohne Zweifel einer der seltensten Vögel der Erde. Der mächtige Greifvogel galt bis vor einigen Jahren als ausgestorben, allerdings gilt seit 1988 als sicher, dass zumindest einige Tiere im Marojejy-NP an der Ostküste überlebt haben.

- **Rote Madagaskar-Eule** Tyto soumageii. Auch diese Art galt bis 1973 als ausgestorben, ist aber mit wenigen Exemplaren im Analamazoatra-Reservat und wahrscheinlich auch im Masoala-Halbinsel NP beheimatet. Auch die bekannte **Schleiereule** Tyto alba kommt auf Madagaskar vor.

- **Madagaskar-Falke** Falco newtoni und der eng verwandte
- **Wander- oder Pilgerfalke** Falco peregrinus. Letzterer hat sogar als Wappentier der Merina-Monarchen von sich reden gemacht. Beide Arten sind zwar noch häufig anzutreffen, unterliegen aber – wie viele Vogelarten Madagaskars – einem starken Bejagungsdruck.

- **Wiedehopf** Upupa epops marginata, wird dem Reisenden erst wie ein Spuk vorkommen: derselbe Vogel, der auch in unseren Breiten heimisch ist, scheint hier vor den Augen des staunenden Touristen herumzuhüpfen! Die Wiedehopfe sind v.a. in den dichten Trockenwäldern sowie im Isalo-NP zu finden und ähneln den unsrigen bis aufs Haar.

- **Papageien** sind in drei Arten auf Madagaskar vertreten: der **Vasa-Papagei** Coracopsis vasa, der **schwarze Vasa-Papagei** Coracopsis nigra und der **Graukopfsittisch** Agapornis cana.

- **Nektarvögel** sind auf Madagaskar mit mehreren endemischen Arten zu finden. Die kleinen Vögel umschwirren wie kleine Insekten die Blüten der Bäume und können am besten im Ankarana-NP mit einiger Erfolgsaussicht beobachtet werden.

- **Paradiesschnäpper** Terpsiphone mutata sind in Madagaskar und den Komoren mit mehreren endemischen Arten vertreten. Die wunderschön anzuschauenden Vögel mit dem charakterstischen langen Schweiffedern wiegen nur 13 Gramm! Sie bewohnen als seltene Spezies die Trockenwälder Madagaskars. Mit etwas Glück findet man sie auch im Isalo-NP und in Ranomafana.

- **Hühnervögel** sind mit neun Arten, davon fünf endemischen, nur sparsam vertreten. Sie sind geradezu allgegenwärtig und äußerst zahlreich. Eine Ausnahme bilden die **Perlhühner** Numida meleagris. Diese wohlschmeckenden und sehr schön anzusehenden Hühner werden leider immer seltener.

- **Enten** und **Gänse** sind auf Madagaskar – neben den Hühnern – das wichtigste Kleingetier überhaupt zur Deckung des Fleischbedarfs. Entsprechend zahlreich ist auch diese Population! Hinzu kommen noch die besonderen **Halbenten** der Familie Dondrosiniae, die eine Zwischenstellung zwischen Enten und Gänsen einnehmen und ebenso schmackhaft wie diese sind!

Flora

Der Artenreichtum von Madagaskars Pflanzenwelt ist ebenso legendär wie die Fauna. So gelten unter den Pflanzen 80% aller Arten als endemisch, manche Art, wie die Baobabs oder die Orchideen, sind hier häufiger vertreten als auf dem ganzen afrikanischen Kontinent.

Da Madagaskar einige ganz spezifische Klimaformen besitzt, haben sich dementsprechend auch ganz eigene Arten entwickelt, welche den unterschiedlichen Bedingungen angepasst sind.
Einer der bedrohtesten Naturschätze des Landes sind die zahlreichen, versprengt über ganz Madagaskar verteilten **Waldgebiete**. Dabei unterscheiden wir folgende Waldarten:

1. **Der immergrüne Regenwald**, wie er v.a. an der Ostküste der roten Insel zu finden ist. Dieser Wald liegt in max. 800 m Höhe, ist also ein Regenwald der küstennahen Gebiete. Im immergrünen Regenwald finden wir wahrhaft riesige Bäume, jedoch nur vereinzelt und nicht so dicht wie in Urwäldern anderer Kontinente. Das Hauptblätterdach ist relativ niedrig, mehrere Lagen an Blättern folgen untereinander, Unterholz gibt es mangels Licht am Boden praktisch nicht! Eine Unzahl von Arten – Tieren und Pflanzen - leben hier, daneben ist dieser Wald die bevorzugte Heimat von Luftwurzlern wie Epipythen, Orchideen und baumbewohnenden Farnen. Es existieren reine primäre Vegetationstypen (sehr selten), häufiger sekundärer Bewuchs mit von Menschen ausgesetzten Arten durchsetzt: So finden wir im dichten Dschungel der Insel Nosy Mangabé neben typischen Urwaldpflanzen auch Arten wie wilden Ingwer und wilden Kaffee, die von Menschen angepflanzt wurden. Besonders der wertvollen Hölzer wie Eben-, Rosen-, und Palisanderholz wegen zählt dieser Wald zu den bedrohtesten Refugien Madagaskars.

2. **Bergnebelwald**, in Höhen zwischen 800 und 1300 m Höhe zu finden. Das Hauptblätterdach ist hier um 5-6m tiefer als beim Regenwald, hinzu kommt die wasserabweisende Wachsschicht vielen Blätterpflanzen. Das Klima ist ebenfalls von der Höhe beeinflusst: So können durchaus Temperaturen bis um den Gefrierpunkt herum auftreten, die hohe Luftfeuchtigkeit sorgt außerdem für beständigen Nebel und Regen. Besonders im Ranomafana-NP und im Marojejy-NP kann man diesen Waldtyp noch unverfälscht erleben. Allerdings muss auch hier einschränkend gesagt werden, dass selbst in Gegenden wie Ranomafana der Wald mit sekundären, von Menschen angepflanzten Arten durchsetzt ist: Schon lange haben Menschen im Wald und vom Wald gelebt!

3. **Bergwald,** in Höhen zwischen 1300 m und 2300 m zu finden. Vor allem in den Höhenlagen des Marojejy-NP und im Andringitra NP kann man diesen Vegetationstyp aus Sträuchern, Flechten und Moosen antreffen. Da die Temperaturen in diesen Höhen oft unter dem Gefrierpunkt sind, müssen alle Pflanzen entsprechen frostunempfindlich sein und sind meist von kleinem Wuchs und spärlicher Fruchtbarkeit.

4. **Mischwald** aus Primärwald und sekundärem Grasbewuchs, durch Abholzung entstandene Landschaft, vereinzelte Regenwaldbäume, umgeben von Grasland oder Bananenpflanzungen. V.a. im Hochland um Fianarantsoa herum häufig.

5. **Trockenwald**. Der meist in niedrigen Höhen und v.a. an der Westküste zu findende Trockenwald stellt ein besonderes Faszinosum dar: Obgleich es in diesen Wäldern selten oder fast nie regnet, überrascht dieser Wald mit seiner niedrigen Hauptblattdecke von 15 m mit dem ungemein dichten Unterholz. In der Kirindy-Forstation kann sich der Reisende ein Bild von dieser unglaublichen dichten Vegetation machen, fast alle fünf Zentimeter wächst ein Strauch empor....

6. **Mangrovenwald.** Die küstensäumenden Mangrovenwälder Madagaskars spielen auch hier eine wichtige Rolle bei der Befestigung der Küsten gegen Gezeiten und Stürme. Das in insgesamt neun Arten vorkommende Mangrovenholz ist überdies sehr begehrt, es zählt zu den härtesten Hölzern überhaupt. Die oft in Brackwasser führenden Lagunen und Flussmündungen anzutreffenden Mangroven mit ihren typischen Wurzeln, die bei Ebbe ihr modrig riechendes Unterwerk freigeben und einer wahren Fülle von Lebewesen Schutz und Nahrung bieten, finden wir an der Ostküste auf St. Marie und bei Antsiranana, an der Westküste bei Tuléar und Morondava, auch Nosy Bé ist für seine dichten Mangrovengürtel bekannt.

7. **Dornenwald.** Zu den großen Besonderheiten Madagaskars zählen ohne Zweifel die Dornenwälder des heißen Südens mit ihren eigenartigen Pflanzen. Der großen Trockenheit haben sich hier v.a. **Euphorbien** und **Didiereaceen** angesiedelt, so dass man eher von einem Buschwald aus Dornen reden kann, der etwa 3 m hoch ist. Obgleich die Landschaft trocken und bisweilen wenig einladend aussieht, findet man hier die höchste endemische Dichte der Pflanzen, gerade unter den dornentragenden Euphorbien und Didiereaceen ist Madagaskar weltweit das Land mit der höchsten Artenvielfalt! Neben diesen beiden finden wir hier auch zahlreiche **Aloe-**Arten sowie **Kakteen** und **Dickfußgewächse** (Pachypodien).

Baobabs

Die eindrucksvollsten Gewächse der roten Insel sind die berühmten **Affenbrotbäume** oder **Baobabs,** die man in Madagaskar in 7 endemischen Arten findet, während in Afrika nur eine einzige wächst:

- Adansonia za
- Adansonia grandidieri
- Adansonia suarezensis
- Adansonia gregorii
- Adansonia madagascariensis
- Adansonia peyreyri
- Adansonia rubrostipa

Baobabs, Adansoniae, sind fast durchweg an ihren dicken Stämmen und ihrer relativ spärlichen Beastung zu erkennen. Sie zählen zu den Sukkulenten und in die Ordnung der **Malvengewächse.**

Die Größe der Pflanzen schwankt je nach Art zwischen 8 Metern und über 30 Metern! Die oft gigantischen Türmen gleichenden Stämme speichern Unmengen Wasser, so dass die Baobabs langandauernde Trockenzeiten problemlos überstehen. Baobabs haben weiße oder orangefarbene Blüten und große, nußartige Früchte, die reich sind reich an Vitamin C und sehr schmackhaft, das wasserreiche Mark der Bäume wird außerdem bisweilen als

Viehfutter verwendet – jedoch stehen die meisten Baobabs unter dem Schutz der Tradition und bleiben normalerweise unangetastet – selbst, wenn die ursprüngliche Umgebungsvegetation (wie bei Morondava) längst einem Sumpfland gewichen ist und die Bäume wie versprengte Boten einer vergangenen, besseren Zeit dastehen. Die Menge des speicherbaren Wassers liegt bei einigen riesenhaften Exemplaren bei über 40.000 Litern Wasser, die Bäume entlang der Allee des Baobabs an der Westküste wurden überdies vor einigen Jahren mit Hilfe der C-14-Analyse auf ihr Alter hin untersucht. Der älteste der Baumriesen dort ist demnach etwa 600 Jahre, der berühmte Baobab von Mahajanga etwa 700 Jahre alt.

Bäume

Madagaskar ist als Heimat zahlreicher Baum– und Holzarten bekannt. Neben dem bekannten **Palisanderholz** ist v. das **Rosenholz** und das **Ebenholz** als Grundlage schöner Schnitzarbeiten und leider auch für den ungebremsten illegalen Einschlag und Schmuggel bekannt. Daneben findet sich sehr häufig der **Mangobaum**: Obwohl ursprünglich nicht endemisch, hat sich der Baum und die
Nutzung der schmackhaften Früchte in ganz Madagaskar verbreitet. Der **Litschibaum** hingegen ist für Madagaskars Hauptexportfrucht, die Litschis, verantwortlich. Auch Litchi chinensis stammt ursprünglich nicht aus Madagaskar, vielmehr aus China. Etwa 100.000 Tonnen Litchis werden pro Jahr geerntet, die Früchte sind ein sehr wirkungsvoller Durstlöscher und Kraftspender auf anstrengenden Wanderungen. **Feuerbäume** der Gattung Delonix, auch **Flamboyants** genannt, gehören zu den schönsten Gewächsen der roten Insel. Zur Blütezeit im August verwandeln die schönen, brennend roten Blüten der zu den Hülsenfruchtgewächsen zählenden Bäume die Straße nach Ihosy am Ortseingang in ein wahres Flammenmeer.

Ebenso auffallend sind die zu den Palisanderbäumen gehörenden **Jakaranda-Bäume** Jacaranda mimosaefolia**,** die man am z.B. in Antananarivo rings um den Lac Anosy herum wachsen sieht. Die Bäume haben fliederfarbenen Blüten und verströmen einen wahrhaft berauschenden Duft, der selbst die unangenehmen Gerüche des Sees überdeckt.

Der **Tamarindenbaum** Tamarindus indica gehört ebenfalls zu den eingeschleppten Arten. Die Früchte der Bäume werden als Sirup, Limonadengrundstoff oder für Konfitüre verwendet.
Ein ebenfalls importierter Baum ist der **Eukalyptusbaum**, der als schnellwachsender Rohstoff zur Herstellung von **Holzkohle** verwendet wird.

Tapia Uapaca bojeri ist ein endemischer Baum und darf als typisch madagassisch gelten: v.a. in trockenen Regionen des Hochland und in Isalo sind die kleinen, etwas 6 Meter hohen Bäume mit den gelben, mirabellenartigen Früchten häufig. Die Früchte werden ebenso von den Lemuren als auch von der Bevölkerung als Bereicherung des Speiseplans verwendet. Daneben dienen sie aber auch den **Seidenspinnerraupen** Borocera madagascariensis als Nahrung und Brutstätte und stellen damit die Hauptgrundlage für die einheimische Seidenverarbeitung dar.

Der **Jackfruchtbaum** Artocarpus heterophyllus, einfach Jackfruit genannte Baum ist ebenfalls auf Madagaskar ansässig geworden. Die mit bis zu 30 kg größten Baumfrüchte des Planeten sind an ihrer mit sechseckigen Narben (ähnlich wie Ananas) überzogenen grünen Außenhaut und der birnenförmigen Form erkennbar. Das Fruchtfleisch ist faserig und sehr saftig, es schmeckt wunderbar nach Pfirsich, Banane und Ananas gleichzeitig!

Der dem Jackfruchtbaum verwandte **Brotfruchtbaum** Artocarpus altilis bietet eine weitere Köstlichkeit unter Madagaskars Früchten: die mit sechseckigen Narben übersäten Früchte (vgl. Ananas und Jackfrucht) sind nicht nur schmackhaft, sondern besonders eiweißreich – Grund genug für das britische Empire, im Jahre 1787 die berühmte **„Bounty“** nach Tahiti auszusenden, um von dort die begehrten Pflanzen zu holen, gedachte man doch, mit der „Wunderfrucht“ die Sklaven in den karibischen Kolonien zu ernähren..
Der **Weihnachtsstern** Poinsettia (Euphorbia pulcherima) ist eine importierte Euphorbienart, aber auf Madagaskar in wahrhaft gewaltigen Formen anzutreffen - daher wird er hier bei den Bäumen erwähnt. Die Pflanze mit den typischen roten Blättern ist in unseren Breiten nur als meterhoher Busch bekannt, auf Madagaskar finden wir jedoch bis zu 15 Meter hohe Bäume mit unzähligen roten Blättern, ein für Europäer faszinierender Anblick!

Schließlich sei noch der Flaschenbaum **Ylang-Ylang** Cananga odorata erwähnt, der wegen des aus seinen Blüten gewonnenen Öls wichtiger Lieferant für die Parfümherstellung ist. V.a. im Norden und auf Nosy Bé wird die Pflanze angebaut und weiterverarbeitet. Eine Probe Ylang-Yang-Destillat gehört auch heute noch zu einem "Pflichtmitbringsel" des Madagaskarreisenden.

Palmen

Palmen sind mit über 190 Arten selbstverständlich auch auf Madagaskar heimisch und mit 166 endemischen Arten vertreten. 75% gelten als akut bedroht!
Bekannteste Art ist der zu den Bananengewächsen gehörende

Ravenala Ravenala madagascariensis. Der Baum – zur Familie der **Strelitzien** gehörend - ist erkennbar an den fächerförmig aufgestellten Stielen und Blättern. Mit bis zu 8 Metern Höhe bieten die Ravenalas einen wunderbaren Anblick, der sie zur Symbolpflanze des Landes machte. In den stammnahen und übereinander liegenden Schichtungen der Stengelansätze sammelt sich eine große Menge Wasser, welches zahlreichen Insekten – und Reptilienarten als Heimat dient. Dieses kann im Notfall angezapft und getrunken werden, weshalb der Ravenala auch als **Baum der Reisenden** bekannt ist.

Raffia ist ein wahres Multitalent: Die Raffiapalme Raphia farinifera ist ein unverzichtbarer Lieferant von zahlreichen Produkten: Die Blätter werden zum Hausbau und für Dächer eingesetzt, die Fasern versponnen, geflochten oder verwoben. Auch zur Gewinnung von Wachs und Alkohol ist die Pflanze geeignet. Als **Raffiabast** hat die Pflanze als einziges madagassisches Wort auch in die deutsche Sprache Eingang gefunden!

Pandanus– oder Schraubenpalmen sind ebenfalls in ganz Madagaskar zu finden. Über 70 Arten sind gezählt worden. Vor allem die Blätter von Pandanus utilis werden gerne für das Decken von Dächern verwendet.

Kokos, Cocos nucifera, ist die häufigste Palmenart auf der roten Insel: V.a. an der Ostküste findet man riesige Plantagen, in denen die begehrten Rohstoffe Kokosfett, Kopra und Kokosfasern gewonnen werden.

Dreikantpalmen Neopypdidae sind endemisch und, vor allem weil die Art feuerresistent ist, in den Weidegebieten des südlichen Hochlandes und auf der Horombe-Hochebene anzutreffen.

Sukkulenten

Sie sind ohne Zweifel die interessantesten Pflanzen Madagaskars. Und dies nicht nur ihrer teilweise bizarren und teilweise sehr ästhetischen Formen wegen. Auch die Fähigkeit, in teilweise extremer Wasserarmut überleben zu können, nötigt Respekt ab. Diese Fähigkeit erhalten Sukkulenten durch ihre – je nach Art unterschiedlichen – Blattorgane, in welchen sie Wasser
speichern können.

Die wichtigsten Arten:

- **Didiereaceen**, mit 11 Arten auf Madagaskar vertreten, bewohnen ausschließlich die Trockengebiete des Südwestens sowie einige trockene Regionen im Norden.

- **Euphorbien**, Wolfsmilchgewächse, sind mit über 1000 Arten sehr zahlreich. Viele Euphorbien haben Stacheln und nur kleine oder gar keine Blätter. Einige Arten sind extrem giftig!

- **Apocynaceae**, Hundsgiftgewächse, mit 13 Arten wie dem bekannten Pachypodium horombensis vertreten.

- **Aspodelaceae**, Affodillgewächse, mit rund 20 Gattungen und über 600 Arten (!) der Aloe und der Hayworthien sehr zahlreich auf Madagaskar. Vor allem im Isalo-NP begegnen einem die schönen Pflanzen sehr oft.

Orchidacea – Orchideen

Fast 1000 endemische Orchideenarten sind bislang auf Madagaskar gezählt worden. Neben einigen, nur lokal vorkommenden Arten ist die bekannteste Vertreterin der Luftwurzler auf Madagaskar die **Vanille** Vanilla planifolia.
Gewöhnlich wird behauptet, dass die Vanille nicht auf Madagaskar heimisch sei – was so aber nicht stimmt:
Die „Gewürzvanille“ **Vanilla planifolia** und ihre nahe Verwandte **Vanilla tahitiensis** sind tatsächlich Importpflanzen aus Mexiko und Ozeanien.
Daneben existieren auf Madagaskar aber auch **drei endemische Vanillearten**, von denen **Vanilla madagascariensis** die häufigste Vertreterin darstellt. Mit Glück findet man die Pflanze mit den herrlichen weißen Blütenkelchen an der Straße nach Morondava in der Nähe von Kirindy. Die Schoten der Madagakar-Vanille werden gerne auf Märkten als **Potenzmittel** angeboten.

Da die vanillinproduzierenden Vanillearten importiert wurde, fehlen ihr hier die natürlichen Tiere zur Bestäubung, bestimmte Kolibris und Insekten. Dadurch müssen die Blüten von Hand bestäubt werden – was aber angesichts des ohnehin enormen Aufwandes an Handarbeit bei der Produktion der Vanille nicht wirklich zusätzlich ins Gewicht fällt.

Die Orchideen Madagaskars leben fast alle als **Epipythen**, d.h. sie wurzeln auf einem Wirtsbaum, ohne diesem Nährstoffe zu entziehen.

Weitere wichtige Pflanzen

- **Sisal.** Der zur Familie der Agaven gehörende Sisal Agave sisaliana ist ebenfalls ein Import aus Südamerika. Die Produktion von Sisalfasern war früher einer der bedeutendsten Wirtschaftszweige Madagaskars. V.a. im Süden mussten riesige Flächen primärer Vegetation den gewaltigen Plantagen weichen. Die Fasern werden nicht nur exportiert, sondern auch vor Ort verarbeitet, u.a. zu sehr hübschen Taschen, Seilen, Teppichen und vielem anderen mehr.

- **Kakao.** Der aus Südamerika stammende Kakaobaum Theobroma cacao wird auch in Madagaskar kultiviert und Madagaskar zählt mit etwa 4000t produzierten Kakaos zu den kleinen Lieferanten des Weltmarktes. (Zum Vergleich: Etwa 3,5 Mio Tonnen werden jedes Jahr weltweit erzeugt!) Der madagassische Kakao wächst an der Ostküste und im Nordwesten am Sambirano - Fluss und in der Gegend von Ambanja. Obwohl die jährliche Ernte klein ist, zählt der Kakao zu den besten der Welt. Die auch in Deutschland erhältliche Schokolade aus Sambirano oder Ambanja sucht ihresgleichen.....

- **Kaffee**. Die zu den Rötelgewächsen gehörenden Kaffeepflanzen Coffea arabica und Coffea canephora werden schon seit dem 19. Jh. auf Madagaskar angebaut. Mit etwa 70.000 Tonnen pro Jahr zählt auch hier das Kontingent Madagaskars auf dem Weltmarkt nicht viel, dennoch sind die Exporterlöse wichtig für das bitterarme Land. Es soll nicht verschwiegen werden, dass die Kunst der Kaffeezubereitung in den Madagassen gelehrige Schüler gefunden hat: Nirgendwo sonst auf der Welt hat der Verf. so wohlschmeckenden Kaffee bekommen wie in den allerärmsten Raststationen Madagaskars.

- **Pfeffer**. Der Pfefferstrauch Peperomia hat Madagaskar auch seinen Ruf als Heimat erstklassiger Gewürze eingebracht. V.a. in den höheren Lagen der Ostküste wird Pfeffer angebaut und verarbeitet. Dabei ist es interessant zu wissen, dass es nur eine Art Pfeffer gibt: Rot, schwarz oder weiß wird der Pfeffer durch die unterschiedlichen Verarbeitungsformen wie Brühen, Trocknen, Fermentieren usw. Unterschiede in der Art bestehen dabei nicht!

- **Zuckerrohr** Saccharum officinarum. Diese Pflanze ist wie der Reis als ursprünglich nicht heimische Pflanze aus dem Leben der Madagassen nicht wegzudenken. Die Möglichkeit, aus der Pflanze nicht nur Zucker für den Export, sondern auch Rum herzustellen ist auf Madagaskar schon lange bekannt. Und so verwundert es nicht, das v.a. im Norden der Insel, auf Nosy Bé und an der Nordwestküste, einige sehr renommierte und erstklassige Rumdestillerien ihren Sitz haben. Bekannteste Marke Madagskars ist **Dzahma,** der in untersch. Qualitätsstufen zu haben ist. Aber auch im übrigen Land wird die Pflanze gerne angebaut und verarbeitet – der illegale **Betsabetsa** hat seinen Ursprung u.a. als vergorener Saft des Zuckerrohrs. Ebenfalls illegal hergestellt wird der berüchtigte **toaka gasy**, ein Destillat von zweifelhafter und minderer Qualität (siehe auch Banane). Erwähnt seien auch die vielen, sehr leckeren **Rhum arrangeés**: Dabei handelt es sich um verschiedene Früchte, Vanille-, Kakao– und Kaffeeschoten, die in Ballonflaschen mit Rum angesetzt werden. Fast alle gehobenen Lokale auf der Straße nach Süden und zumindest die besseren Hotels haben eine Auswahl an verschiedenen Sorten im Ausschank.

- **Banane** Musa acuminata und andere Die Banane spielt im Speiseplan der Madagassen eine ähnlich wichtige Rolle wie der Reis. Mindestens 14 verschiedene Arten der gelben Schalenfrucht konnte der Verf. in der Gegend von Manakara an der Ostküste auf dem Markt zählen: rote Kochbananen, kleine süße, große, säuerliche, riesenhafte und mehlig schmeckende, orangefarbene.....eine schier unglaubliche Vielfalt. Leider leistet auch die Banane einen unrühmlichen Beitrag zur Vernichtung der natürlichen Waldflächen – oft ist sie die Nutzpflanze, die in den kahlgerodeten Flächen als erste angebaut wird. Bananen werden nicht nur gegessen, sondern – meist illegal – zu **Alkohol (wie Betsabetsa oder Toaka gasy)** verarbeitet. Vorsicht, man bekommt zumindest einen sehr schweren Rausch und einen mörderischen Kater, im schlimmsten Falle drohen Sehstörungen und Erblindung sowie andere Vergiftungszeichen!

- **Reis** Oryza sativa. Die Nutzpflanze Nr. 1 und Gegenstand fast kultischer Verehrung! Angesichts der Tatsache, dass die Madagassen 150 kg Reis pro Jahr und Kopf essen und damit Weltmeister im Verzehr dieser Pflanze sind, wird die enorme Bedeutung des Reis deutlich. Preissteigerungen beim Grundnahrungsmittel sind für die arme Bevölkerung eine Katastrophe, Missernten und Verknappung noch mehr. Da in Madagaskar überwiegend der arbeitsintensive Nassreisbau betrieben wird und die Erträge mit etwa 500 g pro qm geradezu lächerlich gering sind, hängt in Zukunft vieles davon ab, ob es gelingt, die Ernten durch neue Anbaumethoden zu verdreifachen, wie ein Aktionsplan der Regierung Ravalomanana vorsah.

- **Tabak,** Tabac virginia, wird seit dem 19. Jh. auf Madagaskar angebaut. Vorwiegend die Regionen im Westen sind hierfür besonders geeignet. Der Tabak wird zum großen Teil exportiert, zum kleineren Teil aber von der Bevölkerung direkt selber vermarktet. Als Kau- und Schnupftabak fein gemahlen oder als Rauchgrundstoff in Form von geflochtenen Seilen (!) angeboten, zählt er zu den aromatischsten Angeboten auf den Märkten.

- **Süßkartoffel.** Die zu den Prunkwinden zählende Süßkartoffel Ipomeia batata spielt eine wichtige Role bei der Nahrungsversorgung in Madagaskar und wird vor allem im Süden und im Hochland (dort meist in Mischkultur mit Mais) angepflanzt.

- **Nelkenbäume,** Sycygium aromaticum zählen zwar nicht zu den Nelkengewächsen, jedoch – wie der Pfeffer! – zu den früher ertragreichsten Exportartikeln Madagaskars. Neben Zanzibar war Madagaskar früher Weltmarktführer beim Handel dieser Gewürzpflanze. Mittlerweile haben andere, v.a. Indonesien, die Marktführerschaft übernommen und die Konkurrenz aus dem östlichen indischen Ozean verdrängt. Daher spielt der Anbau von Nelken nicht mehr dieselbe Rolle wie früher.

- **Indischer Hanf**, Cannabis indica oder Marihuana bzw **"rongony"** genannt, spielt, wenngleich offiziell verboten, im ländlichen Leben sowie im illegalen Handel eine zunehmende Rolle. Der Gebrauch der Rauschpflanze ist relativ weit verbreitet.

- **Wein**. So unglaublich es vielleicht klingen mag: Madagaskar hat auch eine Tradition als Weinland! Betrachtet man die Geschichte des Landes als französische Kolonie und die Tatsache, dass sich das Hochland klimatisch bestens für den Weinanbau eignet, wird schnell klar, dass hier durchaus ernstzunehmende Weine produziert werden können. Allerdings hat die Qualität nach der Vertreibung der meisten

Franzosen Anfang der 70 er Jahre spürbar nachgelassen, mit den französischen Fachleuten schwand auch das Know-How. Lange Jahre war der heimische Wein daher nur etwas für Patrioten und Hartgesottene. Seit einigen Jahren kann sich die Qualität der Weine aber wieder sehen und kosten lassen. Besonders der "Cote de Fianar" von den Betsileo-Weingütern bei Ambalavao ist ein kräftiger Rotwein und daher sehr beliebt. Weitere Anbieter sind "Lazan i Betsileo" und "Soavita".

Neben den Weingütern betreiben aber auch zahlreiche Kleinbauern in Ambalavao und Umgebung ein wenig „Kellerwirtschaft“ und produzieren eigenen Hausweine zum persönlichen Gebrauch!

14. Kulinarisches

Essen...

...spielt immer eine gewichtige Rolle – nicht nur für den Madagaskar-Reisenden sondern selbstverständlich auch für die Bevölkerung. Obgleich Madagaskar ein armes Land ist, kann der Reisende zahlreiche kulinarische Besonderheiten und Köstlichkeiten erwarten. Wenn auch die Pizza genauso wie der Hamburger schon lange auf Madagaskar zu finden sind, hat das Land gerade für Gourmets und Freunde naturbelassener Nahrungsmittel seine Höhepunkte.
Die Küche der roten Insel ist grundsätzlich in zwei unterschiedliche Zweige aufgeteilt:

- Die internationale bzw. französische Küche.
- Die traditionelle madagassische Hochlandküche **Cuisine malgache**

Die **Internationale Küche** bietet die gängigen Gerichte und Zubereitungsformen der französischen bzw. europäischen Küche an. V.a. Geflügel– und andere Fleischgerichte entsprechen fast immer dem gewohnten Vorbild aus Europa. Die Tatsache, dass praktisch alle Zutaten der europäischen Küche auf Madagaskar gedeihen, lassen es also an nichts fehlen! Die Kultivierung der Kartoffel machen daher auch **Pommes frites** zu einer gängigen Beilage.
Daneben ist die internationale Küche auch durch **asiatische** Einflüsse geprägt: **Soup chinois** ist ebenso verbreitet wie **Mi-sao**, chinesische Restaurants gehören in Madagaskar schon weitaus länger zum Straßenbild als bei uns. Ferner findet man an den Küstenregionen eine sehr stark **kreolisch** beeinflusste Küche vor, was am deutlichsten an der Zubereitung der zahlreichen Fisch– und Krabbenspezialitäten zutage tritt!

Die **traditionelle madagassische Küche** ist zunächst einmal eine sehr bäuerliche Kost, welche – und das wird den Reisenden sicher interessieren! - weit weniger scharf ist als vielleicht vermutet. Dominierenstes Element ist der allgegenwärtige **Reis**. Sowohl morgens, mittags und abends – stets gehört Reis dazu. Gekocht wird traditionell auf dem Holzkohlenfeuer – entweder auf der Veranda oder in der Kochecke des Hauses, gewöhnlich ohne Abzugskamin. Die verwendeten Töpfe findet man in ganz Madagaskar verbreitet, sie stammen aus heimischer Produktion, eines der wenigen einheimischen Massenprodukte im Alltagsleben: Ambatolampy, 90 km südlich von Tana, ist die Heimat der Alugießer und die einzige Stadt Madagaskars, deren Stromleitungen aus Kupfer und nicht wie sonst üblich aus Aluminium gefertigt sind. Grund dafür ist die Findigkeit der Bewohner bei der Erschließung neuer Nachschubquellen für den Rohstoff Aluminium. Selbst ganze Flugzeugmotoren sind schon durch die primitiven Schmelzöfen der Gießer gewandert und haben sich in unzählige, **vilany** genannte Töpfe verwandelt.

Variaminanana, Reisbrei, ist das gängige Frühstück der Hochlandbewohner, oft mit Eiern oder Honig versetzt. (Sind morgens noch Reste der Abendmahlzeit vorhanden, werden auch diese selbstverständlich zum Frühstück gegessen, d. Verf.)

Ramanonaka sind ebenfalls aus Reis gebackene Krapfen, die in Fett gebacken werden. Der bei uns übliche Kaffee oder Tee zum Frühstück ist den Madagassen eher unbekannt – zu allen Mahlzeiten wird

Ranovola getrunken, jener Sud, der beim Aufkochen des eingebrannten Bodensatzes im Reistopf mit Wasser entsteht: Ranovola ist blassgelb, leicht trübe und schmeckt ausgesprochen fade. Jedoch gilt es als sehr gesund und vermag einem angegriffenen Magen wieder Ruhe zu bescheren.

Romazava ist eine der bekanntesten Zutaten der madagassischen Küche. Es handelt sich um eine Brühe aus diversen Küchenkräutern, je nach Gegend und Vegetation von unterschiedlicher Zusammensetzung. Romazava dient einerseits zur Befeuchtung des gekochten Reis als auch als Würze zu den Fleischbeilagen.

Maniok, in Südamerika auch Tapioka genannt, ist eine Pflanze, die in fast allen Erdteilen um den Tropengürtel herum und darum auch auf Madagaskar gedeiht. Sie braucht praktisch keinerlei Pflege und gilt daher als Beleg für wenig entwickelte und nicht nachhaltige Landwirtschaft. Die Wurzeln der Pflanze werden gesäubert und dann gekocht oder gegrillt – roh sind sie giftig und nicht genießbar. Aus Maniok bzw. dem Maniokmehl lassen sich darüber hinaus auch Kuchen, Kroketten und Krapfen zubereiten – sehr schmackhafte Alternativen für europäische Gaumen!

Ravitoto ist eine landestypische Kombination aus all den grundlegenden Dingen der Cuisine malgache: Dieser Eintopf wird aus Maniokblättern und Fleischstückchen gekocht – verwendet man Rindfleisch, **hen´ omby sy ravitoto,** so dauert das Köcheln schon mal 5 Stunden, bis das Fleisch zart genug ist. Daher ist in vielen Restaurants dieses Nationalgericht nur auf Vorbestellung zu haben!
Als **henakisoa sy ravitoto** mit Schweinefleisch ist es auch erhältlich und schneller zubereitet. Gereicht wird Ravitoto mit Reis und gehackten und gewürzten Tomaten. Die Nationalfarben Madagaskars, grün, weiß und rot ,findet man also auf dem Teller!
Ein ahnlich zubereitetes, traditionelles Gericht ist das

Henakisoa sy anatsonga, ein Eintopf aus Schweinefleisch und verschiedenen Küchenkräutern.

In den Küstenregionen sind selbstverständlich alle möglichen **Fische** und **Meeresfrüchte** auf der Speisekarte zu finden. **Krabben**, (frz. Crevettes) und **Garnelen** (frz. Camarons) sind dagegen erstaunlicherweise fast überall zu haben, selbst im Landesinneren! Hier sind außerdem köstliche **Flusskrebse** zu bekommen, die allerdings durch eingeschleppte, amerikanische Arten mehr und mehr verdrängt werden.

Auch **Thunfisch** wird z.T. mitten im Hochland angeboten, in traumhafter Qualität (Wie die Madagassen dieses logistische Kunststück ohne durchgehende Kühlkette bewerkstelligen, bleibt einstweilen ihr Geheimnis, d. Verf.)

Jedoch bieten die küstennahen Regionen die größte Vielfalt an Meerestieren.

Tintenfische, z.T. als Steak angeboten, gehören zu den köstlichsten Erinnerungen des Verf.. Neben den klassischen Zubereitungsformen ist v.a. die kreolische Küche bei Fisch– und Krebsgerichten dominierend: Kokossauce, Curry, und Ingwer gehören ebenso dazu wie viel Knoblauch.

Langusten, fälschlicherweise oft als lobster=Hummer, bezeichnet, sind die Königinnen unter den Meeresfrüchten Madagaskars: Obwohl saisonabhängig oft nicht zu haben (in manchen Monaten herrscht Fangverbot!), zählt eine auf kreolische Art zubereitete Languste zu den kulinarischen Höhepunkten einer Madagaskar-Reise. Der für unsere

Verhältnisse lächerlich niedrige Preis schmälert dabei den Genuss nicht im Mindesten!

Samosas (auch **Sambosy** genannt), kleine, dreieckige Teigtaschen, die mit Gemüse, Fisch oder Fleisch gefüllt und dann in heißem Fett ausgebacken werden, sind eine wunderbare Kleinigkeit und auf fast allen lokalen Märkten zu haben.

Saosisy, kleine Bratwürstchen, sind eine weitere erstaunliche Parallele zu unseren Essgewohnheiten: An allen Metzgerständen des Landes sieht man lange Ketten von kleinen Bratwürsten hängen. Die Würste sind kräftig mit Knoblauch und schwarzem Pfeffer gewürzt und erinnern stark an bei uns heimische Bratwurstspezialitäten.

Hinweis: An dieser Stelle soll etwas zu der Art und Weise der **Fleischwirtschaft** der Madagassen eingefügt werden: Die Schlachtung von Tieren findet in aller Regel im Freien, oft mitten auf dem Markt, statt. Ebenso ist es nicht selten, dass das Tier anschließend vor aller Augen in Stücke gehauen und zerlegt wird – ein für uns ungewohntes Straßenbild! Das Fleisch und die daraus gewonnenen Produkte wie z.b. Wurst werden dann ohne Kühlung an den Ständen der Metzger angeboten. V.a. in den warmen Monaten ist das Fleisch von unzähligen Fliegen übersät, was auf den ersten (und zweiten) Blick eklig und abstoßend wirkt. Jedoch muss dazu gesagt werden, dass das Fleisch rasch verkauft und verarbeitet wird, es wird nur so viel Fleisch angeboten, wie sich auch an einem Tage an den Mann/die Frau bringen lässt - und nur so viel gekauft, wie man für den Tag benötigt! Die vielen Fliegen sind v.a. ein optisches Problem und mindern die Qualität des Fleisches in keiner Weise. Hinzu kommt, dass das Ausbluten des Fleisches sehr gründlich und gewissenhaft vorgenommen wird. Aus diesen Gründen ist der Genuss von (durchgegartem) Fleisch überall im Lande unbedenklich!

Milchprodukte wie Käse, Butter oder Sahne findet man zumindest auf Madagaskars Märkten eher selten. Ein Grund dürfte die Problematik einer fehlenden Kühlkette darstellen, eine andere vielleicht das Misstrauen gegenüber der – früher oft mit Krankheiten wie **Tuberkulose** infizierten – Milch an sich. Der vertriebene Präsident Madagaskars ist mit dem Aufbau der Firma TIKO reich geworden, TIKO produzierte zunächst nur Milchprodukte, später dehnte sich der Konzern in nahezu alle Lebensmittelbereiche hinein aus und stellte bis zur Krise den Marktführer bei den industriell hergestellten Nahrungsmitteln dar. Nach der Vertreibung von M. Ravalomanana 2009 wurden die meisten Betriebe geschlossen, so dass Madagaskar insbesondere bei Molkereiprodukten wieder völlig von teuren Importen abhängt! Eine Ausnahme bildet aber immer noch die Gegend um Antsirabe herum: Obwohl die dortige TIKO-Fabrik still steht, kann man hier überall sehr guten **Käse** erwerben, auch **Butter** und sogar **Mozzarella** ist (im Supermarkt) zu haben.

Obst und Gemüse sind in Madagaskar nicht nur eine Augenweide – auch die Qualität und Frische der angebotenen Waren läßt die Herzen höher schlagen:

Äpfel werden in einigen Gegenden des Hochlandes saisonal angeboten – obwohl der Apfelbaum urprünglich aus Südasien stammt, haben erst die Franzosen diese Pflanze ins Land gebracht.

Birnen sind ebenfalls in mehreren Sorten erhältlich – wie die Äpfel werden diese im Südherbst im Hochland geerntet

Physalis oder **Pok-pok**, wie die Madagassen die Frucht nennen, ist besonders in der Gegend von Fianarantsoa einer der Verkaufsschlager an der RN 7. Die angenehm säuerlich schmeckenden Früchte werden hier gleich kiloweise und zum Spottpreis feilgeboten

Erdbeeren – es hat den Verf. mehr als erstaunt, aber von August bis November werden im Hochland Erdbeeren verkauft. In einer Qualität und einem Geschmack, wie man sie hier bei uns wohl nur ausnahmsweise findet. Einfach fantastisch!

Papaya – die tropische Frucht ist in vielen Vorgärten über ganz Madagaskar verbreitet zu finden. Die Früchte werden roh gegessen, als halbreife Früchte auch geraspelt und gedünstet zu einem wunderbaren **Krautsalat** verarbeitet, die Blätter der Pflanze ergeben als Tee ein wirkungsvolles Mittel gegen **Malaria.**

Carassole, eine der Jackfruit nicht unähnliche Tropenfrucht, die man v.a. an der Ostküste bekommt. Angenehm säuerlich, lässt sich aus den melonengroßen Früchten ein wunderbarer Saft gewinnen, der jedem „Cocktail“ die Schau stiehlt...

Ananas. Die bekannte Tropenfrucht findet sich selbstverständlich auch auf Madagaskar. Besonders die kleinen, "Bergananas" genannten Früchte, die wesentlich kleiner als die „normalen“ sind, verdienen besondere Beachtung, schmecken sie doch viel besser und fruchtiger als die bereits exzellenten großen Vertreter.

Karotten, Kartoffeln, Tomaten.......fast keine unserer bekannten Gemüsesorten fehlt auf dem Speisezettel der roten Insel und werden dem Reisenden ein ums andere mal ein wohliges Lächeln ins Gesicht zaubern!

Pilze. Der Verfasser kann nicht umhin, die wunderbaren Speisepilze zu erwähnen, die die rote Erde hervorbringt: Tatsächlich sind Madagaskars **Pfifferlinge** von fast roter Farbe – aber ebenso köstlich wie unsere heimischen „Schwammerl“. In den Monaten Januar bis März entlang der RN 7 im Hochland angeboten, bereichern sie nahezu jedes madagassische Gericht aufs Vortrefflichste. Auch **Steinpilze** werden angeboten und seien – wo nur irgend zu haben! - hier wärmstens empfohlen.

Tip: Banane flambeé – flambierte Banane – ist die Nachspeise schlechthin in Madagaskar. Die Bananen, mit reichlich Butter, Rohrzucker und Rum behandelt und dann vor dem Verzehr angezündet, bilden den krönenden Abschluss fast jedes Abendessens. Sehr gehaltvoll!

Trinken...

...dient in einem so armen Land zunächst einmal dem Löschen des Durstes. Angesichts des Mangels an sauberem Trinkwasser in vielen Gegenden Madagaskars wird schon der Schluck Wasser bisweilen kostbar.

Mineralwasser, aus der weltweit benutzten blauen 1,5 Literflasche, ist ein Luxus, den sich die meisten Madagassen nicht leisten können oder wollen. Für den Reisenden stellt dieses Wasser die einzig empfehlenswerte Trinkwasserquelle dar – wer ganz sicher gehen will, nimmt es auch zum Zähneputzen!

Heilwasser ist auch auf Madagaskar zu haben: Als ehemals berühmter Kurort hat

Antsirabe im Hochland das bekannte **Rano visy** hervorgebracht – ein stark bikarbonathaltiges Wasser, das v.a. bei Magen– Darmverstimmungen Wunder wirkt!

Bier ist, wen wundert es, auch auf Madagaskar heimisch geworden und erfreut sich großer Beliebtheit. Lange Jahre als die einzige Brauerei des Landes und damit quasi „Monopolist", produziert die **Star-Brauerei** in Antsirabe und in Antsiranana das bekannte **Three Horses Beer, THB.**
Das Gebräu kommt mit 5,4% Vol. recht stark daher, es existiert auch noch die Variante **„Special"** mit 6,2%.! Das leichte **THB „Lite"** mit 3,0% Vol rundet das Angebot ab.
Das Bier wird in der 0,66 Literflasche (grand model), in der 0,33 Literflasche (petit model) bzw. in Dosen angeboten. Obwohl (nicht nach dem deutschen Reinheitsgebot) aus Mais gebraut, schmeckt THB praktisch genau wie unsere heimischen Biere und ist sehr angenehm gehopft.

Als Bierspezialitäten desselben Anbieters sind außerdem noch **THB Fresh**, ein dem Radler bzw. Alsterwasser entsprechendes Mixgetränk aus Bier und Zitronenlimonade sowie **THB Gold** erhältlich. THB Gold ist eine Starkbiervariante und wird in eigenen 0.33 Literflaschen verkauft.

Anfang 2011 kam es aber zu jenem denkwürdigen Ereignis, welches als der **madagassische Bierkrieg** in die Trinkerannalen eingehen wird: Eine Konsortium einheimischer Investoren (unterstützt von ausländischen Know-how- und Geldgebern) gründete in der Stadt Ambatolampy die **„SKOL"**- Brauerei. Seitdem macht die Konkurrenz, obschon immer wieder torpediert von der schier übermächtigen STAR-Kette, dem bisherigen Monopolisten schwer zu schaffen. **SKOL**, in einer schlanken, „modernen" 0,5 Literflasche angeboten, schmeckt nicht nur mindestens genauso gut wie THB, sondern ist durch ein undurchschaubares, aber effektives Vertriebsnetz schon in vielen Landeteilen „en vogue" und dürfte noch Stoff für einen Wirtschaftskrimi „a la malgache" liefern....
Weitere, daneben verbreitete Biersorten sind **"Castel"** und neuerdings das Piratenbier **"Libertalia"**

Limonaden sind in Madagaskar in "internationaler" Vielfalt zu bekommen: Es gibtdie Klassiker Coca-Cola und Fanta (Orange und Ananas) die überwiegend in 0,33 bzw. 1 Literflaschen abgefüllt werden,
Erwähnt werden muss unbedingt auch **Bonbon Anglais**, eine wasserklare Limonade, die ein wenig nach Red Bull bzw. Gummibärchen schmeckt. Nur ganz kalt ein Genuss!
Daneben existieren noch madagassische Varianten von **Bitter Lemon, Tonic Water** sowie das **Crystal** genannte Sprudelwasser.

Wein ist, wie schon erwähnt, in mehreren Variationen zu haben: Im Hochland werden sowohl Weiß- als auch Rotweine wie der "Cote de Fianar" oder "Grand Cru d´Ambositra" produziert, daneben keltern viele Betsileo privat ihre eigenen Weine und verkaufen sie z.T. auch.

In den Touristenzentren erhält man vorwiegend importierte Weine, meist aus Südafrika und Chile.

Rum ist einer der bekannteren Exportartikel der roten Insel und erfreut sich bei der Bevölkerung großer Beliebtheit! Sowohl weiß als auch braun: in einer unüberschaubaren

Vielfalt wird der Zuckerrohrschnaps allerorten und in allen Flaschengrößen verkauft. Dabei reicht die Palette vom billigen Fusel bis zum Spitzenprodukt **Dzama 12 ans**, einem 12-jährigen Rum aus Nosy Bé, den man nur mit sehr guten Beziehungen bekommt.

Daneben existieren noch die bereits erwähnten hausgemachten Schnapssorten des sog. **Toaka gasy.**

Ein Geheimtipp von der Ostküste ist **Litschischnaps**, wunderbar mild und fruchtig – und ebenfalls nur mit Beziehungen zu bekommen.
In nahezu allen Restaurants in Madagaskar werden die sogenannten Rhum arrangeés angeboten: In zahlreichen Ballonflaschen stehen hinter dem Tresen allerhand in Rum eingelegte Früchte, Vanilleschoten, Kakao, Kaffee......der so gewonnene, aromatisierte Rum ist eine sehr wohlschmeckende Ergänzung jedes madagassischen Menüs.
.
Kaffee – obwohl in Madagaskar ursprünglich nicht heimisch, dürfen sich die Madagassen dennoch einer Meisterschaft in der Zubereitung dieses Getränks rühmen. Der madagassische Kaffee ist wunderbar kräftig und aromatisch, sehr dunkel (praktisch tintenschwarz) und hat einen leichten Abgang nach Malz bzw. Holzkohle. Das liegt an der Herstellung: Die rohen Bohnen werden mit etwas Rohrzucker in einer Pfanne auf dem Kohlenfeuer geröstet, wodurch der Zucker karamelisiert. Die gerösteten Kaffeebohnen werden dann nicht gemahlen, sondern in einem Hartholzmörser zerstoßen. Durch einen Stoffbeutel gefiltert, entfaltet der madagassische Kaffee seinen unvergleichlichen Geschmack.

Der Verf. hatte allerdings den Eindruck, dass der Kaffee umso besser war, je ärmlicher und einfacher die Begleitumstände sich präsentierten!

Tee. Auch der Tee ist, wenn auch zögerlich, in Madagaskar heimisch geworden. Einige kleine Plantagen bei Fianarantsoa produzieren ausgezeichneten Tee, z.T. nach streng ökologischen Kriterien.
Tee ist in Madagaskar fast nur in dortigen, seltenen Supermärkten zu haben, das Beste von der Ernte wird exportiert und ist z.T. über das Internet zu kaufen.
Jedoch bekommt man in fast jedem Restaurant auch einen Beuteltee serviert, meist fernöstlicher Herkunft. Im Alltagsleben der Madagassen spielt das Getränk keine wesentliche Rolle und wird eher selten getrunken.

Eine Ausnahme bilden hierbei die islamischen, z.T. arabischstämmigen Bewohner der Westküste – in deren Alltag ist Tee natürlich weit häufiger zu finden.

Die schönsten Reiserouten durch Madagaskar

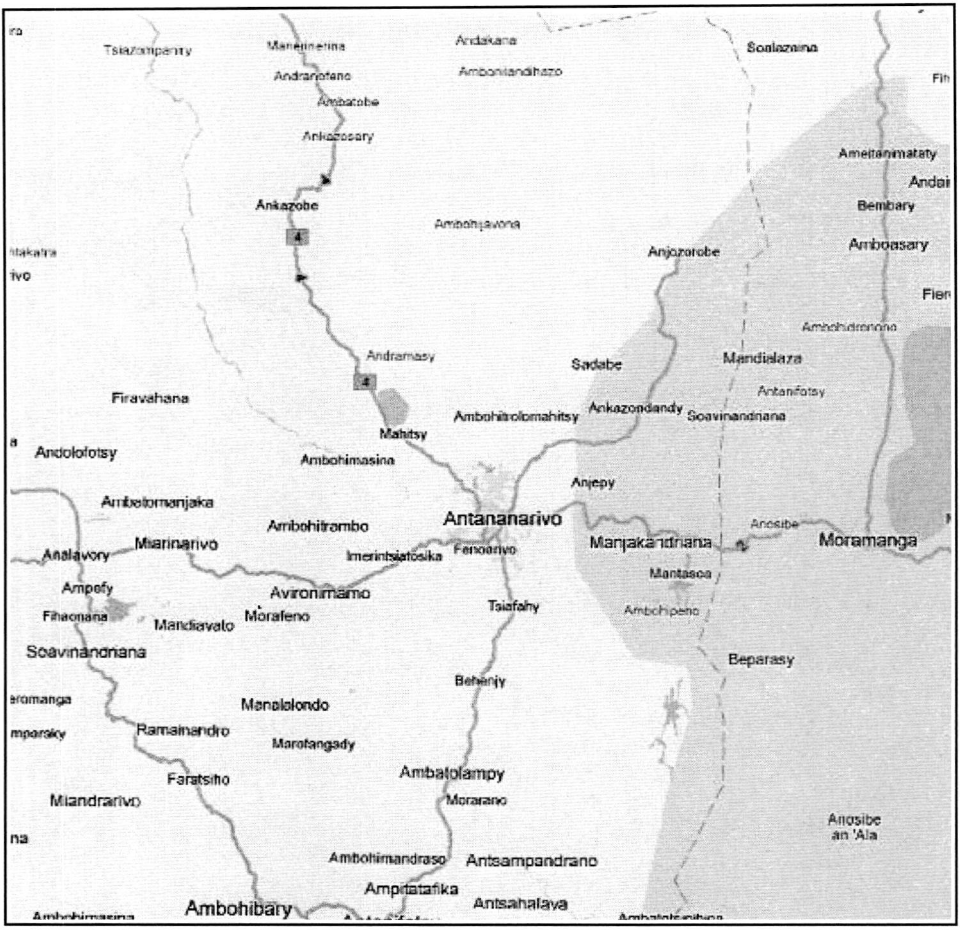

Antananarivo und Umgebung

1. Antananarivo und Umgebung

Inhalt: Allgemeines – Geschichte – Klima – Sehenswürdigkeiten - Ausflüge in die Umgebung:
Ambohimanga – Lemurs Park – Lac Mantasoa – Ambohimalaza – Angavokely – Anjozorobe – Lac Itasy – Geyser von Andranomandraotra – Chutes de la Lily

"Stadt der Tausend"

Wer Madagaskar bereist, kommt nicht umhin, zumindest einmal Antananarivo zu besuchen – sei es, weil „Tana", wie die Stadt einfach genannt wird, geographisch wie politisch der Mittelpunkt des Landes ist, sei es, weil man in aller Regel über den einzigen Großflughafen Madagaskars, **Ivato**, ins Land einreist.

Antananarivo erstreckt sich in einer Senke im zentralen Hochland, zwischen 12 Hügeln in einer weitläufigen Ebene und auf 1250 bis 1450 Höhenmetern. Etwa 3 - 4 Mio. Menschen bewohnen die Metropole, genaue Zahlen dürfte aufgrund des unzureichenden Meldewesens niemand besitzen.

Der Stadtmittelpunkt wird durch den **Rova** genannten Hügel markiert – die höchste Erhebung ist traditionell Herrschersitz bei den Merina-KönigInnen gewesen. Und so thront auf Tanas höchstem Hügel die ausgebrannte Ruine des ehemaligen Königspalastes: Am 6. November 1995 vernichtete ein verheerendes Feuer den gesamten Palastkomplex mit Ausnahme des steinernen „Mantels", den der englische Architekt **James Cameron** im 19. Jh. errichtet hatte. Das geschichtliche Erbe der Nation ging damals in Flammen auf, unersetzliche Kunstschätze wurden unwiederbringlich zerstört.

Geschichte

Bereits seit 1630 wurde Antananarivo als Königssitz genutzt: König **Andrianaka** errichtete damals an dem bis dahin **Analamanga** (blauer Wald) genannten Ort seinen Palast.

Zur Hauptstadt Madagaskars wurde Antananarivo aber erst 1796: In diesem Jahr machte der Merina-König **Andrianampoinimerina** (s. Allg. Teil, Geschichte) die Stadt zum Zentrum seines Reiches, nachdem er bis dahin auf dem alten Königsitz von **Ambohimanga** residiert hatte.

Der Name **Antananarivo,** Stadt der Tausend, rührt von der damals zum Schutz der Stadt stationierten Elitetruppe von 1000 angeblich unbesiegbaren Soldaten her. Das Wappen der Kommune prägt der Sinnspruch "**Na arivolahy tsy maty indray andro"**, was soviel bedeutet wie "Tausend Männer sterben nicht an einem Tag".
Die Stadt ist mit einer Gesamtfläche von 460 km² extrem weitläufig und erstreckt sich im **Betsimitatra-Becken** inmitten von Reisfeldern und Wasserkanälen tief ins hügelige Umland hinein. Man könnte Tana auch als Zusammenballung von einzelnen Städten betrachten, die durch Reisfelder voneinander getrennt sind und lediglich rund um den Rowa ein urbanes Bild abgeben. Der Wasserreichtum der Gegend ist offensichtlich – vier Flüsse, der **Ikopa**, der **Sisaony**, der **Andromba** und der **Mamba** sorgen für genügend Feuchte für den Reisanbau und machen die Gegend daher sehr fruchtbar: eine Grundvoraussetzung für starkes Bevölkerungswachstum!
Ein eher ländliches Gepräge bestimmt die Stadtviertel und Straßen von Tana: Nur im

eigentlichen Zentrum, **Analakely** (kleiner Wald) findet man neben den internationalen Niederlassungen und Hotels so etwas wie eine City. Hochhäuser sind dabei rar, eine sog. Skyline gibt es daher nicht. Überhaupt fehlt es – von einigen wenigen Ausnahmen abgesehen – an architektonischen Höhepunkten, es überwiegen die typischen, zweigeschossigen Lehmziegelhäuser der Hochlandbewohner in den Vororten und Randbezirken sowie mehr oder minder schmucklose und teilweise hässliche Zweckbauten in der Innenstadt. Ein Wald aus selbstgebastelten Rundfunk– und TV-Antennen erstreckt sich überall über den Häusern in den Himmel. Vor allem in der Nähe des Vorortes **Ivato** haben sich zahlreiche, meist hässliche Industriebetriebe angesiedelt.

Das Klima in Tana ist bedingt durch die Höhenlage mild: 30° C im Sommer, 12° im Winter, nachts kann es auch mal frieren, die für eine tropische Insel ziemlich warm (mit Pullover, Anorak und Wollmützen) angezogenen Einwohner fallen schon bei der Ankunft auf! Meistens ist der Himmel mit Wolken durchsetzt, das alltägliche Verkehrschaos, die überall verwendete Holzkohle sowie die Lage in einem Talkessel lassen leider meist eine dichte Dunstglocke über der Stadt entstehen. Deshalb gilt das Klima in Tana als wenig zuträglich.

Verbunden mit der Tatsache, dass wirkliche Sehenswürdigkeiten eher rar sind, ist Madagaskars Hauptstadt daher vorwiegend als Ein- und Ausgangspunkt für Touristen oder als Verkehrsdrehkreuz zu betrachten, aber auch für Vergnügungsfreudige hat die Stadt ohne Zweifel ihren Charme.

Schön ist Tana nicht – wer sich nicht sehr detailliert mit der madagassischen Geschichte befassen will oder wegen dringender Gründe hierher muss, verbringt selten mehr als ein bis zwei Tage in der Stadt. Einige interessante Ausflugsziele in der näheren Umgebung rechtfertigen natürlich auch eine längere Verweildauer.

Jedoch ist für das Kennenlernen der Stadt ein kurzer Zeitraum ausreichend. Man kann durchaus sagen, dass es nur die geschäftigen Bewohner Tanas sind, die der Stadt einen gewissen Reiz verleihen – andererseits findet man in Tana alle Schattenseiten eines bettelarmen Landes geradezu konzentriert vor: Wer noch nie in zuvor ein Drittweltland bereist hat, wird sich zunächst an die allgegenwärtige Armut gewöhnen müssen. Und auch an die krassen sozialen Gegensätze, die an keinem Ort Madagaskars so offen zutage treten! Die Unzahl teurer Automobile und die vielen luxuriösen Neubauten, die in den Vororten entstehen, zeugen von dem extremen ökonomischen Gefälle zwischen der kleinen Oberschicht und der armen Masse.

Durch die zentrale Lage der Stadt im Landesinneren hat Antananarivo über den Flughafen Ivato die besten Verbindungen in alle Landesteile zu bieten. Auch ist Tana Zentrum eines Netzes von Nationalstraßen zu allen Provinzhauptstädten. Der prachtvolle Bahnhof von Tana ist jüngst endlich aus seinem Dornröschenschlaf erwacht, mittlerweile fahren außer Güterzügen auch wieder Personenzüge von Tana aus nach Moramanga, Ambatondrazaka und Toamasina ab, die Strecke nach Antsirabe ist zwar prinzipiell betriebsbereit, jedoch verzögert sich die Wieder-Inbetriebnahme der alten Schmalspurtrasse für den Personenverkehr immer wieder...

Selbstverständlich ist Tana auch Mittelpunkt des Handels und der Industrie Madagaskars – einkaufen kann man in Tana immer noch sehr gut, fast alle Produkte des Landes (z.B.

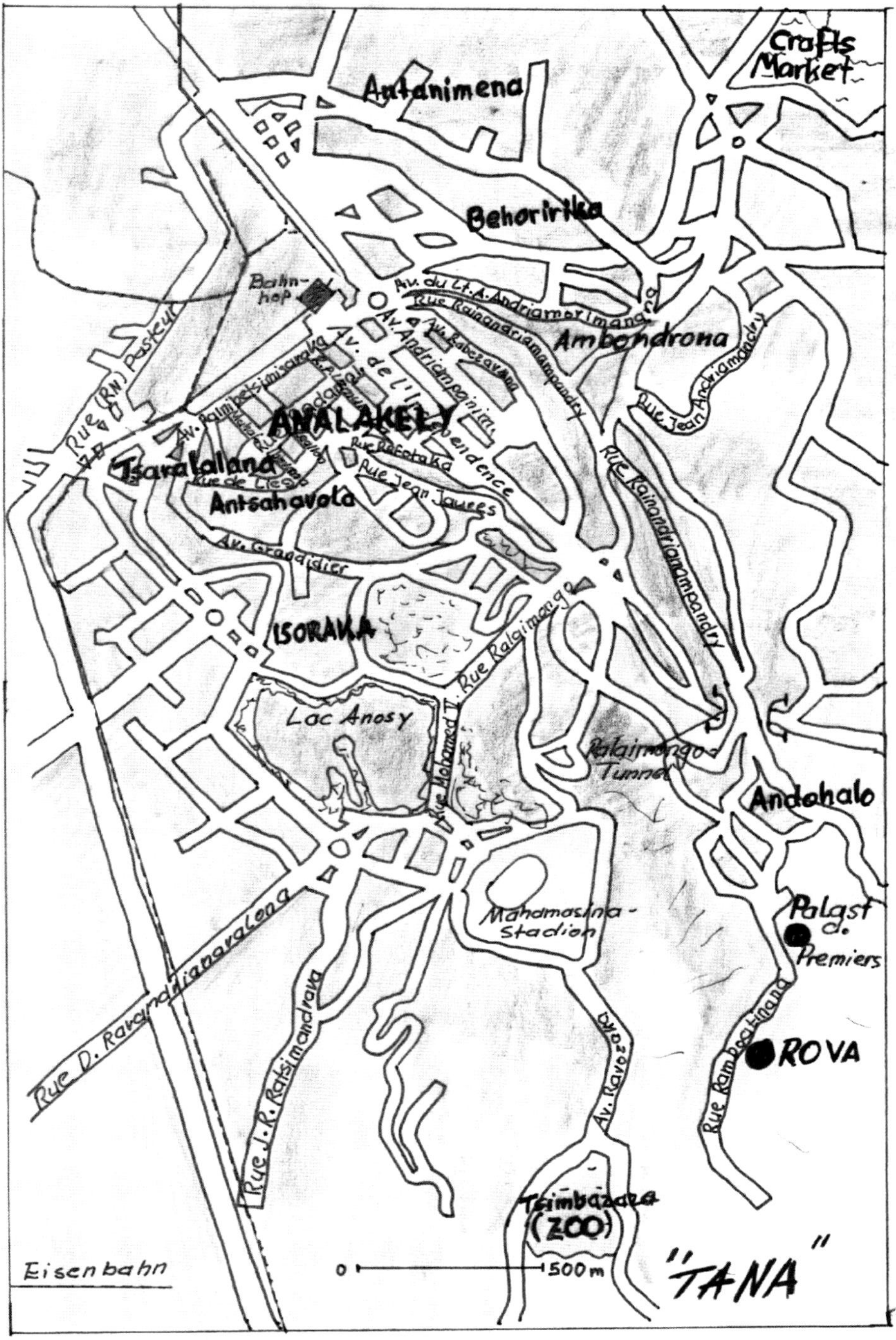
Crafts Market
Antanimena
Behoririka
Bahnhof
Av. du Lt. A. Andriamorimanana
Rue Rainandriamampandry
Av. Andrianampoinimerina
Av. de l'Indépendance
Ambondrona
Rue Jean Andriamandry
ANALAKELY
Tsaralalana
Rue de Liège
Rue Refotaka
Rue Jean Jaurès
Antsahavola
Av. Grandidier
ISORAKA
Rue Ralaimongo
Lac Anosy
Ralaimongo-Tunnel
Andohalo
Mahamasina-Stadion
Palast d. Premiers
ROVA
Rue Rambatinana
Av. Ravoza
Rue J. R. Ratsimandrava
Rue D. Ravandrianavalona
Tsimbazaza (ZOO)
Eisenbahn
0
500 m
"TANA"

Vanille) sind hier zu haben, wenngleich nicht immer ganz so billig wie am Ort der Erzeugung. Und auch informell ist die Stadt natürlich ein besonderer Anziehungspunkt für Globetrotter und speziell Interessierte.
Zuletzt sei noch auf die Bedeutung Tanas als politischen und kulturellen Mittelpunkt des Landes hingewiesen – in dieser Beziehung darf Madagaskar als zentralistisches Land gelten, die Provinzhauptstädte haben nicht annähernd die Bedeutung wie die Kapitale.

Topographisch betrachtet lässt sich die Stadt bzw. der Stadtkern in zwei Bereiche untergliedern:
Die **Oberstadt** mit dem Rova als zentralem Punkt sowie
die **Unterstadt** mit dem Bahnhof und der **Avenue de la Independence** als zentrale Bestandteile.

Sehenswürdigkeiten:

Oberstadt

Neben seiner Bedeutung als sprichwörtliches Zentrum Madagaskars hat der **Analamanga**-Hügel (blauer Wald) mit dem **Rova** auch als Aussichtspunkt eine besondere Bedeutung: hier lässt sich Tana, die chaotische, schmutzige, bunte und vor Leben sprühende Kapitale am besten auf einen Blick betrachten. Lassen Sie sich am besten von einem Fahrer auf den Hügel bringen, wenn Sie nicht den Fußweg über die verschachtelten, steilen Gäßchen und Straßen nehmen wollen. Nahe dem Rova steht man an einem steilen Felsabhang: hier ließ Königin Ranavalona I. die Christen hinabstürzen, die ihrem Glauben nicht abschwören wollten.
Das Viertel rings um den Rova trägt auch die Bezeichnung **Antirova.**
Der Rova selbst bietet – auch als teilrestaurierte Ruine – ein eindrucksvolles Bild, das Portal mit den beiden Adlern ist leider nicht passierbar, die Restaurierungsarbeiten haben das ganze Gelände in eine Sperrzone verwandelt.

Etwa 500 Meter vom Rova entfernt kommt man in das Viertel von **Andafiavaratra** mit dem **Palast des Premierministers** Rainilairivoni (der mit den drei königlichen Gemahlinnen, siehe Kap. Geschichte). Das Gebäude mit seiner schönen Sandsteinfassade, durchsetzt mit roten Wänden wirkt wie ein Chateau aus dem Loiretal, dabei erscheint die Steinmetzarbeit ungewöhnlich grob und unpräzise. Erfährt man die Geschichte des Gebäudes, weiß man auch, warum: genau wie der Rova wurde auch dieses Gebäude bereits im Jahre 1976 Opfer eines Feuers und erst 1990 wieder restauriert.
Der Palast wurde 1872 durch den britischen Architekten **William Pool** errichtet, war neben seiner Bestimmung als Palast auch als Kaserne und Schule in Gebrauch und beherbergt heute ein Museum mit Relikten aus dem ehem. Rova. Vor allem aber der Hof hinter dem Gebäude verdient besondere Beachtung: Hier sind exemplarisch alle Haustypen aufgebaut, welche die rote Insel kennt: Vom traditionellen zweigeschossigen Hochlandhaus aus Lehmziegeln bis zur Pfahlbauhütte aus Bananenblättern sind alle Architekturtypen vertreten, die Madagaskar hervorgebracht hat.

Weiter den Hügel hinab kommt man an ein klassizistisches Gebäude, dass eher nach Griechenland als in die Tropen zu gehören scheint: das Gebäude des ehem. **obersten Gerichtshofs**. Dieser tagte früher hier unter diesem eindrucksvollen Portikus, welches dem Parthenon in Athen nachgebildet scheint. Die Offenheit des halbverfallenen Gebäudes nach drei Seiten hin hat seinen guten Grund: die Prozesse und

Schiedssprüche des obersten Gerichtes sollten für alle Menschen hör– und sichtbar sein, ein bemerkenswertes Stück populärer Politik!

Hat man das Glück im November vor Ort zu sein und geht man vom Palast des Premiers hinab Richtung **Lac Anosy** (See der Engel), so fallen einem schon von weitem die lilafarben blühenden **Jacaranda-Bäume** auf, die rings um den See gepflanzt wurden. Der Duft der Blüten vertreibt sogar den oft üblen Geruch des Seewassers. Mitten im See befindet sich eine zentrale Gedenkstätte der Republik, zu der man über einen Steindamm gelangt. Das Monument trägt auf der Spitze einen Engel, daher der Name.

Die Unterstadt mit dem Stadtviertel Analakely ist durch die zentrale Verkehrsachse der **Avenue de la Independence** gekennzeichnet.
Am Nordende der doppelspurigen, prächtigen Magistrale mit dem breiten Grünstreifen in der Mittelachse befindet sich der **Bahnhof**, ein eindrucksvolles Monument kolonialer Architektur. Vom Bahnhof geht man die Avenue hinab, entlang der zahlreichen **Arkaden,** welche den Läden, Hotels und Gaststätten an der Avenue ein harmonisches und ansprechendes Aussehen geben. Zahlreiche Straßenhändler und Bettler finden sich ebenfalls an diesem Ort, weiter unten, am Südende, wo sich die Avenue verengt, noch mehr: hier ist am **Place de 19. Mai 1929** ein kleiner Park, der als öffentlicher Sammelpunkt von Bürgern und Obdachlosen gleichermaßen beliebt ist.
Folgt man der Hauptstraße nach dem Park nach rechts Richtung Westen, gelangt man durch den **Ralaimongo-Straßentunnel** an den **Lac Anosy.**

500m südlich des Sees steht das **Mahamasina–Nationalstadion**, die Bühne schlechthin für Sport – und Musikveranstaltungen in Tana.

Noch ein weniger weiter weg, ca 1 km südlich des Sees befindet sich der **Zoologisch-botanische Garten** von Antananarivo, der **Tzimbazaza.**
Neben dem Museum für Völkerkunde und Paläontologie, in welchem der Besucher u.a. ein Skelett des **Elefantenfußstraußes** Aepyornis vorfindet, hat der Tzimbazaza auch einen zoologischen Garten, in welchem u. a. auch das **Fingertier** Aye-Aye lebt. Da dieses jedoch nachtaktiv ist und der Zoo am späten Nachmittag schließt, ist es eher unwahrscheinlich, eines der scheuen Tiere zu sehen!

Sehenswert ist auch der **botanische Garten** mit seltenen, endemischen Baumarten sowie den Nachbildungen einiger **Sakalava-Gräber**.
Geöffnet tägl. von 09:00 bis 17:00 Uhr, Eintritt: 10.000 Ar. Tel.: 24 517 78 oder 24 510 74

Falls Sie zu Fuß die Oberstadt besuchen wollen, empfiehlt sich der Aufstieg über eine der zahlreichen **Treppen**, deren schönste die **Escalier Ranavalona I.** ist. Die Treppe geht vom rechten südlichen Ende der Av. de la Independence hinauf in die Stadtviertel **Isoraka** und **Antsahavola**. Unten rechts an der Treppe befindet sich auch Gebäude des **Cercle Germano-Malagasy CGM**, welcher mit seinen Deutschkursen für Madagassen, der deutschen Bibliothek sowie einem vielfältigen kulturellen Angebote einen nicht zu unterschätzenden Beitrag für die Verständigung dieser zwei so unterschiedlichen Völker leistet!

Auf der Treppe (die man nur tagsüber begehen sollte) ist ganz schön was los: zahlreiche Händler bieten sehr schöne alte Kameras an, daneben finden sich fingerfertige Menschen, die innerhalb Stundenfrist jeden gewünschten **Stempel** (!) herstellen.

Am oberen Ende der Treppe kommt man auf den **Place de la Independence**, von dem aus die Sehenswürdigkeiten der Oberstadt bequem zu erreichen sind.

Östlich der Avenue de la Independence gelangt man in die Wohnviertel von **Ambondrona** (mittlerweile durch die gleichnamige madagassische Rockband recht bekannt) und **Farovohitra.**
(Vorsicht! – siehe Hinweise zur Sicherheit)

Weitere Sehenswürdigkeiten:

Museum für Kunst und Archäologie

Das kleine Museum beherbergt eine ständig wechselnde Ausstellung von Volkskunst und archäologischen Relikten.
Stadtteil Isoraka, Rue Dr. Villette, geöffnet dienstags bis freitags von 12:00 bis 17:00, an Wochenenden und montags geschlossen.
email:musedar@syfed.refer.mg oder icmaa@dts.mg

Mahamasina-Markt

Der Markt im gleichnamigen Stadteil an der Westseite des Stadions ist ein pittoresker Anblick und nachdem der alte **Zoma** aus der Innenstadt verbannt wurde, eine erlebenswertes Stück madagassischer Alltagskultur. Nahezu alles Mögliche und nie Geahntes sind hier zu Verkauf angeboten.
Tägl. geöffnet, am besten Freitag, da ist am meisten los.

Krokodilfarm (Croc-Farm)

Etwa 20 Autominuten vom Flughafen Ivato entfernt befindet sich diese Anlage, die von dem v.a. in Frankreich bekannten **Olivier Behra** gegründet wurde.
Neben etlichen Lemuren, Schlangen und Chamäleons (in bemerkenswert gut eingerichteten Terrarien, aber auch in Freilandhaltung gezeigt) werden in der Farm mehrere hundert Krokodile gehalten und gezüchtet – des Leders und des Fleisches wegen. Im Restaurant kann der kulinarisch aufgeschlossene Reisende denn auch Krokodilsteak in Cocossauce probieren, eine Dose Brotaufstrich aus Krokodilfleisch erwerben oder statt dessen einfach einer der Fütterungen der Panzerechsen beiwohnen. Die zahlreichen Artikel aus Krokodilleder im angeschlossenen Shop sind allesamt mit einem Zertifikat versehen, welches u.a. die Buchstaben **CITES** trägt.(!) Ob sich mit derart plumpen Fälschungen eine problemlose Einfuhr nach Deutschland, Österreich oder die Schweiz bewerkstelligen lässt, erscheint dem Verfasser mehr als zweifelhaft, obgleich die Herkunft aus einer Zucht belegt werden kann. Lassen Sie lieber die Finger von solchen Souvenirs - letzlich wird auch hier die Kreatur kommerziell augebeutet und ein Markt bedient, den man besser einfach trocken legen und verschwinden lassen sollte.

Im Übrigen ist der Handel mit Krokoleder mittlerweile international geächtet!

An (mehrsprachigen) Informationen für die interessierten Besucher mangelt es nicht, so wird auf die Bedrohung der noch etwa 30.000 wildlebenden Krokodile Madagaskars aufmerksam gemacht, die v.a. durch illegale Bejagung gefährdet sind.

Von einem Angestellten erfuhr der Verfasser pikanterweise, dass regelmäßig Eier aus freier Natur "entnommen" würden, vermutlich, um Inzucht vorzubeugen – selbstverständlich mit behördlicher Genehmigung!

Täglich von 09:00 bis 17:00 Uhr geöffnet, Eintritt 6.000 Ar.
Tel.: 22 030 71 oder 22 007 15, Fax: 22 070 49, email: reptel@wanadoo.mg, homepage: www.reptel.mg

Blumenmarkt

Von seinem ursprünglichen Platz direkt am Ufer des Lac Anosy verbannt, befindet sich der Markt jetzt an der Hauptstraße am nordwestlichen Eck des See. Dadurch erheblich seines früheren Charmes beraubt, entpuppt er sich aber immer noch als Fundgrube für botanisch Interessierte: eine riesige Vielfalt endemischer Blumen, Orchideen, Sukkulenten werden hier, z.T. als Samen und Stecklinge (!) angeboten. Aber auch die Vielfalt an bunten Schnittblumen (v.a. die Gladiolen sind eine Augenweide!) ist überraschend. Ebenso angeboten werden auch Blumentöpfe, verschiedene Erden, Dünger....ein Beleg für den hohen Stellenwert der Gartenkultur bei den Madagassen!
Täglich geöffnet.

Zum Thema Sicherheit:

- Grundsätzlich ist die Benutzung eines Mietwagens oder Taxis bei Besuchen in Tana empfehlenswert: der Wagen bringt Sie an die gewünschten Orte und holt Sie auch wieder ab. Dabei steht weniger die Bequemlichkeit als die Sicherheit im Mittelpunkt. In einer Stadt mit solchen sozialen Gegensätzen wird man bei längeren Touren unweigerlich in ärmere – und auch gefährlichere Stadtviertel kommen. Der Fahrpreis ist grundsätzlich im Voraus auszuhandeln, die Tarife schwanken stark. Für eine Taxifahrt vom Flughafen Ivato in die Innenstadt (12 km) z.B. sind 8 – 12 Euro angemessen.

- Längere Fußmärsche und Besichtigungstouren sollten nur in Begleitung von mindestens zwei einheimischen, vertrauenswürdigen Personen unternommen werden, im Idealfall Guides mit entspr. Zulassung.
  Dies gilt insbesondere bei Besuchen während der Nacht!

- Vermeiden Sie das Tragen von auffallendem Hals– oder Ohrschmuck – so etwas lockt Diebe bzw. Straßenräuber an. Auch das Tragen von gewissen Umhängseln, erkennbar als Foto– und Videotasche o.Ä., ist ebenso wenig ratsam. Wenn es geht, vermeiden Sie die Tasche und nehmen einen kleinen Rucksack mit Brustschließe.

- Tragen Sie keine größeren Geldbeträge durch die Stadt spazieren – da man beim Umtausch in Madagaskar schnell zum Millionär wird, hat der Reisende in aller Regel bündelweise 10.000 Ariary-Scheine im Besitz. Solche Geldbündel zum Bezahlen von Bagatellbeträgen (also fast allem) herauszuziehen, ist ziemlich dumm! Für die meisten Ausgaben in der Stadt genügt ein wenig Kleingeld, lose und in unterschiedlichen Scheingrößen in der Hosentasche!
- Vor allem bei Besuchen in Diskotheken gilt Vorsicht für männliche Alleinreisende: Die bildschönen jungen Damen in den versch. Etablissements sind **Prostituierte**, die z.T. mit **k.o.-Tropfen** im Getränk arbeiten bzw. das nicht unwesentliche Risiko einer

ernsthaften Erkrankung mit sich bringen. Auch wenn es manchmal schwer fällt, sich die Damen vom Leibe zu halten – achten Sie zumindest immer auf Ihr Getränk....!

Umgebung von Antananarivo

Einige reizvolle Ausflugsziele rings um die Hauptstadt seien hier empfohlen:

Ambohimanga

Etwa 22 km vom Zentrum Tanas entfernt in nordöstlicher Richtung gelegen liegt der blaue Hügel, Ambohimanga. Neben dem Rova von Tana darf dieser Ort als kulturelles und spirituelles Zentrum der Madagassen gelten. Der Ort ist heilig, zahlreiche **fadys** gelten hier. Unter anderem ist es verboten, **Schweinefleisch** und **Salz** herzubringen.

Ambohimanga ist über die gut ausgebaute – wenngleich in den Vororten oft durch Stau verstopfte – RN 3 zu erreichen. Nachdem man die Hauptstraße nahe dem Hügel verlassen hat, geht die Fahrt zunächst durch einen Vorort mit ausgesprochen luxuriösen Villen: Madagaskars haute volee´ sucht auch hierzulande die Nähe zum traditionellen Herrschersitz, die Grundstücke zählen zu den teuersten der ganzen Insel!

Den Hügel erreicht man am schönsten zu Fuß über eine steile, gepflasterte Straße, die allerdings auch mit dem Auto bewältigt werden kann, Parkplätze sind aber am Eingangsbereich Mangelware! Die Straße windet sich hinauf, vorbei an einem der sieben riesigen Tore, die aus runden, 7 Meter messenden Steinscheiben bestehen und jeden Abend vor die Maueröffnungen gerollt wurden.

Unterhalb des Gipfels ist der Eingangsbereich mit einigen Holzpavillons, die als Spende Japans dem Ganzen ein etwas professionelles Gepräge geben. Auch einige Andenkenläden und eine Snack Bar mit sehr zivilen Preisen finden sich hier. Den eigentlichen Herrschersitz, den Palastkomlex mit der burgartigen Wehranlage, betritt man erst, nachdem man 7000 Ar. Eintritt bezahlt hat, optional kann man (muss aber nicht!) hier auch einen Guide für etwa 10.000 Ar. mieten. Über eine imposante Treppe betritt man nun den Rova, vorbei an **zwei heiligen Feigenbäumen**. Linkerhand des Eingangs sieht man einen **heiligen Stein**. Reste von Tierblut und Wachs bezeugen, dass dieser Ort immer noch eine sehr starke spirituelle Bedeutung für die Madagassen hat und nach wie vor für **animistische Opferriten** genutzt wird.

Im Inneren der Anlage steht der **zweigeschossige Holzpalast** von König **Andrianampoinimerina**. Das imposante Gebäude, im Inneren durch eine mächtige, 10 m hohe Rosenholzsäule gestützt, gewährt einen guten Einblick in das Lebensgefühl und den Zeitgeschmack der Merina-Monarchen.

Mit dem typischen steilen Giebeldach der asiatisch beeinflussten Merinahäuser, dem umlaufenden Balkon und der farbenfrohen Einfassung stellt der Palast von Ambohimanga das wohl bedeutendste Bauwerk madagassischer Architektur dar, daher ist der ganze Komplex von der Unesco zum **Weltkulturerbe** erklärt worden.

Das Interieur stellt eines der bemerkenswertesten kulturellen Mischungen dar, die der afrikanische Raum zu bieten hat: Vor chinesischen Seidentapeten finden wir französische Barockmöbel, viktorianisches Silber, deutsche Biedermeiermöbel und einheimische Kunst,

alles in einer eigenartigen, jedoch sehr stimmigen und geschmackvollen Zusammenstellung.
Zum Palast gehört auch ein **Zeremonialbad,** welches von 70 Jungfrauen gefüllt wurde. Die hinter dem Bad liegende Mauer wurde ebenso wie die zahlreichen, **Tamboho** genannten runden Wallanlagen rings um den blauen Hügel, mit einer Mischung aus Erde und Eiern hergestellt, was diesen Bauwerken überragende Dauerhaftigkeit verlieh.

Oberhalb des Palastkomplexes, auf den Wallanlagen, hat man einen wunderbaren Blick über die Hauptstadt. Ein hier befindliches Restaurant lädt zwar mit der hübschen Gartenwirtschaft zum Verweilen ein: jedoch empfand der Besucher 2007 den Gang zur Toilette als eine der schlimmsten Zumutungen, jedenfalls waren die Sanitäranlagen in einem dem Ort unwürdigen Zustand, der Genuss von Speisen kann hier nur mit Bedenken empfohlen werden.

Ambohimanga ist ein beliebtes Ausflugsziel der einheimischen Bevölkerung und vor allem am Wochenende sehr stark besucht. Vermeiden Sie die Wochenenden, wenn es geht.
Öffnungszeiten: dienstags bis sonntags von 09:00-11:00 und von 14:00-17:00, montags geschlossen.

(Siehe Ambohimanga im A-Z Orte)

Lemurs Park

Ebenfalls ein privat geführtes Lemurenreservat, etwa 22 km westlich vom Stadtzentrum rechterhand an der RN 1 gelegen. Der etwa 5 ha große Park hat ingesamt **10 Lemurenarten** vorzuweisen, viele Exemplare sind beschlagnahmte "Haustiere", die hier auf eine mögl. Auswilderung vorbereitet werden sollen. Für diejenigen, die bis hierher keine Gelegenheit hatten, den Botschaftern der roten Insel die Hände zu reichen, kann dies hier für 10.000 Ar. Eintritt tun.
Jeweils um 09:00, 12:00, 14:00 und 16:00 ist Fütterungszeit: dann sind die Tiere natürlich besonders aktiv und sehr gut zu fotographieren.
Öffnungszeiten: Dienstag bis Sonntag 10:00-16:00, montags geschlossen.
Das sehr gute Restaurant ist von Dienstag bis Sonntag von 12:00-16:00 geöffnet.
Tel.: 22 234 36, mobil: 033 1172890
email: info-lemurs@lemurspark.com, homepage: www.lemurspark.com.

Ambohimalaza

Die **heilige Nekropole**, d.h. Grablege der Merina-Herrscher ist auf einem der 12 heiligen Hügel Tanas zu finden. Der Ort liegt 17 km östlich des Stadtzentrums an der RN 2 Richtung Toamasina (Tamatave). Von der Ortschaft **Ambohimalaza** aus kann man die etwa 2 km gut zu Fuß gehen. Der Ort hat eine sehr eigenartige, unheimliche Ausstrahlung und dem Verf. lief mehr als einmal etwas Kaltes den Rücken hinab, als er sich der Umfriedungsmauer mit dem runden Steintor näherte. Im Inneren der Anlage steht mittig ein steinernes Gebäude: Tranomanara, "das kalte Haus" genannt, das bedeutendste Herrschergrab. Es überragt die ringsum liegenden Grabstätten, die ringartig um das zentrale Grab angelegt sind. Etwas weiter weg liegen zahlreiche Gräber von illegitimen Kindern der Herrscher, die gleichwohl in der Nähe ihrer Erzeuger bestattet wurden. Betreten Sie den Ort nicht alleine, sondern nur in Begleitung eines einheimischen Guides oder eines vertrauenswürdigen Bekannten.

Lac Mantasoa

Etwa 70 km östlich von Tana gelegen ist dieses Relikt einer frühen Industrialisierung Madagskars zu finden. Mantasoa war Schauplatz eines gewaltigen Kraftaktes der Merina-Königin Ranavalona I. Der französische Abenteurer **Jean Laborde** wurde von der Königin Mitte des 19 Jh. mit der Errichtung dieses grossen **Industriekomplexes** betraut, dessen Ruinen heute restauriert als Schule dienen. Was wäre wohl aus der roten Insel geworden, hätten aufgebrachte Einheimische die Anlagen nach dem Tode der Königin nicht in einem rasenden Furor zerstört? Womöglich hätte die Insel eine führende Rolle in der Industrialisierung des afrikanischen Raumes einnehmen und eine ähnliche Entwicklung wie Japan durchlaufen können!

In dem weitläufigen Ort Mantasoa beginnt die Anlage nahe dem Fußballplatz der Schule: Porzellan– und Waffenfabriken, Seifensiedereien und Glashütten waren einst hier, daneben erheben sich die Ruinen eines Hochofens von 1841 und eines Schmiedeofens. Vor Ort kümmern sich **Les Amis de Jean Laborde** um die touristische Nutzung dieser Anlage. Die Organisation unterhält hier auch ein Informationszentrum und ein Museum im ehemaligen Wohnhaus Jean Labordes. Außerhalb des Ortes, auf dem Friedhof von Mantasoa findet man schließlich das imposante Grab des genialen Abenteurers.

Les Amis de Jean Laborde: Tel.: 42 402 97, email: topoi@dts.mg
Wenn Sie nicht unter Zeitdruck geraten wollen, planen Sie am besten eine Übernachtung in Mantasoa ein.

(siehe Mantasoa im A-Z Orte)

Angavokely Forststation

Etwas schwierig zu erreichen, aber lohnenswert ist der Besuch dieses Schutzgebietes allemal: etwa 30 km westlich auf der RN 2 biegt man von der Hauptstraße ab und fährt über eine sehr schlechte Piste in einen Rest primären Waldbestandes. Ein Büro nahe dem Eingang gibt Informationen, insbesondere über die Campingmöglichkeiten. Mehrere Zeltplätze mit Schutzdächern und Feuerstellen sind vorhanden. Von den Felsen hat man einen herrlichen Blick bis zum Lac Mantasoa, die interessante Vegetation des Gebietes ist darüber hinaus für botanisch Versierte ein Leckerbissen!

Anjozorobe

60 km nordöstlich, am Ende der RN 3 gelegen, bietet dieses Ressort vielfältige Freizeitmöglichkeiten und sportliche Aktivitäten an: Das **Fanamby-Fun-Reserve** ist Bestandteil des ingesamt 52.000 ha großen **Anjozorobe-Angavo-Waldkorridors**. Ziel des 2005 etablierten Schutzgebietes ist der Erhalt eines der letzten großen Primärwaldgebiete des zentralen Hochlandes. Zehn Lemurenarten, darunter der Indri-Indri und der Diademsifaka und mehrere hundert Baumarten finden sich hier. Zahlreiche Wanderwege und ein spezieller Mountainbike-Pfad machen die Gegend dem sportlichen Besucher zugänglich. Unterkunft am besten im

Mananara-Camp, etwa 10 km von der Straße entfernt gelegen. Die Anlage bietet sechs Igluzelte auf Holzplattformen, eine Bar und einen Speiseraum – Besuche hier am besten vorbuchen bei Boogie Pilgrim in Tana:

Tel.: 22 530 70
email: contact@boogie-pilgrim.net oder mananaralodge@boogiepilgrim-madagascar.com
homepage: www.boogie-pilgrim.net oder www.mananaralodge-madagascar.com

Über Arimonimamo nach Ampefy und zum Lac Itasy

Eines der schönsten Naherholungsgebiete der Madagassen und ein überaus lohnenswertes Ziel für eine mindestens zweitägige Exkursion stellt die Gegend um den **Lac Itasy** dar, etwa 100 km westlich von Tana an der sehr gut ausgebauten RN 1 gelegen. Schon der Weg dorthin ist interessant, führt er doch nicht nur durch das geographische Zentrum der roten Insel, sondern ist landschaftlich und geologisch sehr reizvoll. Der Ort **Arimonimamo**, etwa 45 km westlich von Tana gelegen, ist ein ausgezeichneter Ausgangspunkt für Trekkingtouren in das **Ankaratra-Gebirge**, allerdings sind bislang Touren noch selber zu organisieren bzw. bei den örtl. Reiseveranstaltern zu erfragen, die Gegend ist touristisch noch kaum erschlossen.

Hinzu kommt ein gewissen Misstrauen Fremden gegenüber, insbesondere was Besuche bei den **heiligen Grabhügeln** der Merina anbelangt: Genau wie die Sakalava-Gräber an der Westküste wurden die Gräber von Fremden geplündert und entweiht!

Fährt man von Arimonimamo weiter, kommt man durch jene Gegend, die für die Herstellung der traditionellen Grabtücher, der **lamba mena**, bekannt ist.
Tapiabäume, welche für die Ernährung der heimischen Seidenraupen lebenswichtig sind, säumen hier über viele Kilometer die Straße.

Neben der Seide hat die Gegend auch noch ein anderes Exportgut zu bieten: feinster, grauweißer **Marmor** wird hier gebrochen. Neben der industriellen Verwertung des Steins wird Marmor von vielen Einheimischen zu hübschen Steinmetzarbeiten gemacht, die streckenweise in großer Auswahl angeboten werden: Pilaster, Statuen, Mörser und anderer Zierrat, dass meiste wohl zu schwer als Souvenir.......

Nach 50 km gelangt man nach **Analavory**, Ausgangspunkt für schöne Ausfluge. Die einzig sichtbaren Zeugen für aktiven Vulkanismus auf Madagaskar, die Geyser von Andranomandraotra finden sich hier ebenso in der Nähe wie die wunderschönen Wasserfälle des Lily (Chutes de la Lily).

Der **Lac Itasy** etwas südlich bei **Ampefy** schließlich bietet für Angler und Wassersportler gleichermaßen Befriedigung.

Ein schöner, etwa 5 km langer Spaziergang am See bis zur **Ile de Regine** (ca. 6 km von Ampefy entfernt Richtung Antsirabe) lohnt sich, zahlreiche Bungalowanlagen, Restaurants und Bars (z.T. mit Seeblick) laden hier zum Verweilen, Entspannen und Schlemmen ein.

Die Region ist für ihre Fruchtbarkeit bekannt: die zahlreichen Vulkankegel, welche die Umgebung prägen, sind nur ein Beleg für die unterirdischen Aktivitäten, die diese Gegend gestalteten.

Neben Papaya, Ananas und anderen Produkten ist Ampefy vor allem für die Fische des Sees bekannt, welche in Tana überaus begehrt sind und der Region einen vergleichsweisen Wohlstand beschert haben.

Ampefy ist bei Europäern und Madagassen überaus beliebt, des angenehmen Klimas und der schönen Gegend wegen.

Vor allem an den Wochenenden kann es daher schon mal schwierig werden, ein Zimmer zu bekommen! Möglichst vorbuchen!

(siehe Ampefy/Lac Itasy im A-Z Orte)

Geyser von Andranomandraotra

Mit dem Taxi-Brousse oder mit dem Mietwagen (Zu Fuß ebenso machbar, aber etwas anstrengend!) fahren Sie von Analavory aus zunächst Richtung **Tsiraonomandidy**. 9 km westlich von **Analavory** zweigt eine holprige Piste nach rechts ab. 5 km weiter gelangen Sie auf den Parkplatz beim Dorf **Andranomandraotra.**

Die Geyser an sich sind recht spektakulär und mit kaum mehr als 40 Grad Austrittstemperatur des Thermalwassers angenehm zum Baden vor Ort geeignet. Zuckerhüten gleich, welche durch die im Wasser gelösten Minerale gebildet wurden, ragen die blubbernden Geyser aus dem Boden des Flusstals. Die Guides vor Ort zeigen Ihnen gerne, wie sich so ein Geyser zeitweilig verschließen lässt, um danach (sehr fotogen) eine hohe Wassersäule zu produzieren.

Eine Höhle, besser gesagt ein Erdloch im Hang bei den Geysern erregt Interesse: wirft man ein lebendes Tier in das Loch, stirbt es sofort, hält man ein brennendes Bündel trockenen Grases hinein, erlischt die Flamme, sobalb man sie etwa 20 cm über den Boden des Loches abgesenkt hat.
Beleg für ein Gas, das schwerer als Luft ist und jeglichen Sauerstoff völlig verdrängt.
Im vorliegenden Falle dürfte es sich um Schwefeldioxid oder Kohlendioxid handeln, dafür spricht auch die starke Anreicherung des Thermalwassers, welches nur wenige Meter daneben aus der Erde fließt: es sprudelt und kitzelt im Mund und ist extrem mineral- , salz- und gasreich.

Die schöne Landschaft, majestätisch geziert von den schwefelgelb aufragenden Geysern machen den Besuch zu einer sehr lohnenden Angelegenheit. Eine ordentliche Raststelle mit Toiletten und Picnic-Möglichkeit runden den Eindruck dieses schönen Ortes ab.
Wundern Sie sich aber nicht, wenn hier (v.a. am Wochenende) ganze Busladungen von Vazáha hier anzutreffen sind!

Chutes de la Lily

Etwa 7 km westlich von Ampefy entfernt sind diese idyllischen Wasserfälle gelegen. Mit dem Auto über die RN 1, dann links abbiegen und den Fluss überqueren. Ab hier zu Fuß. Die Wasserfälle (etwa 2 km stromabwärts ist ein weiterer Katarakt zu finden), bieten nicht nur geologisch Interessierten faszinierende An- und Einblicke: die eigenartig regelmäßig und hexagonal geformten Basaltsäulen an den Felswänden und die abgelegene, schöne Gegend lohnen diesen Ausflug! Hier werden Sie auch von zahlreichen Kindern und Frauen umringt werden, die Ihnen Schnitzereien aus **kohlschwarzem Bimsstein**, teils hübsch bemalt, anbieten. Die Verkäufer scheuen dabei auch nicht den steilen Abstieg hinab zu den Wasserfällen, um irgendwie mit den Vazáha (die hier übrigens v.a. am Wochenende in Scharen anreisen) ins Geschäft zu kommen. Immerhin sehr originelle Mitbringsel und für geringe Münze zu haben!

Wagemutige können sich (nach vorheriger Anmeldung am Eingang) an einem quer über die Fälle gespannten Seil (mit einer Seilrolle, in welche man sich einhakt) über die Fälle "schweben" lassen: nichts für schwindlige Naturen und Unsportliche!

Etwa 150 Meter von den Fällen entfernt liegt oberhalb ein interessantes Wasserkraftwerk und eine schöne Wiese direkt am Fluss, die zum Rasten einlädt. Wer es komfortabler mag, bekommt am Parkplatz (wo sich ein kleines Dorf befindet) sogar eine Pizza serviert: die relativ zahlreichen Besucher lassen eine bescheidene Infrastruktur wachsen.

Engelssäule am Lac Anosy (Tana)

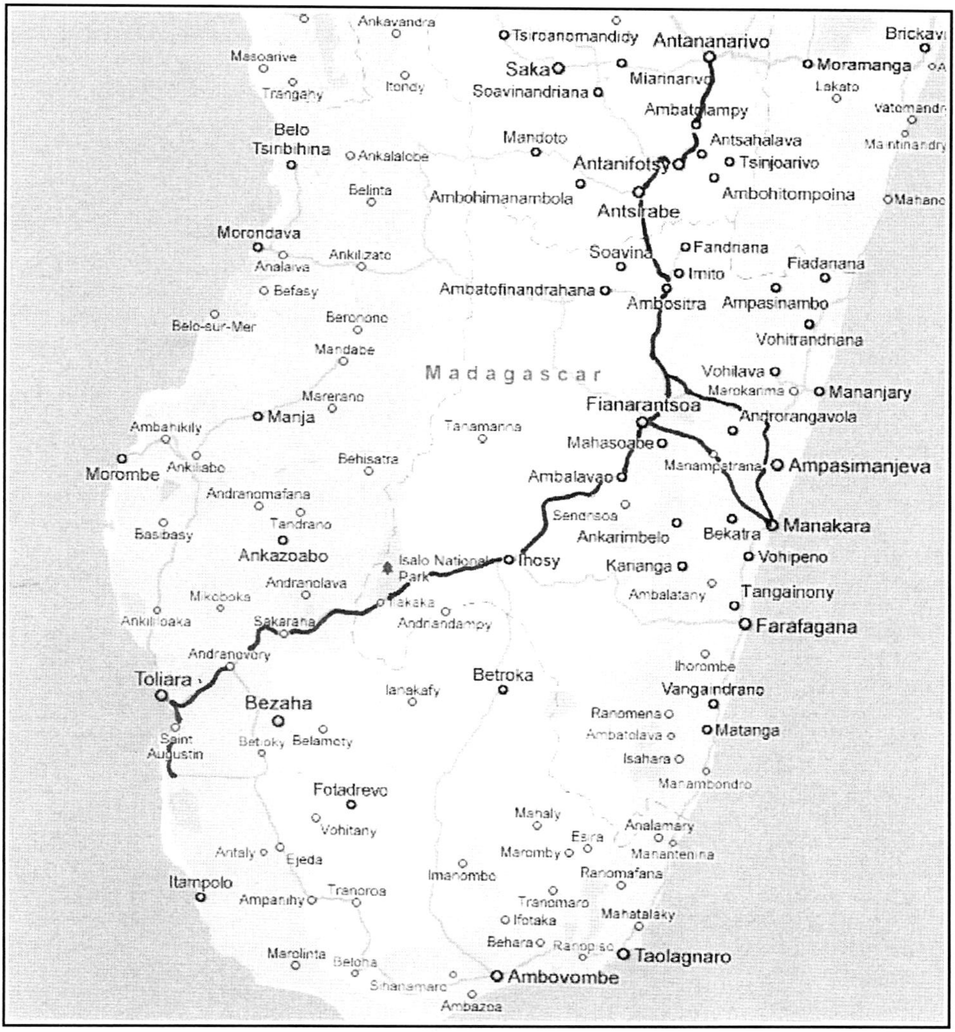

Die Hochlandroute nach Süden

2. Die Hochlandroute nach Süden

Auf der RN 7 von Antananarivo bis Tuléar: Behenjy - Ambatolampy - Antanifotsy - Antsirabe: "Stadt der Steine" - Ambositra: „alles Palisandre“- Ranomafana: Besuch im Zauberwald – Fianarantsoa - Auf Schmalspur durch den Dschungel: die FCE – Ambalavao – Andringitra NP – Ambohimahasina - Anja-Park – Ihosy: Stadt der Bara – Isalo NP – Zombitse-Vohibasia NP – Tuléar und Umgebung : Arboretum d´Antsokay – Grotte von Sarodrano – Anakao – St. Augustine/Sarodrano – Nosy Ve und Nosy Satrana - Tsimanampetsotsa NP – Ifaty/Mangily – La Village des Tortoises – Reniala Reservat

Vorbemerkung des Verfassers: Die etwa 1000 km lange Route von Tana bis nach Tuléar darf zu Recht als **die klassische Reiseroute** durch Madagaskar gelten und ist die mit Abstand am meisten von Touristen befahrene Wegstrecke. Und dies nicht zu Unrecht: Wie auf einer Perlschnur aufgereiht finden sich entlang dieser Route einige der spektakulärsten Landschaften der ganzen Insel überhaupt sowie eine Unzahl anderer Attraktionen, die meist problemlos erreichbar sind. Die RN 7 selbst ist mittlerweile durchgehend asphaltiert und hat die Entwicklung einer relativ dichten touristischen Infrastruktur begünstigt. An fast allen Brennpunkten finden wir daher heute eine Auswahl an guten Restaurants und Unterkünften für unterschiedliche Ansprüche. Auch haben viele einheimische und auswärtige Touristikunternehmer das Potential v.a. der unberührten Gebirgsregionen erkannt und organisieren mehr und mehr Touren oder gründen neue Camps und Unterkünfte in bislang unerschlossenen Gegenden....

Ebenso soll auch nicht verschwiegen werden, dass man auf dieser Strecke nicht nur Land und Leute besonders intensiv kennenlernt - man kann auch sehr gut einkaufen: die RN 7 ist streckenweise eine Art endloser Markt mit Verkaufsständen für Obst, Gemüse, Handwerkskunst, Textilien, Blumen, Fische, Edelsteine........

Für diese Route sollten Sie mindestens eine Woche, besser 10 - 14 Tage einplanen !

Entfernungen:

Antananarivo - Tuléar (Toliara)	930 km
Antananarivo - Ambatolampy	67 km
Ambatolampy - Antsirabe	103 km
Antsirabe - Ambositra	90 km
Ambositra - Fianarantsoa	157 km
Ambositra – Ranomafana	140 km
Antsirabe - Miandrivazo	251 km
Fianarantsoa – Manakara	254 km (bzw. 167 km mit der Eisenbahn)
Fianarantsoa - Ambalavao	54 km
Ambalavao – Ihosy	152 km
Ihosy - Ranohira	90 km
Ranohira – Tuléar	245 km

Hinweis: Bedenken Sie, dass Kilometerangaben in Madagaskar oft trügerisch sind bzw. nicht zur Angabe der Fahrtzeit taugen. Gebräuchlich ist die Nennung der Fahrtstunden. Da die RN 7 relativ gut in Schuss ist und lediglich die vielen Steigungen und Kurven eine zügigere Fahrt vermeiden, schafft man größtenteils

pro Stunde etwa 50 – 60 km, mancherorts und auf Nebenstrecken aber auch bedeutend weniger!

Von Antananarivo nach Ambatolampy

Zunächst verlassen Sie Tana durch die südlichen Vororte, überqueren den Fluss **Ikopa,** passieren geschäftiges Treiben und Staus.
Nachdem Sie die äußeren Vororte von Tana hinter sich gelassen haben, geht die Fahrt durch eine bergige Landschaft mit v.a. Eukalyptusbäumen, Sträuchern, unterbrochen von Reisfeldern und anderen Äckern. Vereinzelte Grabstätten künden vom Brauch der Madagassen, ihre Toten meist entfernt der Wohnorte und verstreut in der Landschaft zu bestatten.
Die typischen, zweigeschossigen roten Hochlandhäuser mit ihren Grasdächern und dem charakteristischen Balkon durchziehen die Landschaft ebenso wie die Brennöfen der Ziegelmacher: Aus dem feuchten Schlamm einer Flussniederung stechen die Arbeiter die rohen Ziegel mit einem rechteckigen Holzkasten aus bzw. in Form und lassen sie zunächst an der Luft trocknen. Dann werden die Quader zu typischen hohen Öfen aufgeschichtet, die durch mehrere Feuerlöcher an der Längsseite befeuert werden, d.h. der Ofen besteht in Gänze aus den zu brennenden Ziegeln. Die Hitze der Feuerungen brennt die Ziegel dabei langsam vom Inneren des Ofens ausgehend. Nach etwa 3 Tagen sind die Ziegel schließlich fertig und nach dem Abkühlen und dem Abtragen des Ofens verwendbar. Selbstverständlich lässt sich bei dieser Art von Ziegelei nicht die Temperatur erzielen, die nötig wäre, um die Ziegel wirklich dauerhaft wasserbeständig zu machen. (Hierzu wären mindestens 800 Grad C erforderlich). Daher sind die roten Blöcke relativ bröckelig und je nach Qualität (Unterschiede gibt es hierbei auch) schon bald durch die Witterung zerfallen.
Zahlreiche Ruinen längs der Straße künden vom raschen Ende der Häuser, die nicht mehr bewohnt und somit gepflegt und in Stand gehalten werden.

Nach wenigen Kilometern kommt man an den linkerhand, etwas von der Straße entfernt liegenden, **Iavoloa-Palast** des ehem. Diktators Ratsiraka. Das scheußlich pompöse und geschmacklose Gebäude wurde mit Geld aus Nordkorea (siehe Kapitel Geschichte) finanziert. Da von der Regierung n.w.v. genutzt, ist der Palast nicht zu besichtigen.

Ambatofotsy - „weißer Stein"

20 km südlich von Tana kommen Sie in **Ambatofotsy** vorbei, wo Sie eine angenehme Unterbrechung oder auch einfach einen Ausflug von Tana aus hin machen können: Ein kleiner, privater Naturpark am Ufer des Sees erwartet den Besucher mit zahlreichen einheimischen Pflanzen, einigen Lemuren und Reptilien. Ein bescheidenes Museum findet sich ebenfalls hier, der Eintritt beträgt insgesamt 5.000 Ar.
Der schöne Ort inmitten der Reisfelder ist ein beliebtes Naherholungsziel der Bevölkerung von Tana und hat dementsprechend auch Unterkunft und Gastronomie zu bieten.
Auch Pferde kann man hier mieten oder zu Fuß schöne Spaziergänge unternehmen.

(siehe Ambatofotsy im A-Z Orte)

Setzt man die Fahrt von hier aus fort, so gelangt man etwa 46 km südlich der Hauptstadt durch den Ort **Behenjy,** ein typisches Hochlanddorf entlang der großen Straße mit zahllosen Kindern und emsiger Tätigkeit. In Behenjy lohnt sich auf alle Fälle der Besuch des Restaurants **„Coin Foie de Gras“**, wo man Ihnen köstliche Spezialitäten aus **Entenleber** servieren wird.

Von Behenjy aus fahren Sie noch etwas 25 km weiter südwärts und kommen schließlich nach Ambatolampy.

Ambatolampy - „Stadt der Felsen“

Die Stadt Ambatolampy ist nicht nur interessant, weil sie eine der größten Ansiedlungen auf der Strecke zwischen Tana und Antsirabe darstellt sondern weil sich der Ort hervorragend für einen Zwischenstopp auf der Hochlandroute eignet.
Als Heimat der hier ansässigen Aluminiumgießer ist Ambatolampy ebenso bekannt wie durch die zahlreichen Taxi-Brousse-Werkstätten, in denen offenbar ein erheblicher Anteil aller Sammeltaxis im Hochland gewartet und instand gesetzt werden. Tatsächlich gelten die Einwohner Ambatolampys als reich: zumindest in früheren Jahren schöpfte sich der Reichtum aus ergiebigen **Goldvorkommen** in der Nähe, heute sind viele Einwohner als Taxi-Brousse-Fuhrunternehmer oder als Lastspediteure tätig und erwirtschaften sich einen ansehlichen Wohlstand.
Etliche gute Unterkünfte und viele kleine Restaurants, viele ordentliche Geschäfte – Ambatolampy wirkt deutlich geordneter, sauberer und reicher als die meisten anderen Städte Madagaskars!
Eine Attraktion und sehr pittoresk ist der mehrmals pro Woche stattfindende Viehmarkt.

Auch als Ausgangspunkt für schöne Ausflüge in die Umgebung eignet sich der Ort: Wanderungen ins **Ankaratra-Massiv** mit Besteigung des **Tsiafajavona** (2643 m) sind ebenso machbar wie ein Abstecher zum **Lac Froid** und zu den **Chutes de la Onive**.

Um zu den beiden letztgenannten Zielen zu gelangen, verlässt man Ambatolampy über eine Nebenstraße in südöstlicher Richtung. Nach etwa 35 km auf sehr schlechter Piste erreicht man den Ort **Tsinjoarivo.** Hier ist neben den Naturschönheiten des Regenwaldes auch ein **Rova** der Merina-Königin Rasoherina zu besichtigen. In idyllischer Lage kann man hier das Privathaus der Königin und die Wohnstätten hoher Staatsbeamter besichtigen, ein anwesender Wächter zeigt Ihnen gegen ein kleines Handgeld gerne die Anlage. Zu den **Wasserfällen des Onive** führt nahe bei eine Steintreppe hinab zu einem herrlichen Aussichtspunkt.

(siehe Ambatolampy im A-Z Orte)

Zu den Alugießern und nach Manjakatompo

Verlässt man Ambatolampy in nordwestlicher Richtung, kommt man zunächst an zahlreichen Alugießereien vorbei. Die geradezu prähistorisch anmutende Technik macht einen Stopp lohnenswert: Die bekannten Reistöpfe, (vilány) die man überall in Madagaskar findet, haben hier ihre Entstehungsplätze. Die Töpfe entsprechen übrigens fast genau klassischen französischen "Cocottes", wovon auch der eingegossenen "Markenname" zeugt. Die Töpfe werden in nahezu allen Größen gegossen: kleine, 150 ml fassende, als Souvenir oder Ascher geeignet, aber auch beeindruckende 150 Liter fassende Kessel.
Die Technik ist äußerst simpel: Zunächst werden die Gussformen aus maßstabsgetreuen Modellen hergestellt, hierzu verwendet man Formsand und einen Formkasten. Die so

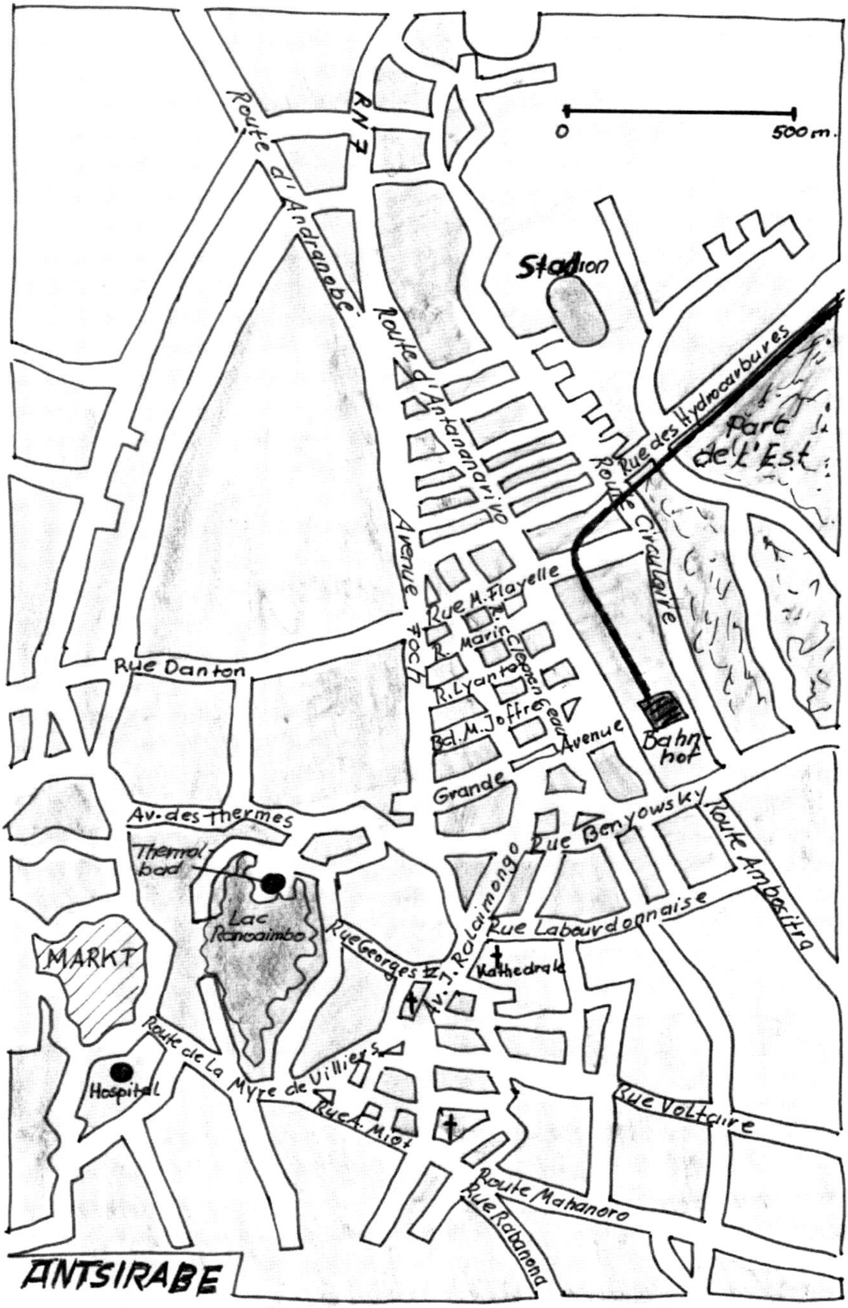
Route d'Andranebe
RN 7
Route d'Antananarivo
0
500 m.
Stadion
Rue des Hydrocarbures
Parc de l'Est
Route Circulaire
Avenue Foch
Rue M. Flayelle
R. Marin
Clemenceau
Bd. M. Joffre
Grande Avenue
Bahnhof
Rue Danton
Av. des thermes
Thermalbad
Lac
Rue Benyowsky
Route Ambositra
Av. J. Ralaimongo
Rue Labourdonnaise
Rue Georges V
Kathedrale
MARKT
Route de La Myre de Villiers
Hospital
Rue A. Miot
Rue Voltaire
Route Mahanoro
ANTSIRABE

entstehende auf oder im Sandboden befindliche Hohlform wird nun mit flüssigem Aluminium gefüllt, welches in pimitiven, hohen kastenförmigen Holzkohleöfen erhitzt wurde. Bei der Auswahl des Rohmaterials sind die Leute erfinderisch: ist schon vor Jahren die madagassische "Luftwaffe" durch die Öfen gewandert, als findige Madagassen die in Ivato geparkten Düsenjäger zerlegten, sind heute **Druckplatten aus Zeitungsdruckereien** (mitsamt den Farbresten) das beliebteste Material. Bedenkt man die geradezu abenteuerliche Ausstattung der Alugießer, die weder Schutzkleidung noch Atemschutz oder Absauganlagen haben, verwundert die industrielle Qualität der Produkte fast. Auch allerhand Zierrat (wie z.B. Zebuköpfe aus Alu und andere Gegenstände) ergänzen das Angebot. Nach etwa 15 km schließlich gelangt man zur

Manjakatompo Waldstation

Das Schutzgebiet eröffnet dem Besucher für 5.000 Ar. Eintritt einen schönen Naturpark mit zahlreichen botanischen Besonderheiten. Daneben findet man zwei Königsgräber aus dem 19. Jh. Das Schutzgebiet eignet sich nicht nur für Wanderungen und Spaziergänge, sondern auch als Ausgangspunkt für (ganztägige!) Wandertouren zum **Tsiafajavona** (2643 m)

Von Ambatolampy nach Antsirabe

Von Ambatolampy geht die Fahrt fast genau nach Süden weiter: Die Straße ist nicht mehr so windungsreich, die Landschaft wird allmählich ebener, der Blick zum Horizont weitet sich. Zu beiden Seiten der Straße sind zahlreiche Händler und Handwerker mit ihren Verkaufsständen zu sehen: Kunstvolle Handarbeiten aus Sisal, Spielzeugautos aus recyceltem Dosenblech oder Holz, Raffiabastarbeiten (v.a. Hüte und Taschen) verdienen besondere Beachtung, wer noch keinen Sonnenhut für den heißen Süden hat, kann ihn hier für umgerechnet 1-2 Euro erwerben.
Durch die Ortschaften **Ambohimandroso**, einem beliebten Rastplatz für Taxi-Brousse und LKW-Fahrer geht es weiter über **Ampitatafika, Ilempoka** und **Sambaina**, immer entlang der leider nicht befahrenen Hochlandbahnlinie. Die Fruchtbarkeit der Gegend ist bekannt und liegt beim ersten Anblick auf der Hand: soweit das Auge reicht sehen wir Felder und Zeichen intensiver Landwirtschaft. Nicht umsonst ist dies die Gemüsekammer der roten Insel.
Andranomanelatra, der geschäftige „Vorort" Antsirabes, lässt schon die Anzeichen einer nahe liegenden Großstadt erahnen, sonst (eher) seltene Industriebetriebe sind von der Straße aus zu sehen. Fast schnurgerade geht die Fahrt nun die letzten Kilometer bis nach Antsirabe.

Antsirabe - „Wo es viel Salz gibt"

In etwa 170 km Entfernung von Antananarivo liegt Antsirabe, Hauptstadt der Region Vakinankaratra, eine der bedeutendsten Industriestädte des Landes und wichtiges Zentrum des Edelsteinhandels. Die Stadt hat in den letzten Jahren eine starke Expansion erfahren und die Zahl der Einwohner liegt nun laut Statistik bei etwa 200.000. Nimmt man noch die weiter entlegenen Vororte im Einzugsgebiet hinzu, leben jedoch mehr als eine Million Menschen im Umkreis der Stadt.

Schon den Merina-Monarchen war die heilsame Wirkung der **Thermal–** und **Mineralwasserquellen** dieses Ortes bekannt, deshalb war Antsirabe schon zu Beginn

des 19. Jh. **beliebter Erholungsort** des Herrscherhauses. Antsirabe liegt auf etwa 1.500 Höhenmetern und ist für sein bekömmliches Klima und seine Heilquellen berühmt. In der Winterzeit kann es hier auch mal frostig werden, daher ist warme Kleidung hier zumindest für die Abendstunden unerlässlich. Mittlerweile sind die Thermalbäder etwas heruntergekommen aber immerhin wieder in Betrieb, der Glanz vergangener Tage ist spürbar verblasst. Dennoch bietet Antsirabe noch einen Abglanz jener kolonialen Zeiten, als Frankreichs feine Gesellschaft diesen Ort in eine regelrechte Villenkolonie mit einem riesigen Stadtpark verwandelt hatte. Noch heute ist die Stadt zumindest im Kerngebiet sehr offen und freizügig bebaut, breite Avenuen und Alleen durchziehen die Innenstadt in regelmäßigem Muster zwischen großen, gartenähnlichen Grundstücken. Zahlreiche historische Bauwerke wie die **katholische Kathedrale** (von den norwegischen Missionaren im 19 Jh. erbaut), das wunderschöne **Hotel des Thermes**, der herrliche Bahnhof mit der breiten **Avenue de l´Independence** und die teilweise sehr schön erhaltenen Wohn– und Herrenhäuser der Franzosen künden von der einstigen Bedeutung diese ehemaligen Nobelkurortes.
Der ramponierte Charme dieser verblassenden Vergangenheit wird besonders bei einem Besuch im ehemals prächtigen Stadtpark, dem **Parc de l´Est,** deutlich.
.
Dass sich vor allem Europäer hier in Antsirabe wohlfühlten, zeigt auch ein Blick auf die zahlreichen Zeugnisse der **norwegischen Missionare**. Tatsächlich ist die Stadt eine Gründung dieser tüchtigen Menschen, die 1872 in dem kleinen Dorf eine Missionstation errichteten, welche sich dann rasch erweiterte. Neben zahlreichen Bauwerken hinterließen die Norweger noch eine ganz besondere „Gabe“: Wer genau hinsieht, dem fällt auf, dass sich vor allem in Antsirabe zwischen den üblichen mageren Buckelrindern auch fette schwarz-weiß gescheckte Kühe befinden. Dieser Import aus Europa geht auf das Konto der Norweger und trägt wohl dazu bei, dass Antsirabe auch das Zentrum der Molkereiwirtschaft Madagaskars darstellt.

Hinweis: Bedenkt man, dass ein normales Zebu nur etwa 2-3 Liter Milch pro Tag liefert (!) und mangels Kühlkette aus dem Umland auch keine Milch herbeigeschafft werden kann, wird schnell klar, wie wichtig diese europäischen „Turbokühe“ für die Ernährung der Bevölkerung sind!

Heute beruht Antsirabes Wohlstand auf den hier ansässigen Industriebetrieben, vor allem Metallbearbeitung, Textilfabriken und Lebensmittel. Die **Star–Brauerei** beispielsweise versorgt von hier aus zwei Drittel Madagaskars mit dem bekannten **THB-Bier**. Daneben hat sich auch eine große Anzahl kleiner und mittlerer Betriebe aller Sparten angesiedelt.

Durch die regelmäßige Topographie und die offene Bebauung ist Antsirabe, zumindest was den „französischen“ Teil der Stadt nördlich der Av.de l´Independence anbelangt, wie kaum eine Stadt Madagaskars besonders leicht und unkompliziert zu Fuß zu entdecken.
Dennoch ein nicht ganz einfaches Unterfangen, ist Antsirabe doch auch die Hauptstadt der Posyposy oder **Pousse-Pousse**. Die kunterbunten Rikschas verkehren zu Tausenden in Antsirabes Straßen und sind an manchen Orten in großen Gruppen anzutreffen, mittlerweile gibt es 6500 Stück, die Antsirabes Straßen bevölkern. Da die Benutzung zumindest für die Madagassen sehr gebräuchlich ist, haben die Fahrer gar kein Verständnis für Fußgänger und machen sich allenthalben anheischig, den Vazáha durch die Stadt zu ziehen.
Falls Sie nicht widerstehen wollen oder können: eine Stadtrundfahrt sollte nicht mehr als 5.000 Ariary kosten, das Verhandlungsgeschick der Fahrer ist allerdings

bemerkenswert!
Wer zu Fuß unterwegs ist, muss hier in Antsirabe auch damit rechnen, allenthalben von Straßenhändlern und Bettlern (v.a. Kinder) angesprochen zu werden: in der Innenstadt sammelt sich oft gleich eine ganze Traube um die Autos neu angekommener Vazáha. In keiner anderen Stadt Madagaskars ist dieses Phänomen so ausgeprägt wie hier.

(siehe Antsirabe im A-Z Orte)

„Stadt der Steine“

Als bedeutendes Zentrum des Edelsteinhandels und -abbaus ist Antsirabe bei Geologen und Mineralienfreunden in der ganzen Welt bestens bekannt. Die Pegmatite (siehe Kapitel „Geologie“ im allg. Teil), die Antsirabe im weiteren Umkreis umgeben, bringen eine unglaubliche Vielfalt an Schmucksteinen hervor. Neben Rosenquarz, Beryll, Jaspis und dem wundervollen blassblauen Coelestin sind vor allem die **Turmaline** aus dieser Gegend berühmt. (Der frühere Diktator Ratsiraka soll Turmaline für über eine Milliarde Dollar privat verkauft haben....).

Als bedeutendster Fundort dieser einmaligen, vielfarbigen Kristalle gilt der Pegmatit von **Anjanabonoina**, etwa 50 km Luftlinie südwestlich von Antsirabe. Der Pegmatit erbrachte früher armdicke Kristalle in einzigartiger Qualität, die sowohl zu farbigen Scheiben zersägt für Furore sorgten als auch zu hochwertigen Schmucksteinen geschliffen wurden. Es gibt es immer noch Turmaline zu finden, aber der große Boom ist vorbei. Zumindest große Steine sind äußerst selten geworden, nicht weil es keine mehr gäbe, wie manche behaupten:
Der Grund hierfür liegt vielmehr in der dilettantischen und unkontrollierten Abbaumethode der vielen armen Schürfer und Sucher, die den Pegmatit von Anjanabonoina derartig zerwühlt und mit dem eigenen Abraum zugeschüttet haben, dass die sicherlich vorhandenen fündigen Gesteinsschichten nun unter Unmengen Geröll und Abraum verborgen liegen. Man müsste das Gelände erst mit schwerem Gerät räumen, um ertragreich weiter abbauen zu können, jedoch liegen (auch hier) die meisten Edelsteinreviere in sehr schwer zugänglichen Regionen.

Wenn Sie Steine kaufen wollen, bedenken Sie dabei, dass erstklassige Ware nur zu internationalen Preisen in den renommierten Fachgeschäften wie **Chez Joseph**, dem **Hotel des Thermes** oder dem **Hótel Diamant** erworben werden kann.
Die vielversprechendsten Rohsteine werden ohnehin direkt am Ort von zahlreichen hier ansässigen Firmen v.a. aus **Idar-Oberstein** und **China** aufgekauft und exportiert.
Dennoch kann man, wenn man sich auskennt, ausgesprochene Schnäppchen machen: Beste Orte hierfür sind der täglich geöffnete Edelsteinmarkt an der Garnision an der Av. Marechal Foch (Cercle Mess Mixte) nahe dem Hotel des Thermes und am Lac Andraikiba. Hier wie dort kann man mit Verhandlungsgeschick und etwas Kenntnis wundervolle Dinge kaufen: Versteinertes Holz, Turmaline, Amethyste, Saphire und Rubine (roh und ungeschliffen und ohne Echtheitszertifikat!), Quarze und Bergkristall......

Hinweis: Empfehlenswert beim Handeln ist ein solarbetriebener Taschenrechner, so lassen sich die Preisvorstellungen von Käufer und Verkäufer am schnellsten und unmissverständlichsten darstellen, ohne dass es Umstehende mitbekommen!

Auf ein Eröffnungsangebot eines Händlers sollten Sie mit einem Gegenangebot in Höhe eines Drittels des Geforderten beginnen, dann feilscht man sich durch, bis beide zufrieden sind.

Hinweis: Beachten Sie, dass Edelsteine nicht ohne entspr. Papiere ausgeführt werden dürfen, zumindest bei Rohsteinen sollten Sie daher unbedingt ein Papier des Verkäufers verlangen, auf dem dessen Namen, ein Stempel der Minengenossenschaft sowie eine Bezeichnung des Steins und dessen Verkaufspreis stehen.

Was auf den ersten Blick wie eine wirksame staatliche Kontrolle des Edelsteinhandels wirkt, entpuppt sich beim näheren Hinsehen als wirkungsloser Papierkrieg: fast jeder der Händler ist gegen geringes Geld bereit, ein Papier für fast alles auszustellen, insbesondere auch für Stücke, die er gar nicht selber verkauft hat! Die Herkunft der Stücke ist daher ebensowenig kontrollierbar wie der tatsächliche Marktwert, reelle Abgaben an den madag. Staat fallen praktisch unter den Tisch!

Allerdings können die so ausgestellten Zertifikate bei der Ausfuhr wichtig werden: ohne diese ist die Ausfuhr der erworbenen Steine oder Fossilien nicht gestattet. (siehe A-Z Zoll)

Etwas exklusiver geht es da schon bei **Chez Joseph** in der Rue Kleber zu: Der sehr elegant eingerichtete „Laden" verfügt über mehrer großzügige Verkaufsräume (Halbedelsteine und Edelsteine von sehr guter Qualität, teilweise leider zu abscheulichem Nippes verarbeitet, wohl v.a. für den chinesischen und russischen Markt!)
Im Hof des Geschäfts findet man Erstaunliches vor: Sechs riesige Strahlenschildkröten in Reih und Glied stehen wie aufgereiht in der Sonne neben einem Haufen vielfarbiger Halbedelsteinsplitter. In den Schuppen im Hof sind die Schleifer gerne bereit, Ihnen zu zeigen, wie Edelsteine bearbeitet werden.

Herr Joseph ist ein fröhlicher, stets lachender Mann: kein Wunder, kommen doch ganze Busladungen von Touristen in sein Geschäft, das ganz offenbar hervorragend läuft. So bekommt denn auch jeder Besucher ein kleines
Gastgeschenk aus der eigenen Werkstatt!

Ein Rundgang durch die Stadt orientiert sich am besten an der **Av. de l´Independence** (Grande Avenue) als Ausgangspunkt. Er wäre selbstredend unvollständig ohne einen Besuch am (oder im) **Hotel des Thermes**: Das Hotel, 1897 erbaut und mittlerweile wieder als solches in Betrieb, war in den sechziger Jahren Exilsitz des **marokkanischen Königs Mohammed I.** Es verfügt über ein (überteuertes) Restaurant und einen Verkaufsraum für Handwerk und Edelsteine. Von den Steinbänken im Park vor dem Hotel hat man einen schönen Blick über die Stadt und die umliegende Landschaft, direkt davor liegt der **Lac Ranomafana**, in dem noch heute warme Quellen zu finden sind.

Geht man vom Hotel des Thermes über die Avenue d l´Independence Richtung **Bahnhof**, passiert man auf halbem Wege in der Mitte der doppelspurigen Prachtstraße eine große **Steinstele**, auf welcher die Volksstämme Madagaskars dargestellt sind.

Südlich des Bahnhofes beginnt der geschäftigere, madagassische Teil der Stadt, hier kann man neben vielem Anderen sehr schöne Andenken in den zahlreichen Läden erwerben, eine Patisserie mit hervorragenden hausgemachten Pralinen lockt den verwöhnten Gaumen.

Westlich des **Lac Ranomafana** liegt der große, unbedingt sehenswerte **Sabotsy**, der Samstagsmarkt. Wenn Sie das Glück haben, am Samstag in Antsirabe zu sein: lassen Sie sich dieses Erlebnis für alle Sinne keinesfalls entgehen!

Als Ausgangspunkt interessanter Touren und Aktivitäten (insbesondere Tsiribihina-Flussfahrten) sind in Antsirabe zahlreiche Reiseveranstalter ansässig, mehr Informationen dazu im A-Z Orte.

Ausflugsziele in der Umgebung

Zu den Vulkanseen Lac Andraikiba und Lac Tritriva

Beide Seen liegen außerhalb Antsirabes. Sie fahren zunächst auf der RN 34 (Richtung Miandrivazo) westwärts aus der Stadt hinaus. Nach etwa 6 km geht eine recht holprige Piste nach links von der Hauptstraße ab. Nach etwa 2 km gelangen Sie an den wunderschönen

Lac Andraikiba

Zu Zeiten der Franzosen war hier ein recht mondänes Strandbad mit Wasserski, Bootsverleih, Sprungturm und anderen Wassersportmöglichkeiten. Heute ist alles ziemlich heruntergekommen, lediglich Boote sind noch zu mieten sowie recht magere Pferde für kleine Ausritte um den See.
Da die Gegend ein beliebtes Ausflugsziel ist, sind hier auch einige Bungalowanlagen und Restaurants angesiedelt (siehe A-Z Orte). Bei einem guten Mittagessen auf der Terrasse eines der Hotels mit Seeblick kann man diesen Ort am besten genießen. Daneben sei noch auf die vielen Verkaufsbuden unten am Seeufer hingewiesen – die Auswahl an Edelsteinen ist ebenso groß wie am CMM in der Stadt, auch hier gilt: feilschen!

(siehe Lac Andraikiba im A-Z Orte)

Lac Tritriva

Folgt man der Schotterpiste weiter in südlicher Richtung, kommt man nach 12 km an den 1880 Meter hoch gelegenen Lac Tritriva, der malerisch und spektakulär inmitten eines Vulkankegels liegt. Der fast smaragdgrüne, etwa 160 Meter tiefe See liegt tief im Krater und ist von steilen Felsabhängen - und einigen Mythen umgeben:

So soll an dieser Stelle einst ein Königspalast gestanden haben, der eines Tages durch eine schreckliche Vulkaneruption verschlungen wurde und im Wasser versank.
Auch die Geschichte von der schönen **Ravolahantra** und ihrem Geliebten **Rabenihamby** ist mit diesem Ort verknüpft: In dieser madagassischen Version der Romeo und Julia-Geschichte gingen einst das reiche Mädchen und der arme Junge miteinander in den Tod. Die Eltern hatten die Verbindung verboten und das unglückliche Paar sprang in den See und damit in den Tod....

Zwei aus dem Felsabhang des Kraterrandes herauswachsende Bäume gelten seither als Verkörperung der Liebenden und ein ruchloser Chinese, der 1943 versucht hatte, die Bäume vom Boot aus abzuschneiden, ertrank – nachdem die Äste der Bäume Blut statt Saft abgesondert hatten!

Der See ist längst nicht mehr so unberührt und wenig besucht wie noch vor Jahren, die Schar der Kinder und Jugendlichen, die jeden Besucher traubenartig umringen und Fossilien, Halbedelsteine und dgl. verkaufen wollen, macht den Besuch anstrengend und nervig!
Dennoch lohnt sich ein Ausflug schon alleine wegen der großartigen Rundumsicht.
Auch wegen seines unbeständigen Wasserpegels (umgekehrt proportional zur Regenmenge, (siehe allg. Teil „Flüsse und Gewässer") ist der See interessant – der vulkanische Ursprung der ganzen Gegend legt nahe, dass unterirdische Wasserläufe die Verbindung zu anderen Gewässern herstellen. Der berühmte Ozeanograph **Jaques Ives Costeau** hat bereits in den 60er Jahren eine Expedition zum See unternommen, konnte das Rätsel aber auch nicht lösen! Der See hat eigenartigerweise fast genau die Form Madagaskars: bei einem Rundweg entlang der steilen Ufer (etwa 1 Stunde) können Sie sich ein gutes Bild von diesem Kleinod der Natur machen

Betafo - „viele Dächer"

Etwa 24 km westlich von Antsirabe gelangen Sie auf der RN 34 Richtung Miandrivazo in den Ort **Betafo.** Betafo ist ein malerisches, typisches Hochlanddorf mit einem vulkanischen Kratersee, dem **Lac Tatamarina**. Der Ort ist insbesondere wegen der **Vatolahy** genannten Steinstelen interessant, die im 19 Jh. von kriegführenden Herrschern als Gedenkstelen errichtet wurden.
Auf einer Anhöhe im Ort befindet sich außerdem ein weiterer **Rova** der Merina-Könige.

Etwa zwei Kilometer außerhalb des Ortes kommt man zu den **Chutes de l´Antafofo**, sehr idyllischen Wasserfällen, inmitten einer vulkanischen Landschaft und üppigen Reisfeldern. Das Baden im Pool unter den Fällen soll laut den Legenden der Einheimischen besser unterlassen werden, da ein böser Geist im Wasser lebe, der den Badenden hinabzieht........Furchtsame sollten daher besser nicht schwimmen!
Außerhalb von Betafo finden sich einige **heiße Quellen**, wo man gegen geringes Entgelt ein angenehmes Bad nehmen kann.

Von Antsirabe nach Ambositra

Wir verlassen Antsirabe in südlicher Richtung auf der RN 7.
Es geht hoch hinauf, in endlosen Kurven und Schleifen geht die Fahrt in die Berge, welche mit einer Sekundärvegetation aus Eukalyptus, Kiefern und anderen Bäumen bewachsen sind. Beiderseits der Straße bieten Frauen und Kinder Früchte (Tapia, Mango, Physalis u.a.) sowie je nach Jahreszeit (v.a. im August-Dezember) wunderbaren **Honig** an - in Getränkeflaschen aller Art.
Versäumen Sie nicht, wenigstens eine kleine Flasche dieser wohlfeilen Köstlichkeit zu kaufen und als Souvenir mitzunehmen.
Wenn Sie eine Rast von der anstrengenden Fahrt machen wollen, bieten sich einige reizvoll gelegene Rastplätze an der Straße an. Hier kann man die Bergpanoramen mit den einzigartigen Reisterassen am besten wahrnehmen.

Durch **Vinanikarena, Ambalamahasoa** und **Manandona** geht die Fahrt linkerhand am **Mt. Ibity** vorbei, einem lohnenden Exkusionsziel für geologisch Interessierte: Zahlreiche noch unerschlossene Vorkommen von verschiedenen Halbedelsteinen erwarten den Glücksritter!
Immer entlang des Flusses **Manja** verläuft nun die ausgesprochen schöne Fahrt.

Nach etwa 30 km überqueren Sie eine unsichtbare Grenze: hier endet das alte ursprüngliche Merina-Reich und wir kommen nun in das **Land der Betsileo**.

Mahazina, Ambohimanjaka – die kleinen Betsileo-Dörfer entlang der Straße lassen schon gewisse Unterscheidungsmerkmale zu den Merina-Dörfern erkennen. Am meisten fallen die Betsileo selber auf, mit ihren runden Gesichtern und der Vorliebe für große Hüte und bunte Schals sind sie unter den Völkern Madagaskars klar zu erkennen. Auch das landwirtschaftliche Geschick der Betsileo wird bei der Fahrt nach Süden deutlich. Die Menge, Vielfalt und Qualität des überall angebotenen Gemüses spricht für sich, noch mehr die kunstvolle Architektur der **Reisterrassen**, die wohl nirgendwo so perfekt ist wie hier.
Die Straße geht allmählich wieder bergab: Hinter **Ilaka,** wo es auch eine Landepiste für Privatflugzeuge gibt, senkt sich die Landschaft deutlich ab, die Straße verläuft nun geradliniger. Eine fruchtbare üppige Landschaft bietet sich den Blicken dar, geschäftiges Treiben auf den Feldern, Frauen waschen ihre Wäsche am Ufer des Flusses und trocknen sie auf den Felsen und Wiesen. Bald taucht auf einer Anhöhe eine Stadt auf, in welche die Fahrt nun geht: Ambositra.

Ambositra - „wo es viele Rinder gibt"

Friedlich und pittoresk erhebt sich die alte Stadt Ambositra inmitten eines weiten, grünen Tals. Kaum vermutet man, welch schreckliche Vergangenheit Ambositra hinter sich hat. In den Kriegen gegen die Merina wurde Ambositra Anfang des 19. Jh. von dem Merina-Thronfolger Radama I. völlig zerstört, die Einwohner versklavt oder umgebracht. Der Name Ambositra bedeutet in einer anderen Übersetzung auch „Stadt der Eunuchen" - wahrscheinlich ein Hinweis auf die wenig zimperlichen Sitten damaliger Kriegsführung.....

Die schöne Hochlandstadt Ambositra ist einer der beliebtesten, von den Reisenden auf der RN 7 besuchten Orte. Nicht von ungefähr: Zwar hält sich die Zahl der Rinder nach Meinung des Verf. hier in Grenzen und geht kaum über das landesübliche Maß hinaus. Allerdings wird in dieser Gegend die traditionelle **savika** abgehalten: bei diesem alten Kampfspiel kämpfen junge Männer mit bloßen Händen gegen Stiere und reiten auf ihnen. Diese archaische Sitte zeigt starke Parallelen zu Bräuchen des Mittelmeerraumes und des Zweistromlandes im Altertum. Die Veranstaltungen ziehen stets eine große Zahl von Schaulustigen an, für die eigens hölzerne Arenen (wie im alten Rom!) gebaut werden.

Bekannter und berühmter ist Ambositra aber für die im Umkreis der Stadt lebenden **Zafimaniry**, einem kleinen Volksstamm, der sich durch seine Holzschnitzkunst hervortut. Die Holschnitzkunst der Zafimaniry wurde von der Unesco zum Weltkulturerbe erklärt – bedenkt man, dass die Zafimaniry nur etwa 20.000 Seelen zählen, wird klar, welch zartes, kulturelles Pflänzchen hier wächst und behütet wird.
Ambositra selbst zählt etwa 32.000 Einwohner und ist eine ausgesprochen merkantile Stadt. Neben den Holzschnitzereien und anderen Handwerksprodukten der lokalen Bevölkerung , die hier in zahlreichen Läden und von noch mehr Straßenhändlern verkauft werden, ist vor allem ein Besuch des Marktes ein Erlebnis: Die geschäftige Hauptstraße, auf der man nach Ambositra hineingelangt und die sich dann um den zentralen Hügel der Stadt herumwindet, ist aufgrund der regen Handelstätigkeit meist mit Fußgängern, Karren und Autos verstopft. Die unglaublichsten „Handwerke" werden hier ausgeübt: mit kohlebefeuerten Bügeleisen werden Kleider geplättet, zerschlissene LKW-Schläuche werden durch Aufbügeln von Flicken aus der selben Quelle wieder nutzbar gemacht, aus

Alteisen entstehen Mausefallen, Öllampen, Küchengeräte....dazwischen bieten Händler kleine Imbisse an, alles scheint auf den Beinen zu sein, dazwischen das ohrenbetäubende Hupen der zahlreichen Lastwagen und Taxi-Brousse, schließlich ist die **Rue de Commerce** die RN 7 und der gesamte Fernverkehr quält sich durch die enge Straße!

(siehe Ambositra im A-Z Orte)

„Alles Palisandre"- Holzkauf in Ambositra

Folgt man der Rue de Commerce rechter Hand den Hügel hinauf und umrundet ihn auf der Westseite an der eindrucksvollen Kirche vorbei, folgt bald ein Holz- und Handwerksladen auf den anderen, viele fliegende Händler versuchen dazwischen auch ihr Glück. Das Angebot ist groß, die Preise variieren z.T. stark. Es fällt bald auf, dass in fast allen Läden mehr oder minder das Selbe angeboten wird: Einlegearbeiten aus farbigem Holz, Schnitzereien, Spielbretter, die Titelblätter bekannter Comics (Asterix, Tim und Struppi...)

Man muß schon genau und gründlich suchen, bis man originelle und authentische Sachen findet. Neben Holzsachen werden aber auch Flechtarbeiten, Zebuhornartikel und andere Souvenirs verkauft.

Aber auch Kurioses findet sich: In einem Laden fand der Verfasser zwei hölzerne Tabernakel (!), wie sie im Altarraum katholischer Kirchen als Aufbewahrungsort für die geweihten Hostien gebräuchlich sind!

Beliebtestes Material der Holzschnitzer ist - neben dem Rosenholz und dem Ebenholz, welche beide durch ihre charakt. Farben und ihre ungewöhnliche Schwere auffallen - offenbar **Palisander**: Fragt man einen Verkäufer, woraus der oder jener Artikel denn bestünde, erhält man stets die gleiche Antwort: „Palisandre" !
Und zwar unabhängig davon, ob es sich um Palisander oder etwas völlig Anderes handelt! Nun bezeichnet „Palisander" nicht gerade einen bestimmten Baum, sondern ist mehr ein Sammelbegriff – jedoch ist es unwahrscheinlich, dass hier fast alles aus Palisander sein soll.
Nachdem aber die Gewinnung der Rohmaterialien für die Schnitzer nunmehr offenbar einer wirksamen Kontrolle unterliegen, ist wenigstens kein Raubbau mehr zu befürchten wie früher, als für einen einzigen Hocker ein ganzer Baum zersägt wurde.....Daher kann der Kauf – ob Palisander oder nicht – bedenkenlos empfohlen werden.
Vor allem beim Kauf der hübschen Intarsien- und Furnierarbeiten sollten Sie aber beachten, dass ein Großteil dieser Stücke nach einigen Wochen und Monaten in unseren Breiten meistens anfangen „aus dem Leim zu gehen", sich verziehen und aus den Fugen geraten, sei es, weil dass Holz nicht lange genug abgelagert ist oder sei es, dass unser Klima für derlei Dinge einfach nicht zuträglich ist.

Neben Holzprodukten kann man in Ambositra auch sehr schöne Tücher aus Wildseide kaufen, die Boutiquen haben eine reiche Auswahl anzubieten, teilweise wesentlich schöner und günstiger als bei den Seidenweberinnen von Ambalavao (siehe dort).

Ambositra ist in jedem Fall eine Übernachtung wert: die Schönheit der Landschaft ringsum, der Blick vom Hügel über das weite Tal, die bunte Betriebsamkeit und

Freundlichkeit der Einwohner laden den Reisenden zum Verweilen ein.
Auch die Umgebung verdient Beachtung: von Ambositra aus kann man – zum Teil in Verbindung mit schönen Bergwanderungen - die Dörfer der Holzschnitzer besuchen, in Ambositra selber wird fast nur verkauft aber kaum produziert!
Daneben locken noch andere schöne Sehenswürdigkeiten den Reisenden, der ein wenig länger an diesem Ort verweilen kann und sich vom Reiz dieser Gegend gefangen nehmen lässt.

Umgebung von Ambositra:

Zu den Zafimaniry-Dörfern

Ein Besuch bei den Schöpfern der fabelhaften Holzschnitzereien ist etwas anstrengend, aber er lohnt allemal: Hat sich die Kunst der Holzbearbeitung doch nicht nur in der Herstellung von Mobiliar und Kleinkunst erschöpft, sondern auch im Hausbau einen einzigartigen Ausdruck gefunden. So stehen in den Dörfern noch ganze Häuser ganz aus edelstem Tropenholz, mittlerweile ist dieses durch Schutzmaßnahmen und Verknappung aber selten geworden und kommt zumindest für den Hausbau nicht mehr in Frage.

Wer keine Gelegenheit hat, die Reise zu den Zafimaniry unternehmen, sollte ersatzweise eine Nacht im neuen **Hôtel L´Artisan** in Ambositra verbringen (Unterhalb der Kirche, von der Rue de Commerce aus Richtung Markt kommend, vor der Kirche die Straße rechts den Berg runter und dann an der Gabelung rechts halten.). Das Hotel bietet traumhafte Bungalows aus Edelholz, außen mit der gleichen Liebe zum Detail geschnitzt und verziert wie die Innenausstattung. (Familienbungalows mit Schlafempore). Hier bekommt man einen ganz guten Eindruck von der eindrucksvollen Kunst, welche die Zafimaniry pflegen und hüten.
.
Zum zentralen Zafimaniry-Dorf **Antoetra** kommt man, indem man Ambositra zunächst auf der RN 7 Richtung Süden verlässt. Etwa nach 9 km erreicht man **Ivato-Centre**, hier biegt eine holprige Piste nach links ab. Die Fahrt macht man am besten mit dem Mietwagen (am besten ein 4 WD) oder, wers unverblümt mag, mit dem Taxi-Brousse von Ambositra oder (besser!) Ivato-Centre aus.
In südwestlicher Richtung gelangt man nach 25 km zum Teil holpriger Fahrt nach Antoetra.

Das Dorf liegt auf etwa 1900 Metern Höhe und gilt als zentraler Ausgangspunkt für Wanderungen zu umliegenden Zafimaniry-Dörfern.

Denn nach **Ifasina, Ankidodo, Ambohimanariva, Ambatolampy, Faliarivo, Fempina, Tetazandrotra, Vohitrandrina, Antetezandrota** und **Sakaivo** kommt man nur noch zu Fuß und unter ortskundiger Begleitung! (15.000 Ar. pro Tag für Gruppen bis zu fünf Personen)

Die Wanderungen zu den Dörfern finden im Gebirge statt, bedenken Sie daher, dass es hier recht kühl werden kann. Die Gegend ist darüber hinaus sehr zerklüftet und man kann sich ohne Ortskenntnis leicht verlaufen. Gute Ausrüstung, v.a. solides Schuhwerk und Regenkleidung sind daher Pflicht! Um alle genannten Dörfer zu besuchen, sollten Sie wenigstens zwei bis drei Tage einplanen, Übernachtung im Zelt oder in den Dörfern.
Die Dörfer sind weit abgelegen und verfügen daher kaum über Infrastruktur. Die

Standards sind minimal! Denken Sie v.a an ausreichend Wasser bzw. Micropur-Tabletten! Antoetra selbst hat viel von seiner Ursprünglichkeit verloren – eine Folge des zunehmenden internationalen Interesses. Eine Kurtaxe von 5000 Ar., die jeder Besucher entrichten muss, ist nur ein Ausdruck. Ein anderer ist der, dass die Kinder und Einwohner viel zerlumpter daherkommen, als es die nicht unbeträchtlichen Tourismus-Einnahmen eigentlich erwarten ließen. Der Verkauf von Holzschnitzarbeiten vor allem durch Kinder blüht, dem Verf. wurde aus sicherer Quelle berichtet, dass der Fokotany von Antoetra die Leute zum Betteln und die Kinder zum Verkauf von Holzarbeiten anhält, damit die mitleidigen Touristen desto mehr Geld spenden – hier wird lokale Selbsthilfe durch Korruption erstickt und ins Gegenteil verkehrt, zumal wenigstens die Kinder in die Schule gehen sollten, statt zu betteln und als Verkäufer zu jobben!
Beim Besuch des Verf. 2012 empfingen diesen die meisten angebl. "Guides" und der Kassierer der Kurtaxe betrunken und kamen mit unverschämten Forderungen (10 Euro!) für eine Führung durch den Ort daher! Dieser lohnt nicht, machen Sie am besten einen Bogen um dieses Dorf, es hat ausser Dreck, Berunkenen und Nepp nichts zu bieten!

(siehe Antoetra im A-Z Orte)

Nach Ambatofinandrahana zu den heissen Quellen

Der Ort **Ambatofinandrahana** („wo der Stein geschnitten wird“) liegt etwa 50 km westlich von Ambositra. Man erreicht den Ort über eine relativ gute Straße von Ivato aus, südlich Ambositra, indem man von der RN 7 nach rechts auf die RN 35 (in Richtung Morondava) abbiegt. Ambatofinandrahana hat seinen Namen vom hier ansässigen **Granit-** und **Marmorabbau.** Die MAGRAMA – Fabrik, etwa drei Kilometer südlich von Ambatofinandrahana verarbeitet die edlen Baustoffe, die hier in der Gegend abgebaut werden. Ein Besuch in der Fabrik ist sehr interessant, die Betreiber sehr aufgeschlossen. Gerne wird man Ihnen die Verarbeitung der riesigen Steinblöcke zeigen, die dann – zu Platten, Quadern und anderen Rohformen geschnitten - teilweise sogar exportiert werden!

Verlässt man Ambatofinandrahana auf einer oft schmierigen Erdpiste in nördlicher Richtung, erlebt man eine Überraschung: wie ein Spuk tauchen die Ruinen eines einstmals eleganten kleinen **Thermalbades** auf. Wie an anderen Orten Madagaskars haben die einstigen französichen Kolonialherren auch an diesem Heißwasservorkommen eine Oase europäischer Badekultur geschaffen, die in ihrem Verfall einen ganz besonderen Reiz hat.
Ein traumhafter Platz, um inmitten einer wunderbaren Landschaft ein Bad der anderen Art zu genießen! Fragen sie in Ambatofinandrahana nach dem Weg oder engagieren sie einen Ortsansässigen, am besten im Hotel du Marbre

(siehe Ambatofinandrahana im A-Z Orte)

Weitere Ausflüge:

Zum Dienstagsmarkt nach **Sanadrandahy** gelangen Sie über recht gute Straße, die nördlich Ambositra rechts von der RN 7 abzweigt und dann etwa 20 km (¾ Std.) nach Nordwesten führt. Wie alle Märkte Madagaskars, ist auch dieser ungemein farbig und lebendig – und bietet einen guten Einblick in die Kultur der hier lebenden Menschen.
Folgt man der Straße noch etwa 27 km weiter (¾ – 1 Std.), gelangt man nach **Fandriana**,

einem bekannten Zentrum der **Raffiabast-Verabeitung.** Die vielen Taschen, Hüte und anderen Dinge, die an der RN7 verkauft werden, haben zumeist hier ihren Ursprung.

Von Ambositra nach Ranomafana

Wir verlassen Ambositra und fahren weiter südwärts, passieren abermals **Ivato-Centre**, **Ambalamanakana** und **Vohiposa**. Die grandiosen Reisterassen prägen das Landschaftsbild ebenso wie die Reste der Bewaldung. Durch die Holzverarbeitung der Einheimischen und die Köhlerei gerät auch hier die Vegetation zusehends unter Druck.

Kurven– und abwechslungsreich ist die Fahrt, auch hier immer wieder Händler am Straßenrand, dazwischen Zebuhirten und – natürlich ! – Gruppen und Scharen von Kindern!

Ialatsara Camp

Nach etwa 80 km Fahrt (1,5 Std.) kommen sie am **Ialatsara Camp** vorbei, welches einen Halt und einen Besuch wert ist.
Das etwa 5.000 ha große Reservat bietet dem Besucher zahlreiche Reptilien - und Lemurenarten. Das Reservat ist seit 2001 geöffnet und sehr wenig bekannt. Es befindet sich unter privater bzw. lokaler Leitung – ein Besuch lohnt sich schon wegen der einzigartigen Landschaft sowie dem zugehörigen Primärwald, der etwa 1000 ha umfasst. Immerhin **6 Arten von Lemuren** leben hier – eine gute Gelegenheit für Lemurenfreunde, den Tieren auf relativ einfache Art nahe zu kommen bzw. als Alternative zu Ranomafana (für Eilige).

Camping bzw. Übernachtung in einfachen, aber sehr gemütlichen und preiswerten Unterkünften möglich.
Eintritt: 8.000 Ar.
Guide:(bis 5 Personen) 16.000 Ar./Tag
Tel.: 75 620 10 mobil: 033 0743481
email: imbaforest@mel.moovmg, homepage: www.madagascar-lemuriens.com

Etwa 80 km südlich von Ambositra kommen Sie nach **Ambohimahasoa**, einem ebenso geschäftigen Marktflecken wie alle Dörfer entlang der RN 7. Der Ort liegt inmitten des Zentrums der Reisbaukultur, nirgendwo sonst in Madagaskar zeigen die Terrassen mit dem Grundnahrungsmittel Nr. 1 eine solche Perfektion und eine solche Ästhetik! Ambohimahasoa bietet ansonsten als Unterbrechung der Fahrt einige sehr einfache Restaurants und zahlreiche Garküchen – und selbstverständlich auch einen farbenfrohen Markt!

Kurz nach Ambohimahasoa, in **Alakamisy-Ambohimaha** geht die Straße nach links ab: Wir fahren nun Richtung Osten, auf der RN 8 nach Ranomafana. Die Nationalstraße nach Ranomafana ist mittlerweile durchgehend geteert und gut zu befahren, von Alakamisa-Ambohimaha benötigt man nunmehr kaum mehr als eine knappe Stunde bis zum Nationalpark.

Hoch über dem Dorf befindet sich noch eine weitere „Attraktion“: die **hebräischen Inschriften.**
Tatsächlich sehen die Vertiefungen in der sonst recht glatten Felswand über dem Ort aus

wie Schriftzeichen, die man – etwas Phantasie vorausgesetzt – für hebräisch halten kann. Die Menschen erzählen sich, dass einst Juden aus dem heiligen Land gekommen seien, um Gold für das Mobiliar des Tempels in Jerusalem zu suchen. Ferner, dass in Antsiranana an der Nordspitze Madagaskars genau die selbe Inschrift zu finden sei.........Eine weitere spannende Legende der roten Insel!

In dem Dorf **Ambohivaky** bietet sich noch eine Attraktion besonderer Art: die Werkstätten einiger Schmiede entlang der Straße versprechen Einblicke in eine Art der Metallbearbeitung, die bei und vor (bestenfalls) 2.000 Jahren verbreitet war.
Mit Zweikammerblasbälgen aus Bambus oder hohlen Bäumen erhitzen die Schmiede den aus industriellem Schrott gewonnenen Stahl und fertigen durch akkurates Hämmern und Schmieden die typischen Reisspaten und andere Werkzeuge.(Eine kleine Spende von 2.000 Ar für die Schmiede ist angemessen.)
In **Vohiparara** kann man außerdem die recht spektakulären Stromschnellen und Wasserfälle des **Namorona** ansehen, ein idealer Ort zu Rasten!

Die Straße folgt nun windungsreich dem Fluss, der rechter Hand liegt. Bald geht es langsam, aber stetig bergab, dichter Dschungel rückt bis an die Straßenränder vor. Kurz vor dem Eingang zum Nationalpark stürzt der Namorona über zahlreiche, spektakuläre Klippen in die Tiefe, ein Aussichtspunkt ermöglicht einen guten Überblick über dieses Schauspiel. Die Straße folgt dem linken Rand der Namorona-Schlucht, links neben der Straße, an welcher der nicht erschlossene Teil des Parks angrenzt, geht es steil hinauf, allenthalben tropft Wasser von den höheren Lagen des Waldes herab und nährt zahlreiche schöne Farngewächse. Soweit das Auge reicht, ist Wald. Rechts eilt der Fluss in schnellem Lauf über Felsen und Kaskaden, das Rauschen des Wassers erfüllt die Luft.

Ranomafana – Besuch im Zauberwald

Über mehr als 42.000 ha erstreckt sich dieser einzigartige Nationalpark, der erst 1991 gegründet wurde. Ranomafana heißt auf malagasy „heißes Wasser“ - eine Anspielung auf die im Hauptort vorkommenden, früher sehr berühmten Thermalquellen. Der Nationalpark selbst liegt in etwa 1.300 Metern Höhe, der Hauptort Ranomafana in etwa 800 Metern Höhe.

Der Ranomafana-NP beherbergt einen der letzten Bergnebelwälder der Erde und genießt bei der Unesco höchste Priorität in Bezug auf den Schutz und Erhalt dieses einzigartigen Biotops.
12 Lemurenarten, über 100 Vogelarten, eine noch nicht annähernd bestimmte Zahl von Pflanzen, unzählige Insekten und Pilze wachsen in diesem Zauberwald und versprechen in Zukunft immer noch spektakuläre Neuentdeckungen

Ranomafana ist Mahnmal einer entschwindenden Welt und Zeichen der Hoffnung zugleich.
Ein Besuch in Ranomafana zählt deswegen und auch wegen der einzigartigen Atmosphäre und Schönheit des Waldgebietes zu einem Höhepunkt jeder Madagaskar-Reise.

3 km nach dem Aussichtspunkt an der **Chute Andriamamovoka**, wo der Fluss in einem eindrucksvollen Katarakt talwärts rauscht, gelangen Sie in einer scharfen Kurve an den Eingang zum Nationalpark: Falls Sie noch keinen Guide für den Besuch des Waldes

gebucht haben, sollten Sie hier Halt machen und unter den gewöhnlich an der Lodge versammelten Guides den oder die Geeignete/n auswählen. Die Guides sind z.T. auch in Englisch bewandert und verfügen in der Regel über sehr gute Fachkenntnisse und ein ungewöhnlich gutes Auge und Gehör. Alle Guides haben eine entsprechende Lizenz, welche Sie dem Besucher vorzeigen müssen!
Der Eintritt in den Park beträgt pro Tag 25.000 Ar., 2-Tagesticket 37.000 Ar., 3-Tagesticket 40.000 Ar., 4-Tagesticket 50.000.
Die Kosten für den Guide sind teils Verhandlungssache, teils nach einem örtlichen Tarif geregelt.
Preis: ca. 50.000 Ar. pro Tag (für Gruppen bis 5 Personen) sind mittlerweile normal, Nachtexkursionen ca. 20.000 Ar.

Im Informationszentrum am Parkeingang können Sie mit Ihrem Guide die Rundwanderung auswählen, welche Sie „buchen“ wollen – die Dauer der Exkursionen schwankt ja nach Kondition/Interesse des Reisenden. Für eine halbwegs orientierende Tagestour sollten Sie drei bis vier Stunden rechnen, es sind aber auch längere, bis 10 Stunden dauernde Wanderungen möglich.
Beachten Sie, dass nur der südwestliche Teil um den **Talatakely** herum besucht werden darf. Der weitaus größere Teil des Nationalparks nordöstlich der Straße ist dagegen nur Forschern und Personen mit Sondergenehmigung zugänglich!

Die **Nachtexkursionen** (nocturnal walks) dauern in der Regel anderthalb bis zwei Stunden und beginnen gegen 18 Uhr abends am Parkeingang – allerdings werden seit 2009 keine Nachtexkursionen mehr im Wald angeboten, sondern nur noch entlang der Hauptstraße – weniger interessant und auch ohne Guide praktikabel!

Durch die hohe Luftfeuchtigkeit liegt der obere Teil des Waldes oft „in den Wolken“, es regnet sehr häufig – und vor allem nachts kann es unangenehm kühl werden. Denken Sie an warme Kleidung und Regenschutz!

(siehe Ranomafana im A-Z Orte)

Der Wald

Nach dem Parkplatz am Eingang geht es zunächst in Richtung Fluss – nach rechts und immer treppab geht der Weg, durch dichtes Farnkraut und niedriges Gehölz, auf sauber mit Granit gepflasterten Wegen und Stufen. Das Rauschen des Wassers, am Parkeingang fast verstummt, nimmt zu, schließlich öffnet sich das Unterholz und gibt den Blick auf die Brücke frei, die den reißenden Namorona an dieser Stelle überquert.
Der **Pont Aureus**, „die goldene Brücke“, in Anlehnung an die Entdeckung des **goldenen Bambuslemuren** Hapalemur aureus durch Bernhard Meier 1986 getaufter Zugangsweg zum Wald, ist durch den Zyklon „Ivan“ Anfang 2007 hinweggefegt worden. Eine Behelfsbrücke sichert nun den Zugang zum Park.

Hinter der Brücke geht es wieder in den dichten Dschungel hinein, Bambus, wilder Ingwer, dichtes Unterholz und zahllose Farne und Epipythen prägen die Vegetation. Bald ist das Rauschen des Flusses verstummt und nur die Geräusche des Waldes durchbrechen manchmal die Stille.
Der Weg geht nach oben, am rechten Rand eines dicht bewaldeten Abhang hinauf.
Schon hier lassen sich zahlreiche Insekten und Reptilien entdecken. Links geht ein Pfad

hinunter zum **Sakoroa-Wasserfall**, einem wunderbaren Ort zum Baden.

Nach zwei Kilometern gabelt sich der steil ansteigende Weg: linker Hand geht es zum „Bellevue“ genannten Aussichtspunkt, welcher nicht nur einen guten Rastplatz sondern auch einen grandiosen Rundblick über den Park bietet und zur Lichtung, an der früher die Nachtexkursionen ihre Treffen mit der nachtaktiven Fanaloka und den Mausmakis abhielten. Rechts geht es weiter in den Wald hinein, über zahlreiche Bäche, bergauf und bergab, inmitten eines wahren Märchenwaldes.
Das Murmeln der vielen Wässer, die vielen Geräusche des Waldes, das Spiel der Sonne mit den Farben des Dschungels – der Verfasser empfand die Besuche in Ranomafama stets als etwas fast Heiliges.....

Die Guides haben meist einen Gehilfen oder Lehrling bei sich, der das Terrain um den befestigten Weg herum sondiert und v.a. nach den Lemuren Ausschau hält. Hat er welche erspäht, gibt er Signal – dann heißt es, dem Ruf des Guides durchs Unterholz jenseits des Weges folgen, hangauf und hangab, über steile Hänge und schmierige umgestürzte Baumstämme.
Der weiche, laubbedecke Waldboden verschluckt fast jeden Schritt.
Da Lemuren sich bisweilen recht schnell fortbewegen, ist es oft nicht leicht (und ganz schön anstrengend) den Tieren im feuchten, dampfenden Wald zu folgen.

Hinweis: In Ranomafana wimmelt es bisweilen von kleinen Blutegeln,“litschis“ genannt, die sich von den Bäumen herab fallen lassen und/oder zu den Schuhen hereinkriechen. Behandeln sie die„Eintrittspforten“ für die lästigen Waldbewohner mit einem wirksamen Repellent!

Mitten im Wald stößt der Wanderer an einen seltsamen Ort: moosbewachsene, behauene Steine ragen in Reih und Glied aus dem Waldboden, wie Zahnreihen stehen die merkwürdigen Artefakte der Menschen am Wegesrand und zeigen auf eindrucksvolle Weise, dass Ranomafana kein ursprünglicher Wald ist!
Vielmehr ist Ranomafana ein sekundärer Wald – zahlreiche, von Menschenhand hergebrachte Pflanzen finden sich daher neben der ursprüngl. Vegetation.
Kaum vorstellbar – aber tief im Wald haben einst Menschen gewohnt und ihr Auskommen gefunden.
Die Wanderung geht nun rings um einen mächtigen, Talatakely („kleiner Markt“) genannten Hügel herum, dicht bewaldet und von zahllosen Tieren und Pflanzen besiedelt. Der Name deutet auf den hier früher abgehaltenen Markt der **Tanala** hin.
Wer eine Wanderung durch den Park auf ungewöhnliche Weise beenden will, kann statt einer Rückkehr zum Parkeingang auch den Abstieg aus dem Wald hinab ins Namorona-Tal machen (das Gefälle hat 80 %) und von dort aus – dem Lauf des Flusses folgend und immer sachte bergab durch die Felder der Einheimischen wandernd – etwa 5 km bis zu den heißen Quellen und nach Ranomafana (Ort) laufen. Sie kommen dabei an den eindrucksvollen Wasserfällen des Flusses vorbei sowie am **Wasserkraftwerk,** einem sehr gelungenen Projekt japanischer Ingenieure. Ein wunderbarer Abschluss eines Besuches im Zauberwald und ideal mit einem erholsamen Bad im Thermalbad (man kommt direkt dort hin) zu verbinden.

Der Ranomafana-Nationalpark ist einer der bekanntesten und populärsten in Madagaskar: Gruppen von 60 Touristen sind heutzutage keine Seltenheit mehr - bringen einen Ort wie Ranomafana aber schon an die Grenze seiner Kapazität!

Etwa 6 km unterhalb des Parkeingangs liegt der Hauptort Ranomafana. Die Serpentinen hinab ins Tal sind meist von allerhand Menschen und Tieren begangen, daher ist Vorsicht angesagt. Beiderseits der Straße – links steigt das Gelände stark an, rechts geht es steil hinab ins Namorona-Tal – sind die ersten Unterkünfte für Touristen zu sehen, dazwischen Ansammlungen von Hütten der Einheimischen.
Im Hauptort Ranomafana kann man sich kaum verlaufen oder verzetteln: Der Ort ist klein und schnell erkundet.
Am zentralen Marktplatz im Ort geht rechts eine Straße oder Piste zum Thermalbad ab. Geradeaus kommt man nach 200. Metern wieder aus dem Ort heraus, die Straße geht entlang des Flusses nach Südsten, in Richtung Mananjary/Manakara an der Ostküste.
Ranomafana ist eine Ansammlung kleiner Häuser und Hütten, durchsetzt von zahlreichen Bars, Boutiquen und Läden.

Sehenswürdigkeiten in Ranomafana

Thermalbad

Etwa 500 Meter vom Hauptort entfernt, liegt das Thermalbad sowie die Sommerhäuser zweier Präsidenten Madagaskars.
Die **Station des Thermes**, ein prächtiger Kolonialbau, ist leider geschlossen bzw. als Textillager der lokalen Hotels in Gebrauch.

Biegt man vor dem Gebäude nach rechts, gelangt man – vorbei an zahlreichen Verkaufsständen für Obst und hübsche Ketten aus Pflanzensamen – zum Bad. Nach 100 Metern kommen Sie an einen niedrigen Lattenzaun, der das Thermalbad umgibt.

Für stolze 5000 Ar – eigentlich ziemlicher Nepp! - betritt man über eine Betontreppe einen der erstaunlichsten Orte in Madagaskar:
Vor einem zentralen Bade- und Schwimmbecken mit etwa 18 x 8 Metern Größe ist eine schöne Liegewiese mit Schatten spendenden Unterständen und Bänken angelegt.
Daneben befinden sich der Umkleide– und Duschbereich, die Kabinenanlage ist zwar etwas heruntergekommen und die Duschen machen einen wenig einladenden Eindruck. Jedoch lässt die Qualität des aus den Rohren strömenden heißen Thermalwassers die kosmetischen Mängel rasch vergessen.

Das Badebecken selber betritt man nach vorheriger Fußwaschung über die es umgebende, breite Fläche aus Beton.

Das Becken ist schon recht alt und das Thermalwasser hat den Beton sehr malerisch angenagt. Die Fliesen haben auch schon bessere Zeiten gesehen . Aber alles hat einen unvergleichlichen Charme, die spielenden Kinder, die herrlichen Ravenala-Bäume auf der Liegewiese, das (nicht eben erfrischend) warme Wasser.

Hinweis: Das Thermalwasser von Ranomafana hinterlässt nach etwa 20 Min. im Wasser ein „seifiges" Gefühl auf der Haut. Außerdem werden Sie alsbald eine gewisse Anstrengung ihres Kreislaufsystems verspüren. Das Wasser ist übrigens schwach radioaktiv und sollte von Personen mit Bluthochdruck und Herzschwäche besser gemieden werden!

Präsidiale Sommerresidenzen

Folgt man dem Pfad am Thermalbad vorbei, gelangt man an zwei schöne, z.T. aber recht verwilderte Gartengrundstücke. Das ehem. Sommerhaus von Didier Ratsiraka (incl. Hubschrauberlandeplatz im Garten) sowie das Sommerhaus des vertriebenen Präsidenten M. Ravalomana zeigen, dass die höchsten Männer im Staate diesem Ort eine besondere Bedeutung beimaßen. (Zumindest das Haus von D. Ratsiraka war bis vor einiger Zeit noch zugänglich – fragen Sie bei der Dame, die am Haus „Wache" hält)

Arboretum

Nach diesem Besuch kann man entweder zum Ranomafana-NP weitergehen, dem Pfad am Fluss folgend und dann sehr steil hinauf über rutschige Abhänge. Oder Sie wenden sich wieder dem Hauptort zu, gehen zurück am Thermalbad vorbei und machen einen Besuch im Arboretum.
Im Jahre 2007 eröffnet, zeigt dieser Garten eine Vielzahl seltener Pflanzen des Nebelwaldes. Sehr zu empfehlen, zumal das Museum am Ortseingang mittlerweile geschlossen ist.

Einkaufen in Ranomafana

Im Hauptort, der selbstverständlich auch der zentrale Marktflecken der Umgebung ist, sollten Sie unbedingt die Einkaufsmöglichkeiten nutzen: der **Honig von Ranomafana** zählt zum Besten, was die Natur in diesem Sektor zu bieten hat. Daneben werden Ketten, Taschen und anderer Zierrat aus Früchten, Zapfen und Samen des Waldes angeboten, bestickte T-Shirt, Hüte und sehr hübsche, in Tierform geschnitzte (Hemd-) Knöpfe und andere Holzarbeiten runden das Angebot ab.
Vor allem Samstags ist hier eine Menge los und der Markt bietet interessante Einblicke und Anblicke.
Kulinarisch hat der Ort wenig zu bieten: Einige Bars und Lokale am Hauptplatz bieten wohlfeile Erfrischung für eine Rast nach dem anstrengenden Marsch durch den Urwald.

Weiterfahrt nach Fianarantsoa

Nach dem Besuch von Ranomafana, für den Sie wenigstens zwei Übernachtungen einplanen sollten, (siehe A-Z Orte) können Sie entweder wieder zurück Richtung Hochland fahren oder die Straße bis Mananjary oder nach Manakara (siehe zu beiden Städten A-Z Orte) an der Ostküste nehmen. (Ideal ist eine Kombination mit einer Fahrt der FCE-Eisenbahn.)

Sie verlassen das Namorona-Tal die gewundene Straße hinauf, das immergrüne Meer der Bäume umgibt Sie, eine letzter Blick ins Tal zurück lässt das Herz ein wenig schwer werden: wie mag die Zukunft dieses bedrohten Zauberwaldes aussehen?

Bei Alakamisy-Ambohimaha stößt die RN 25 auf die RN 7, die gewohnte Hauptroute nach Süden hat Sie wieder!
Durch Felder und Reisterassen geht es durch viele Kurven weiter, allmählich tauchen immer mehr Häuser, Werkstätten und noch mehr Menschen mit den unterschiedlichsten Fahrzeugen und Vehikeln auf der Straße auf.
Die Straße wurde hier durch den hügeligen roten Lateritboden getrieben, daher ist sie oft

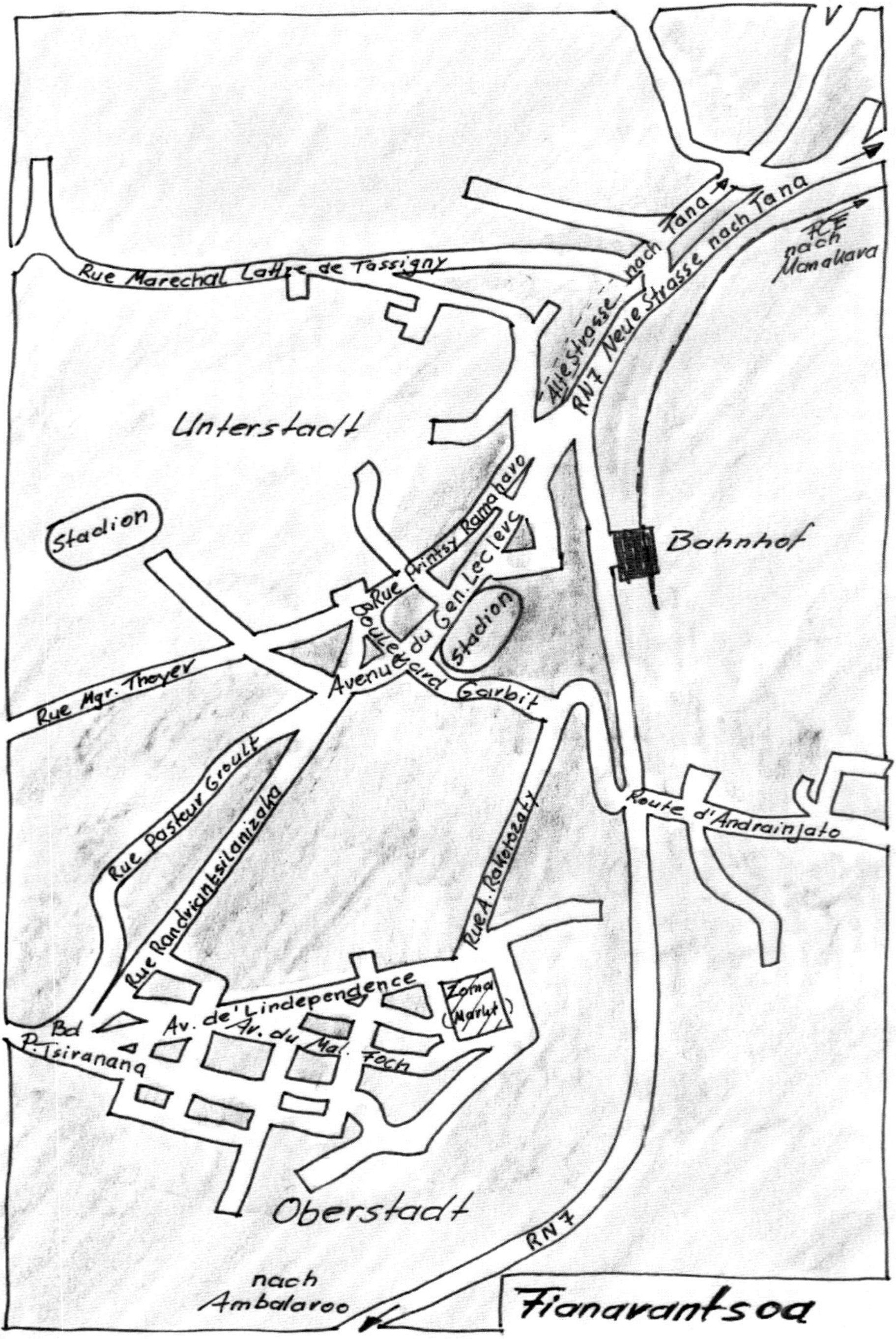
Rue Marechal Lattre de Tassigny
Altestrasse nach Tana
RN7 Neue Strasse nach Tana
FCE nach Manakara
Unterstadt
Stadion
Bahnhof
Rue Printsy Ramahavo
Boulevard du Gen. Leclerc
Stadion
Rue Mgr. Thoyer
Avenue Garbit
Rue Pasteur Groult
Rue Randriantsilanizaka
Rue A. Rakotozafy
Route d'Andrainjato
Av. de'Lindependence
Av. du Mal. Foch
Zoma (Markt)
Bd P. Tsiranana
Oberstadt
RN7
nach Ambalavao
Fianarantsoa

auf einer oder beiden Seiten flankiert von steilen, roten Erdwänden. Links neben der Straße taucht plötzlich ein Bahngleis auf, das letzte Stück der **FCE-Eisenbahn** kurz vor dem Ziel, welches sie bis in die Stadt hinein beleitet.

Fianarantsoa - „wo man Gutes lernt“

Die 1830 gegründete, ehemalige Merina-Garnsion ist heute die Kapitale des Betsileo-Landes und Hauptstadt der gleichnamigen Provinz. Als zweitgrößte Stadt des Landes zählt "**Fianar"**, wie es kurz genannt wird, etwa 400.000 Einwohner!
Als Verwaltungshauptstadt und Universitätsstadt hat Fianarantsoa nicht nur zentrale Bedeutung für das ganze südliche Hochland, sondern ist auch ein guter Ausgangspunkt für zahlreiche Exkursionen.
An Sehenswürdigkeiten ist die Stadt selbst recht arm – jedoch bietet ihre malerische Lage rings um einen ziemlich steilen Hügel herum einen etwas angenehmeren Anblick als die Hauptstadt Tana.

Fianar liegt auf über 1100 Höhenmetern, bedingt durch die Lage inmitten eines weiten Talkessels und die feuchte Region ringsum ist die Stadt oft in Wolken gehüllt – auch in Fianar kann es daher v.a nachts und im Südwinter ziemlich kalt werden!

Die Stadt gliedert sich in eine **Oberstadt**, eine mittlere **Neustadt** (die „Nouvelle ville“) und eine **Unterstadt** und verfügt ebenfalls über einen **Lac Anosy** – nicht nur darin ähneln sich Tana und Fianar stark!

In Fianar haben sich in der Vergangenheit viele christliche Missionare und kirchliche Einrichtungen angesiedelt – daher verwundert es nicht, dass man in der Stadt eine ganze Reihe von Monumenten und Gebäuden v.a. **katholischen** Ursprungs findet. Tatsächlich sollen etwa 60 % der Bevölkerung katholischen Glaubens sein, wie man hört...
In der Unterstadt ist v.a die zentrale Achse, die **Route M.D.R.M**, also praktisch die bekannte RN 7, welche von Bedeutung ist: Im Zentrum finden wir den **Bahnhof**, eine schönes und im auch im Sinne des Erbauers in Gebrauch befindliches Gebäude.
Schräg gegenüber (vom Bahnhof aus gesehen links) finden Sie die Paositra (Postamt) sowie rechter Hand das Informationsbüro für Touristen. Hier ist auch eine Filiale der BFV-Bank (mit Geldautomat).
Zahlreiche Hotels und Geschäfte säumen die geschäftige Hauptstraße – Fianar ist eine Großstadt und entsprechend belebt.

In die Neustadt gelangen Sie am einfachsten, indem Sie die gegenüber dem Bahnhof die **Av. du Dr. Cloitre** hinaufgehen und an deren oberem Ende links, auf die **Av. du General Leclerc** gehen. Nach etwa 200 Metern bergauf können Sie statt der Hauptstraße auch links hinauf über die Treppe gehen, die die Unterstadt mit dem **Zoma** in der Neustadt verbindet. Durch ein lebhaftes Stadtviertel mit vielen Verkaufsständen an den Häusern beiderseits der Stufen geht dieser reizvolle Weg, den Sie wenigstens einmal (hinauf oder zurück in die Unterstadt) nehmen sollten. (Nur bei Tage!) So oder so, am Ende gelangen Sie auf beiden Routen auf die zentrale Achse der Neustadt, **der Av. de l´Independence**. Am östlichen Ende der Straße, die an den Markttagen zu beiden Seiten mit unzähligen Buden und Zelten gesäumt ist, befindet sich der eigentliche **Zoma,** der Markt. Rechts daneben das bekannte Zomatel und das Büro der Air Madagascar.

Da sich der Markt in beträchtlicher Höhe gegenüber der Unterstadt befindet, ist die

Hauptstraße zur Neustadt hinauf auch Verkehrsader besonderer Art: Klapprige Holzkarren mit primitivsten Brems– und Lenkmechanismen bewältigen einen guten Teil des Lastverkehrs hinauf zum Markt und hinab. Unglaublich, welch riesige Berge von Material auf die Karren gestopft werden, welche dann, dem Können der offenbar völlig fatalistischen Fahrer, der fadenscheinigen Konstruktion und Gottes Hand befohlen den Berg hinabrumpeln.......man darf sich gar nicht ausmalen, was hier alles geschehen kann (und ziemlich sicher gar nicht so selten vorkommt)!

100 Meter weiter und links um die Ecke am **Boulevard Philibert Tsiranana** befindet sich die Filiale der BNI–CL und gegenüber die der BFV und jene der BOA – die drei Bankinstitute drängen sich hier auf engstem Raum und sind auch recht gut besucht: Wenn Sie Geld tauschen müssen, sollten Sie dies keinesfalls unter Zeitdruck tun. In Fianar (wie überall!) kann diese Prozedur zu einer langwierigen Angelegenheit werden: In die lange Schlange der Wartenden, die mit „mora mora" bedient werden, drängen sich immer wieder Menschen an den Schalter, die „nur eben was" zu fragen oder zu erledigen haben, die Geldzählmaschinen, die nur mit Mundschutz betrieben werden (man fragt sich angesichts der abgegriffenen Scheinen in der Tat, welch interessantes Keimspektrum man sich in die Hosentasche holt!), es herrscht ansonsten eine fast sakrale Atmosphäre – ein Besuch in einer Bank in Madagaskar ist ebenfalls ein "exotisches" Erlebnis.
In die „noble" Oberstadt kommen Sie am schnellsten über die **Rue Ichouard Smadja** und dann die **Rue Pasteur** hinauf. Oben, am **Place Givelet** haben Sie schon einen schönen Ausblick über die eigentlich recht schöne Stadt. Weiter hinauf geht es die Rue du Rova hinauf, vorbei an einigen Kirchen und kirchl. Instituten. Folgen Sie dem Weg um den Rova herum, gelangen Sie in südöstlicher Richtung wieder auf die Hauptroute nach Süden, die RN 7, die sich bis hierher empor geschwungen hat.

(siehe Fianarantsoa im A-Z Orte)

Sehenswürdigkeiten in der Umgebung:

Zu den Weingütern

Lazan´ny Betsileo, Domremy, Côte des Fianar, Soavita heißen die Produkte, die in der Gegend von Fianarantsoa angebaut werden. Nach Jahren der qualitativen Rezession (man hatte die fachkundigen Franzosen doch Anfang der 70er Jahre „hinwegkomplimentiert") hat der Wein heutzutage wieder eine ganz annehmbare Qualität. Die Anbauflächen sind für unsere Begriffe sehr bescheiden: nur etwa 550 ha umfasst Madagaskars Beitrag zur Weinkultur! Ein Besuch in den Weingütern von Fianar ist interessant – allerdings bietet Ambalavao 55 km südlich eine bessere Gelegenheit, einen Einblick in die Weinproduktion zu bekommen. Besuche werden von den lokalen Reiseveranstaltern (siehe A-Z Orte) organisiert, das Soavita-Weingut bei Ambalavao können Sie quasi „im Vorbeifahren" auf der Weiterfahrt nach Süden besuchen.

Teeplantagen von Sahambavy

Der Anbau von Tee ist mittlerweile in Madagaskar so gut entwickelt, dass erhebliche Mengen dieses Produkts in den Export gehen, etwa 80% der Ernte werden ins Ausland verkauft. Die Plantagen, deren Gründung auf ein Pilotprojekt des deutschen Entwicklungshelfers **Uwe Ottens** Anfang der 70er Jahre zurückgeht, sind heute unter griechisch/mauritischer Leitung und können am besten - weil schönsten! - mit der

Eisenbahn besucht werden: Sahambavy ist eine Haltestation der FCE-Eisenbahn. Mit dem Auto oder dem Taxi-Brousse kommt man ebenfalls recht problemlos in das schöne Tal, welches sich etwa 20 km östlich von Fianar erstreckt. Dazu fährt man zunächst auf der RN 7 nach Norden und biegt dann nach etwa 13 km im Dorf **Anzomakely** rechts ab.
Im Ort **Sahambavy**, am See entstand vor einigen Jahren die imposante Bungalowanlage Lac Hotel (siehe A-Z Orte Sahambavy). Ein sehr guter Ort zum Übernachten, wenn man die noch weiter entlegenen und mit der Bahn erreichbaren Sehenswürdigkeiten besuchen will.
Die Plantagen und die Teefabrik sind tägl. von 07:30 bis 15:30 geöffnet, der Eintritt inkl. Guide kostet 5.000 Ar.

(siehe Sahambavy im A-Z Orte)

Andrambovato

Genau auf Kilometer 45 (5. Halt nach Fianar) befindet sich die Bahnstation Andrambovato. In dem Dorf im Regenwald haben sich **Peace Corps**-Mitglieder und andere Organisationen ebenso wie die staatliche NGO tatkräftig betätigt und so etwas wie einen behutsamen Ökotourismus im Einklang mit der Bevölkerung etabliert. Das Volk der **Tanala**, welches hier lebt, hat heute noch Könige, daneben kann man hier einen sehr genauen Einblick in das traditionelle, ländliche Leben der überaus gastfreundlichen Menschen bekommen. Der Ort eignet sich gut für Exkursionen ins Umland – entsprechende Ausrüstung und ortskundige Führung vorausgesetzt, kann man sogar einen Trek hinüber zum Ranomafana-NP machen. Die Reiseveranstalter in Tana und Fianar helfen gerne weiter!

Siehe Andrambovato im A-Z Orte)

Soatanana – die weißen Hirten

Wer sich für diese "Attraktion" interessiert, dem sei zunächst gesagt: begeben Sie sich nur mit ortskundiger Begleitung in diese Siedlung und betrachten Sie den Ort und die Menschen nicht als touristisches Highlight: willkommen sind Menschen, die sich für Religion und Kultur interessieren, beides wird hier auf erstaunliche und unerwartete Weise praktiziert.
Soatanana, in etwa 6 Kilometer von Fianar gelegen, ist Heimat der "weißen Hirten" – dem aufmerksamen Reisenden sind vereinzelt in der Stadt Männer mit schneeweißer Kleidung und großen Strohhüten aufgefallen: Angehörige der in Soatanana beheimateten Glaubensgemeinschaft. Als Sekte möchte der Verfasser diese Menschen ausdrücklich nicht bezeichnen – zu nahe sind die Parallelen zu einem Christentum, wie er in Europa bestenfalls nur bis ins 2. Jh. nach Ch. hinein praktiziert wurde.
Die **fandraharana** genannte Glaubensgemeinschaft ist übrigens dem lutherischen Zweig der Kirche zuzurechnen.
Die weißen Hirten – nebst ihren Familien – leben in Soatanana in einer urchristlichen Form der Gemeinschaft: So werden dem Gast die Füße gewaschen und er wird als selbstverständlicher Teil der Gemeinschaft an den Tisch gebeten.
Die religiösen Handlungen, die mit großer Inbrunst praktiziert werden, nehmen einen breiten Raum im Leben dieser Menschen ein. Die offenkundige Ordnung und Sauberkeit, die das Lebensumfeld der weißen Hirten bestimmen, treten ebenso klar zu Tage wie die friedvolle und freundliche Athmosphäre, die den Ort – und auch den Besucher – umgibt!

Man erreicht den Ort am besten mit der FCE in Richtung Manakara über die 5. Haltestation Andrambovato.

Auf Schmalspur durch den Dschungel: die FCE

Mit der Eisenbahn von Fianarantsoa nach Manakara

Diese Unternehmung darf trotz gewisser Unbequemlichkeiten als ein Höhepunkt jeder Madagaskar-Reise gelten: Auf rostigen alten Schmalspurgleisen geht die Fahrt vom Hochland hinab an die Ostküste.
Zwischen 1926 und 1936 unter unsäglichen Mühen und Inkaufnahme vieler Toter (es waren Tausende, die ihr Leben ließen) gebaut, war der ursprüngliche Zweck die schnelle Verschickung von Kolonialwaren wie Kaffee, Bananen, Kakao, Gewürzen und anderer Produkte an den damals florierenden Hafen von Manakara.
Den Ingenieuren gelang eine der eindrucksvollsten und landschaftlich reizvollsten Bahnlinien weltweit: die FCE braucht trotz ihres Schattendaseins keinen Vergleich mit bekannteren und spektakulären Bahnstrecken in Südamerika oder Afrika zu fürchten.
Über 67 Brücken und durch 48 Tunnels, deren längster über 1 km lang ist, geht die 163 km lange Fahrt auf den alten Gleisen – diese stammen zum großen Teil aus Reparationsleistungen Deutschlands durch den Versailler Vetrag, wie die Werksbezeichnungen an den Schienenteilen bezeugen. Da der Zug im Durchschnitt kaum schneller als 15 km/h fährt, ist die Fahrt sehr beschaulich und bietet gute Gelegenheit, Landschaft und Menschen ohne Hektik und Zeitnot zu betrachten.
Überdies sind die Schiebetüren der alten Waggons meist geöffnet: ideal für Fotographen und nimmermüde Beobachter. Vorsicht ist allerdings angesagt, wenn die Bahn einen Tunnel passiert: die Abstände der Tunnelwände zur Tür sind nur sehr minimal, daher ist insbesondere beim Sitzen in der offenen Tür auf die Beine acht zugeben....

Nachdem die Bahnstrecke durch mehrere Zyklone in den 90er Jahren stark beschädigt wurde, ist sie nun seit 2000 wieder trotz defizitärem Betrieb am Laufen: für die Dörfer entlang der Strecke ist der Zug die einzige regelmäßige Verbindung zur Außenwelt!
Entsprechend groß ist der Andrang, wenn der Zug in die kleinen Bahnhöfe entlang der Strecke einfährt: Der relativ große Zeitaufwand, den das Ein– und Ausladen von Gepäck und Passagieren erfordert, wird für willkommene Geschäfte, Essenspausen und andere Aktivitäten genutzt.

Daher ist die planmäßige Fahrzeit von etwa 10 Stunden oft nicht einzuhalten, wird manchmal aber auch deutlich unterschritten! Hat der Zug besonders viele Waggons, kann die Überwindung des höchsten Punktes, (bei Ranomena sind es 1061 Höhenmeter) schon mal schwierig werden und „Anlauf" erfordern....

Einsteigen in Fianar: 7 Uhr früh und es regnet

Am Bahnhof von Fianar ist morgens schon viel Volk auf den Beinen: zahlreiche Fahrgäste. Händler, Chauffeure und Herumtreiber drängen sich am Bahnhof. Es empfiehlt sich unbedingt, eine Ticketreservierung vorzunehmen, diese kostet 10.000 Ar. extra, garantiert aber ziemlich sicher Sitzplätze in der 1. Klasse. (Obgleich die FCE über eine sehr schön gestaltete Homepage verfügt, hält der Verfasser es aber n.w.v. für unumgänglich, die Tickets am Vorabend im Bahnhof zu kaufen bzw. zu bestellen. In die klapprige, mit Bergen von altem Papier vollgestopfte Holzbude des Stationsvorstandes

kommt jedenfalls keine email mit Reservierungen hinein, soviel ist sicher!)
Nähere Informationen finden Sie auch unter:
www.fce-madagascar.com.

Die Waggons und die Lokomotiven sind schon recht betagt: eine "Alsthom"-Diesellok aus Frankreich Baujahr 1964 zieht den schwarzgrün gestrichenen Zug, dessen Waggons aus Spenden der Schweiz stammen, an den Bahnsteig, dann heißt es einsteigen und die Plätze einnehmen. Punkt 7 Uhr (theoretisch!) ertönt die Pfeife, dann setzt sich der Zug rumpelnd und quietschend in Bewegung.
In der 1. Klasse mit der FCE fahren heißt: die reservierten Sitzplätze sind tatsächlich frei, das Zugabteil verfügt über eine Art Toilette: WC (water closed) mag man diesen rostigen Blechtrichter, der in einer ebenso verrosteten Kabine an den Boden geschweißt ist, nicht nennen, nach spätestens zwei Stunden ist dieser Ort schlichtweg "no go"! Aber immerhin: zumindest am Anfang geht es relativ geordnet zu, in der 1. Klasse findet man wenigstens zu Beginn der Reise keine oder nur wenig Tiere (Hühner, Enten usw....) Mit dem weiteren Fahrtverlauf wird zunehmend undurchsichtig, wer wo und zu welchem Tarif mit fährt. In einigen Bahnhöfen finden denn auch bettelnde Krüppel den Weg in die Abteile und heischen um ein wenig Kleingeld.
In sanften Kurven gleitet der Zug langsam abwärts der Küste zu. Bananenpflanzungen, ursprünglicher Wald und schließlich die Wasser des **Faraony**-Flusses, dessen Lauf die Bahnfahrt zeitweilig folgt, machen die Reise abwechslungsreich. In den Tunnels dröhnt und hallt der Zug, über schwindelerregende Höhen auf rostigen Viadukten rattert die Bahn weiter.

Jeder Halt bietet ein neues Farbenspiel und neue, sich langsam verändernde Köstlichkeiten, welche die fliegenden Händler anbieten: Schon tauchen die ersten Palmen kurz nach **Antsaka** an der Bahnstrecke auf, die Fahrt verläuft nun geradliniger, das Klima hat sich dramatisch verändert: Es ist warm und schwül geworden, kurz vor dem Ziel in Manakara kündet der salzige Hauch in der Abendluft vom nahen Ozean.
Nach 163 Kilometern und etwas über zehn Stunden fährt der Zug schließlich quietschend in Manakara ein, es ist mittlerweile kurz nach 17 Uhr, der Fahrplan wurde fast eingehalten.....

Manakara

Vor dem Bahnhof in Manakara ist derweil was los: drei Dutzend Pousse-Pousse-Fahrer und etwa ein Dutzend Taxifahrer ringen um das Gehör und die Gunst potentieller Fahrgäste.
(Hat man ein bestimmtes Hotel ausgewählt bzw. vorgebucht, empfiehlt es sich nach Meinung des Verfasser, sich schnurstracks einen Weg aus dem Chaos zu bahnen und erstmal das Restaurant gegenüber dem Bahnhof für eine Tasse Kaffee aufzusuchen.)

Hat sich nach einem Kaffee und etwa dreißig Minuten dann das schlimmste Durcheinander verzogen, kann man sich einen Fahrer aussuchen, der immer noch „die Stellung gehalten hat“ und sich ohne Druck und Eile über den Fahrpreis einig werden.

Hinweis: Sollten Sie beabsichtigen, gleich am nächsten Morgen wieder mit dem Zug zurück zu fahren, haben Sie insofern ein Problem, als der Fahrkartenschalter meist schon geschlossen ist, wenn der Zug abends in Manakara einläuft. Wenn Sie in Fianarantsoa kein Rückfahrticket gekauft haben, (das geht nach Information des

Verf. angeblich nicht oder zumindest nicht so einfach, fragen Sie trotzdem nach!!!) gibt es nur zwei Möglichkeiten: Entweder, Sie beauftragen über die Leitung Ihres Hotels einen „Boten", der die Tickets in aller Frühe für Sie holt (klappt in aller Regel!) ,oder aber, Sie sind bereits um 6:00 Uhr am Bahnhof, um eines der meist begehrten Tickets zu bekommen.

Manakara ist eine nette, etwas zerzauste Ostküstenstadt: bis zur Fertigstellung der Eisenbahn 1936 ein unbedeutendes Nest, danach zur „Boomtown" aufgestiegen, war Manakara neben Toamasina lange Zeit der wichtigste Exporthafen der Ostküste. Auch die wichtigen Importe für die bedeutende Provinz Fianarantsoa wurden hier angelandet – in der Folge blühte die Stadt auf.

Vom alten Glanz ist fast nichts geblieben: Zyklone, mangelnde Pflege und der Zahn der Zeit haben Manakara arg gebeutelt, nach dem Ende der Kolonialzeit ging es mit der Stadt rapide abwärts.
Einzig der hier durchkommenden RN 12, die einen regen Straßenverkehr zulässt, der Anbindung an das Hochland via FCE und dem hier durchlaufenden Canal des Pangalanes ist es zu verdanken, dass Manakara nicht längst (wieder!) zu einem unbedeutenden Dorf geworden ist. Zudem ist im September 2012 auch die Eisenbrücke über den Fluss eingestürzt, was den Ort nun in Manakarabe und Manakarakely unterteilt. Dieser Umstand beschert den zahlreichen Fährleuten zwar einen unverhofften Einkommenszuwachs, erschwert aber das Weiterkommen mit dem Auto erheblich!

Manakara ist aber auch ein bedeutendes **kulturelles Zentrum der Antaimoro**: obgleich insgesamt sechs evangelische und drei katholische Kirchen (!!!) um Einfluss bei den Einheimischen ringen, hat sich hier der arabische Einfluss, der auf dem Boden der alten Antaimoro-Kultur eine nahrhafte Grundlage fand, besonders in **Vohipeno** als einem Zentrum islamischer geprägter Kultur etabliert.

Der **Canal des Pangalanes** teilt Manakara in zwei Teile: den westlichen, „geordneten" Teilb(Mankarabe) mit rechtwinklig angelegten Straßen und Alleen, dem Markt (sehr zu empfehlen schon wegen der angebotenen Leckereien wie Maniokcroquetten und geräucherten Shrimps), Kirche(n), dem Bahnhof und dem Stadion. Die topographische Ordnung soll aber nicht darüber hinwegtäuschen, dass v.a in der Regenzeit (Dezember bis Mai) die Straßen oft überflutet sind, immerhin ist die ursprüngliche Asphaltdecke kürzlich wieder erneuert worden.

Im östlichen, der See zugewandten Stadtteil(Manakarakely), zu dem man bis zum Einsturz derselben über eine Eisenbrücke über den Kanal bzw. Manakara-Fluss gelangte, nun aber ein Boot braucht, ist der Verfall noch offenkundiger: Zwar zeugen noch zwei Banken, einige Hotels und Restaurants an der einstmals mondänen Allee des Filaos von der früheren Bedeutung dieser „Promenade": Geht man nach Überquerung des Flusses nach links, gelangt man auf der Allee nach etwa 400 Metern zum **Hafen**, welcher besseren Zeiten nachtrauert. Südlich der Brücke kann man noch die alte Pracht erahnen, die Manakara einst umgab: Die Reste einstiger Geschäfte und Hotels sind erkennbar von Stürmen zerstört.

Wer versucht ist, die immer noch herrlichen Strände Manakaras zu einem Bad im Ozean zu nutzen, sollte davon besser Abstand nehmen: die Brandung, die **unkalkulierbare Strömung** sowie die allenthalben vorhandenen **Haie** sind der Grund!

In der Umgebung von Manakara existieren einige sehr idyllische Hotel- und Bungalowanlagen, traumhafte Refugien und Rückzugsorte.

Von Manakara aus gelangen Sie entweder über die Straße (RN 12) bis zum Dorf **Irondo**, von da weiter auf der RN 25 Richtung Norden zum Ranomafana-NP. Von da ab weiter wie beschrieben zurück Richtung Fianarantsoa.

Oder Sie vertrauen sich abermals dem rumpelnden Zug an: dienstags, donnerstags und sonntags jeweils um 7:00 Uhr morgens, Vorausbuchung bzw. frühes Erscheinen (6:00 Uhr) am Bahnhof ist empfohlen.

(Die Östküste wird genauer im Reiseroute Nr. 7 beschrieben, mehr zur Ostküste dort sowie unter Manakara im A-Z Orte)

Von Fianarantsoa nach Ambalavao

Nach der Rückkehr von der Küste oder einem der Ausflugsziele bzw. dem Ende Ihres Zwischenstopps in Fianarantsoa geht die Reise weiter auf der RN 7.

Inmitten von Reisfeldern, die in der Sonne golden schimmern, geht die Fahrt auf der gut ausgebauten Straße. Gewaltige Granitblöcke säumen nun die Straße, das Grün der Felder wechselt sich nun immer öfter mit dem roten Lateritboden und der mageren Grasnarbe ab, die diesen einstigen Urwaldboden bedeckt. Nach weiteren 30 km taucht auf einer Passhöhe links der Straße ein Aussichtspunkt auf, der zum Anhalten einlädt: Von hier aus hat man einen herrlichen Blick auf das Tal von Ambalavao, in das sich die Straße anschließend hineinsenkt. An dem Parkplatz befindet sich außerdem ein Gedenkstein für fünf französische Offiziere, die hier 1947 mit dem Flugzeug tödlich verunglückten.

Kurvenreich verläuft die Fahrt nun talwärts, links und rechts der Straße tauchen Weinreben auf und bis zum Horizont öffnet sich ein großartiges Gebirgsszenario.
Das Andringitra-Gebirge grüßt von Weitem, wenn Sie das Glück haben, am späten Nachmittag ins Tal zu kömmen, erglüht der Horizont in purpurnen Farben und taucht die Landschaft in ein magisches Licht, dass es nur hier und sonst nirgendwo auf der Welt gibt!

Ambalavao heißt der Ort, dem sich die Straße nun fast geradlinig am Talboden über die letzten Kilometer nähert.

Ambalavao - „neues Dorf"

Ambalavao – das Städtchen in der Schwelle zum Tor nach Süden hat sich zum Geheimtipp für zahlreiche Reisende gemausert und läuft Fianar zusehends den Rang ab.
Dafür spricht zum einen die wunderbare Lage inmitten des weiten Gebirgstals und der umliegenden Berge, die je nach Licht und Tageszeit immer neue, faszinierende Anblicke bieten.
Dann die Freundlichkeit, Ursprünglichkeit und Lebendigkeit des Ortes.
Schließlich die Nähe zu Attraktionen, die vor allem für alpinistisch interessierte Reisende von großem Interesse sind: Der einzigartige **Andringitra-NP** mit dem **Pic Imarivolanitra** (früher: Pic Boby) und **Ambohimahasina**, wo Madakaskars heiligster Berg, der

Ambondrombe zu finden ist. Hier kommen Bergwanderer und Bergsteiger (und neuerdings auch Paraglider!) voll auf ihre Kosten

Ambalavao ist aber auch ein Zentrum des Viehhandels: Der **Zebumarkt** ist jedesmal ein Erlebnis, er findet i.d. Regel mittwochs auf einem weiten Feld 2 km außerhalb des Ortes statt. Bis aus der Gegend von Taolanaro/Fort Dauphin kommen die Hirten mit ihren Tieren, zwei bis drei Wochen Dauer sind für einen Viehtreck über die Berge nichts Ungewöhnliches!

Die Kunst der **Seidenweberei** (prachtvolle Lambas in verschiedenen Größen) hat in Ambalavao ebenso ein Zentrum gefunden wie die sowohl industriell als auch privat von den Bauern betriebene Kunst der Weinherstellung.
Außerdem ist Ambalavao für das **Antaimoro-Papier** bekannt, dessen Herstellung man hier in einer Manufaktur beobachten kann.

Als Ausflugsziel für phantastische Wanderungen und Trecks (bis weit in den Süden und an die Ostküste hinab) und Spaziergänge ist Ambalavao noch weitgehend „unerforscht", allerdings tun sich hier bereits die ersten Schritte in Richtung vorsichtiger, touristischer Nutzung. Insbesondere die hier zu findenden Krokodile (deren Vorhandensein mitten im Hochland bislang kaum bekannt sein dürfte), der an der RN 7 südlich gelegene Anja Park oder ein wöchentlich (45 km östlich) abgehaltener **Rum- und Marihuana-Markt** deuten auf die vielfältigen Attraktionen hin.

Auch Ambalavao hat eine finstere Geschichte zu erzählen, der Name „neues Dorf" lässt schon ahnen, dass es mal ein „altes" gegeben haben muss: **Ifandana,** das „alte Dorf", befand sich einst etwa 8 km von Ambalavao auf einem uneinnehmbaren Felsen. Der Merina-Königssohn Radama I. ließ auch diesen Hort des Widerstandes belagern und aushungern, viele Bewohner stürzten sich von den Felsen hinab in ihr Ende.

Der **Rocher d´Ifandana**, wie der Ort heute heißt, wird von den Menschen gemieden: Gehen Sie keinesfalls alleine dorthin, sondern nur mit einem Führer, es gelten **außerordentlich viele fadys** dort.

(siehe Ambalavao im A-Z Orte)

Rundgang durch den Ort:

Ambalavao ist topographisch relativ einfach gegliedert: Die RN 7, die von Norden hereinkommt, durchzieht den Ort Richtung Südosten. Kurz nach dem nördlichen Ortseingang geht in einer Gabelung nach links die zweite Hauptstraße ab (u.a. zum Bougainvilleé Hotel und zur Papierfabrik), auf der man am östlichen Rand des alten Ortskernes geradeaus nach etwa 1 km zum ehemaligen **Schwimmbad** gelangt. Hier, am Ende des Ortes, hat man einen phantastischen Blick auf das Panorama der Andringitra-Berge. Besonders für Abendspaziergänge eine Empfehlung!!!

Biegt man am Ende der schnurgeraden Straße nach rechts ab, kommt man nach 200 Metern zum **Markt,** der rechter Hand auf einem großen freien Platz abgehalten wird. Direkt an den Markt stößt nun von rechts wieder die Hauptstraße auf ihren Weg. (Um zurück ins Zentrum zu gelangen, halten Sie sich hier an der Wegkreuzung südlich der Ortsmitte also wieder rechts.)

Links gelangen Sie über die Ausfallstraße, die gerade hinausläuft, durch die „Vororte" von Ambalavao, biegt man 200 Meter nach der Kreuzung von der Straße ab und folgt einem Erdweg durch ein belebtes Vorortviertel, gelangt man zum Viehmarkt.
Auf der Anhöhe, auf welcher Mittwochs die Zebus versteigert werden, steht ein einsamer Baum inmitten eines aus Steinen aufgeschichteten Grabes.

Hinweis: Dieser Ort ist der schönste Ort auf der Welt, um die Sonne untergehen zu sehen!
Gehen sie vom südlichen Ortsteil (mit dem Viehmarkt) zurück, folgen Sie nun der Hauptstraße durch den Ort: Die Straße ist relativ schmal und die Häuser sind recht hoch, was eigentümliche Licht– und Schattenverhältnisse zur Folge hat. Auffallend die ehemals prächtigen Häuser: Teils aus Ziegeln, teils aus Naturstein oder Holz, fast alle mit schön gearbeiteten Balkonen.

Durch die hiesigen Verhältnisse alles ein wenig angestaubt und abgestoßen, bietet der Ort gerade durch diese Verbindung einen einzigartig malerischen Eindruck. Fast jeder Hauseingang beherbergt ein Geschäft oder eine Werkstatt, zahlreiche Handwerker und Händler gehen in ihren Buden oder auf offener Straße ihren Betätigungen nach.
Faszinierende Einblicke in vorindustrielle, bei uns längst vergessene Techniken der Materialbearbeitung tun sich auf: Aus Lederstücken und Autoschläuchen werden Fußbälle genäht, fast alles, was je von Menschenhand geschaffen wurde findet hier jemanden, der es reparieren kann, Zebus werden auf offener Straße zerlegt:
Ambalavao ist ein Rausch der Farben, der Gerüche, einfach aller Sinne.

Folgt man der Hauptstraße, gelangt man auf einen großen Platz, an dem sich die **Volkshalle** und dahinter die **kath. Kirche** befindet. An diesem Platz geht nach links (in nordwestlicher) Richtung eine Schotterstraße ab. Die Piste kommt nach 400 Metern an der „Hahnenkampfarena" vorbei, verläuft am westlichen Ortsrand entlang und biegt dann weiter nach Westen ab. Nach 4 Kilometern, welche man zu Fuß oder mit dem gemieteten Fahrrad gut bewältigen kann, gelangen Sie an den Weingütern vorbei zum **Fluss Mananatanana**. Hier, an den felsigen Uferniederungen kann man morgens und nachmittags **Krokodile** beobachten, die sich hier sonnen! (Bei JB-Trecking erfragen gegenüber Bougainvillées – Hotel)
Von der Volkshalle gelangen Sie nach etwa 100 Metern in nördlicher Richtung wieder an die Gabelung und haben den Ort im Wesentlichen auf einer etwa 3 Kilometer langen „Wanderung" umrundet und erkundet.

Antaimoro-Papiermanufaktur

Auf dem Gelände des Hotel Bougainvilées ist seit langem die Manufaktur des berühmten „Blumenpapiers" angesiedelt, wie das Papier der Antaimoro auch genannt wird.
Das Papier wird nach alter Väter Sitte aus dem Holz des **Avoha-Baumes**, der v.a. im Süden gedeiht, hergestellt:

- Zunächst wird das Holz mehrere Stunden in heißem Wasser aufgeweicht, bis es zu einem faserigen Klumpen zerfallen ist.

- Diese Faserklumpen werden nun in mühevoller Arbeit mit Hartholzhämmern so lange geschlagen, bis aus der faserigen Masse eine Art Teig (mit einzelnen Faserresten, die für die Struktur des Papiers sorgen) entstanden ist.

- Sodann wird dieser Teig in Wasser aufgelöst und zu einer sämigen Brühe verarbeitet. In flachen Wasserbecken wir diese dicke Brühe dann auf im Wasser eingetauchte, leinwandbespannte Holzrahmen aufgebracht und gleichmäßig auf dem Rahmen verteilt.

- Anschließend wird das Wasser aus dem Becken abgelassen, der Wasserspiegel sinkt und die Papierbrühe bleibt als eingedickte, dünne Schicht auf der Leinwand liegen. (Im Grunde ähnelt das Verfahren sehr der bei uns früher üblichen Herstellung von handgeschöpftem Büttenpapier!)

- Das Wasser wird ausgepresst, dann werden die feuchten Papierbögen mit Schabeisen in Form gebracht und sofort mit frischen Blumen verziert. Nach dem Trocknen in der Sonne wird das Papier mit einem stabilisierenden Leim überzogen, der die Blumen schützt und haften lässt.

Neben der Manufaktur ist auch eine kleine Weberei und eine Kooperative junger Damen zu besuchen, die hier entzückende Textilarbeiten herstellen: Puppen, Stickereien, alles allerliebst und wunderbar als Souvenir geeignet.
Der Laden neben der Manufaktur bietet eine große Auswahl an allen möglichen Produkten aus Papier: Wandschirme, Sonnenrollos, Lampenschirme, Briefpapier, Fotoalben.....

Daneben werden noch andere Handwerksprodukte verkauft, darunter auch Ärgernisse wie Zigarettenetuis und Gürtel aus **Krokoleder** sehr zweifelhafter Herkunft – auch als Handgriff und Stoßecken diverser Handtaschen muß das Krokodilleder herhalten....
(Anmerkung des Verfassers: Genau wie bei manchem Holzschnitzer in Ambositra, bei der Schleiferei Chez Joseph in Antsirabe und vielernorts in Madagaskar findet man auch hier das Phänomen, dass edelste Materialien bedenkenlos zu völlig banalem Zweck verwendet werden.......)

Bei den Seidenweberinnen

Fast jeder Fahrer oder Guide kennt wenigstens eine der zahlreichen Seidenweberinnen von Ambalavao. Die Frauen stellen vor allem Lambas (**lamba arindrano**) her, aber auch kleinere Schals und Halstücher.
Vor allem die traditionell von den Betsileo-Adligen getragenen herrlichen Seidenlambas in wunderbaren Naturfarben suchten früher Ihresgleichen. Das Spitzenprodukt hiesiger Webkunst, ein „Seidentuch" von ca. 3 Pfund Gewicht und etwa 2,4 x 1,6 Meter Größe, entstand in ca. 8 Monaten Arbeit!!!

Leider hat der zunehmende Tourismus dazu geführt, dass immer weniger traditionelle Lambas aus heimischer Seide in Naturfarben hergestellt werden und immer mehr „Modefarben" und die Verwendung importierten Materials um sich greifen. Das ist sehr schade, sind es doch v.a. die eigentümliche Konsistenz der madagassischen Seide und die traditionelle Farbgebung, die diese Handwerkskunst so interessant machen. Wenn irgend möglich, sollten Sie in jedem Falle ein „klassisches" Stück erwerben.

Besuch im Weingut „Soavita"

Mit etwa 400.000 Liter produzierten Weines ist Soavita einer der größten und bekanntesten Weinproduzenten Madagaskars. Das Weingut, bzw. die zentrale

Verarbeitungsstätte befindet sich nur wenige Kilometer nördlich des Ortes an der RN 7 Mittwochs haben Sie Gelegenheit, eine „Erlebnistour“ durch das Weingut zu machen, an welche sich anschließend eine ordentliche Weinprobe anknüpft – hier bekommen Sie einen eigenen Eindruck von den madag. Rebgewächsen, manche halten diese für schlicht ungeniessbar, andere sind da toleranter....
Der Wein wird ausschließlich in Handarbeit hergestellt, schon alleine diese Prozedur ist höchst interessant. Auch die Lagerung und Reifung der Weine steckt voller landestypischer Besonderheiten, wie der Reifung im Betontank! Dshalb – vielleicht weniger des Weines an sich wegen – lohnt sich ein Besuch.

Geöffnet: 07:00 bis 11:00 Uhr und 13:00 bis 17:00

Zebumarkt

Das Spektakel schlechthin in Ambalavao ist der wöchentlich (am Mittoch) abgehaltene Zebumarkt. Schon während der Nacht sind die ersten Tiere angekommen, gegen 3:00 Uhr früh beginnt die „Schau“: aus dem Süden haben zahlreiche Treiber und Hirten ihre Tiere zum Teil weit (bis aus der Gegend von Fort Dauphin!!!) über die Berge hergetrieben. Unten im Tal, etwa 1 km vom Auktionsplatz mit der Tribüne entfernt, werden die ankommenden Tiere einer Kontrolle unterzogen: der rechtmäßige Besitz sowie die Impfung gegen **Rindertuberkulose** muss bescheinigt sein, sonst dürfen die Rinder nicht verkauft werden. Die fettesten und prächtigsten Tiere werden gleich hier in große Viehtransporter verladen – Nachschub für die Schlachthöfe von Antsirabe, Fianar und Tana. Die anderen Zebus werden auf den Auktionsplatz getrieben, wo gegen 11 Uhr vormittags die eigentliche Auktion beginnt. Aus Bauchläden werden Erfrischungen und Esswaren verkauft, dazwischen rennen Kälber, Stiere und Kühe umher und werden von den Hirten wieder zur Räson gebracht – eine ganz besondere Atmosphäre umgibt diese Szenerie! Die Quartiere der Hirten befinden sich direkt neben den Koppeln am Rande des Auktionsplatzes, für einen Tag ist dieser sonst öde Außenbezirk von Ambalavao eine pulsierende Stadt für sich!

Umgebung von Ambalavao:

Andringitra-Nationalpark

Erst 1998 zum Nationalpark erklärt, ist der ca. 32.000 ha große Andringitra-Nationalpark ohne Zweifel ein weiterer „Höhepunkt“ jeder Madagaskar-Reise: 15 Lemurenarten, zahllose endemische Pflanzen (v.a. Palmen und Sukkulenten), ein unberührter Bergnebelwald, faszinierende Ausblicke über das Gebirge und das Umland und auch die geologischen Besonderheiten machen Andringitra einmalig!
Vor allem die Wanderrouten **Pic Imarivolanitra, Diavolana, Asaramanitra** und **Imaitso** stellen phantastische Zielpunkte (oder Etappenziele) für Bergwanderer dar, die grandiose Landschaft aus Granit und Gneis ist in jedem Fall eine Unterbrechnung der Reise nach Süden wert.
Nicht umsonst wurde Andringitra in die Unesco-Liste des „Weltkulturerbes“ aufgenommen!

Dabei hält sich die Schwierigkeit des Geländes in Grenzen, lediglich an einigen Stellen wird es richtig anstrengend, deshalb bieten die verschiedenen Touren mit unterschiedlichen Schwierigkeitsgraden auch für weniger „bergtaugliche“ Besucher die

Möglichkeit, die Schönheit Andringitras kennen zu lernen – bedenkt man außerdem, dass stets ein kundiger Guide (nebst Trägern, falls erforderlich) dabei ist, kann sich der Besucher ganz auf die wunderbare Berwelt Andringitras einstellen.
Noch ist Andringitra ein Art „Geheimtipp“ - kaum 3.000 Besucher kommen jedes Jahr hier her, ein Grund dürfte die bislang noch recht abenteuerliche und anstrengende Anfahrt (mindestens 2 Stunden ab Ambalavao, egal, welchen Zugang sie wählen!) und die daraus resultierende Abgeschiedenheit dieser Bergregion sein
Da sich außerdem auch die Infrastruktur innerhalb des Parks in Grenzen hält, sind lediglich Campinggelegenheiten sowie einige wenige gute (feste) Unterkünfte zu haben.

Fast alle „gängigen“ Wandertouren ins Gebirge gehen von den im gleichnamigen Tal liegenden Eingang **Namoly** oberhalb des Ortes **Antanifotsy** aus. Hier befindet sich auch der neue Eingangsbereich des Parks, mit Hilfe der KfW aufgebaut und außerordentlich gut und informativ gestaltet.

Der Ort ist das eigentliche Herz der traditionellen **Seidenweberei** dieser Gegend: Namoly bedeutet soviel wie „wo gewebt wird“ - einst habe, so heißt es in einer Legende, eine Weberin mit dem eigenartigen Klang ihres Webstuhls plündernde Soldaten in die Flucht gejagt....

Ein weiterer Zugang zum Nationalpark befindet sich einige Kilometer weiter östlich: in etwa 800 Metern Höhe liegt der Eingang Morarano im **Tsaranoro-Tal,** dort ist auch das Camp Catta bzw. das Tsara Camp zu finden. Dieser Zugang ist vor allem für **Freeclimber** (Achtung: technisches Klettern ist in Andringitra nicht gestattet!) und besonders für **Paraglider** die Empfehlung schlechthin!

Die meisten Wandertouren starten in Namoly bzw. von einem der beiden Camps in etwa 2000 Metern Höhe oberhalb der beiden Wasserfälle aus: hier finden sich Schutzhütten mit rustikalen Kochgelegenheiten, Campingmöglichkeit und frisches Wasser aus den kristallklaren Bergbächen und Seen. Hierher wird der Aufstieg aus dem Tal (7 km) aus etwa 1600 Meter Höhenlage zu einer gemächlichen Angelegenheit: schnurgerade zieht sich der Pfad durch den Bergurwald nach oben, es gilt einen Fluss zu überqueren, ehe man die Baumgrenze hinter sich gelassen hat. **Phyllipia** heißt das eingeschleppte Gehölz, welches mittlerweile 30 Prozent der Fläche Andringitras bedeckt: die wie eine Eibenart aussehende, bis 2 Meter hoch wachsende und aus USA stammende Pflanze verdrängt nicht nur die endemische und artenreiche Bergfauna – besonders die hier eigentlich normalen (durch Blitzschlag entzündeten) Feuer stellen seit dem Umgreifen dieses Florenschädlings ein riesiges Problem dar. Die ölreiche Pflanze brennt wie Zunder, Brände sind kaum beherrschbar und hinterlassen gewaltige Schäden. Die durch die zahlreichen und gewaltigen Gewitter entzündeten Feuer gehören eigentlich zum gewöhnlichen Erscheinungsbild und formen und regulieren die endemische Natur auf einzigartige Weise!

Eintritt: Tageskarte: 10.000Ar., 2-Tageskarte 15.000 Ar., 3-Tageskarte 20.000Ar,
4-Tageskarte/Dauerkarte: 25.000Ar

- **Pic Imarivolanitra** (2658 m) an einem Tag von Ambalavac aus. Das heißt im Klartext: Aufstehen um 3:00 Uhr, Abfahrt mit dem Mietauto um kurz nach 3:45 Uhr, dann geht es ca. 50 km nach Antanifotsy, wo es ein kurzes Frühstück gibt. Gegen 6:00 Uhr beginnt dann der Aufstieg zum Berg. Um 9:30 Uhr ist mit dem Erreichen des zweit

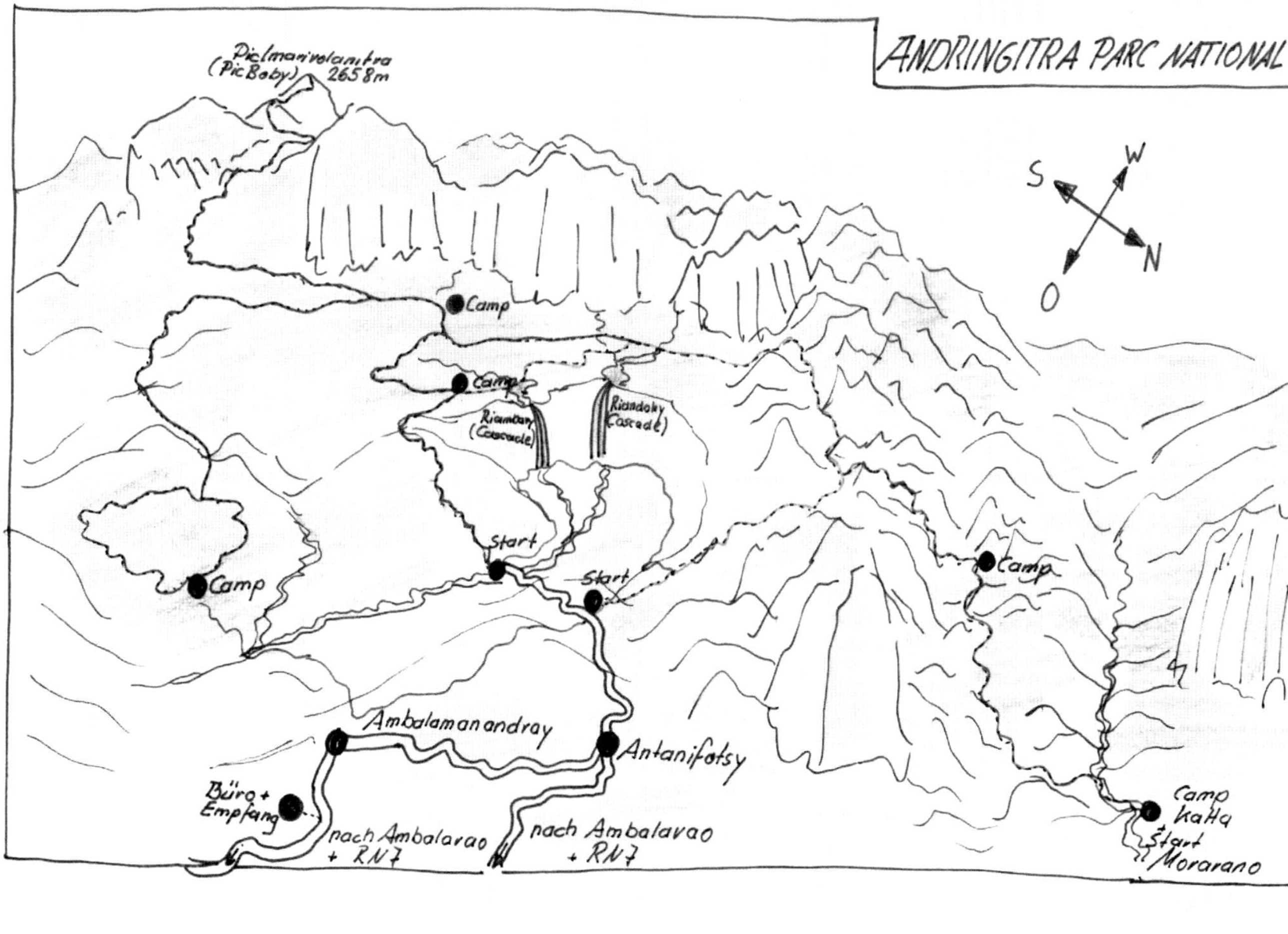

ANDRINGITRA PARC NATIONAL
Pic Imarivolanitra
(Pic Boby) 2658 m
S
W
N
O
Camp
Camp
Riambavy
(Cascade)
Riandahy
Cascade
Camp
Start
Start
Camp
Ambalamanandray
Antanifotsy
Büro +
Empfang
nach Ambalarao
+ RN7
nach Ambalavao
+ RN7
Camp
Katta
Start
Morarano

höchsten Gipfels Madagaskars zu rechnen, danach geht es noch ein gutes Stück weiter durch die einzigartige Natur von Andringitra, gegen Mittag erfolgt dann der Abstieg, so dass man (halbwegs gute Kondition und Wandertauglichkeit vorausgesetzt!) gegen 18:00 Uhr wieder in Ambalavao ist. (Unbedingt warme Kleidung mitnehmen, der Morgen im Gebirge ist sehr kalt!!!)

Ansonsten benötigt man für den „normalen“ 28 km langen Treck zum Pic Imarivolanitra (**„Prés des cieux“)** aber zwei Tage, vor allem, wenn man noch zur bizarren Mondlandschaft(„**Pleine de Lune**)“ und die ganze Gegend eingehender betrachten will.

Weitere Touren in Andringitra:

- **Asaramanitra:** Ein relativ kurzer Weg von etwa 7 km führt vom Camp Belambo hinauf zu den heiligen Wasserfällen. Riandahy (der König) und Rianbavy (die Königin) heißen die wunderschönen Katarakte, an die sich natürlich auch eine Sage knüpft:

So soll einst ein Königspaar, dessen Kinderwunsch unerfüllt geblieben war, einen heiligen Mann um Rat gebeten haben. Dieser stieg mit dem Königspaar empor zu den Fällen und opferte dort ein schwarzes Zeburind. Durch diesen Zauber wurde der Kinderwunsch der Königin doch noch erfüllt und sie gebar zehn Jahre lang jedes Jahr ein weiteres Kind. Die Wasserfälle gelten seither als heilig und werden gerne von Frauen aufgesucht, die sich Kinder wünschen.

Der Rundweg führt weiter durch bewaldetes Gelände, vorbei an zahllosen endemischen Pflanzen und Tieren . Interessant ist auch eine Grotte, die in der Vergangenheit von Viehdieben als Unterschlupf genutzt wurde. Der 4-5 Stunden (gemächliches Wandern) lange Rundweg endet schließlich wieder in der Nähe des Namoly-Eingangs.

- **Diavolana-Treck („Pleine lune“)**: Diese Tour gehört sicherlich mit zu den schönsten Erlebnissen, die Madagaskar zu bieten hat! Mit einer Länge von 13 km ist der Weg zwar nicht besonders lang, jedoch erfordert das Gelände schon eine gewisse Langsamkeit bei der Fortbewegung, einerseits der Steigungen wegen aber auch aufgrund der Schönheit der Natur, die betrachtet sein will! Rechnen Sie mit mindestens 8 Stunden Dauer, je nach Kondition! Nach dem Aufstieg aus dem Tal geht es empor bis zum Hochplateau, von dem aus sich die beiden heiligen Wasserfälle Riandahy und Rianbary ins Tal stürzen. Ein wunderbarer Ort für eine Rast, der auch ein Bad in den Bassins oberhalb der Wasserfälle ermöglicht (Achtung: das Wasser ist eiskalt!) Durch die majestätische Granitbergwelt geht dann der Weg weiter, durch eine besondere, endemische Vegetation. Mit etwas Glück können Sie auch Lemuren (v.a. Kattas) beobachten, die in den Bäumen oder auf den Felsen sitzen. Vorbei an bizarren, mit farbigen Moosen, Phylippia und Flechten bewachsenen Felsformationen und durch Wiesen voller Bergblumen geht der Rundweg weiter. **Pleine Lune**, Vollmond nennen die Menschen das Hochplateau, dessen Granithügel tatsächlich wie ein fremder Planet erscheinen. Riesige, rundliche und bucklige Formationen umgeben den Wanderer, der von hier aus entweder hinunter zum Morarano-Eingang (12 km) laufen kann oder wieder zurück zum Ausgangspunkt. Ein Erlebnis

- **Imaitso-Rundweg („La Verdure“)** Dieser 13 km lange Rundweg ist weniger steil, dafür mehr für botanisch und zoologisch interessierte Reisende attraktiv. Allerdings liegt dieser Weg im äußersten Osten des Park, weitab von der sonst schon spärlichen

Infrastruktur Andringitras. Am einfachsten gelangen Sie von dem Ort **Ambalamanandray** aus hinauf: Sie folgen dem Fußweg durch die Felder Richtung Osten, dann geht es hinauf in einen unberührten Nebelwald. Mehrere Lemurenarten, zahlreiche Vogelarten und zahllose Insekten und Reptilien sind die Hauptattraktionen dieser Wanderung.

- **Isahavato-Rundweg**: Dieser „Circuit" ist nach einem gleichnamigen Hochplateau benannt, auf welchem seltene, endemische Palmen zu finden sind. Mehrere Lemurenarten sind – mit etwas Glück! - ebenfalls zu entdecken, allerdings nicht ohne Anstrengung: planen Sie einen vollen Tag (10 Std.) für den 16-Kilometer-Marsch, Camping vor Ort ist eigentlich obligat!

Da der Nationalpark stetig „ausgebaut" wird und z. Zt. neue Wanderwege im entstehen sind, kann diese Auflistung eigentlich nur als grober Anhalt für die zahllosen Möglichkeiten von Andringitra dienen.

(siehe Andrigitra NP im A-Z Orte)

Ambohimahasina

Ambalavao ist wie kaum ein anderer Ort auf Madagaskar ein idealer Ausgangspunkt für Trecks in die Wälder des Ostens. Wer die letzten großen Regenwälder Madagaskars hautnah erleben will und dabei Anstrengungen, mangelnden Komfort und zeitweilig nasse Kleider nicht scheut, der kann von hier aus unter kundiger Führung zu Trecks von bis zu zwei Wochen aufbrechen. Belohnt werden die Mühen mit einzigartigen Bildern und Landschaften, Begegnungen mit Menschen, (die z.T. noch nie einen Weißen gesehen haben) und deren Gastfreundschaft und Herzlichkeit, exotischen Pflanzen und Tieren, kurz: einem Blick in eine andere Welt!
Ambalavao ist aber auch beispielhaft für eine Entwicklung, die Hoffnung und Mut macht für die ungewisse Zukunft der „roten Insel". Denn wenn der Tourismus überhaupt langfristig eine bedeutende Rolle bei der Entwicklung des Landes spielen soll, dann nur auf der Grundlage einer angemessenen Beteiligung der (lokalen)Bevölkerung oder, noch besser: in Selbstverwaltung der Bevölkerung.
Ambohimahasina ist nicht nur ein sehr lohnendes Ziel, sondern ein weiteres Beispiel, wie Tourismus im Einklang mit Natur und Bevölkerung funktionieren kann.

Der Ort Ambohimahasina liegt etwa 40 km südöstlich von Ambalavao. Hier erwartet den Besucher eine unverfälschte Hochlandschaft, weitab von der übrigen Welt: Inmitten von Reisfeldern, zahllosen kleinen Weilern und Gehöften, am Rande des östlichen Regenwaldes vor einer grandiosen Gebirgskulisse liegt Ambohimahasina, wo seit 2003 ein örtliches Komiteé in Selbstverwaltung die touristische Entwicklung der Gegend betreibt. Nicht nur als Startpunkt für Trecks durch den Regenwald:

- bis zur Bahnstrecke der FCE – nordöstlich über **Fort Carnot** und dann (teils mit Taxi-Broussé) zur Haltstation **Manampatrana** oder noch spektakulärer:
- südöstlich nach **Ankarimbelo** und **Ifanirea**. Von dort entweder mit dem Taxi-Brousse nach Norden bis Manampatrana (Sehr anstrengende Fahrt!) oder mit demselben Fortbewegungsmittel an die Ostküste nach **Vohipeno** oder nach **Manakara.**

Ambohimahasina ist auch die Heimat des heiligsten Berges der Madagassen: Der **Ambondrombe** gilt als Heimstatt der Geister der Verstorbenen, daher gelten hier ungewöhnlich viele fadys – beachten sie die Ratschläge der Guides bzw. Ihres Reiseveranstalters.

Das örtliche Komiteé in Ambohimahasina organisiert auf Wunsch gerne alles Erforderliche, um Sie wie einen Entdecker des 19 Jh. auf einen abenteuerlichen Trekk durch Wälder und über brückenlose Flüsse zu begleiten. Die Unterkünfte auf den mehrtägigen Touren bestehen aus Zelten auf einfachen Campingplätzen bzw. einfachen Hütten der lokalen Bevölkerung.
Ein festes Tarifsystem für Guides, Träger, Verpflegung und Unterkunft sorgt für Klarheit und Überschaubarkeit, die Bevölkerung wird direkt an den Einnahmen beteiligt und profitiert davon!
Nach Ambohimahasina gelangen Sie am besten (falls Sie nicht Jean Baptiste von JB-Trekking dorthin hin laufen wollen) mit dem Taxi-Brousse in etwa 2-3 Stunden oder mit dem Mietauto von Ambalavao aus. Die Piste ist relativ gut in Schuss. (Der Taxi-Brousse-Sammelplatz befindet sich schräg gegenüber dem Hotel Bougainvilée).

Anja-Park

Ein weiteres, gelungenes Beispiel für ein erfolgreiches Projekt der einheimischen Bevölkerung ist der Anjaha oder einfacher **Anja-Park** genannte Ort 12 km südlich von Ambalavao an der RN 7.

„Als ich den Leuten vom Dorf von meiner Idee erzählt, lachten sie und nannten mich „verrückt" - jetzt lachen sie nicht mehr!" erzählte Adrien Razafimandimby, einer der Initiatoren, dem Verfasser einmal. Die Gründung des Anja-Parks geht tatsächlich auf eine lokale Initiative zurück. Und mittlerweile hat die Bevölkerung erkannt, welche Chancen der Tourismus bieten kann und profitiert davon!

Schon über zehn Jahre existiert die **L´Association Anja Miray** und der kleine , nur 9 km² große Park nunmehr, hat sich aber mit den Jahren sehr vorteilhaft entwickelt und entfaltet nunmehr sein ganzes Potential. Gab es noch vor 8 Jahren nur eine einsame Ziegelhütte, die den "Parkeingang darstellte, hat sich mittlerweile eine recht ausgedehnte Bungalowanlage mit Restaurant hier angesiedelt, der geschäftstüchtige Inhaber und Investor hat ebenfalls die Möglichkeiten erkannt. 25 hauptamtliche Guides stehen mittlerweile in Lohn und Brot, seit Herbst 2012 ist ausserdem auch das neue "**Sakaviro-Miray"** zu besuchen, etwa 5 Kilometer von der RN 7 auf der anderen Strassenseite entfernt. Dieses Ressort bietet ähnliche Eindrücke wie der Anja-Parc, ist aber noch unerschlossen und selten besucht. Fragen Sie am Eingang zum Anja-Parc nach dieser Attraktion, wenn ihnen der Rummel dort zu gross erscheint!

Der eigentlichen Kern des Anja-Parks ist der riesige Einschnitt in die steil aus der Ebene aufragenden Granitberge, der mit gewaltigen Felsbrocken (Resten einstiger Bergstürze und wahrhaft gigantischer Felslawinen) bedeckt ist. Zwischen und auf diesen Felsen hat sich eine bemerkenswerte Vegetation breit gemacht. Diese besteht im Wesentlichen aus einem artenreichen Trockenwald, den man auf gut markierten und befestigten Pfaden ohne große Mühe begehen kann.
Besonders auf den gewaltigen Granitfelsen (unter denen Höhlen, ein steinernes „Gebärbett" und andere Relikte von Menschen, die sich hier früher vor Räubern und Plünderern versteckt hielten sowie deren Gräber zu finden sind) wachsen seltene Sukkulenten, Euphorbien und Orchideen. Daneben tummeln sich auf den großen Granitflächen der gewaltigen Felsen auch zahlreiche Reptilien: Eidechsen, Skinke und Leguane.
Das Besteigen dieser Felsen lohnt sich in jedem Fall: nicht nur der besonderen Tiere und Pflanzen wegen, sondern auch wegen des bemerkenswerten Rundumblicks über das weite Tal, den man von dort oben hat. Allerdings sollte man schon ein wenig „Kletterlust" in sich spüren, um den Aufstieg zum größten aller Felsen zu wagen: es gilt, sich an Ästen und Seilen emporzuziehen, eine kurzweilige, aber nicht ganz einfache Übung!
Unten im Schatten der Bäume, besonders im trockenen Laub, zeigt Ihnen Ihr Guide sicher gerne eines der winzigen **Zwergchamäleons** der Gattung Brookesia, die hier leben.

Und dann sind da noch die **Lemuren**, die den Anja Park so einzigartig machen:
Über 300 **Kattas** tummeln sich mittlerweile in diesem Refugium, die Population ist jetzt so stark angewachsen, dass neue Flächen am Rande des Parks mit Bäumen aufgeforstet werden, die Futterbeeren für die Tiere liefern!

Die Tiere bieten ein unvergessliches Schauspiel, „beten“ die Sonne im Geäst an, dösen oder schleichen im Schatten der Bäume umher, stets wachsam und auf der Hut: Zwar gibt es im Anja-Park (bis auf Raubvögel) keine natürlichen Feinde, dennoch sind die Kattas sehr vorsichtig und kaum je zu berühren...

Die Kattas sitzen in ganzen Gruppen in den Bäumen oder am Boden auf den Felsen – der Verfasser ist der Ansicht, dass dieser Ort weitaus besser als Berenty geeignet ist, den ringelschwänzigen Gesellen im natürlichen Habitat so nahe zu kommen.
(Zudem kommt man hier sehr preiswert zu diesem Vergnügen und unterstützt in jedem Falle eine gute Sache, der Verf.)

Umso mehr, als hier kein Monopolist mit überzogenen Preisen die Touristenkuh melkt, sondern die lokale Bevölkerung profitiert direkt von den Einnahmen des Parks.
So wurde eine Fischzucht in einem kleinen See neben dem Park eingerichtet, der Park finanziert außerdem die Hälfte des Gehaltes eines fest angestellten Lehrers in der Dorfschule. (Der Dienst als Lehrer auf dem Lande ist in Madagaskar sehr unbeliebt und Lehrpersonal kann oft nur mit „Prämien“ und Zulagen gewonnen werden.)

Daneben hat sich die Kooperative des Problems der niedrigen Reiserträge angenommen und beteiligt sich an Schulungen der Bevölkerung, um die Erträge der Felder zu vervielfachen!
Nicht zu vergessen die zahlreichen Arbeitsplätze, die dieser reizvolle Haltepunkt auf dem Weg nach Süden geschaffen hat: Mehr als ein Dutzend Guides arbeitet fest angestellt hier, am Eingang entsteht zudem langsam aber sicher ein kleiner Ort, wo vor 5 Jahren nur eine steinerne Baracke und ein Parkplatz war.
Rundgänge durch den Park dauern in der Regel 2-3 Stunden, man kann außerdem die Gelegenheit zu einem schönen Picknick im Park nutzen.

Eintritt: 7.000 Ar., der Guide kostet extra (ungefähr 10.000 Ar.)

Auf der RN 7 von Ambalavao weiter nach Ihosy

Wir verlassen Ambalavao mit wehmütigem Blick und einem leisen Seufzer: der Ort lässt einen nur ungern wieder los.
Südlich von Ambalavao rücken die Granitfelsen immer näher an die Straße heran, das weite Tal verengt sich zusehends. Nach 13 km erreichen Sie den Anja Park (s.oben), wo Sie eine Pause einlegen.

Fährt man dann weiter gen Süden, verschwinden die letzten Reisfelder gänzlich, je nach Jahreszeit trockenes Gras ist neben vereinzelten Büschen und Bäumen am Fuße der Felsen bald die einzige Vegetation.

Tor nach Süden, **"Varavarana ny Atsimo"** heißen die zwei markanten Berge, an denen die kurvenreiche Straße nun über den gleichnamigen Pass führt. Die Strasse verläuft nach dem Pass plötzlich fast gerade und führt mitten in eine grasbewachsene Hochebene hinein, auf der sich eine beeindruckende Kulisse vor dem Reisenden aufbaut:
Der **Keliberano**, der „Bischofshut“ (franz.: **Couronne du prêtre**) genannte Berg markiert jenen Punkt, an welchem Sie das Hochland von Madagaskar verlassen und nun in den Süden, **„Le Grand Sud“** kommen.

Es ist das alte Siedlungsland der **Bara** – jenes kleinen Volkes aus Viehzüchtern, die wie kein anderes Volk das Zeburind zum Mittelpunkt Ihrer Kultur gemacht haben.
Daher verwundert es nicht, dass sich nicht nur die Landschaft gewandelt hat: kaum noch Spuren von Landwirtschaft, nurmehr magere, grasige (Weide-)Flächen.

Auch die Häuser haben sich merklich verändert: die hübschen Balkone der schlanken, hohen Merina– und Betsileo-Häuser sind nicht mehr zu sehen, nun überwiegen gedrungene Lehmhütten mit Blätterdächern und winzigen Fensteröffnungen.

Ankaramena, Vaotavo und **Zazafotsy** heißen die kleinen **Bara-Dörfer**, durch die Sie inmitten einer hügeligen Landschaft fahren, der Blick zum Horizont wird immer weiter, endlose Grasflächen mit unzähligen **Termitenhügeln** bestimmen das Bild.

Ihosy – Stadt der Bara

Schließlich kommen Sie nach Ihosy, der Kapitale der Bara: haben Sie dass Glück, im (Süd-) Frühling hier zu sein, werden Sie schon von weitem die wunderschönen, prächtigen **Feuerbäume** (Flamboyants) sehen, die an der RN 7 am Stadtrand stehen und Sie mit ihrem roten Blütenmeer willkommen heißen.
Ihosy liegt auf etwa 700 Metern Höhe und zählt heute etwa 18.000 Seelen – ganz zu schweigen von der Unzahl von Zebus, die hier im Zentrum des Bara-Landes zigtausendfaches Zeugnis von der enormen Bedeutung dieser Tierart für die Menschen ablegen.

Legendär und berüchtigt sind die **Viehdiebstähle** der Bara – früher traditionelle Mutprobe der jungen Männer und unerlässliches Mittel, um den Brautpreis für die Auserwählte zu erwerben, dieser bestand zumeist aus mehreren Rindern.

Heutzutage sind die Hochzeitsvorbereitungen nicht mehr zwingend an die Begehung von Straftaten geknüpft, die mittlerweile oft praktizierte Form des Viehdiebstahls hat nichts mehr mit Tradition, sondern mit mafiosem Verbrechen zu tun: Banden schwer bewaffneter Räuber treiben oft ganze Herden davon und verfrachten die Tiere z.T. an Ort und Stelle in Viehtransporter – hier liegt der Verdacht auf organisiertes Bandenwesen klar auf der Hand, die Räuber verfügen natürlich über automatische Waffen und Handys.....

Obwohl Ihosy das Zentrum der Bara ist, wurde die Stadt ursprünglich von den Merina gegründet, um das Jahr 1848 herum. Dem aufmerksamen Reisenden werden die typischen Merina-Ziegelhäuser mit ihren unverwechselbaren Balkonen bald ins Auge fallen.

An Sehenswürdigem hat Ihosy nicht sehr viel zu bieten, sieht man von der Altstadt mit den hübschen alten Häusern und dem **Sitz des kath. Bischofs** einmal ab.
Als wichtiger Knotenpunkt mehrerer Straßen und Raststation auf der Fahrt in den Süden hat Ihosy aber dennoch Bedeutung. So verfügt Ihosy denn auch über einen Flugplatz, eine Bank, ein Postamt und ein Krankenhaus.
Neben der RN 7, die den Ort fast in Ost-West-Richtung durchschneidet, gehen von hier auch mehrere wichtige Straßen ab:

- **Die RN 27** geht 2 km nordöstlich von Ihosy Richtung Osten ab und führt – nach fast 300 km auf schlechter Piste, mit abenteuerlichen Flussüberquerungen und unkalkulierbaren Schwierigkeiten – bis hinunter nach **Farafangana** an der Ostküste. (Dauer: 2 Tage Minimum!) Etwas für belastbare Allrad-Profis mit Nerven wie Stahl. Zur Regenzeit praktisch unmöglich!

- **Die RN 13** geht (etwa 8 km westlich von Ihosy im Dorf Ankily) von der RN 7 nach Süden ab. Über 500 km und in etwa 2 Tagen geht die ziemlich schlechte Straße bis hinunter nach **Taolanaro**(Fort Dauphin). Wenn Sie auf dem Landweg den Süden erkunden wollen, sollten Sie die bessere RN 10 wählen, welche 60 km nordöstlich von Tuléar im Städtchen **Andranovory** von der RN 7 nach Süden abgeht. (siehe Route Nr. 3)

Zumindest werden Sie hier Rast machen und einen Kaffee in einem der Restaurants entlang der Straße in der Stadt trinken oder einen Rundgang durch dieselbe unternehmen.

(siehe Ihosy im A-Z Orte)

Umgebung von Ihosy:

Wenn Sie etwas mehr Zeit mitbringen, sollten Sie einen Besuch in den **Grotten von Andranomilitry** machen. Die Höhlen wurden auch als Unterschlupf und Versteck von Viehdieben genutzt, sind aber v.a. für geologisch Interessierte und Höhlenfreunde interessant.
(Sie benötigen aber die Begleitung eines Ortskundigen, der Ihnen Zutritt verschafft, am besten Herr Ralainandrasana, siehe Ihosy im A-Z Orte)
Die Grotten befinden sich etwa 11 km westlich von Ihosy, man fährt zunächst auf der RN 7 Richtung Tuléar und biegt dann auf eine schlechte Piste zu den Grotten ab.

Analamanara-Reservat

Das Reservat, bislang fast unerschlossen und kaum bekannt, befindet sich etwa 35 km südöstlich von Ihosy. Vor allem für Vogelkundler ist dieser Wald sehr interessant und die etwas beschwerliche Anfahrt lohnt sich für diese. Auch Lemuren gibt es sowie zahlreiche botanische Besonderheiten. Da das Reservat außerdem in einer landschaftlich überaus schönen Gegend liegt, ist es auch ein schönes Ziel für eine Wanderung von Ihosy aus.

Isalo-Nationalpark

Kein Ort auf Madagaskar hat den Verfasser so in seinen Bann gezogen wie die wunderbaren Tafelberge, Schluchten und Gewässer von Isalo. Die eigentümliche Majestät der Landschaft, die Erhabenheit der Berge, die wundervollen Oasen überquellenden Lebens und sprudelnden Wasser machen einen Besuch (oder besser: einen längeren Aufenthalt) hier zu einem Erlebnis, ohne welches eine Madagaskar-Reise unvollständig wäre.

Verlässt man Ihosy in westlicher Richtung auf der RN 7, so geht die Fahrt über die riesige **Hochebene von Horombé**: ein scheinbar endloser Horizont, eine Savanne, wo kaum ein Baum oder Strauch wächst, Gras, so weit das Auge reicht. Dazwischen der rote Lateritboden, das Blau des südlichen Himmels. Ein Farbspiel
ohne Gleichen, vor allem, wenn der Tag sich schon neigt und die Sonne sinkt.

Schließlich tauchen am Horizont Hügel,Felsen und Berge auf, die aus der Ebene zu wachsen scheinen: die ersten Ausläufer des Isalo-Gebirges schimmern im goldenen Licht der Abendsonne, vielleicht flackert der Horizont dahinter von gewaltigen Gewittern im Makay-Massiv.

Isalo heißt Sie willkommen.

Rasch rücken die Berge näher, fast schnurgerade verläuft die Straße nun. Ein Tafelgebirge aus vielfarbigen Gesteinsschichten in bizarren Formen türmt sich, einem Amphitheater gleich, weit hinter der Straße auf. Ein Ort, mitten im Nirgendwo taucht auf, es ist Ranohira, Hauptort des Isalo-Nationalparks und Ihr nächstes Ziel.

Ranohira - „Wasser der Affen"

Der kleine Ort Ranohira liegt einsam inmitten der grasigen, hügeligen Savanne – etwa 7 km westlich des Ortes ragen die farbigen Klippen der Isalo-Berge empor, die sich von hier ab über viele Kilometer nach Südwesten erstrecken und der Landschaft eine gewisse Ähnlichkeit mit dem **Monument Valley** in den USA verleihen. Amerikanische Urlauber sind von Isalo deshalb besonders angetan!
Ranohira hat außer dem Nationalpark recht wenig zu bieten: der Ort erstreckt sich zu beiden Seiten der RN 7 auf etwa 1,5 km Länge und darf als typische Durchreisestadt betrachtet werden. Mehrere Hotels und Bungalowanlagen bieten beachtlichen Komfort – die schönsten Ressorts finden Sie aber z.T. weit außerhalb des Ortes.

Im „Ortszentrum", wo die RN 7 eine Linkskurve beschreibt, geht nach rechts die Straße (oder Piste) zum Parkeingang ab. Dadurch ist eine Art „Hauptplatz" entstanden, an dem sich **„Chez Berny"** mit dem **„Maki-Corporation-Shop"** und gegenüber das **"Hotel Orchideé"** mit seinem pompösen neuen Restaurant-Rundbau befinden. Vor dem Orchideé (weit und breit das Hotel/Restaurant mit der größten Kapazität) parken zur Hochsaison mittlerweile schon ganze Reisebusse, die wahre Scharen von Touristen ausspucken. Isalo ist eine Hauptattraktion und entsprechend gut besucht.

Zumindest tagsüber ist hier immer eine ganze Menge los, zahlreiche Läden und Imbissbuden versorgen die Reisenden, auch als Marktflecken hat Ranohira eine gewisse Bedeutung in der dünn besiedelten Region. Am nordöstlichen Ortseingang, gleich nach der Tankstelle, ist linker Hand der neue Markt zu sehen.
Wenn Sie mehrtägige Touren in Isalo planen, sollten Sie sich auf dem Markt oder im 2011 eröffneten "Supermarkt" mit den erforderlichen Lebensmitteln eindecken, außerhalb von Ranohira gibt es praktisch weit und breit nichts zu kaufen!

Durch den zunehmenden Tourismus haben sich auch ein paar sehr nette Läden in Ranohira etablieren können: Neben dem Hotel Orchidée finden Sie einen (recht teuren) Laden für Bekleidung, nebenan bei Berny einen ähnlich aufgemachten, aber wohlfeileren Laden der **Baobab-Company**

Wer moderner Freizeitkleidung nichts abgewinnen kann und lieber authentische, einheimische Handwerkskunst sucht, wird in der kleinen Boutique neben dem THB-Haus am Hauptplatz bestens bedient: Zebuhornschnitzereien, Flechtarbeiten und besonders typische Trommeln der Bara werden hier angeboten. Auch wunderschöne, bestickte Hemden und Kimonos. Unbedingt reinschauen!

(siehe Ranohira im A-Z Orte)

Der Park

Für den Verfasser der Park in Madagaskar schlechthin, wurde der ca. 82.000 ha große Isalo-NP schon 1962 gegründet. Über die Herkunft des Namens gehen die Meinungen auseinander. Als sicher kann gelten, dass bereits kurz nach dem Jahre 1500 Portugiesen bis ins Landesinnere Madagaskars vorgedrungen sind! Die Guides von Isalo erzählen von einem merkwürdigen Schiffswrack, dass sich an der westlichen Grenze des Parks befindet und noch gut erhalten sei. Sie glauben, dass es ein portugiesisches Schiff ist...eine der vielen "Geschichten"!
Die bekannte **Grotte der Portugiesen** jedenfalls ist eindeutig von Menschenhand geschaffen worden, aber von wem, ist unklar.

Die Bara glauben, dass einst ein Portugiese namens Salomon (oder „Salo") eine Bara-Häuptlingstochter geheiratet habe. Sie hätten viele Nachkommen gehabt und seien ein mächtiger Stamm geworden. Der Name „Isalo" bedeutet demnach soviel wie „Berge des Salo"........

Man könnte Isalo auch als **„Jurassic Parc"** bezeichnen – tatsächlich entstand das Tafelgebirge einst aus einem Jurameer, das sich durch tektonische Bewegungen emporhob. Zahlreiche Fossilien, auch **Dinosaurier**, belegen diese Theorie, die auch im **Isalo Education Center** südlich von Ranohira erläutert wird.

Heute besteht Isalo aus unzähligen kleinen und großen Tafelbergen, die aus horizontal geschichteten, mehrfarbigen Gesteinsschichten bestehen. Wie kaum eine andere Gegend Madagaskars ist Isalo wie geschaffen zum Wandern und Trekken – bis zu 6-tägige Touren können in Ranohira gebucht werden. Sie sind jede Mühe, die sie kosten, mehr als wert!!!
Obwohl die Berge zunächst trocken und kahl wirken, entpuppen sie sich für den, der genauer hinsieht und näher herangeht, als Oasen des Lebens und äußerst wasserreich.
Zahlreiche Canyons, Schluchten und Senken durchziehen das Gebirge, dass in seinen Gesteinsschichten große Mengen Regenwasser speichert. In den Schluchten finden sich daher allenthalben klare Flüsse und Bäche, Teiche und schimmernde Wasserfälle. Eine reiche Flora und Fauna hat sich hier angesiedelt, mehrere idyllisch gelegene Gewässer laden zur Rast und zum Bade.
Zur Regenzeit ist die Speicherkapazität des porösen Gesteins jedoch rasch erschöpft – dann verwandeln sich die Schluchten und Canyons binnen Stunden in reißende, wilde Fluten, die alles mit sich fortspülen.

Daher sind Besuche in Isalo nur von Mai bis Dezember uneingeschränkt möglich, im Südsommer gelten für die Canyons Beschränkungen.

Wenn irgend möglich, sollten Sie wenigstens eine Nacht in Isalo campieren: der **Namaza-Campingplatz** liegt nicht nur herrlich abgeschieden in einer weiten, bewaldeten Schlucht, sondern ist auch ein Treffpunkt zahlreicher Kattas und brauner Lemuren, die hier recht vorwitzig auftreten, besonders die braunen Kerle sind stets auf Lebensmittel und Abfälle aus.....

Weitab der Zivilisation unter einem gigantischen Sternenhimmel das Kreuz des Südens betrachten – nirgendwo sonst fand der Verfasser die Welt so rein, still und erhaben!

Wanderungen durch Isalo

Hinweis: Für alle Wanderungen benötigen Sie einen registrierten Guide, lassen Sie sich in jedem Falle seine ID-Card zeigen, die er normalerweise am Hemd trägt. Außerdem werden die Eintrittskarten im Park relativ häufig kontrolliert, daher unbedingt den Eintrittspreis entrichten!

Das Büro der Parkverwaltung liegt etwa 100 m neben dem Chez Berny auf der rechten Seite – hier können Sie sich auf der Übersichtskarte die gewünschte Tour heraussuchen und sich dabei vom Guide beraten lassen.

Eintritt: Tageskarte: 25.000 Ar., 2-Tageskarte: 37.000 Ar., 3-Tageskarte 40.000, 4-Tages-/Dauerkarte: 50.000 Ar.
Die Kosten für den Guide sind Verhandlungssache: 100.000 Ar pro Tag sind mittlerweile nicht ungewöhnlich!

Für ein Campingarrangement von 2 Übernachtungen in Namaza sind 300.000 Ar. für 2 Personen nicht unüblich: darin sind aber auch der Eintritt, die Miete für die Zeltausrüstung sowie den Guide und die Köche – nebst Vollverpflegung und herrlichem Dinner unterm Sternenzelt – enthalten.

Zum Canyon des Rats und zum Canyon des Singes

Beide Canyons liegen nahe bei und ungefähr 16 km von Ranohira entfernt. Zu Fuß eine Wanderung von 4-5 Std., am besten mit dem Auto zu machen. Vor allem der Canyon des Singes ist sehr interessant: Zwischen steil aufragenden Felswänden schlängelt sich ein Bach über zahllosen Klippen, in dem Wäldchen am Ausgang des Canyons kann man morgens Lemuren (Sifakas und Kattas) beobachten.
Im Canyon findet sich außerdem jener denkwürdige Ort, der Ranohira seinen Namen gab: der kleine Wasserfall unweit des Ausgangs. Einst wollte hier ein Merina-König baden, fand den Ort aber durch die Lemuren bereits „besetzt“ vor. Daher war der König der Ansicht, dies sei das Wasser der Affen und nicht das der Menschen!“

Vom Canyon des Singes zur Cascade des Nymphes

Verlässt man den Canyon, führt nach rechts ein Fußweg hinauf zu den Klippen von Isalo: besonders im November kann es bei diesem Aufstieg mörderisch heiß werden: Sie sollten den Aufstieg in diesem Monat schon sehr früh beginnen, ansonsten wird die Sonne Ihnen ein langsames Schritttempo abfordern – nehmen Sie unbedingt genügend Trinkwasser (2-3 l) für diese Tour mit...
Haben Sie den Aufstieg von etwa 500 Höhenmetern überwunden, wird der Weg weniger steil: über flache Bergkuppen, mit der hier typischen Trockenvegetation bewachsen, geht es zu einem Aussichtspunkt. Hier können Sie erstmals einen Eindruck von der wahren Ausdehnung und Magie von Isalo erahnen: Richtung Osten geht der Blick über eine endlose Savanne, im Westen sieht man die in allen Größen gestaffelten, vielfarbigen Berge von Isalo. Vor diesem eindrucksvollen Panorama liegt die mit Gras, Büschen und Euphorbien bewachsene Hochebene, über die der Weg anschließend führt.

Die beliebteste Strecke ist von hier ab die zur **Cascade des Nymphes**: Nach etlichen Kilometern über steinige, nur spärlich bewachsene Ebenen und Hügel, vorbei an bizarren

Felsformationen (!) geht der Weg, nur wenige Bäume spenden Schatten für eine Rast. Tiefe Furchen durchziehen die Ebenen, ausgetrocknete Flussbetten darin müssen durchschritten werden und geben einen Eindruck davon, wie es hier wohl zur Regenzeit sein muss...

Dann senkt sich das Gelände plötzlich ab, eine weite Schlucht tut sich auf, dicht bewaldet und üppig grün. Hinab geht der Pfad, in den kühlenden Schatten des Waldes. Überrascht erblickt der Besucher nun die andere, üppig grüne Seite des Parks: wie farbige Juwelen inmitten der steinigen Ödnis liegen die Oasen der Fruchtbarkeit von Isalo. Der ganze heimliche Wasserreichtum der Gegend wird offenbar: der Pfad kommt an einem kleinen, klaren Teich vorbei, der in eine tiefe, enge Felsschlucht hineinragt. Im Zwielicht des Waldes kann man den Wasserfall erahnen, der dort hinten rauschend herabstürzt, die Cascade des Nymphes. Ein kühles Bad im Teich gibt Gelegenheit, bis zum Wasserfall zu schwimmen – ein magischer Ort! Über dem Wasserfall der blaue Himmel, von allen Seiten von Felsen und dichter Vegetation eingerahmt, die flirrende Gischt des Wassers – über all dem schweben Schmetterlinge, fliegen kreischende und singende Vögel umher.
Von der Cascade aus geht der Weg weiter abwärts, bis am Grunde der Schlucht ein kristallklarer Fluss sichtbar wird, der sich über Klippen und durch sandige Niederungen ostwärts, zum Namaza , seinen Weg sucht.

Entweder Sie gehen nun nach links, Richtung Osten und dem Ausgang der Schlucht am Namaza zu – oder Sie machen noch einen Abstecher zum **schwarzen** und zum **blauen Pool:** hierzu folgen Sie an der Weggabelung oberhalb des Flusses dem Pfad nach rechts – er führt an den steilen Wänden der tiefen, immer enger werdenen Schlucht entlang, die ständig durch herab rinnendes Wasser schlüpfrig und schmierig gehalten werden, seien Sie daher vorsichtig. Über Felsen und Sandbänke überqueren Sie den Fluss, sauber in den Fels gehauenen Stufen erleichtern den Marsch, der nun stetig aufwärts führt, immer am Wasser entlang.

Schließlich weitet sich die Schlucht ein wenig, ein weiteres Wunder der Natur tut sich auf: links, in einer Art Grotte im Fels, schießt das Wasser in das klare, im Licht der Sonne blau schimmernde Bassin, das diesem Ort seinen Namen gab. Geradeaus, etwa 100 Meter entfernt, liegt wiederum ein kleiner Teich oder See, der mit der westlichen Spitze unter einen schattigen, dunklen Felsüberhang hineinragt. Auch hier ergießt sich ein Wasserfall in in dunklen, schattigen Wasser, die hier namensgebend waren.

Nach der Rast und dem Bade folgen Sie dem Pfad zurück, dem Fluss diesmal immer weiter abwärts, bis Sie nach 4 Kilometern in die weite Namaza-Schlucht gelangen. Hier, am grasigen Grund der Schlucht, befindet sich ein beliebter, herrlich gelegener Campingplatz.

Besonders die braunen Lemuren suchen hier stets Gelegenheit, Nahrungsmittel oder Abfälle zu stehlen und werden daher von den Guides auf Distanz gehalten. Füttern Sie die Tiere keinesfalls!

Scharen von Touristen kommen am späten Nachmittag hier an - der Zugang zum Park und der Parkplatz befinden sich nur mehr 2 km von hier. Ganze Busladungen von teils wenig „geländegängigen“ Touristen kommen nur der Lemuren wegen hierher, ehe sie rasch zum Bus zurück hetzen, um noch das obligate Sonnenuntergangsphoto am „La Fenétre“ knipsen zu können!

Falls Sie hier nicht campieren möchten, geht der Weg nun zum Parkplatz am Parkausgang, Sie verlassen die Berge durch die Schlucht, die sich plötzlich zur Ebene hin weitet, Bäume bleiben zurück und zunächst grünes, dann wieder trockenes Gras bestimmt die Landschaft.

Und mit einem Mal liegt der grüne Zauber hinter Ihnen und die weite trockene Savanne tut sich wieder auf – über ca. 5 holprige Kilometer geht es nach Ranohira zurück, teils mitten durch den Fluss.

Da dies kein Rundweg ist, müssen Sie den Fahrer Ihres Fahrzeug entsprechend anweisen – falls Sie keinen haben, müssen Sie bis Ranohira zu Fuß zurückgehen.

Piscine Naturelle

Dies ist ohne Zweifel "die" Attraktion schlechthin in Isalo. Daher ist der Ort entsprechend gut besucht. Wenn Sie den ganzen Zauber der Piscine spüren und sehen wollen, sollten Sie so früh wie möglich aufbrechen, ehe die vielen anderen Besucher den Ort mit Lärm und Getümmel erfüllen.

Mit dem Mietauto oder zu Fuß geht es von Ranohira etwa 4 km bis zu einem Parkplatz direkt am aufragenden Bergmassiv. Der Fußweg von hier ab geht zunächst steil hinauf, einer weiten Schlucht folgend. Auf den Bergen können Sie quaderförmige Sakalava-Gräber sehen, einige Höhlen oben in den Felwänden sind außerdem als Grabhöhlen der Bara erkenntlich. Schließlich, nach etwa 30 Minuten Aufstieg, kommen Sie wiederum auf eine grasige Hochebene, durch die der staubige, sandige Pfad führt.

In den Sträuchern finden Sie mit etwas Glück **Riesenstabschrecken**, auch kleine Schlangen und andere Reptilien lassen sich sehen.

Wenige Tapiabäume und andere, ebenfalls feuerresistente Arten von Palmen sind zu sehen – Steppenbrände sind hier nicht selten, wie die verkohlten Reste von verbranntem Holz entlang des Pfades verraten.
Besonders auffallend sind die blassroten Aloe-Blüten, die scheinbar auf dem nackten Fels existieren können und das (im November wunderbar gelb blühenden) Elefantenfußgewächs **Pachypodium horombensis.**

Vielfarbige Felsen in höchst eigenartigen Formen regen die Phantasie des Wanderers an: Das Krokodil von Isalo, die Schildkröte oder der Totenkopf heißen die Bekanntesten unter ihnen.

Endlich führt der Weg abwärts, in eine steinge Schlucht hinab: unten fließt ein klares Flüsschen über einen flachen Felsgrund, Palmen und Sträucher sprießen hier plötzlich zahlreich. Das Rauschen von Wasser ist zu hören, das Flüsschen ergießt sich über mehrere Stufen hinab in ein fast kreisrundes, kristallklares und blau schimmerndes Becken: Die **Piscine Naturelle!**

Hinab gelangen Sie, indem Sie dem Lauf des Flusses abwärts und dem Pfad folgen, bis sich dieser über zahlreiche Stufen und Windungen steil abwärts in die Schlucht senkt. Unten am Wasser angekommen, folgen Sie dem Pfad, der nun aus flachen Steinplatten besteht, um eine Rechtskurve herum: Vor Ihnen ein Felsüberhang, darunter wie ein

kleines Amphitheater Steinstufen, um den zahlreichen Besuchern bequeme Sitzgelegenheit im Schatten zu bieten.
Vor dem Amphitheater der Teich, in den sich die letzte der Wasserkaskaden ergießt. Herrlich warm ist das Wasser, das herab strömt – und sehr kühl das des Teiches, der aber erst durchschwommen sein will, um das warme Nass zu spüren.....

Dieser Ort ist so idyllisch und paradiesisch, dass der Abschied fast weh tut: kaum 5 Minuten nach Verlassen der Piscine findet man sich in der kargen, steinigen Hochebene wieder, auf welche die Sonne unbarmherzig herab brennt.

Sind Sie früh am Morgen aufgebrochen, so können Sie jetzt noch die erfrischende Kraft der Piscine Naturelle zu einem Marsch zum **Boucle de Créte** nutzen.

Der Boucle de Créte ist ein spektakulärer Aussichtspunkt, zu dem Ihr Guide Sie in etwas 2 Std. von der Piscine aus führen wird. Weit geht der Blick über die östliche Savanne – irgendwie drängt sich der Gedanke an Afrika auf.....

Vom Boucle de Créte aus können Sie entweder weiter nordwärts Richtung Namaza wandern – noch gut 1,5 Std, bis der Weg dorthin, über einen treppenartig angelegten Pfad hinab in die Schlucht führt.
Oder aber Sie machen sich auf zum Parkplatz, von dem aus Sie zu dieser Tour gestartet sind.

La Fenétre - Das Fenster

Diese „Top-Attraktion“ Isalos liegt etwa 12 km südlich von Ranohira, die Abfahrt von der RN 7 auf die Sandpiste geht nach rechts, zunächst parallel zur Hauptroute, dann rechter Hand den Hügel hinauf. Oben angekommen, bietet sich ein erstaunliches Bild: Eine Felsformation mit einem dreieckigen „Fenster“ in der Mitte, rechts mit einer Felsnase geziert (früher auch als "de Gaulles Nase" bekannt)
Besonders zur Sonnenuntergangszeit ist das Fenster Treffpunkt ganzer Busladungen von fotowütigen Touristen – das Foto, in welchem die Sonne durch das Fenster untergeht, ist dabei Ziel aller Anwesenden. Nur eben fast nicht zu machen, da sich die Leute i.a.R. gegenseitig behindern und im Bild rumstehen. Im Übrigen „fällt“ die Sonne hier in Äquatornähe regelrecht senkrecht herab, daher dauert der optimale Zeitpunkt, wenn die Sonnenscheibe den Horizont berührt, nur Sekunden....
Aber trösten Sie sich – auch untertags ist ein Besuch hier lohnenswert. Nicht nur des Fensters wegen, sondern auch wegen der herrlichen Landschaft.

Von Isalo weiter Richtung Süden

Wenn Sie Isalo Richtung Süden verlassen, geht die Fahrt zunächst zwischen den farbigen Felsformationen durch eine Grassavane, die mit feuerresistenten Palmen bewachsen ist. Nach etwa 10 km sollten Sie Halt machen, denn hier thront die Königin von Isalo,"**La Reine d´Ísalo**", neben der Straße und verabschiedet Sie.
Weiter durch die Savanne geht die Fahrt, die Berge werden allmählich niedriger und immer weniger, das Tafelgebirge weicht zurück und macht einer endlosen, hügeligen Fläche Platz.

30 km südlich von Ranohira, verläuft die Straße schnurgerade in eine Talmulde, in der

sich ein phantastischer Anblick auftut: Mitten im Nirgendwo eine große Stadt, wie ein Kokon beiderseits der Straße gebaut. Blickt man ins Hinterland, so fallen unzählige Erdhaufen und Löcher im Boden auf. Es ist **Ilakaka**, die Stadt der Saphire!

Ilakaka-Stadt der Saphire

Ende der 90 war es, so genau weiß das hier keiner mehr genau. Da tauchten plötzlich tiefblaue Edelsteine auf, die Viehhirten auf den Weideflächen der Gegend gefunden hatten. Die Hirten hatten eine Sekundärlagerstätte für Saphire entdeckt, die exquisitesten der Welt!
Rasch bildete sich die „Boomtown" von Ilakaka, Fund – und Umschlagsplatz für Saphire und Zielpunkt zahlloser Glücksritter und Habenichtse. Binnen weniger Jahre wurde die Landschaft rings um die Stadt in eine Mondlandschaft verwandelt, die vielen Schürfer, die unter lebensgefährlichen Bedingungen nach den begehrten Steinen suchen, haben die Erde umgewühlt wie Maulwürfe.....
Weiter südlich der Stadt fallen außerdem beiderseits der Straße fußballfeldgroße Gruben auf, die mit schwerem Gerät gegraben wurden: Prospektions – und Probegrabungen ohne Erfolg!
Die Stadt hatte Anfang des neuen Jahrhunderts etwa 25.000 Einwohner und war schnell berüchtigt: für die zunehmende Gewalt und Kriminalität. Eben eine richtige Goldgräberstadt wie im wilden Westen!
Zwischenzeitlich galt Ilakakas blauer Stern am Sinken: die Vorkommen seien erschöpft, hies es.....alles nur Gerüchte, die "Banque Suisse", wie die grösste Mine Ilakakas genannt wird sowie die vielen anderen kleinen Unternehmen erwirtschaften immer noch stattliche Profite, wie lange noch, steht dahin. Möglicherweise ist in ein paar Jahren nur noch ein Berg von Müll übrig vom großen Fieber....

Hinweis: Obwohl der ganz große Saphirrausch vorbei ist - Ilakaka ist noch immer eine wilde und ungezähmte Stadt. Besuche der "Banque Suisse" sind aber machbar und werden vom Betreiber gerne organisiert.

Ilakaka markiert gleichsam den südlichsten Zipfel des Isalo-NP , die Fahrt geht nun durch kaum bewohntes Gebiet, eine grasige Hochebene, im Hintergrund flache Berge. Vereinzelt tauchen Hütten am Straßenrand auf: Köhler bieten hier ihre Ware feil und leisten damit einen wenig nachhaltigen Beitrag zur Energiegewinnung Madagaskars!
Nach etwa 100 km Fahrt von Ranohira aus wird es beiderseits der Straße plötzlich wieder üppig grün, ein dichter Wald tut sich auf, durch den die Fahrt nun geht: Sie haben den Zombitse-Vohibasia Nationalpark erreicht.

Zombitse-Vohibasia-NP

Besonders für Vogelkundler stellt der 36.000 ha große Zombitse-Vohibasia-NP eine Besonderheit ersten Ranges dar. Erst 2002 zum Nationalpark erklärt, beherbergt der Park nicht nur einen einmaligen Rest der früher überall vorzufindenden Trockenwaldvegetation. Auch mehr als 80 Vogelarten, mehrere Lemurenarten und die überaus scheue **Fossa** tummeln sich in dem ausgedehnten Schutzgebiet.

Mit Wehmut betrachtet man dieses schöne Stück Wald und denkt daran, wieviel bereits unwiederbringlich zerstört worden ist.
Umso wertvoller ist dieses Gebiet zu erachten, das ganz im Einklang mit der lokalen

Bevölkerung, den Bara, errichtet wurde.
Neben der charakterstischen Trockenwaldvegetation ist Zombitse aber auch für seine geologischen Besonderheiten bekannt: weite, hügelige Ebenen, der Boden besteht fast ganz aus kieselartigem Sand, welcher, als Sediment hier abgelagert, aus dem Isalomassiv stammt. Daher erklärt sich auch das besondere Interesse von Edelsteinsuchern an dieser Region, ist dies doch eine potentielle Fundstätte für Edelsteine!

Vom Parkeingang am südlichen Ende des Schutzgebietes, direkt an der RN 7 Richtung Sakaraha gelegen, können Sie mit einem Guide zahlreiche Rundwege begehen, von 2 Std. Dauer bis 8-9 Std.!
Bringen Sie genügend Wasser und Proviant mit, es kann sehr heiß werden! Da für die interessantesten Touren außerdem die frühen Morgenstunden besonders geeignet sind, nehmen Sie am besten in Sakaraha (siehe A-Z Orte) Quartier!

Eintritt: Tageskarte 10.000 Ar, 2-Tageskarte 15.000 Ar.

Sakaraha

Etwa 15 km südlich von Zombitse gelangen Sie nach Sakaraha, einem zweiten Zentrum des Saphirhandels.
Sakaraha hat – sieht man vom Zombitse -Vohibasia NP einmal ab, wenig zu bieten, allerdings eignet sich der Ort sehr gut für eine Mittagsrast und eine Mahlzeit in den vielen Garküchen und Hotely des Ortes.

(siehe Sakaraha im A-Z Orte)

Weiter nach Tuléar

Südlichwestlich von Sakaraha sehen Sie erstmals die berühmten **Gräber der Mahafaly**, bunt bemalte Steinmonumente, teilweise mit hölzernen **Aloalo-Stelen** umgeben. Achtung: die Gräber sind **fady** bzw. die Einheimischen verlangen z.T. Geld für ein Photo.

Mahaboboka und **Andranavory** heißen die Orte, die nun folgen, in letzterem geht nach links die RN 10 Richtung **Ampanihy** und **Fort Dauphin** ab. Die Landschaft ist fast ganz baumlos, nur hin und wieder taucht ein einsamer Baobab aus dem niedrigen Gebüsch auf, welches die trockenen Ebenen spärlich bedeckt. Zahlreiche Köhlereien haben sich hier angesiedelt, bei **Befety** kann man außerdem noch eine besondere „Fabrik“ besichtigen: eine **Rumdestillerie** direkt an der Straße zeigt eindrucksvoll, mit welch vergleichsweise primitiven Mitteln sich hochwertiger Trinkalkohol herstellen lässt.

Allein der Brennvorgang in einem Stahlrohr und einem mit Wasser gefüllten Holztrog (!) und das Vorbereiten der Maische durch Stampfen des Zuckerrohrs in alten Stahlfässern ist einen Besuch wert. Auch eine Kostprobe können Sie natürlich nehmen, noch warm vom Destillieren, aber Vorsicht: der aromatische Schnaps kommt mit etwa 90 Volumenprozent aus der Destille!

Schließlich senkt sich das Gelände ab, die Straße beschreibt eine große Linkskurve: wie ein Spuk taucht am Horizont das Blau des Ozeans aus, der Blick geht hinab auf eine Tiefebene, die sich bis zum Meer hinzieht. **„La Tablé“,** der Tafelberg von Tuléar grüßt von weitem, die Straße geht nun immer tiefer bis auf Meereshöhe hinab, mehr und mehr

Häuser tauchen beiderseits der Straße auf. Sie haben die Vororte von Tuléar erreicht, fast 1000 km Fahrt von der Hauptstadt bis hierher liegen hinter Ihnen!

Tuléar – Toliara - „wo man gut ankern kann“

Die Hauptstadt der gleichnamigen Provinz zählt offiziell um die 130.000 Einwohner – zusammen mit den Bewohnern des näheren Umkreises dürften aber etwa 2 Mio. Menschen in dieser Region wohnen.
Daher ist Tuléár auch ein bedeutendes Zentrum des Südens sowie Sitz eines kath. Bischofs.

An Sehenswürdigkeiten ist die Stadt – sieht man einmal vom meereskundlichen Museum ab – eher arm.

Allerdings hat Tuléar durchaus seine Reize: nicht nur als Drehscheibe für den Tourismus, auch als Ausgangspunkt zu einigen sehr attraktiven Ausflugszielen eignet sich der Ort.

Außerdem hat die weitläufige Stadt mit ihren breiten Avenuen und dem verstaubten Charme alter Zeiten besonders gute **Einkaufsmöglichkeiten** zu bieten: Neben typischem Straßenverkauf von Kunsthandwerksprodukten des Südens (Das Zebu und der Baobab sind die vorherrschenden Motive) finden Sie hier zahlreiche schicke Boutiquen, in denen Handwerk und Kunst auf hohem Niveau und sehr schöne Mode angeboten werden.

Die besten Einkaufsmeilen der **Bd. Philibert Tsiranana** nahe dem Markt und der westliche Teil vom **Bd. Gallieni** (nahe dem Meer). Hier ist auch der

Handwerksmarkt angesiedelt, eine kleine Nebenstraße, in welcher besonders Muscheln und die aus Scherben zusammengesetzten Eier des **Riesenfußstraußes Aepyornis** verkauft werden.

Lassen Sie um Himmels Willen die Hände von derlei Souvenirs: auch wenn die Vorstellung, ein derart außergewöhnliches Ei zu besitzen und herzeigen zu können, nicht ohne Reiz ist - die Ausfuhr ist streng verboten, die angebotenen Eier zudem mit ziemlicher Gewissheit Fälschungen!
Die hier angebotenen Meeresmuscheln hingegen – so schön sie auch sind – gehören zu den Tierarten, die nach dem Artenschutzabkommen nicht in die EU eingeführt werden dürfen.

Kulinarisch hat Tuléar sehr viel zu bieten: in kaum einer Stadt Madagaskars sind Meeresspezialitäten so billig und gut zubereitet zu haben, die Langusten verdienen an sich schon einen Besuch allein - zahlreiche Restaurants in unterschiedlichen Preislagen bieten zum Teil internationales Flair und Service.
Auch das Angebot an Unterkünften ist sehr vielfältig – von der mondänen Bungalowanlage bis hin zum einfachen Billighotel hat Tuléar für jeden Geldbeutel das richtige Bett.

Überhaupt atmet Tuléar eine ganz merkwürdige, internationale und irgendwie weltläufige Stimmung, wie kaum eine andere Stadt im Lande. Vielleicht liegt es an den zahlreichen Vazáha, die sich hier niedergelassen haben, vielleicht aber auch an der Hitze, die fast zwangsläufig ein langsameres Lebenstempo begünstigt und die Straßen v.a. nachmittags

500 m
Stadion
Rue de Manombo
MANGABÉ
BETELA
TSIANALOKA
Boulevard
Branlier
Route de L'Unniversité
Rue Vaguier
Boulevard Tsibo Calvin
Lalana Raseta
TANAMBAO I
TANAMBAO II
Rue N° 14
Rue Richelieu
Rue de France
Rue Gambetta
Rue Henri Martin
Rue Estabe
Boulevard Philibert Tsiranana
Rue G. Campastron
Boulevard Calvin Dan
Rue du Marché
Boulevard Lyautey
Rte Internet Gen.
Boulevard Gallieni
Rue de Ecole Menagère
TSIMENEATSE I
Friedhof
TSIMENATSE II
Route du Port
Route Edward Nestor
MAHAVATSE
Ozean
(Kanal von
Mozambique)
Tuléar-Toliara

fast leer erscheinen lässt...auch hierzulande ist dann Siesta angesagt!

Vor allem Taucher und Wassersportler zieht es nach Tuléar: die vorgelagerten **Korallenriffe** (mittlerweile z.T. arg in Mitleidenschaft gezogen) sowie die faszinierende Meeresfauna machen die Gegend um die Stadt interessant. Eine gute Infrastruktur mit zahlreichen Tauchbasen, einer Klinik, die für Tauchunfälle ausgelegt ist und zahlreiche Anbieter von Aktivitäten auf und unter dem Wasser machen Tuléar zu einem überaus lohnenden Ziel.

Die im August/September vorbeiziehenden **Buckelwale** machen Tuléar – neben der Insel St. Marie und Maroantsetra, welche beide an der Ostküste liegen – zu einem besonders geeigneten Ausgangspunkt zum "whale watching"!
Vor allem nördlich und südlich der Stadt findet man außerdem einige traumhaft schöne Bademöglichkeiten: **Anakao** und **Ifaty** seien hier besonders erwähnt und werden im Folgenden auch beschrieben.

(siehe Tuléar im A-Z Orte)

Umgebung von Tuléar:

Arboretum d´Antsokay

Das Arboretum wurde 1980 durch den Schweizer **Hermann Petignat** gegründet, um die bis dato noch kaum bekannten Gewächse des Südens zu erforschen, kultivieren und zu vermehren. Auf rund 40 Hektar schuf Petignat so etwas wie einen schnellen, geballten botanischen Streifzug durch die einzigartige Flora des Südens: Über 900 Pflanzenarten, davon über 90% endemisch, gedeihen hier. Mehr als 80% aller gezeigten Arten verfügen über pharmakologische Eigenschaften, die wenig oder noch gar nicht näher erforscht sind. Ein Großteil der Pflanzen ist obendrein akut vom Aussterben bedroht – nicht nur deshalb lohnt sich ein Besuch allemal.

Aber nicht nur die eigenartigen Gewächse des Südens machen den Ort interessant: auch Vogelkundler und Reptilienliebhaber kommen im Arboretum voll auf ihre Kosten, besonders die frühen Morgenstunden machen vielfältige Tierbeobachtungen möglich

Nach Hermann Petignats Tod im Jahre 2000 führt sein Sohn Andry das Werk seines Vaters fort.
Sie gelangen zum Arboretum, in dem sie die RN 7 in südwestlicher Richtung aus Tuleár heraus fahren. Etwa 12 km vor der Stadt geht die Straße zum Arboretum rechts ab (ausgeschildert).

Eintritt (mit Führung): 7.000 Ar.
mobil: 032 0260015
email: andry.petignat@caramail.com

Grotte von Sarodrano

Diese wunderbare, mit tiefblauem Wasser gefüllte, kreisrunde Grotte ist eigentlich mehr ein Felsbassin unter einem steilen Abhang. Hin gelangen Sie, indem Sie die (schlechte) Piste nach St. Augustin nehmen. Dazu fahren Sie auf der RN 7 (in Richtung Arboretum)

aus Tuleár heraus. Nach 7 km geht die Piste rechterhand ab. Nach 3 km passieren Sie ein Hinweisschild, dass Sie den **Wendekreis des Steinbocks** überquert haben. Nach 20 km holpriger Fahrt gelangen Sie nach etwa 20 km zur Bungalowanlage **Le Mangrove**. Von hier aus führt ein etwa 5 km langer Fußweg zur Grotte.
Ein idyllischer, fast magischer Ort : durch Zufluss von Süßwasser findet sich an der Wasseroberfläche eine Schicht kühlen Süß- bzw. Brackwassers, darunter spürt man eine warme Meerwasserschicht. Vor allem der Temperaturunterschied zwischen den beiden Wasserschichten fällt sofort auf!

Den Rückweg können Sie auch mit einer der Pirogen machen, welche von jungen Vezo angeboten werden. (Bei Interesse einfach winken!)

Fahren Sie nun die 16 km weiter südlich bis St. Augustine, werden Ihnen zahlreiche Grabstätten auffallen, welche aus aufgeschichteten Korallensteinen bestehend. Die **Gräber der Vezo** sollten Sie mit Respekt besuchen – am besten nur in Begleitung eines lokalen Guides: Die Vezo haben es normalerweise nicht gerne, wenn sich Fremde ihren Gräbern nähern – zu oft wurden diese in der Vergangenheit von verantwortungslosen Menschen entweiht!

St. Augustine/Sarodrano

Der malerisch auf einer Sandbank gelegene Ort liegt direkt nördlich an der Mündung des **Onilahy,** eines der größten Flüsse des Südens.
Bereits im 15. Jh. als Schlupfwinkel europäischer Piraten bekannt, war St. .Augustine im Jahre 1644 Ort einer denkwürdigen Begebenheit: 120 englische Seeleute gingen an Land, um eine Siedlung aufzubauen. Ein Abenteuer, welches misslang, nach zwei Jahren musste die Siedlung aufgegeben werden. Fast 90% der Kolonisten waren in dieser Zeit Krankheiten und den Einheimischen zum Opfer gefallen!
Heute ist St. Augustine mehr für Dinge wie Baden, Wassersport und Ausflüge zu den Riffen oder vorgelagerten Inseln ein Begriff, mehrere gute Unterkünfte machen auch mehrtägige Besuche zu einem reizvollen, entspannenden Unterfangen.

(siehe St. Augustine/Sarodrano im A-Z Orte)

Anakao

Neben Ifaty/Mangily nördlich von Tuléar die wohl schönste Möglichkeit, ein paar Tage am Strand zu verbringen, hat dieser malerische Ort zu bieten: Das Vezodorf Anakao hat wunderbaren, weißen Sandstrand und verfügt trotz seiner Abgeschiedenheit über zahlreiche schöne Unterkünfte in allen Preislagen und allerhand Freizeitmöglichkeiten.

Insbesondere zählen hier Tauchen, Schnorcheln, Fischen sowie Exkursionen zur Walbeobachtung (August/September) oder zu den Inseln **Nosy Vé** und **Nosy Satrana** zu den Hauptattraktionen.

Anakao ist auch „berühmt“ geworden für die hier gefangenen "prähistorischen" **Quastenflosser** Latimeria Chalumnea, die bis dahin als ausgestorben galten! Die Leute zeigen Zeitungsartikel und Photos voller Stolz her!

Allerdings brennt die Sonne hier womöglich noch heißer als anderswo: Schatten

spendende Bäume sind hier extrem rar, dazu kommt noch die ständige Knappheit an Trinkwasser!
Deshalb haben selbst die teuersten Unterkünfte am Ort nicht immer genügend Wasser zur Verfügung!

Die Anreise gestaltet sich nicht einfach: Zwar gibt es prinzipiell die Möglichkeit, auf dem Landweg (ca. 60 km über holprigre Piste durchs Hinterland) hierher zu gelangen.

Stilechter und schöner ist es aber, wenn Sie mit dem Boot aus entweder von Tuléar oder von St. Augustine aus hierher übersetzen. Zahlreiche in Tuléar ansässige Hotels organisieren Transfers (zu Lande oder auf dem Wasser) hierher, man kann auch eine Überfahrt mit dem Motorboot vom Ablegeplatz aus (200 Meter südlich vom Hotel Al Shame) buchen - nicht ganz billig, 40.000 Ar. p.P. sind normal!).
Auch Pirogen oder Segelboote für den Trip kann man in Tuléar mieten – allerdings wird die Überfahrt dadurch nicht wesentlich billiger als mit dem Motorboot!
Beide Bootstypen sind nicht unwesentlich von Ebbe und Flut abhängig – daher ist Abfahrt meist morgens und nachmittags.

Von St. Augustine aus kann man sich über den Onilahy zum Dorf Soalara übersetzen lassen und zu Fuß (am Meer entlang) bis nach Anakao laufen, was aber wegen der Hitze nur morgens empfehlenswert ist. Besser, Sie lassen sich um die Landzunge herum mit dem Boot fahren!

Südlich des Ortes stößt man am Ende einer Landzunge auf sehr ungewöhnliche Grabstätten: das herausragendste Grab wird von einer Satelitenschüssel geschmückt!
Hier kann man auch – mit etwas Glück! - Schalenstücke von den Eiern des riesigen Aepyornis maximus finden, aber lassen Sie die Funde lieber hier!

(siehe Anakao im A-Z Orte)

Nosy Vé und Nosy Satrana

Die kleine Insel **Nosy Vé** („ist hier eine Insel?“) war ursprünglich bewaldet und erst durch ein von Menschenhand verursachtes Feuer kahl geworden, liegt ca. 2 km westlich von Anakao im Meer. Bereits 1595 erstmals von Holländern betreten, wurde Nosy Ve bereits 1888, also schon vor der Annexion des madagassischen Festlandes durch Frankreich in Besitz genommen.
Die Insel ist ein wunderbarer Ort zum Entspannen, Tauchen ,Schnorcheln und Baden – feiner, weißer Sandstrand, mit Muscheln übersät, und das kristallklare Wasser machen einen Besuch (ca. 10.000 Ar.) mit einem angemieteten Boot mehr als lohnenswert. Daneben ist Nosy Vé auch Heimat einer großen Kolonie von tropischen Vögeln. Daher ist Campen auf der Insel untersagt.
Achtung: auf der Insel gelten einige **fadys**: auch hier finden sich **Grabstätten der Vezo**. Erkundigen Sie sich bei Ihrem Bootsführer.

Nosy Satrana ist wesentlich kleiner und liegt (fast in Steinwurfweite!) direkt vor der Küste 6 km weiter südlich von Anakao. Im Gegensatz zu seiner größeren Schwester Nosy Ve hat sich Nosy Satrana aber etwas mehr Vegetation bewahrt, so spenden einige Bäume auf der Insel wohltuenden Schatten. Auch Nosy Satrana ist ein echter Tipp für Schnorchler und Taucher!

Tsimanampetsotsa Nationalpark

Ohne Zweifel ein Ziel ohne Gleichen v.a. für vogelkundlich und botanisch Interessierte – oder Reisende, welche die (erstaunlich gute) Piste weiter nach Süden in Richtung **Itampolo** (ca. 100 km) nehmen wollen. (Von **Soalala** geht zweimal pro Woche ein Eistransporter nach Itampolo und zurück, welcher einer Fischverarbeitungsfirma gehört)

Der Nationalpark befindet sich ca. 80 km südlich von Tuléar, von Anakao aus auch noch 40 km auf sandiger Piste. Da die Anreise schon recht mühsam ist, sollten Sie in jedem Falle eine Übernachtung einplanen – entweder auf einem der Zeltplätze am Park, im einfachen Hotel in **Ambola** nahe dem Parkeingang oder im Fischerdorf **Beheloka**, 15 km nördlich des Parks.

(siehe Beheloka im A-Z Orte)

Optional bietet sich auch die Möglichkeit, den NP als Abstecher auf der Straße von Tuléar nach Fort Dauphin zu besuchen (siehe Kapitel 3): in diesem Falle von **Betioky** an der RN 10 aus.

Tsimanampetsotsa , immerhin 45.000 ha groß, wurde 1999 zum Nationalpark erklärt. Der Nationalpark bietet nicht nur seltene und seltenste Vogelarten, u.a. findet man auch zahlreiche **Flamingos** im salzreichen See, der dem Park seinen Namen gab.

Der riesige Natronsee, der mit Ebbe und Flut in Verbindung steht, schillert eigenartig grün – Hinweis auf die **Spirulina-Algen**, die in der salzigen Suppe gedeihen. Die Algen dienen winzigen Krebsen als Nahrung – welche schließlich von den Flamingos aus dem Wasser gefiltert werden!
Eine eindrucksvolle Vegetation hat sich den extremen Bedingungen angepasst: grüne und erika-artige bodenbedeckende Salzpflanzen beherrschen das Bild.
Da der Park trotz seiner Weitläufigkeit gut erkundbar ist (es gibt Autopisten für Allradfahrzeuge), können Sie auch bei einem relativ kurzen Besuch allerhand sehen: Besonders die eindrucksvolle Trockenvegetation des Parks ist der Mühen wert! Mit einem ortskundigen Guide, den Sie am Parkbüro mieten, können Sie die endemische Vielfalt der Pflanzen des heißen Südens am besten auf einem der angebotenen Rundwege erkunden: **Andalamaike, Andaka, Emeraude** und **Tsiamaso** heißen die untersch. langen Pfade, die sie begehen können. Der Guide wird Sie sicherlich auch an die **Mitoho-Höhle** führen, in welcher der seltene augenlose **Höhlenfisch** Typhleotris madagascariensis lebt.

Eine weitere Attraktion ist der Baobab **„Polygame“** mit mehreren Stämmen (!), nur eine von vielen botanischen Kuriositäten. Der älteste Baobab, der **„Kartoffelbaum“** mit seinem knollenartigen Stamm, ist über 4.000 Jahre alt. Besonders morgens und abends lassen sich hier ganze Gruppen von Kattas sehen!

Hinweis: Der Nationalpark verfügt über so gut wie keine Infrastruktur – Proviant und v.a. Trinkwasser in ausreichender Menge (es kann hier sehr heiß werden) muß mitgebracht werden. (Ersatzweise besteht auch die Möglichkeit, mittels "Micropur"-Tabletten das hier vorhandene Süßwasser trinkbar zu machen)

Obwohl nur von wenigen Reisenden besucht (ca. 500 pro Jahr), lohnt sich der Besuch schon wegen der phantastischen Landschaft und den Flamingos, die v.a. in der Regenzeit

hier zu finden sind.
Man kann ohne Übertreibung sagen, dass Tsimanampetsotsa eine der überraschendsten und erstaunlichsten Landschaften Madagaskars darstellt.

Nördlich von Tuléar:

Ifaty/Mangily

Die beiden Strandgebiete von Ifaty und Mangily zählen schon traditionell zu den besten und bekanntesten Gegenden für sonnenhungrige Strandurlauber und Wassersportler. Dabei muss erwähnt werden, dass weißer Sandstrand nur in Mangily zu finden ist.
Die zahlreich vorhandene Hotels und Tauchbasen bieten eine riesige Auswahl an Möglichkeiten, die Unterwasser– und Überwasserwelt kennen zu lernen.

Mit dem Boot oder auf der holprigen Piste von Tuléar leichter zugänglich als die südlicheren Strände von St. Augustine und Anakao, hat diese Region womöglich eine große Zukunft vor sich: würden nicht die wiederkehrenden Zyklone die Gegend regelmäßig heimsuchen, hätte sich hier schon ein richtig „moderner“ Badeort etablieren können....immerhin hört man, dass Grundstücke in und um Ifaty momentan bei finanzkräftigen In– und Ausländern besonders beliebt sind und der Grundstücksmarkt hier sehr in Bewegung ist!
Bleibt zu hoffen, dass sich diese Gegend ihren Reiz auch in der Zukunft bewahren kann.

(siehe Ifaty/Mangily im A-Z Orte)

La Village des Tortoises

Das Schildkrötendorf befindet sich nicht weit nördlich von Mangily und beherbergt eine Auffang– und Zuchtstation für die bedrohten **Strahlenschildkröten** Geochelone radiata und die noch seltenere **Spinnenschildkröte** Pyxis arachnoides. Die Tiere, in ihrem Überleben nicht nur durch illegalen Tierfang und Zerstörung ihrer Lebensräume gefährdet, gehören leider auch zum Speisezettel vieler Einheimischer – umso wichtiger und wertvoller ist der hier gezeigte Bestand, den Sie für 4.000 Ar. besichtigen können.

Tel.: 94 425 67, mobil: 034 1984155
homepage: www.villagetortues.com

Reniala-Reservat

Das nur 45 ha große Reniala-Reservat, etwa 2 km landeinwärts zwischen Ifaty und Mangily gelegen, ist eine kleine Kostbarkeit: neben typisch „südlicher“ Trockenvegetation mit faszinierenden Sukkulenten und einem wahrhaft majestätischen Baobab mit fast 13 Metern Umfang(!) bietet Reniala auch beste Möglichkeiten zur Beobachtung seltener Vogelarten. Deshalb – und auch der Hitze tagsüber wegen! - sollten Sie Reniala am besten früh am Morgen besuchen, wenn die Tiere am aktivsten sind.

Eintritt 7.000 Ar.
Tel.: 94 417 56, mobil: 032 0251349
email: reniala-mada@blueline.mg , homepage: www.reniala-madagascar.com.

Salary

Etwa 70 Kilometer nördlich von Ifaty und nur über eine schlechte Piste erreichbar, deren Verlauf sich obendrein nach jeder Regensaison ändert und eine Orietierung bisweilen schwierig macht (keine Beschilderung, am besten mit Kompass und Gps "navigieren") kommen Sie an die traumhafte Bucht von Salary. Hohe Sanddünen, ein Meer in allen Blautönen sowie die fast völlige Weltabgeschiedenheit machen den Reiz aus. Neben einer luxuriören Bungalowanlage (die sogar über einen eigene Landepiste verfügt) existiert auch ein weniger vornehmes, aber desto schöneres ressort, welches in Kooperation der einheimischen Mikea geführt wird und diese direkt an den Einnahmen der etwa 500 Besucher pro Jahr beteiligt.

(siehe Salary im A-Z Orte)

Weiter nach Norden

Ein weiteres Fortkommen entlang der Westküste in Richtung Andavadoaka und von da weiter über **Manja – Morombe – Belo-sur-Mer** bis nach Morondava ist prinzipiell möglich. Allerdings brauchen Sie für diese Strecke ein gutes Allradfahrzeug, einen gelassenen und mutigen Fahrer, der sich orientieren kann und mehrere Tage Zeit. Die Piste ist schlecht und die meisten Reiseveranstalter weigern sich sogar, einen Wagen und einen Fahrer für diese Trasse zu vermieten. Wer es dennoch wagt, wird entschädigt mit den eindrucksvollsten Baobabs von ganz Madagaskar, welche in allen Formen und Farben die aride Vegetation aufs wunderlichste bereichern. Nichts für Madagaskar-Neulinge, vielmehr für Menschen, die bewusst ausgetretene Pfade meiden und ein wenig Abenteuer erleben wollen.

Hier endet Ihre große Tour in den Süden: Je nachdem, wie Ihre Reiseplanung aussieht, können Sie nun von Tuléar aus zurück nach Tana oder zu einem anderen Ziel fliegen – oder aber, Sie fahren weiter in das Land der Dornenmenschen, welches in der folgenden 3. Reiseroute beschrieben wird.

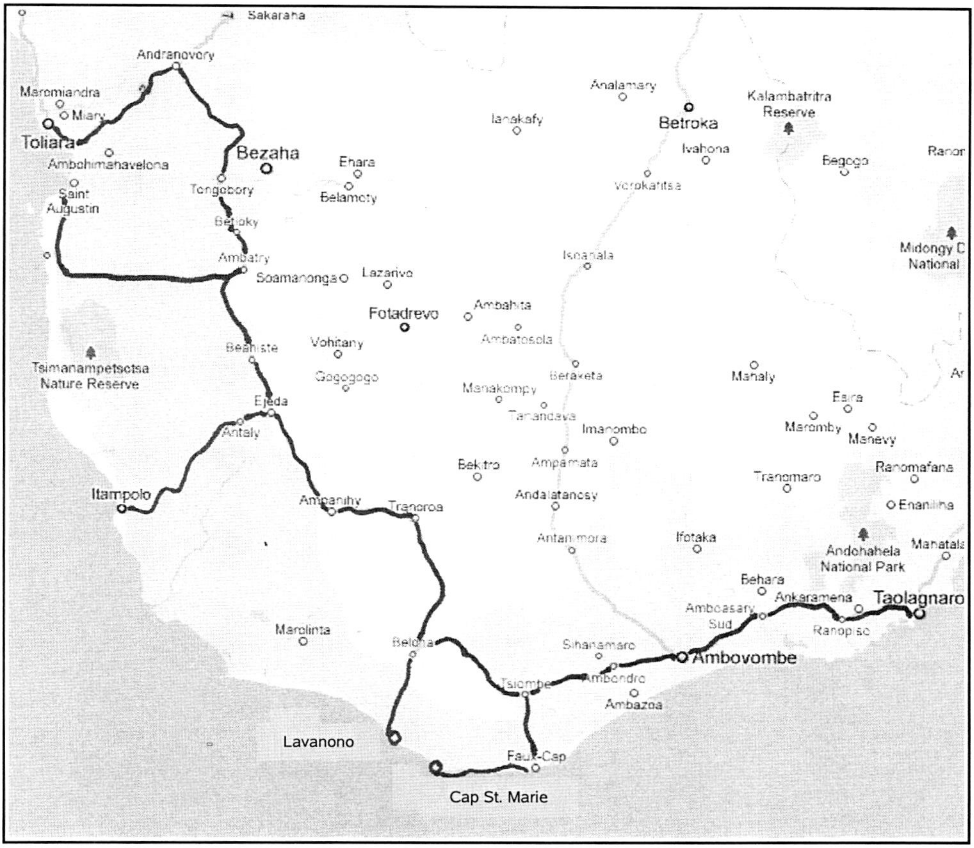

Der Süden

3. Durchs Land der Dornenmenschen
Der Süden

Von Tuléar nach Fort Dauphin: Betioky - Bezaha Mahafaly Reservat – Mahafaly-Gräber – Ampanihy – Faux Cap – Cap St. Marie - Ambovombe – Taolanaro (Fort Dauphin) und Umgebung: Pic Louis – Nahampoana-Reservat – Ile des Portugais – La Domain de la Cascade - Evatraha/Baie de Lokaro - Mandena-Reservat – Botanischer Gaten von Saiady – Andohahela NP – Lac Anony – Berenty - Ifotaka

Vorbemerkung des Verfassers: Vielleicht ist der heiße Süden kein Ziel für eine erste Reise zur roten Insel – touristische Brennpunkte sind hier rarer als sonstwo und die Natur fordert dem Reisenden allerhand ab. Die Hitze, die Wasserarmut und die dünne Besiedelung machen den Süden auf den ersten Blick wenig attraktiv.

Betrachtet man jedoch die Tatsache, dass gerade dieser Landstrich als urtypisch für Madagaskar gelten kann, sieht die Sache schon anders aus. So ist es gerade die hochspezialisierte Flora, die vor allem botanisch Interessierte in ihren Bann und hierher zieht. Die hohe endemische Dichte der Vegetation und die bizarren und vielfältigen Formen der hier lebenden Pflanzen sind weltweit einmalig!

Aber auch die anderen „Bewohner" des Südens verdienen Aufmerksamkeit und Interesse: es ist nicht minder spannend zu sehen, wie sich Mensch und Tier an diese trockene Landschaft angepasst haben.

Die zweibeinigen Bewohner haben denn auch im selben Maß zum Erscheinungsbild des **Grand Sud** beigetragen wie die seltsamen, stacheligen Didiereaceen und die rote Wüste: Die weltbekannten Gräber der Mahafaly (das berühmteste trägt die Skulptur eines Flugzeuges auf dem Dach) und die hölzernen Aloalo an den Gräbern der Antandroy zählen zu den bekanntesten Bildern aus diesem eigenartigen Land.

Die hier ansässigen **Antandroy** – an ihren Speeren und ihrem unerschrockenen Ausharren in dunkler Nacht erkennbar – haben sich den harten Lebensbedingungen des Südens ebenso angepasst wie die Tiere, von denen sie leben. Da die Antandroy die Nacht nicht fürchten (die bösen Geister bereiten ihnen offenbar keine Kopfzerbrechen) sind sie überall auf Madagaskar als Nachtwächter sehr gefragt.

Wundern Sie sich also nicht, wenn Ihnen während Ihres Madagaskar-Aufenthaltes abends auf Ihrem Hotelgelände oder vor Ihrem Bungalow ein hochgewachsener, hagerer Mann mit einem Speer (und meist auch einem Hund) begegnet....

Für diese Route sollten Sie mindestens 5 Tage einplanen, sofern Sie nicht einfach so schnell wie möglich nach Fort Dauphin (Taolanaro) durchfahren wollen, um z.B. das weltbekannte Berenty-Reservat zu besuchen. Beachten Sie, daß die Straße zum großen Teil nicht geteert und längst nicht so gut befahrbar ist wie die RN 7, es kann – je nach Jahreszeit – schlammig und rutschig oder staubig und in jedem Falle etwas holperig werden!

Enfernungen:

Tuléar-Taolanaro	630 km
Tuléar-Andranovory	70 km
Andranovory-Betioky	90 km
Betioky-Ejeda	80 km
Ejeda-Ampanihy	55 km
Ampanihy-Tsihombe	154 km
Tsihombe-Faux Cap	30 km
Tsihombe-Ambovombe	60 km
Ambovombe-Berenty	20 km
Berenty-Taolanaro	90 km

Von Tuléar nach Betioky

Sie verlassen Tuléar auf der RN 7 Richtung Nordwesten. Nach etwa 70 km oder einer Stunde Fahrt gelangen Sie nach **Andranovory**. Hier haben Sie nochmals Gelegenheit, Trinkwasser und Verpflegung einzukaufen oder zu rasten, ehe die anstrengende Fahrt in den heißen Süden beginnt. Mitten im Ort geht die Piste nach Süden rechts ab. Nun folgen fast 90 km auf staubiger und steiniger Piste, nur noch langsam kommt man hier vorwärts. Durch die Dörfer **Vatolatsaka, Ankorohotse** und **Antemavena** geht die Fahrt, die Landschaft wechselt ab zwischen den typischen Dornenwäldern und ausgedehnten Plantagen, auf denen Sisal angebaut wird. Südlich von Ankorohotse überqueren Sie den **Sakoandry**, einen der wenigen größeren Flüsse des Südens. Fast parallel zum Flusslauf geht die Straße nach Süden, bei **Tangobory** vereinigt der Sakoandry sich mit dem **Onilahy**, der nach Westen Richtung Meer fließt. Hier überqueren Sie den großen Strom und fahren nun weiter durch trockene, staubige Lande, bis Sie schließlich, nach 4-5 Stunden ab Tuléar, in Betioky ankommen.

Betioky -„wo es sehr windig ist"

Erst 1907 von den französischen Kolonialherren gegründet, ist Betioky ein Verwaltungszentrum des Südens.

Zwar ist die Stadt selber relativ uninteressant (sieht man einmal vom dienstags abgehaltenen Markt ab), bietet aber die Möglichkeit, die abseits gelegenen Reservate von **Tsimanampetsotsa** (siehe auch Reiseroute Nr. 2) und **Bezaha Mahafaly** zu besuchen.

(siehe Betioky im A-Z Orte)

Réserve Naturelle de Bezaha Mahafaly

Das Naturreservat ist nicht einfach zu erreichen: mühevoll ist die Anreise mit dem Allradfahrzeug ab Betioky, malerischer, aber für das Gesäß und die Knochen noch anstrengender ist die Fahrt dorthin mit dem Zebukarren. So oder so, Sie sollten wenigstens zwei Übernachtungen in einem der Campingpätze des Reservates einplanen. Ihren Proviant müssen Sie ebenso mitbringen wie Sie Ihren Müll anschließend wieder mitzunehmen gehalten sind!

Aufgrund seiner Abgeschiedenheit führt das mittlerweile fast 5.000 ha große Reservat

noch ein Schattendasein unter den Naturschätzen Madagaskars.
Bezaha Mahafaly stellt einen weiteren, gelungenen Versuch dar, die Interessen der lokalen Bevölkerung mit denen des Naturschutzes in Einklang zu bringen.

Das Reservat ist eigentlich zweigeteilt: in eine **trockene Zone** mit typischer Flora des Südens und eine **feuchtere Zone**, welche im Wesentlichen aus Galeriewäldern besteht. Mehrere Lemurenarten sowie über 90 Vogelarten tummeln sich in dem Reservat, welches vor allem von Wissenschaftlern aufgesucht wird.
Daneben finden sich vier Arten von Raubtieren und mehrere Tanrekarten in Bezaha Mahafaly.

Gut markierte Rundwege erlauben es Ihnen, sich sowohl der eigenartigen Trockenflora zu nähern als auch die Lemuren zu beobachten. Vor allem die hier möglichen **Nachtexkursionen** sind besonders faszinierend.

Für einen Marsch zum schönen **Ehazoara-Canyon** brauchen Sie vom Camp etwa 1-2 Std. Unterwegs kommen Sie in ein typisches Dorf der hier ansässigen Mahafaly und können erleben, wie die Menschen unter diesen Bedingungen existieren!
Ebenfalls einen Besuch wert ist der **heilige Banyan-Baum**, der inmitten von Nutzflächen gelegen, zahlreichen Lemuren Heimat bietet. Kommen Sie, wenn möglich nur in Begleitung (der **fadys** wegen) hierher und am besten früh am Morgen oder am späten Nachmittag.

Von Betioky nach Ampanihy

Sie verlassen Betioky am besten früh am Morgen: die jetzt folgende Etappe wird Ihr Sitzfleisch und Ihre Geduld ein wenig stärker fordern. Nach Süden geht es auf der staubigen, erdigen Piste. Entlang der Straße sehen Sie nun immer mehr Gräber – die berühmten **Mahafaly-Grabstätten** zeugen vom eigentümlichen Brauchtum der Menschen und auch vom Umfang ihrer Herden: Viele Gräber sind mit Dutzenden von Hörnerpaaren geschmückt, was auf unglaublichen Reichtum des Verstorbenen schließen läßt!
Etwa nach 70 km (oder 2 bis 3 Std. Fahrt) hinter Betioky kommen Sie nach **Ejeda.**

Der Ort eignet sich gut für eine Verschnaufpause und bietet willkommene Rast.

Von Ejeda an die Küste (optional)

Für Wagemutige und abenteuerlustige Reisende bietet sich hier die Gelegenheit, die Küstenregion des äußeren Südens kennen zu lernen: In Ejeda geht die Piste Richtung Südwesten ans Meer hinab, zu den Küstenorten **Itampolo** (siehe A-Z Orte) und zurück oder weiter an der Küste entlang Richtung **Androka** und **Bevoalavo Ouest**. Letzterer Ort bietet die Möglichkeit, auf sehr anstrengender Piste wieder landeinwärts zurück zur RN 10 nach Ampanihy zu gelangen.

Oder aber Sie folgen dem Verlauf der Küste weiter, bis Sie nach **Lavanono,** dem Traumort für Surfer schlechthin und schließlich nach **Cap St. Marie** gelangen. Hier kommen Sie zu den am wenigsten besiedelten Gegenden Madagaskars, die Strände sind z.T. regelrecht übersät mit den Eierschalenstücken des Riesenfußstraußes Aepyornis.

Traumhafte Strände locken zum Bade, der schönste ist wohl jener von Itampolo, der fast rosafarben unter dem Blau des Himmels liegt.....

Wer Zurückgezogenheit liebt, ist hier daher genau richtig und sollte die Zeit für diesen „Abstecher“ nutzen. Allerdings sind die Fahrten alles andere als einfach – rechnen Sie mit vielen Stunden unter glühender Hitze.....

(sie Itampolo und Lavanono im A-Z Orte)

Ampanihy - „wo es viele Fledermäuse gibt“

Etwas südlich von Ejeda erreicht die **Mahafaly-Grabkunst** ihren Höhepunkt: Inmitten der steinigen trockenen Savanne liegen die teils bunt bemalten Grabstätten und laden zum Halt ein. Beachten Sie unbedingt die **fadys**, wenn Sie sich den Gräbern (zu Fotozwecken) nähern.

4-5 Std. nach Ejeda gelangen Sie über **Manakaralahy** schießlich nach **Ampanihy**.

Die Stadt ist relativ groß und verfügt über eine Tankstelle, eine Landepiste und mehrere Unterkünfte. Daneben ist Ampanihy auch für die hier ansässige Manufaktur von **Mohair-Wolle** bekannt geworden. Früher war Ampanihy auch ein bedeutender Fundort für Granat – aber die Stadt hat auch schon bessere Tage gesehen und ist vor allem als Übernachtungsquartier für Reisende in den Süden interessant.
Immerhin – die Wollmanufaktur verdient einen Besuch, nicht nur, weil die von einheimischen Ziegen stammende Mohair-Wolle mit reinen Pflanzenfarben gefärbt und zu wunderbaren Teppichen und Tüchern verarbeitet wird.

Seit einigen Jahren ist man darüber hinaus auch sehr stolz auf die gelungene Zucht von **Angora-Ziegen**, deren kostbare Wolle vielleicht helfen kann, die Armut in dieser Region zu besiegen - daher sollten Sie, falls ihr Budget es zulässt, eines der schönen Produkte erweben!

Le Tapis de Malagache, mobil: 032 0776716
email: erictapismohair@hotmail.com

Hinweis: Auch von Ampanihy gehen Straßenverbindungen an die Küste: Sie können von hier aus ebenfalls einen Abstecher hinab nach Androka oder – dem Lauf des Menarandra-Flußes folgend – nach Bevoalavo-Ouest, Itampolo oder nach Cap.St. Marie machen.

(siehe Ampanihy im A-Z Orte)

Von Ampanihy nach Tsihombe

Diese Strecke fordert nochmals alles von Ihnen: steinig, staubig und z.T. kaum mehr im Umland auszumachen geht die Piste Richtung Süden weiter.
Es ist das Land der **Antandroy** – ihre Gräber und Behausungen, weitaus ärmlicher als jene der Mahafaly, sind beiderseits der Straße zu sehen. Oft sind die Gräber mit den **Aloalo-Stelen** geziert, die Häuser der Menschen bestehen meist aus Blättern und Holz.

Amborompotsy, Tranoroa, Andamilamy und **Tsimilofo** heißen die Orte, die Sie dabei passieren.

Die Landschaft ist monoton, aber nicht gänzlich unbelebt – zahlreiche, spezialisierte Pflanzen und Tiere haben sich dem extremen Lebensumfeld und dem Klima angepasst. Wenn Sie Glück haben, entdecken Sie hier schon Strahlenschildkröten, die hier im Süden besonders zahlreich sind.
In **Beloha** können Sie eine willkommene Rast genießen und sich von den Strapazen des vorangegangenen Wegstücks erholen, ehe es nochmals ein gutes Stück weitergeht.
Selbstverständlich können Sie hier aber auch die Nacht verbringen (siehe Beloha im A-Z Orte)

In Beloha geht eine weitere Straße Richtung Küste ab: Über Tranohavo gelangen Sie nach **Lavanono** (siehe A-Z Orte) und von da ab weiter nach **Ankoroka/Cap St. Marie**. Von da folgt die Piste dem Küstenverlauf bis nach **Betanty/Faux Cap** wo Sie wieder an die beschriebene Hauptroute anknüpfen können.
Auch dieser Streifzug an die Küste bietet menschenleere Traumstrände, eine erhabene Landschaft und unvergessliche Sonnenuntergänge.

Tsihombe

Die letzten 35 km von Beloha bis Tsihombe sind die interessantesten dieser Etappe: Zahlreiche Baobabs und viele Gräber säumen nun die Piste, wenn Sie unterwegs anhalten, werden Sie nicht lange suchen müssen, bis Ihnen eine Strahlenschildkröte über den Weg läuft...
Rumpelnd geht die Fahrt über die Brücke, die den breiten Mandrare-Fluss am Ort überspannt: zur Trockenzeit völlig ausgetrocknet, ist das sandige Flussbett von zahllosen Löchern überzogen, in denen die Menschen das kostbare Wasser herausschöpfen.
In Tsihombe sollten Sie sich auf die Suche nach einem Nachtquartier machen: Tsihombe ist zwar idealer Ausgangspunkt für Ausflüge ans Faux Cap und nach Cap St. Marie – aber diese Ziele erfordern noch einmal mindestens 2 Std. bzw. 4 Std. Fahrtzeit!

(siehe Tsihombe im A-Z Orte)

Faux Cap

Um hierher zu gelangen, müssen Sie starke 2 Stunden (Allradfahrzeug) einrechnen. Schnurstracks nach Süden geht die Piste von Tsihombe aus, Hitze, Dornen und Staub bestimmen die Fahrt.
Der Hauptort des „falschen Kap“ ist der Flecken

Betanty -„viele Zelte“.

Hier am Ende der Welt findet sich erstaunlicherweise eine relativ gehobene Gastronomie und recht gute Unterkünfte (siehe Faux Cap im A-Z Orte): ein Grund dürfte die dramatische Landschaft sein, die von der See, den weißen Stränden und der zerklüfteten Küste gebildet wird und die diesem Ort einen ganz eigenen Zauber verleiht. Früher hieß der Ort **Itomampy** und es wurde allgemein angenommen, dies sei der südlichste Punkt der roten Insel.
Mittlerweile hat die moderne Vermessungstechnik jedoch diesen Titel an das Cap St.

Marie „weitergereicht", weshalb der Ort heute „falsches Kap" heißt....
Neben der grandiosen Kulisse, dem tosenden Meer und der unruhigen Küstenlinie bietet Faux Cap die wohl schönste Möglichkeit, mutterseelenalleine durch die Dünen zu wandern, Eierschalenreste zu sammeln (und wieder fallen zu lassen!) und dem Atem der Natur zu lauschen.

(siehe Faux Cap im A-Z Orte)

Réserve Naturelle de Cap St. Marie

An den südlichsten Punkt von Madagaskar, Cap St. Marie, kommen Sie entweder über die Piste von Beloha oder von Betanty aus, oder Sie mieten sich ein Boot (Hotel Libertalia in Faux Cap, siehe A-Z Orte) für die Anfahrt.
Egal, für welche Variante Sie sich entscheiden, bedenken Sie, dass es sich um ein Naturreservat handelt, für dessen Betreten Sie eine Genehmigung – die aber vor Ort erteilt werden kann - brauchen.

Falls Sie per Boot „anreisen", wird die großartige, bis über 100 Meter aufragende Steilküste Sie zunächst in ihren Bann ziehen.

Die Anfahrt über Land ist ein Abenteuer für sich: die äußerst schlechte Piste, der überaus dichte Bewuchs mit dornentragenden Pflanzen, die weit in die Fahrbahn hineinwachsen, machen die Fortbewegung selbst im komfortablen Allradfahrzeug sehr beschwerlich.
Der Besuch lohnt aber allemal, Sie werden entschädigt durch eine der faszinierendsten Landschaften Madagaskars, hier am Ende der Welt!

Der Leuchtturm von Cap St. Marie thront einsam über den Wogen inmitten krüppeliger Bäume, ein stetiger kräftiger Wind weht das ganze Jahr über.
Vor allem deshalb konnte sich am Cap nur eine sehr kümmerliche, kaum über 1 Meter hohe Vegetation etablieren. Dennoch ist der Besuch im Reservat gerade für botanisch Versierte ein Erlebnis, gedeihen einige der Arten doch nur hier an diesem entlegenen Ort.

Der hier gelegene **Lac Imonto** kann ebenfalls mit einer Überraschung aufwarten: Kaum zu glauben, aber hier leben tatsächlich **Krokodile**, deren Herkunft ein Rätsel aufgibt.
Die größte Attraktion des Reservats jedoch ist die schier unglaubliche Anzahl an **Strahlenschildkröten** Geochelone radiata, die hier ideale Lebensbedingungen fernab vom Zugriff der Menschen finden.

Ein Ort, der staunen macht!

Von Tsihombe weiter ostwärts nach Ambovombe

Durch die zunächst dicht bewachsene Savanne in der regenärmsten Region Madagaskars geht die Fahrt, vorbei an zahlreichen Grabmalen. In dem Ort **Ambondrono**, 25 km vor Ambovombe, sollten Sie haltmachen: Hier ist das Herz der traditionellen Webkunst dieser Gegend. In den umliegenden Dörfern werden schöne Textilien gefertigt und in Ambondrono verkauft.
Montags findet hier außerdem ein sehenswerter **Zebumarkt** statt.
Hier hat die Landschaft bereits eine dramatische Veränderung erfahren: über weite Strecken ist die ursprüngliche Vegetation gerodet und zu höchst spärlichem Weide– und

Ackerland gemacht worden. Angesichts der Trockenheit ist aber kaum einträgliche Landwirtschaft möglich.

Weiter geht die Fahrt Richtung Osten. Schließlich kommen Sie nach

Ambovombe

Obwohl der Ort relativ wenig zu bieten hat, stellt er doch so etwas wie die Anbindung an den Rest der Welt dar: Die Stadt im Herzen des Androy-Landes verfügt nicht nur über einen Flugplatz, sondern ist auch wichtiger Verkehrsknotenpunkt des Südens. Von Nordwesten stößt die RN 13, die bei Ihosy ihren Weg nach Süden nahm, von rechts auf die RN 10, die hier im Ort endet. Weiter geht es nun auf der "relativ gut ausgebauten" und asphaltierten RN 13, die bis Fort Dauphin eine zügige Fahrt zulässt.
Wenn Sie sonntags am Abend ankommen, lohnt sich die Übernachtung am Ort wegen des größten Zebumarktes im Süden – ein besonders quirliges Spektakel!
Ansonsten können Sie aber in 2 Std. bis Fort Dauphin durchfahren.

(siehe Ambovombe im A-Z Orte)

Von Ambovombe nach Fort Dauphin

Etwa 110 km sind es noch bis Fort Dauphin, die früher gute Straße ist leider nicht mehr ganz so gut in Schuss, so dass man streckenweise nur langsam vorankommt. Immerhin aber besser als die "Nationalstrasse" zuvor!

In Amboasary geht eine gut ausgebaute Straße zu den Reservaten **Berenty** und **Kaleta**. Falls Sie nicht vorgebucht haben, können Sie sich den Besuch sparen, wenn Sie aus östlicher Richtung kommen: Hinein darf nur, wer bei Fam. **de Heaulme** in Fort Dauphin gebucht hat und in einem der Hotels der Familie wohnt. Die Fahrt zum Reservat wird als Komplettpaket (zu einem ziemlich happigen Preis) angeboten, schon von daher lohnt es sich nicht, es von dieser Seite aus zu versuchen.

Wenn man die ausgedehnten **Sisalpflanzungen** (von Fam. de Heaulme) besieht, die sich bald darauf beiderseits der Straße erstrecken, wird schnell klar, dass die Straße v.a. zur wirtschaftlichen Ausbeutung der Region gebaut wurde und in Schuss gehalten wird. Dazwischen finden wir zahlreiche **Baobabs** und wunderbare **Dornenwälder**, durch welche die Straße auf ihrem Weg durch die Tiefebene nun führt. In der Ferne tauchen grüne Berge auf, die Vegetation wechselt mit einem Mal dramatisch: von den Ausläufern des **Beampingaratra-Massivs** und der **Vohimena-Berge** kommt tropische feuchte Luft herab, die Gegend wird mit einem Mal üppig grün und fruchtbar. Bei **Ranopiso** geht es über einen kleinen Pass, an dem linker Hand der Straße einige bunt bemalte Gedenksteine der Antandroy stehen.
Wie ein letzter Gruß des Dornenlandes stehen sie da. Die Wüste endet hier, der Regenwald des Ostens wird ab jetzt zur bestimmenden Landschaftsform.
Hier befindet sich auch der Andohahela-Nationalpark: für den Besuch eine der drei Teile des Parks benötigen Sie eine Erlaubnis der Parkverwaltung, deren Büro sich an der RN nahe Ranopiso befindet.

Allerdings fand der Verf. im Herbst 2009 niemanden dort vor, so dass ein Besuch im Nationalpark nicht stattfinden konnte.

Die Straße wird nun merklich besser, fast perfekt, durch eine hügelige, grüne Landschaft geht es weiter. Linker Hand liegt die neue Siedlung der Rio Tinto Minengesellschaft, die hier eine ganze Stadt für ihre Arbeiter errichtet hat(nur eine von insgesamt dreien!)
Nach über 630 km seit Sie Tuléar verlassen haben und fast 1200 km von Tana entfernt, sind Sie endlich am Ziel:

Taolanaro – Fort Dauphin

Die wohl schönste Stadt Madagaskars ist trotz ihrer relativen Abgeschiedenheit mit der am meisten von Touristen besuchte Ort. Und das nicht von ungefähr, denn neben seiner herrlichen Lage am Fuße der Berge, den weißen Stränden und der Umgebung, die reich an Attraktionen ist, hat Taolanaro ein heiteres und vergleichsweise wohlhabendes Wesen.

Mit einer Einwohnerzahl von fast 50.000, die vor allem durch den boomenden Bergbau stark angewachsen ist, den riesigen Sisalpflanzungen und einem florierenden Fremdenverkehr (vor allem durch die Reservate Berenty, Kaleta und den Nationalpark Andohahela bedingt) ist die Region um Taolanaro wirtschaftlich mittlerweile etwas stabiler als noch vor Jahren, wenngleich um einen hohen Preis!

Geschichte

Bereits im Jahre **1504** gingen Europäer bei Taolanaro an Land – etwa 80 portugiesische Schiffbrüchige errichteten hier eine befestigte Siedlung, die aber nach 23 Jahren von den Einheimischen zerstört wurde. (siehe Ile de Portugais/Umgebung von Taolanaro)

1642 gingen erstmals **Franzosen** hier an Land – sie errichteten auf der **Taolankarana** („Ort der Träume“) genannten Halbinsel das **Fort Flacourt** und nannten die Siedlung rings um das Fort zu Ehren des französichen Kronprinzen Louis XIV **Fort Dauphin.**

Im Jahre **1648** ging der berühmte französiche Forscher **Etienne de Flacourt** hier an Land und erforschte (unter anderem kommandierte er auch das nach ihm benannte Fort!) jahrelang die rote Insel. Seine Geschichte der großen Insel Madagaskar galt bis in unsere Tage als eines der wissenschaftlichen Standardwerke zum Thema.

Bereits **1678** war die erste französische „Inbesitznahme“ aber vorbei: Nachdem sich die Franzosen nach anfänglicher Zurückhaltung und zunächst guten Beziehungen zu den hier lebenden Antanosy mehr und mehr brutal, anmaßend und rücksichtslos benahmen, kam es nach Streitereien um die Frauen der Weißen (siehe allg. Teil-Geschichte) zum offenen Kampf: die meisten Franzosen konnten fliehen, ein kleineres Kontingent konnte sich ganze sechs Jahre im Fort halten. Schließlich wurde das Fort aber gestürmt und alle Überlebenden getötet.

In der Folgezeit entwickelte sich Fort Dauphin zum beliebten Stützpunkt **europäischer Piraten**, die von hier aus die Handelswege nach Indien angegriffen.

Im 19. Jh. ging es mit der Stadt steil bergauf: als Militärgarnision und Zentrum der damals boomenden Sisalindustrie entwickelte sich Taolanaro rasch zu einer der bedeutendsten Städte des ganzen Landes.

Nach dem zweiten Weltkrieg und nach dem Ende der Kolonialzeit jedoch ging es auch mit

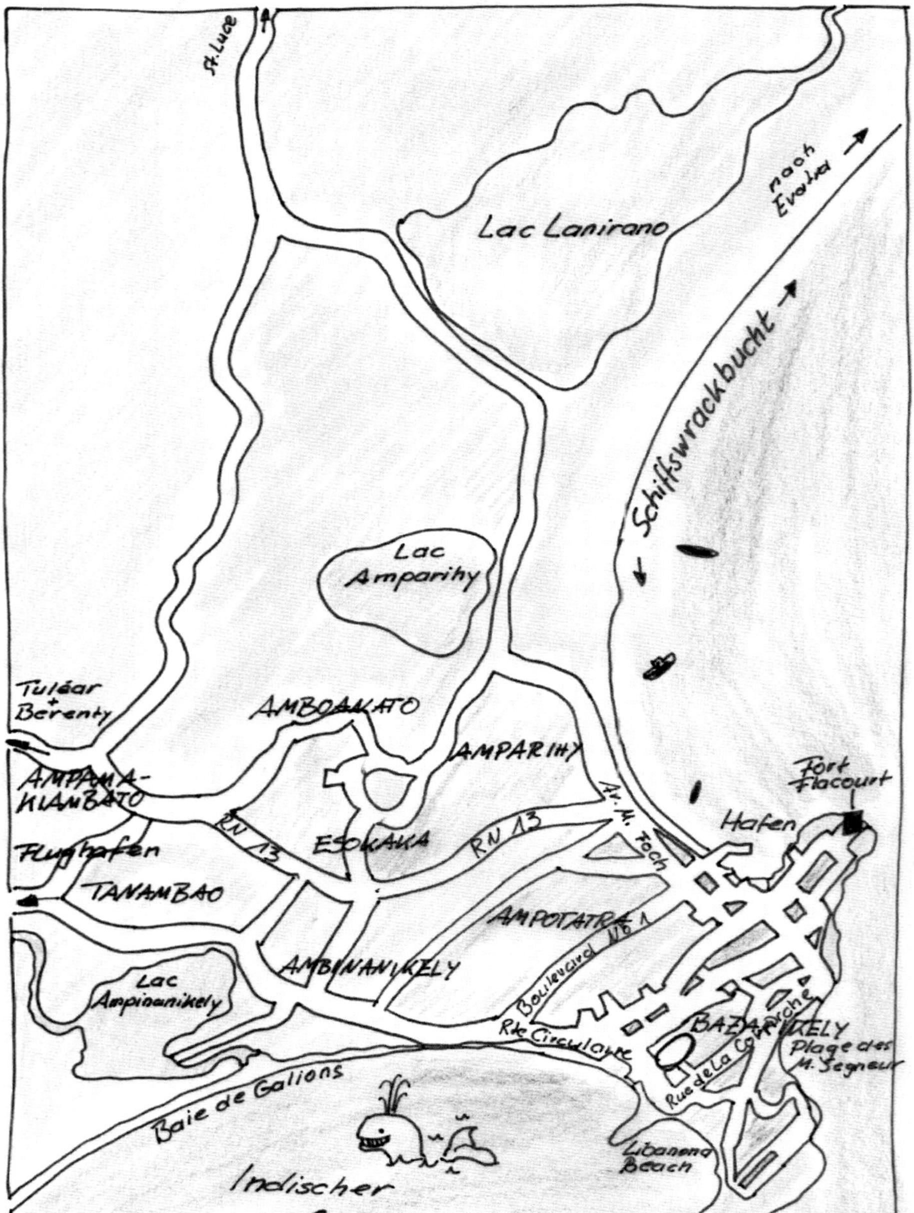
St. Luce
Lac Lanirano
nach Evatra
Schiffswrackbucht
Lac Amparihy
Tuléar + Berenty
AMBOAKATO
AMPARIHY
AMPAMA-KIANBATO
Fort Flacourt
Hafen
Av. M. Foch
Flughafen
RN 13
ESOKAKA
RN 13
TANAMBAO
AMPOTATRA
Boulevard No 1
AMBINANIKELY
Lac Ampinanikely
Rte Circulaire
Rue de La Corniche
Plage des M. Segneur
Baie de Galions
Libanona Beach
Indischer Ozean
FORTDAUPHIN-TAOLANARO

Fort Dauphin mehr und mehr bergab.

Die Stadt heute

Seine Lage an sich macht Taolanaro schon einen Besuch wert: Auf einer Halbinsel auf drei Seiten vom Meer und herrlichen Stränden umgeben, inmitten einer üppig grünenden Natur, majestätisch überragt vom 529 m hohen **Pic Louis.**

Das Klima ist mittlerweile sehr angenehm: galt der Ort noch im 18.Jh. als schreckliche Fieberhölle, hat sich nach den Eingriffen des Menschen in die Vegetation der großen Insel ein subtropisches gemäßigtes Klima etabliert. Im Schnitt ist es hier etwa 8-10 Grad kühler als in Tuléar, außerdem weht meistens ein leichter Wind.
Im August kann es bisweilen recht kühl werden: dann windet es mitunter recht stark.
Auch Taolanaro ist in der Vergangenheit immer wieder durch Zyklone verwüstet worden, wenngleich nicht so oft wie die nördlicheren Regionen der Insel.

Mittlerweile hat der Abbau von Titanerz durch die britische **QMM Rio Tinto** die einstige wirtschaftstragende Rolle des Sisalanbaus eingenommen – die Hotels in der Stadt sind daher oft ausgebucht und Voranmeldung ist dringend anzuraten!

Und wie einst beim Sisal, für welchen ganze Landstriche entwaldet und gerodet wurden, beginnt der Bergbau das Gesicht der Stadt und des Umlandes zu verändern: in der Nähe der Stadt wurden ganze Berge und Hügel weggesprengt, zerkleinert und von den gefräßigen Baggern verschlungen, eine neues **Seefrachtterminal** und eine großzügige Umgehungsstraße wurden angelegt. Ende 2008 wurde mit der Rodung von mehr als 4.000 ha einzigartiger Waldgebiete begonnen, um an das begehrte **Ilmenit** (Titanerz) zu kommen. Die
für die Madagassen dabei entstehenden Jobs und die (sehr bescheidenen) Anteile an der Förderung sollen für die nächsten 40 Jahre helfen, dem zunehmend verarmenden Süden der Insel wirtschaftlich aufzuhelfen!

Dabei wird von QMM ein ganzes Heer von Biologen, Ökologen und Entwicklungsexperten aufgeboten, um einerseits die Folgen für die Natur zu begrenzen bzw. schön reden zu lassen. Anderseits wird der lokalen Bevölkerung allerhand Gutes getan: Schulen werden gebaut, Wasserleitungen verlegt, Straßen instand gesetzt......man gibt sich wohlwollend!
Rio Tinto, die Muttergesellschaft der hier tätigen **QMM** ist Synonym für einen verschachtelten Konzern, das drittgrößte Explorationsunternehmen der Welt. Weshalb sich die Gesellschaft in Madagaskar vergleichsweise vorbildlich zu inszenieren versucht, kann nur mit dem internationalen Interesse an speziell dieser „Urlaubsregion“ Madagaskars erklärt werden. Oder mit Ereignissen in anderen Teilen der Welt, die ein gewaltsames Ende nahmen:

Andernorts sind die Leute von Rio Tinto nämlich weit weniger zimperlich, wenn es darum geht, der Natur möglichst kostensparend ihre Schätze in großem Stil zu entreißen: Die Salomonen-Insel **Bougainville** ist Standort der weltgrößten Kupfer - und Goldmine, der **Panguna-Mine**. Der riesige, rostrote Krater inmitten des Dschungels und die gigantische, mit hochgiftigen Schwermetallen angereicherte Abraumhalde (sogar vom Weltall aus zu sehen) haben Wunden in die Landschaft gerissen, die auf absehbare Zeit nicht zu heilen sind. Auf Bougainvillé schließlich gab es in den 80ern einen Aufstand lokaler Rebellen, in dessen Verlauf die Bergbauleute verjagt und die Mine geschlossen wurde.

Für Ersatz ist aber gesorgt: mittlerweile betreibt Rio Tinto in Neuguinea die **Grasbergmine**, die derzeit weltgrößte, arbeitende Kupfer-/Goldmine. In unmittelbarer Nachbarschaft zum bedeutenden **Lorenz-Nationalpark** werden hier – bei weltweit einmalig günstigen Förderkosten und extrem hohem Metallgehalt des Erzes - unvorstellbare Mengen Gestein zerkleinert und jährlich allein fast 80 Tonnen (!) Gold gewonnen. Der hochgiftige Abraum – zumeist mit Schwermetallen und deren giftigen Verbindungen extrem angereichert – wird einfach in den Fluss gekippt, was weder nach den dortigen, noch nach internationalen Gesetzen erlaubt ist! Das Verhalten der Firma - offizieller Firmensitz der Muttergesellschaft ist London! - ist derart eklatant, dass die norwegische Regierung sich 2006 entschloss, ein 500-Millionen-Euro Aktienpaket der Rio Tinto aus dem Portfolio ihres staatlichen Rentenfonds zu veräußern. Die Norweger gaben bekannt, dass es für sie „ethisch nicht mehr zu vertreten sei, Aktien dieser Firma zu besitzen!"

Mit dem Bergbauboom kamen leider auch noch andere Veränderungen, menschlicher Natur:
Die **Prostitution** blüht hier geradezu, die Rate an **HIV-infizierten** Personen v.a. weibl. Geschlechts ist besorgniserregend!
Obwohl die Krankheit im übrigen Land natürlich bekannt ist und durch Aufklärungsarbeit bekämpft wird, bildet sie doch (im Gegensatz zu den meisten schwarzafrikanischen Staaten) auf Madagaskar mit einer Infektionsrate von 1,7 % kein solches Problem.

In Taolanaro jedoch steht zu befürchten, dass sich die Stadt durch ihre einerseits abgeschiedene Lage, andererseits aber durch die vielen internationalen Besucher zu einem gefährlichen Brennpunkt und Streuherd der Seuche entwickelt!

Der Besucher wird bald feststellen, dass in Taolanaro die Preise nicht nur höher sind als im übrigen Madagaskar – auch die wirtschaftliche Vormachtstellung der französischen Familie **de Heaulme** wird deutlich:
Seit Beginn des 20.Jh. auf Madagaskar ansässig, war und ist die Familie größter Arbeitgeber und Landbesitzer der ganzen Region.
Zahlreiche Hotels und alle möglichen touristischen Dienstleistungen werden durch die de Healumes angeboten, z.T. exklusiv! Nach Berenty z.B. kommt nur, wer in einem der Hotels der Familie nächtigt und den recht happigen Preis für den Besuch, die Anfahrt und Unterkunft vor Ort berappt! Hier von Monopolkapitalismus zu reden ist vielleicht etwas hart, beabsichtigen die de Healumes doch angeblich mit dem Betrieb ihrer Reservate, eine Art Wiedergutmachung für die an der Umwelt begangenen Sünden der Vergangenheit zu leisten.
Dafür spricht zumindest, dass die Familie auch das Reservat **Analabe** bei Morondava betreibt.

Dennoch wird man den Verdacht nicht los, dass hier clevere Geschäftsleute am Werk sind, die den größten Happen alleine beanspruchen!

Die Stadt

Neben seiner herrlichen Lage, den Stränden und zahlreichen Attraktionen in der näheren Umgebung bietet Taolanaro selbst wenig spektakuläre Sehenswürdigkeiten: das alte **Fort Flacourt** auf der Landzunge draußen ist immerhin einen Abstecher wert, wenn man die Stadt durchstreift.

Und das tut man am besten entlang der Strände: die schönsten sind **Filao, Libanona, Plage de Monseigneur** sowie der endlos lange Strand an der **Schiffswrackbucht**. Das namensgebende Wrack – nur ein sichtbares von vielen anderen, hier gescheiterten Schiffen! - liegt weithin sichtbar in Ufernähe etwa 1 km nördlich des Hafens.
Taolanaro ist natürlich auch ein Paradies für Wassersportler aller Art,

insbesondere Surfer kommen an der Küste – und bereits mitten in der Stadt (Plage de Monseigneur und Baje de Galions) voll auf ihre Kosten.
Aber auch Taucher, Schnorchler und Freunde der Hochseefischerei suchen den Ort gerne auf!
Eine relativ gute Infrastruktur, sehr ordentlich ausgerüstete Verleihagenturen und Tauchbasen erleichtern dabei den Zugang zur marinen Welt.

Umgebung von Taolanaro:

Zahlreiche Ausflugsziele und touristische „Highlights" in der näheren Umgebung machen Taolanaro einen längeren Besuch wert.

Pic Louis

Der 529m hohe Pic Louis ist ein sehr reizvolles Ausflugsziel, schon der spektakulären Aussicht wegen. Der Weg ist nicht leicht zu finden: Über die RN 13 verlässt man das Zentrum und biegt dann nach etwa 3 km nach rechts, Richtung Norden nach **Lanirano** ab. Nach 2 km kommt man zur SIFOR-Sisalfabrik. Gegenüber, auf der linken Straßenseite, beginnt der eigentliche Fußweg zum Gipfel.
Bis zum Gipfel sind es etwa 1 Stunde zu Fuß, nicht ganz einfach (!), der Weg ist am besten mit einem einheimischen Guide zu machen.
Für den teilweise anstrengenden Aufstieg wird man belohnt mit einem herrlichen Rundblick über die ganze Stadt und die Küste.

Hinweis: Verbinden Sie diese Tour am besten mit einem Picknick bzw. nehmen Sie sich etwas Proviant und genügend Trinkwasser mit.

Ile des Portugais/Portugiesisches Fort

Wenn Sie die RN 13 Richtung Flughafen nehmen, biegt dort am Kilometerstein 10 die Piste nach **Ambinanibe** ab. Der kleine Ort liegt an der Mündung des **Vinanibe-Flusse**s und beherbergt eine Besonderheit: Das vermutlich älteste existente Gebäude der roten Insel, das **portugiesische Fort,** befindet sich auf einer kleinen Insel in der Flussmündung. Die Fischer vor Ort fahren Sie gerne hinüber zu jenem Ort, der den ersten Versuch europäischer Landnahme auf Madagaskar markiert. Die immer noch vorhandenen Gräber der Portugiesen im Dorf belegen darüber hinaus auch das Scheitern.
Das Fort selber, ziemlich verfallen, beeindruckt mit seinen massiven Außenmauern und offenbart einen schönen Rundumblick.

Heute geht man davon aus, dass das Fort nicht das erste Gebäude an dieser Stelle war, sondern bereits im 14. Jh. an dieser Stelle ein befestigter Stützpunkt der seefahrenden **Swahili** aus Ostafrika stand.

Nahampoana-Reservat

Hinweis: Dieses Ausflugsziel befindet sich im Besitz der Agentur Air Fort Service

(siehe Taolanaro im A-Z Orte)

Sie erreichen Nahampoana auf der Straße Richtung Norden, Richtung St. Luce, etwa 10 km vom Stadtzentrum entfernt.
Das 70 ha große Areal beherbergt eine Vielzahl von Reptilien, Lemuren und endemischen Pflanzen, teilweise jedoch fernab ihrer ursprünglichen Verbreitungsgebiete auf der roten Insel.
Vor allem der Lemuren wegen kommen viele Besucher hierher, besonders jene, die für weniger Geld als bei de Heaulmes den Lemuren begegnen wollen. Hier sind die stets brummenden Sympathieträger mindestens ebenso zahm und an Menschen gewöhnt wie in Berenty!
Bei einem Eintrittspreis von 35.000 Ar. inkl. Guide auch nicht ganz billig, aber allemal lohnend: Um dem Reservat halbwegs gerecht zu werden, sollten Sie wenigstens einen halben Tag einplanen.

Tipp: Zum Reservat gehört auch eine schöne Bungalowanlage, 8 komfortable Unterkünfte (* * *)
Ideal für einen Zwischenaufenthalt.

La Domaine de la Cascade

Zumindest einen Zwischenstopp wert ist auch dieses Ziel in **Manantantely**, direkt an der RN 13 Richtung Amboasary. Etwa 9 km westlich des Stadtzentrums von Taolanaro erwartet den Besucher ein wunderbarer Naturpark, wo ein idyllischer Wasserfall inmitten üppiger Vegetation und Obstplantagen (sowie mehrerer Kinderheime) harmonisch mit der schönen Gegend verbunden ist.
Ein herrlicher Ort zum Rasten, Wandern oder Baden: unterhalb des Wasserfalls findet sich dazu eine erstklassige Möglichkeit.
Eintritt: 10.000 Ar.
Auch Übernachten kann man hier sehr gut:
Komfortable Zimmer (* * *), ein Campingplatz sowie ein Restaurant laden zum Verweilen ein.

Evatraha/Baie de Lokaro

Dieses Ausflugsziel darf zu Recht als besonderes Kleinod der Ostküste gelten: nordöstlich von Taolanaro, in etwa 10 km (Luftlinie) Entfernung liegt die Halbinsel Evatraha am Ende der riesigen, halbmondförmigen Schiffswrackbucht. An der Spitze der Halbinsel liegt einsam der Leuchtturm von Evatraha, etwa 1 km landeinwärts liegt der namensgebende kleine Fischerort Evatraha. Hier ist ein wunderbarer Ort zum Baden, Ausspannen und die Seele baumeln lassen: die Halbinsel ist ein wahres Paradies mit natürlichen Pools, Kanälen und natürlich einem phantastischen Strand. Um hierher zu gelangen, bieten sich grundsätzlich drei Möglichkeiten an:

- Entweder Sie gehen einfach entlang des Strandes der Schiffswrackbucht und kommen nach etwa 2 Stunden ans Ende der Bucht, wo die Mündung eines Flusses liegt.

Evatraha liegt auf der gegenüberliegenden Seite der Flussmündung und ist mit einem der hier lebenden Fischer im Boot leicht und bequem zu erreichen.

Hinweis: Es hat in der Vergangenheit wiederholt Raubüberfälle auf arglose Touristen beim Fußweg über die Bucht gegeben. Gehen Sie keinesfalls alleine, sondern nur in einer Gruppe bzw. mit einem ortskundigen Guide.

- Die vielleicht schönste Variante ist die folgende: Sie fahren (oder laufen) auf der RN 12 A Richtung Nordosten, bis Sie nach etwa 6 km ans Westufer des **Lac Lanirano** gelangen. Hier bietet sich die Möglichkeit, per Boot erst über den See und dann durch einen Kanal und durch zwei weitere Seen bis zur Flussmündung und nach Evatraha zu fahren. Ein märchenhafter Trip! Fragen Sie bei den Reiseveranstaltern in Taolanaro nach dieser sehr beliebten Tour.

- Die dritte Möglichkeit ist jene durchs Hinterland entlang der RN 12 A. Wenn Sie diese Variante wählen, haben Sie außerdem die Möglichkeit, auf dem Weg dorthin die Reservate von **Nahampoana**, **Mandena** und den **Botanischen Garten von Saiady** zu besuchen. Dazu folgen Sie einfach (per Auto oder Fahrrad) der RN 12 A Richtung **St. Luce**, bis Sie nach etwa 17 km nach **Mandromodramotra** kommen. Hier biegt die Piste nach Evatraha nach rechts ab, es folgen etwa 15 weitere Kilometer auf teilweise sandiger und schwieriger Piste.

Wer über Nacht in Evatraha bleiben will, muss entweder campen oder einen der hier angebotenen, sehr einfachen Bungalows mieten. Erwarten Sie keine Spitzenunterkünfte, desgleichen keine gehobenen Restaurants!

Lokaro

Etwa 1 km nördlich von Evatraha, auf der anderen Seite der Halbinsel, liegt die herrliche Bucht von Lokaro.

Diese Traumbucht ist vielleicht noch schöner als die von Evatraha, zu erreichen ist sie auf dem selben Weg (siehe Anreisevarianten nach Evatraha) wie diese.
Dann allerdings gilt es noch, einen einstündigen, anstrengenden Fußmarsch über die Halbinsel entlang der Piste von Evatraha nach Lokaro zu machen, bzw. mit dem Allradauto zu fahren.
Oder Sie nehmen sich ein Boot von Evatraha oder Taolanaro aus.
Nicht wenige Reisende meinen, dass dies der schönste Strand in ganz Madagaskar ist!

Ausflüge hierher buchen Sie am besten über Hotel Lavasoa in Taolanaro (siehe A-Z Orte).
Das Hotel unterhält nicht nur das „Camp Pirate“ mit * * * Bungalow (und ab 2010 auch komfortable Fremdenzimmer) in Lokaro, sondern hat vor Ort auch verschiedene Wassersportmöglichkeiten zu bieten. Auch Campingausrüstungen kann man mieten, falls man diese „Unterkunft“ vorzieht.
Anfahrtsweg bei Buchungen über Hotel Lavasoa ist immer mit dem Boot über den Lac Lanirano und dann weiter (über Evatraha).

Botanischer Garten von Saiady

Ebenfalls in Richtung Nordosten an der RN 12 A Richtung St. Luce liegt der botanische

Garten von Saiady. Sie erreichen den Garten (zoologisch-botanischer Park wäre vielleicht passender) bequem von Taolanaro aus auf der RN 12 A Richtung St. Luce in etwa 11 km Entfernung. Saiady bietet vor allem wiederum den botanisch interessierten Reisenden tiefere Einblicke in die Vegetation des südlichen Madagaskars, insbesondere die hier wachsenden **Nepenthes** (fleischfressende Kannenpflanzen) und zahlreiche Orchideen. Aber auch Lemurenfreunde dürfen sich auf Begegnungen mit den sympathischen Tieren freuen, diese sind hier ebenso zu Hause wie die zahlreichen Insekten und Reptilien.
Nach Meinung des Verfassers durchaus eine ernstzunehmende Konkurrenz für das Berenty-Reservat – allerdings gehört der Saiady ebenfalls den de Heáulmes!
Immerhin weitaus näher liegend, preiswerter und zwangloser zu besuchen! Sehr zu empfehlen!

Mandena-Reservat

Das Mandena-Reservat stellt neben Berenty ebenfalls so etwas wie den Versuch einer Wiedergutmachung dar.
Von der QMM Rio Tinto gegründet, wurden hier fast 170 ha ursprünglicher Waldgebiete und fast 80 ha Feuchtgebiet unter Schutz gestellt. Bedenkt man, dass für die (höchst umstrittenen) Bergbauaktivitäten der QMM hier in dieser Gegend mehr als 4.000 ha der ursprünglichen Vegetation dem Bagger weichen muß, ein recht schwacher Trost.
Dennoch ist der Besuch sehr lohnenswert, das Reservat ist mittlerweile unter die Selbstverwaltung der lokalen Bevölkerung gestellt worden und bietet zahlreiche Attraktionen: Allein sechs Lemurenarten leben hier, daneben findet man seltene Orchideen– und Palmenarten. Auf einem etwa 3-4 stündigen, leichten und sehr abwechslungsreichen Rundweg, der durch eine reizvolle Bootsfahrt ergänzt wird, bekommt man einen sehr umfassenden Einblick in die typische Vegetation und Tierwelt der Ostküste.

Das Reservat erreichen Sie von Fort Dauphin aus bequem auf der RN 12 A Richtung St. Luce, lediglich 12 km vom Stadtzentrum entfernt.
Eintritt: 10.000 Ar, inkl.Bootsfahrt, Trinkgeld für die Guides sehr erbeten!
Campingmöglichkeit vor Ort vorhanden, Zeltverleih.

Andohahela-Nationalpark

Das über 76.000 ha umfassende Schutzgebiet von Andohahela, erst 1998 zum Nationalpark erklärt, ist die eigentliche Attraktion der Gegend von Taolanaro, wenngleich stets im Schatten des weit bekannteren Berenty stehend.
Dabei ist Andohahela einzigartig: Nicht nur das Zusammentreffen zweier völlig unterschiedlicher Vegetationszonen, der feuchten Ostküstenregenwälder und der typischen Trockenvegetation des heißen Südens, machen den Besuch lohnenswert. Es hat sich daneben noch eine dritte Vegetationsform etabliert, der Übergangswald mit höchst seltenen Arten von Dreikantpalmen und anderen endemischen Gewächsen.
Der Park, bzw. die verschiedenen Teile, beginnt etwa 20 km westlich von Taolanaro und ist über die RN 13 Richtung Ambovombe gut zu erreichen.
Inmitten der Ausläufer der Berge gelegen, vom 1957 Meter hohen **Trafonaomby** überragt, bietet dieser Nationalpark eine nur hier zu findende Zusammenstellung von Naturschätzen!
Um den verschiedenen Vegetationstypen gerecht zu werden, ist der Andohahela - Nationalpark in drei verschiedene Teile, sog. „Parcels“, unterteilt.

- **Malio** (Teil 1), der südliche Anteil, ist die Zone des Regenwaldes. Zahlreiche Wege und Stege ermöglichen die Erkundung dieses faszinierenden Waldgebietes. Da viele Besucher der Region um Fort Dauphin bereits andere Nationalparks mit Regenwaldvegetation gesehen haben, wird dieser Teil seltener besucht. Ein anderer Grund dürfte die etwas anstrengende Anfahrt sowie die sehr spärliche Infrastruktur darstellen! Dies hat den Vorteil, dass man hier fast ungestört ist und sich „exklusiv" inmitten der herrlichen Berglandschaft bewegen kann.

- **Mangatsiaka** und **Ihazofotsy** (Teil 2), der westlichere und am leichtesten zugängliche Teil des Parks. Dies ist die Zone des Trockenwaldes und der ursprünglichen Vegetation des Südens. Mit etwas Glück (und zur richtigen Tageszeit, früh morgens und abends) können Sie Sifakas (Propithecus Verrauxi) beobachten, die sich äußerst geschickt über die vielen dornigen und wenig einladenden Gewächse bewegen. Auch Vögel und Reptilien findet man – Geduld und Ruhe vorausgesetzt – hier in großer Zahl.

- **Tsimelahy** (Teil 3), der vielleicht interessanteste und schönste Teil des Parks, allerdings auch am weitesten entfernt. Zwei verschiedene Wege entlang der beiden Ufer des Taratantsa führen durch ein wahres Wunderland der Botanik: Dreikantpalmen (nur hier zu finden), zahlreiche Pachypodien und andere endemische Pflanzen, die diese einzigartige Mischvegetation prägen, begeistern den Besucher. Obwohl nicht ganz leicht zu erreichen, lohnt sich der Ausflug hierher: Insbesondere der wunderbare Campingplatz unweit eines Wasserfalls mit einem schönen natürlichen Pool zum Baden locken vor allem Kleingruppen an, ein Allradfahrzeug ist obligat!

(Siehe auch Andohahela im A-Z Orte)

Centre d´Interpretation Andohahela

Wenn Sie keine Zeit haben, den Nationalpark selber zu besuchen, kommen Sie wenigstens hierher: Das Zentrum beitet nicht nur umfassende Information über den Park und die Besonderheiten der hier vorherrschenden Flora und Fauna. Insbesondere dem Naturschutz und der nachhaltigen Entwicklung der lokalen Bevölkerung gilt das Augenmerk. Zahlreiche Initiativen stellen Projekte zur nachhaltigen und umweltverträglichen Entwicklung vor, speziell der Sektor Energiegewinnung!
Das Zentrum liegt etwa 7 km außerhalb von Taolanaro an der RN 13 – das große grüne Gebäude liegt direkt an der Straße und bietet auch * * - Unterkünfte und Campingmöglichkeit an.

Lac Anony

Ein weiteres reizvolles Ausflugsziel in der so reichen Umgebung ist der Lac Anony, der sich südwestlich von Taolanaro nahe der Küste befindet. Der See, bzw. die Brackwasserlagune, bietet zahlreichen Vogelarten Nahrung und Schutz, darunter Flamingos. Obgleich die Gegend z.T. einer Mondlandschaft gleicht, können vor allem botanisch und ornithologisch Interessierte aufregende Beobachtungen machen. Wer nach dem Besuch des Sees nicht mehr bis Taolanaro zurückfahren möchte, kann sich in **Amboasary** (siehe A-Z Orte) oder in dem Fischerdorf **Andranobory** ein Quartier suchen.
Sie erreichen den See, indem Sie von Taolanaro aus etwa 70 km auf der RN 13 westwärts bis Amboasary fahren, dort geht die schlechte Piste etwa 13 km südwärts bis zum See.

(siehe Amboasary/Lac Anony im A-Z Orte)

Ifotaka

Das unter kommunaler Selbstverwaltung stehende Projekt **Ifotaka** befindet sich nördlich von Amboasary an der RN 13 (70 km westlich Taolanaro). Das bemerkenswerte Schutzgebiet ist ein weiterer Beleg dafür, dass Tourismus, Naturschutz und die Interessen der Bevölkerung durchaus Hand in Hand gehen können. So wird ein Teil des Schutzgebietes behutsam landwirtschaftlich genutzt, während andere Teile ausschließlich dem Ökotourismus zugewiesen wurden. Neben seiner herben Natur bietet auch Ifotaka die Gelegenheit, Lemuren (Kattas und Sifakas) zu beobachten, die Tiere sind zwar nicht ganz so zutraulich wie in Berenty, dafür aber wesentlich preiswerter zu bestaunen. Wer hierher findet, tut dies außerdem in der Gewissheit, dass die Einnahmen direkt der Bevölkerung zugute kommen! (siehe auch Ifotaka A-Z Orte).
Ifotaka eignet sich hervorragend für verschieden Wanderungen ins Umland, zahlreiche Varianten werden Ihnen vor Ort angeboten. (5.000 Ar für einen Besuch im Wald, 12.000 für Camping/Guide, 4.000 Ar. für etwaige Träger)
(siehe Ifotaka im A-Z Orte)

Berenty-Reservat

Das vielleicht berühmteste und bekannteste Reservat Madagaskars ist ohne Zweifel Berenty. Von der Familie de Heaulme in 2. Generation betrieben, stellt das etwa 260 ha große Reservat in der Tat eine besondere Attraktion dar. Obwohl schon 1936 eingerichtet, ist Berenty erst seit den 80er Jahren öffentlich zugänglich.

Sehr schön am Ufer des **Mandrare-Flusses** gelegen und von zwei Seiten durch riesige Sisalplantagen begrenzt, eröffnet der Ort sowohl botanisch Interessierten als auch den Lemurenfreunden ganz große Momente: Wohl nirgendwo sonst auf der roten Insel sind die ringelschwänzigen Kattas so zutraulich und „fotogen".
Berenty ist hierfür ebenso berühmt wie für seine abwechslungsreiche Vegetation, die den Übergang vom heißen Süden zum feuchten Osten hin repräsentiert.

Das Reservat darf als hervorragend touristisch erschlossen gelten: Zahlreiche gehobene Unterkünfte (komfortable Bungalows), ein Restaurant, ein Museum und ein Souvenirshop sind vorhanden - und auch eine Landepiste für Kleinflugzeuge fehlt nicht!

Selbst bei den Lemuren geht es mitunter recht klutiviert zu: auf geharkten Kieswegen kann man den Kattas hier begegnen. Vor allem diese Eigenarten machen Berenty mehr zu einem zoologisch-botanischen Garten als zu einem Reservat - wer wilde, unberührte Natur sucht, ist hier fehl am Platz!
Wer nach Berenty will, kommt nur über die Wege der Familie deHealume ans Ziel, und zwar nicht nur buchstäblich: wer nicht in Taolanaro in einem der Hotels der Familie wohnt und den Ausflug -Trip dort gebucht hat (und womöglich auf eigene Faust hierher gefunden hat!), wird ziemlich sicher am Eingang abgewiesen!

(siehe Berenty im A-Z Orte)

Der Park

Grundsätzlich ist der Park in 2 Hemisphären unterteilt:

Malaza, dessen Grundriss ein gleichschenkliges Dreieck bildet, ist der Bereich in der Nähe der Unterkünfte und des Eingangsbereiches. Am südlichen Eck liegt ein kleiner, typischer südlicher Dornenwald, das Nordende wird durch den Fluss begrenzt. Fast genau in der Mitte von Malaza stehen zwei imposante Bäume: Eine große **Tamarinde** und etwas weiter entfernt ein heiliger **Banyan-Baum**. Ein Geflecht aus Pfaden und Wegen durchkreuzt diesen Teil – ideal zumindest für Reisende, die wenig gut zu Fuß sind und möglichst ohne große Anstrengung den Lemuren, die sich hier allenthalben sehen lassen, nahe kommen wollen!

Ankoba ist der kleinere, an der nordwestlichen Spitze des Malaza-Dreiecks, direkt am Mandrare gelegene Teil. Wie auch in Malaza kommt hier der Beobachtung zahlreicher Tierarten besondere Bedeutung zu: Mehr als 100 Vogelarten sind hier gezählt worden, eine Vielzahl endemischer Insektenarten – ganz zu schweigen von den Reptilien, von denen Ihnen vor allem die zahlreich vertretenen **Chamäleons** in Berenty begegnen dürften.

Die Stars von Berenty sind natürlich die Lemuren, insbesondere die mehr als 500 **Kattas**. Fast zutraulich tummeln sich die ringelschwänzigen Gesellen in sozialen Verbänden im Reservat.
Daneben wurden auch noch **braune Lemuren** hier angesiedelt sowie eine stattliche Anzahl von **Sifakas**.

Bei einer der sehr beliebten und überaus lohnenswerten Nachtwanderungen können Sie darüber hinaus auch die nachtaktiven Bewohner des Reservates beobachten: **Mausmakis** hüpfen durchs Geäst, leicht an ihren leuchtenden Augen im Schein der Taschenlampe (oder eines Infrarotgerätes) zu erkennen.

Auch **Flughunde** sind hier in großer Zahl zu sehen, lautstark suchen diese in den fruchttragenden Bäumen des Parks die reich vorhandene Nahrung.

Museum der Antandroy

Versäumen Sie nicht, dieses hochinteressante Museum zu besuchen, wenn Sie nach Berenty kommen! Es verdient Aufmerksamkeit (und auch Respekt), denn es wendet sich den Menschen der Region zu – die Betreiber von Berenty taten gut daran, bei der Schaffung des Reservates nicht nur die Belange der Tiere und Pflanzen zu berücksichtigen.
Mit einer Fülle von Informationen und sehr anschaulich gestaltet (und in mehreren Sprachen beschrieben), bietet das Museum Einblicke in die Lebensweise der Antandroy. Schöne, herausragende Beispiele von lokaler Handwerkskunst gibt es ebenso zu sehen wie ein (echtes!) Aepyornis-Ei.
Zum musealen Bereich gehört auch ein nachgebautes „Dorf" der Antandroy - hier können Sie einmal einen Blick ins Innere eines der kleinen Häuser werfen, die Sie hier in der Gegend so oft sehen.

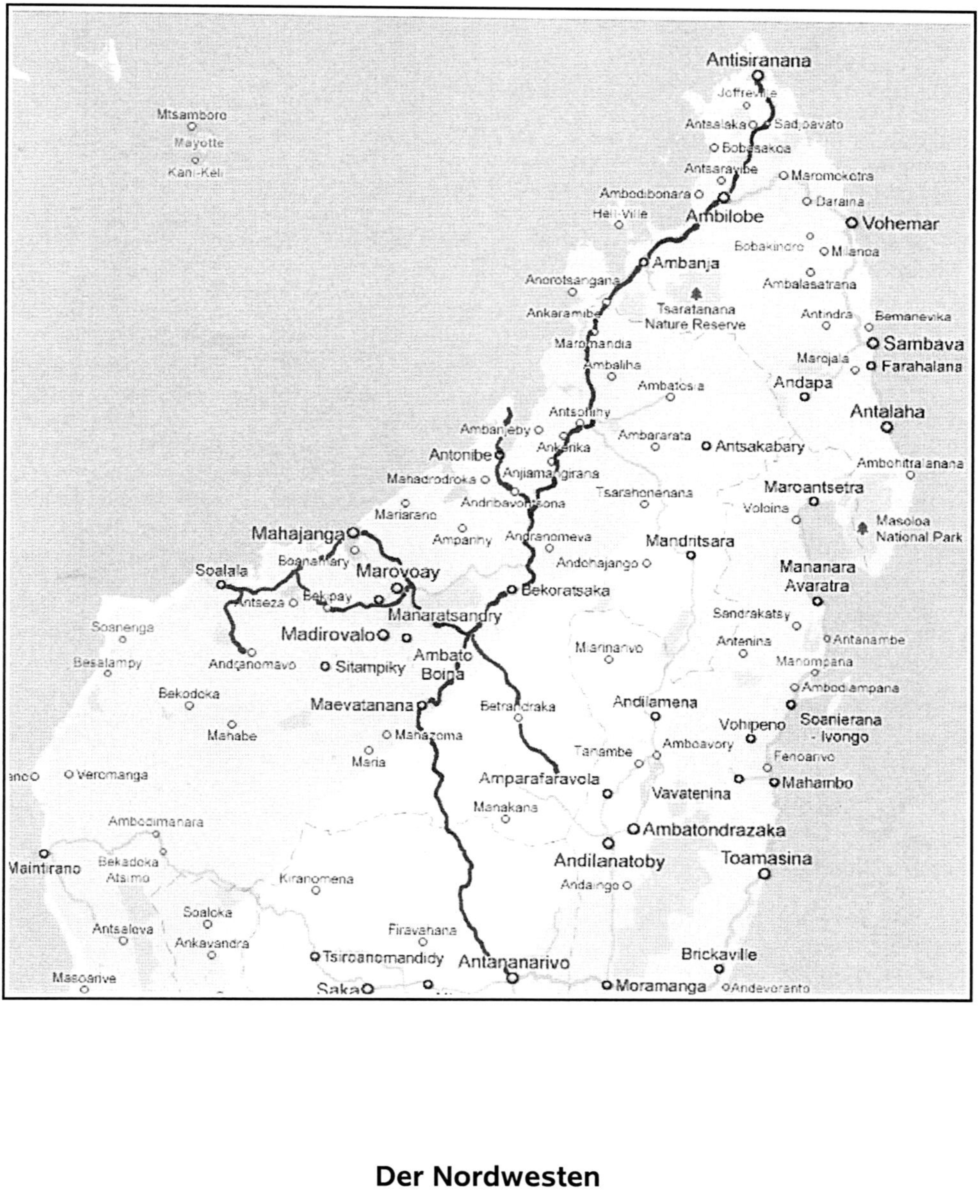

Der Nordwesten

4. Der Nordwesten

Von Antananarivo über Mahajanga bis nach Diego Suarez:
Ambohitantely – Meavatanana – Ankarafantsika NP - Bootstouren auf dem Betsiboka – Mahajanga und Umgebung – Boriziny (Port Berge)/-Antsohihy/Mandritsara/Bealanana/Tsaratanana – Maromandia – Ambanja – Ambilobe – Tsingy d ´Ankarana – Lac Sacre – Antsiranana (Diego-Suarez) und Umgebung: – Ramena – Montagne des Francais - La Mer Emeraude – Cap Minés - Windsor Castle - Cap d´Ambre – Joffreville - Montagne d´Ambre NP- Spezialreservat Analamerana

Vorbemerkung des Verfassers:

Diese Reiseroute ist wohl die am wenigsten bekannte oder genutzte von allen. Woran das liegt? Nun, zum einen wohl an der Tatsache, dass Reisen auf dem Landweg von der Hauptstadt Antananarivo über Mahajanga (Majunga) bis hinauf nach Antsiranana (Diego-Suarez) bis vor wenigen Jahren etwas für Abenteurer und hartgesottene Langzeitreisende waren. Mittlerweile jedoch ist die RN 4/RN 6 von Tana nach Norden gut ausgebaut – und Mahajanga ist mit ca. 8 Std. Fahrtzeit ab Tana nicht mehr „Lichtjahre“ entfernt wie einst....

Der Umstand, dass viele Attraktionen im Norden der roten Insel in der Nähe von Antsiranana liegen und von dort aus als Tagesausflug bequem erreichbar sind (insbesondere die Ferieninsel Nosy Bé), sorgen dafür, dass Reisen auf dieser Route sehr selten unternommen werden. Eben weil die meisten Besucher des Nordteils mit dem Flugzeug nach Antsiranana (oder Nosy Bé) hin – und wieder zurückfliegen

Schade - bleiben dabei doch reizvolle Ziele wie das **Ambohitantely-Reservat**, der **Ankarafantsika-Nationalpark** und die vielfältigen Sehenswürdigkeiten der Westküste rings um die Stadt **Mahajanga** (wie diese auch selber) buchstäblich „links liegen“.

Diese Lücke will dieses Kapitel schließen helfen – gemeinsam mit den Fremdenführern, Fahrern und Reiseveranstaltern in Madagaskar, welche seit mehreren Jahren ihre europäischen Kunden verstärkt und gezielt für diese Reiseroute zu interessieren suchen.

Wer diese Route nimmt, bekommt nicht nur einen Blick auf die landschaftlichen und kulturellen Besonderheiten der nördlichen Westküste, insbesondere jene der **Sakalava,** jenes stolzen Königsvolkes, das einst in der Gegend um Mahajanga sein nördliches Königreich **Boina** hatte.
Er durchfährt auch mehrere Klimazonen und erlebt die Andersartigkeit, welche der Norden Madagaskars gegenüber dem Rest der roten Insel aufweist.

Der auffallende Gebrauch von **Khat**, jener euphorisierend-narkotisierend wirkenden Rauschpflanze aus dem arabischen Kulturraum ist nur ein Beleg dafür, dass der Norden Madagaskars auch heute noch wie ein anderes Land – oder eine andere Welt – wirkt.

Doch neben dem starken kulturellen Einfluss der **Swahili**, der **Komorer** und der **Araber**, der vor allem in der Gegend von Antsiranana deutlicher spürbar ist als sonstwo auf Madagaskar, sorgt vor allen Dingen die relative Isolation des Nordens in Bezug auf die Infrastruktur für die auffallenden Gegensätze.

Denn obwohl mit der RN 4 und der sich anschließenden RN 6 wenigstens eine akzeptabe Straßenverbindung von Nord nach Süd da ist, existiert sonst – sehen wir einmal vom unregelmäßigen Küstenschiffsverkehr und dem Flugzeug ab – keine verkehrstaugliche Verbindung vom Hochland oder der östlichen und der westlichen Küstenregion nach Norden.

Ist die Westküste an sich schon nicht einfach zu erreichen und keinesfalls durchgehend und küstennah nach Norden befahrbar, sieht es an der Ostküste nur wenig besser aus: Hier endet in **Soanierana-Ivongo** (150 km nördlich von Toamasina) die noch empfehlenswerte Trasse, wer auf der üblen Piste von da ab über **Mananara** bis nach **Maroantsetra** in der Bucht von Antongil „vorgedrungen“ ist, für den ist spätestens hier Schluss! Weiter nach Norden geht es nur noch zu Fuß, auf dem wunderbaren **Masoala-Treck** bis nach Antalaha oder weiter bis Andapa. Oder man fragt sich durch, bis man auf einem der havarieanfälligen Küstenschiffe mitgenommen wird.

Oder man fliegt eben.

Deshalb ist der Norden Madagaskars – neben den vielen Sehenswürdigkeiten – so ganz anders als der Rest. Und wert, auf dieser schönen Route entdeckt zu werden!

Für diese Route sollten Sie mindestens 6 Tage einplanen, besser jedoch 8-10 Tage!

Entfernungen:

Antananarivo-Antsiranana (Diego-Suarez) (direkter Weg, ohne „Abstecher nach Mahajanga)	1080 km
Antananarivo–Mahajanga (Majunga)	570 km
Mahajanga-Boriziny (Port Bergé)	310 km
Boriziny (Port Bergé)-Antsohihy	190 km
Antsohihy-Ambanja (NosyBé)	200 km
Ambanja-Ambilobe	100 km
Ambilobe-Antsiranana	140 km

Von Tana nach Mahajanga

Fast 600 km sind es von der Hauptstadt bis nach Mahajanga an der Nordwestküste – auf der neu ausgebauten RN 4 ist die Strecke in 8-10 Stunden zu machen. Wenn Sie nicht in Ambohitantely Halt machen wollen oder der Nationalpark Ankarafantsika ihr vorrangiges Ziel ist, sollten Sie sehr früh am Morgen aufbrechen, erstens, um dem allfälligen Verkehrschaos in Tanas Ausfallstraßen zu entgehen, zweitens, um die lange und anstrengende Fahrt noch bei reichlich Tageslicht in einem bequemen Quartier zu beenden. Leider fehlt es gerade daran auf der Strecke zwischen Tana und Mahajanga – die hotely, die man in den Orten entlang der Straße findet, sind gewiss zum Essen bei einer Rast zu empfehlen. Die (falls überhaupt vorhandenen) Hotels jedoch sollte man besser meiden und sich lieber die Fahrt so zurecht planen, dass eine akzeptable Nachtruhe garantiert ist

.
Über die nordwestliche Ausfallstraße, die RN 4, verlassen Sie Tana bei Tagesanbruch. Durch **Ambohibao, Ambohidratrimo** und **Mahitsy** geht die kurvenreiche Strecke.
Die bergige Landschaft ist geprägt von Weideflächen, dazwischen vereinzelt Reis – und

Gemüseanbau. Zügig geht die Fahrt nach Nordwesten weiter, etwa 100 km (1,5 Std. Fahrtzeit) hinter Tana gelangen Sie in die Stadt Ankozobe.

Ankozobe - „wo es große Bäume hat“

Die Bezirkshauptstadt Ankozobe hat ihren Namen aus jener Zeit, als hier noch der riesige Trockenwald des Westens die Landschaft beherrschte. Mittlerweile ist auch hier der größte Teil der Bäume durch die Meiler der unzähligen Köhlereien gewandert und man hat auch hier versucht, wenigstens den Holzbedarf durch die Anpflanzung von Eukalyptus zu befriedigen: Das Problem der Brandrodung, **tavy**, durch die hier einsickernden **Wanderfeldbauern** aus dem Süden Madagaskars jedoch stellt auch in dieser Gegend die noch vorhandenen primären Vegetationsinseln vor ernste Existenzprobleme.
Für eine Übernachtung ist Ankozobe selber kaum zu empfehlen – besser ist da schon ein Campingaufenthalt im nahe liegenden **Réserve Speciale de Ambohitantely**, welches aber auch als Tagesausflug von Tana aus gut zu erreichen ist.

Réserve Speciale de Ambohitantely

Das etwa 5.600 ha große Spezialreservat von Ambohitantely ist ein (weiterer) Rest jener einst ganz Madagaskar überziehenden Urwälder. Im Reservat gibt es neben der typischen, ursprünglichen Vegetation vor allem zahlreiche Vogelarten, mehrere Lemuren sowie zahlreiche Reptilien zu finden.

Hinweis: Da es sich um ein Spezialreservat handelt, ist für den Zutritt unbedingt eine Genehmigung (ehem. ANGAP, jetzt Madagascar National Parcs) einzuholen. Im Zweifelsfall wird diese aber "vor Ort" und gegen bar ausgestellt!

Eine Genehmigung und ausreichende Kondition vorausgesetzt, können Sie sich mit einem ortskundigen Guide durch das unerschlossene Gelände führen und Ihrem Forschertrieb freien Lauf lassen.
Bedenken Sie, dass das Reservat über keinerlei Infrastruktur verfügt, lediglich am westlichen Rand nahe Ankozobe finden sich Campingmöglichkeiten.

Eigentlich ist Ambohitantely mehr etwas für Forscher und Spezialisten – angesichts der überschaubaren Größe und des hohen landschaftlichen Reizes wegen ist ein Besuch aber auch für „gewöhnliche Touristen“ zu empfehlen und ein ganz besonderer Tipp!

Von Ankazobe geht die Fahrt weiter, hinab in die endlosen Weiten der Westküste.
Manerinreina, der nächste größere Ort, eignet sich gut für eine Rast und ein Schlendern über den Markt – vor allem die Vielfalt und Menge des hier angebotenen Fisch (frisch und gesalzen – ein echtes Geruchserlebnis).

Mahatsinjo, Tsinjorono und **Marokoloy** heißen die Orte inmitten des weiten, hügeligen Landes, die Sie als nächstes durchfahren. Neben dem spürbar veränderten Klima – es ist heiß und ziemlich trocken geworden - fällt auch die sich verändernde Landwirtschaft auf: **Tabak, Baumwolle** und **Erdnüsse** fallen da ins Auge, wo Menschenhand das Land bestellt hat.

Daneben zeichnet sich die Region vor allem durch ihre extrem dünne Besiedelung aus: nur etwa 1,5 Mio. Menschen leben in der riesigen Provinz Mahajanga.

Hinter **Antsiafabositra** senkt sich die Landschaft noch mehr ab, es geht hinab in eine riesige Tiefebene. Bei **Ambalamamoko** erblickt man links neben der Straße die weite Wasserfläche des **Ikopa**, der bald ins riesige Mündungsdelta des **Betsiboka** fließt, welches dann südlich von Mahajanga in die **Baie de Bombetoka** mündet.
Fast parallel zum Fluss geht nun die Fahrt bis zum nächsten größeren Ort:

Maevatanana - „schöner Ort“

Der Name ist mehr poetisch gemeint – besonders schön kann man Meavatanana nun wirklich nicht nennen. Immerhin bietet der Ort willkommene Rast in einem der zahlreichen hotely. Schließlich liegen bereits über 300 km seit Tana hinter Ihnen!
Maevatanana hat sonst wenig zu bieten, ist aber ein guter Haltepunkt, bevor Sie weiter nach Ankarafantsika oder Mahajanga fahren.
Neben der hier ansässigen Fabrik **MAFI**, die landwirtschaftl. Geräte produziert, ist Maevatanana aber noch aus einem anderen Grund erwähnenswert: es gilt als der Ort mit der höchsten Durchschnittstemperatur in ganz Madagaskar.

Schon von daher sollten Sie im Schatten einer Veranda an der Hauptstraße ein kühles THB trinken, ein wenig Richtung Fluss schauen und hier kurz verweilen, ehe die Fahrt durch die heißen Lande weitergeht....

(siehe Maevatanana im A-Z Orte)

Ankarafantsika Nationalpark

Sie verlassen Maevatanana Richtung Norden, windungsreich geht die Straße durch das Land. Der Wasserreichtum der Gegend fällt sofort auf - der Ikopa und der mächtige Betsiboka haben die Ebene mit zahlreichen Seen und aufgestauten Flussarmen durchzogen, was eine üppige Vegetation und eine intensive Landwirtschaft begünstigt.

Die Überquerung des Betsiboka ist ein weiteres kleines Abenteuer: über eine rumpelnde Stahlbrücke geht die Straße über das rostrote Flussbett, dass zur Regenzeit ein reißender Strom, zur Trockenzeit eine zerfurchte Marslandschaft ist – mit Kanälen und Rinnen voll sprudelnder, roter Fluten...

Ambalabongo und **Ambalanjanakomby** heißen die verloren wirkenden Dörfer, durch die Sie fahren. Etwa 110 km nach Maevatanana kommen Sie schließlich in das Städtchen **Ambondromamy**. Touristisch bedeutsam ist der Ort, weil hier die beiden Nationalstraßen RN 4 (von Süden her und weiter westwärts Richtung Mahajanga verlaufend) und RN 6 (von Norden aus Antsiranana kommend) zusammentreffen. Wenn Sie vorhaben, Ihre Reise ohne Umschweife nach Norden fortzuführen, fahren Sie hier also nordwärts weiter Richtung **Mampikony.**

Wollen Sie aber die zahlreichen Attraktionen der Region um Mahajanga erleben, so folgen Sie der RN 4 weiter westwärts. Etwa 40 km nach Ambondromamy erfährt die Landschaft eine Veränderung: üppige Vegetation nähert sich der Straße von beiden Seiten her.

Sie haben den Rand des **Ankarafantsika Nationalparks** erreicht.

Der Parkeingang, der unmittelbar an der Straße im Dorf **Ampijoroa** liegt, ist gut beschildert. Hier finden sich auch gute Campingmöglichkeiten sowie einige Bungalows. Rechterhand der Sraße erstreckt sich das weite Wasser des **Lac Ravelobe:** in den Uferzonen finden Vogelfreunde zahlreiche endemische Arten, schwimmen sollte man wegen der zahlreichen Krokodile aber nicht, ebenso ist von Fußmärschen durch die Uferzonen eher abzuraten, will man nicht böse von „Schnappmäulern" überrascht werden.....

Der See ist am Neujahrstag Schauplatz der wiederkehrenden **Tromba,** eines wichtigen Rituals der Sakalava, bei denen es regelmäßig zu **Trancezuständen** unter den Zuschauern kommt!
Diese zeigen dann Verhaltensweisen, wie sie uns auch von christlichen Sekten her bekannt sind: das Reden bzw. Lallen in fremden, unverständlichen Worten.
Wegen der starken spirituellen Bedeutung des Sees gelten hier zahlreiche fadys!

Ankarafantsika, insgesamt etwa 130.000 ha groß, ist einer der ältesten Naturschutzgebiete in Madagaskar: Bereits 1927 zum Nationalpark erklärt, ist das weitläufige Refugium insbesondere für seine hier ansässige Zuchtstation für bedrohte Landschildkröten bekannt.
Die überaus seltene **Schnabelbrustschildkröte** (oder auch **ankonoka** genannte) Geochelone yniphora wird in der hier ansässigen Aufzuchtstation **Project Ankonoka** vor dem Aussterben bewahrt. Die Tiere werden nach der Aufzucht zum **Baie de Baly Nationalpark** (etwa 120 km südwestlich Mahajanga an der Küste, siehe „südliche Umgebung von Mahajanga") verbracht, wo das natürliche Habitat dieser extrem bedrohten Spezies ist.

Der herrliche Nationalpark ist vor allem mit deutscher Hilfe in den letzten Jahren erheblich aufgewertet und strukturell verbessert worden: 2006 besuchte sogar der damalige Bundespräsident Horst Köhler den Park und brachte großzügige Spenden mit.
Neben einem hervorragenden Besucher– und Informationszentrum am Eingang, mehreren guten Campingmöglichkeiten vor Ort und im Dorf **Ambodimanga** (etwa 700 m entfernt) existiert auch ein Souvenirshop sowie mehrere hotely und ein preiswertes Restaurant (siehe A-Z Orte). Durch die Nähe zur Stadt Mahajanga ist der Nationalpark nicht nur gut erreichbar, sondern aufgrund seiner biologischen Vielfalt und leichten Begehbarkeit auch sehr zu empfehlen!

Allein 129 seltene Vogelarten wurden gezählt sowie 6 Lemurenarten, z.B seltene Coquerels Sifakas – fast handzahme Vetreter dieser Spezies begrüßen den Besucher schon am Eingang in ihrem „Heimatbaum" .
Der nur hier zu findende **braun-goldene Mausmaki** Microcebus ravelobensis ist eine weitere Attraktion des Parks, hinzu gesellen sich zahlreiche Reptilien.

Die Vegetation ist vom typischen Trockenwald der Region geprägt, allerdings existieren auch zahlreiche Feuchtgebiete. Mehrere Rundwege mit unterschiedlichen Schwerpunkten zeigen den Park in seiner ganzen Vielfalt und Schönheit.
Der hier heimische **Krokodilbaum** Hura crepitans ist ebenfalls eine Besonderheit: Die Samen der Pflanze werden – wie der lateinische Name vermuten lässt - auf einmal abgestoßen, wenn die Früchte des Baumes zur Reifezeit „krepieren" und ihren Inhalt explosionsartig freigeben.

Daneben finden sich zahlreiche Palmen und natürlich auch Baobabs in Ankarafantsika.

Durch die Straße ist der Park in zwei Hemisphären geteilt: Ankarafantsika nordöstlich der RN 4 ist der größere, populärere Teil, er erstreckt sich bis hinab zum **Mahajamba-Fluss**, der die nördliche Begrenzung bildet.

Der südwestliche Teil, Ampijoroa, ist vor allem den Schildkröten zugedacht. Neben der Schnabelbrustschildkröte werden auch die seltenen **Flachrückenschildkröten** Pyxis planicauda, (auf malagasy **kadipolo**) und die **Schienenschildkröte** Erymnochelys madagascariensis vermehrt und behütet.

Eintritt: 10.000 Ar /Tag, Guides: 10.000 Ar. pro Tour (max. 5 Personen)

Rundwege und Attraktionen in Ankarafantsika

Diese Auswahl repräsentiert lediglich einen Teil der Vielfalt dieses Parks. Die Guides kennen natürlich die Gegebenheiten weitaus besser und werden Ihnen gewiss noch mehr zeigen können, als hier kurz umrissen:

- **Coquerel-Circuit.** Der etwa 1,5 bis 3 Stunden dauernde , leichte Rundgang ist vor alle für eine grobe Orientierung beim ersten Besuch gedacht. Vor allem für Lemurenfreunde die Schau: zahlreiche Rotstirnmakis (oder braune Lemuren) Eulemur fulvus rufus und Coquerel´s Sifakas geben sich hier ein Stelldichein mit dem Besucher.
- **Source de Vie-Circuit**. Dieser etwa 3-4 Std. dauernde mittelschwere Rundweg führt Ihnen neben den Naturschönheiten des Parks vor allem das Leben der hier

ansässigen Menschen vor Augen und ermöglicht tiefe Einblicke in den täglichen Daseinskampf.

- **Ankarokaroka-Circuit,** ein mittelschwerer, etwa 4 Stunden dauernder Rundweg führt Sie nicht nur durch den Wald, sondern auch in die Savanne , zu einem Canyon mit spektakulären Felsen (und Farben) und zu einer Vielzahl von endemischen Pflanzen und Tieren. Der vielleicht schönste Rundweg hier!

- **Retendrika-Circuit**, der etwa 3 Stunden dauernde, mittelschwere Rundweg ist vor allem botanisch Interessierten zu empfehlen: Nicht nur die Vielzahl der gezeigten Pflanzen (größtenteils Heilpflanzen) überrascht, diese sind auch zum Teil mit Hinweistafeln versehen. Zusammen mit den hervorragend ausgebildeten Guides erhält man so ein umfassendes Bild der botanischen Schätze dieses Nationalparks.

- **Croc-Tour** auf dem Lac Ravelobe: Nicht nur für Vogelkundler ein Erlebnis- mehrere Krokodilattacken in den letzten Jahren zeigen, dass die großen Panzerechsen hier nicht nur ein Schattendasein führen. Vom Boot aus, wo Sie sicher sind, können Sie den am Ufer in der Sonne dösenden Echsen ziemlich nahe kommen. Ein aufregendes Erlebnis!

- **Pachypodien-Trail**: Diese 2-stündige Tour mit mittlerem Schweregrad führt Sie zu den besonderen Pachypodien und Didiereaceen des Nationalparks und ist botanisch Interessierten wärmstens empfohlen!

- **Baobab-Trail**: Dieser einfache Weg führt südlich des **Lac Ravelobe** zu einigen sehr spektakulären Baobabs: Die hier wachsenden Baobabs sind vermutlich die einzigen Vertreter (!) einer bis vor kurzem unbekannten Subspezies der Affenbrotbäume. Aber nicht nur deswegen lohnt sich der Weg!

Um dem Nationalpark nur einigermaßen gerecht zu werden, sollten Sie für Ankarafantsika mindestens zwei Tage einplanen.

Eintritt: 10.000 Ar./Tageskarte, 15.000 Ar./2-Tageskarte, 20.000 Ar./3-Tageskarte.
Guides: je nach Länge der Tour, Verhandlungssache!

(siehe Ankarafantsika im A-Z Orte)

Bootstouren auf dem Betsiboka

Bei **Adranofasika**, 2 km südlich des Parkeingangs, geht eine recht schlechte Piste hinab ins etwa 13 km entfernt liegende **Ambato-Boeny**. Hier fließt der Betsiboka dem Meer bei Mahajanga zu, was die Gegend in ein riesiges Feuchgebiet verwandelt hat - geradezu ideal für eine **Bootsfahrt.**

Diese Attraktion ist eine reizvolle Alternative zur Fahrt auf dem Tsiribihina, allerdings ist die Strecke nicht ganz so lang. Ein bis zwei Tage braucht man, um gemütlich hinab nach **Marovoay** und dann weiter durch das Delta des Betsiboka bis nach **Bombetoka** oder **Katsepy** zu paddeln und nach Mahajanga überzusetzen.
Oder man nimmt von Katsepy die Piste südwärts, um (mit dem Allradauto!) Ziele wie den **Lac Kinkony** oder den **Parc National Tsingy de Namoroka** (siehe „Umgebung von

Mahajanga) zu besuchen.
Auch in Gegenrichtung – von Mahajanga aus den Fluss aufwärts! - ist diese schöne Fahrt zu machen.

Tipp: Fragen Sie bei Gilles Gautier, www.madamax.com, nach dieser reizvollen Tour oder bei den Guides am Ankarafantsika-Nationalpark.

Weiterfahrt bis Mahajanga

Wenn Sie nicht vorhaben, gleich wieder ostwärts nach Ambondromamy und von dort aus auf der RN 6 nach Norden zu reisen, verlassen Sie Ankarafantiska in westlicher Richtung. Durch Marosakoa (wo die Straße nach Marovoay abgeht) vorbei am **Lac Amaromalandy**, durch **Bevovoka** und **Mahahibo** geht die Fahrt.
Bei **Berivotra** können Sie linkerhand das riesige **Betsiboka-Delta** sehen, ehe die Fahrt schließlich, 580 km seit Tana, in Mahajanga endet.

Mahajanga (madag:: „das, was gesund macht") oder **Majunga** (arabisch)

Die Hauptstadt der gleichnamigen Provinz zählt heute etwa 300.000 Einwohner und ist der zweitgrößte Hafen der großen Insel.
Majunga, wie die Stadt fast ebenso häufig genannt wird, kommt von dem arabischen Wort **Mji angaia**, was „Stadt der Blumen" bedeutet.

Neben dem arabischen Namen finden sich in Mahajanga zahlreiche Nachfahren arabischer Einwanderer und eine große Zahl von (muslimischen) Komorern und indisch- bzw. pakistanischstämmigen Einwohnern, was auf die einstige Bedeutung als Handelsknotenpunkt hinweist. Entsprechend viele Turbane sind demzufolge hier zu sehen. (Und die Küche ist deutlich schärfer als sonstwo auf Madagaskar- der Verf.)

Geschichte

Der kleine Fischerort Mahajanga wurde **1745** Hauptstadt des Sakalava-Königreiches von **Boeny,** als der Königssitz durch König **Andriamandisoarivo** von Marovoay hierher verlegt wurde. Dadurch wurde die Stadt auch zum offiziellen Handelshafen und war ein bedeutendes Handelszentrum der Sakalava, als **1808** die Truppen des Merina-Thronfolgers Radama I. die Stadt eroberten.

Bereits **1825** mussten die Merina die Stadt (nach einem blutigen Aufstand) aber wieder aufgeben, doch in der Folgezeit gelangte die Stadt nie wieder zu ihrer einstigen Blüte zurück.

1883 kamen die Franzosen und bombardierten Mahajanga im **ersten franz.-madagassischen Krieg.**

Während der Kolonialzeit erlangte der Hafen als Umschlagplatz für Waren wieder einen Teil seiner früheren Bedeutung – bis durch den Bau der Eisenbahn von Antananarivo nach Toamasina (Tamatave) eine günstigere Verkehrsverbindung geschaffen wurde.

Mahajanga heute

Mahajanga ist heute eine bunte, lebendige und sehr internationale Stadt – nicht nur die zahlreichen Moscheen, von denen der Muezzin zum Gebet ruft, sorgen für diesen Eindruck, es ist auch das bunte Gemisch von so verschiedenen Völkern wie Afrikanern, Asiaten und Indern: v.a. letztere und die pakistanischstämmigen Einwohner der Stadt machen einen erheblichen Teil des Lokalkolorits aus!

Die hier in der Gegend florierende Landwirtschaft liefert große Mengen an Baumwolle, Tabak, Mais und Zuckerrohr, auch als Standort einiger Industriezweige (v.a. Baustoffe) ist Mahajanga von Bedeutung. Der internationale Schiffsverkehr ist zwar nicht mehr so ausgeprägt wie zu Beginn des 20. Jh., jedoch kommen immer noch zahlreiche Schiffe aus allen Teilen der Erde hier an.

Zu trauriger Bekanntheit gelangte Mahajanga in der jüngeren Vergangenheit durch die **Pogrome**, denen 1976 über **1.000 Komorer und Inder** zum Opfer fielen, als sie – unter den Augen der Sicherheitskräfte – von einem entfesselten Mob gelyncht wurden.

Auch die immer wieder in der Presse gemeldeten Erkrankungsfälle der **Pest** in Madagaskar sind zumeist in Mahajanga aufgetreten: Die Krankheit, die im Mittelalter halb Europa entvölkerte, tritt heutzutage nur noch sehr selten auf der Welt auf - in Mahajanga leider öfter!
Die Deutsche **GTZ** (Gesellschaft für technische Zusammenarbeit) hat deshalb, aber auch der immer wieder auftretenden Cholera wegen, ihr Gesundheitsförderungsprogramm schwerpunktmässig hier angesiedelt.

Hinweis: Für Reisende besteht keine Gefahr einer Infektion!!! (siehe Allg. A-Z, Gesundheit)

Die Stadt

Durch ihre relative Abgelegenheit und ihr heißes Klima ist Mahajanga leider ein wenig aus dem Augenmerk vieler Reiseveranstalter gerückt. Ganz zu Unrecht:
Kaum eine Stadt der Insel Madagaskar ist so kosmopolitisch wie Mahajanga, auch locken in der Umgebung zahlreiche Attraktionen.

Vor allem das Nachtleben der Stadt ist berühmt – man feiert hier genauso gerne wie im übrigen Madagaskar: Salegy und Kwassa-kwassa, die heißen Rhythmen der Region lassen eigentlich nur Tote ruhg bleiben, der Verf.!

Topographisch gesehen verfügt Mahajanga über zwei zentrale Punkte: Das **Rathaus** (Hotel de Ville) am Ende der **Av. de General de Gaulle**, auf welcher Sie von Osten kommend in die Stadt hineinfahren.
Rechter Hand liegt der **Abbatoir** genannte Bezirk, der weitläufige Schlachthof der Stadt.

Am Rathaus (wo sich auch das **Denkmal von Ph. Tsiranana** befindet, stößt die Av. de Generale de Gaulle auf die prächtige, zweispurige **Av. du 4 Octobre**, die in gerader Line bis zu den südlichen Kais am Hafen verläuft.

Wenn sie hier die Av. du 4 Octobre überqueren und in die **Av. de Mahabibo** abbiegen,

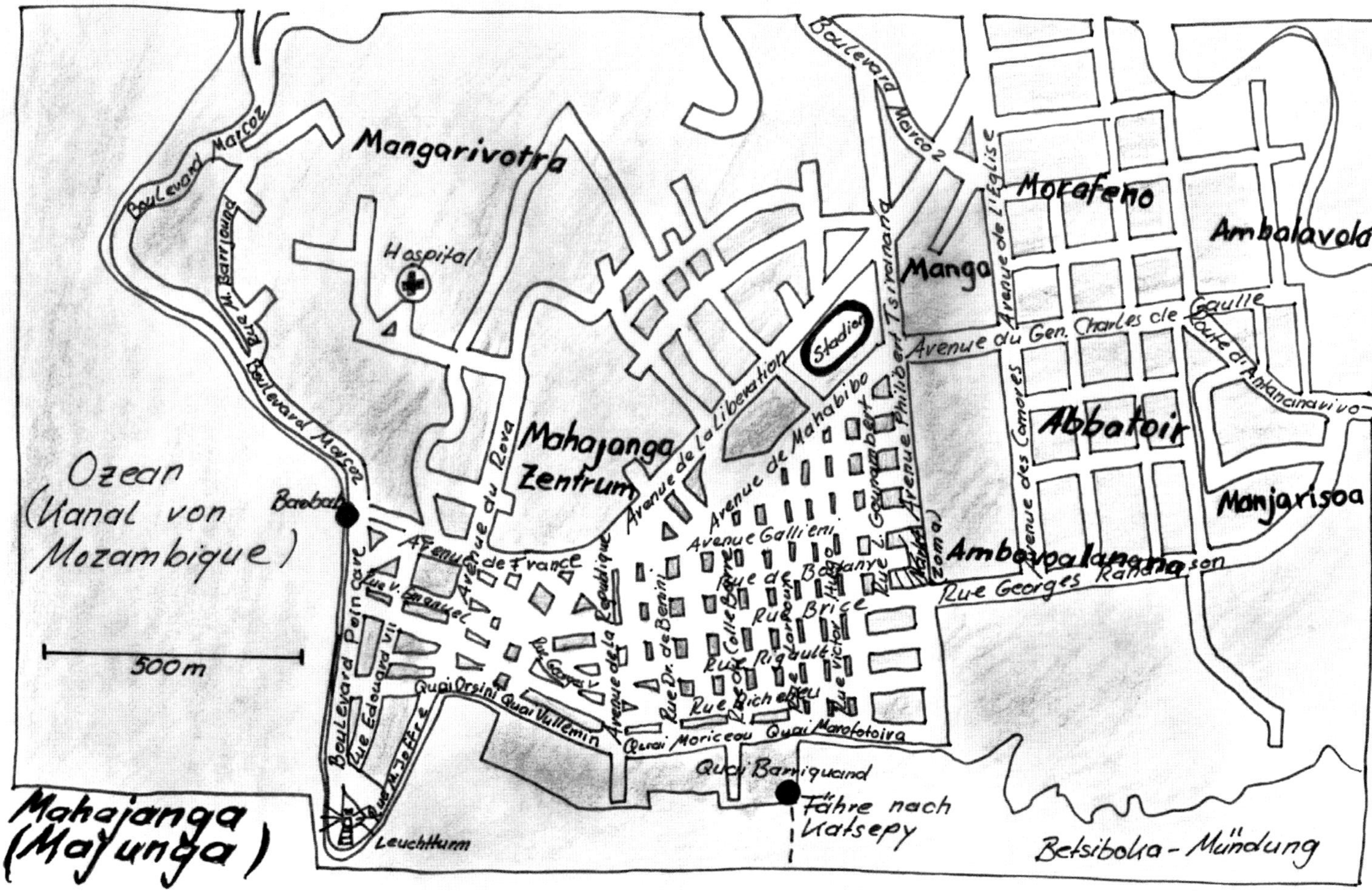

Mahajanga
(Majunga)
Ozean
(Kanal von
Mozambique)
500m
Mangarivotra
Hospital
Boulevard Marcoz
Rue M. Barriquand
Baobab
Boulevard Poincaré
Rue Edouard VII
Rue M. Joffre
Leuchtturm
Mahajanga
Zentrum
Avenue du Rova
Avenue de France
Avenue de la Libération
Avenue de Mahabibo
Avenue Gallieni
Avenue de la République
Rue Dr. de Benini
Rue de Bayanye
Rue Brice
Rue Rigault
Rue Richelieu
Rue Victor Hugo
Rue L. Gourmambert
Avenue Philibert Tsiranana
Stadion
Manga
Morafeno
Ambalavola
Avenue de l'Eglise
Avenue du Gen. Charles de Gaulle
Route d'Antananarivo
Avenue des Comores
Abbatoir
Manjarisoa
Ambovoalanana
Rue Georges Ranaivoson
Quai Orsini
Quai Vuillemin
Quai Moriceau
Quai Marofotoira
Quai Barriquand
Fähre nach
Katsepy
Betsiboka-Mündung

können Sie das Stadtzentrum ideal durchqueren und dabei die Sehenswürdigkeiten „ablaufen“:
Folgen Sie also der Av. de Mahabibo, kommen Sie zunächst am **Fußballstadion** vorbei, nach 500 Metern folgt die eindrucksvolle **kath. Kathedrale** (Mahajanga ist auch Bischofssitz!)

100 Meter nach der Kathedrale geht nach rechts die **Av. de France** ab. Hier sollten Sie nun abbiegen, denn hier kommen Sie nach weiteren 500 Metern ins Geschäftszentrum am Meer und zum zweiten zentralen Punkt der Stadt:
Der berühmte **Baobab von Mahajanga.**
Der riesige Baum, einer gigantischen Steckrübe von weitem nicht unähnlich, imponiert vor allem durch seinen enormen Stammdurchmesser von 8 Metern!

Der Baum, an den sich zahllose Legenden und Mythen (und selbstverständlich fadys) knüpfen, wurde von den Franzosen während der Kolonialzeit als Exekutionsstätte missbraucht, wie zahlreiche Einschusslöcher in der zerfurchten Rinde beweisen.

(Und auch an dummen Zeitgenossen, die sich nicht entblöden können, ihren Namen in den Stamm zu schnitzen, fehlt es offenbar nicht! – der Verf.)

Wurde dem Baobab früher ein Alter von 1000 bis 5000 Jahren nachgesagt, sind nach neueren Datierungen (mittels der C-14 – Zerfallsmessung) etwa 700 Jahre wahrscheinlicher (was den Mythos etwas entzaubert).
Interessanterweise stammt der Baum aber offenbar aus **Ostafrika** (was wiederum neue Fragestellungen erlaubt!)
Ohne Zweifel ein faszinierender Ort, um dem Sonnenuntergang beizuwohnen – nicht umsonst ist der Baobab von Mahajanga eines der beliebtesten Postkartenmotive Madagaskars!

Von hier ab können Sie wahlweise dem **Bd. Marcoz** entlang dem Ufer nach Norden folgen, bis Sie nach 1 Kilometer zum **nördlichen Leuchtturm** kommen – oder Sie halten sich südlich und gehen über den **Bd. Poincarré** hinab bis zum Zipfel der Halbinsel, auf welcher der südliche Leuchtturm steht. Hier, am quirligen Hafen, hat man einen herrlichen Blick über die **Baie de Bombetoka** bis hinüber nach **Katsepy** (siehe Umgebung von Mahajanga)

Gehen Sie (oder lassen Sie sich von einem der zahllosen Pousse-Pousse ziehen) immer am Wasser entlang und lassen Sie die Stimmung des Hafenlebens an den **Quais** von Mahajanga auf sich wirken: **Quai Orsini, Quai Vuilemin, Quai Moriceau** und **Quai Marofototra** heißen diese - wenn Sie eine Schiffspassage zu Orten an der Westküste suchen, sind Sie hier genau richtig, auch die **Fähre nach Katsepy** geht hier ab. Die vielen Ruderboote und Segler bieten einen ausgesprochen pittoresken Anblick, den man sonst nur noch sehr selten auf der Welt sieht: die Wasserfahrzeuge sind von der selben Art wie vor Hunderten von Jahren und praktisch bar jeglicher modernen Errungenschaften wie Radar, Funk, Positionslampen und dergleichen!

Dazu kommt noch eine weitere Besonderheit des Hafens: Mahajanga verfügt über keine Entladekais für große Schiffe, was einen regen Be- und Entladeverkehr zur Folge hat.
Ein faszinierendes Erlebnis.

Am Ende des Quai Marofototra schließlich stoßen Sie wieder auf die breite **Av. du 4. Octobre,** die ab hier genau nach Norden, am Markt (rechter Hand) vorbei und wieder zum Ausgangspunkt Ihrer Tour führt. Damit haben Sie das Stadtzentrum durchquert und umrundet.

Hinweis: Mahajanga ist eine sehr weitläufige Stadt, verbunden mit der Hitze können Spaziergänge hier sehr anstrengend werden. Schon von daher empfehlen sich der Morgen bzw. der Nachmittag sowie der (und sei es nur zeitweilige) Gebrauch eines Pousse-Pousse ......!

Südliche Umgebung von Mahajanga:

Katsepy

Das Fischerdorf Katsepy, am südlichen Ende der riesigen Betsiboka-Mündung gelegen, lohnt einen Besuch aus mehreren Gründen:
Zum einen ist Katsepy idealer Ausgangspunkt zum **Réserve Naturelle de Lac Kinkony** sowie den Nationalparks **Baie de Baly** und **Tsingy de Namoroka** südwestlich von Mahajanga.
Dann wäre da noch das legendäre **Chez Chabaud**: Das Restaurant (seit Jahrzehnten im Familienbesitz, die Fam. betreibt außerdem ein Hotel und ein Restaurant in Mahajanga, s. Mahajanga und Katsepy im A-Z Orte) ist weit über die rote Insel hinaus bekannt. Einfach ein Muss, wenn man gutes Essen, tropisches Flair und besten Service zu schätzen weiß – wunderbar!

(siehe Katsepy im A-Z Orte)

Nosy Antsoheribory

Die kleine Insel, nur etwas über einen Kilometer lang, liegt am westlichen Rand der **Baie de Boeny.** Die Insel lohnt nicht nur ihrer Natur wegen – den Besucher erwarten auch zahlreiche und sehr eindrucksvolle Ruinen aus dem 16 Jh., die auf das „Volk“ der **Antalaoatra** zurückgehen: diese islamischen Seehändler, von gemischter Rasse (afrikanisch/arabisch/madagassisch) haben wahrscheinlich schon vor fast 1000 Jahren den indischen Ozean befahren und Handel mit teils weit entlegenen Ländern geführt.
Durch die erstarkenden Sakalava-Königreiche zusehends in die Defensive gedrängt, suchten sich die „Menschen vom Meer“ die kleine Insel Antsoheribory als Zuflucht und Stützpunkt aus.
Von hier aus gelang es den Antalaoatra ab der Mitte des 16 Jh., von den Sakalava unabhängig Seehandel treiben zu können.
Letztlich verloren die Antalaoatra aber den wirtschaftlichen Konkurrenzkampf mit den größeren Nachbarn: die Gewässer um die Insel waren bald nicht mehr tief genug für moderne und große Kauffahrteischiffe – weshalb der Handel fast zwangsläufig über Mahajanga abgewickelt wurde.
Zu Beginn des 18 Jh. war dann das Ende da: die einst über 7.000 Menschen umfassende Siedlung auf der Insel wurde aufgegeben, die Antalaoatra wurden nach und nach „assimiliert“ und bilden einen der Herkunftszweige der muslimischen Westküstenbewohner.

Sie erreichen die Insel, indem Sie (auf holpriger Piste) von Katsepy aus Richtung Namaika fahren. Beim Fischerdorf **Boeny-Ampasy** machen Sie Halt und fahren mit einem der dort zu mietenden Boote hinüber zur Insel. Beachten Sie, dass das Campen verboten ist, es herrschen einige fadys, zumal sich auch Grabstätten bei den Ruinen befinden.

Réserve Naturelle Lac Kinkony

(auch Mahavahy-Kinkony-Feuchtgebietskomplex genannt)
Der riesige Feuchtgebietskomplex wurde 2007 als Folge des **Durban-Plans** der Regierung Ravalomanana eingerichtet. Das Reservat von Lac Kinkony, bei Ornithologen in aller Welt bekannt, genoss schon davor den Ruf eines einzigartigen Lebensraumes seltener und seltenster Vogelarten.
Das Schutzgebiet umfasst seit 2007 ein Fläche von fast 270.000 ha. – und seitdem auch die Meeresbuchten von **Boeny** und **Marambitsy**. Daneben zählen die Mündung des **Mahavavy**, der nahe **Cap Tanjona** ins Meer fließt – und natürlich zahlreiche Seen dazu, deren größter der Lac Kinkony ist.
Das Reservat bietet eine erstaunliche Diversität verschiedenster Landschaftsformen, die mehr oder minder vom reich vorhandenen Wasser abhängen: ausgedehnte Sumpfgebiete, Mangroven, Urwälder, Marsch- und Schwemmland finden sich hier nebeneinander und bieten selbstverständlich einer reichen Fauna Schutz und Nahrung: 9 Lemurenarten (darunter extrem seltene Sifakas), über 150 Vogelarten und eine unüberschaubare Anzahl von Reptilien und Insekten machen einen Besuch zu einem Höhepunkt für Tierfreunde und Feldforscher!
Da das Gebiet nicht ganz leicht zu erreichen ist, hält sich selbstverständlich der Tourismus in Grenzen – was für die Natur sicher von Vorteil ist.
Ökotourismus ist im Mahavavy-Kinkony-Reservat selbstverständlich, um die Belastungen für die empfindlichen Ökosysteme zu reduzieren.
Man erreicht das Reservat am besten über das Städtchen **Namakia**, welches über die Piste von Katsepy aus in 3 Stunden erreicht werden kann (siehe A-Z Orte). Alternativ kann man auch mit einem Küstensegler bis zum Hafen von Namakia fahren.
Eine weitere Möglichkeit bietet **Mitsinjo**, die eigentliche „Hauptstadt" dieser Region, hier wie dort finden Sie (einfache) Unterkünfte und Verpflegung.

(siehe Namakia und Mitsinjno im A-Z Orte)

Hinweis: Das Betreten des Schutzgebietes ist nur mit Genehmigung möglich und ein Guide ist selbstverständlich obligat.

Nationalpark Baie de Baly

1997 eingerichtet, umfasst der Nationalpark Baie de Baly mit etwa 58.000 ha nicht nur die Bucht von Baly, sondern auch weite Teile des küstennahen Umlandes.
Der Besuch in Baie de Baly ist zugegebenermaßen etwas für speziell Interessierte: der extrem seltene **Madagaskar-Seeadler** Haliaeetus vociferoides ist hier ebenso zu beobachten wie die ebenso seltene **Schnabelbrustschildkröte** Geochelone ynophora . Aber auch zahlreiche Zugvögel machen hier Rast und den Besuch vor allem für Vogelfreunde zu einem „Muss“
Mit etwas Glück kann man außerdem auch Delphine beobachten, die im küstennnahen Wasser auf Fischfang gehen.
Wer nicht ganz so speziell veranlagt ist wird aber auch nicht enttäuscht: Es lockt ein herrlicher Fleck Erde – weiße Dünen, Mangrovenwälder, kleine Seen und Teiche,

dazwischen die Dörfer der Sakalava...

Den Nationalpark erreichen Sie am einfachsten über die Küstenstadt **Soalala** per Flugzeug (2x/Woche), dem Schiff (Küstensegler ab Mahajanga) oder dem Auto ab Katsepy. (8-10 Stunden mit dem 4x4, 12-14 Stunden mit dem Taxi-Brousse, in der Regenzeit ist die Gegend auf dem Landweg praktisch nicht erreichbar!)
Obgleich es in Soalala einfache Unterkünfte gibt, sollte man Baie de Baly am besten mit einer Campingausrüstung aufsuchen, es existieren zahlreiche Zeltmöglichkeiten: Um die Tierwelt zu beobachten, empfiehlt sich nämlich auch hier der frühe Morgen!
Geführte und organisierte Touren sind auch hier die einzige Möglichkeit, den Nationalpark zu betreten. In Soalala existiert auch eine Niederlassung der Parkverwaltung, deren Einverständnis ebenso erforderlich ist.

(siehe Soalala im A-Z Orte)

Nationalpark Tsingy de Namoroka

Das sehr entlegene Schutzgebiet der Tsingy von Namoroka wurde bereits 1966 gegründet – mit etwa 22.000 ha Fläche ist es eines der am wenigsten besuchten Nationalparks von Madagaskar.
Die Anreise ist schon ein Abenteuer für sich – es gibt keinerlei regelmäßige Verkehrsmittel, die Anfahrt muss über die MNP in Mahajanga bzw. Soalala oder (besser!) von **Maurice Bonafus** (siehe Soalala im A-Z Orte) organisiert werden.

Die Tsingy von Namoroka bieten, wie ihre berühmteren Geschwister in Bemahara und Ankarana, spektakuläre **Karstphänomene**: spitze, bis 30 Meter hohe Felsnadeln ragen wie ein steinerner Wald empor, dazwischen (und rings umher) finden wir den typischen Trockenwald des Westens nebst zahlreichen Tieren: mehrere Lemurenarten leben hier, ebenso die Fossa und eine große Anzahl seltener Vögel und einzigartiger Reptilien (wie die nur hier lebende nachtaktive **Namoroka-Natter** und mehrere endemische Froscharten).
Und ebenso wie bei den anderen Tsingy von Madagaskar finden wir auch unter den Karstfelsen ein riesiges, bislang nahezu unerforschtes Höhlensystem – ein Dorado für Forscher künftiger Generationen.

Zum Nationalpark Tsingy de Namoroka kommen nur die wenigsten Reisenden. Wer es dennoch wagt, die anstrengende Reise auf sich zu nehmen, wird durch die erhabene Landschaft und die spektakulären Szenerien (v.a. morgens und bei Sonnenuntergang) reich entschädigt.

Nördliche Umgebung von Mahajanga

Etwas einfacher zu erreichen sind die Ausflugsziele nördlich der Stadt Mahajanga:

Badestrände von Amborovy und Ampazony

Auch in Mahajanga brauchen Sie auf ein Bad im Meer nicht zu verzichten: das Baden im Bereich der Betsiboka-Mündung ist jedoch der vielen trübenden Sedimente und Abwässer wegen nicht zu empfehlen.
Wer im Meer baden will, kann dies am einfachsten in etwa 10 bzw. 15 km Entfernung tun:

Wenn Sie der Straße Richtung Norden zum Flughafen folgen, gelangen Sie in etwa 2 km Entfernung nach Amborovy zu der Stelle, wo nach links eine sandige Piste zum **Plage Grand Gavois** bringt.
Der herrliche Sandstrand, nach dem (jetzt verlassenen) Hotel benannt ist ein wunderbarer Ort zum Sonnen, Baden und Entspannen.

(Allerdings etwas wenig Schatten – bringen Sie sich ein Sonnensegel o. dgl. mit – d. Verf.)

Noch etwas weiter nördlich – in etwa 15 km Entfernung von Mahajanga befindet sich der **Strand von Ampazony**. Ihn erreichen Sie, indem Sie die Straße nach Norden (nach dem Flughafen bzw. Amborovy einfach weiterfahren. Auch Ampazony bietet schneeweißen Sand, Abgeschiedenheit und tropisches Flair pur.

Doany – Die Königsgräber der Sakalava

Unweit des Strandes, jedoch auf der anderen Seite der Piste, liegen die **Doany,** die Königsgräber der Sakalava. Insbesondere das Grab von König **Andriamisara** ist Ziel der zahlreichen Besucher, die (meist montags und freitags, andere Tage sind fady) die Gräber ihrer Könige besuchen. Die Grabstätten enthalten jedoch selten den Leichnam des verehrten Toten: die Doany sind vielmehr so etwas wie **Reliquienschreine**, in denen Nägel, Zähne, Haare und dgl. aufbewahrt und verehrt werden.

Hinweis: Nähern Sie sich den Doany nur in Begleitung eines Einheimischen und an den erlaubten Tagen, um kein fady zu verletzen!

Cirque Rouge

Dieses eindrucksvolle Naturschauspiel eignet sich sehr gut für einen Halbtagesausflug von Mahajanga aus, am besten am Nachmittag, wenn das Licht der untergehenden Sonne die bunten Felsen in ein fast unwirkliches Farbenspiel taucht:
Der Cirque Rouge ist ein Canyon, der, fast wie ein Amphitheater geformt, in Gänze aus verschiedenfarbigem Sandstein besteht: verschiedene Rot–, Braun- und Violetttöne geben den Felsen ein bestechend schönes Kolorit - dazu hat die Erosion die Felsen in z.T. bizarre Form gebracht.
Durch das hier reichlich vorhandene Wasser, welches herab und zum nahe liegenden Strand fließt, eignet sich der Cirque Rouge auch ganz hervorragend für Campingaufenthalte. Fragen Sie in Mahajanga im Fremdenverkehrsamt.

Sie erreichen den Cirque Rouge über die Straße nach Norden Richtung Flughafen.
Etwa 3 km nördlich der Kreuzung zum Flughafen (beim Zahamotel) geht dann der Fußpfad ab.

Lac Mangatsa

Etwas weiter entfernt als der Cirque Rouge (aber mit diesem durch einen Tagesausflug gut zu kombinieren) liegt der heilige Lac Mangatsa.
Sie erreichen ihn, indem Sie der Straße Richtung Flughafen folgen und dann (etwa 19 km nördlich Mahajanga) rechts abbiegen, die letzten km sind eine schlechte Piste und am besten zu Fuß zu bewältigen.
Der Lac Mangatsa ist für seine Fische berühmt: Mit wenig Mühe kann man Karpfen und

Süßwassermuränen beobachten, die im kristallklaren Wasser ein Schlaraffenleben führen!
Denn da die Einheimischen die Fische für Reinkarnationen ihrer Ahnen halten (zahlreiche Mythen und Legenden knüpfen sich auch an diesen See) ist Angeln hier streng untersagt (fady!).

Höhlen von Anjohibe/Baie de la Mahajamba

Dieses Ausflugsziel ist wohl das letzte in der näheren Umgebung, welches von Mahajanga aus noch auf dem Landweg erreicht werden kann – insbesondere die weiter nördlich und westlich an der Küste gelegenen Traumressorts (siehe Mahajanga im A-Z Orte/Unterkunft) sind nur noch mit dem Flugzeug oder dem Schiff zu erreichen.

Ein geländetaugliches Auto und die richtige Jahreszeit (nur von Juni bis Dezember) vorausgesetzt, kommen Sie von Mahajanga aus nach 3-4 Std. zu den **Höhlen von Anjohibe**
Das ausgedehnte Höhlensystem ist bislang kaum erforscht und kartiert, zahlreiche unterirdische Flussläufe, Tropfsteine und eine typische Fauna (v.a. Fledermäuse, aber auch interessante Amphibien und Insekten) machen den Reiz dieses Ortes aus.

Aber auch über der Erde hat die Gegend einiges zu bieten: unweit der Grotten, Richtung Meer, liegen die idyllischen **Wasserfälle von Mahafanina**, dahinter säumt ein ausgedehntes Mangrovensumpfland die weite Bucht von Mahajamba.
Kleine Dörfer finden sich hier, deren Bewohner sich auf den Fang von Krebsen, Muscheln und anderen Bewohnern der Mangrovenwälder spezialisiert haben.
Wenn Sie vorhaben, etwas Zeit hier zu verbringen, können Sie sich entweder mit dem Zelt ein Quartier schaffen – oder sie fragen in einem der Dörfer nach Quartier, erwarten Sie dabei aber keinerlei Komfort: ein Dach über dem Kopf und ein sauberer Holzboden für die Isomatte sind schon allerhand!

Die Gegend ist vor allem der riesigen Bucht von Mahajamba wegen reizvoll: das Mündungsgebiet zahlreicher Flüsse (v.a. des **Sofia** am östlichen Ende der Bucht)ist ein Lebensraum von unglaublicher Fülle.
Die Schönheit der Landschaft ist dabei ebenso anrührend wie die Freundlichkeit und Gastfreundschaft der bitterarmen Fischer.

Die Höhlen von Anjohibe bzw. die Baie de la Mahajamba liegen etwa 80 km nördlich Mahajanga. Man erreicht sie, indem man zunächst auf der RN 4 Richtung Osten aus Mahajanga herausfährt. Nach 25 km geht linker Hand die schlechte Piste nordwärts (Richtung Baie de la Mahajamba) ab.

Von Mahajanga weiter Richtung Norden

Sie verlassen Mahajanga wieder auf der RN 4 bis zum Ort **Ambondromamy**. Hier nehmen Sie die RN 6, welche in Richtung Norden abzweigt.
Antanandava und **Betsoratsaka** heißen die beiden Dörfer, die Sie bei der Fahrt durch die endlos scheinenden Ebenen der Westküste durchfahren. Etwa 85 km nach Ambondromamy kommen Sie durch den nächsten größeren Ort **Mampikony**. Dies ist die „Stadt der Zwiebeln“: der Anbau der Zwiebel hat offensichtlich hier sein Zentrum in der roten Insel, auf Dächern, Straßen und allen möglichen Flächen sieht man vor allem

Zwiebeln.......
Mampikony eignet sich gut zum Zwischenstopp, hat aber sonst (außer Zwiebeln!) wenig zu bieten.

Die Fahrt geht weiter durch eine wasserreiche und menschenarme Region, die durch zahlreiche größere und kleiner Seen geprägt ist.
Größte Gewässer sind der **Lac Amarihy** und der **Lac Tseny**, beide westlich in einiger Entfernung von der Straße gelegen.

Etwa 80 Kilometer nach Mampikony gelangen Sie schließlich nach **Boriziny** (Port Bergé)

Port Bergé oder **Boriziny**

Boriziny (oder Port Bergé, wie der Ort von den französischen Kolonialherren getauft wurde), ist einer der größten Orte im sonst menschenarmen Westen Madagaskars.

Vor allem durch den hier florierenden Anbau von Baumwolle und Tabak genießt der Ort eine gewisse Bedeutung – der Wasserreichtum der Gegend begünstigt den Anbau dieser beiden „durstigen" Nutzpflanzen.

Ein längerer Aufenthalt in Boriziny lohnt nicht – wie die meisten Orte auf der Route nach Norden eignet sich Boriziny nur als Zwischenstopp – zwar verfügt der Ort neben seiner Lage an der RN 6 auch über eine Straßenverbindung ins zentrale Bergland des Nordens: eine schlechte Piste windet sich vom Ort bis hinauf nach Mandritsara, einem der entlegensten Orte ganz Madagaskars.
Wer jedoch einen Ausflug in diese touristische „Terra inkognita" plant oder vorhat, sollte besser die RN 32 ab Antsohihy nehmen....

(siehe Boriziny im A-Z Orte)

Antsohihy

Sie verlassen Boriziny Richtung Nordwesten. Bei **Ambevongo** überqueren Sie den breiten Strom des **Sofia**, der westlich der Straße in die Baie de Mahajamba mündet. Nach der Überquerung des Stromes beschreibt die Straße eine weite Kurve nach Osten: Sie durchqueren nun die weite **Ebene von Manasanody** bis hinauf nach **Antsohihy** (etwa 120 km von Boriziny entfernt, 1,5-2 Stunden).

Antsohihy liegt in den feuchtheißen Niederungen mehrerer Flüsse, die hier ihren Weg ins Meer suchen.
Inmitten einer von dichten Mangrovenwäldern geprägten Küstenlandschaft liegt die Stadt, die zwar selber wenig attraktiv ist, jedoch ein wichtiger Verkehrsknotenpunkt ins zentrale Hochland des Nordens bildet:

Wer nach **Mandritsara** oder **Bealanana** will, kommt nicht umhin, auf den Straßen, die sich unweit (nördlich) von Antsohihy nach Osten ins Gebirge schlängeln, zu fahren – außer Charterflügen gibt es sonst keine Verbindung in diese entlegenen und kaum bekannten Regionen!

(siehe Antsohihy im A-Z Orte)

Von Antsohihy nach Mandritsara

Falls Sie einen „Abstecher“ in diese Richtung planen, sollten Sie mindestens zwei zusätzliche Tage auf Ihrer Route nach Norden einplanen, die 190 km - Strecke ist in kaum weniger als 5 Stunden zu bewältigen: unmittelbar nach Verlassen von Antsohihy in Richtung Norden geht die relativ gut ausgebaute RN 32 nach rechts (Osten) von der Hauptstrecke ab.
Etwa auf halbem Weg liegt **Befandriana**, wo man einen willkommenen Halt machen kann.

Mandritsara ist ein Zentrum der **Tsimihety**, eines der Volkstämme der roten Insel.
In Folge der Eroberungszüge der Merina-Könige war auch Mandritsara Schauplatz blutiger Gefechte zwischen den Tsimihety und den einfallenden Merina.

Inmitten einer eindrucksvollen Gebirgslandschaft gelegen, hat der Ort (neben seiner großen Vergangenheit)aber nicht nur Abgeschiedenheit zu bieten: Mandritsara ist Standort eines der besten Krankenhäuser von ganz Madagaskar, des **Hospital Vaovao Mahafaly (HVM)**

(siehe Mandritsara im A-Z Orte)

Von Antsohihy nach Bealanana

Fast ebenso entlegen und wenig bekannt ist die wilde Bergregion von **Ankalzina** nordöstlich von Antsohihy.
Man erreicht die Region über die relativ gute Straße, die etwa 20 km nördlich von Antsohihy nach rechts von der RN 6 abzweigt.
Die Fahrt in die Berge ist ein sehr reizvolles Unterfangen: zwar geht es streckenweise nur sehr langsam voran, aber die Kulisse entschädigt für die Unannehmlichkeiten.
Durch **Antsahabe** am Fuß der Berge geht es zunächst, dann steigt die Straße allmählich an und windet sich ins Gebirge.
In **Ambatosia** können Sie eine kurze Rast machen, ehe die letzten von über 120 Kilometer seit Antsohihy anstehen.
Endlich erreichen Sie Ihr Ziel: Hier liegt, malerisch am schönen **Lac Ankitrobaka**, eingebettet in die Berge das Städtchen **Bealanana.** Das eindrucksvolle Panorama ringsum ist geradezu erhaben und lockt zu Wandertouren, die man von hier aus unter ortskundiger Begleitung unternehmen kann.
Der kleine Ort lädt ein zum Verweilen – auch wenn Unterkünfte rar sind (siehe A-Z Orte)
Falls Sie ins umliegende Gebirge aufbrechen wollen, bedenken Sie, dass die Gegend ziemlich hoch liegt und die Temperaturen v.a. nachts sehr kalt werden können!

(siehe Bealanana im A-Z Orte)

Von Bealanana in Richtung Tsaratanana-Massiv

Wem die Berge von Ankalzina noch nicht genug sind, der kann noch weiter fahren Richtung Norden: Von Bealanana aus gibt es eine Piste, die nach **Mangindrano** (ca. 40 km) führt.
Mangindrano ist ein relativ bedeutendes Zentrum des Reisanbaus im Norden Madagaskars, daher ist die Straße in gutem Zustand.
Dennoch hört hier die Zivilisation nahezu auf. Elektrischer Strom ist eine Rarität, Benzin

gibt es auch keines (oder nur mit Beziehungen).
Der Grund, sich in diese entlegene Region zu begeben, liegt vor Ihren Augen, wenn Sie von hier aus nordwärts blicken und die Wolken sich ein wenig lichten:
Das **Tsaratanana-Massiv**, einer der größten Gebirgszüge der roten Insel mit dem mächtigen **Maromokotro** (2876m) liegt vor Ihnen.

Réserve Integrale du Tsaratanana

Es ist durchaus möglich von Mangindrano aus Trekkingtouren zum Maromokotro zu organisieren – fragen Sie nach **M. Lefalle**, der ein Magazin und einen Ausschank im Ort betreibt.
Beachten Sie, dass ein Trip zum Maromokotro etwa 10 Tage in Anspruch nimmt.
Ferner, dass Sie sich in völlige Zivilisationsferne begeben, zudem ist das Wetter im Tsaratanana-Gebirge oft sehr wechselhaft: heftige Regenfälle gehören hier ebenso dazu wie extreme Kälte. Also nichts für schwache Gemüter!

Hinweis des Verfassers: Die Berge im Tsaratanana-Massiv sind zu gewissen Zeiten mit Schnee bedeckt!

Da der Maromokotro inmitten des Naturreservates von Tsaratanana liegt, brauchen Sie eigentlich die Genehmigung der MNP, falls sie keinen Reiseleiter haben, der diese organisiert.

Egal, wie Sie zum Maromokotro wollen: Es handelt sich um ein streng geschütztes Naturreservat, dass nur mit Genehmigung bzw. in Begleitung authorisierter Personen betreten werden darf!

Von Antsohihy aus aufs Meer hinaus

Nicht nur als Ausgangspunkt für Inlandsexkursioen ist Antsohihy sehr gut geeignet: zahlreiche Attraktionen am und im Ozean locken den Reisenden und laden Interessierte ein.

Analalava

Der idyllische Fischerort ist an der Spitze der Halbinsel gelegen, welche die weite Mündung des **Loza** vom Meer trennt.
Analalava ist ein herrlicher Ort zu Ausspannen und Faulenzen, insbesondere sei das hier gelegene **Hôtel Malibu** empfohlen – hier, weitab von allem Trubel, hat ein engagierter Mensch seinen Traum vom Paradies wahrgemacht und bietet einfache Bungalows direkt am Meer und eine hervorragende Küche an. Auch als Ausgangspunkt zu weiteren Exkursionen auf die vorgelagerten Inseln zu empfehlen.
Sie können Analalava auch auf dem Landweg erreichen: 25 km südlich von Antsohihy geht eine nur in der Trockenzeit befahrbare Piste nach Westen Richtung Meer von der RN 6 ab. Unregelmässige Taxi-Brousse ab Antsohihy oder Mietwagen (4x4 empfohlen).

Nosy Sava

Wenn Sie es schaffen, sich ein Boot zu organisieren (fragen Sie im Malibu in Analalava oder in Antsohihy nach), gibt es noch eine Steigerung für den Begriff Paradies: Die kleine

Insel Nosy Sava, nördlich ihrer großen Schwester Nosy Lava gelegen, ist der perfekte Ort, um der Welt völlig zu entfliehen und ein paar Tage unter tropischen Bäumen und an herrlichen Sandstränden zu verbringen.
Da es genügend Frischwasser und auch einige Bewohner – zumeist Fischer – gibt, braucht man sich um Speis´und Trank keine Gedanken zu machen, als Unterkunft müssen Sie jedoch mit dem Zelt vorlieb nehmen, eine touristische Infrastruktur existiert nicht.

Nosy Lava

Die Insel Nosy Lava stellt ohne Zweifel eine Besonderheit ersten Ranges dar: lohnt schon der landschaftliche Reiz und die hier zu findenden Höhlen, die in früherer Zeit von Piraten und Aufständischen als Zuflucht genutzt wurden, hat Nosy Lava auch eine interessante Vergangenheit als staatl. Hochsicherheitsgefängnis.
So waren bis in jüngste Zeit hinein allerhand Schwerkriminelle aus dem ganzen Land auf der Insel inhaftiert.
Allerdings kann es weder mit der Sicherheit noch mit dem Begriff „Gefängnis" viel zu tun gehabt haben: es herrschte ein reger Schiffsverkehr zwischen der Küste und den Gefangenen, der Komfort auf der Insel überstieg sogar die Lebensumstände der freien Restbevölkerung.
Die Gefangenen hatten Frauen, Familien – und sind mittlerweile, nachdem das Gefängnis aufgelöst wurde, offiziell frei und haben sich zum Teil zum Bleiben auf der Insel entschieden.

Fragen Sie in Antsohihy oder Analalava nach Bootstransfers und Begleitung.

Von Antsohihy weiter nach Ambanja

Sie verlassen Antsohihy auf der RN 6 Richtung Norden und folgen nun fast ständig dem Verlauf der Westküste. Zahlreiche Flüsse kreuzen Ihren Weg und müssen auf den Brücken überquert werden.
Fruchtbar ist die Landschaft, es ist feuchtwarm geworden: das naheliegende Tsaratanana-Massiv macht seinen klimatischen Einfluß bemerkbar.
Etwa auf halber Strecke zwischen Antsohihy und Ambanja kommen Sie durch die Stadt **Maromandia**, die an der Mündung des **Andranovalaza** liegt.

Maromandia hat außer einem Krankenhaus, einer Tankstelle und mehreren einfachen Unterkünften und Restaurants wenig zu bieten, ist aber ein guter Ausgangspunkt für Exkursionen ins nahegelegene Naturreservat **Réserve Naturelle de Manongarivo.**
(Auch hier gilt: Zutritt nur mit Genehmigung und mit authorisiertem Begleiter)

Weiter geht die Fahrt: etwa 50 Kilometer nördlich von Maromandia überqueren
Sie die Grenze, welche die Provinz Mahajanga von der Provinz Antsiranana trennt.

Ambanja

An der Mündung des großen **Sambirano-Stromes** gelegen, ist Ambanja nicht nur ein schöner Ort, sondern aus zweierlei Gründen interessant:

So ist Ambanja der ideale Ausgangsort für Abstecher hinüber zur „großen Insel" **Nosy Bé** sowie nach **Nosy Komba** und anderen Inseln vor der Küste. Üblicher „Fährhafen" hinüber sind die Orte **Ankify** bzw. **Antsahampano**, die von Ambanja aus über eine wenig ansprechende Holperpiste angefahren werden.

Hinweis: Die Inseln Nosy Bé und Nosy Komba werden in Reiseroute Nr.8 - „Perlen des Ozeans" näher beschrieben, der Verf..

Außerdem ist Ambanja ebenso wie Sambirano unter Schokoladenliebhabern in aller Welt ein Begriff: Ambanja ist Zentrum des **Kakaoanbaus** in Madagaskar.
Obgleich Ambanja (im Vergleich mit den Spitzenproduzenten in Afrika und Lateinamerika) relativ wenig produziert, braucht der Kakao keinen internationalen Vergleich zu fürchten, die Qualität ist hervorragend!

Ambanja ist auch Fundort der sehr seltenen und teuren **Demantoid-Kristalle**, die einzige Fundstelle in Madagaskar ist aber in Privatbesitz zweier Herren aus Italien, die äußerst rabiat gegen jeden vorgehen, der sich ihren Schätzen auch nur nähert! Daher ist Ambanja mit zahlreichen Morden und Gewaltverbrechen im Zusammenhang mit Edelsteinfunden in letzter Zeit ein berüchtigter Ort.

Wer aber keine edlen Steine sucht, für den eignet sich Ambanja sehr gut für einen ausgiebigen Zwischenstopp: es ist eine äußerst quirlige und lebendige Stadt, der große Markt ist eine Augenweide, die bekannte Freundlichkeit der Nordbewohner ist hier überall angenehm spürbar.

(siehe Ambanja im A-Z Orte)

Weiterfahrt nach Ambilobe

Die etwa 100 Kilometer bis nach Ambilobe sind in 1,5-2 Stunden auf der neuen Asphaltdecke rasch bewältigt.

Ambilobe - "wo es viele Plantagen gibt"

Ambilobe ist eine sehr geschäftige und liebenswerte Stadt. Umgeben von riesigen Zuckerrohrpflanzungen macht die Stadt ihrem Namen alle Ehre.
Vor allem der Anbau dieser Nutzpflanze hat hier ihr Zentrum in Madagaskar. Die Zuckerfabrik SIRAMA hat außerhalb der Stadt eine eigene Arbeitersiedlung sowie einen eigenen Fährhafen anlegen lassen!

Aber nicht nur Zuckerrohr gedeiht hier: Es wird auch **Ylang-Ylang** angebaut, jene Parfümpflanze, für die diese Gegend (sowie die Insel Nosy Bé) bekannt ist.
Auch Orangen und andere Obst– und Gemüsesorten werden in der fruchtbaren Region in reichem Maß geerntet.
Durch das nahe liegende **Mahavavy-Delta** (nicht zu verwechseln mit dem Mahavavy bei Mahajanga) mit ausreichend Wasser und durch das Tsaratanana -Massiv mit einem sehr günstigen Klima gesegnet, ist die Gegend um Ambilobe eine der wohlhabendsten und fruchtbarsten in ganz Madagaskar!

Die Stadt ist das kulturelle Zentrum der **Antankarana** – wie viele andere Völker haben sich diese stolzen Menschen einst nur mit blutiger Gewalt von den dominierenden Merina

besiegen lassen. Die Tsingy von Ankarana waren schauerlicher Ort jenes „Gottesurteils", mit dem einst Radama I. die widerspenstigen, gefangenen Antankarana belegte: Wer es schaffte, das (riesige Areal) der Tsingy mit bloßen Füßen zu überqueren, sollte frei sein und am Leben bleiben.
In den zahllosen Schluchten und Canyons der Tsingy liegen noch heute die Gebeine der Unglücklichen.......!

Heute ist Ambilobe nicht nur wichtiger Verkehrsknotenpunkt, zumal die RN 5 A von Iharana (Vohémar) an der Nordostküste hier endet.
Auch als Marktflecken ist die Stadt von großer Bedeutung für die Region, von den Arbeitsplätzen in der Zuckerfabrik ganz abgesehen.

Wer genau hinsieht, erkennt die deutlichen Unterschiede zum Süden Madagaskars: es gibt allerhand „wohlbeleibte" Menschen, im übrigen Land ist Übergewicht dagegen eine extreme Ausnahme!
Auch der starke islamische Einfluß wird deutlich, nicht nur durch den **Muezzin**, der fünf Mal am Tag aus scheppernden Lautsprechern zum Gebet ruft. Auch verhüllte Frauen und typisch muslimische Kopfbedeckungen (bei den Männern) fallen ins Auge.

Auf dem Markt werden riesige Büschel von grünen Zweigen mit ovalen Blättern angeboten: **Khat**, das im arabischen Raum weit verbreitete Rauschmittel ist hier sehr beliebt!

Wenn Ihnen ein (fast immer männlicher) Zeitgenosse begegnet, der aussieht, als habe er einen Golfball im Mund, so haben Sie einen Liebhaber dieser Droge vor sich – meist verrät der Blick in die etwas glasigen Augen den Rest....

Ambilobe eignet sich gut als Zwischenstopp bzw. Ausgangspunkt für Exkursionen zu den Schutzgebieten **Tsingy d´Ankarana** bzw. **Montagne d´Ambre NP**
(Letzterer kann aber von Antsiranana als „Basisstation" bzw. auf der Fahrt von Ambilobe dorthin besser erreicht werden, der Verf.!)

(siehe Ambilobe im A-Z Orte)

Réserve Naturelle des Tsingy de Ankarana

Das großartige Reservat von Ankarana erreichen Sie von Ambilobe aus (50 Kilometer, etwa 1 Stunde) oder Antsiranana (90 Kilometer, etwa 2-2,5 Std.)
Ein Besuch an diesem Ort ist ganz gewiss ein weiterer Höhepunkt einer Reise in den Norden Madagaskars. Kaum ein Ort auf der roten Insel erschien dem Verfasser mancherorts so unwirklich und märchenhaft – allein die Vegetation ist mit nichts zu vergleichen, dazu die bizarren Felsnadeln der Tsingy, die wie ein endloser steinerner Wald unter der heißen Sonne liegen....

Hinweis: „Tsingy" bedeutet auf madag. soviel wie „auf den Zehenspitzen gehen" - ein höchst zutreffender Name!

Bereits 1956 als Schutzgebiet ausgewiesen, war das 18.220 ha große Reservat lange Zeit der internationalen Öffentlichkeit nahezu unbekannt, bis in die jüngere Zeit hinein waren darüber hinaus kaum Informationen über dieses sagenhafte Reservat zu erhalten.

Der Grund dürfte die Tatsache sein, dass die Tsingy für die hier ansässigen Antakarana ein heiliger Ort sind – Schauplatz schauriger Szenen, aber auch Grabstätte ihrer hochverehrten Könige!
Daher hüllten die Menschen den Ort lange Zeit in Schweigen, aus Angst, ihre heiligen Grabstätten könnten entweiht werden!

Hinweis: Die Höhlen von Ankarana sind nur zum Teil zugänglich, in der Höhle der Fledermäuse, die auch als Grabstätte genutzt wurde, ist hingegen der Zutritt gestattet, wenngleich mit Einschränkungen: einige Seitengänge und Felsnischen in der weitverzweigten Höhle sind mit deutlichen Schildern vor dem Betreten geschützt!

Im Reservat gelten ungewöhnlich viele **fadys**: sowohl was sexuelle Handlungen in irgendeiner Form anbelangt, als auch das Zutrittsverbot für Frauen während ihrer Monatsblutung - die Liste der „üblichen" Tabus ist hier noch um einige Punkte erweitert....
Mittlerweile ist das Reservat aus dem Schattendasein geholt und eine äußerst beliebte Attraktion geworden. Eine faszinierende (Trockenwald-)Vegetation, **Didiereaceen** und andere **Sukkulenten,** (die man niemals im Norden vermuten würde!), eine unglaublich reiche Artenvielfalt (Lemuren, Raubtiere, Vögel und Reptilien....) sind nur ein Grund für die zahlreichen Besucher aus aller Welt.

Von der Vielfalt pflanzlichen und tierischen Lebens abgesehen, lassen sich die meisten Attraktionen relativ leicht besichtigen.
Wenn Sie dem Ankarana-Reservat aber tiefer auf den Grund gehen möchten, ist eine angemessene Grundausrüstung erforderlich: eine gewisse Kondition, festes Schuhwerk (insbesondere robuste Sohlen!), sog. „Tsingy-Handschuhe" (am besten Sport-Handschuhe mit „abgeschnittenenen" Fingern). Dann ausreichend Trinkwasser (mindestens 2 Liter für eine Halbtages-, 4 Liter für eine Ganztagestour!), Insektenschutz und – kein Scherz! - **Ohrenstöpsel:**
Ebenso wie in den Tsingy von Bemaraha verbreiten vor allem die unzähligen Zikaden in der Tageshitze bisweilen einen geradezu unerträglichen Lärm, als ob hundert Kreissägen neben einem arbeiten..

Wer in den Schluchten und Canyons umherkraxeln will, benötigt n. M. d. Verf. auch Ellbogen– und Knieprotektoren, besser aber, man geht kein Risiko ein und lässt derlei Kletterei bleiben: ein simpler Sturz inmitten der spitzen Felsnadeln hätte vermutlich fatale Folgen!

Grundsätzlich ist das Reservat in die umgebenden Trockenwaldgebiete und die eigentlichen „Tsingy" zu unterteilen, die von mehreren spektakulären Aussichtspunkten ideal betrachtet werden können.
Dabei fallen dem Besucher die geologischen Besonderheiten des Reservates auf:
Nicht nur die durch Erosion entstandenen Tsingy an sich sind faszinierend – das unterirdisch abfließende Wasser hat die Tsingy dahingehend geformt, indem zahlreiche Höhlen, welche das Wasser im Laufe der Zeit grub, eingestürzt sind und bizarre Täler und Schluchten hinterlassen haben.

Auch fällt die „vulkanische" Komponente des Reservates ins Auge: an vielen Stellen findet man neben dem typischen, grauen Kalkstein auch **schwarzen Tuff** – der mitten im Reservat gelegene **Lac Vert,** ein Kratersee, beweist eindrucksvoll, dass nicht nur die

Naturkräfte des Himmels dieses einmalige Stück Erde gestaltet haben.

Speziell die „Unterwelt“, ein bislang noch nicht völlig erforschtes Höhlensystem, in welchem sich auch **Krokodile** finden, ist denn auch Anziehungspunkt zahlreicher Reisender!

Es existieren zwei Eingänge:

Der westliche, beim Dorf **Matsaborimanga** gelegene, ist etwas schwieriger zu erreichen, bietet aber vor allem den höhlenkundlich interessierten Besuchern gewisse Vorteile:
Die **Höhle von Andrafiabe** mit ihren gigantischen Gängen, die Höhlen von **Andetobe, Antsiranandaha** und **Anjohimilaitety,** um nur die größten und bekanntesten zu nennen, liegen nicht weit weg vom Eingang.
Wer den besonderen „Kick" sucht, kann ihn hier finden: in einigen Höhlen (die offenbar durch unterirdische Wasserläufe in Verbindung stehen) leben die besagten Krokodile. Zwar ist die Chance, einer der Panzerechsen im Dunkel der Höhle unvermittelt zu begegnen, relativ gering. Fußspuren im lehmigen Boden zeigen jedoch, dass die Tiere in der Tat und nicht nur in der Phantasie der Einheimischen hier sind. Gehen Sie keinesfalls ohne ortskundigen Guide in die Höhle hinein!

Nahe dem westlichen Eingang finden sich auch mehrere, relativ gut ausgestattete Campingplätze: Das sog. **Camp des Americains** (auch **Andrafiabe** genannt) , der **Comoro-Campingplatz** nahe der Höhle von Anjohimilaitety und das **Camp des Anglais** (oder **Anilotra**) wovon letzteres aufgrund seiner einmaligen Lage inmitten der Tsingy den anderen vorzuziehen ist!

Der östliche Eingang, nahe der RN 6 beim Dorf **Mahamasina** gelegen, hat aber auch seine Vorteile:
Zunächst ist er weitaus bequemer erreichbar als der westliche Zugang. Dann finden sich hier einige einfache Unterkünfte für diejenigen Besucher, die nicht campen wollen.
Aber auch hier ist Camping möglich: der vorhandene Campingplatz bietet ordentliche Zeltmöglichkeiten.
Der größte Vorteil ist aber die relativ leichte Erreichbarkeit der spektakulärsten Attraktionen von Ankarana – auch, wenn Sie nur einen halben Tag Zeit mitbringen, lassen sich von hier aus schon recht umfassende Touren (Mahamasina-Tour, Matsaborimanga-Tour und Amboandriaky-Tour) machen.

Vom östlichen Eingang ist es nicht weit zur **Höhle der Fledermäuse.** Schon der Zugang ist faszinierend: Es geht zunächst hinab in eine weite Schlucht, über viele, viele Stufen. Unten angekommen, gilt es nun eine Schutthalde zu erklimmen, an deren oberem Ende sich der riesige Trichter des Höhleneingangs weitet.

Die Höhle verengt sich hinter dem Eingang rasch und zweigt dann in einen Haupt – und mehrere Nebengänge auf, in denen sich **heilige Königsgräber** befinden: **fady!**
Dem Hauptgang in den hinteren Bereich der Höhle zu folgen ist nicht einfach: durch mehrere enge Spalten und steile Auf– und Abstiege geht es, nichts für klaustrophobische Naturen!
Belohnt wird man durch die unvergleichliche, fast sakrale Atmosphäre und die zahlreichen Tropfsteine, die hier gewachsen sind.

Der Eingangsbereich der Höhle ist der Zu– und Abflugsort der unzähligen **Fledermäuse**, die der Höhle ihren Namen gaben: Zu Tausende hängen die Tiere an der Höhlendecke, ein Blick mit einer starken Taschenlampe (oder noch besser: durch ein IR – Gerät) zeigt die beeindruckenden Massen, die da über den Köpfen der Besucher hängen und zwitschern, ein unglaubliches Konzert!

Da es außerdem im sonnenbeschienenen Eingangsbereich auch von fliegenden Insekten wimmelt, herrscht an der Grenze zwischen dem Dunkel der Höhle und dem Licht des Tages reger „Flugverkehr“ auf der Jagd nach Beute.

Hinweis: Fledermauskot gilt als extrem gesundheitsschädlich, die Exkremente der Tiere können zahlreiche gefährliche Krankheitserreger enthalten. Vor allem trockener Fledermauskot, der in die Atemwege gelangt, stellt ein hohes Infektionsrisiko dar. In Anbetracht der enormen Anzahl der Tiere in der Fledermaushöhle erscheinen daher Schutzmaßnahmen gerechtfertigt: Binden Sie sich zumindest ein feines, dichtes Tuch vor den Mund oder nehmen sie eine Feinstaubmaske mit – von leichtfertigen Leuten belächelt zu werden ist etwas, das Sie dabei (hinter der Maske ebenso lächelnd) in Kauf nehmen sollten!

Um Ankarana halbwegs gerecht zu werden sollten Sie wenigstens einen vollen Tag hier zubringen. Dazu benutzen Sie am besten den Eingang Ost und buchen (je nach Kondition und Zeit) einen der dort angebotenen Rundwege.

Eintritt: 25.000 Ar./Tageskarte, 37.000 Ar./2-Tageskarte, 40.000 Ar./3-Tageskarte, 50.000 Ar./ Wochenkarte
Guides: nach Preisliste zwischen 10.000 und 40.000 Ar. (je nach Länge und Dauer)

(siehe Ankarana im A-Z Orte)

Ambondromifehy

Sie verlassen Ankarana auf der RN 6 Richtung Norden. Etwa 10 km hinter Mahamasina fallen zahlreiche, grasbewachsene Vulkankegel auf – Hinweise auf die hier zu findenden Bodenschätze: Obwohl offiziell in Madagaskar keine **Diamanten** gefördert werden, lässt das Vorhandensein uralter, durch Erosion abgetragener Vulkane deren Anwesenheit als sicher gelten, tatsächlich wurde dem Verf. kürzlich mitgeteilt, das Steine mit „hardeness ten“ - Härte 10 - gefunden worden seien.

Wie auch immer, war die Region in der Vergangenheit vor allem durch **spektakuläre Goldfunde** bekannt geworden, kam im Dorf Ambondormifehy vor etwa 15 Jahren aber eine weitere Sensation hinzu: Nachdem ein Bauer auf dem Feld einen **riesigen Saphir** entdeckt hatte, begann bald ein Ansturm von Glücksrittern, genau wie in Ilakaka bei Isalo.
Aber auch professionelle Firmen aus dem Ausland (samt den Händlern aus Indien und China) waren schnell zur Stelle und begannen mit der Ausbeutung der Vorkommen.
Wenn Sie heute durch Ambondromifehy fahren, wird schnell klar, dass auch hier der Edelsteinboom nur einer hauchdünnen Elite Wohlstand und Segen gebracht hat: die überwiegende Zahl der Schürfer schuftet und haust wie die Tiere....

Ein kurzer Halt (Vorsicht, lassen Sie Fahrzeug und Gepäck nicht aus den Augen) ist allemal interessant: von allen Seiten wird man ihnen geöffnete Hände mit blauen Steinen

zum Verkauf hinhalten – Saphire oder auch andere „blaue“ Mineralien bzw. blaues Glas. Bei den Händlern in den kleinen Holzbuden bekommen Sie ziemlich sicher echte Saphire präsentiert. Aber auch hier (wie bei allen Edelsteinkäufen auf der Straße)gilt:
Eine gewisse Sachkenntnis ist vonnöten und auch hier werden die besten Funde „abgeschöpft“ und ins Ausland verscherbelt.

Lac Sacre – Die heiligen Krokodile

Verlassen Sie Ambondromifehy in nördlicher Richtung, kommen Sie nach weiteren 10 Kilometern in den Marktflecken **Anivorano**. Das Dorf wäre kaum eines Halts wert, hätte er nicht eine ganz besondere Spezialität zu bieten:
Unweit des Dorfes (etwa 4 Kilometer in östlicher Richtung gelegen) kommt man an den **Lac Sacre** (oder **Lac Antanavo**), den heiligen See. Dieser ist nicht nur schön anzusehen, sondern auch Heimat von (angeblich fünf) heiligen **Krokodilen.**

"Einst stand an dieser Stelle ein Dorf. Während einer großen Dürre kam ein Fremder in seltsamen, edlen Gewändern ins Dorf und bat um einen Schluck Wasser. Die Dorfbewohner verweigerten dem Fremden die Gabe, nur eine alte Frau hatte Mitleid und spendete dem Gast vom knappen Nass.
Darauf riet der Fremde der alten Frau, das Dorf noch am selben Tag zu verlassen und zu den anderen Dorfbewohnern sagte er: „Ihr habt mir Wasser verweigert – ich will Euch dafür welches schicken!“
In dieser Nacht kam eine gewaltige Flut und verschlang das Dorf und seine Bewohner, bis auf die alte Frau, die vorher das Weite gesucht hatte..."

Soweit die madagassische Geschichte, die sich an den See knüpft - nach dem Glauben der Einheimischen sind die Krokodile die **Reinkarnationen der Bewohner** (angeblich hat man schon ein Krokodil mit einem Goldreif um den Hals gesehen!!!)

Gegen eine geringe Gebühr (1500 Ar./zahlbar im Büro des Ortsvorstehers am Marktplatz, direkt an der Straße) wird man Sie zum **Opferplatz** am Seeufer führen: eine niedrige Steinmauer trennt einen kleinen Uferabschnitt vom Umland. Hier, unter Bäumen, liegt eine kleine Bucht des Sees mit einem winzigen Sandstreifen zwischen dem schilfbewachsenen Ufer. Ein großer Haufen bleicher Zebuknochen, rechter Hand aufgestapelt zeigt, dass die Sache mit den heiligen Tieren kein bloßer Witz ist. Regelmäßig werden den Panzerechsen Rinder geopfert – die Einheimischen behaupten, dadurch ließen die Krokodile sie in Ruhe Fischfang auf dem See treiben!

Um eines – oder mehrere – der heiligen Krokodile anzulocken, muss man **singen und in die Hände klatschen.**

Beim Besuch des Verf. waren in der Tat mehrere Madagassen dabei, die Tiere mit Gesang und Klatschen traditionell „aus der Versenkung“ zu locken. Unser Fahrer, hatte jedoch vorsorglich auf dem Markt **Fleischabfälle** gekauft und begann seinerseits damit, diese ans Ufer und ins seichte Wasser zu werfen. Auf meine Frage hin lachte er und sagte: „Klatschen und Singen mögen ja helfen – aber ohne Fleisch geht mal gar nichts!“

Wie auch immer Sie es anstellen mögen, (der Verfasser hatte Glück, zwei der Krokodile kamen ans Ufer!) beachten Sie, dass Krokodile sehr schnell rennen und zuschnappen können, halten Sie in jedem Fall ausreichend Abstand zu den Tieren, wenn sich diese dem Ufer nähern!

Übrigens waren die Tiere – angeblich gibt es im ganzen nur fünf Exemplare - nicht über zwei Meter groß, mithin kaum ausgewachsen. Die Einheimischen behaupten aber, das Dorf im See sei vor etwa 150 – 200 Jahren versunken, so alt können die Krokodile kaum sein!

Eine nahe liegende Erklärung für die Anwesenheit relativ junger Krokodile wäre das Vorhandensein unterirdischer Wasserläufe, über welche die Tiere zugewandert sind: eine isolierte Population mit so wenigen Individuen ist eher unwahrscheinlich.

Weiterfahrt bis Antsiranana (Diego-Suarez)

Sie verlassen Anivorano in nördlicher Richtung – falls Sie nicht vorhaben, von hier aus das etwa 15 Kilometer entfernte **Reservat von Analamerana** zu besuchen. (siehe „Umgebung von Antsiranana“)

Die letzten 70 Kilometer bis „Diego“ geht die Fahrt in weiten Windungen immer tiefer hinab: links der Straße erhebt sich das gewaltige Vulkanmassiv von **Montagne d´Ambre** mit dem 1475 Meter hohen Hauptgipfel. Durch die Dörfer **Antsakoabe, Sadiovato, Andrafiabe** und **Mahavanona** geht die Fahrt – die Nähe des Meeres ist nun auch der Luft anzumerken, Salz weht in die Lungen.
Zahlreiche Kokospalmen wachsen neben der Straße, die Früchte werden auch Ihnen schmecken: mit dem Hackmesser aufgeschlagen, ist der Inhalt, etwa 500 ml einer klaren Flüssigkeit, wunderbar kühl (wegen des Kokosfetts auf der Zunge, welches schnell verdunstet) und erfrischend zu trinken.

Beim Dorf **Antanamitarana** geht nach Westen die Straße hinauf nach **Ambohitra** (Joffreville) und zum **Nationalpark Montagne d´Ambre**. (siehe „Umgebung von Antsiranana“).

Schließlich erblicken Sie in der Ferne das Blau des Meeres: Die riesige Bucht von Diego-Suarez, der mit über 250 Quadratkilometern Fläche und nach Rio de Janeiro **zweitgrößte Naturhafen der Welt** liegt vor Ihnen, eine großartige Kulisse (und Verheißung zugleich nach der anstrengenden Reise).

Die letzten Kilometer senkt sich die Straße vollends hinab, durch die belebten Vororte geht die Fahrt nun fast schnurgerade, am Flughafen rechterhand vorbei. Die Hauptstadt des Nordens, die schöne, kosmopolitische Stadt Antsiranana/Diego Suarez (oder besser „Diego“ genannt) begrüßt sie mit einem salzigen Windhauch, denn die Luft steht hier nur selten still....

Antsiranana – Diego-Suarez

Geschichte

Im Jahre **1500** ging der portugiesische Seefahrer **Diego Diaz** und **1506** sein Landsmann **Fernando Suarez** in der Bucht vor Anker – der Name der Stadt könnte aber auch von dem ebenfalls portugiesischen Entdecker **Diego Suarez** stammen, der um **1545** den Ort besuchte, bis heute ließ sich keine der Theorien der Namensgebung beweisen.

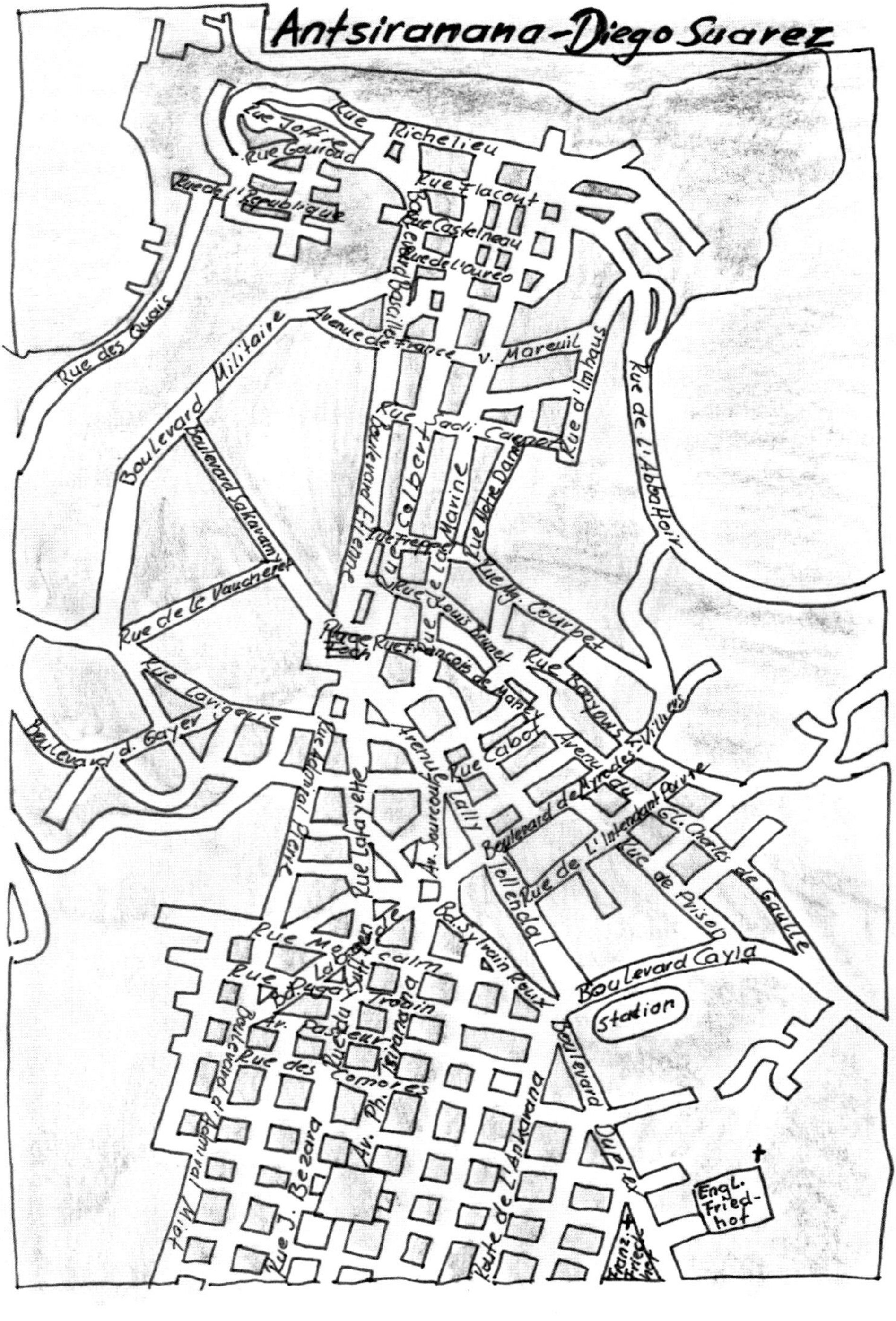
Antsiranana-Diego Suarez
Rue Joffre
Rue Gouraud
Rue Richelieu
Rue de l'Republique
Rue Flacourt
Rue Castelneau
Rue des Quais
Avenue de France
V. Mareuil
Boulevard Militaire
Rue d'Imhaus
Rue Sadi Carnot
Rue Colbert
Rue Marine
Rue Notre Dame
Boulevard Etienne
Rue de le Vaucheret
Place Foch
Rue François de Mahy
Rue Louis Brunet
Rue Courbet
Rue Lavigerie
Boulevard d. Gayer
Rue Cabot
Lally
Rue Lafayette
Av. Sourcouf
Rue de Prison
Charles de Gaulle
Tollendal
Boulevard Cayla
Stadion
Bd. Sylvain Roux
Av. Pasteur
Rue des Comores
Rue J. Bezara
Av. Ph. Tsiranana
Route de L'Ankarana
Boulevard
Duplex
Engl. Friedhof
Franz. Friedhof

Die Portugiesen gingen jedenfalls mit klassischer Brutalität gegen die einheimische Bevölkerung vor – neben Verbrechen wie Raub, Plünderung und Mordbrennerei schleppten sie auch zahlreiche Einwohner in die Sklaverei davon. Dass der Ort bis heute Ihren Namen trägt, ist daher umso erstaunlicher.

Besser als die Portugiesen benahmen sich dagegen zahlreiche Piraten aus aller Herren Länder: schon früh im 16. Jh. zog der perfekte Hafen diese Menschen an.
Diego-Suarez wurde zu einem regelrechten Piratenschlupfwinkel und lieferte die reale Kulisse für die (wohl eher fiktive) **Piratenrepublik Libertialia** des engl. Schriftstellers **Daniel Defoe** ("Robinson Crusoe").
Im **19. Jh.**, nach dem Ende der Hegemonialkriege der Merina, gewann Diego-Suarez rasch als einer der wichtigsten Seehäfen der Insel an wirtschaftlicher und politischer Bedeutung.

1885 erhielt Frankreich das Protektorat über die Bucht (sowie über Nosy Bé und St. Marie) per Vertrag mit Königin Ranavalona III.
Die Franzosen bauten Diego-Suarez in der Folgezeit zum wichtigen Stützpunkt ihrer Kriegsmarine aus, auch der internationale Seehandel erlebte eine erste Blütezeit.

1904 machte ein russisches Flottenkontingent der baltischen Ostseeflotte hier halt, auf dem Weg in den **russisch-japanischen Krieg**, welcher **1905** in der **Seeschlacht von Tsushima** gipfelte.
Ein Teil des russischen Verbandes ging aber bei **Nosy Bé** vor Anker, um auf (heimliche) deutsche Kohlenachschublieferungen zu warten (siehe Reiseroute Nr. 8 – Tropische Trauminseln/Nosy Bé).

1940, nach der Niederlage Frankreichs im 2.Weltkrieg und der Installation des nazitreuen **Vichy-Regimes** unter **Marschall Petain** war die französische Besatzung in Duego-Suarez leider nicht bereit, sich den Truppen des **„freien Frankreich“** unter **General Charles de Gaulle** anzuschließen.

Daher stellte der Flottenstützpunkt für die Alliierten ein erhebliches militärisches Problem dar: erstens gefährdeten die französischen Marinekräfte wichtige Nachschubwege, zweitens bestand die Gefahr, dass Japan sich der Basis bemächtigen könnte. Ein am 30. Mai 1942 erfolgter Angriff **japanischer Klein-U-Boote** auf englische Schiffe zeigte, wie ernstzunehmend diese Bedrohung war!

Folglich wurde Diego-Suarez im Mai **1942** von **britischen Luft– und Seestreitkräften** bombardiert und nach zähen Kämpfen eingenommen. Die vielen Schiffs– und Flugzeugwracks, die bei Ebbe aus dem Sand der Bucht auftauchen und die beiden großen **Soldatenfriedhöfe** (ein britischer und ein französischer) zeigen, wie verlustreich die Kämpfe vor allem für die Franzosen waren.

1943 übergaben die Briten den Ort wieder an (de Gaulles) Frankreich.

In der Zeit nach dem 2.Weltkrieg entwickelte sich Antsiranana nicht nur zu einem der bedeutendsten Warenumschlagplätze Madagaskars – auch der internationale Tourismus der roten Insel nahm hier seinen Anfang: der Fischerort **Ramena** mauserte sich in den 60er Jahren zum beliebten Badeort v.a. französischer Urlauber. Die französische Militärbasis sorgte außerdem dafür, daß die Infrastruktur in und um die Stadt herum außerordentlich gut entwickelt wurde (und zum Teil noch ist).

1974 rückten schließlich die letzten französischen Truppen aus Diego-Suarez ab.

„Diego" heute

Heute zählt die Stadt etwa 100. 000 Einwohner und ist damit die fünftgrößte Stadt Madagaskars. Zu den einheimischen **Antandroy, Merina, Sakalava** und **Antankarana** gesellen sich einige bedeutende Bevölkerungsgruppen, die so groß sind, dass man sie kaum als Minderheiten betrachten kann:
So stammen 10% der Einwohner aus dem **Jemen** und aus **Somalia**, 20% von den **Komoren**, 15% aus **Indien** und **Pakistan** - und immerhin 10% sind **Chinesen**!
Aus diesem Gemisch entsteht das internationale Flair von Antsiranana - neben der immer noch großen Bedeutung des Hafens, der vor allem regelmäßige Verbindungen nach Indien und Afrika schafft und damit erheblich zur besonderen kulturellen Gemengelage beigetragen hat.

Hinweis.: Neben der vor allem im Norden üblichen Begrüßungsfloskel „salam(a)" begegnet einem hier ab und zu auch ein freundliches „karibu sana" (aus dem Swahili bzw. aus Mauritius stammend)

Als Hauptstadt der gleichnamigen Provinz kann die Stadt einen gewissen Wohlstand nicht verbergen: obwohl nur **8% der Landesfläche** umfassend, erwirtschaftet die kleine Provinz mit gerade mal 1,5 Mio. Einwohnern immerhin **30% der madagassischen Exporterlöse**, ein beachtliches Zeichen wirtschaftlicher Dynamik!

Der koloniale Charme schließlich, den man zwar auch in anderen Städten Madagaskars antrifft, findet in „Diego" einen besonders schönen Ausdruck: zwar ebenfalls etwas heruntergekommen, besitzen die Straßen von Antsiranana aber eine sichtbare Ordnung und einen baulichen Zustand, der sie angenehm von nahezu allen Städten der roten Insel unterscheidet!
Die Stadt ist spürbar weniger ländlich geprägt als Madagaskars andere „Großstädte", viele (seriöse) Edelsteingeschäfte, Luxushotels und zahllose interessante Einkaufsmöglichkeiten machen einen Bummel durch die **Rue Colbert** zu einem (bisweilen nicht ganz billigen) Erlebnis.

Vielleicht kommt Diego von allen Städten Madagaskars unseren europäischen Vorstellungen einer „Stadt" am Nächsten!

Die Bevölkerung macht hier insgesamt einen sehr viel weniger ärmlichen Eindruck als im Süden Madagaskars, es kündet mancher „Wohlstandsbauch" vom wirtschaftlichen Erfolg seines Trägers.

Selbst im Vergleich mit Taolanaro ist Antsiranana wie kaum eine andere Stadt mit einer wahren Fülle von Sehenswürdigkeiten im nahen Umland gesegnet, die alle ziemlich einfach und mühelos erreicht werden können – daher kommt jedes Jahr ein erheblicher Teil der Madagaskar-Urlauber hierher und wählt den Ort als

„Basis" für umfangreiche Unternehmungen.
Es verwundert daher nicht, dass Antsiranana über eine ganze Reihe von Unterkünften und

Gastronomie auch im Spitzenbereich verfügt!

Topographie

Diego ist relativ leicht zu erkunden: das Stadtzentrum befindet sich auf einer langgestreckten Landzunge, welche in die kleeblattförmige Bucht hineinragt.
An der Spitze der Landzunge liegt der Stadtbezirk **Ville Basse** – mehrere Buchten am Ende der Landzunge (die **Baie des Amis**, der **Port de la Nievre**, die **Anse de la Dardagne** und die **Anse Melville**) machen diesen Bezirk gewissermassen zum Zentrum der maritimen Bedeutung Diegos: Sowohl der ehem. französische Marinestützpunkt als auch zivile An– und Ablegestellen sorgen für emsiges Treiben.
Wenn Sie bei Ebbe in den Port de la Nievre blicken sehen Sie zahlreiche, schwarze Gebilde aus dem Schlick der Bucht ragen: Wracks von Flugzeugen und Schiffen, schaurige Relikte der Schlacht um Antsiranana im Mai 1942.
Ein Spaziergang durch Diego orientiert sich am besten an der zentral verlaufenden **Rue Colbert,** welche vom **Place Foch** aus etwa 600 Meter bis zum Ende der Landzunge führt. Die beiden parallel verlaufenden Straßen **Boulevard Etienne** und **Rue de la Marne** können Sie dabei für den Rückweg benutzen.
Die Rue Colbert offenbart einen Teil des Zaubers von Diego: zahlreiche Häuser im Kolonialstil, die relative Ordnung und die Freundlichkeit und Zurückhaltung der Bewohner sind wohltuend. Dazu die Vielfalt an Geschäften, Boutiquen, Restaurants und Hotels, die sich hier ein Stelldichein geben.
Wer Souvenirs einkaufen will, ist mit Diego wohl am Besten beraten – auch die Preise sind nicht so überzogen wie auf Nosy Bé oder in Tana.

Am Ende der Rue Colbert stoßen Sie auf die quer verlaufende **Rue Richelieu**. Hier liegt die wohl eindrucksvollste Ruine Madagaskars: Das **Hôtel des Mines**. Ende des 19 Jh. von dem Abenteurer **Alphonse Mortage** erbaut, war es zu jener Zeit das mondänste und teuerste Haus am Platz. Wer von der Straße aus in den Innenhof blickt, die Rundbögen, die Fließen und Fresken betrachtet, kann mit ein wenig Phantasie die Stimmung erahnen, die früher hier herrschte: Gold– und Edelsteinsucher aus aller Herren Länder verprassten hier ihr Geld, selbst der Gründer des Hotels endete schließlich völlig verarmt!
Vom Betreten der Ruine sei abgeraten, die (damals hochmoderne) Konstruktion unter teilweiser Verwendung von Eisenträgern und Betonelementen ist extrem morsch und einsturzgefährdet.

Nehmen Sie sich Zeit, durch die Straßen zu schlendern und versäumen Sie dabei nicht, Halt in einem der zahlreichen Restaurants und Cafes zu machen.
Wenn Sie vom **Place Foch** in die Gegenrichtung und dabei auf der **Av. Tolendal** nach Süden gehen, stoßen Sie nach 400 Metern zunächst auf das **Fußballstadion**. Halten Sie sich (am Kreisverkehr) rechts und biegen Sie dann wieder südwärts in den **Boulevard Dupleix** ein. Nach etwa 200 Metern stoßen Sie linkerhand auf ein unwirkliches Bild: ein sattgrüner Rasen, auf dem sich zahlreiche, makellos saubere und einheitlich weiße Grabsteine befinden Der **britische Soldatenfriedhof.** Ordentlich und in Reih und Glied hat die britische Kriegsgräberfürsorge an diesem weit entfernten Ort dafür gesorgt, dass ein Stück Großbritanniens hier verewigt bleibt. Geht man die Gräberreihen entlang und sieht man die Herkunft der hier bestatteten Soldaten, wird deutlich, dass es sich in der Tat um einen „Weltkrieg“ gehandelt hat: afrikanische Söldner, nepalesische Gurkhas, britische Adlige Seite an Seite - Sie alle fielen hier beim Kampf um den strategisch wichtigen Marinestützpunkt.

Schräg gegenüber des Boulevards liegt das gegnerische Pendant – der **Soldatenfriedhof der Franzosen.**

Schon von weitem sieht man, dass die Franzosen erheblich weniger Interesse an der Pflege ihrer Kriegsgräber im Ausland haben!
Die Grabmale sind uneinheitlich, überwiegend heruntergekommen oder einfach umgestürzt. Der Friedhof bietet einen krassen Gegensatz zum britischen, zeigt dem Interessierten aber, dass auch die Franzosen Menschen aller Herren Länder zum Kampf rekrutiert hatten.

(siehe Antsiranana im A-Z Orte)

Umgebung von Antsiranana

Man darf ruhig behaupten, dass alleine die Gegend um Diego einen Urlaub für sich wert ist.
So variiert der Zeitaufwand für die schönsten Ziele zwischen einem Tag und mehreren Wochen!. Aus diesem Grund werden zunächst die naheliegenden, dann erst die weiter entfernten Attraktionen beschrieben.

Ausflüge Richtung Osten

Einige der reizvollsten Ziele in der Umgebung finden sich in Richtung Osten. Sie verlassen Diego auf der gut ausgebauten Ausfallstraße Richtung **Ramena.** Sie folgen der Küstenlinie, die linker Hand liegt. Haben sie die Stadt hinter sich gelassen, tauchen immer wieder Hotelanlagen und verlassene Grundstücke auf (zu verpachten oder zu kaufen). Mancher Traum vom tropischen Leben, dem wir Europäer so gerne nachhängen, fand hier sein jähes oder allmähliches Ende: Die häufigen Zyklone beuteln die vorhandenen Ressorts meist hart, dazu kommt die sinkende Bedeutung Ramenas seit dem Ende der 1. Rebublik und dem Abzug der meisten Franzosen. Die Vision von einem "comeback" Ramenas als internationaler, mondäner Badeort, die Viele hatten, hat sich bis heute jedenfalls nicht erfüllt... zerstörter Traum oder traumhafte Zerstörung. Etwa 18 km östlich von Diego liegt dieser ehem. Fischerort. Um dorthin zu gelangen, fahren Sie die östliche Ausfallstraße aus Diego hinaus und folgen Sie der Küstenlinie, die Sie dabei stets zur Linken haben. Außerhalb der Stadt erhebt sich rechts neben der Straße das Massiv von **Montagne des Francais** – zahlreiche (gescheiterte und betriebene) Hotels und Restaurants profitieren von der schönen Lage mit Blick auf die Insel **Nosy Lonja**, den **Zuckerhut**, über welchen Diego genau wie Rio de Janeiro verfügt!

Montagne des Francais

Dieses Bergmassiv hat seinen Namen von den Gefallenen der Kämpfe um Diego Suarez im Jahre 1942. Zahlreiche Gräber und Gedenkstätten erinnern an die Toten, zahlreiche **fadys** machen den Besuch des Ortes heute noch zu einem mythenumrankten Erlebnis.
Wer zum kreuzgekrönten und 426 hohen Gipfel gelangen will, geht (am besten nach vorheriger Beratung durch Herrn Pareik von der King´s Lodge oder durch Gilles Gauthier) von der Hauptstraße aus rechterhand immer den Berg hinauf. Der sehr interessante Weg führt durch eine Trockenwaldvegetation, in welcher vor allem zahlreiche **Baobabs** (u.a der extrem seltene Adansonia Suarenzis) die Landschaft dominieren.
Vorbei an zahlreichen Höhlen, welche der Erkundung harren, geht der Pfad, ehe Sie nach

etwa einer Stunde gemütlichen Marschs zum Gipfel gelangen:
Ein großartiger Blick über die Bucht belohnt die Mühen, Diego liegt Ihnen buchstäblich zu Füßen!

Bester Kenner der Gegend ist übrigens auch hier **Gilles Gauthier:** www.newsearock.com oder www.madamax.com

Haben Sie Montagne des Francais hinter sich gelassen, folgt die Straße weiter der Küstenlinie. Weite, riesige, ebene Flächen fallen ins Auge – zu beiden Seiten der Straße erstrecken sich die **Salinen von Antsiranana**. In den riesigen, flachen Becken wurde das Meerwasser durch die Sonneneinstrahlung verdunstet, allmählich in seinem Salzgehalt konzentriert und schließlich das kristalline Salz „geerntet".
Heutzutage ist diese Betätigung leider aus der Mode gekommen – jedenfalls werden die Salinen kaum mehr bewirtschaftet, Folge billiger Importe aus dem Ausland!

Ramena

Der ehemalige Fischerort war mal so etwas wie das St. Tropez Madagaskars – während der Kolonialzeit und in der 1. Republik war der Ort beliebter Erholungs– und Badeort vor allem französischer Besucher.

Vom einstigen Glanz ist nicht mehr viel geblieben - Ramena bietet (außer einem nicht mehr empfehlenswerten Strand) aber einige sehr gute Unterkünfte und Restaurants in sehr schöner Lage.
Darüber hinaus lassen sich von hier aus noch weitere Attraktionen besuchen.

(siehe Ramena im A-Z Orte)

La Mer Emeraude – Das Smaragdmeer

Wenn Sie sich zu dieser Ausflugsfahrt entschlossen haben, seien Sie sich bewusst, dass die Überfahrt nichts für schwache Gemüter darstellt!

Von Ramena aus geht die Fahrt zunächst westwärts aus der Bucht hinaus. Wer sich wundert, dass die Bootsleute bei völlig ruhigem Wasser in der Bucht eine LKW-Plane hervorziehen und über die Fahrgäste drapieren, wird bald aufgeklärt: Am Ende der Bucht erblicken Sie rechter Hand noch die alten französischen Artilleriestellungen mit ihren gewaltigen verrosteten Kanonen, dann schlagen die Wellen plötzlich hoch, die Fahrt wird äußerst unruhig. Der beständige, starke Nordostwind legt das kleine Boot bedenklich weit nach Backbord, das Lateinersegel bläht sich und wird nach Zuruf durch den Kapitän mit einem fadenscheinigen Seil reguliert.

In der Winterzeit ist das kein ungefährlicher Ausflug, soviel sei gesagt! Die Boote fahren in der Regel im Konvoi, falls eines kentert – so heftig weht der Wind, die mannshohen Wellen und die zahlreichen Felsen und Untiefen, durch die man steuert, machen die Fahrt zu einer bangen Angelegenheit. Sieht man achteraus, erblickt man vielleicht eines der anderen Boote, wie eine Nussschale auf den Wellen tanzend – und wird sich schlagartig bewusst, dass das eigene Boot derweil die gleichen Manöver vollführt.
Man ist vollkommen den Elementen sowie dem Können der Bootsleute ausgeliefert – kein besonders angenehmes Gefühl.

Etwa eine bis anderthalb Stunden dauert die Fahrt Richtung Norden, an der östlichen Küste der roten Insel vorbei.
Das Smaragdmeer sind fünf flache, unbewohnte Inseln, die um eine Lagune voll glasklaren, in allen Blau– und Grüntönen (wie ein Smaragd) schimmernden Wassers gruppiert sind.

Diego, die größte der Inseln, lockt mit schneeweißem Sandstrand, einigen Schatten spendenden Unterständen (die vor allem beim Essen Schutz vor dem immerwährenden Wind bieten) und dem tierreichen Wasser der Lagune, die zum Schnorcheln und Baden einlädt. Bäume sucht man vergebens, der Wind lässt nur eine Vegetation aus niedrigen Büschen zu, die sich zwischen den Dünen in den sandigen Boden krallen.
Wäre nicht dieser dauernde Wind, könnte man den Aufenthalt auf diesem idyllischen Eiland als nahezu perfekt bezeichnen – zumindest kulinarisch braucht man aber keine Kompromisse zu fürchten: Zum Tagesarrangement (etwa 30 Euro) gehört neben dem Bootstransfer auch das Essen, fangfrische Fische aus dem Meer, erstklassig zubereitet von den jungen Damen, die in den Dünen hinter dem Badestrand die bescheidene Infrastruktur der Insel repräsentieren. Diese bieten außerdem auch sehr **wohltuende Massagen** an!

Die Rückfahrt erfolgt meist am Nachmittag – machen Sie sich nochmals auf den selben Ritt auf den Wellen gefasst wie hinzu.

Hinweis des Verf.: Bei der Überfahrt im Oktober ging prompt ein Mitglied der Bootscrew am Bug über Bord und konnte „gerade eben noch“ am Heck des Bootes gefasst und zurück ins Boot gehievt werden - der junge Mensch war grau vor Angst im Gesicht und zeigte eindrucksvoll, dass diese Fahrt kein Spaß ist.)
Fragt man die Bootsleute, passiert angeblich aber nie etwas!

Cap Miné und Baie de Sakalava

Dieser schöne Wanderausflug ist ein weiterer Grund, Ramena mehr als nur einen kurzen Aufenthalt zu widmen:
Sie verlassen Ramena Richtung Osten und folgen dem Weg, der Sie vorbei an allerhand baulichen Relikten der Kolonialzeit führt: Wohnhäuser und Militäranlagen der Fremdenlegion bei der **Halbinsel Orangéa.** Die Militäranlagen sind immer noch Sperrgebiet, daher werden Sie möglicherweise kontrolliert und des Weges gefragt! Die Wanderung geht immer in Reichweite des Wassers weiter Richtung **Leuchtturm** auf **Cap Miné.**
Vom Kap aus hat man einen großartigen Rundumblick, mit etwas Glück sieht man in Richtung Norden das Smaragdmeer schimmern. Jenseits des Kap, weiter Richtung Südosten liegt die idyllische **Baie des Dunes**, gefolgt von den nicht minder schönen folgenden: der **Baie des Pigeons** und der **Baie des Sakalavas**. Die Buchten locken mit weißem Sand und herrlichen Bade– und Schnorchelmöglichkeiten.
An der Baie des Sakalavas angekommen (etwa 3 Stunden zu Fuß und bei ziemlicher Hitze, Trinkwasser nicht vergessen!) machen Sie am besten Halt im hier ansässigen Restaurant **„Le Club“** und erholen Sie sich bei erlesenen Meeresfrüchten und einem kühlen Getränk von den Strapazen der Wanderung. Ein Piste führt von der Bucht nach **Ankorikakely** an der Hauptstraße zurück nach Ramena. Am besten, Sie organisieren sich eine Rückfahrt von hier aus mit dem Auto.

Ausflüge Richtung Norden

Jenseits von Antsiranana, in jenem sich immer mehr verengenden Stück Land, der die Nordspitze der roten Insel bildet, kommt man nur noch sehr mühsam voran – Ausflüge hierher sind nur noch per Drahtesel oder zu Fuß, mit dem Al radauto oder dem Boot zu machen!

Windsor Castle

Madagaskar ist reich an Überraschungen – über einen Ort dieses Namens auf der roten Insel sollte man sich also nicht wundern!
Windsor Castle ist der Name einer alten Befestigungsanlage, die auf einem hohen, geometrisch geformten Felsblock liegt und einen sehr guten Rundumblick über die Nordspitze der Insel bietet.
Der Aussichtspunkt wurde früher militärisch genutzt und ist heute verlassen.
Sie erreichen den Ort, indem Sie zunächst Antsiranana in westlicher Richtug verlassen. An weiteren **Salinen** vorbei geht die gut ausgebaute Straße bis nach **Antsahampano**. Die folgenden 20 Kilometer sind nur noch langsam möglich – ein Allradauto braucht schon 1,5 bis 2 Stunden bis nach Windsor Castle.
Wenn Sie den steilen Pfad hinauf zum Aussichtspunkt gemeistert haben, werden sie mit einem der faszinierendsten Panoramen der ganzen Insel belohnt: Rechterhand die Ostküste, linker Hand die Westküste, im Norden das Cap d´Ambre: wie auf der Brücke eines riesigen steinernen Schiffs fühlt man sich. Sowohl geologisch, als auch botanisch hat die Gegend allerhand zu bieten: es finden sich nicht nur einige „Tsingy" hier – auch seltene Pachypodien und andere endemische Pflanzen fallen ins Auge.
Links, Richtung Westen, liegt die **Baie des Couriers**. Der einst beliebte Erholungsort ist heute fast am Ende der Welt – wenn Sie den Weg hinab unternehmen wollen, fahren (oder laufen Sie) bis zum Dorf **Ampasindava,** wo auch die Piste endet und es kein Weiterkommen gibt.
Die Bucht war nicht umsonst früher als Badeort beliebt: ein traumhafter Strand inmitten einer erhabenen Naturkulisse.
Heute verirrt sich nur noch selten ein Vazáha hierher – daher kann man hier auch wunderbar abschalten und entspannen.

Cap d´Ambre

Wenn Sie der Piste von Windsor Castle aus weiter Richtung Norden folgen, erwarten Sie noch einmal fast 50 harte Kilometer auf schwerer Piste. Da die Anfahrt bis zum Kap von Diego aus mindestens 7 Stunden in Anspruch nimmt, buchen Sie in jedem Falle eine Übernachtung – Camping ist praktisch die einzige Alternative! - mit.

Die menschenarme Landschaft hier oben hat ihren ganz besonderen Reiz, der Blick wandert ständig zwischen dem Indischen Ozean und dem Kanal von Mosambik hin und her, bizarre Felsen säumen die Piste.
Durch die kleinen, einsamen Dörfer **Bedarabe** und **Ambatojanohavy** führt der Weg, ehe Sie schießlich an den nördlichsten Punkt Madagaskars kommen: das Cap d´Ambre.

Inmitten einer wind – und wassergeformten Landschaft aus zerklüftetem Kalkstein thront der alte Leuchtturm. Obgleich dieser durch einen breiten Riss im Gemäuer stark beschädigt und offenbar nicht funktionstüchtig ist, haben aber doch ein Leuchtturmwärter

und einige andere Familien hier ihren Wohnsitz.
Wie Cap St. Marie im Süden ist auch dieser von den Madagassen **Tanjona Bobaomby** genannte Ort einer, welcher zum Träumen einlädt....

Ausflüge Richtung Süden

Die wohl beliebtesten Sehenswürdigkeiten Diegos liegen südlich der Stadt.

Ambohitra – Joffreville

Sie verlassen zunächst Antsiranana südwärts auf der RN 6 bis zum Dorf **Antanamitarana**.
Hier biegt von der Hauptstraße die Route nach Montagne d´Ambre ab: westwärts und hinauf in die Berge geht die kurvenreiche Fahrt. Nach etwa 28 Kilometern (oder 1 Std. Fahrt) kommen Sie nach Ambohitra.

Der früher als **Joffreville** bekannte Ort ist auf jeden Fall einen Halt wert – schon weil der Weg zum Nationalpark hier durchgeht!
Ein faszinierender Platz: durch die Stadt zieht sich eine ehemals prächtige Avenue mit Gehwegen, Ruhebänken, Straßenlaternen usw.

Schon der Umstand, dass die genannte Avenue recht steil den Berg hinaufführt, verleiht dem Ensemble einen recht befremdlichen Anblick – derlei Prachtstraßen werden normalerweise eben angelegt, um der Perspektive und dem Gesamteindruck Raum zu geben
.
Zusammen mit dem stark verfallenen Zustand (kaum noch Asphalt, die Gehwege sind weitgehend zerstört, die Lampen defekt und krumm....) und den umliegenden, zumeist ebenfalls verfallenen Häusern in allen möglichen Baustilen ergibt sich hier ein Gesamtbild, welches bizarr und fast grotesk anmutet!

Die Häuser des Ortes stammen aus fast allen Jahrzehnten des 20. Jh., es finden sich neobarocke Herrenhäuser, Betonbungalows, die ein wenig an Mies van der Rohe erinnern – es hat den Anschein, als ob hier jeder bauen durfte, wie es ihm gefiel, Baubestimmungen wie bei uns waren und sind offenbar unbekannt.
Joffreville eignet sich gut für einen Spaziergang die Avenue hinauf und hinunter sowie für eine Rast nach dem Besuch des Nationalparks Montagne d´Ambre.

Daneben sei noch auf die – zwar dünn gesäten, aber hervorragenden – Unterkünfte hingewiesen, die der Ort vorweisen kann.

(siehe Ambohitra im A-Z Orte)

Nationalpark Montagne d´Ambre

Ohne Zweifel ein Höhepunkt jeder Reise in den Norden und eine der beliebtesten Attraktionen Madagaskars überhaupt.

1958 zum Nationalpark erklärt, ist der 18.500 ha große Park zentraler Bestandteil jenes Reservatskomplexes, der außerdem noch die **Tsingy d´Ankarana**, das **Analamerana-**

Reservat sowie den (nahebei liegenden) **Forêt d´Ambre** umfasst.

Der Park ist ein herausragendes Beispiel der seltenen Bergnebelwälder – durch den vulkanischen Ursprung besonders fruchtbar, erstreckt sich Montagne d´Ambre auf etwa 840 bis 1475 Höhenmetern.

Schon die einzigartige Vegetation macht den Besuch lohnenswert: **über 1000 Baumarten** wurden hier gezählt, darunter über **40 Meter hohe** Urwaldriesen – wahrhaft gigantische Anblicke!
Daneben finden man auch zahlreiche Palmen, Orchideen und seltene Heilpflanzen.

Landschaftlich ist selbstverständlich der 1475 Meter hohe **Sommet d´Ambre**
als interessantestes, wenn auch schwierigstes Ziel im Park zu nennen: Wenn Sie diesen Aufstieg machen wollen, führt der Weg Sie zunächst durch einen abwechslungsreichen Regenwald, bis Sie in den höheren Lagen auf die typische Gebirgsvegetation stoßen.
Der vulkanische Ursprung des Gebirges wird deutlich im unvergleichlichen Blick vom Gipfel, wenn das Wetter Ihnen eine gute Sicht ermöglicht: die zahlreichen Seen sind überwiegend Kraterseen – und auch der 1475 hohe **Pic d´Ambre** ist der Rand eines erloschenen Vulkans.

Diese Tour offenbart den ganzen Zauber und die Schönheiten des Parks quasi im Rundumblick – allerdings sollten Sie schon eine gewisse Fitness sowie mindestens 2 Tage Zeit mitbringen. Übernachtet wird im Zeltlager unterhalb des Gipfels.

Hinweis: vor allem in den Höhenlagen von Montagne d´Ambre kann es kühl und nachts unangenehm kalt werden. Sorgen Sie mit warmer Kleidung vor. Vergessen Sie auch ausreichend Repellent gegen die allgegenwärtigen Blutegel („Litschies“) sowie Regenschutz nicht: Montagne d´Ambre zählt zu den niederschlagsreichsten Regionen ganz Madagaskars!

Aber auch unterhalb bietet der Nationalpark allerhand reizvolle und schöne Attraktionen an.
Je nachdem, wie viel Zeit Sie mitbringen, können Sie am Parkeingang oberhalb von Joffreville einen der angebotenen Rundwege sowie Ihren Guide „buchen“.

Da Montagne d´Ambre über 30 km gut ausgebauter Wege verfügt und überdies (leider!) teilweise auch mit dem Auto befahren werden kann, empfiehlt sich vor dem Besuch eine Anfrage, ob womöglich eine Ladung Kreuzfahrttouristen unterwegs ist: der Park ist sehr bekannt und je nach Saison gut besucht, wenn Sie Pech haben, begegnen Sie ganzen Scharen von lärmenden Menschen in offenen Geländewagen oder Bussen.
Es kann aber auch sein, dass es Ihnen ergeht wie dem Verf. im September 2006: auf meinem ausgedehnten Rundweg begegneten uns gerade mal zwei Vazaha....
Vom Parkeingang geht es zunächst über eine Kiesstraße leicht bergauf, hinein in dichten Wald.
Im dichten Unterholz entlang des Weges findet man zahlreiche **Chamäleons,** mit etwas Glück werden Sie auch bald die ersten von den insgesamt **7 Lemurenarten** sehen, die den Park bewohnen.
Normalerweise trauen sich die braungrauen **Sanfordmakis** am nächsten an den Weg: in Gruppen von 6 – 10 Tieren springen und hüpfen die flinken Gesellen die Bäume hinauf und hinab, als ob das Leben nur ein Spiel wäre...

Sie gelangen schließlich auf eine große, grasbewachsene Lichtung, auf welcher sich ein Camping/Rastplatz und ein verschlossenes Gebäude befinden: die **Waldstation von Rousettes**, einst ein bekannter Stützpunkt für Forscher, heute verlassen.

Hier treiben sich gerne ein oder mehrere **Ringelschwanzmungos** herum – je nachdem, wieviel die Mülltonnen an der Raststelle gerade hergeben! Die eleganten Tiere zeigen wenig Scheu und lassen sich ganz aus der Nähe fotografieren, falls man das Ausräumen eines Mülleimers durch ein Wildtier für fotogen hält.

Von der Waldstation gehen mehrere Wege weiter:

- Nicht weit entfernt (etwa 100 Meter)liegt die **Petite Cascade** (auch Cascade Sacrée genannt). In der Tat handelt es sich um einen heiligen Ort (viele **fadys!)**, allerdings hat der Wasserfall, der in einer farnbewachsenen Grotte in ein rundes Bassin stürzt, tatsächlich eine ausgesprochen sakrale Aura. Mit etwas Glück können Sie einen **Malachit-Eisvogel** (in Madagaskar auch "kingfisher" genannt) auf der Jagd erleben. Wenn die Sonne in das Bassin scheint, bekommt der Ort eine unvergleichliche Atmosphäre. Neben der Aussichtsplattform befindet sich der kleine Opferplatz: Geldscheine, Rumfläschchen und andere „Gaben“ der Einheimischen zeugen von der spirituellen Bedeutung, die der Ort – vor allem für Fruchtbarkeitswünsche der Frauen - hat

- **Sentier Botanique**. Der botanische Rundweg führt u.a. auch an der **Cascade Antankarana** vorbei, wo Sie einen schönen Rundblick über den Park haben. Der Lehrpfad ist natürlich besonders dem botanisch Interessierten, insbesondere den Dendrologen anempfohlen: die Vielfalt an Bäumen, deren Dimensionen, sowie die Fülle von Heilpflanzen – von der artenreichen Fauna ganz abgesehen – machen den (leichten!) Rundweg zu einem echten Leckerbissen.

- Zum **Lac (de la Coup) Vert** gelangen Sie auf einem ebenfalls recht leichten Fußweg. Der flaschengrüne See, einsam im Wald gelegen, bietet nicht nur eine schöne Picknick– oder Rastmöglichkeit. Der See ist auch eines der wichtigsten Trinkwasserreservoire Antsirananas. Wenn Sie aufmerksam durch den Wald gehen, werden Ihnen die Wasserrohre und Sammelbehälter auffallen, die an manchen Stellen entlang der Gewässer führen. Die hohen Niederschlagsmengen machen Montagne d ´Ambre zu einem Segen für die sonst trockene Küstenregion.

- Zum **Butterfly Valley** geht ein gemütlicher Weg von etwa 4 Kilometern: nur saisonal (am besten vorher erfragen, sonst lohnt die Tour weniger) findet sich hier eine erstaunliche Häufung farbenprächtiger Schmetterlinge – in teils reisigen Schwärmen bewölken die zarten Geschöpfe den Himmel über dem Tal.

- Zum **Lac Maudit**, einem der zahlreichen Kraterseen des Parks, müssen Sie schon einen etwas längeren Fußmarsch in Kauf nehmen. Der See ist mit einem Fluch beladen – einst sollen französische Kavalleristen mitsamt ihren Pferden hier im Morast versunken sein.

- Ebenfalls weiter entfernt liegt die **Grand Cascade,** der Weg ist vor allem am letzten Stück nicht ganz ohne: es wird rutschig und ganz schön steil. Belohnt werden Sie durch einen wunderbaren Blick vom Aussichtspunkt, wo das Wasser fast 80 Meter in die Tiefe stürzt.

Erwähnenswert sind außerdem die angebotenen Nachtexkursionen – der Park hat eine artenreiche, nachtaktive Reptilienfauna zu bieten, nachtaktive Lemuren hingegen sind hier kaum zu sehen.

Eintritt: 25.000 Ar/Tageskarte, 37.000 Ar./2-Tageskarte, 40.000 Ar/3-Tageskarte, 50.000 Ar/ Wochenkarte
Guides: nach Preisliste zwischen 10.000 und 40.000 Ar.(je nach Länge und Dauer)

Spezialreservat Analamerana (Réserve Speciale d´Analamerana)

Noch weiter südlich als Montagne d´Ambre, nämlich in etwa 60 km Entfernung ab Diego, liegt das Spezialreservat Analamerana. 50 Kilometer südlich von Diego geht im Dorf **Anivorano** (siehe Lac Sacre) die Piste nach Analamerana von der RN 6 ab. Es folgen 10 Kilometer holpriger Fahrt Richtung Westen, bis Sie den Rand des Reservates erreichen.

Hinweis: Für den Besuch ist unbedingt eine Genehmigung der Parkaufsicht (in Anivorano erhältlich, ansonsten wird Ihr Reiseveranstalter dies für Sie erledigen. Besuche auf eigene Faust sind nicht anzuraten, auch des erforderlichen Guides wegen, den Sie in jedem Fall brauchen! Besuche in Analamerana gehören übrigens zum Standardrepertoire der Agenturen in Diego und können problemlos dort gebucht werden)

Das fast 42.000 ha große Reservat wurde bereits 1956 eingerichtet und ist seit 1997 auch für Besucher zugänglich. Es wurde auch zum Schutz der extrem seltenen **Perriers-Sifakas** Propithecus diadema perrieri, auch schwarze Sifakas genannt, eingerichtet.

Aber auch 6 weitere Lemurenarten finden sich hier, eine artenreiche Vogelwelt sowie (auch hier) zahlreiche endemische Reptilien und Amphibien.
Landschaftlich ist das Reservat vor allem wegen seines krassen Übergangs vom feuchtwarmen Regenwald hin zum Trockenwald der Küste interessant: endemische Pachypodien, Didiereaceen und Baobabs sind hier ebenso zu Hause wie der dichte feuchte Dschungel.

Da das Reservat über praktisch keinerlei Infrastruktur und lediglich Campingmöglichkeit verfügt, empfiehlt sich die Buchung einer entspr. Exkursion mit der erforderlichen Ausrüstung von Diego aus. Es muss alles Erforderliche mitgebracht (und auch wieder mitgenommen) werden.

Die Campingmöglichkeiten sind ziemlich spektakulär und abwechslungsreich: es finden sich ausgewiesene Plätze sowohl direkt am Meer als auch in den höher liegenden, bewaldeten Regionen des Reservates.

Entsprechende Konstitution und Bereitschaft zum **radikalen Komfortverzicht** vorausgesetzt, eignet sich Analamerana hervorragend für mehrtägige, abenteuerliche Exkursionen mit zahlreichen Sehenswürdigkeiten (Seen, Höhlen und ein großartiger Aussichtspunkt hin zum Indischen Ozean), die reiche Tier– und Pflanzenwelt lassen die Anstrengungen der Fußmärsche bald in den Hintergrund treten. Ein Geheimtipp für Unerschrockene!

Die Vanilleküste

5. Die Vanilleküste

Die nördliche Ostküste von der Masoala-Halbinsel bis nach Diego Suarez: Maroantsetra – Nationalpark Masoala Halbinsel - Nosy Mangabé: auf der Suche nach dem Aye-Aye - Masoala-Treck – Antalaha – Sambava - Marojejy NP – Andapa – Réserve Speciale d´Anjanaharibe-Sud – Iharána (Vohémar) – Lac Andranotsara – Durch die Wüste: auf der RN 5 A nach Ambilobe – Richtung Antsiranana (siehe Reiseroute Nr. 4)

Vorbemerkung des Verfassers: Die "Vanilleküste" ist jener Teil Madagaskars, der – genau wie die mittlere und südliche Ostküste - am ehesten dem Begriff "tropisch" entspricht. Mit stellenweise über 5000 mm Niederschlag pro Jahr (!) und feuchtwarmem Klima "gesegnet", ist die Vanilleküste der Garten Eden von Madagaskar. Es heißt, man brauche hier nur einen Stock in die Erde zu stecken, schon trüge dieser alsbald Frucht!

Wie der Name schon sagt, gedeiht hier Madagaskars Exportschlager Nr. 1, die **Bourbon-Vanille**. Aber auch Kokospalmen, alle Arten tropische Früchte (Litschis) – und selbstredend auch der Reis wachsen (2-3 Ernten pro Jahr) prächtig!

SAVA, wie die Gegend auch genannt wird, kommt von den Anfangsbuchstaben der Städte **Sambava, Antalaha, Vohémar** und **Andapa** und bezeichnet die Vanilleregion Madagaskars.

Getrübt wird das Bild vom Tropenparadies durch die alljährlich wiederkehrenden **Zyklone**, die in den Weiten des indischen Ozeans ihre Geburtsstätte haben und dann aufgrund der Erdrotation zwangsläufig auf die Ostküste treffen.
Alljährlich kommt es daher zu schlimmen Verwüstungen, Überschwemmungen und einer Vielzahl von Obdachlosen und Toten, von denen die Medien in Europa praktisch nie berichten, offenbar ist uns New Orleans doch näher als Madagaskar.

Die nördliche Ostküste bietet die größten tropischen Waldgebiete Madagaskars, hier sei die einzigartige **Masoala-Halbinsel NP** an erster Stelle genannt.
Nicht umsonst wurden die östlichen Regenwälder von der **UNESCO** als **Weltkulturerbe** unter Schutz gestellt.

Der ist dringend nötig und geboten: kaum eine Region Madagaskars sieht sich hemmungsloser dem Zugriff illegaler Holzfäller und Tierfänger ausgesetzt, vor allem in Folge des Putsches 2009 kam es zu schrecklichen Plünderungen an Flora und Fauna durch schwerbewaffnete Banden.
Offenbar mit Unterstützung regionaler Politiker wurden (und werden) vor allem **Palisander-, Rosen-** und **Ebenholz** systematisch geschlagen und vor allem über Ihárana (Vohémar) an die überwiegend chinesische Kundschaft verschifft.
Die gewilderten Tiere hingegen werden über das Drehkreuz Bangkok, welches von der Air Madagascar praktischerweise regelmäßig angeflogen wird, in den internationalen Handel gebracht.

Ein Besuch der Vanilleküste ist nicht so einfach: verkehrstechnisch ist diese Region von Tana aus praktisch nur mit dem Flugzeug zu erreichen, eine Straßenverbindung existiert nicht, bzw. nur von Norden her mit Antsiranana (Diego-Suarez) als Ausgangspunkt. So endet die RN 5 A, die von Antsiranana aus in Ambilobe ostwärts zur Küste führt, in

Antalaha, nördlich der Masoala-Halbinsel.

Südlich der Halbinsel endet die Straße, welche von Süden (Tana/Tamatave) heraufführt, bei Soanierana-Ivongo, bis hinauf nach Maroantsetra an der Bucht von Antongil, der sogenannten "madagassische Riviera" entlang (siehe Reiseroute Nr. 7) führt dann nur noch eine recht üble Piste.

Von Maroantsetra aus, wo unsere Tourenbeschreibung beginnt, kommt man nur mit dem Flugzeug, dem Schiff – oder zu Fuß weiter bis nach Antalaha.

Letztere Alternative ist die anstrengendste, aber auch die reizvollste: der berühmte **Masoala-Treck** steht am Beginn unseres Kapitels und öffnet damit den Zugang zur Vanilleküste, welche, bei Antalaha beginnend, bis nach Ihárana (Vohémar) reicht.

Selbstverständlich ist dieses Abenteuer nicht für Jedermann geeignet – in diesem Falle beginnen Sie die Tour in Antalaha oder Sie kehren die Fahrtrichtung um und starten in Antsiranana.
Neben der tropischen Üppigkeit erwarten den Reisenden allerhand Herausforderungen: die **Masoala-Halbinsel** mit ihrer teilweise unerforschten Natur und die Schutzgebiete **Parc National Marojejy** und **Réserve Speciale d´Anjanaharibe-Sud** – man kann durchaus sagen, dass diese Attraktionen deutlich schwieriger zu erkunden sind als alle anderen im Lande!

Denn der dichte Dschungel sieht nicht nur schön aus: er fordert dem, der ihn durchwandern will, allerhand ab: ständige Nässe, Blutegel, rutschige, schmierige Wege (falls vorhanden) – nichts für unsportliche und verzärtelte Naturen!

Für diese Tour sollten Sie wenigstens 10 Tage einplanen (falls Sie den Masoala-Trek und einen 2-Tagesbesuch in Marojejy machen wollen – wenn Sie in Marojejy den **Summit-Trail** wagen, rechnen Sie alleine dafür mindestens 5 Tage zusätzlich mit ein!)

Wenn Sie von Iharána aus über die RN 5A nach Ambilobe weiterfahren, bietet sich dort ein Anschluss an die im Kapitel 4 beschriebene Route von Tana bis Antsiranana ideal an!

Entfernungen:

Maroantsetra-Antalaha:	150 km
Antalaha-Sambava:	92 km
Sambava-Marojejy NP:	60 km
Marojejy NP-Andapa:	40 km
Sambava-Ihárana (Vohémar):	150 km
Ihárana-Ambilobe:	180 km
Ambilobe-Antsiranana	140 km

Maroantsetra -"viele Speere"

Wenn Sie Madagaskar von seiner ursprünglichsten Seite her kennen lernen wollen, sind Sie hier genau richtig: das Städtchen an der weiten Bucht von Antongil führt ein beschauliches Leben inmittten üppiger Natur und ist dem Wasser besonders eng verbunden: wie überall im Osten stehen die Häuser erhöht auf Pfählen, eine Referenz an die häufigen Überschwemmungen.
Der Ort liegt überdies an der Mündung des **Antainambalana-Flusses** und erfährt also auch von dieser Seite eine mehr als hinreichende Wasserversorgung!
Überdies gilt Maroantsetra mit gut **4.000 mm Niederschlag pro Jahr** als regenreichster Ort der ganzen Insel.
Ebenso hat es Maroantsetra als Küstenhafen und Schiffbauzentrum zu einer gewissen Bedeutung gebracht.
Und selbstverständlich stellt Fisch– und Garnelenfang im Meer einen wichtigen Erwerbszweig der Menschen dar, abgesehen von der Arbeit in den zahlreichen Plantagen (insbesondere Vanille)

Schon beim Verlassen des Flugzeugs, welches Maroantsetra mit Tana verbindet, umfängt einen die schwere feuchte Luft und das Atmen fällt zunächst etwas schwerer.

Hinweis: Zwas ist es grundsätzlich möglich, Maroantsetra auf dem Landweg zu erreichen: zu Fuß/mit dem Taxi-Brousse oder dem Allradfahrzeug von Süden aus Richtung Tamatave her oder zu Fuß aus Antalaha oder Andapa. Empfehlenswerteste Variante ist aber das Flugzeug, besonders, wenn Sie den Ort zu Fuß (auf dem Masoala-Trek) verlassen wollen.

Diese Region bietet vor allem naturkundlich Interessierten Attraktionen ersten Ranges – welche allesamt nur unter Mühen und Kosten erreichbar sind. Der Lohn ist aber überreich: Nirgendwo sonst wird der Dschungel Sie im wahrsten Sinne des Wortes so umfangen wie hier, nirgendwo sonst findet man eine vergleichbare Artenvielfalt wie in den östlichen Regenwäldern.
Als Ausgangspunkt zu den versch. Naturschätzen eignet sich Maroantsetra ideal – auch wenn der Ort selber wenig ausgesprochene Attraktionen besitzt.

Immerhin: man kommt hier zum Teil sehr komfortabel unter, die Menschen sind freundlich und herzlich und der Tourismus hält sich bislang noch so im Hintergrund, dass die ganzen unangenehmen Begleiterscheinungen sich nicht bemerkbar machen.
Maroantsetra geht auf die Gründung des **Grafen Benyowski** zurück, der hier 1772 den Handelsstützpunkt **Fort Louis** oder **Louisbourg** gründete – schon damals war die sprichwörtliche Fruchtbarkeit und der Überfluss an exotischen Naturprodukten auch den Europäern bekannt.

Einige verfallene Gebaude aus der Kolonialzeit erinnern daran, dass Maroantsetra einmal ein wichtiger Umschlagsplatz für den Handel mit Vanille, Nelken und Kaffee war. Wie praktisch überall in Madagaskar ist von diesem blühenden Wirtschaftszweig fast nichts mehr übrig, zumindest der Vanillehandel wird heutzutage über Antalaha und Sambava abgewickelt.

Nelken, Kaffee und andere "Kolonialpflanzen" finden Sie aber immer noch in Maroantsetra und Umgebung, zum Teil bis an die Grenzen der Schutzzonen!

Gut erschlossen für Reisende sind die Insel **Nosy Mangabé** mit ihrer einzigartigen Schönheit und Natur, die riesige **Masoala-Halbinsel** sowie die **Bucht von Antongil**, wo alljährlich von August bis Oktober **Buckelwale** zu beobachten sind.

Daher existieren auch mehrere Agenturen vor Ort, welche Exkursionen (vor allem mit dem Boot) zu den verschiedenen Zielen anbieten.

Hinweis: die Preise für eine Bootscharter sind zum Teil happig, wenn Sie Wale bobachten wollen, kann ein mehrstündiger Tripp im schnellen Motorboot schon mehrere 100 Euro kosten! Falls irgend möglich, suchen Sie sich bereits vor der Buchung eine Gruppe von Gleichgesinnten (4-6 Personen) zusammen, in diesem Falle kommen Sie deutlich günstiger davon.

Im übrigen sei an dieser Stelle auf den unermüdlichen **Rakoto Vazaha** von der Agentur **Maroa Tours** hingewiesen, der als Fremdenführer, Organisator und Ansprechpartner für alle touristisch relevanten Fragen hier eine unangefochtene Stellung inne hat.
Sie werden den kleinen, drahtigen Mann kaum übersehen, wenn Sie am Flughafen ankommen, Rakoto ist üblicherweise im Auftrag des Hotels Coco Beach da und holt dessen Gäste ab.
Er kümmert sich ebenso um die Wiederbeschaffung des Fluggepäcks (wenn Air Madagascar es mal wieder nicht geschafft hat, den Koffer auszuladen und ihn statt dessen mit nach Antsiranana fliegt!), besorgt Ihnen einen Guide und die Träger für den Masoala-Treck oder organisiert Ihnen in kürzester Zeit eine Tour nach Nosy Mangabé.
Seine Tarife sind in Ordnung und er sei hier als vertrauenswürdig empfohlen. (siehe auch unter Marantsetra im A-Z Orte)
mobil: 033 1205719 oder 032 4348209

Umgebung von Maroantsetra:

Nationalpark Masoala-Halbinsel

Bereits 1927 wurde ein kleiner Teil der Halbinsel von den Franzosen unter Schutz gestellt: schon denen war die einzigartige Natur der Region aufgefallen.
1964 wurde der Schutz der Region von der unabhängigen Regierung Tsiranana beseitigt: Palmölplantagen wurden angelegt, immer mehr Bäume fielen der Säge zum Opfer.
So wundert es kaum, dass 1991 vom ursprünglichen Waldbestand nur noch 60 % übrig waren.
Und auch der Rest gerät zunehmend unter Druck: illegale Holzfäller fallen über die Baumbestände her, die lokale Bevölkerung beklagt sich über die Hemmnisse, die ihnen die Gründung des Nationalparks in den Weg legt: Keine guten Vorzeichen für das über 220.000 ha große Schutzgebiet.

Vor allem Schweizer Naturkundlern ist es zu verdanken, dass die Masoala-Region überhaupt soweit ins Bewusstsein der Menschen gerückt ist: seit Jahren unterhält der Zoo von Zürich eine Patenschaft für die bedrohte Region, seit drei Jahren existiert darüber hinaus die weltweit einzigartige Masoala-Halle im Zoo von Zürich. Auf 11.000 m² wird hier ein Querschnitt durch die Flora und Fauna dieses fasziniernden Fleckchen Erdes präsentiert.

Und die hat es in sich: nur in Masoala haben Sie Gelegenheit, die seltenen roten Varis

Varecia variegata ruber zu sehen, ebenso wie den wahrscheinlich seltensten Raubvogel unseres Planeten, den **Madagaskar-Schlangenhabicht** Eutriorchis astur. Letzterer galt bereits als ausgestorben, bis Anfang der 90er Jahre wieder ein Exemplar gesichtet wurde.

Beinahe ebenso selten ist die **Rote Madagaskar-Eule** Tyto soumagnei, von der zumindest einige Exemplare in Masoala überlebt haben.

Voller Stolz wird man Ihnen die bekannte **fleischfressende Kannenpflanze** Nepenthes masoalensis zeigen, ebenso die zahlreichen endemischen Reptilien und wirbellosen Tiere.

Zum Nationalpark gehören außer der geschützten Waldzone, die etwa 2/3 der gesamten Halbinsel bedeckt, auch drei **Meeresreservate** an der Küstenlinie: das **Tampolo-Meeresreservat** an der Westküste der Halbinsel (zur Bucht von Antongil hin), das **Ambodilaitry-Meeresreservat** an der Südspitze bei Cap Masoala sowie das **Ifaho-Meeresreservat** an der Ostküste zum Indischen Ozean hin.
Neben der sehr artenreichen Meeresfauna, deren Schutz in diesen Reservaten betrieben wird, bietet vor allem das Tampolo-Reservat eine weitere Besonderheit: **Dugongs**, auch Seekühe oder Sirenen genannt, grasen friedlich am flachen Grund der Bucht von Antongil. Besuche im Nationalpark sind am besten von Maroantsetra aus mit dem Boot (etwa 2 Stunden Fahrtzeit bis Tampolo) zu organisieren. Es werden in der Regel "Komplettpakete" (Transfer plus Unterkunft in einer der Lodges) angeboten. Preisvergleiche lohnen sich, auch die Erwägung einer Unterbringung im Zelt, die Lodges (wie auch die Überfahrt an sich, falls ohne Unterkunft gebucht) sind nicht billig!!!

Von Tampolo aus, wo sich auch die meisten Unterkünfte in Parknähe befinden, können Sie dann zu Exkursionen in den Urwald (bei Tag und Nacht) aufbrechen, dazwischen an den herrlichen Stränden faulenzen, das Meer und die traumhafte Umgebung genießen. Einige Reisende haben diese Region als die schönste in ganz Madagaskar bezeichnet.....

Bedenken Sie, dass die Masoala-Halbinsel alles andere als eben ist: auf über 1100 Meter erheben sich die bewaldeten Berge im Inneren und machen Wanderungen und Treks zu einer bisweilen sehr ermüdenden und fordernden Angelegenheit! Hinzu kommt der allgegenwärtige Regen und die teils sehr rutschigen Wege. Daneben wird ein gewisses Geschick beim Über– und Durchqueren der zahlreichen fließenden Gewässer erwartet, an die Sie kommen werden.

Nehmen Sie sich unbedingt 3 Tage Zeit, wenn Sie hierher wollen. Falls Sie unterwegs noch die Insel Nosy Mangabé ansteuern, rechnen Sie noch einmal mindestens 2 Tage hinzu.

Eintritt: 20.000 Ar./3-Tagekarte.
Guides: Verhandlungssache, es existieren aber "Richtlinien" – am besten bei Rakoto erfragen!

Réserve Speciale de Nosy Mangabé -"große, blaue Insel"

Die Insel Nosy Mangabé ragt etwa 6 km vor der Küste in der Bucht von Antongil aus dem Meer.
Nur etwa 520 ha groß, trägt sie ihren Namen zu Recht: von Land aus ist das Eiland durch

den meist dunstverhangenen Himmel über der Bucht oft in einem Blauton zu sehen.

Nosy Mangabe wurde als einer der ersten Orte Madagaskars von seefahrenden Völkern und Einwanderern besiedelt: obgleich die tropische Bewaldung an eine unberührte Natur denken lässt, handelt es sich doch um eine typische Sekundärvegetation im primären Regenwald: zahlreiche verwilderte Nutzpflanzen im dichten Dschungel der Insel bezeugen, dass der Mensch schon recht früh in die Natur eingegriffen hat, wenngleich hier behutsamer als anderswo.
Und auch die Europäer hatten die kleine Insel schon früh als Stützpunkt entdeckt und verschiedenen Zwecken nutzbar gemacht, zunächst als Piratenschlupfwinkel und als Postdepot der Seeräuber (!), als Quarantäneinsel und zuletzt als Standort eines Leuchtturmes, dessen Überreste noch heute auf dem 251 m hohen, kleineren Berg der Insel emporragen.

Die Insel war früher auch als als Begräbnisplatz der einheimischen Bevölkerung von Bedeutung - da es hier keine Hunde gibt, welche die Ruhe der Gebeine stören könnten.

Höchste Erhebung ist der 332 m hohe Gipfel ("Summit") fast genau in der Inselmitte .

Seit 1960 ist die Insel als Spezialreservat deklariert – ursprünglich für den Schutz des seltenen **Fingertiers Aye-Aye** Daubentonia madagascariensis, welches man damals nur noch hier zu finden glaubte.
Mittlerweile hat sich das Aye-Aye als weitaus verbreiteter gezeigt als urprünglich angenommen und ist in vielen Teilen Madagaskars gesichtet worden: dennoch hat das Schutzgebiet dadurch nichts von seiner einzigartiger Schönheit verloren.

Hinweis: Tatsächlich scheint sich das Fingertier rar gemacht zu haben, beim Besuch des Verf. 2006 war kein einziges Exemplar zu sehen, der Guide gab denn auch zu, dass es schon über ein Jahr her sei, seit er zuletzt eines gesehen habe. Als möglichen Grund gab der Guide an, amerikanische Forscher hätten mehrere Exemplare gefangen und diesen Blut abgezapft. Die sensiblen Tiere sind offenbar sehr nachtragend!

Zumindest darf eine Aye-Aye-Sichtung (offenbar sind die frühen Morgenstunden gegen 5 Uhr sehr günstig) als sehr seltenes Ereignis angesehen werden – und der Reisende, dem es widerfährt, darf sich glücklich schätzen!
Besuche auf der blauen Insel unternehmen Sie von Maroantsetra aus, die Überfahrt mit dem schnellen Motorboot dauert etwa eine halbe Stunde und führt zunächst an der Westküste der Insel vorbei, wo ein Schiffswrack auf den Klippen vor sich hin rostet.

Dann öffnet sich die Westküste zu eine weiten, fast halbkreisförmigen Bucht mit feinem, weißem Sandstrand: hier finden sich die einzigen Unterkünfte der Insel, mehrere überdachte Zeltplattformen aus Holz sowie die Holzhütte mit den Schlafplätzen der Guides und Bootsleute.
Ein wunderbarer Platz, nicht nur als Start– und Endpunkt von Exkursionen durch die Insel: Auch für sich genommen von seltener Schönheit, besonders wenn die Sonne untergeht......

Auf der Suche nach dem Aye-Aye

Nosy Mangabés artenreiche Flora und Fauna ist berühmt – und vor allem auf einer der Nachtexkursionen dürfen Sie immerhin hoffen, dem seltsamen nachtaktiven "Gespenst" zu begegnen, für welches das Reservat einst gegründet wurde.
Die meisten "nocturnal walks" starten am Zeltplatz und gehen dann immer in Ufernähe südwärts entlang der weiten Bucht. Bei dem Marsch durch das dichte Gehölz wird Ihnen Ihr Guide zahlreiche Tiere zeigen können, die man jetzt besonders leicht am Schein der Taschenlampen in den Augen erkennt. Besonders die fast unsichtbaren **Plattschweifgeckos** Uroplatus sind höchst erstaunlich: kopfunter und farblich perfekt an den Untergrund – meist kleine Baumstämme – "geheftet", lauert der Gecko auf Beute und schützt seinen Kopf gleichzeitig vor dem Angriff von Raubvögeln, die den Schwanz fälschlich als Kopf ansehen: Mit einem zerfledderten Hinterteil kann der Gecko nämlich ganz gut leben.
Interessant auch die Eigenart des Tieres, sich die großen Augen mit der Zunge sauberzulecken.
Insgesamt ist der Plattschweifgecko einem Krokodil sehr ähnlich, besonders wenn man die bernsteinfarbenen Augen mit der charakteristisch geschlitzten Pupille sieht.
Verblüffend: wenn Sie auch zunächst ohne Hilfe ihres Guides keinen einzigen Gecko hätten finden können-einmal einen Gecko gesichtet, werden Sie noch viel mehr Exemplare im Gehölz ausmachen können.

Zirpende Laute und kleine Lichtpunkte, die unruhig durchs Gehölz springen weisen auf das Vorhandensein von **Mausmakis** Microcebae hin, mit etwas Glück (und Bananenbrei aufs Dachgebälk geschmiert) lassen sich die kleinen Tiere sogar bis an das Nachtlager locken!

Die Nachtexkursionen sind ein starkes Erlebnis: auf der einen Seite die vielfältigen Laute des nächtlichen Dschungels, auf der anderen Seite das ewige Lied der Wellen, die an die felsige Küste schlagen.

Ein viel versprechender Platz, das Fingertier zu sichten, ist übrigens der riesige **Mangobaum** am südlichen Ende des Strandes, wo ein gewaltiger Granitblock das Ende der Bucht markiert.
Hier treffen Sie vielleicht auf Fischer, die hier übernachten oder ihren Fang räuchern – gerade für die Belange der örtlichen Menschen wurden hier Maßnahmen getroffen und Unterstände und dergleichen gebaut.

Große Tagestour (8 Std., ziemlich anstrengend)

Schon am Morgen werden Sie durch das Brummen der zahlreichen braunen Lemuren geweckt, die sich in der Nähe des Camps herumtreiben: die schlauen Burschen sind zwar so scheu, dass sie sich nicht anfassen lassen – aber doch so dreist, daß sie selbst vor einem Tetrapak mit Ananassaft nicht halt machen, der unbewacht neben dem Zelt liegt!
Geschweige denn vor Abfällen, die auf jeden Fall in einer der Mülltonnen am Häuschen der Guides zu entsorgen sind!
Bei den Mahlzeiten unter den Blätterdächern des Camps wird also Ihnen manches aufmerksame Augenpaar zusehen und jede Ihrer Bewegungen – vom Teller bis in den Mund! – genau verfolgen.
Besonders freche Lemuren wagen sich auch schon mal auf den Tisch, um an Essbares zu

gelangen. Auch hier gilt: Füttern nicht ratsam!
Nach dem Frühstück brechen Sie zunächst vom Camp aus in südlicher Richtung auf: entlang des Strandes bis zum **Aye-Aye-Baum** am südlichen Ende der Bucht. Hier geht der Weg scharf nach links, Ihr Guide wird Sie auf die baumsteigenden, farbenprächtigen **Krabben** aufmerksam machen, die sich im schlammigen, ufernahen Grund und auf den Baumstämmen aufhalten.
Der dichte Dschungel umfängt Sie nun ganz, die Bäume haben zum Teil beträchtlichen Höhen und sind mit zahlreichen, fächerförmigen Epipythen bewachsen. Wilder Ingwer und andere von Menschen eingeschleppte Nutzpflanzen, aber auch zahlreiche endemische Gewächse lassen Sie immer wieder innehalten – so oft wie die feucht-schwüle Luft!

Neben dem Aye-aye zählen die hier lebenden **schwarz-weißen Varis** Varecia variegata zu den Top-Attraktionen der Insel. Leider sind sie fast ebenso schwer zu sichten wie das Fingertier, immerhin hallen die schrillen Schreie der großen Lemuren kilometerweit über die Insel und gaben zumindest die Richtung an, in der man Sie "verfolgen" könnte.
(Was angesichts des dichten Dschungels aber ein fast aussichtsloses Unterfangen ist, die Fortbewegung auf den Wegen und Pfaden ist schon anstrengend genug!)

Bergauf geht es nun, man muss beide Hände benutzen und sich an kleineren Bäumen festhalten und emporziehen und sich vor rutschigen Wurzeln und schmierigem Untergrund in Acht nehmen.
Nach einem anstrengenden Aufstieg haben sie den zweithöchsten Gipfel der Insel bezwungen. Eigentlich sind 251 Meter über dem Meer ein Witz – aber angesichts des ungewohnten Terrains und des Klimas kommt es einem weitaus höher vor.

Der Berg ist oben völlig eben – eine Lichtung wurde hier in den Dschungel geschlagen, um einem Leuchtturm Platz zu schaffen. Das verrostete Stahlgerüst, auf dem noch die Reste der Lampe mit dem gläsernen Streukörper zu sehen sind (falls nicht schon zusammengebrochen), war früher ein interessanter Aussichtspunkt. Der Aufstieg über die Sprossenleiter bis zur Plattform ist nicht hoch, vielleicht 10 Meter.
Jedoch befand sich die Leiter wie auf die Plattform 2006 in derart desolatem Zustand, dass der Verfasser von einem weiteren Aufstieg nach Besichtigung der Schäden Abstand nahm: zu gefährlich!
Neben dem Leuchtturm stehen die Reste einer Hütte mit einer verrosteten Gasflasche – der Leuchtturm wurde mit einer Gasfackel befeuert, die madagassische Fremdenführerin Ursula erzählte dem Verfasser, ihre Mutter sei vor dreissig Jahren jeden Morgen und jeden Abend hinaufgegangen, um das Licht an– und auszumachen, ein wahrhaft schweißtreibender Beruf!

Schade, dass der Blick von oben verwehrt ist, denn durch den dichten Dschungel ringsum hat man so gut wie keinen Panormablick über die Insel!

Daher beschränken Sie ihren Aufenthalt auf eine kurze Rast und gehen dann weiter, an der Ostseite des Berges hinab. Durch dichten Dschungel führt der Pfad, die Schreie der Varis lassen einen oft glauben, die schwarzweißen Gesellen seien zum Greifen nah: mit Glück treffen Sie auf eine Kolonie der großen Tiere, die sich elegant durch die Äste schwingen.
Nach etwa 500 Metern geht der Weg nach links, Richtung Norden, nun machen Sie sich auf, den "Summit", den mit 332 Metern höchsten Gipfel von Nosy Mangabe, zu besteigen. Der Weg ist, wenn es auch höher hinaufgeht, nicht mehr so steil und rutschig wie der

vorherige, daher fällt das Wandern weniger schwer. Vielleicht haben Sie sich aber auch schon akklimatisiert.

Hinweis: Sie sollten bei dieser Tour unbedingt darauf achten, mehr als "ausreichend" zu trinken: wenn Sie nicht 4-5 Liter Tagesration mit sich schleppen wollen, nehmen Sie "micropur"-Tabletten mit und bedienen Sie sich unterwegs der zahlreichen Bäche und Quellen, Ihr Guide kann Ihnen sicherlich Stellen zeigen, wo das Wasser auch unbehandelt bedenkenlos trinkbar ist!

Auf dem Gipfel machen Sie am besten Mittagsrast: ein wenig Erholung wird Ihnen gut tun, den der Weg ist noch lang, falls Sie zu Fuß bis zum **Plage des Hollandais** wollen.

Nach der Pause geht es den Berg hinab in westlicher Richtung: steinerne Stufen und breite Wege erleichtern das gehen und machen stutzig: diese Pfade sind nicht erst in jüngerer Zeit angelegt worden, es handelt sich um Zeugnisse früherer Nutzungen der Insel.

Windungsreich geht der Weg hinab, bis man Sie um einen riesigen Granitblock herumlotst: ein Schild weist auf eine weitere Attraktion der Insel hin.

In einer Grotte, die aus riesigen Granitfelsen gebildet wurde, stehen zahlreiche **Sarkophage** und **Särge** aus Holz und Stein, offenbar unterschiedlichen Alters. Der Ort hat eine ausgesprochen mystische Aura, ein kühler Ort des Todes inmitten des vor Leben sprühenden Urwaldes, durch dessen Blätterdach die helle Sonne scheint.....
Von der Grabhöhle aus geht es nun weiter abwärts, entlang eines klaren Baches, der immer wieder in Kaskaden über große Felsen springt.

Schließlich berühren ihre Schuhe wieder Meeressand: Vor Ihnen lichtet sich der Wald, das Meer rauscht und mit einem Mal stehen Sie wieder am Strand unweit des Lagers.
Zum Plage des Hollandais (etwa 3,5 Kilometer) geht der Weg nun nordwärts, vorbei an einem Wasserfall, immer dem Verlauf der Küste folgend. Sie passieren die Stelle, an welcher das verrostete Schiffswrack auf den Klippen liegt und können einen Blick auf das Wrack werfen: vielleicht werden Sie feststellen, dass der alte Kahn noch längst nicht ausgedient hat, sondern von Fischern als "Quartier" genutzt wird.

Am Plage des Hollandais, einem einsamen Küstenstreifen fast am Nordzipfel der Insel, wird man Ihnen die Attraktion zeigen, die diesem Ort den Namen gab: in die Felsen gemeißelte Inschriften und Nachrichten, offenbar vorwiegend holländischer Herkunft, mit denen frühere Seefahrer des 16. und 17. Jh. Botschaften an nachfolgende Fahrensmänner hinterließen.
Ohne ortskundige Guides würden Sie sich wahrscheinlich schwer tun, die Inschriften zu finden.
Sie lassen ein merkwürdiges Gefühl aufkommen: was für ein unglaubliches Abenteuer muss damals eine Reise aus den Niederlanden bis an diesen weltfernen Ort gewesen sein?

Mittlerweile ist es Nachmittag geworden, selbst geübte Wanderer dürften nun so langsam genug haben: daher bietet sich für den Rückweg der Transfer mit dem Boot an, welches Sie auch auf die Insel gebracht hat (die Bootsleute samt Boot bleiben normalerweise mit über Nacht auf Nosy Mangabé und sind daher für diese Aufgabe bestens geeignet).

Oder Sie gehören zu den zähen Naturen, die sich abermals einen Ruck für den Rückweg zu Fuß geben können: Dann sind Sie gerade bei Sonnenuntergang zurück im Camp.

Hinweis: Auf Nosy Mangabé gibt es keinerlei Restaurants oder Einkaufsmöglichkeiten. Alles muss mitgebracht und selber zubereitet werden, gegen Aufpreis können Sie aber evtl. ein entspr. Arrangement mit Bekochung durch die Guides und Bootsleute treffen!

Die 2-Tageskarte kostet 15.000 Ar./Person, die Übernachtung 5.000Ar., Miete für Zelt und sonstige Leistungen gehen extra.
Guides: Verhandlungssache, 25.000 Ar. pro Tag sind aber nicht unnormal.....

Masoala-Treck

Ohne Zweifel eine der anstrengendsten, aber auch schönsten Unternehmungen für Madagaskar-Reisende!
Der Fußpfad von Maroantsetra nach Antalaha ist bekanntlich die einzige Überlandverbindung, welche an der Ostküste vom südlichen ins nördliche Madagaskar führt, es existieren keine Straßen!
Zwar verkehren mehr oder weniger regelmäßig Küstensegler und Motorschiffe zwischen den beiden Hafenstädten – aber der Preis von 12.000 Ar. für die Passage ist für viele Madagassen so viel Geld, dass diese lieber den 4-tägigen Fußmarsch quer durch die Masoala-Halbinsel in Kauf nehmen.
Zumindest auf der Hauptstrecke mit insgesamt 130 Kilometer Fußmarsch werden Ihnen also immer wieder Menschen (teils mit enorm viel Gepäck oder Fahrrädern unterwegs) begegnen.

Weniger frequentiert ist die Route, die zunächst von Maroantsetra (in 2-3 Tagen) bis ins Dorf **Ampokafo** führt und dann etwa 60 Kilometer ostwärts, Richtung **Cap Est** abzweigt. Diese Route bietet als besonderen Höhepunkt eine Pirogenfahrt auf dem **Onive-Fluss**, dem Sie über weite Strecken des Weges bis zur Küste folgen werden. Sie ist auch deutlich "härter" und fordert noch mehr Entbehrungen: zwischen Ampokafo und Cap Est ist praktisch keine feste Unterkunft zu bekommen, das Zelt ist die einzige Alternative.
Allerdings führt diese Tour Sie auch über ein langes Stück durch den Nationalpark Masoala-Halbinsel (Die direkte Route "streift" den Regenwaldgürtel nur kurz.)
Am Cap Est können Sie nicht nur gut übernachten (herrliche Unterkunft **La Résidence du Cap** in **Ambohitralanana** oder Camping direkt am Meer), sondern auch ein Taxi-Brousse ergattern, welches Sie nordwärts nach **Antsirabato** und weiter nach **Antalaha** bringt. (siehe Cap Est im A-Z Orte)
Eine weitere, noch längere Tour führt von Maroantsetra ins etwa 170 km entfernte **Andapa**, nahe dem **Marojejy-Natioalpark**. Etwa 8 Tage sollten Sie für diese Strecke veranschlagen.

Egal, welche der drei Routen Sie wählen:

- Die Mitnahme eines Guides und (je nach Gepäckvolumen) mindestens eines Trägers ist eigentlich obligat und auch sehr zu empfehlen.
- Unterschätzen Sie nicht die Strapazen des Marsches, der mindestens 8 Stunden Tagespensum in teils schwierigem Gelände erfordert. Selbst mit Träger, der Ihnen die Hauptlast abnimmt, ist die Sache anstrengend genug, vor allem, wenn starker Regen

den Pfad in einen rutschigen Morast verwandelt. (Der praktisch täglich auftretende Nieselregen zählt eigentlich gar nicht!)

- Bedenken Sie auch, dass es zahlreiche Flüsse zu Fuß zu durchqueren gilt – hier wird die Wahl des richtigen Schuhwerks zur Qual: barfuß ist schlecht wegen der spitzen Steine, Sandalen lassen viele Kieselsteine in den Schuh hinein und reiben die Füße wund, Wanderstiefel sind anschließend klatschnass und fördern ebenfalls Wundlaufen: evtl. sind Neopren-Füßlinge eine Alternative. Seien Sie auf jeden Fall flexibel in der Wahl des Schuhwerks und nehmen Sie wenigstens ein Paar feste Wanderstiefel, ein Paar Trekkingsandalen und ggfls. Bereitschaft zum barfuß Laufen mit. Die von manchen Autoren empfohlenen Gummi-Schaftstiefel mögen ja ein wirksamer Schutz gegen **Bilharziose** sein, taugen aber im nassen Lehm und Schlamm rein gar nichts, abgesehen vom Schwitzen der Füße. Die Aussicht, sich diese Krankheit hier einzufangen ist übrigens sehr gering.
- Wunde Stellen an den Füßen werden sich dennoch kaum vermeiden lassen: achten Sie abends peinlich genau auf Desinfektion und hygienische Versorgung offener Wunden und Blasen (am besten mit sterilem Plaster und evtl. antiseptischer Salbe) Eine Wundinfektion in diesen Breiten kann sich rasch zu einem ernstzunehmenden Problem entwickeln, abgesehen davon, dass es Sie beim Laufen behindert.
- Nehmen Sie genügend "Micropur"-Tabletten zur Wasserentkeimung mit (die ersten 2-3 Tage gibt es keinerlei Getränke zu kaufen) und achten Sie auf mehr als ausreichende Wasserzufuhr.
- Auch, wenn es auf Ihrem Marsch weder frische Brötchen noch Kaffee zum Frühstück gibt: machen Sie es Ihren Trägern nach und essen Sie wenigstens einen Teil des enormen Reisberges, den man Ihnen frühmorgens hinstellt. Auch, wenn der Verzehr von 1 kg gekochtem Reis fast ohne Beilagen zum Frühstück trocken, fade und ungewohnt ist: Ihr Körper braucht die Kohlenhydrate dringend – machen Sie nicht den Fehler des Verfassers und essen Sie nur zwei gebratene Bananen zum Frühstück und wundern sich dann mittags um zwei über Schwindelattacken und ein übermächtiges Mattigkeitsgefühl......
- Wer allen Vorsichtsmaßregeln und der korrekten Selbsteinschätzung zum Trotz Probleme bekommt, den Marsch aus eigener Kraft zu Ende zu führen: es existiert zwar kein regelrechter Transportdienst, aber die Dörfler im Landesinneren sind in aller Regel nur zu gerne bereit, einem erschöpften Vazáha (gegen entspr. Lohn) zum nächsten Taxi-Brousse weiter zu helfen. Sie müssen also nicht befürchten, im Busch zu verschmachten!

Die Kosten für Guide und Träger sind Verhandlungssache – am besten, Sie überlassen die Sache dem guten Rakoto Vazaha, in der Regel kostet

- ein Träger ca. 5.000 Ar./Tag (bis 15 Kilo Traglast)
- ein Guide ca. 15.000 Ar./Tag
- Unterkunft und Essen für alle gehen extra (ca. 10.000 Ar./Tag/pro Person)

Die Unterkünfte unterwegs sind sehr einfach (zum Teil ist der nahe Fluss das Badezimmer), aber sauber und vor allem trocken! Sie werden nach den anstrengenden Fußmärschen die Ruhe auf der Isomatte zu schätzen wissen. denn Betten gibt es nicht immer, geschlafen wird dann auf dem Holzfußboden!
Ein ungewohntes, auf das Wesentliche reduziertes Erlebnis ist die Nacht in so einer Hütte, besonders, wenn der Regen nachts aufs Blätte– oder Wellblechdach rauscht!

Hinweis: die beschriebene Route nach Antalaha stellt nur eine Möglichkeit der Etappeneinteilung bzw. der Wahl der Übernachtungsorte dar. Je nach Kondition, Wetterlage und Wegzustand sind auch andere (kürzere und auch längere)Varianten möglich, durch die Mitnahme ihres Guides sind sie aber flexibel und überall in der Lage, sich Kost und Logis zu verschaffen.
Rechnen Sie lieber mit ein bis zwei Tagen mehr, auf alle Fälle mit 4 Tagen!

1. Tag – Von Maroantsetra nach Mahalevona

Ihre erste Etappe auf dem langen Marsch können Sie auf zweierlei Weise beginnen:

- entweder Sie wählen den direkten Fußmarsch, der Sie zunächst durchs sumpfige Hinterland von Maroantsetra ostwärts Richtung Küste bis zum Dorf **Andranofotsy** führt, oder den schöneren
- "Weg" durch die Sümpfe mit dem Einbaum: Falls Sie mit Rakoto Vazaha ins Geschäft gekommen sind, werden Sie wahrscheinlich ohnehin in diese Richtung gelenkt werden: eine einstündige Fahrt durch die zahllosen Seitenarme des Flusses, ein Dickicht von Schilf, bewohnt von enorm vielen Vögeln (und einigen Menschen).

Egal, welche Variante Sie wählen, Sie werden sich genau südlich von Andranofotsy am Strand der Bucht von Antongil wiederfinden, wo der Weg zunächst mehrere Kilometer parallel zur Küste verläuft: draußen in der Bucht erhebt sich Nosy Mangabé, blau im Dunst schimmernd.
Am Ende des Strandes, wo sich die Küstenlinie der Bucht Richtung Südosten zur Masoala-Halbinsel hin wendet, biegt der Weg nach links ab, aufwärts, auf einer Piste, die zwar stark zerfurcht – aber dennoch hin und wieder von Autos befahren wird, kaum vorstellbar.....
Es wird Sie vielleicht einige Anstrengung kosten, den ersten Gipfel erklommen zu haben, aber nun geht es leichter von statten: langsam abwärts durch Wald und kleine Felder geht der Weg, bis Sie sich fast wieder auf Meereshöhe befinden: Reisfelder begrünen das Hinterland, ein Dorf taucht auf: **Navana.**

Freundliche, neugierige Blicke, wohin Sie auch kommen – Vazáha, die diesen Marsch machen, sind immer noch recht selten.
Falls Sie noch genügend Kraft in den Gliedern verspüren, können Sie Ihre Mittagsrast auch noch bis nach **Ambalamantsina** oder **Anjahambe** verschieben, die bald darauf folgen. Die Menschen sind auch hier (gast-) freundlich und begegnen den Vazáha mit einer Mischung aus Zurückhaltung und Neugier.

Einfach und herzlich ist das Mahl, dass Sie hier genießen – überall werden Sie dunkle Augenpaare auf sich gerichtet sehen: auch hier sieht man vor allem Kinder, Kinder, Kinder.......
Falls Sie am Samstag durch die Dörfer kommen, geben Sie acht: zahlreiche Betrunkene (zum Teil mit dem Fahrrad) kommen Ihnen womöglich unkontrolliert entgegen....

Ihr erstes Etappenziel, **Mahalevona** liegt am gleichnamigen Fluss, der südlich in die Bucht von Antongil mündet.
Mahalevona liegt lang gezogen beiderseits der Straße, welche Ihren Weg vorgibt. Neben dem Anbau von Reis , Kaffee und anderen Feldfrüchten ist hier bereits die starke Bedeutung der **Vanille** sichtbar und riechbar: zur Erntezeit im August-September liegen die fermentierten Schoten in zahllosen Haufen auf Palmfasermatten an der Straße zum

Trocknen aus .
Ein unvergleichlicher Anblick!

Die einheimischen Bauern zeigen Ihnen gerne, wie die Vanille fermentiert wird: in umgedrehten PET-Flaschen, in welche die abgebrühten Schoten zuvor gefüllt wurden. Die Flaschen werden dann mit offenem Hals kopfunter an eine Hauswand und in die pralle Sonne gestellt. Nach 2 Tagen haben sich die Schoten dunkelbraun verfärbt und sondern nun ihr einzigartiges Aroma ab.
Hier finden Sie einfache, aber halbwegs komfortable Unterkünfte vor: 6.000 Ar. kostete den Verf. die pieksaubere Wellblechhütte mit separatem "Dusch/WC-Bereich" – einem ummauerten Estrichboden mit einem Riss, durch welchen das Wasser sonstwohin abfloss.
Dieses kam nicht aus dem Hahn, sondern aus einem Fass mit einem kleinen Schöpfeimer.
Das Abendessen, wie auch das folgende Frühstück, sind einfach, landestypisch und dem Marsch angemessen: essen Sie vor allem morgens genügend!

2. Tag von Mahalevona nach Ampokafo

Dies ist die vielleicht härteste Etappe Ihres Trecks, er beginnt zunächst ganz gemächlich: immer Richtung Nordost verlassen Sie das langgezogene Mahalevona und kommen zunächst durch eine Landschaft, die von immer hügeliger werdenden Reisfeldern und Vanillepflanzungen durchzogen ist. Der Boden ist feucht und stellenweise rutschig, bisweilen müssen Sie entlang der Bewässerungskanäle der Felder balancieren, im (meist vergeblichen Bemühen) Ihre Füße vor Schlamm und Wasser zu schützen.
In den Dörfern auf dem Weg weht Ihnen zur Erntezeit ein wunderbarer Hauch von Vanille entgegen.
"Salût Vazáha, salût Vazáha" schallt es aus vielen Kinderkehlen, wenn Sie durch die Dörfer marschieren, in jedem Dorf ist eine Schule: der Kinderreichtum des Landes wird auch hier eindrucksvoll belegt.

In **Ankovona** sollten Sie eine längere Rast bei einem möglichst üppigen Essen einlegen, ehe der Härtetest von Masoala folgt: über 400 Meter hinauf geht der Weg durch den hier beginnenden tropischen Regenwald.
Auf dem Gipfelpunkt bei etwa 570 Meter über n.N. bietet ein klarer Bach, der von den über 1000 Meter hohen Bergen herab strömt, wunderbare Erfrischung und angenehme Labsal.

Ampokafo, welches Sie bald danach erreichen, ist ein kleines, gastfreundliches Dorf, welches direkt am gleichnamigen Fluss liegt. Wenn Sie hier zur Nacht bleiben, wird der Fluss ihr Bad/Dusche sein: unweit des Dorfs liegt am Fluss ein blickgeschützter Ort mit großen Felsen, wo man wunderbar baden und sich waschen kann.
Die blattgedeckte Hütte, die man Ihnen als Nachtlager zuweist, wird ihnen wohl bekommen und genügen: die Anstrengung des Tages fordert ihren sicheren Tribut und Sie werden vielleicht Mühe haben, bis zum Abendessen nicht einzuschlafen.....
Wie alle Mahlzeiten auf diesem Treck ist auch diese einfach, herzlich und äußerst preiswert: natürlich ein riesiger Haufen Reis, dazu Geflügel, Rind oder Fisch mit ein wenig Romazava und Brühe.

3. Tag: Von Ampokafo nach Andranovolo

Nach dem frühen Aufstehen folgt eine weitere, spannende Etappe: heute werden Sie sich weniger anstrengen als vielmehr geschickt verhalten müssen: mindestens sieben Mal gilt es, den Fluss zu Fuß zu durchqueren, welcher hier **Sahafihitra** heißt.

Hinweis: in Ampokafo zweigt ostwärts der Weg Richtung Cap Est ab: wenn Sie dorthin wollen, haben Sie mindestens noch 2-3 Tage anstrengende Tage durch den Dschungel vor sich!

Immer in Sichtweite des Flusslaufes, der Ihren Weg vorgibt, geht der Weg: mal weiter oben am steilen, dicht bewachsenen Hang hoch über dem Wasser, mal unten entlang des kiesigen und sandigen Flussufers.
Unterschätzen Sie nicht die Strömung – besonders, wenn Sie fast hüfttief im Fluss stehen, vermag die Kraft des Wassers einen Erwachsenen ohne Mühe einfach "umzureißen", versuchen Sie daher, sich möglichst über erhabene Steine fortzubewegen: ihr Guide und ihr Träger werden Ihnen dabei helfen!

Hinweis: Die Mitnahme einer wasserdichten Tasche zumindest für empfindliche Gegenstände (Photo, Handy usw.) ist sehr empfehlenswert!

In einem der Dörfer machen Sie Mittagsrast: wiederum vor allem für die Kinder werden Sie eine "Attraktion" darstellen, teils begegnen Ihnen diese aber auch mit Angst: wird den unartigen Kindern hierzulande doch manchmal gedroht, man würde Sie an die Vazáha verkaufen, welche kleine Kinder fressen....

Manche Begegnungen sind aber einfach nur rührend und höchst herzerwärmend: Nie wird der Verfasser vergessen, wie ein kleines, schwarzes Mädchen ganz scheu ihren Zeigefinger ausstreckte und die Freundin des Verf. kurz am Unterarm berührte: ganz offenbar um herauszufinden, wie eine Vazáha sich anfühlt.....

Obgleich nicht so beschwerlich (abgesehen von den häufigen Flussdurchquerungen) ist dies die längste Tagesetappe: Je nach Kondition kann man aber durchaus bis nach **Andranovolo** gelangen, wo man bereits auf einen kleinen Laden (Limonade!), ein einfaches Nachtlager und eine gute Gelegenheit zum Kauf von erstklassiger Vanille stößt.

4. Tag: Von Andranovolo nach Maromandia und weiter bis Antalaha

Die letzte Etappe Ihres langen Marsches steht an: nur noch etwa 10 Kilometer sind es bis nach Maromandia, wo Sie ein Taxi-Brousse bis nach Antalaha finden können.
Da Sie früh aufbrechen, wird Ihnen die Hitze nicht so sehr zusetzen: dennoch brennt die Sonne bereits morgens mit Kraft hernieder auf die Landschaft, die durchzogen ist von Kaffee-, Vanille- und Nelkenpflanzungen.

Etwa um die Mittagszeit erreichen Sie **Maromandia**: gewöhnlich fährt das Taxi-Brousse am Nachmittag ab: sichern Sie sich möglichst frühzeitig im Laden an der Hauptstraße einen Platz, damit Sie nicht die Nacht hier verbringen müssen: besonders schön ist Maromandia nicht, lediglich die trocknenden Vanilleschoten und der ganz gut sortierte Laden bringen etwas Farbe hierher.

Haben Sie einen Platz im Taxi-Brousse bekommen, geht die Fahrt nun langsam den Berg hinab auf einer von Rinnen und Furchen durchzogenen Piste – für einen PKW mit Allradantrieb fast nicht zu schaffen, für einen LKW aber ein wahres Kunststück. Welches aber in aller Regel gelingt!
So erstaunlich das klingen mag: bei der Mörderpiste handelt es sich um eine echte Nationalstraße, die RN 5 A!

In jedem Dorf – und es sind viele auf dem Weg in die Stadt – wird angehalten, um Gepäck und Menschen auf – und abzuladen, dazwischen erfordert der desolate technische Zustand des Fahrzeugs ab und an einen Stop, um beispielsweise die Kraftstoffleitung am Motor mit einem Stück Schnur abzudichten oder ein arg zerschlissenes Rad gegen ein weniger zerschlissenes auszuwechseln
Rechnen Sie mit der Dunkelheit, bis Sie nach Antalaha kommen.

Am Ortseingang endet die Fahrt, ab hier müssen Sie sich ein Taxi nehmen, um in Ihr Hotel zu kommen - ein Fußmarsch ist nur bei Tageslicht empfehlenswert, obgleich dieser meistens der belebten Hauptstraße folgt.

Antalaha - "wo es viel Wasser gibt"

Etwa 40.000 Seelen zählt Antalaha. (Nach "inoffiziellen" Schätzungen aber weit über 100.000.)
Als Zentrum des Vanilleanbaus und -handels war die Stadt in der Vergangenheit sehr bedeutend und wohlhabend: bis vor nicht allzu langer Zeit wurden in dieser Gegend fast 80% des Weltbedarfes der kostbaren Schoten produziert! Auch als Schiffbauzentrum war und ist Antalaha einer der wichtigsten Häfen der Ostküste.

Von den immer wiederkehrenden **Zyklonen** besonders heftig gebeutelt, führt die Stadt eine Existenz zwischen Schönheit, Zerstörung und mühsamem Sich-wieder-aufrappeln:
2004 wurde die Stadt zu durch den Zyklon **Gafilo** zu fast 80% zerstört,
2007 fegte **Indlala** fast 90% der Vanilleplantagen hinweg – aber immer wieder
erholt sich die Stadt von den Schlägen der Natur und führt ihr fast malerisches Dasein fort.

Schön ist vor allem der Strand von Antalaha – wenngleich nicht so gut zum Baden geeignet.
Dazu kommen die zahlreichen (oft halb verfallenen) Häuser aus der Kolonialzeit und die sehr offene Bebauung: von der Enge in anderen "Großstädten" Madagaskars ist hier nichts zu sehen, die Häuser stehen alleine inmitten großer Grundstücke.
Welche durch großzügig angelegte Avenuen und gepflegte Gehwege verbunden sind, alles sehr geradlinig und regelmäßig angelegt: in ein bis zwei Stunden haben Sie Antalaha komplett erkundet!

Etliche Villen chinesischer Besitzer zeugen von dem wirtschaftlichen Einfluss, den diese Volksgruppe im hiesigen Vanillehandel (und im illegalen Tier- und Edelholzschmuggel) spielt.

Antalaha hat eine der schönsten Strandpromenaden von ganz Madagaskar zu bieten: kilometerlang geht der Weg auf dem erstaunlich gut gepflegten Gehweg schnurgerade am Strand entlang
Starten Sie Ihren Rundgang am besten am Verladekai am südlichen Ende der Stadt (beim

Hotel/Restaurant "Nanie") und gehen dann einfach entlang des Strandes nach Norden. Auf dieser Route kommen Sie ins eigentliche "Zentrum" der Stadt, wo sich das Hotel Palisandre, das Büro der Air Madagascar, die Banken sowie die schicksten Villen befinden. Wenn Sie im August-September hier entlangflanieren, können Sie (am besten zur Mittagszeit) **Buckelwale** beobachten, die draußen in der Brandung springen und aus ihren Atemlöchern abblasen.....
Nach zwei Kilometern halten Sie sich nach links und wenden sich vom Meer ab: gehen Sie durch die jetzt dichter werdenen Stadtbezirke bis zur Hauptstraße, wo auf der anderen Straßenseite das Gelände ansteigt. In schönster Hanglage liegen
einige der besten Wohnviertel, das gut ausgerüstete **Hospital** sowie ein lohnenswerter Aussichtspunkt (neben dem Hospital zur meteorologischen Anstalt hoch laufen, der Weg ist ausgewiesen)!
Erst von hier oben betrachtet, mit Blick auf den weiten Ozean, bietet sich Antalaha in seiner ganzen zerzausten, grünen Schönheit dar.

Wieder unten an der Straße gelangen Sie rechter Hand (nach Süden) ins lebendigere Stadtviertel: zahlreiche Restaurants, hotely und mobile Garküchen machen den Spaziergang vor allem am frühen Abend zu einer leckeren Angelegenheit....

Wenn Sie der Hauptstraße Richtung Süden (Flughafen) folgen und die Brücke über den Fluss überqueren, gelangen Sie linker Hand zum

Réserve Privée Colline de Vinany

Das wunderbare kleine Reservat bietet dreierlei: zum einen natürlich die Besitzerin mit dem unglaublichen Namen **Marie-Helene Kam-Hyo Zschocke**, welche im Pharmaziegeschäft tätig ist und die Besucher mit ausgesuchter Herzlichkeit willkommen heißt.
Zum zweiten die schöne Lage dieses botanischen Traumes, zwischen Fluss und dem Ozean gelegen – eine unglaubliche Vielfalt an verschiedensten (Heil-)Pflanzen.
Drittens dient das Reservat nicht nur als botanischer Garten – er ist vielmehr Heimat mehrerer Dutzend geheilter (aber zum Teil erheblich verstümmelter) **Leprakranker**, die hier in mehreren dorfähnlichen Gemeinschaften leben und das Personal des Reservates stellen.
Eine Gelegenheit, solch unterschiedliche Sphären in einem derartigen Rahmen präsentiert zu bekommen, bietet wohl nur Madagaskar: unbedingt besuchenswert!

Der kleine Flughafen schließlich liegt etwa 10 Kilometer von hier weiter südlich – obgleich nicht groß, wird Antalaha doch relativ recht oft angeflogen, ein Grund dürften die hier ansässigen und sehr einflussreichen **Vanillebarone** sein. (Die auch schon mal ein ganzes Flugzeug eben für sich chartern und dann alle gebuchten Passagiere am Boden sitzen lassen!)

Insgesamt kann gesagt werden: Antalaha eignet sich gut für eine ein- bis zweitägige Pause zur Erholung von den Strapazen des Masoala-Treks. Sonst hat der Ort außer seiner schönen Lage wenig zu bieten.

Umgebung von Antalaha:

Bedingt durch seine Lage nur wenig Interessantes: Östlich liegt die bewaldete, steile

Küste, westlich das Meer, nördlich der einzig PKW-tauglich Landweg nach Norden, die RN 5 A, die später Ihren weiteren Routenverlauf bestimmt.
Südlich aber lockt **Cap Est.** Wer zu Fuß über den direkten Hauptweg von Maroantsetra bis Antalaha hergekommen ist und nicht auf dem anstrengenderen Weg bis nach Cap Est, dem bietet sich hier die Möglichkeit, den östlichsten Teil der Masoala-Halbinsel relativ bequem kennen zu lernen.
Diese Option ist noch interessanter für diejenigen, die mit dem Flugzeug nach Antalaha gelangt sind und auf der RN 5 A weiter nach Norden wollen – um wenigstens eine Ahnung von Masoala zu bekommen, sollten Sie sich diese Ausflugsmöglichkeit überlegen....

Cap Est – Ambohitralanana

Für diesen Ausflug sollten Sie wenigstens eine Übernachtung in Ambohitralanana einplanen.
Mit dem Mietwagen (Allradfahrzeug!) ist die Strecke in gut 1,5 - 2 Stunden machbar, wenn es nicht gerade Regenzeit ist! Dann kann es erheblich länger dauern bzw. praktisch unmöglich werden.
Taxi-Brousse von Antalaha fahren auch nach Süden – rechnen Sie wenigstens drei Stunden für die holprige Fahrt mit diesem Verkehrsmittel.....
Zunächst geht die Fahrt bis zum Flughafen von Antalaha, etwa 11 km südlich. Ab hier wird die Piste ziemlich ungemütlich, der Blick auf den blauen Ozean macht die Fahrt etwas erträglicher.
Kurz vor Cap Est hören schließlich auch die Brücken auf: es gilt, den Fluss mittels einer Fähre zu überqueren, vor allem dieses Hinderniss ist es, was den Besuch am Cap zur Regenzeit eigentlich unmöglich macht, der Fluss ist dann enorm angeschwollen.

Nahe dem Cap Est mit seinem Leuchtturm befindet sich eine "Parzelle" des Nationalparks Masoala-Halbinsel, etwas östlich vom Hauptteil des Schutzgebietes abgelegen. Hier ist vor allem die **fleischfressende Kannenpflanze** Nephentes die Attraktion.

Aber auch sonst ist Cap Est wieder so ein Ort, den man nicht vergisst: weitab der Hektik der Zivilisation gelegen, Natur pur und gastfreundliche, fröhliche Menschen.

(siehe Cap Est-Masoala Halbinsel NP/Ambohitralanana im A-Z Orte)

Von Antalaha nach Sambava

Sie verlassen Antalaha auf der mittlerweile gut ausgebauten RN 5 A. Eine ausgesprochen schöne Fahrt: fast parallel zur Küste verläuft die gerade Strecke, durch ausgedehnte Plantagen von Kaffee, Vanille, Nelken, Lichees, Mangos......

Etwa 60 km hinter Antalaha überqueren sie einen besonders breiten Fluss - die anderen 30 auf dieser Strecke fallen irgendwann kaum mehr auf in der wasserreichen Gegend: der **Lokoho** fließt hier von den Bergen herab.
Hier bietet sich Möglichkeit zu einer weiteren interessanten Abwechslung: mit dem Allradfahrzeug nach Westen bis zum Dorf **Maheva**, wo Sie einen Einbaum besteigen und sich den Fluss hinab rudern lassen können. Eine sehr kurzweilige und ausgesprochen schöne Fahrt, angenehm unterbrochen von einem Halt in dem weltfernen Dorf **Ambodiposahana**, ehe die geruhsame Reise bis hinunter ans Meer weitergeht.

Lac Antahomaro

Etwa 10 km südlich von Sambava liegt der Lac Antahomaro, den Sie unbedingt besuchen sollten, wenn Ihr Zeitrahmen dies zulässt: nicht nur der schönen Lage des Sees wegen, in welchem sowohl Krokodile als auch Meerestiere leben!
Die Anwohner im Dorf am See verdienen sich ein Zubrot durch Herstellung sehr schöner **Flechtarbeiten aus Seegras**, welche für wenig Geld verkauft werden.
Nicht nur der Krokodile: auch der vielen **fadys** wegen, die sich an das Gewässer knüpfen, ist von einem Bad eher abzuraten!

Sambava (von **"Sahambavany"** = "wo sich die Flüsse ins Meer ergießen, nachdem sie sich vereinigt haben")

Etwa 10 Kilometer nördlich des Lac Antahomaro liegt Sambava. Die Stadt mit etwa 30.000 Einwohnern ist Zentrum der vanilleproduzierenden **SAVA-Region** (Sambava-Antalaha-Vohémar-Andapa) und stellt ein sehr bedeutendes Zentrum des Vanillehandels dar.
Nicht nur Flechtarbeiten (Verschwendung edelsten Materials!) aus Vanilleschoten können Sie hier kaufen: mit etwas Glück und Beziehungen bekommt man in Sambava die Vanille so preiswert wie nirgendwo: etwa 8 Euro für ein halbes Kilo duftender Schoten!

Sambava ist an sich eine recht schöne Stadt: an der Mündung dreier Flüsse direkt am Meer gelegen, verfügt die Stadt zwar eigenartigerweise über keinen Seehafen, aber über einsame Strände und schöne Unterkünfte direkt am Wasser.
Besonders südlich der Stadt existieren abgelegene Ressorts für Menschen, die die Abgeschiedenheit lieben.

Topographisch ist die Stadt sehr einfach gegliedert: die RN 5 A stellt das Rückgrat dar, eine genau parallel zur Hauptstraße (und zur Küste verlaufende) Nebenstraße Richtung Meer mit mehreren Querstraßen bildet das langezogene Viereck, das den Grundriss der langgezogenen Stadt bildet.
Sambava ist zwar relativ arm an eigentlichen Sehenswürdigkeiten, eignet sich aber gut für einen Zwischenstopp von ein bis zwei Tagen. Außerdem stellt Sambava den Zugang zum **Nationalpark Marojejy** dar.

Rundgang durch den Ort

Der nahe des Marktes liegende Supermarkt bietet die Möglichkeit, sich für den Marojejy-Aufenthalt zu verproviantieren: der Laden gleicht einer Festung und ist ähnlich bewacht wie Fort Knox – hinein und hinaus kommt man nur nach gründlichen Kontrollen!
Beachten Sie beim Einkauf, dass es in Marojejy nichts, aber auch gar nichts zu kaufen gibt und Sie Ihren Proviant entweder selber schleppen oder von bezahlten Trägern durch die Gegend wuchten lassen müssen.
Für einen "Rundgang durch den Ort halten Sie sich am besten an die RN 5 A, also die Hauptstraße. Schnurgerade zieht sie sich (wie die Parallele) etwa 1,5 Kilometer durch die Stadt, ehe Sie nach Nordwesten abbiegt und den Fluss (besser gesagt die Flüsse) überquert und Sambava verlässt.
Wenn Sie eines der strandnahen Ressorts am Südende bewohnen, gehen Sie am besten auf der RN 5 nach Norden und Nordwesten bis zum Markt, drehen dort um und gehen auf der Parallelstrecke direkt am Wasser wieder nach Süden. In etwa anderthalb bis zwei Stunden haben Sie damit die Stadt und nahezu alle "Sehenswürdigkeiten" erkundet.

(siehe Sambava im A-Z Orte)

Umgebung von Sambava

Zu den Plantagen und auf den Bemarivo

Beide Attraktionen zählen zu den beliebtesten Angeboten der Region und sind entweder vor Ort über eine der Agenturen (Sambava Voyages) - oder auch selber zu organisieren.

Besonders die **Vanilleplantagen** verdienen besondere Aufmerksamkeit: die Produktion der teuren Pflanze ist sehr aufwändig, die Schoten sind bereits im Wachstumsstadium so kostbar, dass sie einzeln (an der Pflanze) mit einem eingeritzten Symbol gekennzeichnet werden!
Betrachtet man den Umstand, dass eine gute Vanilleschote bei uns etwa 4 Euro kostet, kommen einem die hübschen, überall angebotenen Tiere aus geflochtenen Vanilleschoten wie eine erbärmliche Vergeudung vor.
Obgleich die **Vanilla planiflora** eigentlich einen sog. **Wirtsbaum** benötigt, welcher ihr auch Schatten spendet, kann man vor allem in der Nähe von Marojejy Plantagen sehen, auf welchen Vanille auch ohne Wirtspflanzen an hölzernen Stöcken (wie Weinreben) wachsen! Dieses bemerkenswerte Phänomen ist das Ergebnis des **Stabex-Projektes,** einer Zuchtanlage hier in Sambava!
Immerhin erwirtschaftet Madagaskar etwa 25% seiner Exporterlöse mit Vanille: hier wird die besondere Bedeutung der Qualitäts- und Ertragssteigerung deutlich, die hier angestrebt wird.

Lichees stellen ebenfalls ein bedeutendes Exportgut der Region dar: die Plantagen (wie fast alle fest in chinesischer Hand) sind einen Besuch wert und führen eindrucksvoll vor Augen, wieviel Arbeit an den Produkten hängt, die unsere heimischen Supermärkte (oft zum Schleuderpreis) anbieten.

Die **Kokosplantage von Soavoanio**, etwa 3 Kilometer südlich von Sambava gelegen, ist mit 5.000 ha eine der größten der Welt. Über 40 Millionen Kokosnüsse werden hier pro Jahr geerntet und verarbeitet. Der Betrieb stellt mit 1.500 Beschäftigten einen der größten Arbeitgeber der Region dar und ist zu 75% in staatlicher Hand. Täglich von 7 -14 Uhr geöffnet, samstags 7 -10 Uhr

Pirogenfahrten auf dem Bemarivo zählen seit langem zu den "Geheimtipps für Madagaskar-Reisende: Dazu fahren Sie mit dem Mietwagen oder einem Taxi-Brousse bis nach **Nosiarina,** nordwestlich von Sambava. Hier können Sie eine Piroge mieten, welche Sie in vier bis fünf Stunden flussaufwärts bis nach **Amboahangibe** bringt.
Der Ort ist ausgesprochen hübsch und auf jeden Fall eine Übernachtung wert: Im Ort finden sich preiswerte, einfache aber saubere Quartiere vor, die Weltabgeschiedenheit und die überaus freundlichen Menschen machen den Besuch für beide Seiten zu einem Erlebnis – allzu selten "verirren" sich Vazáha hierher!

Richtung Andapa : Marojejy-Nationalpark und Réserve Speciale d´Anjanaharibe-Sud

Ein Besuch in Andapa lohnt sich vor allem, wenn man den **Marojejy- Nationalpark** besuchen will, der nahebei liegt und dessen Zugang sich bei dem Dorf **Manantenina**, etwa 60 Kilometer westlich von Sambava befindet. Bis Andapa sind es von dort aus noch einmal 40 Kilometer auf einer gut ausgebauten und ausgesprochen schönen Straße. Etwas weiter als Marojejy liegt außerdem des Spezialreservat von **Anjanaharibe-Sud**, ein weiterer attraktiver Anziehungspunkt in dieser so schönen Gegend.

Bevor Sie zum Marojejy-NP aufbrechen, gilt es einige Überlegungen anzustellen:

- Der Nationalpark von Marojejy ist nichts für Leute, die "mal eben vorbeischauen" wollen: Schon der Anmarsch vom Empfangsbüro im Tal bis zum eigentlichen Parkeingang (3 km) dauert etwa 2 Stunden und geht stetig bergauf und über zwei Flüsse hinweg.
- Um wenigstens eine Vorstellung vom NP zu bekommen, müssen Sie mindestens eine Übernachtung im **Mantella-Camp** (425 m über n.N.) in Kauf nehmen, wer die höher gelegenen Camps **Marojejia** (750 m über n.N.) und **Simpona** (1250 m über n.N.) bzw. den **"Summit"**(2132 Meter) besuchen will, rechnet am besten mit 4-5 Tagen!
- Obgleich die Entfernungen zwischen den Camps auf den ersten Blick (und auf einer Karte betrachtet) lächerlich gering erscheinen, hat der Park es mächtig in sich: ständige Nässe (Körperschweiß und Regen), **Blutegel,** die sich vom Boden und von den Bäumen herab auf die unbedeckte Haut stürzen, schmierige, steile Pfade und das Fehlen praktisch jeglichen Komforts machen den Besuch hier zu einer Angelegenheit für zähe Naturen! Der Aufstieg zum Gipfel kann nur sehr gut konditionierten und abgehärteten Menschen angeraten werden – selbst die geduldigen und unermüdlichen Träger und Guides von Marojejy empfinden die Summit-Tour als sehr schwere Arbeit!

Wer nach diesen Überlegungen nicht zurückschreckt und womöglich schon den harten Masoala-Treck Richtung Cap Est geschafft hat, dem bietet sich hier eine interessante Herausforderung: die eigene Leidensfähigkeit wird ebenso auf die Probe gestellt wie das spezielle Interesse an den pflanzlichen und tierischen Besonderheiten des Parks: die überaus seltenen **Seidensifakas** findet man praktisch nur noch hier, nirgendwo sonst wachsen außerdem solche riesige **Bambuswälder** und **Rosenholzbäume** wie in Marojejy.
Sie verlassen Sambava auf der RN 3 B Richtung Andapa: mitten hinein in große Vanillepflanzungen und selbstredend Reisfelder. Die Gegend um Andapa gilt nicht umsonst auch als Reiskammer der Ostküste. Das Terrain wird rasch hügelig und dann bergig: von weitem können Sie bei gutem Wetter schon die Berge von Marojejy mit dem Gipfel erkennen, welche langsam näherrücken. In weiten Windungen und leicht bergauf geht die schöne Fahrt: leider ist auch hier die ursprüngliche tropische Bewaldung den weiten Pflanzungen gewichen.

Bei **Manantenina,** etwa 60 km westlich von Sambava, fahren Sie nach links von der Straße ab und parken zunächst auf einer großen Wiese. Hier ist das schmucke Gebäude Parkverwaltung, wo Sie Ihren Eintrittspreis entrichten und Ihren Guide bzw. Träger treffen.

Von hier sind es etwa 2,5 km bergauf bis nach **Mandena**, wo Sie letztmalig Gelegenheit haben, etwas Proviant (es gibt aber nur sehr wenig in den kleinen Magazinen) oder ein kühles Getränk zu kaufen. Hinter dem Ort durchqueren Sie einen breiten Fluss, dann geht der Fußweg entlang der Reis– und Vanillefelder und nähert sich langsam dem Waldrand. Das Marojejy-Massiv ragt jetzt so nah vor Ihnen auf, daß Sie eine Ahnung von den Anstrengungen bekommen, die Ihnen bevorstehen.

Der eigentliche Parkeingang ist eine Schutzhütte am Waldrand: hier endet die Zivilisation und der wilde Dschungel beginnt. Bei der Rast in der offenen Hütte können Sie zahlreiche **Tausendfüßer** sehen, die auf den Baumstämmen und Steinen ringsum in der Sonne liegen.

Nun geht der Marsch in den Wald hinein: stets bergauf, über feuchte, teils schmierige Pfade, über Baumwurzeln, Stufen und durch kleinere Gewässer. Es wird extrem feucht: entweder es regnet, oder der Körperschweiß macht die Kleidung klamm. Achten Sie auf **Blutegel**, die sich von oben (am Halsausschnitt) oder unten (an den Schuhen) Zugang zu Ihrer Haut verschaffen wollen: sparen Sie besser nicht mit einem starken Repellent (mit mindestens 25% DEET-Anteil!) um die Plagegeister fernzuhalten.

Nach etwa 3 Stunden anstrengendem Marsches (von Mandena aus) haben Sie ihr erstes Etappenziel erreicht:
Das **Mantella-Camp** eignet sich gut als Übernachtungsplatz für Leute, die ihren Besuch weniger anstrengend gestalten und auf zwei Tage begrenzen wollen.
Auf einer großen Wiese am Hang mit Blick auf das Marojejy-Massiv liegt der wunderschöne Rastplatz, mit einem großen Schutzhaus mit trockenem Holzboden und mehreren Kochstellen, wo die Guides das Essen für die Besucher zubereiten. Hier treiben sich auch stets etliche **Ringelschwanzmungos** Galidia elegans herum, die auf Abfälle von den Köchen hoffen!
Mehrere aus Gewebeplanen und Holz errichtete Hütten bieten Platz für etwa 20 Menschen (Etagenbetten, pro Hütte 4 Personen), auch ein WC und eine einfache Dusche sind vorhanden.
Wenn Ihnen die Sonne hier lacht und Sie noch nicht zu spät am Tage ankommen, gelingt es Ihnen vielleicht, Ihre Kleidung ein wenig zu trocknen. Oder Sie haben trockene Sachen dabei und ziehen sich um, denn abends und nachts wird es hier oben ganz schön frisch!

Lassen Sie sich von Ihrem Guide zur **Cascade de Humbert** führen, die nur etwa 1 Kilometer von hier liegt: der Pfad geht durch dichtes Unterholz, dann heisst es einen ziemlich reißenden Fluss (von Stein zu Stein) zu überqueren. Durch dichten Urwald gelangen Sie an eine steile Felswand, von welcher sich ein sprühender Katarakt in ein steinernes Bassin ergießt. Der Ort, mit einer soliden Plattform als Aussichtspunkt gestaltet, bietet einen wunderbaren Panoramablick – und auch manch "Fabelhaftes": in dem tiefen Bassin soll angeblich ein **riesenhafter Aal** hausen, der Menschen angreift......
Der idyllische Ort wurde nach dem franz. Botaniker Humbert benannt, der hier in den 20er Jahren die ersten botanischen Feldforschungen durchführte und als erster die Einrichtung eines Schutzgebietes forderte, um die einmalige Artenvielfalt Marojejys zu schützen.

Die höhergelegenen Camps **Marojejia** und **Simpona** erfordern jeweils weitere, anstrengende Märsche durch dichten Dschungel, immer hinauf bis auf 1250 Meter. Rechnen Sie besser für jedes der drei Camps mit einen zusätzlichen Tag Aufenthalt - und mit mindestens 5 Tagen, wenn Sie denn bis zum Gipfel wollen.

Jene fitten und unerschrockenen Naturen, die den 2132 Meter hohen **"Summit"** besteigen wollen, starten im Simpona-Camp frühmorgens. Gutes Wetter ist für dieses Unterfangen am besten (schon der einmaligen Aussicht wegen), dann ist der Aufstieg in fünf bis sechs Stunden zu schaffen, bei Regen wird es zur Schinderei. Leider ist es in Marojejy selten lange sonnig und klar!
Wer es aber bis nach oben schafft, dem hat sich Marojejy wahrhaft zu Füßen gelegt: der

Ausblick auf die **drei Zinnen von Marojejy** und den dampfenden Urwald gehört zu den spektakulärsten, die Madagaskar zu bieten hat. Neben der sportlichen Herausforderung also auch ein lohnendes Naturerlebnis.

Hinweis: der Marojejy-NP wurde 2009 im Zuge der Unruhen vorübergehend geschlossen und sieht sich bis heute Überfällen von **Wilderern und Holzdieben** ausgesetzt. Erkundigen Sie sich vorher über die Sicherheitslage bzw. den Zustand der spärlichen Infrastuktur des Parks.
Beachten Sie außerdem die Regeln des Parks, die auch in den Camps angeschlagen sind. Aber nicht nur deshalb sollten Sie sich in Punkto "Lärm" und "Müll" hier besonders sensibel verhalten!
Bedenken Sie ausserdem, daß der Park nur eine sehr begrenzte Anzahl von Besuchern aufnehmen kann. Im Simpona-Camp z.B. existieren ganze 8 Schlafplätze!
Eintritt: 10.000 Ar./Tageskarte, 15.000 Ar./2-Tageskarte, 20.000 Ar./3-Tageskarte, 25.000 Ar./Dauerkarte
Guides: zwischen 15.000 und 20.000 Ar./Tag
Träger zwischen 4.000 und 7.000 Ar./Tag, je nach Etappenschwere.

Andapa

Vom Marojejy-NP bis nach Andapa sind es nur etwa 40 Kilometer: eine sehr schöne Strecke liegt vor Ihnen. Das tiefgrüne Marojejy-Massiv zur Rechten, schlängelt sich die Straße hinauf ins weite Talbecken von Andapa. Der Blick ringsum verrät, woher der Name "Reiskammer des Ostens" herrührt: fruchtbare Felder überall, Vanille, Gemüse und Früchte aller Art und der Reis gedeihen hier überaus prächtig.
Andapa selbst kann vor allem mit seiner malerischen Lage locken, schon der erste Blick hinab auf die Stadt wirkt einladend.
22.000 Einwohner zählt die Stadt (offiziell), hinzu kommen noch die vielen Bewohner der unzähligen Weiler und Gehöfte im Umland.
Die Stadt wirkt ausgesprochen aufgeräumt und ordentlich, was sicher auch dem bedeutenden Einfluss der **7-Tages-Adventisten** zu danken ist, die hier auch ein relativ modern augerüstetes Hospital betreiben.
Neben der direkten Nähe zu den Naturschutzgebieten von Marojejy und Anjanaharibe-Sud bietet Andapa aber auch zahlreiche Wander– und Trekkingmöglichkeiten, die herrliche Lage und die umliegenden Berge sind ein unerforschtes Traumland, daß es zu entdecken gilt. Vor Ort finden sich denn auch kompetente Menschen, die neben den "üblichen" Ausflugszielen auch weniger bekannte, aber dennoch reizvolle Ziele im Programm haben .

(siehe Anpapa im A-Z Orte)

Réserve Speciale d´Anjanaharibe-Sud

Das mehr als 28.000 ha umfassende Reservat liegt etwa 20 Kilometer westlich von Andapa und ist nur mit einem Allradfahrzeug auf einer sehr schlechten Piste zu erreichen, die durch das Dorf Andasibe nach Ambodisatrana führt. Rechnen Sie wenigstens 2 Stunden für die Anfahrt!
Anjanaharibe ist berühmt für die hier vorkommenden **Indri-Indris**, den größten noch lebenden Lemuren Madagaskars. Die hier vorkommende Unterart zeichnet sich aber durch eine dunkle, fast schwarze Färbung aus.

Auch die extrem seltenen **Seidensifakas** kann man in diesem Bergregenwald (mit Glück und einem guten Guide) beobachten, daneben locken zahlreiche Vogelarten sowie die vielfältige Vegetation die Interessierten, die die Mühen des Anmarsches und des Aufenthaltes auf sich nehmen.
Falls Sie keine Tiere zu sehen bekommen, sind Sie sich dennoch nicht vergebens hergekommen: ein relativ leicht zu bewältigender Fußpfad führt in etwa 2 Stunden über 4,5 Kilometer von Befingotra zu den heißen Quellen (Ranomafana), wo Sie sich unter drei verschiedenen Wassertemperaturen die Ihnen genehme aussuchen können.

Die Natur des immergrünen Bergwaldes bietet unvergessliche Panoramen und Anblicke, ein Campingaufenthalt in Anjanaharibe gehört sicher mit zu den schönsten Erlebnissen einer Madagaskar-Reise.
Denn außer dem Zelt bietet das Reservat nur wenig Annehmlichkeiten: mit etwas Glück können Sie auch in einem der kleinen Dörfer übernachten – Proviant und dergleichen ist aber schwer erhältlich und (wie alles andere auch) mitzubringen.

Wem der Weg zu den heißen Quellen nicht reicht und wer gerne richtige "action" sucht, kann sich auch auf einen 2-3 Tages-Rundkurs durch die Bergwelt des Reservates führen lassen.
Dabei geht es auf über 1.500 Meter hinauf, auf unglaublich anmutenden Pfaden: riesige Wurzeln behindern den Marsch, zahlreiche Gewässer müssen überquert werden, auch ein wenig Klettern und Kraxeln gehört hier zum Programm. Nichts für unsportliche Naturen, absoluter Komfortverzicht selbstverständlich!

Neben Marojejy bietet Anjanaharibe die einmalige Gelegenheit, die Regenwälder der Insel in Ihrer wildesten und beeindruckendsten Form zu erleben.
Glauben Sie aber nicht, dass es hier keine Menschen gäbe: es erstaunt immer wieder, mit welchen Lasten einem die Bewohner der Region auf dem Trampelpfad entgegenkommen.

Weiterfahrt nach Norden: von Andapa nach Iharána (Vohémar)

Sie verlassen die majestätischen Bergwälder von Marojejy wieder auf der RN 3 B hinunter nach Sambava. 10 Kilometer westlich von Sambava trifft die RN 3 B auf die RN 5 A, die aus Sambava zunächst nach Westen, dann durchs fruchtbare Hinterland nach Norden führt.
Durch fruchtbare, bergige Landschaften geht die beschauliche Fahrt, durch **Avaratra, Ampanefena** und **Tsarabaria**. Kurz hinter Tsarabaria biegt von rechts die "Küstenstraße" ein, die von Sambava aus direkt nach Norden, entlang der Küste führt. Eine interessante Alternative, jedoch nur mit erheblich mehr Zeitaufwand zu bewältigen, die Piste ist stellenweise in einem erbärmlichen Zustand.

Weiter geht die Fahrt: **Analovana, Fanambana** und **Ampondra** heißen die lebhaften Ortschaften, die Sie passieren, ehe der salzige Hauch des Meeres Ihnen wiederum in die Lungen strömt: Iharána ist erreicht, die Hafenstadt am stillen Ozean begrüßt Sie mit all ihrem Charme.

Iharána – Vohémar - von **"Vohitra maro"** - "wo viele Dörfer sind"

Vohémar, wie die Stadt häufiger genannt wird, gehört ebenfalls zur **SAVA-Region** und stellt neben ihrer Bedeutung für die Vanilleproduktion einen wichtigen Seehafen an der

Ostküste dar.

Davon profitieren leider auch schwarze Schafe: nirgendwo sonst (Antalaha vielleicht ausgenommen) wird soviel **illegal geschlagenes Tropenholz** verschifft wie in Iharána. Dabei sind es keineswegs nur die Chinesen, die den gezielten Raubbau an den schwindenden Naturschätzen Madagaskars vorantreiben: nur etwa 100 Kilometer weiter, auf den Komoren und auf Réunion beginnt bereits das Territorium der EU – eine sehr kurze Strecke nur, und das exotische Material ist in den europäischen Wirtschaftskreislauf eingebracht!

Trotz seiner ausgesprochen schönen Lage führt die 25.000-Seelen-Stadt am indischen Ozean eher ein Schattendasein, zumindest touristisch: dabei locken kilometerlange, einsame Strände, eine landschaftlich ausgesprochen schöne Umgebung und auch kulinarische "Highlights": die allgegenwärtige Vanille und die Kokosnuss haben hier zu bemerkenswerten Innovationen geführt, nicht nur bei Süßspeisen! Die Fruchtbarkeit der Region tut ein Übriges, um den Teller hier sehr abwechslungsreich zu füllen!

Für einen erholsamen Aufenthalt nach anstrengenden Treks in Marojejy oder Anjanaharibe-Sud eignet sich Vohémar ideal: die wenigen guten Unterkünfte liegen direkt am Wasser, der Blick auf die weite Bucht bei Sonnenuntergang ist eine wunderbare Ergänzung des Diners....

Lac Andranotsara

Ungefähr 8 Kilometer südlich von Iharána liegt der heilige Lac Andranosatra. Vom offenen Meer nur durch eine schmale Landzunge getrennt, leuchtet das Wasser des Sees in einem sehr eindrucksvollen Grünton, was vermutlich auf die Vermischung von Süß– mit Meerwasser zurückzuführen ist.
In dem Gewässer leben zahlreiche **Krokodile**, die den Eiheimischen als Reinkarnationen ihrer Ahnen heilig sind. Genau wie am Lac Sacre (siehe Reiseroute Nr. 4) bei Anivorano werden auch hier den Panzerechsen **Zebuopfer** dargebracht.

Fahren Sie einfach Richtung Flughafen, danach geht es noch etwa 5 Kilometer durch die Plantagen, am besten zu Fuß oder mit dem Allradfahrzeug.

Hinweis: Wie bei allen heiligen Orten Madagaskars empfiehlt sich auch hier die Mitnahme eines ortskundigen Guides – abgesehen davon, dass der Weg zum See gar nicht so einfach aufzufinden ist.

Durch die Wüste – die RN 5 A bis nach Ambilobe

Diese Trasse war ist eine der eindrucksvollsten und anstrengendsten in Madagaskar: durch eine Landschaft, die am ehesten an das australische Outback erinnert, führt die Nationalstraße 5 A.

Die Straße sollte schon lange geteert und ausgebaut werden und ist es laut "google earth" auch ! Dennoch einstweilen ein Traum: zur Regenzeit eine Qual, zur Trockenzeiut ein Abschnitt von wenigstens 5-6 Stiunden bis Ambilobe!

Daher gehören die roten Staubwolken, die urplötzlich gegen die Seitenwände des

Fahrzeugs (und ins Innere, wenn man nicht schnell genug die Scheibe hochkurbelt) zu den Abenteuerlichkeiten dieses Trips: Nie wird der Verfasser den "Mitfahrer vergessen, der von Iharána aus stehend auf der Ladefläche des Pick-ups bis Maromokotra mitfuhr: ohne das Kopftuch des Verfassers, welches sich der Fahrgast um Nase und Mund wickelte, wäre dieser wahrscheinlich erstickt.....

Die "ungezähmte" Nationalstraße bietet allerhand Attraktionen:
Geologisch versierte Reisende werden wahrscheinlich unruhig mit den Füßen scharren, wenn sie die unzähligen Quarzbrocken sehen, die mitten in der roten Steppe liegen, die sedimentären Schichtungen, die vor allem zu Beginn der Fahrt kurz hinter Iharána beiderseits der Straße an tiefen Felseinschnitten zu sehen sind, fordern das Interesse heraus.

Wer eine Nase für **Gold** hat, ist hier richtig: die Gegend beherbergt eines der größten Goldvorkommen ganz Madagaskars, die in der Vergangenheit betriebene Prospektion und Förderung des edlen Metalls ist zwar stark zurückgefahren worden (zumindest offiziell!), aber Goldfunde sind hier dennoch reichlich zu erwarten: vor einigen Jahren fand eine Bäuerin einen Nugget, der mehr als 800 Gramm auf die Waage brachte!!!

Steht also zu hoffen, dass diese entlegene, karge Region in naher Zukunft von der verbesserten Infrastruktur profitieren wird, welche der geplante Neubau der RN 5 A mit sich brächte.

Etwa 80 Kilometer westlich von Iharána liegt **Daraina,** ein ziemlich verlorenes Nest inmitten der roten Wüste, dennoch als Rastplatz der Fernfahrer zu einer gewissen Bedeutung gelangt. Im dortigen Hotel bekommen Sie kalte Getränke und auch einfache Speisen und können auch einen kleinen Naturpark erkunden.

Maramokotra, Ankaramy und **Betsika** heißen die Ortschaften, die Sie auf der Strecke durchfahren, ehe Sie schließlich nach **Ambilobe** gelangen.

Richtung Antsiranana (Diego-Suarez): siehe Reiseroute Nr. 4

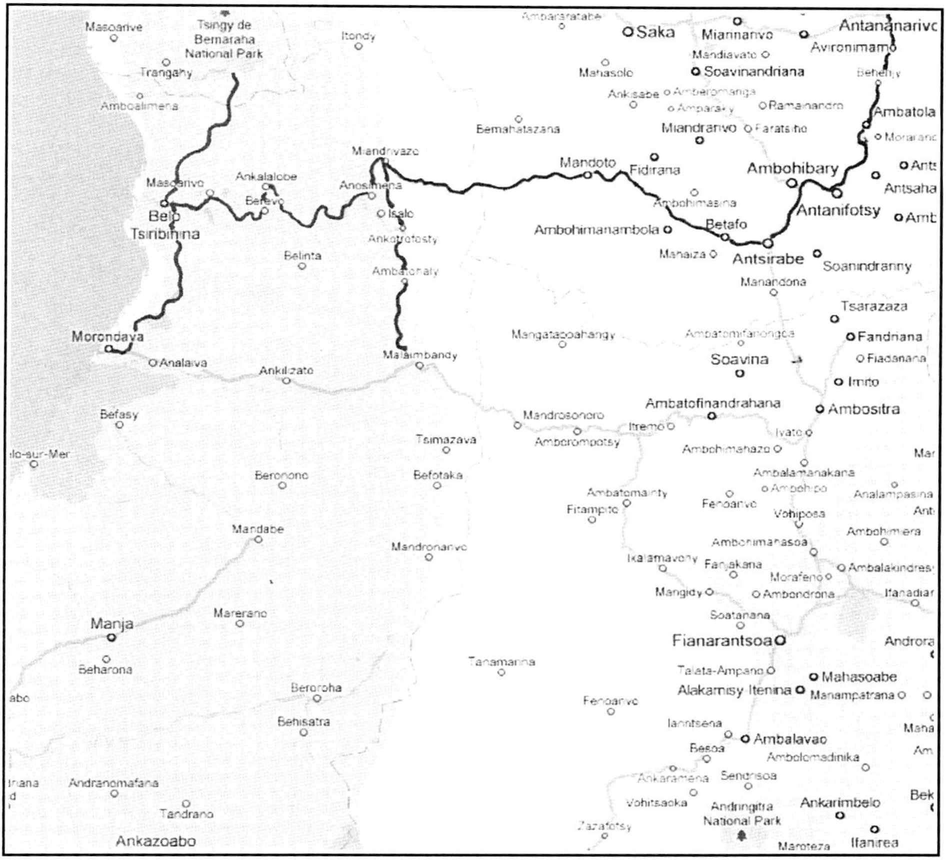

Die Westküste

6. Unterwegs an die Westküste

Von Antsirabe nach Miandrivazo – Von Miandrivazo nach Malaimbandy - Flussfahrt auf dem Tsiribihina – Belo-sur-Tsiribihina – Tsingy von Bemaraha NP – Analabe - Kirindy – Land der Baobabs - Marofandilia – Les Baobabs Amoreux - Allée des Baobabs – Morondava und Umgebung – Von Morondava nach Belo-sur–Mer – Morombe – Andavadoaka - Maintirano

Vorbemerkung des Verfassers: Diese Tour ist eine der beliebtesten im Angebot der zahlreichen Reiseveranstalter in Deutschland und Madagaskar. Sie verbindet die ruhige, gemächliche und ein wenig abenteuerliche Flussfahrt mit einigen der spektakulärsten Landschaften unseres Planeten:
Wer die **Tsingy von Bemaraha** oder die berühmte **Allée des Baobabs** zum ersten Mal sieht, wird sich vielleicht ungläubig die Augen reiben, so unirdisch und märchenhaft sind diese Orte.
Um diese Tour in der beschriebenen Form zu unternehmen, sollten Sie ein wenig Komfortverzicht auf sich nehmen können. Besonders die Flussfahrt auf dem Tsiribihina – einer der Höhepunkte jeder Reise zur roten Insel! – ist nur zu machen, wenn Sie entweder im Zelt oder auf jeden Fall in einfachsten Quartieren nächtigen können/wollen.

Selbstverständlich sind auch die hygienischen Verhältnisse, sagen wir mal, sehr rustikal: als WC dient meist der nächste Strauch oder die Sanddüne.....

Um schließlich die Tsingy von Bemaraha richtig erkunden zu können, ist eine gewisse Schwindelfreiheit sowie etwas Klettergeschick erforderlich: die großen Tsingy lassen sich nur mit Klettergeschirr und Karabinerhaken erklimmen, dann geht es über steile Leitern und Treppen (und schwankende Hängebrücken)

Als Lohn winkt neben den atemberaubenden Anblicken die faszinierende Menabé-Region, Stammland der Sakalava in ihrem alten, südlichen Königreich. Die zahlreichen Zeugnisse der Sakalava-Kultur werden Ihnen allenthalben begegnen, nicht nur in den Grabstätten: die größeren Ortschaften wie **Morondava, Miandrivazo** und **Belo-sur-Tsiribihina** sind noch heute wichtige kulturelle und spirituelle Zentren dieses bedeutenden Volksstammes - in Belo kann man gar bei der königlichen Familie ein Bier trinken gehen, seit das Königshaus sich weltlicheren Betätigungen zuwenden musste und hier ganz profan einen Ausschank betreibt......

Wer den Westen besucht, wird auch die Narben und Zerstörungen nicht übersehen können, die menschliches Handeln in der Natur des Landes hinterlassen haben: Nirgendwo sonst werden Ihnen so viele Steppen– und Buschfeuer begegnen, schmerzhafte Anblicke, die belegen, dass sich Natur und Mensch in gnadenlosem Kampf befinden.

Die wilden **Bongolava-Berge** (mit dem 1524 m hohen **Tsinjomay** als höchster Erhebung) zwischen Antsirabe und Miandrivazo zeigen eindrücklich, was zurückbleibt, wenn der Wald endgültig verschwunden ist: eine eintönige Steppe, eine schwache, dürre Grasnarbe, die kaum das zahlreiche Vieh zu ernähren imstande ist und die fruchtbare Erde nicht mehr vor dem Regen schützen kann. **Lavaka,** die Erosionsnarben, die an den Hängen der Berge und Hügel in die Grasnarbe gerissen werden und durch Auswaschung immer größer werden sind allenthalben zu sehen.

Andererseits ist die Westküste eine der landwirtschaftlich produktivsten Regionen der Insel: Vor allem die vulkanische Erde um Miandrivazo und das Schwemmland entlang der Flüsse werden für intensive Landwirtschaft genutzt: Tabak, Gemüse, Obst – fast alle Arten von Nutzpflanzen lassen sich hier vergleichsweise einfach anbauen.

Die Westküste ist bekanntlich eine der heißesten Regionen der ganzen roten Insel: Besuche sind nur während der Trockenzeit von Juni bis November ratsam. Der Tsiribihina ist in der Regenzeit gar nicht befahrbar und die meisten Orte sind miteinander nur durch rote Erdpisten verbunden – nach Regenfällen ein unglaubliches Schlammbad!

Machen Sie sich also auf allerhand Sonne gefasst!

Für diese Tour sollten Sie wenigstens 8 Tage einplanen, sofern Sie nach der Flussfahrt nicht gleich weiter bis nach Morondava fahren wollen. In diesem Falle genügen auch 5 Tage.
Abweichendes gilt gleichfalls für die optionalen Reisewege von Miandrivazo südwärts (Malaimbandy) sowie von Morondava aus nach Norden (Maintirano) oder Süden (Morombe)
Die Dauer dieser „Extratouren" ist von wenigen Tagen bis mehrere Wochen zu kalkulieren!

Entfernungen:

Antananarivo – Antsirabe:	170 km
Antsirabe – Miandrivazo:	220 km
Miandrivazo – Belo-sur-Tsiribihina:	160 km
Miandrivazo – Malaimbandy:	120 km
Malaimbandy – Morondava:	160 km
Malaimbandy – Ambositra:	240 km
Belo-sur-Tsiribihina-Bekopaka:	100 km
Belo-sur-Tsiribihina - Morondava:	110 km

Von Tana nach Antsirabe

(Siehe Reiseroute Nr. 2)

Antsirabe

(Siehe Reiseroute Nr. 2)

Bevor Sie ins Abenteuer aufbrechen, ist es ratsam, die Tour detailliert zu planen und am besten von einem der lokalen Reiseveranstalter organisieren zu lassen. Wenn Sie nicht schon in Tana ein Arrangement gebucht haben, bietet sich Antsirabe geradezu an: zahlreiche Agenturen in der Stadt werben mit der Topattraktion, der **Tsiribihina-Flussfahrt.**

Im Gegensatz zu Besuchen in den Schutzgebieten Madagaskars ist für das Befahren des Tsiribihina eigentlich weder eine Genehmigung noch ein Guide vorgeschrieben. Es soll daher immer wieder Leute geben, die auf eigene Faust (mit gekauftem/gemietetem Boot) den Fluss runterpaddeln. Davor ist dringend abzuraten!

Erstens garantiert die Anwesenheit von Bootsleuten und Guide eine gewisse Sicherheit im Nachtlager – die Zelte werden auf abgelegenen Sandbänken am Fluss aufgeschlagen, reiche Vazaha, die alleine campieren, stellen womöglich eine Verlockung für bettelarme, verwegene Einheimische dar!
Zweitens ist für das Befahren der **Gorges de la Tsiribihina** ein gewisse Erfahrung hilfreich: das Wasser fließt in den engen Schluchten sehr rasch und kann ganz schön unruhig werden.
Und drittens sind die Kenntnisse eines Guides vor allem bei der Beobachtung der zahlreichen Tiere unersetzlich: nur ein guter Guide weiß, wo man aussteigen muss, um Lemuren zu beobachten, abgesehen von der Tatsache, dass man ohne Personal ganz schön schuftet, um die 160 km lange Strecke in drei Tagen zu schaffen.

Die Preise der Agenturen variieren sehr stark, das Angebot unterscheidet sich hingegen kaum voneinander: grundsätzlich gilt es zu überlegen, ob Sie die Fahrt mit einer **Motorbarkasse** machen wollen, die selbstredend ein wenig mehr Komfort bietet als ein **Einbaum.**
Macht man die Tour hingegen „pirogue style“, sitzt oder liegt man auch nicht schlecht und ist etwas mehr der Sonne ausgesetzt – vor allem aber entfällt hierbei der lästige Motorenlärm!

Hinweis: Nach Meinung des Verfassers stellt gerade die Ruhe im Ruderboot inmitten der ebenfalls stillen und z.T. fast menschenleeren Landschaft einen der kostbarsten Eindrücke auf der Fahrt dar.
Außerdem steht zu vermuten, dass sich Tiere von einem Dieselmotor vielleicht doch mehr gestört fühlen als von den leisen Schlägen eines Paddels.

Die Tsiribihina-Flussfahrt wird sehr oft in Kombination mit den Tsingy von Bemaraha und der Allée des Baobabs angeboten und kostet – 8 Tage für 2 Personen mit Guide, Bootsführer, Vollverpflegung und Allradfahrzeug plus Fahrer bis Morondava – ab ca. 1000 Euro aufwärts.

Von Antsirabe über Mandoto nach Miandrivazo

Sie verlassen Antsirabe in westlicher Richtung auf der RN 34 Richtung Betafo.
Die Straße ist gut ausgebaut und erlaubt eine recht zügige Fahrweise. Die Landschaft um Antsirabe ist noch geprägt durch fruchtbaren Boden und intensive Landwirtschaft.

Mandoto - „wo es schmutzig ist“

Sie erreichen den Ort nach ca. 120 Kilometern Fahrt ab Antsirabe. Die fruchtbare Landschaft ist einer eintönigen Grassteppe gewichen, man sieht viel weniger Felder, dafür umso mehr Rinder. In den Dörfern heißt es Aufpassen beim Durchfahren – nicht alle Tiere lassen sich von einer Hupe rechtzeitig warnen! Besonders Federvieh und die allgegenwärtigen Hunde laufen ständig Gefahr, überfahren zu werden.
Entlang der Straße bieten Betsileo-Frauen ihre prachtvollen **Webarbeiten** an: für verhältnissmäßig lächerliche Beträge kann man wunderschöne Tischdecken und Servietten aus handgewebter Baumwolle erstehen .
Mandoto ist allerdings nicht so, wie der Name es vermuten lässt: vielmehr ein idealer Ort für einen Zwischenstopp mit Imbiss in einem der hotely.

Mittlerweile haben Sie das Hochland der Merina und Betsileo hinter sich gelassen und befinden sich nunmehr bereits in **Menabé**, dem Land der **Sakalava**. Diese erkennt man vor allem an ihrem deutlich afrikanischem Aussehen und den traditionellen, farbenprächtigen Hüfttüchern der Frauen.

Bei den Goldsuchern von Dabolova

Durch die grasigen Berge, die letzten Ausläufer des Bongolava-Massivs, geht die kurvenreiche Fahrt weiter, das Panorama nach Westen ist trotz der Kargheit der Landschaft eindrucksvoll – am Horizont erstrecken sich die Berge des Bamaraha-Massivs und verschwimmen im Dunst. Über und hinter den Bergen bauen sich außerdem meist am Nachmitag mächtige Gewitterfronten auf, die den Himmel mit unglaublichen Wolkengebilden zieren.

Überhaupt sind Gewitter in dieser Gegend etwas, was sich mit nichts bei uns in Europa vergleichen ließe – durch die weite der Landschaft und die tropischen Wetterbedingungen entladen sich hier Unwetter mit geradezu unwahrscheinlicher Intensität: Zahllose Blitze – senkrecht und waagrecht – erleuchten den Horizont und tauchen die Berge in ein vielfarbiges, wunderschönes und flackerndes Licht....

Durch **Anjoma-Ramartino** geht die Fahrt, ehe Sie – nach etwa 200 Kilometern – an einen Fluss kommen. Von der erhöht verlaufenden Straße aus sieht man zahlreiche Männer und Frauen (und leider auch Kinder) am seichten Flussbett arbeiten.

Die Männer und Kinder haben hölzerne, etwa 160 cm lange Stangen in den Händen, die am unteren Ende mit Blech ummantelt sind. Mit diesen stoßen sie Mulden in das Granitgestein, welches den Flussgrund bildet. Ein grauer, feiner Granitstaub entsteht bei der aufwändigen Prozedur.

Die Frauen hingegen haben hölzerne Goldwaschpfannen in den Händen, mit denen sie den Gesteinsstaub auswaschen und die darin enthaltenen Goldpartikel abscheiden.

Eine mühselige Arbeit, die sich indessen lohnt: etwa 2 Gramm Gold pro Tag und Arbeiter/In sind das Ergebnis, für dortige Verhältnisse und unter Zugrundelegung des international geltenden Goldpreises ein beachtliches Ergebnis!

Bedenkt man außerdem die Tatsache, dass durch die archaische Methode nur relativ geringe Mengen an Gestein aufbereitet werden können, liegt der Verdacht nahe, dass das Goldvorkommen außerordentlich reich ist.

Hinweis: Allerdings betreiben die Leute die Goldwäscherei nicht aus eigene Faust, vielmehr ist der Besitzer der Goldmine der Bürgermeister des Dorfes Dabolova, welches sich hinter dem nächsten Hügel befindet. Das mitten im Ort auf einer Anhöhe stehende Haus des besagten Bürgermeisters ist denn auch von herausragender Pracht und Größe!

Etwas weiter südlich von der Straße sieht man hinter einer Windung des Flusses ein großes Gebäude mit Wellblechdach: hier betreibt die **PAM**, ein südafrikanisches Unternehmen, Exploration in größerem Stil!

Falls Sie Antsirabe um die Mittagszeit verlassen haben, sollten Sie nunmehr zusehen, dass Sie die Strecke bis nach Miandrivazo auf alle Fälle bis zum Einbruch der Dämmerung hinter sich bringen:
Die Bongolava-Berge waren schon früher Heimat zahlreicher **Räuberbanden,** auch heute noch sind **Wegelagerei** und **Straßenraub** hier keine Seltenheit! Allerdings ist man bei Tage und im PKW völlig sicher, die Räuber überfallen vorzugsweise Lastfahrzeuge während der Nacht, weshalb diese meist im Konvoi fahren und rasten!.

Miandrivazo - „ich erwarte eine Frau"

Die etwas kryptische Bedeutung dieses Ortsnamens erfordert in jedem Falle eine Erklärung:

Wenn auch unterschiedliche Versionen des geschichtlichen Kerns im Umlauf sind, kann als sicher gelten, dass es sich um eine Begebenheit aus den **Sakalava-Kriegen** zu Beginn des 19 Jh. handelt:

Der damalige Merina-König **Radama I.** (siehe allg. Teil/Geschichte) überzog in jenen Jahren auch des Land der Sakalava mit Krieg um die Vorherrschaft über ganz Madagaskar.

Bei der Frau handelt es sich ohne Zweifel um **Rasalimo**, die Tochter des Sakalava-Königs von Menabé.

Wahrscheinlich wurde Rasalimo aus politischen Gründen mit dem Merina-Herrscher vermählt – ob der machthungrige, stolze König die Sakalava-Prinzessin als Geisel oder als eine Art Tribut annahm, ist nicht sicher nachzuweisen.

Ebenso wenig wie die Geschichte, dass die Braut an diesem Ort ihrem Bräutigam zugeführt wurde.

Im Volksmund jedenfalls verbreitete sich rasch, dass Radama I. hier seine Braut (übrigens die 12. - Polygamie war damals völlig normal!) erwartet habe – daher trägt der Ort bis heute seinen eigenartigen Namen.

Heute zählt Miandrivazo etwa 20.000 Einwohner und stellt eine bedeutende Ansiedlung im sonst menschenarmen Westen dar.

Dies hängt mit der bevorzugten Lage zusammen: Obwohl Miandrivazo zu den heißesten Orten der ganzen Insel zählt, ist der Landstrich um die Stadt herum dank des **Vulkanbodens** und des Wasserreichtums sehr fruchtbar und ernährt viele Menschen.

Mais, Gemüse, Obst, Tabak und auch Reis gedeihen hier prächtig, zum Teil finden sich hier auch ausgedehnte Plantagen (heute mehrheitlich in griechischer oder französischer Hand)

Man kann durchaus sagen, dass Miandrivazo ein schöner Platz ist: malerisch am Fuße der Berge gelegen, am Rande eines weiten Tals, in welchem die Flüsse **Sakeny** und **Mania** in den bereits mächtigen **Mahajilo** fließen, der aber erst 50 km westlich von Miandrivazo den Namen **Tsiribihina** trägt.

Der Fluss, insbesondere die beliebten Flussfahrten machen den Ort zu einem recht gut besuchten. Mittlerweile gibt es daher auch eine ganze Anzahl ordentlicher Unterkünfte und Restaurants.

Obendrein verfügt der Ort über immerhin **zwei Gefängnisse** – vor allem der hier grassierende Raub von Zebus scheint diese erstaunliche Tatsache in dieser verhältnismäßig kleinen Stadt zu erklären!

An Sehenswürdigkeiten ist Miandrivazo sonst recht arm – in der Vergangenheit waren die **heißen Quellen** recht bekannt, heutzutage werden sie aber nicht mehr genutzt.
Fragen Sie nach diesem Platz, die Quellen befinden sich unweit des Ortseinganges auf der rechten Straßenseite.

Wenn Sie in Tana oder Antsirabe kein Arrangement für die Flussfahrt gebucht haben – keine Bange: die hier ansässige **AGPM** (Association Guide Piroguier Miandrivazo) ist der Dachverband der (offiziellen) Guides und Bootsführer. Wenn Sie sich einem Mitglied dieses Verbandes anvertrauen, können Sie normalerweise sicher sein, nicht übers Ohr gehauen oder schlichtweg beraubt zu werden.
Vorsicht ist geboten bei billigen Angeboten von irgendwelchen Personen, die womöglich noch Vorauszahlung kassieren - und dann in aller Regel nie mehr gesehen werden!

Lassen Sie sich den Ausweis ihres „Mannes" zeigen und bestehen Sie vor der Fahrt unbedingt auf dem Gang zur **örtlichen Registratur:**
Hier, beim Polizeichef, wird ein eindrucksvolles Dokument (mit 4 Durchschlägen!) angefertigt, in welchem u.a. Ihr Name, die Ihres Guides und Ihres Bootsmannes sowie die Reisedaten eingetragen werden und alle Beteiligten (nach Feststellung ihrer Personalien) unterschreiben müssen.
Zahlreiche Stempel zieren diesen Schrieb, von dem jeder Beteiligte dann einen Durchschlag erhält.

Hinweis: Der Verfasser hatte in Madagaskar bisweilen den Eindruck, dass die lokalen Amtsträger zeitraubende und umständliche Verwaltungstätigkeiten, die mit viel Papier und Stempeln verbunden sind, geradezu lieben: vielleicht gilt Bürokratie hierzulande als Zeichen einer entwickelten Zivilisation?

Jedenfalls werden sich unlautere Gesellen kaum dieser Prozedur stellen – Sie haben dabei Gewissheit, dass alles korrekt abläuft!
Die AGPM zu finden ist übrigens ganz leicht – als Vazáha in Miandrivazo wird man von ohne Zweifel bald von einem Mitglied „gefunden" und angesprochen!

(siehe Miandrivazo im A-Z Orte)

Jagdrevier Miandrivazo

Kein Witz, sondern zur Saisonzeit von Mai bis August ein beliebtes „Vergnügen" v.a. zahlungskräftiger Franzosen, die hier ihren Spaß am Töten von Tieren haben.
Als jagbares Wild kommen hier **Wildenten** und **–gänse** sowie **Wildschweine** in Betracht und fallen jedes Jahr zahlreich den Flinten und Büchsen der Jäger zum Opfer.

Hinweis: Da die Jagdaufsicht hier außerordentlich dürftig gehandhabt wird, kann es

durchaus passieren, dass einem arglosen Wanderer zur Saison plötzlich Kugeln um die Ohren pfeifen: immer wieder kommt es zu Schusswaffenun– und Zwischenfällen!

Option: von Miandrivazo nach Malaimbandy und Morondava

Falls Sie die Flussfahrt nicht machen wollen und lieber andere Wege gehen möchten, öffnet sich in Miandrivazo noch eine andere Tür: Genau nach Süden verläuft die RN 34 hier weiter, bis sie (etwa 120 Kilometer weiter im Süden) bei **Malaimbandy** auf die in Ost-West-Richtung verlaufende RN 35 stößt, welche Morondava an der Westküste mit Ambositra im zentralen Hochland verbindet.

Hierzu verlassen Sie Miandrivazo Richtung Süden: die Fahrt auf der ausgesprochen guten Piste geht zunächst durch fruchtbares Land, entlang des Mahajilo, dessen rotbraune Fluten sich träge durch die Landschaft wälzen. Durch das reichlich vorhandene Wasser werden auch einige Seen gespeist: der bekannteste ist der **Lac Malaizohari**, „der See, der Männer nicht mag“.
Angeblich sollen Männer sich hüten, den See zum Bade aufzusuchen – weshalb er ausschließlich den Frauen vorbehalten bleibt.

Über einige neu gebaute Brückenkonstruktionen geht es weiter, die Hitze ist brütend.
Schatten spenden vor allem die heiligen **Tamarindenbäume**, die – neben vielen Palmen – die Landschaft bestimmen.

Danach verwandelt sich die Gegend in eine Landschaft, die einem fremden Himmelskörper gleicht: eine verkarstete, öde Steinwüste , trauriges Skelett eines einstmals blühenden und grünenden Landes!

Ambatolahy - „männlicher Stein“

Auf halbem Weg zwischen Miandrivazo und Malaimbandy liegt Ambatolahy. Das recht traurig daliegende Dorf verfügt verblüffender Weise sowohl über eine Landepiste als auch über eine recht gute Rastmöglichkeit auf der anstrengenden Fahrt durch die heiße Ödnis.

Im hotely **Tsikimivila** kann man neben typisch madagassischen Gerichten (und kühlen Getränken) auch **Wildbret** bekommen!

Die Fahrt geht weiter nach Süden, die Landschaft beginnt sich zu wandeln und wird wieder etwas grüner: auf dem sandigen Boden gedeihen zahlreiche Palmen und (eingeschleppte) **Jujubier-Bäume**.
Diese haben sich als wahrer **Florenschädling** herausgestellt: ebenso wie die Kiefer und der Eukalyptus als Alternative zur Verköhlerung heimischer Hölzer angepflanzt, verdrängt der zähe Fremdling, der auch lange Trockenphasen überlebt, mehr und mehr den heimischen Baumbestand und verkehrt seinen ursprünglichen Zweck ins schiere Gegenteil!

Schließlich, nach ca 1 Stunde ab Ambatolahy (zur Regenzeit ist die Trasse weniger gut befahrbar und kann dann anstrengend werden) kommen Sie schließlich auf ein breites Asphaltband, das genau quer zu Ihrer bisherigen Route liegt: es ist die RN 35 von Morondava nach Ambositra, die zumindest auf dem Streckenabschnitt Richtung Küste sehr gut in Schuss ist.

Der Grund hierfür liegt natürlich ausschließlich in der wirtschaftlichen Bedeutung der Region als **Anbaugebiet von Tabak**, riesige Plantagen ziehen sich von hier bis an die Küste.

Wenige Kilometer südöstlich der Straßeneinmündung liegt jenseits des Flusses **Manampanda** das Städtchen Malaimbandy

Malaimbandy - „ich mag keine Lügen“

Der Ort nahe der wichtigen RN 35 eignet sich höchstens für einen kurzen Halt, ehe man seine Reise fortsetzt. Immerhin kann man hier ganz gut essen und mit etwas Glück sogar Geld wechseln und Post abschicken.
Ansonsten ein Ot für die Durchreise. Als Alternativen bieten sich an:

- Auf der RN 35 Richtung Westen nach Morondava, mit dem Auto in 2 Stunden machbar. Die 160 Kilometer führen durch die heißen Ebenen des mittleren Westens, über zahlreiche Flüsse, vorbei an Pflanzungen von Mangobäumen und Tabak, durch die armseligen Dörfer der hier ebenfalls ansässigen Antandroy.
- Auf der RN 35 Richtung Osten, ins zentrale Hochland bis nach Ambositra. Diese Tour kann nur hartgesottenen Naturen empfohlen werden, die Piste ist in sehr schlechter Verfassung und in der Regenzeit praktisch unpassierbar. Für die mühevollen 240 Kilometer bis nach Ambositra müssen Sie schon 10 Stunden kalkulieren, sofern Sie über ein Allradfahrzeug verfügen. Mit dem Taxi-Brousse ebenfalls machbar, aber eine Qual von mindestens 15-20 Stunden Dauer!

(siehe Malaimbandy im A-Z Orte)

Flussfahrt auf dem Tsiribihina

Schon seit vielen Jahren ein der Top-Attraktionen der roten Insel: Langsam und gelassen geht die Fahrt hinab des Flusses, zahllose Tiere (insbesondere Wasservögel, Flughunde und Lemuren) lassen sich hier bequem vom Boot aus beobachten.
Dann die Nachtlager am Fluss – mag der Komfort auch zu wünschen übrig lassen (was im Übrigen durch den zuvorkommenden Service der Bootsleute und Guides mehr als ausgeglichen wird!), die Naturschauspiele jedenfalls kann Ihnen kein noch so teures * * * * * * Hotel bieten: Ein Sternenhimmel, wie man ihn bei uns aufgrund des vorherrschenden Dauerlichts der Zivilisation nie zu sehen bekommt. Zahllose fremde Sternbilder (darunter das wenig spektakuläre „Kreuz des Südens“) zieren mit unglaublicher Intensität den pechschwarzen Himmel, das Weltall ist Ihnen hier viel näher als sonst wo!
Und auch atemberaubende Gewitter lassen die Nacht oft zur Bühne werden: das Flackern der gewaltigen Wetterfronten, die sich (meist sehr weit) hinter den Bergen entladen, sind höchst beeindruckend!
Abgesehen davon kann es hier abends ganz schön windig werden – etwas leicht Wärmendes zum Überziehen ist hier sehr zu empfehlen.

Ansonsten ist die Bootsfahrt eine heiße Angelegenheit: Guter Sonnenschutz ist ebenso unerlässlich wie ausreichend Wasser – normalerweise werden aber alle Ausrüstungsgegenstände im Rahmen der Tourorganistaion eingekauft und im Boot mitgeführt, u.a. auch **lebende Hühner** für den Kochtopf!

1. Tag : Im Schilfgürtel des Mahajilo

Nach der Registrierung beim Polizeichef heißt es für Sie also nur noch: einsteigen, wir legen ab!

Ob Sie nun im Motorboot oder im Einbaum fahren: die Ablegestelle ist jedesmal ein beliebter Sammelpunkt für allerhand Einheimische, eine regelrechte Eskorte ist Ihnen fast sicher!

Durch die rotbraunen Fluten geht es nun los: das Wasser hat seine Farbe von den zahllosen Schwemmstoffen und Sedimenten, die aus der fruchtbaren Erde des Landes weggespült werden und diese ins Meer tragen.....

Neben den Menschen, die am Ufer fischen, Wurzeln oder Krebse sammeln, werden Ihnen seltsame Gewächse mit lilafarbenen Blüten auffallen, die auf dem Wasser schwimmen. Neben den Blüten und den glänzenden Blättern haben die Pflanzen auch dicke, eiförmige Fruchtkörper.
Es sind **Wasserhyazinthen**, auf madagassisch **nenuphar** genannt. Die Pflanzen, die zahllos den Fluss hinabtreiben, werden Sie nun eine ganze Weile begleiten.

Vogelkundler bekommen jetzt etwas geboten: an den Ufern stehen zahllose **Kuhreiher** und andere Wasservögel, das grüne Schilf sprüht vor Leben!

Der Mahajilo fließt hier seicht, sehr breit (z.T. mehrere hundert Meter) und langsam dahin. Die Bootsleute müssen also tüchtig loslegen, um das Boot zügig durch die zahllosen, schilfbewachsenen Windungen des Flusses zu rudern. Überhaupt kann man sich hier leicht verfahren: Dem eigentlichen Flusslauf zu folgen, ist mitunter gar nicht so einfach, zumal sich der Fluss in viele Kanäle aufzweigt, die inmitten unzähliger Inselchen verlaufen.
Ein regelrechtes Schilfdickicht zuweilen!

Die Fahrt geht durch ein weites, breites Tal.
Im Westen, vor Ihren Augen, tauchen einstmals grüne Berghänge auf, die jetzt nach und nach durch Axt und Feuer entwaldet wurden!

Die Sonne brennt zur Mittagszeit erbarmungslos herab, deshalb ist nach etwa 3 Stunden Fahrt die Mittagsrast angesagt: unter dem Schatten eines Tamarindenbaumes lässt es sich prächtig lagern, die Bootsleute zaubern binnen kurzem ein 3–Gänge–Menü, auf welches Sie entspannt auf einer ausgebreiteten Decke liegend, warten können.
Möglicherweise ist dieser Rastplatz – und es gibt viele! - nicht ganz menschenleer: hinter dem undurchdringlich wirkenden Schilfgürtel beiderseits des Flusses erstreckt sich eine recht fruchtbare Landschaft, zahlreiche (Saison-) Feldbauern, Fischer und andere Subsistenztreibende leben zumindest zeitweilig in dieser Landschaft. Daher tauchen bei der Fahrt flussabwärts immer wieder kleine Dörfer am Ufer auf, Menschen beiderlei Geschlechts baden vergnügt im Wasser – eine Atmosphäre der Leichtigkeit und der Romantik liegt hier über den Dingen – was indessen nicht über die harten Realitäten hinwegtäuschen darf: jedes Jahr zur Regenzeit (ab Dezember) schwillt der Tsiribihina enorm an, in einer Weise, wie sie Menschen aus unseren Breiten vielleicht unrealistisch

vorkommen mag.

Bis zu 9 Metern über dem normalen Niveau erheben sich dann die reißenden Fluten, im seichten Schwemmland vor und nach den Gorges des Tsiribihina im Bemaraha-Bergmassiv ist in dieser Zeit zu weiten Teilen „Land unter“ angesagt, weshalb hier nur saisonal Landwirtschaft betrieben werden kann.

Hinweis: Die Bewohner dieser Region sind – fast noch mehr als in anderen Teilen Madagaskars – schrecklich arm: dem Verf. begegneten 2007 mehrere kleine Kinder, die mit einem Ball zunächst überhaupt nichts anfangen konnten! Häufig warten arme Menschen bei den Rastplätzen auf die Reste der meist überreichen Mahlzeiten – wenn Sie bis dato noch keine Probleme mit dem Aufeinandertreffen Ihrer Lebensweise mit derart armen Menschen hatten, kann es spätestens hier schwierig werden. Hungrige Kinder sind kein schöner Anblick, auch wenn ihre Anzahl vermuten lässt, dass es den Eltern zumindest nicht am Allernötigsten fehlt.
Geldgeschenke sind hier ebenso fehl am Platz wie anderswo in Madagaskar. Wenn Sie helfen wollen, lassen Sie lieber einige Päckchen Salz, Seife oder (falls Sie sich weiter vor wagen wollen) Chinintabletten da.

Die Weiterfahrt gestaltet sich weiterhin ruhig: die nahen Bemaraha-Berge rücken fast bis zum Greifen nah, dann, wenn die Sonne sich dem westlichen Horizont nähert, halten die Bootsleute nach einer geeigneten Sandbank für die Nachtruhe Ausschau.

2. Tag: Durch die Schluchten des Tsiribihina

Tsiribihina heißt in etwa - „wo man nicht badet“.

Ob sich dieser Name auf die früher zahlreichen Krokodile zurückführen lässt oder die vielen Toten, die während der **Sakalava-Kriege** 1818 zu Tausenden den Fluss hinab getrieben worden sein sollen herleitet, kann nicht mir Bestimmtheit gesagt werden.

Zum Thema Krokodile: Natürlich stellt das mögliche Vorhandensein der Panzerechsen ein Gefahrenpotential dar.

Am Tsiribihina allerdings sind vor allem große Exemplare selten geworden (Wilderer) – weshalb eine der höchst seltenen Begegnungen mit einem Krokodil auf einer sonnenbeschienenen Sandbank mittlerweile als großer Glücksfall gelten darf.

Beim Plätschern mit den Händen im Wasser während der Bootsfahrt besteht jedenfalls kein Risiko.

Anders ist es bei den Nachtlagern: verantwortungsvolle Guides raten ausdrücklich vor einem Bad im Fluss ab – mag Ihnen der Schweiß während der Tageshitze noch so auf der Haut kleben: halten Sie beim Waschen genug Abstand zum Wasser, gehen Sie möglichst nicht alleine zum Fluss und beachten Sie auch sonst die Maßregeln der Guides.

Nach dem Aufbruch geht die Fahrt weiter auf dem Fluss, der etwa ab hier seinen „Rufnamen“ trägt: die großen Zuflüsse des **Sakeny** und des **Mania** haben dem Mahajilo seine nun endgültige Ausprägung gegeben, nunmehr fließt er unter dem Namen **Tsiribihina** dem Kanal von Mozambique im Westen zu.

Die Bemaraha-Berge zeigen eine tiefe Kluft, der sich der Strom nun nähert: Brandrodung, **tavy**, lässt Rauchfahnen in den Himmel steigen, mitunter sieht man knisternde Feuer im Gehölz – das Herz mag sich umdrehen und zittern, die unbarmherzige Wirklichkeit holt den Reisenden auch an diesem idyllisch scheinenden Ort ein.

Entlaubte Berghänge, kleine Siedlungen und teils unberührter Wald wechseln sich ab und sind in ungleichem Kampf: obwohl die einzigartigen Gorges de Tsiribihina ein mehr als schützenswertes Fleckchen Erde darstellen, wird ihr grünes Kleid in einigen Jahren wahrscheinlich einer verkarsteten Mondlandschaft gewichen sein.

Die Berge sind nun so nah, dass sie das Blickfeld fast ausfüllen – die Schluchten des Tsiribihina, die **Gorges de la Tsiribihina** nähern sich.

Der Fluss wird merklich schmaler, die Fließgeschwindigkeit des Wassers nimmt stark zu, es wird unruhig im Boot: nur geschicktes Manövrieren in der richtigen Strömungsrichtung verhindert, dass die Wellen des roten Wassers ins Boot schlagen oder dieses gar kentert.

Eindrucksvoll zerklüftete Felswände bilden nun die Ufer, zunächst einseitig, dann beiderseitig und immer enger werdend.

An einer Stelle, wo das windungsreiche Wasser wieder ruhiger fließt und die Schlucht sich weitet, winkt von weitem ein Mensch an der linken Seite des Flusses, wo auch einige Boote ankern.

Es ist der Rastplatz am Wasserfall von **Anosy´n´Ampela**, wo Sie Ihre wohlverdiente Mittagsrast halten. Eine Schutzhütte und mehrere Tische und Bänke sind vorhanden, der Wärter führt sie gerne zu den Sehenswürdigkeiten der Umgebung, welche auf einer Tafel am Ufer beschreiben sind. Hier ist zunächst ein Eintrittgeld von 500 Ar. Fällig.

Widmen Sie diesem schönen Ort unbedingt 2 Stunden – während Ihre Bootsleute das Mittagessen vorbereiten, können Sie dem sandigen Pfad bergauf folgen, der danach über zahlreiche Felsen in eine weite Schlucht hinein führt. An mehreren kristallklaren Teichen vorbei, einem sprudelnden Wasserlauf aufwärts folgend, erklimmen Sie Stufe um Stufe natürlicher Treppen im Fels.

Haben Sie die letzte steile Wand erklommen, stehen Sie vor einem weiteren Wunder der Natur: von oben ergießt sich über ca. 30 Meter Höhe ein Wasserfall über einen Felshang in ein klares Bassin, welches etwa 50 Meter im Durchmesser misst.

Da das Wasser von oben über die mächtig erhitzten Felswände fließt, kommt es unten vielleicht etwas zu warm an, um so richtig erfrischend zu sein – im seichten Pool unterhalb des Falles aber ist das Bad herrlich, verbunden mit dem unvergleichlichen Ort ein echtes Erlebnis.

Hinweis: Der Boden des Bassins ist extrem rutschig: Grund sind die Kalksteinpartikel, die sich am Boden absetzen und das Gehen in dem flachen Becken in einen Eiertanz verwandeln, bei dem Jeder und Jede früher oder später ins Wasser fällt – wetten dass?

Ein Bad im Teich und eine Dusche unter dem mächtig herab strömenden „Thermalwasser“ ist natürlich obligat – ganz Mutige können auch (mit einem ortskundigen Guide) den waldigen Hang neben den Fällen erklimmen, um so - nach etwa 20-minütiger und schweißtreibender Kletterei - ganz oben am Fall zu stehen. Sicherlich ein reizvolles Unterfangen, wenn die Zeit reicht!
Etwa 3 Kilometer vom Wasserfall liegt außerdem die **Grotte von Anosy´n´Ampela**, eine mehrere Kilometer lange **Tropfsteinhöhle.**

Nach dem Bad gehen Sie zurück zum Fluss, wo unter einem schilfgedeckten Sonnendach Ihr Mittagessen auf Sie wartet: vergessen Sie bitte nicht, den Leuten, die diesen Rastplatz unter- und sauber halten, eine kleine Entlohnung zukommen zu lassen: 1.000 Ar. sind für Sie nicht viel Geld, aber eine Menge für diese Menschen. Und angesichts der Schönheit des Ortes eigentlich kaum angemessen!

Am frühen Nachmittag brechen Sie auf: die steilen zerklüfteten Ufer des Flusses werden wieder niedriger, der Tsiribihina wird breiter und die Landschaft weitet sich zu einer riesigen Ebene.

Am linken Ufer taucht ein großes Dorf auf, in welchem Sie Rast machen: **Begidro,** „viele Lemuren“, heißt die lebendige Siedlung, die vor allem vom **Tabakanbau** lebt. Sofort werden Sie von zahlreichen Kindern umringt, die um Süssigkeiten oder Kugelschreiber bitten – zumindest die in den Dorfläden erhältlichen Bonbons sind ein gutes „Entgelt“ für Fotos......

Am späten Nachmittag heißt es dann abermals, ein geeignetes Nachtlager zu suchen:

Wiederum ist es ein weiter, sandiger Uferstreifen, der eine halbwegs bequeme Unterlage und einen wunderbaren Sternenhimmel garantiert.

Hinweis: Das Lagerfeuer aus Treibholz verbreitet darüber hinaus genau jenen Geruch von Abenteuer, den jeder sucht, der diese Bootstour macht!

3. Tag: Die letzte Etappe auf dem Fluss

Nach dem Frühstück werden Sie feststellen, dass es irgendwie noch feuchter und schwüler geworden ist – Sie nähern sich der Westküste Madagaskars.

Die weite, fruchtbare Ebene, durch die sich der breite Fluss windet, endet am nächsten Gebirgszug, den Sie am späten Vormittag erreichen, die Ufer werden wieder steiler, der Fluss wird schmaler.
Ein kleiner Wald aus **Jackfruchtbäumen** auf der linken Seite des Flusses ist einen mindesten einstündigen Halt wert: in dem dichten Gehölz aus märchenhaft geformten Bäumen tummeln sich zahlreiche **Sifakas** und **braune Lemuren**.

Die felsigen Ufer sind Brutstätten zahlreicher Vögel, es herrscht reger „Flugbetrieb“: **Milane, Drongos** und die allgegenwärtigen **Reiher**, für die das fischreiche Gewässer ein Schlaraffenland darstellt!

Mit etwas Glück können Sie auch **Wildschweine** und **wilde Perlhühner** sehen, die sich hier recht unbekümmert zeigen, obwohl die hier lebenden Menschen Jagd auf Alles

machen.
An den hohen Felswänden hängen **Flughunde** in den schattigen Bereichen : das melodische Gezwitscher der Fledertiere bildet einen sehr eigenartigen Kontrast zur Stille, die sonst nur durch den Paddelschlag und das Geräusch des Wassers am steinigen Ufer unterbrochen wird.

Hinweis: Die früher sehr zahlreichen Flughunde wurden leider 2008/2009 „handstreichartig" von Leuten aus Belo-sur-Tsiribihina massenhaft gefangen und gegessen, daher sind heute nur noch kümmerliche Restbestände zu sehen....

Schillernde **Eisvögel** treiben ihr spielerisch aussehendes Jagdwerk. **Wildenten** und –**gänse**, die hier etwas geruhsamer als im Jagdrevier um Miandrivazo rasten können, fallen ins Auge.
Mit guten Augen und Glück lassen sich außerdem **Wasserschildkröten** ausmachen, die auf Felsen und Baumstämmen in der Sonne dösen.

Krokodile – eigentlich eine der Attraktionen des Flusses, obgleich selten gesichtet, fordern selbstredend auch das suchende Auge heraus: nur mit ein wenig Glück lassen sich die seltenen Panzerechsen noch sehen, prädestiniert sind sonnige Uferstellen mit ausreichend Deckung.
Ihr Guide wird diese – wenn überhaupt vorhanden – in jedem Fall sehen und Sie aufmerksam machen!

Am Nachmittag wird die Landschaft wieder grüner, zahlreiche **Kapokbäume, Baobabs** und **Bananen** bestimmen die Vegetation. Und auch Menschen sind wieder zahlreicher: Zebus weiden am Ufer, badende Menschen grüßen freundlich die Reisenden, zahlreiche Schilfhütten geben eine Ahnung von der Nähe der Zivilisation.

Das letzte Nachtlager wird meist gegenüber dem Dorf **Tsaraotana** aufgeschlagen, in 3 Kilometer Entfernung liegt auch eine neue und recht gute Bungalowanlage (für diejenigen, die nicht noch eine Nacht im Zelt schlafen wollen eine gute Alternative!)
Am Abend umschwirren zu Beginn der Sommerzeit im Oktober zahlreiche riesenhafte **Zikaden** das Feuer, an den Sandbänken des Flusses lassen sich im seichten Wasser in kurzer Zeit unglaublich viele **Garnelen** (von stattlicher Größe) angeln, die Stimmung mag ein wenig wehmütig werden: drei Tage und Nächte in der Wildnis bringen Menschen zusammen, ob man will oder nicht.
Zahllose kleine Situationen erforderten Rücksichtnahme und Respekt voreinander, weshalb man sich (hoffentlich) als Teil eines Teams und nicht als König fühlt.

Am nächsten Morgen geht es nur noch über den Fluss nach Tsaraotana, von wo ab relativ regelmäßig Taxi-Brousse zur Fähre nach Belo abgehen.
Wenn Sie ein entsprechendes Arrangement gebucht haben, werden Sie in der Regel hier von einem Allradfahrzeug abgeholt, welches Sie entweder nach Süden Richtung Morondava oder Richtung Westen zur Fähre nach Belo bringt.
In jedem Fall führt Sie die Fahrt durch eine Landschaft, die zunehmend von den **Baobabs** dominiert wird.

An der **Fähranlegestelle St. Marie** kurz vor Belo ist was los: wenn Sie es eilig haben, bis Bemaraha weiter zu kommen, sind Sie womöglich erstmal angeschmiert: die Fähre meist sehr gut ausgebucht und es warten immer ein paar PKW und LKW auf die Überfahrt.

Die Fähre(n) bestehen aus zwei bis drei Stahlrümpfen, die durch einen starren Rahmen verbunden sind. Dieser ist mit Holzbohlen belegt und dient als Ladefläche für die Autos. Interessant ist die Motorisierung dieser Fähren: an den äußeren Bootsrümpfen einer jeden Fähre befinden sich die Maschinen, 2 einzylindrige Dieselmotoren, einer Backbord, einer Steuerbord, jeweils von einem Mann bedient)

Das perfekte Zusammenspiel dieser beiden unabhängig voneinander arbeitenden Antriebe ist Voraussetzung, dass die Fähre Belo am anderen Ufer (und mehrere Kilometer flussabwärts in tückischem, seichten Gewässer) zum rechten Zeitpunkt und in der rechten Position erreicht.

Die einstündige Fahrt bietet Zeit für ein Sonnenbad auf den Stahlpontons der Schwimmkörper. Auf der rechten Uferseite tauchen in der Ferne Häuser: es sind die Dächer von **Belo-sur-Tsiribihina**.

Dann heißt es einsteigen in das Auto: an der **Anlegestelle von Bereketa** müssen die Autos erst die Stahlplanken von der Fähre hinab- und dann das lehmige Steilufer hinauffahren, eine sehr spannende Angelegenheit. Die Straße geht an einem Treibstofflager vorbei hinein in die „Vororte“ von Belo.

Belo–sur-Tsiribihina

Die alte Sakalava-Metropole zählt heute etwa 20.000 Einwohner, zumeist Angehörige dieses stolzen Volkes.

Nachdem Frankreich 1896 Madagaskar annektiert hatten, verwundert es kaum, dass die Sakalava (wie andere Völker auch) den neuen Herren erbitterten Widerstand leisteten.

Vor den Toren von Belo kam es 1897 zum entscheidenden Gefecht der Sakalava mit den modern ausgerüsteten und überlegenen französischen Soldaten.

Die Sakalava mussten sich aber schließlich der erdrückenden Übermacht geschlagen geben, der König von Menabé, **Toera** sowie seine beiden Söhne wurden gefangen genommen und von den Franzosen enthauptet.

Die Gräber der Getöteten (wie auch die übrigen Königsgräber) sind noch heute wichtige Wallfahrtsorte und Plätze spiritueller Konzentration für die Sakalava.

Hinweis: In der Stadt stehen darüber hinaus mehrere Totenhäuser und Reliquienschreine: die fensterlosen, etwas exponiert stehenden Holzhäuser sind mit einem Zaun aus Holzlatten umgeben und werden nur alle paar Jahre (zu den Fitampona genannten Reliquienwaschungen der Sakalava) geöffnet – und dürfen nicht fotografiert werden!

(siehe Belo-sur-Tsiribihina im A-Z Orte)

Umgebung von Belo

An Sehenswürdigkeiten ist Belo-sur-Tsiribihina recht arm - allerdings lohnt sich ein Aufenthalt aus kulinarischen Gründen: nirgendwo sonst hat der Verf. solche Garnelen gegessen wie an diesem Ort - im Restaurant **„Mad Zebu“.**

Und auch sonst ist Belo ein recht beschauliches Fleckchen Erde: an den Ufern des großen Stromes gehen die Leute dem Fischfang nach, baden oder waschen ihre Kleider, reges Treiben herrscht auch auf dem Wasser – man kann sagen, dass hier die Uhren noch anders ticken als in den touristisch erschlossenen Regionen Madagaskars.
Eine Ruhe und Gelassenheit liegt über den Dingen, denen man sich nur ungern wieder entzieht.
Vielleicht ist es das gemächliche Dahinfließen des Tsiribihina, welches den Rhythmus des Lebens bestimmt?

Als wichtiges Zentrum der Sakalava ist Belo Standort zahlreicher bedeutender Grabstätten - teils mit den berühmten **erotischen Skulpturen** der Sakalava geschmückt. Wenn Sie diese besichtigen möchten, müssen Sie schon etwas Kondition mitbringen:
Die Gräber liegen etwa 7 km außerhalb der Stadt und sind nur durch dichtes Mangrovendickicht und einen schlammigen, unbequemen Pfad erreichbar.

Zwar etwas anstrengend, aber dafür haben Sie hier die Gewähr, dass diese Gräber noch nicht (wie viele andere in der Nähe von Morondava) geplündert und entweiht wurden.

Hinweis: Die Holzskulpturen auf den Gräbern zeigen drastische Darstellungen sexueller Handlungen und waren/sind daher (abgesehen vom hohen künstlerischen und ethnologischem Wert) begehrte Beute skrupelloser Kunstsammler.

Ebenfalls außerhalb der Stadt liegt die Grabstätte des Sakalava-Königs **Bahary** sowie die **Königsgräber von Ankirondro**.

Die berühmteste Grabstätte – die von **König Toera** – schließlich liegt etwa 14 km östlich der Stadt und darf nur alle vier Jahre während der **Fitampoha** besucht werden.

Hinweis des Verfassers: die nächste Gelegenheit hierzu bietet sich daher im Jahre 2013!

Für alle Grabstätten gilt auch hier: Besuche nur mit einheimischem Guide!

Fitampoha

Das wichtigste Fest der Sakalava ist die Fitampona, die hier ebenso abgehalten wird wie im nördlichen Königreich von **Boeny** (wo sie **Tromba** heißt): zu festgelegten Zeiten (alle 4 Jahre) werden die Gebeine der Könige hervorgeholt und im Fluss gewaschen.
Hierbei kommt es oft zu **Trancezuständen** bei weiblichen Teilnehmerinnen.
Da wie dort zieht die Feier jedesmal vieleTausende von Menschen an und dauert mehrere Wochen: Eine Zeit des Feierns und wichtiger Riten, in denen das gewohnte Leben ins Stocken gerät und das starke kulturelle Zusammengehörigkeitsgefühl der Sakalava seinen höchsten Ausdruck erfährt

Weiterfahrt bis nach Bemaraha

Sie verlassen Belo-sur-Tsiribihina genau in Richtung Norden, auf einer Erdpiste, die zur Trockenzeit leidlich befahrbar, zur Regenzeit eine wahre Rutschpartie wird.

Ungefähr 100 Kilometer sind es bis zur Fähre am **Manambolo-Fluss**, machen Sie sich auf mindestens 4 Stunden Fahrt gefasst (wenn alles glatt läuft, Allradfahrzeug und guter Fahrer selbstverständlich!)
Durch Reste des Trockenwaldes geht die Fahrt durch die Ebene, immer wieder sieht man Rauch und bisweilen Feuer direkt an der Piste lodern – die hier lebenden Wanderfeldbauern aus dem Süden fahren mit ihrer verderblichen Praxis des **tavy** fort, Stück für Stück wird der einzigartige Lebensraum entholzt und niedergebrannt, bis nur noch eine - bestenfalls grasige - Steppe übrig bleibt.

Nachdem Sie die letzten Reste des Waldsaums hinter sich gelassen haben, geht die Fahrt durch eine hügelige Graslandschaft – auch hier wird mit Feuer „gearbeitet“: das dürre, trockene Gras wird in der Trockenzeit von den Hirten niedergebrannt, aus der schwarzen Asche sprießen dann schon nach wenigen Tagen frische, grüne Gräser empor, Nahrung für die zahlreichen Rinder.
Bald tauchen schon wieder kleine und größere Waldflächen auf, allerdings schon von andersartigem Aussehen: es sind nicht mehr nur Trockenwaldpflanzen, die hier üppig sprießen: die Gegend ist nun sichtbar wasserreicher geworden, auf halber Srecke zu den Tsingy geht die Fahrt dann mitten durch das seichte Bett eines herrlich klaren Flüsschens. Der Mangobaum auf der nördlichen Seite spendet Schatten für eine nötige Rast, das klare Wasser lockt zum Fußbad .

Im Norden sind nun schon die Bemaraha-Berge zu sehen, die auf der nun folgenden Strecke – der schwierigsten! - langsam näher rücken.

45 Kilometer nördlich von Belo lag bis vor kurzem das Camp der Ölsucher: in der Nähe des Nationalparks wird seit 2008 intensiv nach Öl gesucht, selbstverständlich sind auch ausländische Teilhaber im Boot (China, England und die USA). Zwar wurden die Bohrungen hier eingestellt, doch wird demnächst nördlich der Tsingy mit der Förderung von Rohöl aus Sand begonnen, ein ökologisches Desaster!

Auch in der Trockenzeit geht es nun durch Schlammlöcher, auf „neuen“ Umgehungsstrecken um altbekannte Hindernisse herum, teils im Kriechgang, teils als Berg- und Talfahrt von einer Senke in die nächste.

Schließlich, nach 100 Kilometern hat die Tortur ein Ende: Sie verlassen plötzlich den Schatten der Bäume, durch die sei eben noch gefahren sind und rollen eine abschüssige Piste hinab. Links zeugen zahlreiche Kinder und einige Hütten von der Zivilisation, dann glitzert vor Ihnen das Wasser des **Manambolo**: auf der anderen Seite ein lehmiges, steiles Ufer unter Bäumen, rechts davon und den Fluss hinauf die steilen Ufer der **Gorges de Manambolo**, dem südlichen Rand der Tsingy von Bemaraha.

Nationalpark Tsingy de Bemaraha

Wenn Sie am Nachmittag ankommen, taucht das Licht der sinkenden Sonne die zerklüfteten Felswände mit den darin wachsenden Bäumen und Sträuchern in ein magisches, goldenes Licht, dunkel schimmert das Wasser des Flusses und glitzert an der Oberfläche in zahllosen Wellen: wieder so ein Ort zum ins Träumen kommen.....

Allerdings ist zum Träumen einstweilen noch keine Zeit: falls Sie kein Quartier am Südufer (wie das **Camp Croco**) gebucht haben und Ihr Hotel auf der Nordseite liegt (und das sind die meisten), ist hier doch auch der Eingang zum Nationalpark.

Also heißt es übersetzen – für Fußgänger mittels einer Piroge kein großes Ding, für die PKW schon mehr: Die Fähre am Tsiribihina mutete früher schon abenteuerlich an, ein zusammengedengeltes Lastfloß, mit dem die Autos über den Fluss gezogen bzw. durchs seichte Wasser geschoben wurden.

Seit 2008 ist eine nagelneue, hochmoderne und technisch völlig überdimensionierte Fähre mit einem **Hydrojet-Antrieb** (!) im Einsatz: Wie die Regierung auf die Idee verfiel, eine solch kostspieliges und kompliziertes Ungetüm hierher verbringen zu lassen, ist ein Rätsel.

Da Sie normalerweise etwas warten müssen, bis die Bootsleute soweit sind, können Sie derweil einen ausgezeichneten Kaffee genießen, den das kleine hotely am Ufer anbietet.

Hier sieht man auch ein weiteres Unikum der roten Insel: etwa einen halben Meter lange, gewundene, bohnenähnliche Samenkapseln, offenbar getrocknet und sorgsam bearbeitet, damit sie glänzen wie dunkles Holz.
Klopft man dagegen, klingen die eigenartigen Gebilde sehr melodisch hohl, im Inneren hört man auch die Samen in der holzartigen Schale klappern, wenn man sie bewegt. Da die Dinger sehr dekorativ aussehen und nicht schwer sind, eignen Sie sich hervorragend als Souvenir.

Auf der anderen Flussseite geht es das steile Ufer hinauf und dann erst einmal in Ihr Quartier:
Der Campingplatz direkt linker Hand mit dem Ziehbrunnen ist eine Möglichkeit, an der Straße, die nach links (parallel zum Fluss) geht, stehen mehrere Restaurants und

einfachere Bungalowanlagen.
Die gehobeneren Unterkünfte finden sich in etwa 2-3 Kilometern Entfernung, der Straße folgend, Richtung **Bekopaka.**

Das Dorf, besser: die kleine Stadt, liegt sehr malerisch am Fuße der Bemaraha-Berge, hier können Sie nicht nur gut essen bzw. Proviant einkaufen, sondern am Wochenende auch feiern und abtanzen gehen, dann ist in den kleinen Musikschuppen und Bars eine Menge los.....

Die besten Hotels, das **Relais** und das **Olympe**, liegen auf erhöhtem Niveau, das heißt auf Hügeln, was herrliche Ausblicke garantiert. Mit dem (Allrad-) Auto kein Problem!

Hinweis: Wo sie auch nächtigen - es sind fast drei Kilometer vom Dorf bis zur Fähre, wo wiederum die besten Restaurants außerhalb der Hotels mit ihren z.T. überteuerten Restaurants sind. Ohne Auto ist man hier ziemlich aufgeschmissen, insbesondere wenn man bedenkt, dass sich der Eingang zu den Grand Tsingy in etwa 15 Kilometer Entfernung von hier befindet!

(siehe Bemaraha im A-Z Orte)

Der Park

Bereits 1927 zum Schutzgebiet erklärt und seit 1990 auf der UNESCO-Liste des Weltkulturerbes der Menschheit stehend, stellt der etwa 150.000 ha große Nationalpark eines der sehenswertesten Naturwunder der Welt dar. Obgleich nicht ohne Mühen und Kosten zu erreichen, lohnt sich der Besuch in jedem Falle – man ist versucht zu sagen, dass allein der Anblick der großen Tsingy eine Reise wert ist!

Das Kalksteinmmassiv von Bemaraha wurde hier (ähnlich wie im Norden bei Ankarana) durch Regen und Erosion allmählich verformt, bis ein gigantischer „Teppich“ aus bis zu 30 Meter hohen Felsnadeln und -spitzen entstanden war. Vor allem vom Flugzeug aus (eine beliebte, aber nicht ganz billige Attraktion) ein atemberaubender Anblick.

Die Region ist ebenfalls von zahlreichen Höhlensystemen und Schluchten durchzogen, dazwischen hat sich eine artenreiche Flora und Fauna angesiedelt.

Mindestens 7 Lemurenarten, zahlreiche (nur hier zu findende) Reptilien, mehr als 90 Vogelarten, unzählige Insekten, mehrere hundert Pflanzenarten – tatsächlich ist die gesamte biologische Vielfalt dieses einmaligen Lebensraumes noch weitgehend unerforscht. Zwar gab es (zuletzt vor einigen Jahren durch das **GEO-Magazin**) immer wieder Aufsehen erregende Feldstudien, allerdings erlaubt es die Schwierigkeit des Geländes nur sehr bedingt, überhaupt ein festes Lager aufzuschlagen.

Das GEO-Team verfiel schlussendlich auf einen genialen Schachzug: oben zwischen den Felsnadeln wurde eine flexible „Plattform“ aus Seilen und Netzen aufgespannt, auf der ein Zelt errichtet werden konnte. (Allerdings machte die mörderische Tageshitze den Aufenthalt dort nur zeitweilig möglich!)
Das Geo-Magazin veröffentlichte in der Folge Aufnahmen, die man zunächst für Montagen oder Fälschungen hätte halten können. So entdeckten die Forscher in den Höhlen unter den Tsingy einzelne Wurzeln, die – wie Kabel herab hängend! - von oben durch die

Höhlendecke, dann zehn Meter durch die Luft und schließlich in den sandigen Boden führten. Die Frage, welche Pflanze in der Lage ist eine derartige biologische Spitzenleistung zu vollbringen und ihre Wurzel mit solcher Zähigkeit durch Fels, Luft und Sand bis ans Wasser zu treiben, ließ sich nicht leicht beantworten.
Schließlich fanden die Forscher eine kleine, verkrüppelte **Euphorbienart**, ein unscheinbares Gewächs oben auf den Felsen.
Rätselhaft: wie schafft es die Pflanze, den langen Zeitraum zu überbrücken, den es braucht, ihre Wurzeln so weit hinab wachsen zu lassen?

Immerhin zählt Bemaraha mit fast 1.000 mm Niederschlag pro Jahr zu einer sehr regenreichen Region, die einen wichtigen Beitrag zum Wasserhaushalt des Umland leistet.
Die „Überlebensstrategien" der einzelnen Bewohner der Tsingy sind selbstverständlich noch genauso wenig erforscht wie ihre Anzahl – daher wird man in der Zukunft noch mit mehr erstaunlichen Fakten und Entdeckungen rechnen dürfen.

Allgemein zugänglich ist eigentlich nur der südliche, etwa 72.000 ha größe Teil des Gebietes. Der Haupteingang befindet sich in Bekopaka.

Wenn Sie planen/vorhaben, den nördlichen Teil zu besuchen, brauchen Sie zunächst eine Genehmigung der Nationalparkverwaltung. Dann fahren Sie von Bekopaka aus nördwärts weiter, bis Sie nach **Antsalova** kommen. Hier ist es möglich, Guides für die Tour zu finden, seien Sie aber darauf gefasst, lediglich ortskundige, keinesfalls naturkundlich geschulte Leute zu finden!
Nur etwas für Wissenschaftler, Berufsfotographen und Freaks, die weder Mühen (und davon gibt es reichlich) noch Kosten scheuen!
Jedenfalls vermittelt der Besuch des südlichen Teils einen mehr als hinreichenden Einblick in die atemberaubende Landschaft und erfordert mindestens zwei bis drei Tage!

Hinweis: Zum Nationalpark gehören nicht nur die Tsingy, sondern auch die zahlreichen Grabstätten an der Manambolo-Schlucht. Die Tsingy haben eine starke spirituelle Bedeutung für die Madagassen, gelten sie doch als Heimstatt der Geister der Vazimba.
Ein Besuch der berühmten Vazimba-Gräber bei einer Pirogenfahrt den Fluss hinauf ist optionaler Bestandteil eines Besuches hier wie die Tsingy selber: beachten Sie aber die zahlreichen fadys!

Es verdient Dank und Respekt, dass die Einheimischen es überhaupt dulden, dass Fremde die heiligen Orte betreten – es ist wohl vor allem deren wirtschaftlicher Not zu schulden.

Benehmen Sie sich deshalb möglichst zivilisiert und beachten Sie vor allem drei kleine Maßregeln:

- **Rauchen Sie nicht in den Tsingy**. Erstens ist das Rauchen in den meisten Schutzgebieten ohnehin nicht erlaubt, zweitens stört der Rauch vor allem die Tierwelt, drittens stellen glimmende Zigaretten ein nicht zu unterschätzendes Brandrisiko dar – ein Buschfeuer inmitten der Tsingy zur Trockenzeit wäre verheerend, Sie kämen kaum noch schnell genug davon, um zu fliehen....

- **Nehmen Sie nichts von den Tsingy mi**t, was sie dort finden: auch wenn z.B. die hübschen Schneckenhäuser ein reizvolles Souvenir darstellen. (Sie finden dergleichen weitaus größer und prächtiger weiter südlich, bei den Baobabs, der Verf.) **Es ist absolut verboten, irgend etwas aus den Tsingy zu entfernen**. So war die Errichtung des Steinmonuments am Parkeingang vor Jahren denn auch ein Skandal und Politikum zugleich: wurde doch eine der Steinspitzen der Tsingy abgetrennt und hier außerhalb als Namensschild für den Park benutzt. Eine zwar ästhetische, aber ziemlich dumme Idee, die ebenso böses Blut verursachte wie die „Plünderung" der Vazimba-Gräber am Manambolo durch madagassische und weiße Forscher.

- Es ist fady, auf Irgendetwas in den Tsingy **mit dem ausgestreckten Finger zu zeigen**: angesichts der Fülle an Sehens– und Zeigenswertem mitunter nicht so leicht einzuhalten, ist diese Geste uns doch höchst vertraut. Um der Tradition der Einheimischen Respekt zu zollen, sollten Sie alle Finger (also die ganze Hand) ausstrecken, oder die Faust. Da man jedoch oft unwillkürlich handelt, ist nach Meinung des Verf. die Idee mit dem Gummibändchen bzw. dem Pflasterstreifen zu empfehlen, mit dem man Zeige – und Mittelfinger zusammenhält. Dann bleibt der Zeigefinger stets unter Aufsicht und kann sich nicht selbständig machen!

Petit Tsingy

Direkt an der Fähranlegestelle befindet sich auf einer kleinen Anhöhe direkt an den Felsen die Rundhütte mit dem Parkbüro.
Die fehlenden Informationsmöglichkeiten hier sind oft kritisiert worden und eigentlich auch unverständlich und ein wenig ärgerlich.
Ebenso stand die – bisweilen wirklich dürftige – Ausbildung der Guides schon öfter im Mittelpunkt kritischer Berichte.
Dazu muss gesagt werden: ein Besuch hier erfordert in jedem Falle, sich vorab zu informieren. Insbesondere die biologische Vielfalt des Schutzgebietes ist noch weitgehend unerforscht, die Tiere und Pflanzen, die Sie auf ihren Exkursionen zu sehen bekommen werden, dürfen jedoch als „gängig" gelten: Sifakas, braune Lemuren, Madagaskar-Boa, Chamäleons u.s.w.
Die Ortskentnisse der Guides jedenfalls sind unersetzlich - hilfsbereit und höflich sind sie ohnehin alle.

Wenn Sie also einen etwas weniger wissenschaftlich informierten Mann an Ihrer Seite haben, heißt das übrigens nicht, dass er Ihnen nichts zu erzählen hätte: Madagassen sind zurückhaltende Menschen, reden aber gerne, wenn man sie dazu auffordert!

- **Tantely-Circuit:** Dieser etwa 2-3 Stunden dauernde Rundgang durch die kleinen Tsingy darf als „Kennenlern-Rundweg" gelten. Auch für weniger fußfeste Leute machbar, bietet der Rundweg einen kleinen Einblick in das verwirrende Felslabyrinth der Tsingy und die darin wohnenden Tiere und Pflanzen.

- **Manambolo-Circuit:** Kombinierte Exkursion, welche einen (mittelschweren) Rundgang durch die kleinen Tsingy (mit Besuch eines herrlichen Aussichtspunktes am Fluss) sowie eine Pirogenfahrt den Fluss hinauf umfasst. 4 bis 5 Stunden sollten Sie schon einplanen und auf jeden Fall Sonnenschutz und genügend Wasser mitnehmen! Besonders die Flussfahrt – besser gesagt, die Stocherkahnfahrt, denn das Boot wird durch den seichten Fluss mit einer Stange gestakt – ist sehr reizvoll und beschaulich:

sie führt vom Fähranleger aus etwa 2 Kilometer den Fluss hinauf, durch die unwirklichen **Schluchten des Manambolo**. Links und rechts ragen die Ufer steil empor, der Kalkstein ist zerklüftet und von zahllosen Rissen und Höhlen durchzogen. In einiger Entfernung vom Startpunkt wird man Ihnen am Ufer die Stellen zeigen, an denen sich die Gräber der Vazimba befinden (vielleicht haben Sie ja das Glück, dass man Ihnen erlaubt, an Land zu gehen und die Gräber zu sehen, fragen Sie vorsichtig nach!) Ansonsten wird auf jeden Fall zumindest ein Landgang gemacht: an einer flachen, sandigen Uferstelle geht es direkt in eine kleine **Tropfsteinhöhle** hinein. Wie eine gotische Kathedrale ragt das spitze Gewölbe empor und verjüngt sich im Inneren des Berges immer mehr. Um die **Stalagmiten** und **Stalagtiten** zu sehen, müssen Sie aber schon ein Stück in die Höhle hinein und über mehrere Felsstufen (nicht ganz einfach, am besten ohne irgendwelches Gepäck) empor kraxeln.

- **Andadoany-Circuit:** Ein mittelschwerer und etwa 3-4 Stunden dauernder Rundweg über 3 Kilometer Distanz durch die kleinen Tsingy. Die verwirrende Topographie der Tsingy wird Ihnen hier besonders klar: ohne Guide wären Sie in diesem Irrgarten schon nach kurzer Zeit verloren. Der ohrenbetäubende Lärm der Zikaden macht auch hier den Gebrauch von Ohrenschützern ratsam. Durch das Labyrinth der Felsen geht der Weg hinauf über Leitern, Treppen und Stufen, bis hin zu einer Märchenlandschaft: Der **Jardin de Pachypodes** öffnet sich Ihren erstaunten Augen. Inmitten der kleinen Felsnadeln hat sich hier eine erstaunliche Vielfalt an **Didiereaceen, Pachypodien** und anderen **Sukkulenten** angesiedelt, die im September-November in den erstaunlichsten Farben blühen.

- **Ankeligoa-Circuit**, mit etwa 7 Kilometern Distanz deutlich länger als der Andadoany-C., 5-6 Stunden sollten Sie einkalkulieren. Der Rundweg umfasst die Attraktionen des vorherigen, führt aber wesentlich weiter und erfordert deutlich mehr Kondition von den Teilnehmern.

Grand Tsingy

Der eigentliche Grund jedes Besuches im Nationalpark sind ohne Zweifel die spektakulären großen Tsingy.
Bevor Sie sich auf einen Besuch hier einlassen, bedenken Sie:

- Die Hitze auf den Tsingy ist vor allem im Oktober/November und besonders am Mittag praktisch unerträglich bzw. kann lebensgefährlich werden! Brechen Sie daher so früh wie irgend möglich auf, Vogelkundler und Leute, die Bescheid wissen, stehen um 3 Uhr 30 auf, damit um 5 Uhr losmarschiert werden kann. Nur dann haben Sie auch die Gewähr, vom Tierreichtum des Schutzgebietes so viel wie möglich zu sehen: Die meisten Tiere sind frühmorgens aktiv! Wer also zur Unzeit ankommt, darf sich nicht wundern, wenn er keinen einzigen Lemuren (und davon gibt es entgegen den Aussagen mancher Reisender viele) zu sehen bekommt, die sind nämlich nicht so töricht, in der Mittagshitze herum zu tänzeln und überlassen schweißtreibende Aktivitäten lieber unwissenden Vazaha....

- Die Wanderung in den großen Tsingy erfordert gewisse Geschicklichkeit bei Klettern: Ihr Guide wird Ihnen am Startplatz Ihren Klettergurt anmessen, der über zwei Fangseile mit Karabinerhaken verfügt. Mit diesen gilt es später, sich in die installierten Führungsseile in den Felsen einzuhaken, um so abgesichert empor zu klettern. Mag die Informationspolitik auch lückenhaft sein: die Ausrüstung sowie die vorbildliche Gestaltung der Klettersteige (mit Leitern, Treppen, Seilen, Hängebrücken) ist sehr professionell – man fragt sich allerdings, welche Übermenschen die Sicherungen und Pfade inmitten dieser Landschaft angebracht haben, jedenfalls war für diese Arbeit mehr als nur Enthusiasmus vonnöten....

- Stark übergewichtige Menschen werden Probleme bekommen, die engen Felsspalten zu passieren , welche den Weg oft zu versperren scheinen. Die horizontalen Spalten werden dann auf dem Bauch rutschend , die vertikalen durch seitliches Hindurchzwängen bezwungen. Sperriges Gepäck ist absolut hinderlich!

Daneben gilt außerdem: guter Sonnenschutz, ausreichend Trinkwasser (mind. 2 Liter für eine Halbtagestour, 4-5 Liter für eine Ganztagestour) sowie die Mitnahme von "Tsingy-Handschuhen" (Handschuhe ohne Fingerspitzen) und Knie- und Ellbogenprotektoren (siehe Reiseroute 4./Tsingy von Ankarana) ist dringend anzuraten.

Folgende Rundwege werden angeboten:

Grand Tsingy-Circuit. Mit etwa 4 Stunden Dauer und etwa 5 Kilometern Distanz der kürzeste der Rundwege durch die großen Tsingy. Vom Startplatz, der etwa 20 Kilometer von Bekopaka entfernt in einem Wäldchen liegt, geht der Fußmarsch zunächst eine mit Gras bewachsene Hügelkette hinauf. Bizarre Felsen ragen aus dem Boden, zahlreiche **fossile Korallen** zeugen von der Entstehung der Tsingy: ein gewaltiges Korallenriff, das sich empor gehoben hat und nun den Launen der Erosion seine eigentümliche Form verdankt. Oben auf der Anhöhe angelangt sieht man zwar Wald – aber keine Tsingy, die Felsnadeln scheinen sich gut zu verstecken. Bewaldete Hügel, soweit das Auge reicht. Nach 30 Minuten geht es plötzlich rechts hinab in eine bewaldete Schlucht. Der Weg führt in die Kühle des Waldes, man wird Ihnen mächtige Würgelianen zeigen, die riesige Bäume langsam „erdrosseln", mit Glück sehen Sie auch Braune Lemuren und Sifakas durchs Geäst springen. Durch schattige Canyons und durch Felsspalten und Höhlen geht es nun hindurch.
Fledermäuse zwitschern im Dunkeln, seltene Insekten nisten in den Felsspalten.
Von der Höhlendecke „hängen" zahlreiche, bis zu armdicke Wurzeln wie Kabel herab: unglaubliche Leistungen von Pflanzen, die hoch oben auf den Felsen wachsen und sich durch 20 Meter Gestein und zehn Meter Luft hindurch bis ans Wasser im Untergrund kämpfen.
Schließlich kommt das helle Licht des Tages wieder: urplötzlich tauchen die ersten Felsnadeln vor Ihnen auf, die Klettergurte werden angelegt und das erste Stahlseil erwartet den Haken des Besuchers.

Der Kletterpfad führt rasch empor, bis Sie oben einen ersten Blick über die Tsingy haben: eine Hängebrücke führt über einen breiten, tiefen Canyon und fordert den Mut des Besuchers ein weiteres Mal heraus. Jenseits führt der Pfad inmitten der Felsspitzen weiter bis zu einem Aussichtspunkt. Hier können Sie erstmals wieder halbwegs entspannt stehen und sich an die Umschrankung lehnen oder eine andere Ruhestellung finden bei der Rast. Die ist einerseits vonnöten, andererseits
ist es hier auch schon am frühen Vormittag ziemlich heiß und mehr und mehr unangenehm. Die Hitze der Sonne wird durch die vielen Felsen reflektiert, was die Wärmeempfindung enorm steigert!
Entschädigt wird man für die „Röstung" jedoch beim Anblick der grandiosen Felsen, die oft

der Physik zu trotzen scheinen: man kann zum Teil unter den Felsspitzen hindurch schauen und fragt sich, wie diese eigentlich „festgemacht“ sind?
In dieser lebensfeindlichen Umwelt, auf den nackten Felsen, wachsen dennoch extrem angepasste Pflanzen: zahlreiche **Pachypodien** mit stachligen Stämmen sowie **Euphorbien** trotzen den Bedingungen und bringen mit ihrem eigentümlichen Aussehen einen zauberhaften Kontrast in diese Traumlandschaft.

Anjohimanitsy-Circuit, mit 6 Kilometern Länge ein Tagesausflug bzw. als Zweitagestour buchbar. Übernachtung im Zelt. Im Gegensatz zum etwas leichteren Grand-Tsingy-Rundweg nur für gut konditionierte Menschen zu empfehlen. Hoher Schwierigkeitsgrad!

Andamozavaky-Circuit, nicht ganz so schwierig wie der Anjohmanitsy, aber mit fast 7 Kilometern Distanz auch der längste, welcher noch an einem Tag bewältigt werden kann. Wie bei den beiden vorher genannten Rundwegen gilt es nicht nur mit den zahlreichen „Schikanen“ der Klettersteige fertig zu werden, sondern auch mit der enormen Hitze speziell während der Mittagsstunden.

Ranotsara-Circuit: etwa 5 Kilometer, 3-4 Stunden, eine relativ neuer Rundweg mit spektakulären Aussichtspunkten. Noch wenig bekannt, daher am besten erfragen!

Berano-Circuit, der momentan einzige Rundweg, der auch den nördlichen Teil des Schutzgebietes berührt. Mit 4 Kilometern Länge in etwa 4 Stunden auch von weniger fußfesten Reisenden machbar, die Anfahrt erfordert aber noch mehr Zeit als die übrigen Touren: Sie fahren zunächst bis zum Dorf **Antsalova** und starten dann zum Fußmarsch.

Eintritt: 25.000 Ar./Tageskarte, 37.000 Ar./2-Tageskarte, 40.000 Ar./3-Tageskarte, 50.000 Ar. /Wochenkarte
Guides/Touren: nach Preisliste von 8.000 bis 45.000 Ar., abhängig von der Dauer und dem Schweregrad.

Nach Süden - Richtung Morondava

Sie verlassen Bekopaka am besten früh am Morgen und versuchen, einer der ersten an der Fähre zu sein – dann lassen sich auch längere Wartezeiten an der Fähre in Belo vermeiden, wohin all die anderen Pick-ups ebenso drängen.....
Auf der holprigen Piste geht es zunächst wieder nach Belo-sur-Tsiribihina.
Wenn Sie nicht in Eile sind, um rechtzeitig zum Sonnenuntergang an der Allee des Baobabs beim "photoshooting" dabei zu sein, um so besser: Dann haben Sie ausreichend Zeit für ein Mittagessen im **Mad Zebu**.

Wie auch immer, die Fähre über den Tsiribihina gibt Ihnen Zeit, etwa eine Stunde die Seele baumeln zu lassen, dann geht es mit dem Auto auf die rote, staubige RN 8 nach Süden.
Es sind etwa 40 Kilometer durch eine Trockenwaldlandschaft, in welcher schon die ersten eindrucksvollen **Baobabs** ihre mächtigen Stämme gen Himmel recken. Mit etwas Glück sehen Sie **Sifakas** auf den Bäumen herum springen oder über die Straße rennen. Mitten im dichten Grau und Grün tauchen auch hier immer wieder brandgerodete Flächen ins Auge. In unmittelbarer Nähe zu den Schutzgebieten **Kirindy** und **Analabé** vollzieht sich hier der dramatische Kampf Mensch gegen Natur.
Beroboka-Nord und **Beroboka-Sud** heißen die beiden nächsten großen Ortschaften, in

welche sie kommen. Die Gegend ist hier nicht mehr so trocken: Teiche, Kanäle und Seen ermöglichen eine vergleichsweise üppige Landwirtschaft. Auf einer Wiese links der Straße steht ein riesiger, ausgedienter Dampftraktor der Familie **de Heaulme**, die hier schon früh im 20.Jh. in großem Stil landwirtschaftlich aktiv war.

Analabé-Reservat

Auch hier oben an der Westküste hat die Familie de Heaulme aus Taolanaro (Fort Dauphin) ein Refugium für bedrohte Pflanzen und Tiere angelegt.
Die Fahrt geht auf der holprigen, staubigen Piste Richtung Küste vom Dorf Beroboka-Nord Richtung Westen ab.

Das Reservat hat neben der typischen Trockenfauna vor allem eine interessante Sumpf– und Marschlandschaft zu bieten, ein Mangrovenwald gehört ebenso dazu wie die allgegenwärtigen Baobabs.

Noch fast unbekannt, befindet Analabé sich ímmer noch im Aufbau, für Unterkunft kann ebenso wenig garantiert werden wie für problemlosen Eintritt. Informationen am besten bei Familie de Heaulme über deren Dependencen in **Taolanaro** (siehe Taolanaro - Fort Dauphin im A-Z Orte) oder in Beroboka-Nord einholen.

Kirindy (Fôret de Kirindy)

Nach Beroboka-Sud geht die Fahrt 5 Kilometer auf der staubigen Nationalstraße nach Süden weiter. Sie kommen abermals an eine Abzweigung, diesmal nach links, mitten hinein in den undurchdringlich scheinenden Trockenwald. Wenn Sie hier abbiegen, geht es 5 Kilometer schnurgerade durch den Urwald, ehe Sie an eine große Lichtung kommen: die **Kirindy-Forststation** ist erreicht.
Besuche hier lohnen sich nur, wenn man spezielle Interessen und genügend Zeit (wenigstens einen Tag und eine Nacht) mitbringt.
Es soll nicht verschwiegen werden, dass Kirindy vor allem von Wissenschaftlern aufgesucht wird, mit ziemlicher Sicherheit werden Sie hier deutsche Studenten vom **Deutschen Primatenzentrum** (DPZ/Leibniz-Institut) in **Göttingen** antreffen.

Die Einrichtung des Schutzgebietes ist vor allem der Initiative der schweizerischen **CFPF** (Centre de Formation Professionelle Forestiére) zu verdanken.

Kirindy bietet Ihnen – neben einfachen Unterkünften (Zelt oder bescheidene * * bis * * * Bungalows) und einem kleinen Restaurant – tiefere Einblicke in die biologische Vielfalt des Trockenwaldes. Kaum zu glauben: obwohl es hier fast nie regnet, ist der Wald beinahe unpassierbar! Allenthalben sprießen junge Bäume aus dem trockenen Laub des Bodens und machen Fußmärsche durchs Unterholz zu einer anstrengenden Sache.
Vor allem zur Nachtzeit offenbart Kirindy seinen ganzen Zauber, die "nocturnal walks" (idealerweise mit einem Infrarotgerät ausgerüstet) zeigen die zahlreichen nachtaktiven Reptilien und Säugetiere, die hier leben.
Der „größte“ Star unter den Nachtaktiven ist natürlich der **kleinste Prima**t der Welt, der hier entdeckt wurde: **Microcebus myxinus**, ein nur 30 Gramm schwerer Mausmaki!
Von daher sollte man nicht enttäuscht sein, wenn man Kirindy nur besucht, um „mal eben“ eine weitere Attraktion mitzunehmen – und dann fast nichts zu sehen bekommt. Eile bringt hier nichts!

Beste Reisezeit nach Kirindy ist ohnehin die Regenzeit zwischen November bis Februar – dann ist allerdings auch die Piste nach Morondava ein einziges rotes Schlammbad.....
Eintritt: 15.000 Ar. (bis zu drei Tagen)
Guides: 4.000 Ar./Stunde für Tagesexkursionen, 6.000 Ar./Stunde für Nachtexkursionen.

Land der Baobabs

Zurück auf der Hauptpiste geht die Fahrt weiter südwärts: Immer mächtiger und eindrucksvoller werden die Baobabs, die sie nun passieren, einige Exemplare sind über 700 Jahre alt!

An einer weiten, lichten Stelle liegt linker Hand ein kleiner See, welcher zur Trockenzeit zu einem Schlammloch austrocknet. An diesem steht – beinahe versteckt im Dickicht – **der mächtigste Baobab der ganzen Strecke!**

Der Baum war früher heilig und man durfte sich ihm nur barfuß nähern!
Zahlreiche Opfergaben am Fuß des silbergrauen, wohl fünfzehn Meter im Umfang messenden Stammes zeugen von der spirituellen Bedeutung des Ortes. Wer sich mit geschlossenen Augen und dem Rücken gegen den alten Stamm lehnt, meint beinahe, etwas von der Kraft dieses Naturwunders zu spüren!

Mittlerweile leben aber immer mehr Mensch bei den riesigen Baobabs dieses Ortes, die Heiligkeit ist dahin, was sich daran zeigt daß schon mehrere uralte Baobabs gefällt wurden!

Marofandilia

Marofandilia, etwa 45 Kilometer nördlich von Morondava gelegen, ist der nächste große Ort an Ihrer Wegstrecke: ein recht großes Dorf mit einer beachtlichen Attraktion, der **Boutique d´Art Sakalava**. Ursprünglich mit Hilfe des amerikanischen **Peace Corps** gegründet, befindet sich die Boutique mittlerweile in regionaler Selbstverwaltung.
Die Einnahmen aus dem Verkauf der – sehr hochwertigen! – Kunstwerke fließt direkt an die Bevölkerung, die sonst vom Feldbau (Tabak, Mais, Gemüse und auch Reis) lebt.
Ein Halt im Ort lohnt sich aber nicht nur zum Einkaufen: eine Rast mit kalten Getränken auf der staubigen Straße ist allemal willkommen, die Dörfler sind überdies von herzlichem und gastfreundlichem Wesen.
Von Marofandilia aus gelangt man auch ins **Resevat von Andranomena** (siehe Umgebung von Morondava)

Les Baobabs Amoureux

Etwa 10 Kilometer weiter südlich geht eine weitere Abzweigung von der Piste nach rechts: drei Kilometer durch die staubige erstaunlich wasserreiche Buschlandschaft fährt man, dann halten Sie vor einem weiteren Naturwunder:
Les Baobabs Amoureux nennen die Madagassen die wie zwei Liebende miteinander verschlungenen Stämme.
Ein sehr beliebtes Fotomotiv. Allerdings entzaubert ein kritischer Blick auch hier ein wenig die Vorstellungswelt: es handelt sich um **einen einzelnen Stamm,** der offenbar einst durch Blitzschlag gespalten wurde......
Allée des Baobabs

Schließlich – etwa 12 Kilometer nördlich von Morondava, kommen Sie an die vielleicht berühmteste Attraktion und eines der bekanntesten Fotomotive Madagaskars:
Sind die Baobabs, die Sie bislang am Straßenrand inmitten des Trockenwaldes gesehen haben, schon eindrucksvoll genug gewesen, folgt jetzt ein Höhepunkt besonderer Art.
Das Umland hat sich dramatisch verändert, statt des Trockenwaldes weitet sich jetzt eine Marsch- und Sumpflandschaft vor dem Auge, welche von den vereinzelt in der Landschaft stehenden Baobabs dominiert wird.
Riesigen Landmarken gleich stehen Sie da, Reste eines einstmals gewaltigen Waldes aus lauter Artverwandten!

Da die Baobabs als heilig oder zumindest schonenswert gelten, haben die verbliebenen Exemplare einstweilen nichts zu befürchten.

Die berühmte **Allée des Baobabs** besteht aus über einem Dutzend fast gleichaltriger Baobabs beiderseits der Piste, deren Rinde zur Abendzeit durch das rote Licht der untergehenden Sonne in ein magisches Glühen versetzt werden.
Ein wolkenloser Abendhimmel (und nicht allzu viele Vazaha, die einem vor der Linse rumspringen) vorausgesetzt, ergeben sich hier zauberhafte Fotomotive.

Hinweis des Verf.: Bei Tage ist die Allee übrigens längst nicht so spektakulär, die Baobabs an sich jedenfalls sind weniger imposant als ihre großen Brüder weiter nördlich. Nur dem Zusammenspiel von Licht und Landschaft verdankt das allabendliche Schauspiel seine kurze Existenz!

Die zahlreichen Taxis und Pick-ups, die jeden Abend um 5 hier „einfallen“ geben ein beredtes Zeugnis von der Beliebtheit dieses Ortes.

Morondava - „ an den langen Ufern“

Falls Sie ihr Quartier nicht zufällig in **Kimony** haben, wo der beste Badestrand von Morondava liegt, gilt es nun die letzte Etappe zu bezwingen: nur noch ein paar Kilometer, dann liegt das Asphaltband der RN 35, welche von **Ambositra** im Hochland bis an die Küste nach Morondava führt, vor Ihnen.
Nach rechts abgebogen, sind es nur noch 15 Kilometer, über eine alte Eisenbrücke und auf einer neu asphaltierten Strasse, dann durchfahren Sie schon die ersten Vororte. Rechter Hand liegt der Flughafen, die Fahrt geht immer gerade aus bis ins Stadtzentrum.

Etwa 65.000 Einwohner zählt Morondava heute, die Stadt war in der Vergangenheit bedeutendes Zentrum der Sakalava und schon früh Handelsplatz mit Seefahrern aus Europa.
Obwohl Morondava auf den ersten Blick kaum wie eine Stadt aussieht, hat es doch immerhin den drittgrößten Hafen der Westküste zu bieten, der Küstenverkehr sichert der Stadt eine schwindende Bedeutung.

Die ist ansonsten ziemlich passé: Der Hafen ist teilweise versandet und verlandet, die Stadt wurde in der Vergangenheit immer wieder durch schreckliche Zyklone verwüstet. Zuletzt im Frühjahr 2009, als fast 80% aller Häuser Morondavas zerstört oder beschädigt wurden!
Vom einstigen Zauber des beliebten Badeortes ist zwar nicht mehr ganz soviel übrig, aber

im Jahre 2012 wurde immerhin der Strandabschnitt befestigt und alle Strassen frisch asphaltiert und erneuert
Am schönsten ist es auf der südlich gelegenen **Halbinsel Nosy Kely**, wo einige sehr nette strandnahe Bungalowressorts und Restaurants zu finden sind.

Die Stadt ist einfach aufgebaut: entlang der Hauptstraße, die sich von Osten bis ans Meer hinzieht, liegt das Zentrum der Stadt. Südlich davon, am Treibstofflager vorbei, geht die Piste zur Halbinsel Nosy Kely.

An Sehenswürdigem ist Morondava arm – sieht man einmal von der prächtigen Moschee ab, welche die **Aga-Khan-Stiftung** hier errichtete.
Überhaupt scheint Morondava religiöse Minderheiten irgendwie anzuziehen: **Jehovas Zeugen** sind hier sehr erfolgreich in der **Straußenzucht** tätig – und es finden sich auffallend viele **Rastafaris**, welche ihre kulturellen Wurzeln eigentlich in Äthiopien haben!

Der Strand und das Meer – einst das Pfund, mit dem Morondava wuchern konnte – hat sich in den letzten Jahren mehr als Fluch denn als Segen erwiesen: ganze Hotels und Kaianlagen wurden durch die Zyklone weggerissen, das Meer holt sich Stück für Stück von der schmalen Halbinsel Nosy Kely, der Hafen wird in naher Zukunft gleichfalls nicht mehr zu gebrauchen sein!

Zum Baden eignet sich Morondava – wegen der Abwässer und der Sedimente des Flusses – weniger.
Hierzu sollten Sie den nördlich gelegenen **Kimony Beach** aufsuchen.

Dennoch: Ein Spaziergang am Strand oder ein Glas "rhum arrangée" auf der Terrasse einer der Bars am Ufer zur Zeit des Sonnenuntergangs hat hier seinen eigenen Zauber....

Morondava ist mittlerweile wieder eine recht schöne Stadt – der Verfasser fand sie 2012 deutlich belebter und lebendiger als in den Jahren zuvor, als eine trostlose Lethargie über den Dingen lag. Es hat den Anschein, als ob Morondava wieder eine aufstrebendeStadt ist, die immer wiederkehrenden Zerstörungen haben dieser Entwicklung keinen Abbruch getan.
Da Morondava in der näheren Umgebung zudem einige reizvolle Ausflugsziele zu bieten hat, kann man den Aufenthalt hier getrost auf mehrere Tage ausdehnen.
(siehe Morondava im A-Z Orte)

Umgebung von Morondava:

Parc National d' Andranomena

Der etwa 7.000 ha große Nationalpark war Besuchern bis vor kurzem noch unzugänglich. Es bietet neben der typischen **Trockenwaldvegetation** auch einen besonderen Tierreichtum: allein **sieben Lemurenarten** leben hier, insbesondere **Sifakas** und **Rotstirnmakis** (braune Lemuren) – im Gegensatz zu Kirindy hat man auch tagsüber was zu sehen.
Dafür geben auch **über 50 Vogelarten** und viele Reptilien Gewähr – auch wenn sich Nachtexkursionen hier ebenso lohnen.
Der Park ist landschaftlich sehr reizvoll und durch mehrere Wanderwege gut erschlossen. Außer dem Trockenwald erwarten den Besucher auch mehrere **Seen** (und selbstredend

Baobabs!)

Eine gute Alternative zu Kirindy – und auch näher an Morondava und für einen Tagesbesuch lohnenswert.

Zum Park gelangen Sie über die staubige RN 8 (Allée des Baobabs) Richtung Norden bis nach Marofandilia (ca. 45 km, 1-2 Stunden).

Eintritt: 10.000 Ar. /Tageskarte
Guides: 4.000 für Tagesexkursionen, 6.000 für Nachtexkursionen.

Nationalpark Kirindy-Mitea

Nicht mit dem „Fôret de Kirindy", also dem Kirindy-Wald nördlich von Morondava zu verwechseln.
Der erst 1999 zum Nationalpark erklärte Parc National de Kirindy-Mitea liegt südlich von Morondava und ist einer der am wenigsten bekannten und ein kaum besuchter Nationalpark in Madagaskar.
Vielleicht ein Grund dürfte die relativ schwierige Anfahrt sein: Von Morondava aus über 40 km über schlechte Piste südwärts Richtung Belo–sur–Mer.
Der Nationalpark umfasst im wesentlichen zwei Vegetationstypen: den westlichen **Trockenwald und den südlichen Dornenwald,** die hier in einer überaus interessanten Weise aufeinander treffen.
Entsprechend hoch ist die Anzahl der vertretenen Tierarten, wiederum seien die **Lemuren** an erster Stelle genannt: **Acht Arten** leben hier, davon drei tag– und fünf nachtaktive.
Die beiden großen Seen des Parks, der **Lac Ambondro** und der **Lac Sirave** sind wahre Paradiese für Vogelkundler: über 30 seltene Arten wurden gezählt.
Der Park verfügt bislang noch über keinerlei Infrastruktur, sieht man von den Pfaden und markierten Wegen ab, die in jüngster Zeit angelegt wurden.

Daneben umfasst Kirindy – Mitea auch einen Teil des Meeresgebietes vor der Küste: mehrere vorgelagerte Inseln bei Bel-sur-Mer sowie ein Teil des Riffs gehören neuerdings ebenfalls zum Nationalpark.

Ein Park, den es zu entdecken lohnt – vielfältige Landschaftsformen und gleich mehrere grundverschiedene Ökosysteme liegen auf engem Raum beieinander.

Der Eingang liegt beim Dorf **Manahy**, Besuche hier am besten mit einer Übernachtung (Camping) oder einem Besuch in Belo-sur-Mer (siehe dort) verbinden. Sämtliche Guides und Agenturen organisieren Touren hierher. (siehe Morondava im A-Z Orte).

Einritt: 10.000 Ar./Tageskarte, 15.000 Ar./2-Tageskarte, 20.000 Ar. /3-Tageskarte
Guides: Verhandlungssache, falls nicht im „Tourpaket" mitgebucht.

Sakalava-Gräber

Die vielleicht heikelste Attraktion der Gegend und zu trauriger Bekanntheit gelangt:
Die **aus Holz geschnitzten Grabskulpturen** der Sakalava, welche Paare in sehr **plastischer und drastischer Darstellung sexueller Praktiken** zeigten, sind heute größtenteils verschwunden.

Schon in den 70er Jahren wurden die meisten der Skulpturen **handstreichartig gestohlen** und ins Ausland an zahlungskräftige Kunstsammler verkauft.
Es gilt als sicher, das es Touristikunternehmen waren, die die wertvollen Skulpturen ausgespäht und Kontakte mit Käufern geknüpft haben – die Schmutzarbeit vor Ort übernahmen dann einheimische Helfershelfer, von denen einige denn auch für viele Jahre ins Gefängnis wanderten....
Der hohe künstlerische Wert der Plastiken sowie die Tatsache, dass erotische Kunst nur höchst selten im Zusammenhang mit Gräbern verwendet wird, macht die Besonderheit aus.

Natürlich sind die hölzernen Skulpturen unbehandelt dem sicheren Verfall ausgesetzt – und auch von daher werden die Grabmale immer seltener, da kaum noch neue hergestellt werden. Wenn Neues produziert wird, dann für den Verkauf an Touristen: da sich Erotisches immer gut verkauft, bieten die zahlreichen Souvenirläden in Morondava denn auch allerhand Deftiges aus Holz an...

Um zu einem authentischen Grab mit wirklich alten Skulpturen zu gelangen, müssen Sie schon einen sehr guten Guide mit besten Beziehungen haben, der sie überhaupt hinbringt.

Möglicherweise ist auch eine Spende an die Ahnen (in Form von Rum oder Ariary-Scheinen), zahlbar an die Grabwächter, erforderlich!

Hinweis: Selbstverständlich waren und sind längst nicht alle Gräber mit (erotischen) Skulpturen geschmückt!

Die Gräber, welche man den Touristen für gewöhnlich zeigt, sind vielleicht nicht mehr so ganz authentisch, aber dennoch sehenswert: Sie liegen etwa 12 Kilometer außerhalb von Morondava beim Dorf **Marovoay**. Hier erhält man immerhin eine Vorstellung von den Schnitzereien und bekommt Informationen über den tieferen Sinn derselben.

Weitere sehenswerte Sakalava Grabstätten finden sich außerdem in:
- **Mahabo** (40 km östlich von Morondava nahe der RN 35)
- **Befotaka**, etwa 8 km nordöstlich von **Mahabo** (nur mit Allradfahrzeug oder zu Fuß oder Zebukarren erreichbar)
- **Ankirijibe** und **Mangily**, 8 km nordöstlich von Morondava

Kimony

Zwar genießt Morondava einen gewissen Ruf als Badeort – die Strände in der Stadt sind aber nur sehr bedingt zum Baden geeignet, eigentlich gar nicht!

Wer Strand und Sonne genießen will, sollte daher besser hierher ausweichen: etwa 10 Kilometer nördlich der Stadt (am Flughafen vorbei) geht die Straße nach Norden. Nach 10 Kilometern verlassen Sie die Hauptstraße und biegen nach links Richtung Meer ab. Über eine sandige Piste geht es nun ca. 2 Kilometer weiter, an kleinen **Fischerdörfern der Vezo** vorbei.
An den Dünen ist die Fahrt zu Ende, ab hier geht es nur noch zu Fuß weiter.
Der Strand mit den Dünen ist recht breit, etwa 500 Meter sind es schon. Zur Saisonzeit ist hier eine ganze Menge los, wie die zahlreichen Hütten, Bungalows und Barbetriebe zeigen

– außerhalb der Hochsaison, ab Oktober jedoch ist hier fast niemand und Sie haben den ganzen riesigen Strand für sich - bis auf die Fischer, die hier ihre Pirogen liegen haben und am frühen Morgen und am Nachmittag hinaus fahren.

Hinweis: Wenn Sie außerhalb der Saison hierher kommen, sollten Sie ausreichend Proviant und Trinkwasser mitbringen, da es dann auch nichts zu kaufen gibt! Außerdem ist die Mitnahme eines Sonnenschutzes (Sonnensegel oder Strandmuschel) zu empfehlen: schattenspendende Bäume sucht man hier vergebens!

(siehe auch unter Morondava im A-Z Orte)

Belo-sur-Mer

Wassersportler, speziell Schnorchler und Taucher, sollten sich einen Besuch in **Belo-sur-Mer** überlegen.
Etwa 70 Kilometer südlich von Morondava liegt der kleine Fischerort an der Küste.
Belo ist einerseits sehr schön und beschaulich – die Lage an einer weiten Lagune macht es andererseits auch für die Schifffahrt, besonders den **Schiffbau** zu einem Zentrum an der Westküste.
Dem Bau der traditionellen Holzboote zuzusehen ist sehr interessant, vor allem wenn man sieht, mit welch primitiven Hilfsmitteln hier seetüchtige Schiffe und Boote gezimmert werden.
Man kann Belo durchaus als Zentrum des Schiffbaus bezeichnen, nirgendwo sonst werden so viele Schiffe in allen Größen (sog. **Boutres**) auf Kiel gelegt wie hier.
Daneben hat Belo auch Bedeutung für die **Salzproduktion**: in riesigen **Salinen** im Hinterland wird Meersalz in großem Stil gewonnen und im **Menaky-Hafen** gleich verschifft.

Es ist relativ einfach, mit dem Küstensegler oder einem Motorschiff von Morondava aus hierher zu gelangen.
Auf dem Landweg bietet sich als Alternative die ziemlich schlechte Piste an, die von Morondava südwärts Richtung **Manja** führt.

Hinweis: Die sieben vorgelagerten Inseln sowie das Korallenriff sind neuerdings Bestandteil des Kirindy-Mitea-NP und eine Offenbarung für Taucher und Schnorchler:
Die Schäden an den Riffen sind hier noch weitaus geringer als z.B. in Tuléar, die Vereinnahmung der Küstenregion als Meeresreservat lässt außerdem hoffen, dass dieser einzigartige Lebensraum auch in Zukunft erhalten bleibt.

Obwohl der Ort ziemlich abseits liegt, kann Belo aufgrund seiner Bedeutung als Tauchrevier verhältnismäßig viele und auch gehobene Unterkünfte und Restaurants vorweisen.

Aber auch als **Jagdrevier** (siehe Miandrivazo) ist Belo mancherorts ein Begriff: **Enten, Wildschweine, Perlhühner** haben hier (je nach Saison) einen schweren Stand gegen die zahlungskräftigen Vazáha, die hier ihrer Leidenschaft frönen.
Belo-sur-Mer hat allerhand Sehenswertes zu bieten – mehr als viele großen Kommunen im Lande:

- Der **Baobab-Wald**, etwa 5 km östlich (landeinwärts) gelegen, bietet sicherlich eine der spektakulärsten Häufungen der Affenbrotbäume. In einer Vielfalt und Dichte, wie man sie sonst nirgendwo zu sehen bekommt, stehen die Riesen da, hier kann man tatsächlich von einem „Wald" sprechen, während Baobabs sonst nur vereinzelt zu sehen sind.

- Das Grab von **Ludovic Joaquim**: der französische Ingenieur hat im 19. Jh. entscheidende Impulse bei der Konstruktion und Fertigung der **Boutres** gegeben und viele Jahre in Belo verbracht.

Belo-sur-Mer ist ein wunderbarer Ort, um ein paar Tage auszuspannen – das Leben geht gemächlich seinen Gang, die Menschen sind freundlich und womögl. noch gelassener als sonst wo in Madagaskar.

(siehe Belo-sur-Mer im A-Z Orte)

Morombe -„großer Strand"

Etwa 200 Kilometer südlich von Morondava liegt **Morombe**. Obwohl (wie Belo-sur-Mer und Maintirano) nicht direkt an der eigentlichen Reiseroute gelegen und wie die anderen beiden Orte ziemlich abseits, soll diese Stadt nicht unerwähnt bleiben, zumal sie eine relativ bedeutende an der Westküste darstellt.

Bis zu Beginn der 70er Jahre war Morombe ein sehr beliebter Badeort der Franzosen und deutlich größer und belebter als heute.

Mittlerweile leben aber nur noch etwa 10.000 Seelen in dem einstigen Strandparadies.
Der Wegfall der wichtigsten Einnahmequelle, des Tourismus, hat bei den Einheimischen aber weniger zu Resignation als zu einer **bemerkenswerten Lebensfreude** geführt: In Morombe ist jeden Abend was los, vor allem für Nachtschwärmer ist der immer noch sehr schöne und malerische Ort ein Tipp.

Hinweis: In Morombe sieht man zur Saison auffallend viele dicke, alte Männer, die sich mit einheimischen, z.T. minderjährigen Mädchen und Jungen vergnügen.

Landschaftlich hat Morombe und seine Umgebung allerhand zu bieten: zahlreiche **Baobabs,** welche in wahren Wäldern hier stehen, die Küste ist obendrein mit artenreichen **Mangrovenwäldern** bewachsen – im Hinterland, etwa 55 km südöstlich, liegt einer von Madagaskars größten Seen: der **Lac Ihotry** liegt inmitten einer heißen Ebene, die vor allem durch Trockenwald gekennzeichnet ist. Ein noch wenig bekanntes, hochinteressantes Refugium, welches entdeckt zu werden lohnt!

(siehe Morombe im A-Z Orte)

Andavadoaka

Noch weiter südlich von Morombe, in etwa 40 Kilometer Entfernung liegt **Andavadoaka**. Dieser Ort ist vor zunächst etwas für Taucher und/oder Luxusreisende: Das vorgelagerte **Korallenriff** sucht in seiner Artenvielfalt und Schönheit seinesgleichen, die Strände und das beschauliche Leben der einheimischen Bevölkerung machen Andavadoaka zu einem Geheimtipp.
Nicht ganz einfach hierher zu gelangen: am einfachsten natürlich über Morombe auf dem

Seeweg – wenn Sie Gast im **Luxushotel Laguna Blu Ressort** sind, wird man Ihren Transfer von Morombe oder Tuléar aus organisieren (Nicht ganz billig!!!) Am Hotel befindet sich auch eine hervorragend ausgestattete **Tauchbasis** und eine kleine **Klinik.**

Aber auch weniger gut betuchte Reisende finden hier preiswerte Unterkünfte in phantastischer Lage.

Hinweis des Verf.: Andavadoaka gilt als einer der schönsten Strände von ganz Madagaskar, die nur hier zu findenden, fast kugelrunden Baobabs machen eine zusätzliche Attraktion aus. Ein sagenhafter Ort!

(siehe Andavadoaka im A-Z Orte)

Maintirano - „wo das Wasser tot und schwarz ist"

Etwa 250 Kilometer nördlich von Morondava schließlich liegt **Maintirano**, ein weiterer wichtiger Hafen zwischen Mahajanga und Tuléar und eine recht bedeutende Provinzstadt. Maintirano ist abseits der Touristenrouten gelegen und hat vor allem Ruhe, Meer und einsame Strände zu bieten. Etwa 7.000 Menschen leben hier, der größte Teil vom Fischfang bzw. in der **Garnelenindustrie**. Am Ort befindet sich auch eine entsprechende Fabrik (neben Vanille stellen Garnelen eines der Hauptexportprodukte Madagaskars dar) .

In jüngster Zeit wurden in Maintirano Maßnahmen zum **Schutz von Meeresschildkröten** ergriffen – unter der Leitung **schweizerischer Forscher** und des **WWF** sind auf einigen der vorgelagerten Inseln Refugien für die bedrohten Tiere eingerichtet worden.
Das Projekt ist immer noch im Aufbau, näheres erfahren Sie auf der homepage www.tortuesilesbarren.org

Möglicherweise steht Maintirano noch eine große Zukunft bevor: Die Straße von Tana – Tsiraonomandidy nach Maintirano, in früheren Zeiten nur etwas für Hartgesottene, ist neu ausgebaut und befestigt worden. Dadurch schrumpft die Fahrtzeit von Tana aus auf eine Tagesetappe!

(siehe Maintirano im A-Z Orte)

Mittlere Ostküste-Madagassische Riviera

Südliche Ostküste

7. Die Ostküste

Tana - Mandraka – Moramanga - Lac Alaotra – Analamazoatra (Andasibe-Perinet)
a.) Mittlere Ostküste: Ampasimanolotra (Brickaville) – Ambila-Lemaitso – Toamasina (Tamatave) – Mahavelona (Foulpointe) - Feonarivo Atsinanana (Fénérive-Est) – Soanierana-Ivongo - Manompana – Antanambe – Mananara - Maroantsetra

b.) Südliche Ostküste: Canal des Pangalanes – Vatomandry – Mahanoro – Nosy Varika – Mananjary - Manakara – Vohipeno - Farafangana – Vangaindrano – Parc National Midongy-Sud - Manantenina - Mahambondro – Taolanaro (Fort Dauphin)

Vorbemerkung des Verfassers: Die Ostküste Madagaskars ist jene Region, welche wohl am ehesten dem Bild einer „tropischen Insel“ gerecht wird: feuchtwarme, dampfende Regenwälder, eine üppige und wuchernde Natur, reiche Gaben des Meeres und des Landes.
Auf der anderen Seite ist die Ostküste jener Teil des Landes, der alljährlich am meisten unter den stets wiederkehrenden **Zyklonen** zu leiden hat: vielleicht ist es das Schicksal der Ostküste, dass nichts, was der Mensch hier geschaffen hat, von langer Dauer ist, die Natur fordert einen ständigen Tribut und Wandel.

Die fast völlige Vernichtung des beliebten Badeorts Mahavelona (Foulpointe) im Sommer 2009 durch eine (wenn auch durch menschliche Dummheit ausgelöste) Feuersbrunst mag deshalb als Symbol der Vergänglichkeit herhalten.

Einige der kostbarsten Naturschätze Madagaskars befinden sich ebenfalls an der Ostküste und sehen sich einem starken Druck vor allem **rücksichtsloser ökonomischer Interessen** ausgesetzt: von den schier endlosen Urwäldern sind nur noch Inseln wie das berühmte **Analamazoatra-Reservat** oder die Nationalparks **Zahamena**, **Masoala-Halbinsel** und **Marojejy** übrig geblieben. Die Singschreie der Indri-Indris, der einzigartigen **Riesenlemuren** waren einstmals von Tana bis Toamasina durchgehend zu hören - heute beschränken sich die wenigen hundert Überlebenden dieser Spezies auf ihrer Reservationen und sind fast völlig verstummt.

Hinweis: Durch die intensive Förderung von Kobalt und Nickel sind in jüngster Zeit riesige Schneisen durch unberührte Wälder geschlagen worden, von Andasibe bis Toamasina wird sich eine Pipeline zum Transport der begehrten Erzschwemme ziehen!

Die Ostküste, insbesondere der südlichere Teil bis hinab nach **Taolanaro** (Fort Dauphin) ist die Region, die sich vielleicht am hartnäckigsten der Erkundung durch den Reisenden widersetzt.
Daran sind nicht die Straßen schuld: die sind hier nicht besser und schlechter als im übrigen Land, wenn man von der generellen Unpassierbarkeit mancher Strecken während der Regenzeit absieht.

Wer kurz hinter Ranomafana an der RN 2 südwärts auf der RN 11 A bis Taolanaro (Fort Dauphin) vorstoßen will, braucht neben einem erstklassigen Allradfahrzeug vor allem Zeit, Geduld und Flexibilität. Zwar ist die Straße neuerdings zumindest bis **Vatomandry** und **Mahanoro** in relativ gutem Zustand.

Die zahllosen Flüsse, die sich von den regenreichen Hängen der Ostküste Richtung Meer ergießen, zwingen aber zu vielen Pausen und Unterbrechungen, wenn Brücken unpassierbar geworden oder Fährboote gerade mal nicht zur Hand sind.
Die RN 11 A geht weiter parallel zur Küste bis nach **Mananjary**, wo der Weg weiter südwärts auf der recht guten RN 25 und dann auf der RN 12 verläuft.

Zwischen **Mananjary** und **Mankara** geht übrigens die gut ausgebaute RN 25 Richtung Westen bis ins zentrale Hochland bei **Fianarantsoa** hinauf, ab Manakara besteht außerdem die reizvolle Möglichkeit, per Eisenbahn (siehe Reiseroute Nr. 2) nach Fianar zu fahren.

Südlich von Manakara durchquert man das Stammland der **Antaimoro** und gelangt nach vielen Pausen und Unvorhersehbarkeiten nach Taolanaro (Fort Dauphin): zumindest der Streckenabschnitt zwischen **Manantenina** und **Taolanaro** ist gut relativ ausgebaut, aber auch hier zwingen die vielen Gewässer zu Unterbrechungen.

Kurzum: hier sind Unternehmungsgeist, ein flexibles Zeitkontingent und eine gute Portion Abenteuerlust unabdingbar.

Für den Reisenden, der für die Ostküste ein Zeitkontingent von einer Woche zur Verfügung hat, empfiehlt sich (neben einem Besuch in **Andasibe/Analamazoatra**)die nördliche Richtung bis **Taoamasina** und dann weiter nordwärts, um einen Besuch auf der **Insel St. Marie** anzutreten (siehe Reiseroute Nr. 8) - entweder mit dem Flugzeug ab Toamasina oder mit dem Boot ab **Mahavelona, Feonarivo, Soanierana-Ivongo oder Mananara**.

Für (Zwischen-) Besuche am **Lac Alaotra** nördlich von Moramanga sind mindestens 3 Tage einzuplanen, wenn Sie „nur“ zu den **Bandros** wollen. Wenn Sie außerdem den **Zahamena-NP** besuchen wollen, eine ganze zusätzliche Woche.

Jenseits (nördlich) von **Soanierana-Ivongo**, wo die wackligen Kähne nach St. Marie übersetzen, gibt es für entschlossene und entweder exzellent motorisierte oder extrem duldsame Reisende die Option, entlang der **„madagassischen Riviera“** weiter auf dem Landweg bis nach **Maroantsetra** (siehe Reiseroute Nr. 5) zu gelangen.

Eine Fahrt, für die Sie wenigstens 4 Tage einplanen sollten – wie auch bei Fahrten an die südliche Ostküste sind die reine Fahrzeit des Allradfahrzeugs eine Sache – eine andere sind die Fährüberquerungen, die hier wie dort zahlreich, unumgänglich und zeitraubend sind. Daher sind oft nur Tagesetappen von 60 - 70 Kilometern machbar!

Dem Durchschnittsreisenden sei also gesagt: Von Tana bis Toamasina benötigen Sie mindestens 3-4 Tage Zeit, besonders, wenn Sie den Nationalpark Andasibe/Analamazoatra besuchen wollen.
Je nach Reiseplanung aber auch wesentlich mehr: viele reizvolle Zwischenstationen winken.

Von Toamasina schließlich bis Soanierana-Ivongo, wo die Boote nach **St. Marie** beinahe stündlich abfahren, brauchen Sie auf der gut ausgebauten Straße gerade mal 2-3 Stunden.

Für Reisende südwärts können nur ungefähre Zeiten angegeben werden: rechnen Sie zur Winterzeit mit etwa 8-10 Tagen von Tana bis Taolanaro/Fort Dauphin (wenn alles glatt läuft, was eher unwahrscheinlich ist!)

Entfernungen:

Tana – Mandraka Park :	65 km
Tana – Madagascar Exotique:	72 km
Tana – Moramanga:	117 km
Moramanga – Ambatondrazaka:	155 km
Moramanga - Andasibe:	30 km

Mittlere Ostküste/Madagassische Riviera

Andasibe – Brickaville:	120 km
Brickaville – Toamasina:	100 km
Toamasina-Mahavelona:	60 km
Mahavelona – Feonarivo:	48 km
Feonarivo – Soanierana-Ivongo:	61 km
Soanierana-Ivongo – Manompana:	42 km
Manompana – Antanambe:	35 km
Antanambe - Mananara:	50 km
Mananara – Maroantsetra:	110 km

Südliche Ostküste/Canal des Pangalanes:

Andasibe – Vatomandry:	110 km
Toamasina-Vatomandry:	190 km
Vatomandry-Mahanoro:	68 km
Mahanoro-Nosy Varika:	95 km
Nosy Varika-Mananjary:	110 km
Mananjary-Manakara:	155 km
Manakara-Farafangana:	112 km
Farafangana-Vangaindrano:	72 km
Vangaindrano-Manambondro:	55 km
Manambondro-Manantenina:	87 km
Manantenina-Fort Dauphin:	115 km

Von Tana nach Moramanga

Sie verlassen Tana am besten früh am Morgen auf der sehr gut ausgebauten RN 2, vorbei an den imposanten neuen Auffahrten und Umgehungstraßen, welche die Regierung Ravalomanana hatte bauen lassen. Hügelig und bergig ist die Region, der ursprüngliche Urwald ist auch hier einer sekundären Vegetation aus niedrigen Bäumen und Sträuchern gewichen. Die Straße folgt über viele Kilometer der Eisenbahnlinie, welche Tana mit Toamasina verbindet. Ähnlich wie die Strecke von Fianar nach Manakara ist es eine technische Meisterleistung, welche noch vor kurzem vor sich hinrostete – 2010 war endlich der Wiederbeginn des Personenverkehrs zwischen Tana und Toamasina, bis dahin fuhren nur gelegentliche Güterzüge. **(Seit 2012 wieder nurmehr Güterverkehr!)**
Die Straße ist sehr kurvenreich, wo es höher hinaufgeht, öffnet sich eine großenteils

versteppte Landschaft dem Auge. In den zahlreichen Dörfern auf diesem Streckenabschnitt kann man übrigens **exzellenten Bienenhonig** kaufen sowie eine hiesige Spezialität: kleine, weiße **Bratwürste** ("saosisy" genannt), welche man in langen Ketten bei den Metzgern hängen sieht.
Der hiesige Honig verdient besondere Beachtung: fast schneeweiß bietet sich die süße Köstlichkeit den erstaunten Blicken des Reisenden dar, am Straßenrand bietet sich mehr als nur eine Gelegenheit zum Kauf.

Manjakandriana

Manjakandriana bietet Gelegenheit für eine Rast – die geschäftige Stadt an der RN 2 verfügt sogar über eine Bank (BOA) sowie eine Tankstelle. Empfehlenswerte Unterkunft hingegen sucht man vergebens. Wer Zeit genug hat, kann von hier aus auf einer Piste nach Süden zum **Lac Mantasoa** fahren und die Ruinen von **J. Labordes Faktoreien** besichtigen (siehe Teil 1 – Antananarivo und Umgebung)
Hinter Manjakandriana geht es weiter, kurvig und nicht ungefährlich: obwohl die Straße gut ausgebaut ist, verführen die unübersichtlichen Serpentinen vor allem an den Bergaufstrecken zum Überholen. Zumal hier die zahlreichen LKW, Sattelzüge und Taxi-Brousse oft nur im Kriechgang den Berg hoch ächzen.
Die Folge sind zahlreiche – oft tödliche! – Unfälle und Havarien, die demolierten Zeugen solcher Dramen liegen mancherorts neben der Straße im Graben.....

Etwa 60 Kilometer östlich von Tana, in einem bewaldeten Streckenabschnitt, liegt der **Mandraka-Park**. Der beliebte Naherholungsort der Stadtbewohner bietet nicht nur herrliche Picknick– und Rastmöglichkeit , sondern auch einfache, gemütliche Unterkünfte an. Interessant für Reisende, die die umliegende Gegend erkunden wollen, aber auch ein reizvoller Zwischenstopp.

Abwärts geht die Straße, in endlos scheinenden Kurven – wer einen empfindlichen Magen hat, bekommt hier womöglich einen Anfall von Übelkeit.
Beim Dorf **Morazevo** sollten Sie unbedingt Halt machen: an der rechten Straßenseite weist ein Schild auf **„Madagascar Exotique“** hin – das Reservat des franz. Forschers **A. Pereyras.**

Madagascar Exotique

Die steile Piste hinauf geht es, dann folgen ein Parkplatz unter Bäumen und das Empfangsgebäude. Rechter Hand davon befinden sich die Gehege der zahlreichen Tiere, die Pereyras hier hält und z.T. züchtet (vor allem der berühmte **Kometenschweif-Nachtfalter** kann hier – im angrenzenden Laden – als Präparat erworben werden).
Nach Entrichtung des Eintrittsgeldes wird man Sie durch die zahlreichen Gehege führen: eine Unzahl **Chamäleons, Schlangen, Stabschrecken, Tanreks, Krokodile** und anderer Bewohner der roten Insel präsentieren sich.
Allerdings sind die Gehege etwas heruntergekommen und zum Teil stark überfüllt – vor allem der kommerzielle Aspekt des „Parks“ ist schon oft kritisiert worden.
Nach Besichtigung dieses Teils führt man Sie dann bergauf, am Restaurant vorbei und in den Wald hinein. Hier beginnt der Lemurenwald. Wenn Sie nicht schon ein oder zwei **Sifakas** in Augenhöhe am Baum klammernd erwarten, wird es nicht lang dauern, bis ihr Guide durch geschicktes Imitieren der Ruflaute eine ganze Horde **brauner Lemuren** anlockt. Das obligate Bananenopfer hilft, die Tiere auf Schnappschussreichweite zu

bringen – tatsächlich haben die Lemuren einen erheblichen Teil ihrer Menschenscheu verloren, was zwar fotogen, aber wenig tiergerecht ist.
Wenn Sie auch diesen Teil vom Park besichtigt haben, können Sie entweder Souvenirs kaufen oder im sehr hübschen (aber kulinarisch wenig beeindruckenden) Restaurant speisen.
Madagascar Exotique, Tel.: 22 321 01; täglich von 07:00 bis 17:00 Uhr geöffnet
Einritt: 10.000 Ar., Guide 3.000 Ar.

Oder aber Sie setzen Ihre Fahrt fort, weil Sie nach Moramanga oder Andasibe wollen.

Moramanga

Eigentlich bedeutet Moramanga soviel wie „billige Mango“ - tatsächlich ist die Stadt bekannt für die schmackhaften Früchte, die hier sonder Zahl geerntet werden. Da die Madagassen aber Humor haben, wird man Ihnen vielleicht sagen, dass die Bezeichnung „Mango“ auch für eine gewisse Art von Mädchen steht!
Bevor Sie in die Stadt kommen, fallen links und rechts der Straße zahlreiche Sägewerke und Holzverarbeitungsfabriken ins Auge. Die Stadt selber – mit etwa 150.000 Einwohnern mittlerweile ziemlich groß – erstreckt sich auch hier beiderseits der Hauptstraße und ist daher sehr langgezogen.

Das quirlige, einst beschauliche Moramanga hat nämlich in jüngster Zeit einen gewaltigen Sprung gemacht: zwar hatte die Stadt schon zuvor als Verkehrsknotenpunkt eine gewisse Bedeutung gehabt (Moramanga ist seit 2010 auch wieder mit der Eisenbahn ab Toamasina zu erreichen!)

Das **Ambatovy-Nickel-Projekt** jedoch wird dafür sorgen, das hier bald nichts mehr ist, wie es war: mehrere Milliarden US-$ hat der Bergbauriese **Sherritt** (und seine Teilhaber) hier investiert, gewaltige Schneisen wurden in den ohnehin dezimierten Primärwald gerissen und riesige Maschinenparks errichtet.
Die hier geförderten Metalle Nickel und Kobalt werden über eine Pipeline (durchs Naturschutzgebiet) nach Toamasina geleitet und dort verschifft .

Genau wie in Fort Dauphin im Süden werden hier Arbeitsplätze und Staatseinnahmen als Argumente für den Raubbau an der Natur bemüht – die Kurzsichtigkeit solchen Denkens offenbart sich erst, wenn der letzte Baum verschwunden ist: dann wird es immer noch Nickel und Kobalt zum Schleuderpreis geben. Aber gefördert inmitten einer menschenleeren, ökologischen Wüste. Gewinner und Verlierer dieses "deals" stehen jetzt schon fest!

Jedenfalls bietet Moramanga dem Durchreisenden allerhand: Internetcafes, Supermarkt, zahlreiche Restaurants und Einkaufsmöglichkeiten. Wer von hier aus nach Norden, zum **Lac Alaotra** aufbricht, sollte die Gelegenheit zu einem ordentlichen Essen und zum Kauf kühler Getränke und Proviant für die Fahrt nutzen. Auch Banken und Geldautomaten finden sich hier – entlang der Hauptstraßse, an der sich auch hier das ganze Leben abspielt.

Sehenswürdigkeiten bietet der Ort kaum – sieht man vom **Denk– und Mahnmal** für die Gefallenen des Aufstandes von 1947 (am Bahnhof) und dem aufschlussreichen **Gendarmeriemuseum** einmal ab: eine überraschende Anzahl von Exponaten (Waffen,

Uniformen, Schautafeln usw.) informiert hier über eines der düstersten Kapitel der französischen Kolonialgeschichte, welches mit dem Tod von geschätzten 100.000 Madagassen endete!

(Siehe Moramanga im A-Z Orte)

Weiterfahrt nach Norden zum Lac Alaotra

Ein Abstecher in diese Region ist nur ratsam, wenn Sie wenigstens 5 Tage Zeit haben: alleine die Fahrt bis nach Ambatondrazaka, zwar „nur" 155 Kilometer und dauer auf der erneuerten Trasse nurmehr 3 Stunden. Wenn Sie aber eines der Ziele am Lac Alaotra wie das **Bandro Camp** in **Andreba** oder gar **Imerimandroso** (den Ausgangspunkt zu Touren in den Zahamena-NP) erreichen wollen, kommen Sie um einen Übernachtungsstopp in Ambatondrazaka kaum herum. Die Stadt ist bedeutendes Zentrum des **Reisanbaus** und sitzt inmitten der **"Reiskammer"** Madagaskars: die Wasser des Lac Alaotra ermöglichen einen Anbau der Nutzpflanze in beträchtlichen Dimensionen. Auch die überall erkennbaren staatl. Projekte und die Anwesenheit schicker Allradfahrzeuge mit allerhand „offiziellen" Insassen zeugen von der Bedeutung, die diese Gegend für die Ernährung der madagassischen Bevölkerung hat.
Und obwohl einige Großbetriebe des ehem. Präsidenten Ravalomanana (dieser hatte auch im Reisgeschäft dick die Finger drin!) geschlossen sind, ist immerhin die alte Schmalspurtrasse von Moramanga bis Ambatondrazaka wieder für den (Personen-) Bahnverkehr geöffnet. Über 122 Kilometer geht die Fahrt, an 12 Bahnhöfen wird gehalten - ein beschauliches Reisen und eine echte Alternative zur holprigen Piste, die selbst im komfortablen Allradfahrzeug ganz schön fordernd werden kann!

Indesssen ist diese Funktion mittlerweile bedroht: der breite Einsatz von chemischen **Pestiziden und Herbiziden** hat zu einer beträchtlichen Belastung des Seewassers mit giftigen Chemikalien geführt, die über die Nahrungskette in den menschlichen Körper gelangen. Dazu hat das nun anlaufende **Ambatovy-Nickelprojek**t zu einer ernsten Konkurrenzsituation um das Wasser des Sees geführt: die Zuflüsse in den See reichen bei weitem nicht aus, um einerseits den enormen Wasserbedarf der Reisbauern sowie den ungeheuren Durst der Nickelwaschanlagen andererseits zu stillen. Hier ist für die nächste Zukunft ein beträchtliches Konfliktpotential zu erwarten!

Ambatondrazaka bietet wenig: obgleich mit über 30.000 Einwohner im näheren Stadtgebiet keineswegs klein, ist die Stadt kaum auf Reisende ausgerichtet: gerade mal vier bescheidene Hotels existieren, die Gastronomie ist bis auf die Hotelküchen praktisch inexistent. Auch eine Bank oder eine Post sucht man hier z.Zt. vergebens.

Siehe Ambatondrazaka im A-Z Orte

Bandro Park

Zu den interessantesten Attraktionen am Lac Alaotra gehören ohne Zweifel der **Bandro Park** bei **Andreba**. Mit dem Auto in kaum einer Stunde von Ambatondrazaka aus zu erreichen, führt die Fahrt nach Norden. Linkerhand glitzert das Wasser des Sees, meist sehr weit von der Straße entfernt: Reisfelder und Schilfgürtel bilden eine breite Barriere. Neben der Fahrbahn kann man noch die Reste der Gleise erkennen, welche einst die **Güterzugstrecke nach Andilamena** bildeten. Zur Zeit der franz. Kolonisatoren wurde

dort oben **Chromerz** abgebaut und über die Eisenbahn über Moramanga nach Toamasina verfrachtet. Daher verwundert es auch nicht, dass die vielen Dörfer entlang der alten Strecke noch zahlreiche Bauwerke früherer Zeiten vorzuweisen haben, welche die einstige Bedeutung der Region belegen.
Die einst bewaldeten Hänge rechts der Straße bieten ein trauriges Bild menschlichen Schaffens: abgeholzt und ihres natürlichen Schutzes beraubt, zeigen die Spuren gewaltiger Erdrutsche und Felsstürze von den dramatischen Folgen, die der Raubbau an der Natur hat.

Das Bandro-Camp in Andreba bietet einerseits die einzige Unterkunft im Ort und ist andererseits die einzige Möglichkeit, die berühmten **Alaotra-Bambuslemuren** überhaupt zu sehen zu bekommen.
Linker Hand der Hauptstraße im Ort geht ein Fußweg durch mehrere Zebupferche, bis man auf grünen Wiesen zum Camp gelangt, einer Ansammlung **mehrerer Bungalows** inmitten eines Gartens.

Da Andreba auch über keinerlei Gastronomie verfügt, werden Sie ihre Mahlzeiten am besten auch hier einnehmen, für geringes Entgelt bekommen Sie alle Mahlzeiten „frei Haus" geliefert und serviert.

Reservierungen und Infos über das Bandro Camp: www.mwc-info.net, email: reservation@mwc-info.net

Hinweis: Da die wenigen Bungalows schnell ausgebucht sind, unbedingt vorher reservieren!

Zu den Bandros

Um die **Alaotra-Bambuslemuren** Hapalemur alaotrensis zu sehen , müssen Sie früh aufstehen:
Um 4 Uhr heißt das, denn um zu den **Schilfinseln** zu gelangen, in welchen die Lemuren hausen, benötigen Sie noch einmal fast eine Stunde Fahrtzeit mit der Piroge.
Wie alle Lemuren sind auch die Bandros besonders am frühen Morgen aktiv. Die Schilfinseln, welche den Park bilden, stehen in keinerlei Verbindung zueinander: da die Tiere nicht gut schwimmen können, hat jede Insel eine isolierte Population. Um der drohenden Inzucht vorzubeugen, ersinnen die Parkwächter derweil immer neue Möglichkeiten, eine Wanderung der Tiere zu ermöglichen, indem z.B. künstliche Brücken geschlagen werden....

Denn wandern werden die possierlichen, schwarzbraunen Gesellen wohl müssen: auch am Lac Alaotra sind sie vor allem durch Brandrodung am Schilfgürtel in ihrer Existenz akut bedroht.

Obgleich die Schilfinseln zunächst undurchdringlich erscheinen, finden die geschickten Bootsleute stets die richtigen Stellen, hinter welchen sich die Zugänge zu den Kanälen öffnen, durch die man die Inseln langsam durchqueren kann. Falls keine der Kameraplattformen mehr betretbar ist, welche die **BBC-Leute** Anfang 2010 gebaut haben, müssen Sie ihre Beobachtung vom Boot aus machen, an ein Betreten der sumpfigen, undurchdringlichen Inseln ist nicht zu denken.

Die Bandros unterdessen klettern im frühen Morgenlicht gerne im Schilf umher und suchen Nahrung, etwas Glück vorausgesetzt können Sie ganze Gruppen der Tiere beobachten. Die Bootsleute und Guides wissen eine Menge über diese eigentümlichen Schilfbewohner und werden Ihnen allerhand Wissenswertes erzählen können.

Die Rückfahrt am Ostufer des Sees entlang ist beschaulich und bietet dem Auge stets interessante Anblicke: Seerosen, zahlreiche Vögel und die Menschen, die hier ihr Auskommen finden als Fischer, Krebssammler oder Reisbauer.

Zurück am Camp stärken Sie sich am besten erstmal mit einem kräftigen, zweiten Frühstück, ehe Sie weitere Aktivitäten planen.

Zahamena – Nationalpark

Denn ein gutes Stück weiter nordöstlich lockt der sagenhafte **Zahamena-NP**. Mit dem Auto sind die über 30 Kilometer bis Imerimandroso in etwa 1,5 Stunden zu machen, mit Glück auch schneller.

Imerimandroso ist nicht nur letzter Vorposten der Zivilisation am Lac Alaotra und Ausgangspunkt für Besuche in Zahamena. Der Ort bietet auch eine zauberhafte **Architektur** in Gestalt zahlreicher kunstvoller Häuser, die sich entlang der steil ansteigenden Hauptstraße reihen.
Man darf ruhig sagen, dass hier die traditionelle Hochlandarchitektur Madagaskars einen Höhepunkt erreicht hat: zahlreiche Bögen, Zierelemente und andere Besonderheiten geben den Häusern ein prachtvolles Ambiente.

Welches unterdessen verfällt: die meisten Häuser stehen leer, seit die Wasserpumpe, welche bis vor Jahren das Trinkwasser vom See hoch gepumpt hat, kaputt ging und nicht mehr repariert wurde. Da die Bewohner der Herrenhäuser diesen Einbruch im Lebensstandard nicht hinnehmen konnten, zogen die meist begüterten Herrschaften weg und überlassen ihre Häuser dem langsamen Verfall.
Im Ort existiert ein Laden, der noch einmal Möglichkeit bietet, ein kühles Bier zu trinken oder etwas einzukaufen. Auf dem Weg zum Zahamena-NP kommen Sie zwar noch durch mehrere Dörfer, wo Sie Grundnahrungsmittel für Ihre Tour in den Park einkaufen können, mit Läden im eigentlichen Sinne ist aber spätestens hier Schluss.

Für Ihre Tour benötigen Sie Träger, einen Guide sowie die Einwilligung der Parkverwaltung. All dies finden Sie etwa 5 Kilometer östlich, im Dorf **Antanandava**, dem eigentlichen Zugang zum Park.

Eine halbwegs informative und erlebnisreiche Tour benötigt wenigstens drei Tage: wundern Sie sich daher nicht, wenn Sie am Ende eine ganze Reihe von Trägern und Guides anführen. Mangels Infrastruktur im Park muss alles, auch Zelte und dgl., mitgenommen werden. Da Zahamena zudem recht bergig ist, bedeutet das keine leichte Arbeit für die Träger, die etwa 3 Euro am Tag erhalten.

Preise:
Träger: 10.000 Ar./Tag)Person
Guide: 20.000 Ar./Tag
Eintritt: 10.000 Ar./Tagesticket, Dreitagesticket 20.000 Ar.

Dazu kommen noch die Kosten für die Lebensmittel, angesichts der niedrigen Preise ein Posten von ca. 20 -30 Euro – für die ganze Mannschaft!

Hinweis: da der Nationalpark sehr selten besucht wird, ist das Büro der Parkverwaltung nur sporadisch besetzt. Entweder Sie fragen in Antanadava nach dem zuständigen Guide, oder Sie melden sich vorher an:

Tel.: 57 300 24 mobil: 033 07 666 12
email: tmv.parks@gmail.com oder quy@ifrance.com

Zahamena-Immergrüner Dschungel

Von **Antanandava** bzw. von **Ankosy** aus geht es zunächst einmal immer stetig bergauf, durch hügelige Landschaften und Felder. Ein breiter und gut sichtbarer Weg erleichtert den Marsch.

Am **Manambato-Fluss** heißt es, die großen Felsblöcke zu überqueren, die das Flussbett füllen: wenn Sie hier oben stehen, können Sie den grünen Saum des Zahamena-Waldes schon gen Ost hin sehen. Immergrün ragen die Berge empor.

Unweit des Flusses schlagen Sie ihr erstes Lager auf, unweit einiger Dörfer und direkt an den Feldern der Bauern.

Am anderen Morgen geht es weiter bergauf. Die Wege sind gut ausgebaut, nachdem sie endlich den Waldsaum erreicht haben, führen unzählige Stufen durch den Wald, sorgfältig aus Rundhölzern angelegt. Die Wanderung ist also, abgesehen von der stetigen Steigung, nicht besonders schwierig.

Etwas Glück vorausgesetzt, können Sie auch schon die Könige dieses Waldes sehen oder zumindest hören: die großen **Diademsifakas** Propithecus deckenii haben hier ihr Refugium und sind in ganzen Gruppen zu sehen, die sich behände durchs Geäst schwingen. Obgleich nicht ganz so schwer wie Indris, sind diese Lemuren die größten Madagaskars und bieten mit ihrem schönen Fell einen beeindruckenden Anblick. Über einen Meter lang und bis zu 10 Kilo schwer sind die Tiere und führen in den weiten Wäldern von Zahamena einstweilen noch ein paradiesisches Leben.
Auch **Indri-Indris** trifft man in Zahamena in großen Gruppen an – allerdings sind diese schwerer zu finden und man muss noch viel weiter Richtung Osten durch den Wald vordringen, ehe man sie zu Gesicht bekommt.

Denn mit über 70.000 ha bietet Zahamena einen der größten noch verbliebenen Primärwälder Madagaskars überhaupt. Und eine Artenvielfalt, die ihresgleichen sucht: **13 Lemurenarten**, über **100 Vogelarten**, **über 500 Baum– und Straucharten:** die Liste ist lang und lässt sich fast beliebig erweitern.

Warum sich hierher ungefähr nur 50 Touristen pro Jahr verirren, muss mit der vergleichsweise anstrengenden und umständlichen Anreise erklärt werden – die Wanderungen durch den Wald gehören jedenfalls zu den schönsten Eindrücken, die das Land zu bieten hat.

Am Abend schlagen Sie ihr Lager mitten im Wald auf – beim Lagerfeuer genießen Sie

dann einmal völlige Abgeschiedenheit und lauschen Geräuschen, die man sonst gar nicht wahrnimmt, weil der Lärm der Zivilisation alles übertönt.
Nach einer weiteren Nacht geht es weiter bergauf – nur durch langsames Marschtempo mit stetigem Tritt gelingt es Ihnen, den Weg bis zur **Grand Cascade** zu schaffen, an deren oberem Ende sich das nächste Rastlager befindet.

Die Cascade ist über 80 Meter hoch und ergießt sich über zahlreiche Felsvorsprünge hinab in das Tal, welches Sie mit Ihrem Trupp heraufkommen.

Der Pfad, der sich nun neben dem Wasserfall empor klimmt, ist die letzte Anstrengung, bevor es gemächlicher zugeht: nach etwa 10 Minuten Aufstieg kommen Sie zum Aussichtspunkt.

Hier, am oberen Ende des Wasserfalls ergießt sich das Wasser über die Granitfelsen in die Tiefe, für den Wanderer bildet der glatte und trockene Felsboden sicheren Stand und Ausblick über die bisher geleistete Wegstrecke und das atemberaubende Panorama, welches der Wald von hier aus bietet.

Unweit des Wasserfalls zeugen die Reste von Schutzhütten von der raschen Vergänglichkeit, die hier im Wald herrscht. Ebene Plätze für die Zelte finden sich dennoch, der neben dem Camp gelegene Fluss bietet neben Trinkwasser noch eine weitere Köstlichkeit: **Süßwasserkrabben**, die sich hier oben, bei immerhin 1800 Höhenmetern in wahren Scharen im seichten Uferwasser befinden. Mit Öl und Knoblauch angedünstet ein köstliches, wenn auch mit viel Gefummel verbundenes Betthupferl!

Am nächsten Morgen geht es zurück, wieder abwärts. Daher ist die Strecke bis zum Waldsaum in nur wenig mehr als zwei Stunden erreicht – danach führt der Weg durch grasige Hügel, immer weiter abwärts. Sie passieren den heiligen Berg **Mont Sacre ,** einen grasigen, 900 Meter hohen Berg, der ein wichtiges spirituelles Zentrum der Menschen am See ist.

Schließlich, im Dorf **Antendrorano**, hat die Zivilisation Sie wieder. Bis zur Straße im Dorf **Ambodiampaty,** wo Sie sich am besten abholen lassen ist es nur noch ein kurzer Weg, dann können Sie Ihre Wanderstiefel ablegen und sich auf ein kühles Getränk unten in Imerimandroso freuen.

Hinweis: Natürlich ist die beschriebene Tour nur eine von vielen Möglichkeiten – das Angebot wird stetig erweitert!

Vorausgesetzt, Sie sind morgens früh aufgestanden, schaffen Sie es vielleicht noch, die Strecke nach Moramanga am selbigen Tag zurückzulegen, allerdings benötigen Sie mit einem guten Fahrzeug nebst gutem Fahrer mindestens 8 Stunden und erreichen Moramanga keinesfalls bei Tageslicht: ein gewisses Risiko natürlich, erspart Ihnen aber eine Übernachtung im wenig gastlichen Ambatondrazaka.

Es gibt aber auch die Möglichkeit, auf der RN 4 A noch weiter nordwärts, bis hinauf ins 65 Kilometer entfernte **Andilamena** zu fahren, eine beschwerliche 6 - Stundenfahrt.
Oder aber, man fährt nur bis nach **Vohitraivo**, etwa 20 Kilometer von Imerimandroso entfernt. Hier zweigt die RN 3 ab, die am Westufer des Lac Alaotra hinab führt – landschaftlich sicher eine Abwechslung zur Hinfahrt, allerdings ist der See von hier aus

praktisch gar nicht zu sehen.
Die Bauerndörfer **Amboavory, Tanambe**, **Ambohijanahary, Amparafaravola, Ampasikely** und **Morarano-Sud** säumen Ihren Weg und bieten Rast und z.T. auch sehr bescheidene Unterkunftsmöglichkeiten.
Bei **Vohidiala** vereinigt sich die RN 4 A wieder mit der RN 3, die hier von Ambatondrazaka her nach Süden führt.

Andasibe /Analamazoatra/Perinét

Egal, unter welchem Namen Sie das weltberühmte Reservat 30 Kilometer östlich von Moramanga kennen, eines ist allen gemein: Sie stehen für eines der bedeutendsten Schutzgebiete Madagaskars und Heimat von unzähligen Arten, die es nur hier gibt

Damit sind nicht nur die **Indri-Indris**, die Riesenlemuren gemeint, die es übrigens nicht nur hier gibt. Auch nicht das berühmte **Perinet-Goldfröschchen**, welches nur in einem kleinen See nahe der Ort Andasibe zu finden ist.

Neuerdings hat sich das Interesse der Forscher vor allem dem **Hochmoor von Torotorofotsy** zugewandt. Hier, auf wenigen tausend Quadratmeter ist eine Artenvielfalt zu Hause, wie sie kaum sonst wo auf diesem Planet zu finden ist! Vor allem **seltenste Insekten, Reptilien** und **Amphibien** in ungeahnter Fülle versetzen seit einigen Jahren die Forscherwelt in Erstaunen.

Zum Analamazoatra-Komplex gehören:

Der Wald von **Moramizaha** südlich der RN 2 gelegen, unter lokaler Verwaltung der einheimischen Bevölkerung.

Der **Andasibe-Nationalpark**, direkt an der RN 2 gelegen und v.a. für die Indris berühmt.

Der **Mantadia-Nationalpark**, mit 15.500 ha. ist das nördlich von Andasibe gelegene Schutzgebiet weitaus größer und viel weniger besucht.

Die **Mitsinjo-Association**. An der Straße nach Andasibe linker Hand gelegenes Schutzgebiet einer lokalen Initiative.

Torotorofotsy, Hochmoor und Marschland mit einmaliger Artenfülle. Etwa 12 Kilometer westlich von Andasibe, nur mit Anmeldung und Guide zu betreten.

Vohimana, etwa 8 Kilometer östlich von Andasibe gelegenes Reservat unter lolaler/privater Aufsicht. Hier haben die private Organisation "Man and the Environment" (**Mate**, www.mate.com) des Franzosen **Olivier Behra** sowie die lokale Bevölkerung etwas geschaffen, was sich zunächst großartig anhört. Schutz des Waldes, Arbeit für die Menschen, vorbildlicher Ökotourismus – alles Hand in Hand.
Finanziert wird das ganze durch die Kultivierung von Pflanzen, die zur Gewinnung ätherischer Öle dienen. Herr Behra, offenbar ein wiefer Geschäftsmann, verdient bestens am Verkauf „seiner“ Essenzen an internationale Kosmetikmultis. Die angegliederte „Ökolodge“ soll darüber hinaus Besuchern die Möglichkeit geben, sich ein Bild von dem „vorbildlichen“ Wirken zu machen.
Allerdings verwundert es, dass **Monokulturen** von kommerziellen Nutzpflanzen angelegt

wurden, für die unberührte Waldflächen weichen mussten bzw. abgeholzt wurden! – manches scheint hier nicht zu stimmen, daher kann der Besuch nicht empfohlen werden. Besuche hier sind - eigenartig, aber wahr! - nur nach Voranmeldung im Büro in Tana und Zahlung einer stattlichen Summe möglich. **Nach Meinung des Verfassers ein grosser Schwindel!**

Andasibe (Ort)

Unweit der RN 2 geht die Straße nach links und führt mehrere Kilometer am Waldrand entlang. Im Ort Andasibe fällt zunächst der neu restaurierte **Bahnhof** ins Auge – seit die Bahnstrecke Richtung Tana und Brickaville wieder in Gang gekommen ist, wird Andasibe, obgleich mit mehreren tausend Einwohnern nicht gerade klein, vielleicht aus seinem Dornröschenschlaf erwachen.

Denn durch die Tallage des Ortes ist selbst Fernsehempfang fast unmöglich, daher ist die Eröffnung eines **Internetcafes** im Ort ein wahrer Segen für das Städtchen.

Die einstmals bedeutende und ertragreiche **Graphitmine** ist geschlossen, was viele Männer um ihren Lohn gebracht hat – fast ein Glücksfall für viele, dass momentan eine Schneise durch den Urwald geschlagen wird, um unweit des Ortes die **Nickel-Pipeline von Ambatovy nach Toamasina** zu bauen.

Unterkunft und Gastronomie im Ort sind rar gesät – die üblichen Unterkünfte befinden sich (mit Ausnahme des **Buffet de la Gare**) etwas außerhalb.

(Siehe Andasibe im A-Z Orte)

Andasibe-Nationalpark

Der etwa 800 ha große Nationalpark Andasibe ist das berühmteste der Schutzgebiete in dieser Gegend. Der Eingang befindet sich unweit der Abzweigung von der RN 2, etwa einen Kilometer vom Hotel **„Feon´ny Ala“** an der Straße nach Andasibe (Ort).

Der Park ist berühmt für die hier wohnenden **Riesenlemuren,** die **Indri-Indris**, auf malagasy **Babakoto** genannt.

Nachdem Sie im Eingangsbereich Ihren Eintritt bezahlt haben und Ihren Guide angeworben haben, besprechen Sie mit diesem erstmal den geplanten Rundkurs und den Preis: dieser war früher von der Parkverwaltung vorgeschrieben, mittlerweile haben es aber die Guides abgelehnt, sich an diese Vorgaben zu halten und handeln auf eigene Rechnung, wobei die aktuellen/üblichen Preise dennoch ausgeschrieben sind.
Ein informativer Rundweg dauert etwa 3-4 Stunden und ist am besten am frühen Vormittag zu beginnen.

Kosten: ca. 4000-8000 Ar. für den Guide – je nach Länge des Rundweges
Eintritt: 25.000 Ar./Tageskarte.

Es geht zunächst durch den Tropenwald entlang des Flusses und dann über eine Brücke am **Lac Vert**, dem grünen See, bis Sie an eine ehemalige **Fischzuchtanlage** gelangen, die an einem benachbarten See auf einer grasigen Lichtung angelegt war.

Wie viele Projekte ein Raub des Hochwassers geworden, bieten die morschen Mauern auch **Madagaskar-Boas** Kühle und Unterschlupf und man kann mit ein wenig Geschick eine der seltenen Riesenschlangen finden.

Von hier ab geht es den Berg hinauf und durch den dichten Wald. **Riesenfarne**, **Termitenhügel** und zahlreiche interessante Pflanzen säumen ihren Weg. Etwa eine Stunde Fußmarsch benötigen Sie, um die Indri-Indris zu erreichen: vorausgesetzt Sie verhalten sich still und folgen rasch ihrem Guide, können Sie ganze Familien der seltenen Riesenlemuren aus nächster Nähe sehen.

Zahlreiche Legenden und Geschichten ranken sich um die großen Tiere, die mit ihren Stummelschwänzen eher an **kleine Bären** erinnern. Der Gesang der Indri-Indris, die Revierrufe, welche sie vor allem am frühen Morgen und am Abend ausstossen, sind über viele Kilometer zu hören und bieten aus nächster Nähe ein ergreifendes, ohrenstrapazierendes Spektakel. Stark an **Buckelwalgesänge** erinnernd, ist der Singruf der Babakotos ein Eindruck, der jedem Besucher unvergesslich bleibt.

Der Rückweg zum Ausgang verzaubert den Besucher nochmals: die Geräusche des Waldes, das reiche und üppige Leben am Urwaldfluss umfangen den Gast, ehe der Wald abrupt an der Hauptstraße endet

Mitsinjo - Association

Dieses sehr zu empfehlende Projekt geht u.a. auf die unermüdliche Initiative von (**Jean-Emil) Prosper** und seiner Helfer und Mitstreiter zurück, einem in Andasibe aufgewachsenen Guide und Forscher von besonderen Graden.
Der Zugang zum Reservat der Mitsinjo-Association befindet sich unweit des Zugangs zum Andasibe-NP auf der anderen (westlichen) Straßenseite.

Die Kooperative befasst sich nicht nur mit dem Erhalt des Reservates: auch die Nachzucht von Setzlingen für Aufforstungsprogramme, Bildungs–, Gesundheits- und Ausbildungsprogramme für eine stattliche Anzahl von Einwohnern stellen eine gelungene Vernetzung von Naturschutz und den vitalen Interessen der Bevölkerung dar. Ein Besuch des Parks zu einem mehrstündigen Exkurs (auch Nachtrundgänge sind hier im Angebot : unbedingt zu empfehlen!) bietet zwar keine wesentlich andere Flora und Fauna als Andasibe oder Mantadia. Es ist aber der Enthusiasmus und der sehr hohe Bildungs– und Kenntnisstand der hier tätigen Guides, die den Besuch hier besonders informations– und faktenreich machen. Sehr zu empfehlen!
Eintritt: 15.000 Ar. für 2-3 Stunden (inkl. Guide), 25.000 Ar. für 4-5 Stunden.
Nachtrundgänge 12.000 Ar.
email: mitsinjo@hotmail.com

Mantadia-Nationalpark

Um hierher zu gelangen, brauchen Sie entweder ein gutes Fahrzeug oder eine gute Kondition:
Vom Ort Andasibe geht es mindestens eine Stunde für 20 Kilometer mit dem Auto auf erdigen und steinigen Pisten durch den Wald, ehe Sie die Südgrenze des Nationalparks erreichen.

Der Nationalpark, einer der artenreichsten Madagaskars, erstreckt sich auf etwa 10.000 ha über eine Höhe von 800 bis 1250 Höhenmetern. Entsprechend abwechslungsreich ist auch die Flora.

Die Straße durchschneidet den Wald in Nord-Süd-Richtung, die Wege befinden sich auf der östlichen Straßenseite.

Besucher haben die Wahl zwischen 2 Rundwegen, dem nördlichen **Tsokoko-Circuit**, der mit einer Länge von etwa 15 km vor allem für Tierenthusiasten das Richtige bietet. Unterwegs kommen Sie an einem Wasserfall mit schöner Bademöglichkeit vorbei, während Sie den zahlreichen Lemuren– und Vogelarten nachspüren, die dieser einzigartige Primärwald beheimatet.

Der südlichere **Rianosoa-Circuit** ist mit 18 km etwas länger, aber einfacher zu begehen. Auch hier lockt ein Wasserfall mit einem kleinen See zum Bade – eine willkommene Abkühlung!
Die Wege durch Mantadia sind zwar „vorhanden" und klar ausgewiesen – allerdings ist der Marsch mitunter sehr beschwerlich, befestigte Wanderwege wie z.B. im **Ranomafana-NP** sucht man hier vergebens.

Daher verwundert es auch nicht, dass für einen halbwegs informativen und umfassenden Besuch mindestens ein, besser zwei volle Tage anzusetzen sind. Da die Anfahrt nach Andasibe recht holprig ist, empfiehlt sich als Alternative das **Campen** vor Ort – da Sie ohne Guide ohnehin nicht hierher dürfen, wird „ihr Mann" das gerne für Sie organisieren.

Eintritt: Tageskarte 25.000 Ar., 2-Tage 37.000 Ar., 3-Tage 40.000 Ar., 4 Tage und mehr: 50.000 Ar.
Guides: obligatorisch, am besten am **Besucherzentrum von Andasibe** engagieren. Preise ja nach Länge und Gruppengröße. (3-Stunden-Rundweg ca. 20.000 Ar. bzw. Verhandlungssache)

Vakona Zoo

Nach kurzer Fahrt, etwa 3 km nördlich vom Andasibe, auf dem Weg nach **Mantadia**, kommen Sie an der geschlossenen Graphitmine sowie kurz danach an der **Vakona Forest Lodge** mit dem dazugehörigen **„Zoo"** vorbei. Ein Besuch hier – falls Sie nicht ohnedies hier logieren! - kann nicht ohne Bauchgrimmen empfohlen werden.

Zwar wird gerne darauf hingewiesen, dass die überaus dreisten (zutraulich mag man dass Verhalten der Tiere kaum mehr nennen), die Ihnen nach der Ankunft auf der Lemureninsel buchstäblich auf der Nase herumtanzen(!) allesamt beschlagnahmte Exemplare aus illegaler Haltung sind. Die Varis, Sifakas und braunen Lemuren sollen offenbar „ausgewildert" werden! Ob sich derartig angefütterte Tiere noch an ein Leben in freier Wildbahn werden gewöhnen können, erscheint indes fraglich: die regelmäßige Fütterung und das artfremde Hausen unter Verwandten untersch. Spezies werden kaum dazu beitragen, dass sich diese Lemuren je wieder an ein Dasein in freier Natur und in einer funktionierenden Gruppe (Lemuren leben in familiären Verbänden!) gewöhnen werden.

Etwas abseits der Insel befindet sich ein Rundweg, der Sie durch ein Waldstück führt. Auf einer Lichtung sind mehrere **Strahlenschildkröten** im Freigehege sowie zwei **Fossas**

(Cryptoprocta ferrox) im Käfig zu bewundern. Ein ziemlich erbärmlicher Anblick, diese geschmeidigen und eleganten Kreaturen verstört im engen Käfig herumlaufen und springen zu sehen. Zwar dürfte der Durchschnittsreisende kaum je die Gelegenheit bekommen, eine Fossa aus der Nähe zu beobachten – zu scheu und selten sind die v.a. nachts aktiven Frettkatzen. Dennoch bleibt ein schaler Nachgeschmack nach der ersten Überraschung.

Ein nahe gelegener See bietet allerhand **Krokodilen** eine Heimstatt: ein wenig Nervenkitzel ist auch geboten, gilt es doch, das sonst umzäunte Seeufer an einer Stelle zu betreten: ein wenig Um- und Vorsicht, dann passiert auf nichts.

Nach etwa 2 Stunden haben Sie den Besuch beendet und kehren zurück zum Parkplatz nahe der Vakona Lodge.

Tel.:22 624 80 Fax: 22 230 70
email: izouard@bow.dts.mg

Torotorofotsy

Das etwa 5.000 ha große Marschland von Torotorofotsy ist ein besonderer „hot spot“ der Artenvielfalt: obgleich nicht leicht zu erreichen und mehrere Jahre aus dem „Portfolio“ der Guides gestrichen, öffnet sich dem Besucher auf 800 -1100 Höhenmetern eine **Biodiversität** ohnegleichen: vor allem Vogel– und Amphibienfreunde finden hier Spezies vor, die es sonst nirgendwo gibt!

Wenn Sie gerne ausgetretene Pfade hinter sich lassen und ein wenig Anstrengung nicht scheuen – fragen Sie „Ihren Guide“ nach einem Besuch, die Anfahrt, etwa 8 km nach Nordwesten auf holpriger Piste, erfordert in jedem Fall ein Allradfahrzeug!

Von Andasibe nach Ampasimanolotra

Es sind 120 Kilometer von Andasibe nach **Brickaville**, wie der Ort **Ampasimanolotra** früher hieß.
Die Strecke auf der gut geteerten RN 2 zu machen, ist kein Problem – reizvoller ist die Alternative mit der Eisenbahn: Waren fast alle Bahnstrecken jahrzehntelang in einem Dornröschenschlaf versunken, ist nunmehr auch die äußerst attraktive Route **Tana-Anbasibe-Brickaville-Toamasina** wieder für den Personenverkehr freigegeben worden. Die Möglichkeit, direkt in Andasibe am restaurierten Bahnhof zuzusteigen und bis Brickaville zu fahren, ist also einfach und naheliegend.
Fahrpläne und Fahrpreise entnehmen Sie der homepage der **Madarail** www.madarail.mg.

Die Fahrt von Andasibe aus führt langsam hinab in eine flache Landschaft, deren Klima sich merklich zu wandeln beginnt: vom Hochlandklima mit seiner abendlichen Kühle und dem unbeständigen Wetter geht es hinab Richtung Küste, es wird merklich wärmer und die Luft wird feuchter.

Nach etwa 45 Kilometern kommen Sie an **Ranomafana Est** vorbei: nicht mit dem gleichnamigen Nationalpark im Hochland zu verwechseln, trägt dieser Ort seinen Namen jedoch ebenfalls zu Recht: hier wie dort winken **heiße, vulkanische Quellen** und laden zum heilsamen, wohltuenden Bad.

Ab hier Teil a: Mittlere Ostküste/"Madagassische Riviéra"

Nach etwa 85 Kilometern, in dem Ort **Ampitabe**, zweigt die RN 11 A nach Süden ab: Reisende, die den langen, unberechenbaren, aber höchst abenteuerlichen Weg die südliche Ostküste hinab in Richtung **Taolanaro** einschlagen wollen, müssen hier also die Richtung ändern. (siehe auch Teil b)
Wer weiter an die **mittlere Ostküste (Vanilleküste)** will, für den ändert sich die Richtung ebenfalls: es geht nach Nordosten. Inmitten einer fruchtbaren, landschaftlich stark genutzten Tiefebene liegt

Ampasimanolotra/Brickaville

Die kleine Stadt mit kaum 15.000 Einwohnern lebt vor allem vom Anbau von **Zitrusfrüchten, Zuckerrohr, Litschis** und **Kaffee** – in kolonialen Zeiten war die Bedeutung dieser Waren noch höher, es führt sogar eine (Güter-)Eisenbahnstrecke nach **Ambila-Lemaintso** an der Küste.
Der französische Name – ebenso geläufig wie der malagasy-Name - geht auf den Franzosen **Charles Bricka** zurück, welcher in dieser Gegend als Kolonialverwalter angestellt war.

Egal, ob Sie mit dem Zug oder dem Auto hier sind: viel zu bieten hat der Ort nicht, es sei denn als Ausgangspunkt für Exkursionen ins Hinterland oder als Zwischenstopp nach Toamasina.

Eine Ausnahme bilden allerdings die **Krokodile** im nahe gelegen **Lac Rasoabe**, einer beliebten Fischquelle der einheimischen Bevölkerung. Allerdings bedarf es schon eines Bootes und eines ortskundigen Guides, um die Panzerechsen hier beobachten zu können.

(siehe Ampasimanolotra im A-Z Orte)

Ausflugsziele in der Umgebung:

Ambila-Lemaintso

Dieser kleine Ort an der Ostküste ist ein idealer Rückzugsort, um ein paar Tage fernab der Welt zu entspannen.

Um hin zu kommen, bedarf es entweder eines guten Automobils – oder Sie laufen die fast 20 Kilometer entlang der alten Gleise der Gütereisenbahn, so kann man sich zumindest nicht verlaufen.

Wie auch immer, Sie verlassen zunächst Ampasimanolotra über die enorme Stahlbrücke, welche über den gewaltigen **Rianala-Fluss** führt, der hier in sein weitverzweigtes Mündungsdelta übergeht.
Dann verlassen Sie die Hauptroute nach etwa 10 Kilometern und biegen von der RN 2 nach rechts ab. Die Piste führt sie schließlich an den **Canal des Pangalanes**, an dessen „Ufer" sich Ambila-Lemaintso ebenso wie am Ufer des Meeres befindet.

Mehrere Hotels und einige gute Restaurants erwarten den, der hier gerne ein wenig verweilen will.

(siehe Ambila-Lemaintso im A-Z Orte)

Wer hier nur einen Zwischenstop machen will und weiter auf dem Kanal (egal, ob nordwärts Richtung **Ankanin´ny Nofy - Toamasina** oder südwärts Richtung **Manakara**) will, findet hier einen guten Ort zum „Zusteigen“. Zahlreiche Agenturen in Tana und Toamasina bieten Kanalfahrten v.a. ab Toamasina an, jedoch kann man hier auch auf unkonventionelle Weise (z.B. auf einem der zahlreichen Fährboote) weiterkommen. Einfach nachfragen und handeln!

Manambato

Dieser Ort, etwa 25 Kilometer nördlich von Ambila-Lemaintso gelegen, kann von letzterem aus nur auf dem Wasser oder Fußweg erreicht werden: Wer auf das Auto nicht verzichten kann oder will, muss den Umweg zurück zur Hauptroute (RN 2) machen. Kurz hinter dem Kilometerstein 260 geht die (vor allem zur Regenzeit) üble Piste rechts ab. 7 holprige und oft nur im Schritttempo zu fahrende Kilometer sind es bis Manambato.

Dass die Piste nicht besonders abschreckend wirkt, sieht man bei der Ankunft: Der kleine, malerische Ort liegt an einem weiten See, dem **Lac Rasoabe**. Vor allem bei Wochenendausflüglern aus Tana sehr beliebt, bietet der Badeort nicht nur einige schöne und preiswerte Unterkünfte, sondern auch herrliche Bademöglichkeiten an weißem Sandstrand.

(siehe Manambato im A-Z Orte)

Lac Ampitabe – Ankanin´ny Nofy - „Nest der Träume“

Dieser Ort, etwa 45 Bootsminuten von Manambato entfernt, hat die Herzen vieler Madagaskar-Reisenden entflammt wie kaum ein anderer. Schon die Anfahrt über den Lac Rasoabe und dann immer nördlich über den Canal des Pangalanes ist ein Erlebnis. Zur Rechten der Ozean, zur Linken die weiten Marschlande des Kanals. Je nachdem, welche der Lodges am **„Nest der Träume“** Sie gebucht haben, haben Sie auch die Sehenswürdigkeiten des Ortes vor Ort: Am Westufer des Sees direkt am **Hotel Le Palmarium** liegt das gleichnamige, ca. 50 ha große Naturschutzgebiet. Der Name kommt nicht von ungefähr: zahlreiche endemische Palmen, fleischfressende Pflanzen und andere botanische Kostbarkeiten erwarten den Besucher.
Am Nordufer erstreckt sich das **„Vohibola“** genannte Projekt der Organisation „Man and the Environment“, **Mate**, (siehe Vohimana, Seite 340)

Direkt am Vohibola-Reservat liegt das **Hôtel des Pangalanes**
Zwischen den beiden Hotels, etwa in der Mitte, liegt das **Buschhaus**, ein fast schon legendärer Ort v.a. für deutschsprachige Madagaskar-Pioniere. Ein zauberhafter Ort, um die Seele baumeln zu lassen. Der feine Sandstrand des Sees, die Sonnenauf- und Untergänge am Kanal, die Palmen – wirklich ein „Nest der Träume“

(siehe Ankanin´ny Nofy im A-Z Orte)

Von Brickaville nach Toamasina

Es sind ungefähr 100 Kilometer von Ampasimanolotra bis Toamasina, die Fahrt geht dank des guten Zustandes der Straße rasch voran. Auch für diese Strecke bietet sich optional ein "Umsteigen" auf die Eisenbahn an, der **„Soa Dia“** genannte rotweisse „Touristenzug“ bietet seit 2009 wieder regelmäßigen Personenverkehr auf dieser Route an, (www.madarail.com)

Rasch fällt Ihnen auf, wie dicht besiedelt diese Region ist, überall sind Menschen bei der Arbeit oder auf dem Wege zu sehen, landwirtschaftliche Nutzflächen überall. Auch die Häuser der Menschen haben sich verändert: typisch für die Küstenregionen sind die **Pfahlbauten**, alle Häuser stehen auf Holzpfählen, ein notwendiges Zugeständnis an die häufigen Überschwemmungen.

Palmen und riesige Bananenstauden an der Straße, die Luft ist schwer und feucht. Nach etwa 1,5 bis 2 Std. Fahrt ab Ampasimanolotra gelangen Sie in die geschäftigen, weitläufigen Vororte von Toamasina, ein Gewirr aus Pousse-Pousse, Fußgängern, Zebukarren und Fahrzeugen aller Art umgibt Sie plötzlich: die große Hafenstadt am indischen Ozean heißt Sie willkommen!

Toamasina – „es ist salzig“

Als König **Radama I**. im Jahre **1822** nach seinem Sieg gegen die **Betsimisaraka** hier erstmals in seinem Leben ans Meer kam, wollte er durstig einen Schluck Wasser aus dem Meer nehmen. Überrascht spuckte er es aus und rief **“es ist salzig!“** ("Toa masina")

Soweit die Legende, möglich ist aber auch, dass der Name von **„Sao Thomas“** kommt, wie **portugiesische Seefahrer** den Ort schon früher genannt hatten.

Tamatavé, wie Toamasina auch genannt wird, hat eine lange und wechselvolle Geschichte: schon im **17 Jh.** war der Ort unter englischen Seeleuten als

„Mörderin der Weißen“ berüchtigt, was den allgegenwärtigen **Tropenkrankheiten**, insbesondere der **Malaria** zuzuschreiben war.

Im **18.Jh.** als **Piratenschlupfwinkel** berüchtigt, fiel das begehrliche Auge Frankreichs auf den Hafen, welches damals gerade auf der **Ile St. Marie** „engagiert“ war. Der von Napoleon I. ausgesandte Agent **Sylvain Roux** errichtete im Jahre **1804** hier eine „Poststation“. Bereits **1811** wurde der Hafen jedoch von einem **britischen Flottenkommando** annektiert – nicht nur Ausdruck der damaligen politischen Situation zwischen Großbritannien und Frankreich, sondern auch explizit, um dem **Umschlag von Sklaven** ein Ende zu bereiten, die hier bevorzugt „umgeschlagen“ und verschifft wurden. Bereits 1817 wurde die Engländer jedoch wieder von den Franzosen vertrieben.

Bis zur **Mitte des 19.Jh** entwickelte sich Toamasina zu einem blühenden und florierenden Handelsstützpunkt. Die nach innen gerichtete und ausländerfeindliche Politik der Regentin **Ranavalona I.** und die damit verbundene Ausweisung aller Europäer führte jedoch dazu, das im Jahre 1845 ein **französisch-britisches Flottengeschwader** Toamasina angriff und bombardierte. Eine geplante Landeoperation scheiterte jedoch bzw. wurde nach zu starken Verlusten abgebrochen.

1883 griff wiederum Frankreich den wichtigen Seehafen an und machte ihn zum Ausgangspunkt des **ersten französisch-madag. Krieges.**

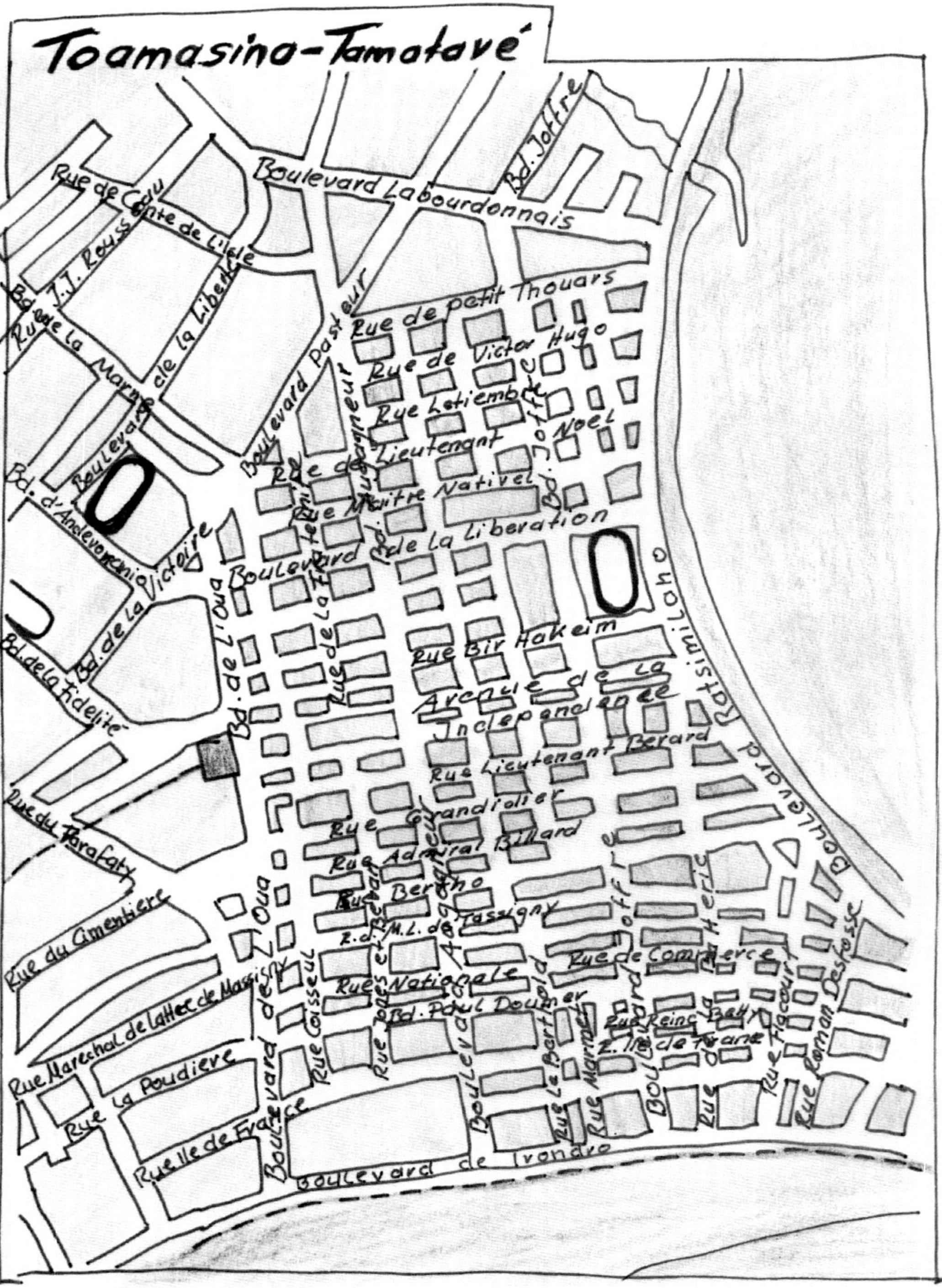

Toamasina-Tamatavé
Boulevard Labourdonnais
Bd. Joffre
Rue de Cau
J.J. Rouss
Conte de L'isle
Rue de la Marne
Boulevard de la Liberté
Boulevard Pasteur
Rue de petit Thouars
Rue de Victor Hugo
Rue Letiembre
Rue du Lieutenant Noel
Rue Maitre Nativel
Boulevard de la Liberation
Bd. d'Andevoranto
Bd. de la Victoire
Bd. de la Fidelité
Bd. de L'Ouа
Rue Bir Hakeim
Avenue de la Independence
Rue Lieutenant Berard
Boulevard Ratsimilaho
Rue Grandidier
Rue Admiral Billard
Rue Bertho
Rue du Parafaty
Rue du Cimentiere
Rue Marechal de Lattre de Massigny
Rue de Commerce
Rue Nationale
Bd. Paul Doumer
Rue Reine Betty
Rue la Poudiere
Ruelle de France
Boulevard de France
Boulevard de Ivondro
Boulevard Joffre
Rue Coisseul
Rue Flacourt
Rue Roman Desfosse

1883-1885 Immerhin gelang es den einheimischen Truppen in diesen zwei Jahren, das **Fort Farafaty** außerhalb der Stadt erfolgreich zu verteidigen.

Die Stadt heute

Heute ist Toamasina mit gut 300.000 Einwohnern der bedeutendste Seehafen Madagaskars und genießt daher starke Bedeutung. Etwas „kosmopolitischer" als andere Städte Madagaskars, bietet sich die zerzauste Hafenstadt als reizvoller Zwischenstopp an.

Der **Boulevard Joffre** bildet die Hauptachse in Nord-Südrichtung, zahlreiche Geschäfte, Restaurants, Banken und Hotels säumen diesen einstigen Prachtboulevard. Zumindest zeugen die Bäume und die Fassaden vieler Häuser noch vom einstigen Glanz. Die wiederkehrenden **Zyklone** haben aber auch Toamasina oft und hart getroffen, daher befinden sich viele Straßen in sehr „rudimentärem" Zustand, die Häuser wirken irgendwie stockig und angeschimmelt!

Die Stadt, besser gesagt, **das Zentrum** - ist nach europäischem Muster schachbrettartig und regelmäßig angelegt, was die Orientierung in der Innenstadt sehr erleichtert und Rundgänge verschiedener Länge vereinfacht!

Zum Baden eignet sich der kilometerlange Sandstrand nördlich des Industriehafens leider nicht: zahlreiche Schilder warnen vor den **Haien**!

Da geht man doch besser zum ehemaligen öffentl. Freibad, wo sich auch ein gutes Restaurant (und angenehme Unterkunft dazu) finden. Oder weicht auf einen der „Badeorte" nördlich (Mahavelona) oder südlich am Kanal aus.

(siehe Toamasina im A-Z Orte)

Ausflugsziele in der Umgebung:

Ivoloina Parc

Dieser beispielhafte Ort wurde bereits **Ende des 19 Jh.** gegründet – als gemeinsames Forschungs– und Schutzprojekt von über 30 Zoos in der ganzen Welt, der **„Madagascar Fauna Group".**

Heute beherbergt der **„Botanische Garten von Ivoloina"** (wie der Ort früher genannt wurde) nicht nur spezielle, rare Botanik, wie der Name vielleicht vermuten ließe: auch Tierliebhaber kommen hier voll auf ihre Kosten. Im sog. „Zoo" können 13 versch. Lemurenarten, zahlreiche Reptilien und Amphibien, Vögel und anderere Vetreter der madag. Tierwelt betrachtet werden.
Eine Aufzuchtstation für Tiere, eine Tierklinik sowie ein bespielhaftes Informationszentrum am Eingang am Eingang zeigen, wie gut hier die Interessen der lokalen Bevölkerung einerseits und die des Tourismus andererseits befriedigt werden. Dies zeigt auch die Forschungs– und Zuchtstation für Nutzpflanzen und Bäume, die sich hier ebenfalls befindet.
Außerhalb des „Zoos" existieren sieben verschiedenen Fußwege durch das Reservat, auf denen Sie an Wasserfällen, einem Teich und einem Aussichtspunkt vorbeikommen. Ohne große Anstrengung (und ausnahmsweise ohne Guide) können zahlreiche Lemuren, Vögel

und andere Tiere beobachtet werden.

Man erreicht den Ivoloina-Parc etwa 11 Kilometer nördlich von Toamasina an der RN 2 im gleichnamigen Ort. Bis zum Parkeingang sind es mit dem Allradauto aber nochmal 4 Kilometer auf holpriger Piste, zu Fuß bietet sich ein halb so langer Weg an!

Täglich von 9 bis 17 Uhr geöffnet
Eintritt: Erwachsene 10.000 Ar., Kinder 4.000Ar.
Tel.: 53 308 42
homepage: www.savethelemur.org

Betampona-Reservat

Dieses Schutzgebiet ist ein sog. **Integrales Schutzgebiet** (Reserve Naturelle Integrale RNI), daher ist Besuchern der Zutritt eigentlich untersagt. Man erreicht es von Toamasina aus 40 Kilometer in nordwestlicher Richtung. Am Dorf **Ambadiriana** ist die äußerst schwierige Piste zu Ende, es geht nur noch zu Fuß weiter. Wenn Sie keine offizielle Erlaubnis besitzen (und die gibt es nicht so einfach), liegt die Möglichkeit nahe, dennoch rein zu gehen – und darauf zu vertrauen, dass einen kein Offizieller erwischt. Zumindest müssen Sie in diesem (wenig wahrscheinlichen) Fall den einen oder anderen Ariary-Schein bezahlen.

Fragen Sie den **Fokotany** des Ortes, er hilft Ihnen gegen ein entspr. Entgelt gewiss hinein!

Sie können sich damit rechtfertigen, dass es keineswegs unberührte Natur ist, in welche Sie eindringen: die Gegend wird landwirtschaftlich intensiv genutzt, die Ackerflächen reichen bis an das Reservat heran, die Einheimischen und ihre Zebus überqueren die Reservatsgrenze ständig.

Darüber hinaus besteht das Reservat, dessen immergrüne Hügel weithin zu sehen sind, aus etwa 2300 ha., in welchem v.a. **Lemuren** (11 Arten!) einschl. des **Aye-Aye** sowie die **Fossa** zu Hause sind.

Ile aux Prunes (Nosy Alana)

Wer keine Zeit hat, nach St. Marie zu fahren oder einen Tag erübrigen kann, sollte einen Ausflug zur malerischen Ile aux Prunes machen. Die Insel ist liegt etwa 7 Kilometer nordöstlich von Toamasina im Ozean gelegen und von einem schützenden Korallenriff umgeben, welches Haie fernhält. Dicht bewaldet und von einem Leuchturm überragt, eignet sich die Insel hervorragend für einen Tag Baden, Schnorcheln, Fischen oder Faulenzen.
Wird von den meisten Agenturen in Toamasina (inkl. Picknick) angeboten. Preise vergleichen lohnt sich!

Von Toamasina aus nach Norden: die Madagassische Riviera

Sie verlassen Toamasina auf der gut ausgebauten RN 5 nach Norden, am nördlichen Stadtende befindet sich auch der Flughafen. Nach etwa 30 Kilometern kommen Sie durch den Küstenort Vohitsara. Nicht nur hier können Sie sich an einer frisch geöffneten

Kokosnuss erfreuen, die Ihnen überall verkauft werden. Die Fahrt ist sehr malerisch: rechts der Ozean, links endlose Palmenhaine, Bananenpflanzungen, Reisfelder – und überall Hütten aus Palmfasern und Blättern um welche unzählige Kinder spielen.
Üppiges Wachstum überall, die nächsten 30 Kilometer geht es so weiter - man ist fast versucht, diese Gegend für ein kleines Paradies zu halten.

Mahavelona – „da, wo das Leben erwacht"
oder auch **Foulpointe**

Das das Leben hier keineswegs paradiesisch ist, erfuhren auch die Bewohner von Mahavelona im Jahr 2009, als eine verheerende Feuersbrunst fast den ganzen Ort einäscherte – dieses Mal war es aber keine Naturkatastrophe, sondern menschlicher Leichtsinn, der die Menschen um ihr Hab und Gut brachte. Die Feuerwehr aus Toamasina war erst nach 4 Stunden vor Ort und völlig unvorbereitet. Da waren die meisten Häuser längst niedergebrannt!

Da die meisten Unterkünfte außerhalb gelegen sind, hat die Mehrzahl der Bungalows und Hotels den Brand überstanden – und Mahavelona darf hoffen, wiederum jener schöne Ort zu werden, der es einst war. Und dass das Leben hier abermals erwacht!

Denn nicht umsonst kamen nicht schon zu Kolonialzeiten die Weißen hierher: Der Ort liegt äußerst malerisch am Meer, verfügt über wunderbare Strände , die geschützt hinter einem Korallenriff liegen – daher ein idealer Badeort.

In der Vergangenheit war Foulpointe ein beliebter Stütz– und Landepunkt europäischer **Piraten.** Wahrscheinlich also, das der alte Name Foulpointe seine Wurzeln im Englischen hat.
Außerdem heißt es, dass der **Betsimisaraka-König Ratsimilaho**, welcher ein Sohn des **Piraten Thomas White** und der **Königin Rahena** gewesen sein soll, in seiner Jugend den Namen „Foulpointe" erhalten habe, als er auf Geheiß seines Vaters zum Studium nach England ging!

Der Ort war einst ein wichtiges Zentrum der Betsimisaraka, jenem Volksstamm, der noch immer die Ostküste dominiert und in traditioneller Opposition zu den herrschenden Merina – aber auch zu den Sakalava - steht.

Nach dem Sieg Radama I. über die Betsimisaraka errichteten die Merina hier in Mahavelona ein gewaltiges Festungsbauwerk, das **Fort Manda**.

Heute geht es friedlicher zu und der Ort ist ein beschaulicher Badeort geworden - die Menschen sind freundlich, das Leben erscheint in sonnigem Licht. Mahavelona und die ganze Region ist Zentrum der **Ravenala-Verarbeitung**: nicht nur Häuser, Matten und Hüte werden aus dem vielseitigen Gewächs hergestellt und auch in Form praktischer und hübscher Souvenirs verkauft.

(Siehe Mahavelona im A-Z Orte)

Fort Manda

Neben dem Strand wohl die Hauptattraktion des Ortes: eine gewaltige Ringmauer, über

150 Meter im Durchmesser, an der Basis über 7 Meter dick. In 3 Etagen von innen zu besteigen, bestand die Mauer aus Steinen, die mit einem Mörtel aus **Eiern und zerstoßenen Korallen** verbunden wurden – Kalkmörtel oder Zement war hier damals noch unbekannt.

Eine äußerst haltbare Mischung, wie sich angesichts des Klimas und der langen Zeit wohl feststellen lässt!!!
Die Festung wurde nach dem Sieg der Merina über die Betsimisaraka errichtet und mit zahlreichen **Kanonen britischer Herkunft** bestückt.

Obwohl ein gutes Stück vom Meer entfernt, lag die Festung einst genau am Wasser – die Küste hat sich in 180 Jahren aber bereits so verändert, das Fort Manda jetzt im Inland liegt.

Übrigens war die Ringmauer von einem Wassergraben umgeben, der mit **vergiftetem Wasser** gefüllt gewesen sein soll......
Ein **unterirdischer Tunnel** führt vom Fort in den angrenzenden Wald, wo sich – den Blicken entzogen – eine **weitere Festungsanlage** befindet.

Der Wächter, der am Eingang wohnt, hält gerne eine Führung und zeigt Ihnen alles Interessante.

Eintritt 5.000 Ar., von 9 Uhr bis 17 Uhr geöffnet.

Mahambo

Mahambo liegt etwa 35 Kilometer nördlich von Mahavelona und ist auf der RN 2 in einer guten halben Stunde erreichbar. Der Ort gilt unter Madagaskar-Kennern als Geheimtipp, besonders unter der tauchenden Zunft! Als Badeort mindestens genau so attraktiv wie Mahavelona, bietet Mahambo auch Tauchern reizvolle Möglichkeiten am **vorgelagerten Riff**. Mehrere der Unterkünfte am Strand sind denn auch auf **Tauchtouristen** ausgerichtet.

(Siehe Mahambo im A-Z Orte)

Feonarivo-Atsinanana (Fénérive Est)

Von Mahambo aus geht es noch einmal 13 Kilometer weiter nordwärts, immer das Meer an der Seite. Ehe sie Feonarivo erreichen, kommen Sie durch **Antsikafoka**: in dem Ort geht nach links eine „Straße“ hinauf ins Gebirge, nach **Vavatenina** und weiter nach **Anjahambe**, dem Ende des sog. **Schmugglerpfades** vom **Lac Alaotra** zur Ostküste hinab.
Der Küstenort hat wenig zu bieten, sieht man einmal von der **Nelkendestillerie** im Ort ab, die Sie bei Interesse besichtigen können. Mit Sicherheit wird man Ihnen auch etwas von dem kostbaren **Nelkenöl** verkaufen, welches auch bei uns als Naturheilmittel sehr geschätzt wird.

Bevor Sie weiterfahren, versäumen Sie nicht, die ausgezeichnete **chinesische Bäckerei** an der Hauptstraße zu besuchen!

(Siehe Feonarivo-Antsinanana (Fénérive Est) im A-Z Orte)

Tampolo Forststation

Diese Einrichtung, etwa 14 Kilometer nördlich von Feonarivo gelegen, verdient Ihren Besuch in jedem Falle und soll hier besonders empfohlen werden:
Ursprünglich als Aufzucht– und Forschungsstation der Universität angelegt, wird die Station, genauer: das Reservat, von der **LCF** (Lemurs Conseravtion Foundation) aus den USA unterstützt.
Das Reservat beherbergt nicht nur einen hochinteressanten Teil des noch vorhandenen, ursprünglichen Küstenwaldes mit zahlreichen botanischen und auch „tierischen" Attraktionen: natürlich auch 7 Arten von Lemuren, Dutzende versch. Holzarten, Orchideen......
Zum Reservat gehört auch ein hervorragend gestaltetes Forschungs- und Informationszentrum sowie ein gemütliches Gästehaus.

Anfragen/Voranmeldungen erbeten:

Jeannin Ranaivonasy,
Project Coordinator (ECOBIO) at School of Agronomy Université d'Antananarivo
email: j.ranaivonasy@gmail.com
mobil: 0341116671
homepage:http://www.essa-forets.org/?Sites:Tampolo

Außerdem informiert die homepage: www.lemurreserve.org/tampolo.html

Nach Soanierana-Ivongo

Noch ist die RN 2 gut ausgebaut, deshalb gehen die gut 60 Kilometer bis nach Soanierana-Ivongo denn auch in einer knappen Stunde unter den Rädern hindurch.
Soanierana-Ivongo, der Küstenort, der nun als Zwischstop unweigerlich (!) folgt, hat an und für sich kaum etwas Besonderes zu bieten: ein paar hotely, Restaurants und schummrige Bars, einen Markt - wäre da nicht der **Fährverkehr nach St. Marie**, der den Ort zu einem Anziehungspunkt vieler Madagassen (und mancher Touristen) macht.

Denn von hier aus gehen die meisten Fährboote zur **Nosy Boraha** ab und an, zu Stoßzeiten fast stündlich! Der „Check-In" ist denkbar einfach: man wendet sich direkt an einen der zahlreichen Ticketverkäufer, welche mit Tafeln am Hafen herum rennen (und einen gewiss rasch ansprechen!)
Der Fährpreis, normalerweise 10.000 Ar, wird an Ort und Stelle bezahlt, man nennt seinen Namen, der dann auf einer Liste eingetragen wird und erhält ein Bilet mit dem Namen des Bootes und der ungefähren Abfahrtszeit.
Zur verabredeten Stunde erscheint man an der Mole an seinem „Boot", zeigt sein Bilet vor und geht erstmal an Bord. Dann, wenn an alle Passagiere die Schwimmwesten verteilt sind, werden alle Namen – wie auf einer Heuerrolle! - aufgerufen und man ist gehalten, sich per Ruf oder Handzeichen bemerkbar zumachen. Bedenken Sie, dass Madagassen oft Probleme mit der Aussprache deutscher Namen haben und hören Sie genau hin, ob etwas so ähnlich wie Ihr Name klingt!

Zur Sache an sich ist Folgendes anzumerken: die Passage von hier ab ist die billigste und einfachste und wahrscheinlich reizvollste Möglichkeit, nach St. Marie zu gelangen, da der

Landweg von Toamasina aus hierher sehr reizvoll ist und im Falle eines Fluges ab Toamasina „links liegen" bleibt. (Anders sieht es natürlich im Falle einer kombinierten An– und Abreise nach St. Marie aus: Hinreise per Boot, Rückflug nach Toamasina oder umgekehrt sind absolut praktikabel!)
Und natürlich hat eine Schifffahrt auf dem Meer – mit einer Insel als Ziel! – auch allerhand Romantik in sich, vor allem, wenn man die **bunten Holzbarkassen** betrachtet, denen man sein Leben anvertraut!

Genau hier liegt der Punkt, wo sich der Reisende über eines im Klaren sein muss: das Risiko einer Havarie mit sehr düsterem Ausgang ist hier nicht von der Hand zu weisen! Jedes Jahr gehen mehrere Küstenboote unter, Schuld ist nicht nur die mangelhafte Ausrüstung (kein Radar, Funk ist die Ausnahme, keine Positionslichter und dgl.), sondern auch die tückische Strömung, die sich aus dem Zustrom des mächtigen **Marimboina-Stromes**, an dessen Mündung die Boote abgehen und der wechselnden Tide des Meeres ergibt.
Zudem sind dichte, plötzlich aufkommende Nebel und heftige Regenfälle häufig, was eine Orientierung auf dem Wasser sehr erschwert.

Dem Reisenden, der sich nichts aus schaukelnder Seefahrt (mit der hohen Wahrscheinlichkeit einer Seekrankheit), einem gewissen Restrisiko und einigen Unwägbarkeiten macht, wird eine je nach Wetterlage trübe oder sehr interessante Überfahrt geboten, besonders, wenn er im Zeitraum von Juli bis Oktober überfährt: bis zu 3.000 **Buckelwale** kommen jedes Jahr zur Insel St. Marie und sind schon von weitem an den Wasserfontänen ihrer Atemöffnungen und dem „Winken" mit ihren Flossen und Fluken zu sehen. Bisweilen springen die sanften Riesen des Meeres auch: ein atemberaubender Anblick!

Falls Sie keine der – erheblich kostspieligeren – Überfahrten ab Foulpointe oder Toamasina gebucht haben und weiter zur Ile St. Marie (siehe Kapitel 8) wollen, gehen Sie hier also an Bord.

Wer jedoch noch weiter in Richtung **Bucht von Antongil** und **Maroantsetra** will, sollte hier – je nach Ankunftszeit – Quartier nehmen, ehe er weiter nordwärts vorstößt!

(siehe Soanienara-Ivongo im A-Z Orte)

Weiter nach Norden

Hinweis: Es kann nicht oft genug gesagt werden, dass der nun folgende Abschnitt sehr anstrengend und fordernd ist, für Mensch und Material, egal, ob Sie mit dem Taxi-Brousse, dem Allradfahrzeug oder dem Fahrrad fahren. Die ungefähr angegebenen Fahrzeiten sagen noch nichts über die Gesamtdauer einer Etappe aus, da manche Unwägbarkeit buchstäblich den Weg kreuzt: zahlreiche Gewässer müssen, oft auf abenteuerlichen Fähren, maroden Brücke und dgl. überquert werden. Dabei ist mit Verzögerungen und ungewollten Zwischenstopps zu rechnen, weshalb eine gute Campingausrüstung in jedem Falle obligat ist!

Die nun folgenden 40 Kilometer beginnen erst einmal mit einer Fährüberfahrt über den **Marimboina**: der sedimentreiche Strom fließt genau nördlich der Landzunge ins Meer, auf der sich Soanierana-Ivongo befindet. Wenn Sie die Überfahrt hinter sich gebracht haben, geht es zunächst einmal etwa 15 Kilometer auf relativ guter Piste (in der Trockenzeit) immer parallel zur Küstenlinie weiter, in welchen die RN 5 die **Ambodiampana-Halbinsel** durchquert, die hier wie ein Zipfel ins Meer ragt. Dann folgt wiederum eine Fährpassage, es gilt, den **Simianona** zu überqueren, der sich hier bei **Andrangazaha** ins Meer ergießt. Dann geht es über fast 20 Kilometer recht geradlinig, aber holprig, geradeaus durch die sumpfige Landschaft. Möglicherweise sind auch hier Brücken nicht intakt und es müssen immer wieder Verzögerungen in Kauf genommen werden. Bei **Fandrarazana** ist eine weitere Flussmündung zu überqueren. Am Ende dieser Etappe macht die Straße wieder einen Bogen Richtung Meer und Sie gelangen nach

Manompana

Dieser Ort ist einen Zwischstopp wert: falls die Brücke am Ortseingang über den Fluss nicht mehr intakt ist, müssen Sie ohnedies warten, bis man Sie auch hier mit der Fähre übersetzt!
Nicht nur die malerische Lage, der herrliche Strand sowie der gemächliche Gang des Lebens hier machen seinen Reiz aus. Es ist übrigens auch (neben Soanierana-Ivongo) eine weitere Möglichkeit, hinüber zur Ile St. Marie zu gelangen.
Entsprechend quirlig und bunt ist das Leben in der kleinen Stadt, die auch mehrere recht komfortable Unterkünfte sowie eine sehr gute – natürlich auf Meereskost basierende! - Küche zu bieten hat!
Durch ein vorgelagertes **Korallenriff** sind die Strände sicher vor Haien, deshalb ist Manompana ein idealer Badeort und auch für Taucher und Schnorchler eine der ersten Adressen!

(siehe Manompana im A-Z Orte)

Ambodiriano-Reservat

Das **Ambodiriano-Reservat** nahe Manompana ist ebenfalls einen Besuch, am besten über Nacht, wert: ein etwa 70 ha großer, unter kommunaler Selbstverwaltung stehender Naturpark mit herrlichen Campingmöglichkeiten an insgesamt drei Wasserfällen - und einer reichen Fauna und Flora. Mehrere Lemurenarten, dutzende Vögel und Reptilien und Amphibien sind zu entdecken, besonders das nachtaktive Leben ist hier besonders aufregend!

Die nun folgenden 35 Kilometer geben Ihnen einen Vorgeschmack auf den Rest der Route, falls die erste Etappe Sie nicht schon hinreichend in Kenntnis gesetzt hat – ein flexibles Zeitkontingent sind allemal Voraussetzung für eine Reise in diese Region! Unter anderem haben Sie auch die Mündung des **Anove** zu überqueren, der am gleichnamigen Ort ins Meer fließt und einer der größten Flüsse der Region ist.

Antanambe

Dieser schöne Küstenort ist die nächste Etappe auf Ihrem anstrengenden, abenteuerlichen Treck nach Norden: Immerhin sind bis hierhin nur drei Flüsse zu überqueren! Die „Straße“ ist abwechslungsreich: mal sandig, mal schlammig, mal nur noch nass.....
Antanambe ist ebenfalls eine der „Perlen der Riviera“- durch die schützenden Riffe vor heftigen Gezeiten und Haien frei und mit einem herrlichen Strand gesegnet, bietet sich

auch Antanambe als Zwischenstopp unter Palmen geradezu an. Vor Ort ist sogar erstaunlich gute Unterkunft und Gastronomie zu haben
(siehe Antanambe im A-Z Orte)

Die nun folgenden 50 Kilometer haben es vor allen anderen in sich: rechnen Sie mit höchstens 10 Kilometern pro Stunde, die (auch hier mehrere!) Flussüberquerungen auf maroden Stegen und Fähren, die ausgewaschenen Spurrinnen – ein echtes Abenteuer also!
Was für ein Glück, dass es unterwegs zumindest teilweise Entspannung gibt: mehrere nette Küstendörfer liegen am Weg, wovon **Sahasoa** eine Unterbrechung wert ist: hier ist das Büro der Parkverwaltung, welches der „Zugang" zum Mananara-Nord Nationalpark darstellt.

Mananara-Nord Nationalpark

Der etwa 140.000 ha große Nationalpark beherbergt eine Fülle unterschiedlicher Wachstumszonen und Tierarten: **Regenwald, Mangroven**, ein maritimes Schutzgebiet, zu welchem auch die kleine (Fledermaus-) Insel **Nosy Antafana** gehört, ein **Korallenriff** (leider in schlechter Verfassung!).
Der Park wird bislang kaum besucht, was der schwierigen Anfahrt zu schulden ist. Wer hierher kommt, sollte mehrere Tage Zeit mitbringen und dabei zwei Tage auf der Insel einplanen (ca. 100 Euro).

Eintritt: 10.000 Ar./ Tageskarte, 15.000 Ar. / 2-Tage, 20.000 Ar./ 3-Tage, 25.000 Ar. /4-Tage und mehr.
Parc National Mananara-Nord
Tel.: 22 415 38, Fax: 22 418 83
email : pnmnra@angap.mg oder mnr@madagascar.national.parks.mg

Mananara-Nord (Mananara-Avaratra)

Von Sahasoa aus geht es mühselig weiter, wer die Strecke aus irgendwelchen Gründen nicht bis zum Etappenziel Mananara schaffen kann, dem bietet sich unterwegs **Seranambe** als optionales Nachtquartier an, es existiert sogar ein kleines Hotel und eine bescheidene Gastronomie.
Wenn Sie es bis nach Mananara geschafft haben, können Sie auf etwa 126 km seit Soanierana-Ivongo zurückblicken: eigentlich ein Katzensprung, aber in dieser Region eine kleine Weltreise.
Die kleine Küstenstadt ist am südlichen Ende der riesigen Bucht von Antongil gelegen und bietet mehrere Attraktionen, welche einen Zwischenstopp rechtfertigen:

Daravangy-Fälle

Die sagenhaften Daravangy-Fälle, etwa 10 km von Mananara entfernt, lohnen einen Besuch schon des Anmarsches wegen. Camping vor Ort möglich und empfohlen, mindestens ein Tagesausflug. Gutes Schuhwerk und Regenkleidung unbedingt erforderlich!

Aye-Aye-Insel

Wohl „die „Attraktion in Mananara und der Hauptgrund, warum sich überhaupt ein Vazáha hierher verirrt: die kleine Insel ist eine fast 100 Prozent sichere Gelegenheit, das geheimnisvolle **Fingertier Aye-Aye** Daubentonia madagascariensis in seinem natürlichen Habitat zu beobachten. Der Besuch der Insel verbindet sich idealerweise mit einer Logis im **Hôtel Chez Roger** - Monsieur Roger ist der Besitzer der Aye-aye-Insel und organisiert auch Exkursionen zu anderen Orten (Daravangy-Fälle, Mananara-NP-Exkursionen usw.)
Die kleine Insel ist nur etwa 10 ha groß – daher ist die Wahrscheinlichkeit, die Tiere zu sehen, besonders hoch.
Eintritt: 25.000 Ar.

Hinweis: Mananara hat zwar keine regelmäßige Luftverbindung, es existiert aber eine interessante Schiffsvariante. Von Mananara aus geht fast täglich ein Frachter zu Ile St. Marie, welcher gegen Bezahlung und freundliche Bitte hin wohl auch Passagiere mit nimmt. Das „Schiff“ verlässt Mananara abends gegen 21 Uhr und ist am übernächsten Tag gegen neun Uhr in der Frühe wieder da. Für 12.000 Ariary ein preiswerter Transfer und eine interessante Möglichkeit für Individualisten.
Auch nach Maroantsetra existieren – unregelmäßige - Schiffsverbindungen, auch für Passagiere.

(siehe Mananara im A-Z Orte)

Weiterfahrt nach Maroantsetra

Eine Tour der Leiden – ein Taxi-Brousse braucht angeblich „nur“ 14 Stunden nach Maroantsetra, der Allradwagen schafft die 110 Kilometer vielleicht in 10 – jedoch sind es auch hier nicht nur der teils mörderische Zustand der Piste, die zeitweilig unpassierbar erscheint, sondern die zahlreichen Ströme und Flüsse der wasserreichen Ostküste.

Gleich am Ortsende von Mananara überqueren Sie zunächst die breite Mündung des **Mananara-Flusses**. Dann folgt die Piste nah der Küste über 13 km, bis Sie nach **Fahambahy** kommen. Gelegenheit zur Rast ist hier selbstverständlich, denn der gleichnamige Fluss erzwingt diese ohnehin.

Die nächsten 10 Kilometer bis **Manambolosy** werden Ihnen vielleicht die Idee in den durchgeschüttelten Kopf zaubern, diese Etappe doch besser zu laufen? Tatsächlich wird diese "Attraktion" von Agenturen in Maroantsetra angeboten und ist in 3-4 Tagen durchaus praktikabel, eine reizvolle Alternative zum fast schon "populären" **Masoala-Treck**!
Manambolosy ist wiederum „Fährhafen“, wenngleich ein sehr schöner: wie alle Küstenort der madagassischen Riviera ein scheinbares Paradies.

Bis **Tanjona**, an der Spitze eine Landzunge gelegen, sind es weitere 25 Kilometer, die Ihnen alles abverlangen, ehe Sie beim Warten auf die **Fanarehana**-Fähre ein wenig verschnaufen können.
Vorletzte Etappe auf dem Weg ist **Rantabe**, etwa 30 lange Kilometer nördlich von Tanjona gelegen. Der Küstenort hat seinen Namen ebenfalls von einem Fluss, der hier mündet (und selbstredend überquert wird!).

Dann sind es „nur“ noch etwa 32 Kilometer, bis das Ende dieser Tour in Sicht kommt, bzw. vor Ihren Augen im Dunst verschwimmt: **Maroantsetra**, die Stadt an der Bucht von Antongil und Ausgangspunkt weiterer Unternehmungen, liegt vor Ihnen.
(siehe Reiseroute Nr. 5 - Vanilleküste)

Ab hier Teil b: Südliche Ostküste/Canal des Pangalanes/bis Taolanaro (Fort Dauphin)

Bevor Sie sich auf diese Reiseroute aufmachen, seien noch ein paar Hinweise vorangestellt: Der **Canal des Pangalanes** stellt natürlich ein „Muss“ bei Besuchen an die Ostküste dar. Wenn Sie vorhaben, bis nach Taolanaro vorzustoßen, begleitet der Kanal Sie ohnedies bis nach **Farafangana**! Grundsätzlich ist zu berücksichtigen, welche(s) Fortbewegungsmittel Ihnen zur Verfügung steht. Eine kombinierte Fahrt nach Süden, teils auf dem Kanal, soweit dieser „schiffbar ist“, hat natürlich Ihren Reiz. Üblicherweise ist aber spätestens bei **Manakara** Schluss, dann verhindern Schlingpflanzen und andere Barrieren den Weiterverkehr bis Farafangana, wo der Kanal definitiv endet. Ab da geht es dann nur noch mit dem Allradfahrzeug weiter, falls Sie nicht einen der regelmäßig einmal pro Woche abgehenden LKW eines Geschäftsmannes aus Farafangana zur Mitnahme überreden können. **Taxi-Brousse** sind eine sehr unzuverlässige Alternative und keinesfalls überall garantiert, allenfalls auf einigen Streckenabschnitten gibt es so was wie einen regelmäßigen Personenverkehr.

Wenn Ihnen von Anfang bis Ende ein Allradfahrzeug zur Verfügung steht, können Sie selbstverständlich direkt von **Ampitabe** Richtung Brickaville bis nach Taolanaro durchfahren, sollten aber einen Besuch am Canal des Pangalanes keinesfalls versäumen: entweder, indem Sie eine der organisierten Bootsfahrten von/nach Toamasina buchen, die normalerweise 2 bis 3 Tage dauern und einen Besuch am **Ankanin´ny Nofy** einschließen. Oder Sie buchen selber in einem der dort vorhandenen Hotels, die auch den Transfer organisieren (siehe Ankanin´ny Nofy im Teil a bzw. im A-Z Orte)

Individualreisende, die den Kanal hingegen auch als Transportmittel betrachten und so weit wie möglich mit dem Boot reisen wollen, wenden sich am besten direkt an den **Port Fluvale** in Toamasina, den Binnenhafen am oberen Ende des Kanals, auch **„Holzhafen“** genannt. Hier finden Sie garantiert rasch eine Passage gen Süden, einfachste Verhältnisse und niedriger Preis garantiert.

Vielleicht die schönste aller Varianten!

Canal des Pangalanes

Der Canal des Pangalanes, die große Wasserstraße, ist eines der größten Bauprojekte, welches das koloniale Frankreich je in Angriff nahm: unter unsäglichen Mühen und Kosten (an Geld und an Menschenleben) wurden Anfang des 20 Jh. unter dem „Schlächter“ **Gallieni** die bereits vorhandenen See und Flussmündungen mit einem Kanalsystem verbunden, welches am Ende eine durchgehende, 665 km lange Wasserstraße von Toamasina bis Farafangana ergab. Damals wie heute spielte der Warentransport eine bedeutende Rolle: waren es früher die begehrten **Kolonialwaren** wie **Pfeffer, Vanille, Kaffee** und dgl., die einst auf dem Kanal nach Toamasina oder Manakara transportiert wurden, um dort auf Hochseeschiffe umgeladen zu werden, so sind es heute lokale Handelswaren wie **Holz, Palmfasern, Fisch** und alle möglichen Dinge, die von den

Menschen von Ort zu Ort gefahren werden.

Heute ist der Kanal nur noch auf etwa 430 Kilometer Länge schiffbar, südlich von Farafangana machen Schlingpflanzen und anderes dichtes Gehölz den Wasserweg praktisch unpassierbar.
Aber auch heute noch gibt es oft unvorhersehbare Hindernisse oder Umwege: die reißende Regenfälle der Ostküste, die sich dann in Form gewaltiger Flutwellen an den Flussmündungen ergießen, verändern den Verlauf der Wasserstraße mitunter.
Knapp 30 Kilometer, nachdem Sie in Ampitabe von der RN 2 auf die südwärts verlaufende RN 11A abgebogen sind, gelangen Sie auf der recht passablen Straße in etwa einer Stunde nach Vatomandry

Vatomandry -“schlafender Fels“

Der Küstenort liegt sehr malerisch am Ozean bzw. am Canal des Pangalanes und war früher ein bedeutender Hafen: im 18 Jh. gegründet, erlebte Vatomandry seine Blütezeit im 19 Jh. als „Hafen von Antananarivo“, als die Güter vom Hochland hierher zur Verschiffung und zurück gebracht wurden. Tatsächlich ist Vatomandry (das seinen Namen von einer schwarzen Felseninsel im Meer hat) der am nächsten zur Hauptstadt gelegene Küstenort. Daher verwundert es nicht, dass die etwa 40.000 Seelen am Ort oft Zuwachs durch viele Urlauber und Ausflügler aus Tana bekommen.
Heutzutage verfügt Vatomandry aber nicht mehr über einen Seehafen am Meer – immerhin über einen Flughafen, der, wenn auch nur 1x pro Woche angeflogen, so doch regelmäßige Verbindung garantiert.
Dazu kommt noch der Flusshafen an der Mündung des mächtigen **Sandramanongy-Flusses**, der dem Ort auch heute noch eine gewisse regionale Bedeutung verleiht.

Wie alle Orte am „Pangalanes“ eignet sich auch Vatomandry bestens als End– und Anfangspunkt von Boots- bzw. Schifffahrten den Kanal rauf oder runter! Dazu verfügt der Ort auch über einige ganz ordentliche Unterkünfte sowie über eine bunte, wohlschmeckende Gastronomie.

(siehe Vatomandry im A-Z Orte)

Chutes de la Sahaitso

Von Vatomandry aus geht es auf der Straße gut voran: erst 2006 wieder instand gesetzt, ist die Strecke (hoffentlich immer noch) in dem Zustand, in welchem die 68 Kilometer bis Mahanoro in etwa 1,5 Std. zu machen sind. Etwa 50 Kilometer südlich von Vatomandry geht eine Piste nach Westen ab, auf welcher Sie zu den wunderbaren **Chutes de la Sahaitso** führt. Die erhabenen Wasserfälle und der nahebei liegende **Lac Ihosy** laden zum Verweilen, am besten zum Picknick!

Mahanoro- „was glücklich macht“

Der kleine Küstenort genießt ebenfalls,wie das nördlichere Vatomandry, eine gewisse Bedeutung: als Kanalhafen und wichtiger Umschlagplatz lokaler Produkte: immerhin 45.000 Menschen leben hier. Diese verfügen in dem Ort über **ein gutes Dutzend Oberschulen**, einen Flugplatz (leider momentan nicht in Benutzung) und einen schönen Meeresstrand.

Für Reisende hat der Ort zwar Essens– und Unterkunftsmöglichkeit, aber sonst recht wenig zu bieten.

Hier ist aber die Möglichkeit zu tanken, Geld zu wechseln oder einzukaufen.

(Siehe Mahanoro im A-Z Orte)

Am südlichen Ortsende gilt es, den Kanal zu überqueren: der Auftakt gewissermaßen zu einer ganzen, langen Reihe von Gewässerkreuzungen, die Ihnen nun Hindernisse in den Weg legen. Hier ist es immerhin noch eine Brücke, die Sie – direkt am Meer – über die grünen Wasser des Panagalanes bringt. Etwa 8 Kilometer weiter gelangen Sie an die breite Mündung des **Mangoro**. Falls gerade keine Fähre zur Hand ist oder Sie genug Zeit haben, sollten Sie einen Besuch an den **Stromschnellen des Mangoro** machen: fahren Sie dazu einfach die Piste entlang des Nordufers nach **Betsizaraino** und von da aus noch etwa 5 Kilometer, bis Sie die Stromschnellen im breiten Strom sehen. Gesamtdauer etwa 3 Std.

Weiterfahrt nach Nosy Varika

Bis zum Ziel dieser Etappe sind es 95 Kilometer – vorausgesetzt, die Fähren sind zur Stelle, können Sie die Strecke an einem Tag schaffen.
Wenn die Fähre über den Mangoro Sie glücklich übergesetzt hat, kommen Sie zunächst in den Ort **Ambodiharina**. Nach weiteren 11 Kilometern ist wiederum ein Seitenarm des Pangalanes zu überqueren.
Weitere 8 Kilometer und Sie kommen in das Dorf **Androntsa** und stehen wiederum vor einer grünen Wasserfläche: eine Fähre bringt Sie auf eine Landzunge zwischen zwei Armen des Kanals, die hier viele Kilometer parallel verlaufen. Etwa 55 Kilometer südlich von Mahanoro kommen Sie wiederum ans Wasser und müssen den Fährmann rufen: der Kanal kreuzt hier die Mündung des **Masora-Flusses**, an dessen südlichem Teil **Masomeloka** liegt.

Die nun folgenden 75 Kilometer folgt die Straße ziemlich geradeaus dem Küstenverkauf, oft nur 1-2 Kilometer vom Meer entfernt, aber durch einen dichten Mangrovengürtel den Blicken entzogen. Der Kanal reicht an manchen Stellen fast bis an die Straße heran, das beschauliche Leben auf dem Wasser bietet einen merkwürdigen Kontrast zur beschwerlichen Reise auf dem Lande.

Kurz vor **Nosy Varika**, der „Insel der Lemuren“ mündet der gewaltige **Sakaleona-Fluss** ins Meer: den gilt es – selbstredend! - noch zu überqueren, ehe Sie Ihr Etappenziel erreicht haben.

Nosy Varika selbst hat – außer einem kleinen Hotel – fast nichts zu bieten, was ein hier bleiben rechtfertigt. Allerdings existiert eine Attraktion in der Nähe, welche eine Übernachtung in Nosy Varika rechtfertigt.

(siehe Nosy Varika im A-Z Orte)

Chutes de la Sakaleona

Die mit über 200 Metern Höhe **mächtigsten Wasserfälle von Madagaskar** sind eine

Reise wert, ist man versucht zu sagen. Wenn Sie sich dieses Naturschauspiel als Ziel erwählt haben, ist tatsächlich eine eigene „Reise“ vonnöten, um hinzukommen

Ein Allradfahrzeug, festes Schuhwerk, Campingausrüstung und Proviant sind ebenso unerlässlich wie ein ortskundiger Führer, diesen können Sie im Dorf **Ampasinambo** engagieren, ebenso wie die Träger. Dieses Dorf liegt etwa 60 Kilometer südwestlich von Nosy Varika: fahren Sie etwa 5 Kilometer nach Süden auf der RN 11. Dann biegen Sie von der Hauptroute nach rechts ab. Rechnen Sie wenigstens 5 Stunden bis hinauf nach Ampasinambo, falls Sie unterwegs „liegen bleiben“, gibt es eine Reihe von Dörfern, wo man Ihnen helfen kann:
Ambodilafa oder **Sahavato** liegen am Weg.
Bis zu den Fällen sind es dann noch etwa 20 Kilometer zu Fuß durch rauhes, forderndes Gelände.

Wenn Sie es bis zu den Fällen geschafft haben, können Sie sicher sein, eine der am schwersten erreichbaren Attraktionen Madagaskars „entdeckt“ zu haben, kaum ein Mensch kommt je hierher!

Ein Rätsel aus Stein: Der Elefant von Ambohitsara

Diese Besonderheit ersten Ranges befindet sich etwa 50 Kilometer südlich von Nosy Varika in dem Dorf Ambohitsara an der mächtigen **Fanantara-Mündung.**
Um hinzukommen gibt es grundsätzlich zwei Möglichkeiten: Entweder, Sie fahren von aus nach Nosy Varika runter oder von Mananjary im Süden aus den Pangalanes hoch. (Zumindest in Mananjary wird es Ihnen kaum schwer fallen, diese beliebte Exkursion zu „buchen“) Eine 2-Tagesexkursion, falls Sie nicht die Variante mit dem schnellen „Speedboat“ wählen!

Eine andere Alternative ist die üble Holperpiste, die Nosy Varika und Manajary „küstennah“ verbindet.
Da Ambohitsara an der Küste liegt und die RN 11 südlich von Nosy Varika weit ins östliche Hinterland ausweicht, ist der Ort auf der Hauptroute nicht erreichbar!

Bevor Sie sich und Ihr Fahrzeug den Unwägbarkeiten der Küstenpiste aussetzen, ziehen Sie Erkundigungen zwecks genereller Passierbarkeit (oft saisonal unmöglich) ein!
Der Ort Ambohitsara hat eine gewisse Berühmtheit erreicht: hier wird dem Besucher ein sehr merkwürdiges Relikt gezeigt: eine **Statue aus weißem Stein**, die einen **Elefanten** darstellen soll!

Legenden gibt es genug um den merkwürdigen Findling, die gängigste Theorie besagt, dass er aus **Mangalore in Indien** stamme und aus dem 7.Jh. sei! Auch das 11. und das 15.Jh. geistert als Entstehungszeit herum, es wird auch behauptet, dass Pilger aus Mekka den Stein einst her brachten.

Es stellt sich hierbei die Frage, was Menschen aus Mekka oder Indien veranlasst haben könnte, hier ein Monument zu errichten? Zumindest ist es nicht unmöglich, dass bereits im 7. Jh. Menschen vom indischen Subkontinent hier gelandet sein könnten, schließlich liegt die Geschichte der Besiedelung Madagaskars ohnedies weitgehend im Dunkeln.

Die arabische Halbinsel als Ursprung anzunehmen passt zwar zu den Erkenntnissen über die Siedlungsgeschichte Madagaskars: aber was haben Muslime mit Elefanten zu tun?

Vielleicht fällt dem Besucher auf, dass das dargestellte Tier auf den ersten Blick nur wenig Ähnlickeit mit einem Elefanten aufweist, die kurze, stummelförmige Schnauze lässt eher an einen Tapir denken.
Jedoch sind die Ansätze der (früher sicher vorhandenen) Stoßzähne und einige andere Körpermerkmale anatomisch korrekt dargestellt und weisen deutlich auf einen Elefanten hin.
Übrigens ist die Statue hohl und hat an der Oberseite drei quadratische und an der Bauchseite mehrere runde Öffnungen, was an die Verwendung als eine Art Gefäß denken lässt – womöglich wurde der Elefant einst genutzt, um einen Gärprozess zu betreiben, an dessen Ende die Herstellung eines berauschenden Getränks stand? Also ein relativ banaler Zweck, möglicherweise.

Oder stand er im Mittelpunkt einer uns nicht bekannten Kulthandlungt? Zumindest könnte der stark verkürzt dargestellte „Rüssel" ebenfalls im Zusammenhang mit dem früheren Verwendungszweck stehen und durchaus beabsichtigt gewesen sein, stilisierende Darstellungen von Mensch und Tier sind im Übrigen nichts Neues.....

Hinweis: Interessanterweise hat auch Albrecht Dürer einen sehr bekannten Holzschnitt angefertigt, welcher ein „Rhinoceros" darstellen soll! Dürer hatte das Tier nie selber gesehen, sondern sich auf eine mündliche Überlieferung verlassen. Kein Wunder also, dass auch er in einigen Merkmalen „daneben gelegen" hat - durchaus möglich also, dass der Künstler unseres Elefanten vielleicht auch nur eine Schilderung als „Vorlage" hatte!

Ob sakraler oder profaner Zweck: die Herkunft des ursprünglich wohl weißen Seifensteins zu ermitteln, aus dem die Statue besteht, böte wohl eine Möglichkeit der Identifizierung – immerhin gibt es in Iharána weit nördlich Seifensteinvorkommen – und manche Gelehrte sind obendrein auch zum Schluss gelangt, es könne sich um ein Wildschwein handeln!

Der Ethnologe **Franz Stadelmann** hat eine andere These formuliert: Fossile Funde lassen den Schluss zu, dass bis vor ca. 1000 Jahren noch **Zwergflusspferde** auf Madagaskar gelebt haben. Stadelmann führt die Vermutung an, dass es sich um eine einheimische Bildhauerarbeit handeln könnte, die ein Flusspferd darstellt.

In diesem Falle verdiente das Relikt höchsten Respekt, wäre es dann doch das älteste Artefakt der madagassischen Geschichte – jedoch kann sich der Verfasser zumindest der Zwergflusspferd-These nicht anschließen, da wichtige anatomische Merkmale nur auf einen Elefanten zutreffen können!
Womöglich entpuppt sich der Elefant aber eines Tages als einheimische Arbeit, die einen afrikanischen Elefanten darstellt: kulturelle Beziehungen zu Ostafrika haben schon lange existiert und könnten durchaus einen madagas. Künstler oder einen Immigranten inspiriert haben.

(siehe Ambohitsara im A-Z Orte)

Mananjary

Etwa 90 Kilometer südlich von Nosy Varika, nach einer beschwerlichen Fahrt, gelangen

Sie nach **Betampona** am **Manajary-Fluss**. Je nach Reiseplanung gilt es nun, sich zwischen den folgenden Alternativen zu entscheiden:

- Nördlich des Ortes geht die RN 24 nach rechts ab, um dann ca. 38 Kilometer nach **Vohilava** empor zu kriechen.
- Südlich des Ortes trifft die RN 11 auf die RN 25, die hier – wahlweise nach Manajary (18 Kilometer) oder Manakara (130 Kilometer) – führt. Wer zurück ins Hochland möchte, folgt ab hier ebenfalls der RN 25 bis **Irondro** (ca. 40 km), wo die RN 25 auf die RN 12 trifft, ab da entweder bis Manakara oder Richtung Hochland/RN 7.

Wenn Sie also nur noch bis Mananjary wollen, ist die Etappe fast geschafft.

Mananjary ist mit seinen 35.000 Einwohnern eine der bedeutenderen Niederlassungen an der Ostküste. Dazu trägt auch bei, dass die Stadt, wenn auch nur 2 x pro Monat, so doch regelmäßig angeflogen wird.

Die Stadt war einst als „Perle der Ostküste“ bekannt und ein bedeutendes Anbaugebiet für Kaffee, Vanille und Nelken. Davon zeugen noch viele schöne, koloniale Bauten.

Zumindest wirtschaftlich hat der Ort aber stark an Bedeutung verloren, nicht aber kulturell: Der Stamm der **Antambahoaka,** welche hier heimisch sind, feiert alle sieben Jahre hier im Ort das Fest der **Sambatra**, der Massenbeschneidung.

Diese Feiern ziehen sich über drei Monate hin, tausende von Jungen erhalten dabei ihre traditionelle Initiation – während der übrigens nicht geweint werden darf, um die Götter nicht zu erzürnen!

Das Datum der Sambatra wird durch einen tradierten „Naturkalender“ festgelegt und war zuletzt im Jahre 2007 – demnach wäre die nächste Sambatra im Jahre 2014!

Mananjary eignet sich wunderbar für einige entspannende Tage am Meer oder als Ausgangspunkt für Exkursionen den Pangalanes hinauf oder hinab. Natürlich existieren hier auch Banken, Tankstellen, Restaurants und dgl. ,nicht zu vergessen der **Fischmarkt** sowie die ausgezeichnete Gastronomie am Ort!

(siehe Mananjary im A-Z Orte)

Manakara

Es sind 155 Kilometer von Manajary nach Manakara. Bei Betampona gilt es zunächst den Mananjary-Fluss zu überqueren, womöglich ist die Straßenbrücke noch so gut in Schuss wie 2008 und die Fahrt bis Irondro geht fast „zügig“ voran.

In Irondro machen Sie eine Rast und wählen dann Ihre Richtung: die RN 12 bis runter nach Manakara oder die RN 45 hinauf in die **„Hautes Terres“** via **Ranomafana-NP**.

Wenn Sie Richtung Manakara weiterfahren, kommen Sie nach etwa 25 Kilometern an einen breiten Strom: es ist der **Namorona**, dessen Wasser im Hochland bei Ranomafana seinen Ursprung hat und hier unten zu einem mächtigen Gewässer angeschwollen ist! Hier kann man überall **Goldsuchern** bei der beschwerlichen Arbeit auf der Jagd nach dem gelben Metall zusehen!

Nach weiteren 50 Kilometern kurvenreicher Fahrt durch eine seltsame, hügelige Landschaft kommen Sie abermals an ein breites Gewässer: der **Faraony** stellt sich Ihnen in den Weg, falls die Brücke intakt ist, kein Problem, falls nicht: warten!

Manakara, die Stadt am Ozean und Zentrum der Antaimoro, ist bereits in Reiseroute Nr. 2 - Hochlandroute nach Süden, beschrieben worden, deshalb beschränke ich mich auf den Hinweis auf die „günstige“ Verkehrsanbindung“ Manakaras via Eisenbahn ins Hochland nach Fianar.

(siehe Manakara im A-Z Orte)

Vohipeno – Könige und Gräber der Antaimoro

Etwa 30 Kilometer südlich von Manakara gelegen und auf der guten Straße in einer halben Stunde zu erreichen liegt **Vohipeno**. Der Ort, am **Matitanana-Fluss** gelegen, ist das eigentliche spirituelle Zentrum des **Antaimoro-Volkes**.

Wenn Sie den Königen der Antaimoro oder deren Gräbern einen Besuch abstatten wollen, machen Sie hier Halt.

Um zu den heiligen Stätten zu dürfen, brauchen Sie erst einmal die Erlaubnis des **Fokotany**, des Dorfchefs. Dieser wird Ihnen (gegen einen Obulus) einen Guide mitgeben, der Sie etwa 6 Kilometer zu Fuß Richtung Meer führt.

Im Dorf **Ivato-Savana** bekommen Sie dann – vielleicht! - die Möglichkeit, dem **König der Antaimoro** vorgestellt zu werden.

Ein Besuch an den Königsgräbern erfordert noch einmal eine gesonderte Erlaubnis, die man – wie auch die vorangangenen „Zahlungen“- in Form von **Rum** leistet. Bringen Sie besser mehrere Flaschen als Gabe mit!

Auch die Antaimoro feiern ein kollektives Beschneidungsfest, ähnlich den Antambahoaka. Auch bei den Antaimoro findet dieses alle sieben Jahre statt, das nächste Mal 2014. Allerdings wird die Zeremonie hier **Fandrona** genannt und dauert gleichfalls viele Wochen, in denen alles auf den Beinen ist.

Farafangana - „das Ende der Reise“

Ob Ihre Reise in Farafangana zu Ende geht, ist fraglich: Der Name hat seine Bedeutung in den bunten Mythen der Madagassen, denn von dem Städtchen am Ozean müssen Sie wohl oder übel weiter.
Von Vohipeno aus brauchen Sie höchstens eine Stunde bis an den einst beliebten Badeort.

An der Mündung des **Manampatrana** gelegen, den Sie einige Kilometer nördlich überqueren, bietet Farafangana noch einmal alle Annehmlichkeiten der Zivilisation, ehe Sie sich in den Süden aufmachen. Tankstellen, zwei Banken, einige Hotels und gutes Essen, jedoch kaum mehr gute Bademöglichkeiten. 30.000 Seelen zählt der Ort und ist ein wichtiger Verkehrsknotenpunkt an der südlichen Ostküste. Zwar verfügt auch Farafangana über einen „Flughafen“, wird aber momentan nicht regelmäßig angeflogen.

(siehe Farafangana im A-Z Orte)

Option: Nach Ihosy

275 Kilometer auf der RN 27 bis nach **Ihosy**, der Stadt der Bara: Immerhin soll es schon Leute gegeben haben, die diese Herausforderung angenommen und gemeistert haben. Allerdings ist die Route nur während der Trockenzeit machbar! Die ersten 70 Kilometer bis **Vondrozo** sind noch halbwegs passabel, dann folgen quälende (und möglicherweise unpassierbare) 100 Kilometer auf schlechter Erdpiste hinauf ins Gebirge. Wenn Sie es bis nach **Ivohibe** geschafft haben, dürfen Sie sich glücklich schätzen, die schlimmste Straße Ihres Lebens liegt hinter Ihnen.
Die restlichen 100 Kilometer bis nach Ihosy sind in 6 Stunden machbar, für das Teilstück bis Ivohibe können keine verlässlichen Angaben gemacht werden.

Weiter Richtung Süden

Die 72 Kilometer bis nach Vangaindrano sind auf der recht guten Straße in 2 Stunden zu machen. Zunächst überqueren Sie am südlichen Ortsende von Farafangana die rostige Brücke, dann geht es kurvenreich durch ein wohlbestelltes, kultiviertes Hinterland. Die Fruchtbarkeit der Ostküste ist hier allgegenwärtig sichtbar, überall eine üppige Natur!

Etwa 30 Kilometer südlich von Farafangana lockt wiederum eine Attraktion zum Zwischenhalt:

Réserve Spéciale d´ Manambo und Rianambo Parc

Beide Parks lohnen einen Zwischenstopp: Ist ersterer von der MNP unterhalten, die direkt an der Hauptstraße das Empfangsgebäude betreibt, ist der andere eine private Einrichtung.

Beide Reservate sind mehrere Hundert Hektar große Oasen des ursprünglichen Küstenwaldes und bieten mehreren seltenen Lemurenarten Heimat und Schutz.
Auch der Empfang des Rianamabo-Parcs ist unmittelbar an der Straße, beachten Sie die auffällige Beschilderung!

Vangaindrano -“wo es Wasser zu kaufen gibt“

Warum es hier ausgerechnet Wasser zu kaufen gibt, ist ein Rätsel: der gewaltige **Mananara-Strom**, der sich nördlich der Stadt ins Meer windet, ist hier gut einen halben Kilometer breit!
Und auch das Umland der umtriebigen 25.000-Seelen Stadt macht eine fruchtbaren, weil wasserreichen Eindruck.
Wie in den meisten Küstenstädten ist auch hier das Pousse-Pousse Verkehrsmittel Nr. 1 – eine entspr. „Rundfahrt“ durch den Ort bietet sich also geradezu an. Erwarten Sie aber nicht allzu viele Sehenswürdigkeiten und nutzen Sie die Gelegenheit, den Markt zu besuchen!

Vangaindrano ist das Ende der bisher gut befahrbaren Küstenroute – wer von hier ab weiter nach Taolanaro will, sollte noch einmal ausgiebig Rast machen. Als Badeort ist Vangaindrano nicht geeignet: das Meer ist gut 15 Kilometer weit am reizenden Badeort **Ampatsinakoho** entfernt.

Diese Gegend ist so recht entlegen und abgeschieden – wen wundert es also, dass das kleine Volk der **Antaisaka** ausgerechnet in dieser Gegend heimisch ist. Die Antaisaka lehnen den Besitz von Geld als „fady" ab (!) und bieten einerseits Ethnologen interessante Einblicke, sind andererseits mit dieser Tradition am schwersten auf eine „Entwicklung" vorbereitet!

(siehe Vangaindrano im A-Z Orte)

Parc National d´ Midongy Sud

Das 1997 zum Nationalpark erhobene Reservat befindet sich ca. 85 Kilometer westlich von Vangaindrano und ist nur unter großen Mühen auf einer sehr schlechten Piste zu erreichen. Allenfalls die Monate Juni bis November kommen überhaupt in Betracht, sonst ist die Piste unpassierbar.
Speziell interessierten Reisenden, allen voran Forschern, bietet der mit fast 2000 Quadratkilometern sehr große Park Anziehungspunkte ohnegleichen:
Noch ist die hochgradig endemische Flora und Fauna kaum erforscht, Lemuren, Reptilien, Pflanzen und Insekten sind nur ein paar Schlagworte für dieses **Forscherparadies**, aus dem wir noch zahlreiche Überraschungen erwarten dürfen.

Der Park ist in zwei Teile gegliedert, den **Soarana-District** und den **Befotaka-District**. Beide Teile sind sehr bergig - die höchste Erhebung, der **Mt. Papango** hat immerhin 1680 Meter. Es überwiegt eine dichte Bewaldung, durchsetzt mit moorigen und marschigen Flächen, die v.a. Vogelkundlern ein wahres Paradies bieten!

Wer hierher kommt, muss alles Erforderliche mitbringen, der Park verfügt über keinerlei Infrastruktur und ist größtenteils unerforscht. Eine solide Campingausrüstung ist unerlässlich, ebenso wie guter Regenschutz – die Region ist eine der regenreichsten Madagaskars! Im Dorf **Midongy Atsimo** finden Sie bescheidene Unterkunft und evtl. Verpflegung zum Einkaufen.
Ebenfalls Unterkünfte finden Sie im Dorf **Befotaka**, wo sich auch das Büro des Parks befindet.

Parc National Midongy du Sud - Befotaka:
Tel.. 42 096 08 mobil: 033 1269806
email : mandrosomanana@yahoo.fr

Nach Manambondro

Die nun folgenden 55 Kilometer geben wiederum einen Vorgeschmack auf das, was Sie bis Taolanaro erwartet: Auf einer – zumindest in der Trockenzeit leidlich passierbaren - Erdpiste geht es zunächst ohne große Unterbrechungen südwärts. Etwa auf halbem Wege gilt es, je nach Jahreszeit, den **Lac Masianaka** zu überqueren, der sich hier leider manchmal in den Weg legt. Bis Manambondro am gleichnamigen **Strom** geht es dann weiter.

Manambandro hat touristisch nichts zu bieten und ist allenfalls als einfaches Nachtlager zu nutzen.

Nach Manantenina

Hoffen Sie zunächst einmal, dass die Fähre über den **Manambondro** nicht gerade „én panne“ ist! Dies ist aber nur die erste Fährüberquerung auf diesem Abschnitt:

Um nach **Manantenina** zu gelangen, brauchen Sie viel Zeit und starke Nerven – mehr als bisher!
Zwar sind die 87 Kilometer eigentlich ein Klacks – aber heute zeigt sich Ihnen, was es heißt, die Ostküste zu befahren.

Nicht weniger als **4 Flussüberquerungen** stehen an, jede mit nicht einzuschätzendem Zeitaufwand verbunden.
Zunächst müssen Sie beim Dorf **Befasy** über den **Isandra** übersetzen.

Hinweis: Hier besteht übrigens die Möglichkeit, einen schönen Tag bei Monsieur Alphonse Daudet zu verbringen, der in Sandravinany ein entzückendes Hôtel Relais de Sud (Est) mit erstklassigem Service und 1-A Küche betreibt.

Einen Zwischenstopp wert!

Dann, ca. 30 Kilometer weiter südlich, bei **Maroroy,** stellt sich der breite **Andriambe** als nächstes Hindernis dar.

Weiter, kaum 20 Kilometer südlich schließlich folgt dann noch die Fährpassage über den **Manampanihy-Strom**, ehe Sie Manatenina, Ihr Etappenziel, erreicht haben.

Im Dorf bekommen Sie sicherlich preiswert Unterkunft und Logis – Fremde sind hier willkommen und werden neugierig bestaunt. Die Menschen sind gastfreundlich und werden Sie willkommen heißen!

Weiter nach Taolanaro

Die letzten 115 Kilometer sind die langwierigsten von allen: Etwa 20 km südlich von Manantenina folgt nun die erste von insgesamt 5 Fähren, welche Sie bis **Ebakiba** (etwa 60 Kilometer) bewältigen müssen!

Wenn Sie es bis hierher geschafft haben, dürfen Sie sich glücklich schätzen: das Schlimmste liegt hinter Ihnen. Wenn Sie nicht mehr bis Taolanaoro durchfahren wollen, empfiehlt sich ein Besuch im Fischerdörfchen **St. Luce**, wo Ruhe und Abgeschiedenheit ein letztes Mal winken...

Von St. Luce aus sind es nur noch etwa 35 Kilometer, bis die Ausläufer des **Vohimena-Massivs** sich hinab aufs Meer senken und rechts der schöne **Lac Lanirano** glitzert. **Taolanaro**, die Hafenstadt im Süden ist endlich erreicht!

(siehe auch Reiseroute Nr. 3 / Ins Land der Dornenmenschen-Der Süden)

8. Tropische Trauminseln

Teil 1: Nosy Bé: Rummel, Rum und edle Düfte - Perlen des Ozeans: Nosy Sakatia - Nosy Komba - Nosy Mitsio - Nosy Tanikely - Nosy Iranja

Teil 2: St. Marie: von Walen und Piraten

Was wäre ein Buch über Madagaskar ohne die kleinen Eilande, welche die Hauptinsel umgeben? Eine Unzahl davon gibt es, die wenigsten bewohnt, einige quasi in Privathand oder als Reservat ausgewiesen.

Um den Rahmen nicht zu sprengen, hat der Verfasser eine behutsame Auswahl vorgenommen, welche natürlich von der **Parfüminsel Nosy Bé** angeführt wird. Die größte der Nebeninsel des madagassischen Archipels ist nicht nur bekanntestes touristisches Ziel überhaupt, sondern neben den positiven und negativen Auswirkungen des Tourismus auch von einer üppigen Natur, traumhaften Stränden und vielfältigen Freizeitmöglichkeiten gekennzeichnet. Nosy Bé darf wohl (neben der Insel St. Marie) als einziger Ort auf Madagaskar gelten, in welchem so etwas wie pauschaler "Massentourismus" praktiziert wird (und werden kann!)

Zahlreiche Clubressorts auf der Insel sind derart gut gebucht, dass sich selbst Charterflüge ab Mailand (mit Air Madagascar) oder ab Paris (Corsair) rechnen, wenn zur Hochsaison Tausende aus Italien und Frankreich hierher in den Urlaub fliegen.

Entsprechend höher sind die Preise (sowohl für Taxis, als auch für eigentlich recht bescheidene Unterkünfte, selbstredend auch im Restaurant) Und da es an zahlender Kundschaft nicht fehlt und in der Saison die Unterkünfte knapp sind, tut die Nachfrage ein Übriges, um die Preise in die Höhe (und die Qualität leider oft nach unten) zu treiben.

Schon seit Jahrzehnten ist die Insel als Urlaubsparadies bekannt – die vorhandenen Clubhotels machen es sogar möglich, hier "Ferien" zu machen, bei denen mancher Tourist nicht mal mehr merkt, wo er eigentlich ist.

Das ist eigentlich schade und genau diese Art von Tourismus ist es, die Nosy Bé auch ein wenig in Verruf gebracht hat: her zu kommen, um zwei Wochen Strand, billigen Alkohol und hübsche Frauen zu "konsumieren" ist leider eine Spielart, der man hier oft begegnet.

Dabei hat Nosy Bé so viel zu bieten, nicht nur den sprichwörtlichen Rum und den Duft von **Ylang-Ylang.**

Nebst Nosy Bé sollen auch die kleinen Inseln **Nosy Sakatia, Nosy Komba, Nosy Mitsio, Nosy Tanikely** und **Nosy Iranja** vorgestellt werden: zum Teil als "Aussteigerparadiese" bekannt, teils als Luxusressorts mit allen Schikanen.

Der zweite Teil dieses Kapitels widmet sich schließlich der schönen **Insel St. Marie**: Von allen Orten Madagaskars ist **"Nosy Boraha"** vielleicht derjenige, der die stärkste "Eigenart" zum übrigen Madagaskar aufweist, was sich auch in der bewegten Geschichte des Eilandes niederschlug.

Auch St. Marie wird seit vielen Jahren von so etwas wie "Massentourismus" heimgesucht, was leider auch hier nicht nur Gutes mit sich gebracht hat! Die Infrastruktur jedoch ist mit Nosy Bé nicht zu vergleichen, St. Marie ist viel ursprünglicher und unbefestigter, die Bewohner unterscheiden sich nicht nur in Ihrem Aussehen deutlich von den **Sakalava** auf Nosy Bé.

Die alljährlich wiederkehrende **Wanderung der Buckelwale**, die jedes Jahr zwischen Juli und September zu Tausenden an der Insel vorbeikommen, ist aber nur ein Grund für die Beliebtheit: auch hier winken traumhafte Strände, ein beschauliches Inselleben, hervorragende Küche und eine Reihe höchst eigenartiger Attraktionen.

Sowohl Nosy Bé als auch St. Marie sind von Tana aus praktisch täglich mit dem Flugzeug ohne Probleme zu erreichen und beide eine Anreise wert.

St. Marie besucht man idealerweise in Kombination mit einer Reise an die Ostküste (siehe Reiseroute Nr.7) Die meisten deutschen und madagassischen Reiseveranstalter bieten diese Kombination "traditionell" an.

Teil 1

Nosy Bé

Oder: Rummel, Rum und edle Düfte

Nosy Bé (wird "nusch-be" gesprochen) bedeutet "Große Insel"- und tatsächlich ist die Vulkaninsel vor der Nordwestküste Madagaskars mit einer Fläche von etwa 325 km² die größte der Nebeninseln im madagassischen Archipel.

Die Insel liegt etwa 10 Kilometer vor der Küste und ist mittels Flugzeug oder Schiff problemlos erreichbar.

Hinweis: Wenn der Begriff "Massentourismus" schon gefallen ist, muss gesagt werden, dass die Insel eine Kapazität von etwa 500 Betten aufweist: für ein Urlaubsparadies eigentlich wenig – in Madagaskar jedoch enorm.

Die Infrastruktur ist – im Vergleich zum übrigen Madagaskar – deutlich besser, was auch der wirtschaftlichen Bedeutung der Insel geschuldet ist: Früher wie heute war Nosy Bé als **Insel der Plantagen** bekannt. Nelken, Litschis, die Parfümpflanze Ylang-Ylang und vor allem Zuckerrohr gedeihen hier prächtig und tragen zu relativem Wohlstand bei.

Allerdings darf der Reisende hier keinesfalls Perfektion erwarten: die Professionalität der Hoteliers, Gastronomen und Touristikunternehmer ist deutlich höher als auf dem Festland, aber auch Nosy Bé ist ein Teil eines Entwicklungslandes und Lichtjahre von Mallorca entfernt!

Letztlich überwiegen nämlich der landschaftliche Reiz und die Schönheit der Natur - die Gemächlichkeit des Lebens, die man wohl nur auf Inseln findet, trägt außerdem dazu bei, dass Nosy Bé zum Pflichtprogramm jedes Madagaskar-Reisenden wird, der Madagaskar in seiner Ganzheit begreifen will.

Mit 50.000 Einwohner ist Nosy Bé relativ dicht besiedelt, die Einwohner gehören fast alle zum Volk der (Boeny-)**Sakalava,** was der Insel ein ausgesprochen **afrikanisches Kolorit** verleiht.

Zum Archipel gehören außerdem die Inseln **Nosy Ambariovato**, besser als **Nosy Komba** bekannt, **Nosy Mitsio, Nosy Tanikely** und **Nosy Sakatia**. Wie Nosy Bé sind auch diese Inseln **vulkanischen Ursprungs**, was man insbesondere der Insel Nosy Komba deutlich ansieht: ein 621 höher, fast kreisrunder Vulkan bildet das Eiland, das auch als die **Lemureninsel** bekannt ist.

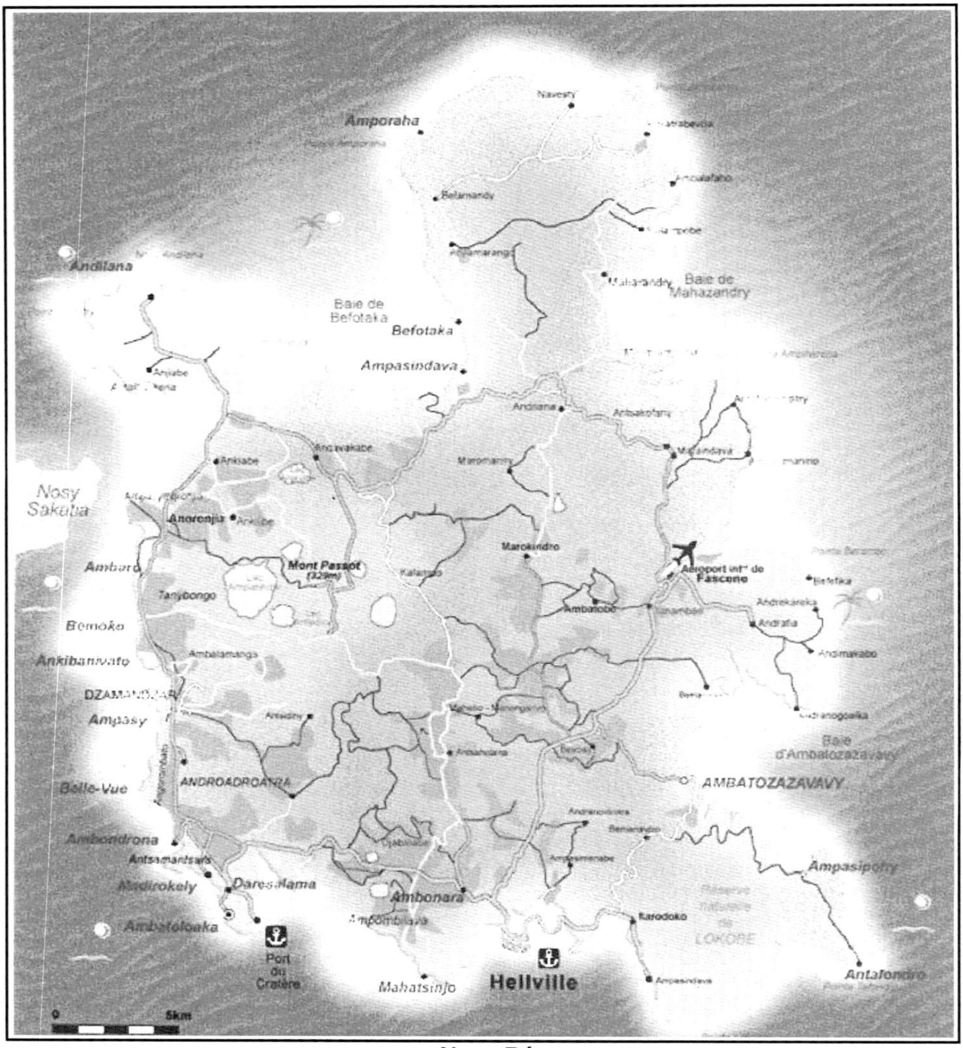

Nosy Bé

Der **Vulkanismus** früherer Zeiten zeigt sich aber auch auf Nosy Bé selber, wo sich insgesamt **7 Vulkane** und **11 Kraterseen** eindeutig nachweisen lassen!

Hinweis: An den Seen herrschen viele fadys, z.B. dürfen weder Schuhe noch Kopfbedeckungen getragen werden – fragen Sie besser nach, bevor Sie sich dorthin begeben!

Die Hauptstadt **Andoany** oder **Hell-Ville** liegt an der Südküste in einer weiten Bucht, östlich davon liegt die 740 ha große **Lokobe-Halbinsel**, wo im gleichnamigen Reservat nicht nur ein Rest des Primärwaldes mit riesigen Bäumen (Potameia crassifolia oder Canarium madagascariensis werden über 40 Meter hoch!), sondern auch zahlreiche Lemuren und andere Tiere gesehen werden können. Lokobe ist auch der Ort mit der höchsten Erhebung Nosy Bés, der 450 Meter hohe **Mt. Lokobe.**
Nicht ganz so hoch, "nur" 329 Meter misst der **Mt. Passot**, wahrscheinlich **dass** Ausflugsziel: hier oben lassen sich Sonnenauf – und Untergänge von besonderer Schönheit betrachten, vom Panoramablick über Nosy Bé ganz zu schweigen.

Von Hell-Ville (nach Admiral Hell, dem ersten franz. Gouverneur benannt) aus gehen zwei Hauptstraßen ab, die eine (leider in wenig guter Verfassung) entlang der Westküste bis hinauf zur **Antanimalandy-Halbinsel**, eine andere (sehr gute) nach Nordosten, zum **Flughafen Faséne** und bis nach **Fasenina-Ampasy** an der Ostküste. Eine Abzweigung am Flughafen führt außerdem etwa 4 Kilometer nach Norden bis zum Dorf **Bemanondrobe** nach Norden.

Daneben existieren zahlreiche Pisten über die Insel, die aber v.a. zur Regenzeit oft schwer passierbar sind.

Die besten Unterkünfte finden sich nicht in Andoany, sondern v.a. entlang der Westküste. Aber nicht nur Luxus: auch einsame, einfache Unterkünfte direkt am Meer sind zu haben, die fantastischen Sonnenuntergänge gibt es jeden Abend gratis dazu!

Nosy Bé (und natürlich gilt dies genauso für seine Nachbarinseln) eignen sich sowohl für einen Besuch von mehreren Tagen, wenn es gilt, eine Madagaskar-Reise abzurunden, als auch für einen ganzen Urlaub! Besonders sportliche Aktivitäten, v.a. Wassersport, werden hier nämlich großgeschrieben: Tauchen, Hochseefischen, Windsurfen, Schnorcheln und und und.....dazu kommt noch die vielseitige Küche, die einen angenehmen Aufenthalt fast garantiert!

Geschichte

Die frühesten geschichtlichen Zeugnisse auf Nosy Bé dürften die Reste einer Siedlung aus dem **15.Jh.** in **Marodoka** nahe Andoany sein. Es waren wahrscheinlich Schiffbrüchige oder Händler vom indischen Subkontinent, die hier die ersten Bauwerke errichteten, die noch vorhanden sind.
(U.a sind dort auch die erste Moschee Madagaskars sowie ein indischer Friedhof aus dem 17. Jh. zu besichtigen.)

Aber auch (Sklaven-) Händler, Piraten und andere Reisende vom afrikanischen Kontinent haben die Insel, (die damals noch **Assada** hieß) schon früh als idealen Schlupfwinkel und Umschlagplatz ausgemacht und nutzten sie seit langem.

1649 schwor der Kommandeur eines britischen Geschwaders, **Robert Hunt**, in seinem Logbuch, es gäbe seiner Auffassung nach "keinen Platz auf Erden, der sich so gut eignet wie dieser: zum Einrichten von profitablen Plantagen wie auch zum Vergnügen!"

Allerdings musste Hunt das Vergnügen bald sein lassen: die Eingeborenen erwiesen sich als zu feindselig (was man eigentlich gewohnt war) und zu zahlreich (was man personell nicht ausgleichen konnte), **Tropenkrankheiten** rafften schließlich fast alle britischen Kolonisten dahin. Wie auch bei ähnlichen Siedlungsprojekten wie bei Toliara und an der Ostküste Madagaskars scheiterte Großbritannien hier abermals an Mensch und Natur!

1824 wurde Nosy Bé zum Zufluchtsort der Sakalava-Könige von **Boina** (Boeny), die sich damals in einem aussichtslosen Eroberungskrieg mit den **Merina** unter **Radama I**. befanden.

Gemäß Radamas Maxime: "Das Meer ist die Grenze meines Reisfelds!" eroberten die Merina nach und nach die letzten Fluchtburgen der unbeugsamen "Leute vom langen Tal", welche sich schließlich nach Nosy Bé zurückzogen.

1838 baten die Sakalava, militärisch praktisch geschlagen, den Sultan von Zanzibar um Hilfe in der Not. Dieser konnte aber lediglich ein Kriegsschiff entbehren, welches er entsandte.

1840 schließlich, nach der Eroberung von **Ambato-Boeny** durch die Merina hart bedrängt und einer Übermacht von Feinden gegenüber, sandte die Sakalava-Königin **Tsiomieko** ein Hilfsgesuch an **Admiral Passot**, Kommandant eines französischen Schiffes, dass zu jener Zeit vor Nosy Bé ankerte.

In dem Gesuch bot Tsiomieko an, die Insel unter franz. Protektion zu stellen!

(Ein ähnlich halsbrecherisches politisches Manöver wie jenes des armen Kronprinzen **Radama II.**, der später ganz Madagaskar quasi den Franzosen auf dem Silbertablett anbot!)

Es konnte nur der Unwille gewesen sein, sich unter die Herrschaft der verhassten Merina zu stellen, der die Sakalava-Königin zu diesem verzweifelten Schritt trieben.

Die Folgen waren denn auch zwiespältig: Voller Freude über dieses Ansinnen berief Passot den damaligen Gouverneur von **Réunion** (Bourbon), **Admiral Hell**, als Gouverneur nach Nosy Bé.

1841 schließlich wurde Nosy Bé formal annektiert und durch ein französisches Flottenkommando besetzt.

Wenigstens die Merina hatten es somit nicht geschafft, "die Grenzen ihres Reisfeldes" bis Nosy Bé auszudehnen. Allerdings fiel die Insel so bereits lange vor dem übrigen Madagaskar unter französische Herrschaft.

Bis **1846** flohen über 16.000 Angehörige der Sakalava auf die "große Insel"

In der Folgezeit veränderten die Franzosen das Gesicht der Insel nachhaltig: der

Regenwald wurde gerodet und es wurden **Plantagen** eingerichtet. So galt Nosy Bé bereits im späten 19.Jh. als wichtigstes Anbaugebiet auf Madagaskar überhaupt. Kaffee, Nelken, Vanille, Pfeffer, Zuckerrohr, Ylang-Ylang und andere Nutzpflanzen wurden in großem Stil kultiviert und exportiert (bis heute).

Zu jener Zeit kam es auch zur **dritten Migrationswelle** nach den Sakalava und den Franzosen: **Inder** und **Komorer**, aber auch **Chinesen** sowie Angehörige anderer Volksstämme Madagaskars wanderten ein und veränderten so das menschliche Gesicht der Insel.

1904/05, während des **russisch-japanischen Krieges** erhielt eine Flotte von 24 Schiffen der russischen Baltischen Flotte von Frankreich die Erlaubnis, vor Nosy Bé zu ankern, um Reparaturen durchzuführen.

Die Schiffe hatten Nachschub und Verstärkung für die russischen Streitkräfte an Bord, die sich damals in Port Arthur eingeschlossen sahen und warteten außerdem auf Verstärkung durch das **russische Pazifikgeschwader.**

Die Ereignisse mündeten schließlich in der **Seeschlacht von Tsushima** am 27./28. Mai 1905, in welcher die russischen Seestreitkräfte unter Admiral Roschestwenski von den Japanern unter dem genialen Admiral Togo vernichtend geschlagen wurden.

Russland stationierte hier außerdem die Fregatte **"Vlötny"**: einerseits, um ein mögliches Eindringen der **Japaner** in den Kanal von Mozambique zu überwachen, andererseits um **deutsche Kohlenachschublieferungen** der Hamburg-Afrika-Linie zu unterbinden.

Trotz Neutralität in dem Konflikt unterstützten also sowohl Deutschland als auch Frankreich die beiden Kombattanten!

Eigentlich eine Randnotiz der Geschichte, hätte sie für uns Deutsche nicht eine besondere Pointe: da auf dem stationierten Schiff etliche Matrosen an **Typhus** erkrankten und starben, gilt (nicht nur darum) als sicher, dass es sich bei dem in Deutschland äußerst populären Lied **"Wir lagen vor Madagaskar und hatten die Pest an Bord"** um ein **russiches Soldatenlied** handelt!

Die Überlebenden, zumeist aus der Ukraine stammend, gingen schließlich an Land, nahmen sich einheimische Frauen und wurden von der Geschichte fast vergessen, nachdem der letzte Matrose 1936 verstarb.

Das Wrack der Vlötny kann bei niedrigem Wasser in der **Bucht von Ambavatoby, der "Russenbucht"** (Baie des Russes)**,** die auf dem Festland fast gegenüber Nosy Bé liegt, noch ausgemacht werden und ist ein Geheimtipp für Schnorchler!

Erst in den neunziger Jahren des 20. Jh. erinnerte man sich auch in Russland seiner verlorenen Söhne und die Regierung entsandte eine Delegation nach Nosy Bé, um die Gräber der Verschollenen herzurichten und den Toten offiziell Ehre zu erweisen. **Die Gräber der Russen** finden sich auf dem Gipfel der Insel Nosy Komba sowie auf dem Friedhof von Andoany – und sind an den **orthodoxen Kreuzen** leicht zu erkennen!

1957, während der Übergangsphase der französischen Kolonialpolitik und im Hinblick auf die bevorstehende Unabhängigkeit Madagaskars, hielten die Einwohner von Nosy Bé ein **Referendum** ab (ähnlich wie die Einwohner von St. Marie), in welchem sie sich vor die Wahl gestellt sahen, entweder weiterhin Teil Frankreichs zu sein – oder Teil von Madagaskar.

Heute wird vielleicht mancher finden, daß sich die Leute von Nosy Bé damals – natürlich mehrheitlich für Madagaskar stimmend! - falsch entschieden haben.

(Immerhin ist kürzlich erst die **Komoreninsel Mayotte** per Referendum wieder in den Schoß Frankreichs und damit in die EU zurückgekehrt, Anmerkung des Verfassers)

Nosy Bé heute

Der Export von **"cash crops"** wie Vanille, Ylang-Ylang, Zuckerrohr (und natürlich der Fischfang) und dgl. bestimmt auch heute noch – neben dem Tourismus - das Leben der großen Insel.

Die etwa 500 Gästebetten, die zur Hochsaison leidlich belegt sind, stellen einerseits zwar wichtige Einnahmen für die Bevölkerung dar, haben andererseits aber viele Probleme mit sich gebracht:
Preissteigerung, Zunahme der Prostitution und der HIV-Infektionsrate sind nur einige krasse Beispiele.

Jedoch sind die Bewohner von Nosy Bé (nicht ganz umsonst) stolz auf "Ihre Insel": die hier zu findenden Relikte bezeugen eine lange Siedlungsgeschichte, die historischen Ereignisse haben den Bewohnern – trotz mancher außenpolitischer Fehler- auch Ihren Willen zur Eigenständigkeit bescheinigt.

Auch ist Nosy Bé "geordneter und organisierter", was vor allem dem Tourismus entgegenkommt.

(siehe auch "Nosy Bé" im A-Z Orte: alle relevanten Ortschaften und Nachbarinseln sind dort unter Nosy Bé aufgelistet)

Andoany/Hell-Ville

Die Hauptstadt der Insel, liegt am Südrand in einer großen Bucht - wer nicht mit dem Flugzeug anreist, kommt meist mit der Fähre aus **Ankify** hier an und passiert dabei die Inse **Nosy Komba** östlich der Fährroute.

Das Stadtzentrum liegt dabei auf einer Landzunge, welche die große Bucht in zwei Hemisphären trennt: westlich des Zentrums liegt die **Baie d´Andavakotoko**, östlich der Hafen von **Ambariovato.**

Im Zentrum finden sich mehrere Banken, zahlreiche Shops und Boutiquen – kurzum: der Brennpunkt der Insel liegt hier!

Wer nach der Ankunft keine Lust mehr hat, die entfernteren Ressort entlang der Küste anzufahren, findet in Andoany eine ganze Reihe passabler Unterkünfte und Restaurants.

Beachtung sollte man dem **Ozeanographischen Institut** schenken, welches etwas außerhalb von Andoany liegt: folgt man der Route Marodokana am Hafen vorbei, folgt zunächst linker Hand das Stadion, dann folgt man der mangrovenbewachsenen Küstenstraße bis zu einer Halbinsel.
Das Institut ist zwar durch mangelnde Pflege und Stürme arg mitgenommen – bietet aber dennoch interessante Präparate und Einblicke in Ozeanographie und Geschichte von Nosy Bé.
Auch die Überreste der **"Sarimanok"-Expedition** wurden vor Jahren hier gezeigt: die 1985 von Neuseeländern geführte Expedition sollte den Beweis für die Theorie liefern, nach welcher die ersten asiatischen Einwanderer Madagaskars direkt über den Indischen Ozean hierher gelangt seien.
Zwar gelang es den wagemutigen Teilnehmern der Expedition tatsächlich, den Ozean von Indonesien bis in die madagassischen Gewässer nonstop zurückzulegen: bis aufs Festland von Madagaskar indes hatte es nicht gereicht, weshalb die Expedition bis heute als Beweis umstritten ist.

(siehe Andoany/Hell-Ville unter "Nosy Bé" im A-Z Orte)

Réservat ´d Integrale Lokobé

Die vielleicht bekannteste Attraktion von Nosy Bé´ist das Lokobe-Reservat, welches sich südwestlich von Andoany auf einer Halbinsel befindet. Lokobé, vom gleichnamigen Mt. Lokobé "bekrönt" ist, um es gleich zu sagen, ein sog. **Integrales Naturreservat**, d. h., der Zutritt ist grundsätzlich verboten!!!
Allerdings gibt es Aus– und Umwege: von dem Dorf **Ambatozavavy** (siehe **Baie de Ambatozavavy** unter "Nosy Bé" im A-Z Orte) wo es auch Unterkunft gibt, führt ein Exkursionspfad hinunter zum Flecken **Ampasipohy**. Wer die hier heimischen **Mohrenmakis** Eulemur macaco macaco im natürlichen Habitat antreffen will, hat beim ca. 2-stündigen Weg die Gelegenheit dazu. Auch die Nachtexkursionen, welche hier angeboten werden, bieten interessante Einblicke und sollten keinesfalls versäumt werden! U.a. geben sich Chamäleons, Geckos und nachtaktive Lemuren ein Stelldichein vor der Taschenlampe/Kamera!

Entlang der Westküste: Ambonara

Diese Route ist die am stärksten befahrene auf Nosy Bé – führt sie doch von Andoany zu den wichtigsten Sehenswürdigkeiten und den schönsten Stränden der Insel:
Sie verlassen Andoany auf der gut ausgebauten **Route de L´Quest.** In dem Dorf **Ambonara** sollten Sie unbedingt Halt machen, wenn Sie nicht gar ihr Quartier hier haben: Ambonara liegt zwar nicht direkt am Meer, ist aber eine sehr lebendige und quirlige Siedlung. Auffallend viele Hotels, Restaurants und Nachtklubs zeugen vom schnellen Pulsschlag des Lebens hier...

(siehe Ambonara unter "Nosy Bé" im A-Z Orte)

Weiter westwärts geht die Fahrt, etwa 3 Kilometer hinter Ambonara führt die Straße zwischen zwei der sieben **Kraterseen** von Nosy Bé hindurch: Nördlich der **Lac Djabla,** südlich der **Lac Ampombilava.** Wie auch bei den anderen Kraterseen herrschen viele **fadys**, erkundigen Sie sich genau, ehe sie sich den Gewässern nähern – **grundsätzlich nähert man sich den Seen barfuß, ohne Hut und nur mit einem Tuch bekleidet!**

Die nächsten acht Kilometer verläuft die Straße nun fast schnurgerade, parallel verläuft südlich die **Eisenbahntrasse**, die von **Orangea** im Norden über die Zuckerfabrik von **Djamandjary** bis zur **Baie de Cratére** südlich führt. Von den kolonialen Tagen bis heute wird die Trasse zum Transport von Zuckerrohr benutzt.

Schließlich, etwa 9 Kilometer hinter Andoany, zweigt von der Strasse nach Südwest die Piste hinunter nach Ambatoloaka und Madirokely ab

Ambatoloaka

Der kleine Fischerort an der Westküste hat eine gewisse – traurige! - Berühmtheit erlangt. Etliche der "besseren" Hotels vor Ort weigern sich, allein reisende, männliche Gäste zu akzeptieren. Dem Ruf des Ortes als Knotenpunkt des madag. Sextourismus soll so vorgebeugt werden. Dringend nötig, denn der Ort bietet nicht nur "wohlfeile" Damen, sondern – v.a im Süden des Ortes, allerhand Sehenswertes.
Nördlich des wundervollen Sandstrandes erreichen Sie den Palm Beach, einen ebenso schönen Strand wie fast alle an der Westküste.

Südlich existiert eine weitere, höchst eigenartige Sehenswürdigkeit: wenn Sie dem Pfad am südliche Ortsende nur ein wenig folgen (1 Kilometer) , öffnet sich der Blick auf eine Bucht, die vom Krater eines Vulkans gebildet wurde. Hier, am **"Port du Cratére"** wurde – mit Hilfe der **deutschen GTZ** – eine profitable und innovative **Garnelenzuchtstation** eingerichtet.

Madirokely

Madirokely, etwa 1,5 Kilometer nördlich von Ambatoloaka gelegen, ist die geeignete Alternative für Leute, die den Rummel in Ambatoloaka satt haben und lieber ihre Ruhe wollen.

(siehe Ambatoloaka/Madirokely unter "Nosy Bé" im A-Z Orte)

Ampasy

Ampasy liegt etwa 2 Kilometer nördlich von Ambondrona linker Hand der Straße und direkt am Meer: Es eröffnet quasi den Strand, der sich von hier aus fast 10 Kilometer nach Norden hinauf erstreckt – und mit vielen, mehr oder weniger luxuriösen Hotelanlagen gespickt ist.

(siehe Ampasy unter "Nosy Bé´" im A-Z Orte)

Weiter Richtung Norden: Djamanadjary

Etwa 8 Kilometer nördlich von Madirokely liegt – an der alten Schmalspurbahn – **Djamanadjary.** Der Ort hat an sich nicht viel zu bieten, ist aber bekannt für "Dzama", den hier hergestellten Zuckerrohrschnaps der staatl. **SIRAMA.**
Obwohl zwischenzeitlich hiess, die Fabrik sei geschlossen worden, kann gesagt werden: natürlich läuft die Schnapsproduktion hier wie immer auf Hochtouren, es ist allerdings nicht mehr ganz so einfach wie früher, erstklassige Destillate wie den **10-jährigen (10 ans)** zu erhalten, der fast schwarz und mit einem Bukét wie alter Cognac aus

Sherryfässern daherkam.

Mont Passot

Von Djamandjary aus führt gen Osten eine "Piste", auf der sie nach ca. 8 Kilometern zu Fuß zum Gipfel des **Mont Passot** (329 m) gelangen: Einen Besuch hier oben sollten Sie sich schon wegen der einmaligen Rundumsicht keinesfalls entgehen lassen. Bequemere Naturen können sich natürlich auch mit dem Taxi rauf– und runterkutschieren lassen, wobei hier die Frage ist, ob fahren so viel angenehmer ist als laufen? Wie auch immer, ein Blick von Küste zu Küste , über die Seen und Plantagen hinweg vermittelt einen umfassenden Blick auf die Schönheiten dieser Insel!

Orangea Plage

Etwa 2 Kilometer nördlich von Djamandjary gelegen, ist Orangea Plage ein weiterer Traumort für Sonnenhungrige und "Paradiestouristen": der kilometerlange, fast schneeweiße Sandstrand, die gute Auswahl an ordentlichen Unterkünften sowie die sprichwörtlichen Sonnenuntergänge lassen Orangea als einen der beliebtesten Urlaubsorte auf Nosy Bé dastehen

(siehe Orangea Plage unter "Nosy Bé " im A-Z Orte).

Andilana

Wer nach Andilana kommt, darf sich nicht wundern: mitten im Drittweltland Madagaskar eröffnet ein luxuriöser Ferienclub seine Pforten dem zahlungskräftigen Kunden. **Venta Club**, die hier mit 200 Bettten dominiernde Anlege, verkörpert einen Urlaubsstil und einen Charme wie Dutzende von ähnlichen Clubs auf Zanzibar, Pemba, Mauritus, Réunion und dgl. Hier wie dort werden die Sehnsüchte der Urlauber in reale Bilder umgemünzt und ein Gefühl der Exotik und der tropischer Entrücktheit erzeugt......für fast 200 Euro am Tag kein schlechter Deal!!!

(siehe Andilana unter "Nosy Bé" im A-Z Orte)

Baie de Befotaka

Wenn Sie hierher einen Ausflug machen wollen, gut, wenn Sie hier im **"Amarina"**, ihre Unterkunft haben, sei Ihnen Ihr Urlaub von Herzen vergönnt: eine exklusive Lage in der Bucht, traumhafte Sonnenuntergänge (schmacht!), Full-board-Service und entspr. Preise machen die Bucht von Befotaka zu einer wahrhaft exklusiven Adresse.

Der Osten von Nosy Bé

Grundsätzlich wird der Tourismus auf Nosy Bé von den fast zahllosen Ressorts an der Westküste dominiert: jedoch bietet auch der Westteil der Insel allerhand Sehens– und Verweilenswertes:
Zuvorderst seien hier die Orte **Ambatozazavy** und **Ampasypohy** genannt, welche als einzige den Zugang zum **Lokobé- Reservat** eröffnen.

(siehe **Baie d´Ambatozavavy** unter "Nosy Bé" im A-Z Orte)

Perlen des Ozeans

Nosy Sakatia

Die kleine Insel vor der Westküste von Nosy Bé ist v.a als Paradies für Taucher zu einer gewissen Bekanntheit gelangt – die vorhandenen Hotels sind entsprechend ausgerüstet und bieten sehr komfortable Unterkunftsmöglichkeiten.

(siehe Nosy Sakatia unter "Nosy Bé" im A-Z Orte)

Nosy Komba

Dies ist womöglich eine der ersten Adressen für deutsche Urlaubsreisende: Heinrich, der Mann aus Deutschland, ist fast schon eine legendäre Berühmtheit, andere "Vazaha" haben sich ebenfalls auf der idyllischen Insel niedergelassen. Nosy Komba bietet – neben traumhaften Unterkünften – auch Gelegenheit, den hier ansässigen **Mohrenmakis** Eulemur macaco macaco nahezukommen.
Auch hier muss allerdings gesagt werden, dass sich die Tiere längst nicht mehr völlig "artgerecht" verhalten und durch den Tourismus sehr wohl gelernt haben, wo der Barthel den Most holt: Lemuren, die Essbares stehlen oder zu diesem Zweck gar in Bungalows eindringen, zeugen einerseits von der Intelligenz der Primaten, andererseits von den Schattenseiten des Tourismus, der hier allerdings den Tieren eine Überlebenschance bietet!
Nosy Komba ist einer der am stärksten von Touristen frequentierten Orte um Nosy Bé: Die Insel ist v.a auf **Tagestouristen** von den hier ankernden Kreuzfahrtschiffen eingestellt, Preiswertes muss genau erkundet werden.
Ampangorina, der nördlich gelegen Hauptort, ist denn auch Sitz der meisten Unterkünfte auf der "Lemureninsel".

Exkurisonen durch Nosy Komba, die vom 629 Meter hohen Vulkan **Ambaninaomby** bekrönt wird, umfassen normalerweise neben einem Rundweg durch den Wald (mit Lemuren) auch einen Besuch des Gipfels, auf welchem auch die **Gräber russischer Matrosen** besichtigt werden können.
.
Anjiabe an der Südküste bietet (deutlich!!!) mehr Abgeschiedenheit und komfortable Unterkunftsmöglichkeiten.
Übrigens ist die Insel längst nicht mehr so unberührt wie erwartet: der primäre Regenwald wurde zumeist gerodet, auch hier hat sich zumeist eine sekundäre Vegetation breit gemacht.

(siehe Nosy Komba unter "Nosy Bé´" im A-Z Orte)

Nosy Mitsio

Die Inseln des **Mitsio-Archipels** liegen etwa 60 Kilometer nordöstlich von Nosy Bé. Die Inseln sind überwiegend bewohnt, die dort ansässigen **Sakalava** und **Antankarana** ernähren sich von Viehzucht, Garnelenfang/Fischerei und Landwirtschaft. Touristisch haben die Inseln vor allem für Taucher und Segler wunderbare Reviere und Ankerplätze zu bieten – die einheimische Bevölkerung sollten Sie aber besser für sich lassen und von Besuchen absehen.

Grande Mitsio, die größte der Inseln ist auch Sitz des "Hauptortes" **Bevoaka.**
Wie ein Kranz erstrecken sich darüber hinaus um die Südküste von Grande Mitsio viele kleine, paradiesische Inseln, die z.T. von Nosy Bé aus gebucht und angefahren werden können: **Nosy Kajohy, Nosy Antaly, Nosy Karabo, Nosy Tsitampevina, Nosy Taloho** und nicht zu vergessen die "vier Brüder" **(Les Quatre Fréres)** und **Hanandriaka Marie,** um nur die größten zu nennen.

Nördlich von Grande Mitsio, etwa 15 Kilometer entfernt, liegt **Nosy Lava**, die nach Grande Mitsio größte Insel des Archipels.

Tsara Banjina - "schön anzusehen"

Nosy Tsara Banjina darf als eines der touristischen "Highlights" der "madagassischen Malediven" betrachtet werden: die südlichste der Mitsio-Inseln beherbergt ein äußerst exklusives Ressort mit allem erdenklichen Komfort und zahlreichen Sportaktivitäten (natürlich ist auch eine Tauchbasis vorhanden).

(siehe Tsarabanjina unter "Nosy Bé" im A-Z Orte)

Nosy Tanikely

Die kleine Insel, etwa 7 Kilometer südwestlich von Andoany gelegen, gilt trotz ihrer rel. Bekannntheit (zu "Stoßzeiten" kommen allerhand Touristen per Boot hier her) als ein "Paradies": weißer Strand (Vorsicht beim Umwandern der Insel, die Tide ist erheblich!), ein malerischer Leuchtturm, ringsum Riffe und eine noch halbwegs intakte Meeresflora und -fauna.
In Andoany (Hell-Ville) wird es nicht schwer sein, eine Passage (all inclusive mit Picknick und Getränken) zu buchen, entweder sie fragen direkt am Hafen nach oder aber sie wenden sich an Ihren Hotelier: die meisten Hotels vermitteln diesen Service gerne!

Nosy Iranja

Die früher auch als "Schildkröteninsel" bekannte Insel liegt etwa 50 Kilometer westlich von Nosy Bé (jenseits der **"Russenbucht")** und war früher ein idyllisches Eiland. Als Nistplatz für die seltenen **Meeresschildkröten** von großer ökologischer Bedeutung, wird diese Funktion mittlerweile durch die hier ansässige Nosy Iranja Lodge stark in Frage gestellt. Die Bungalows sind über die ganze Insel verteil, der unweigerliche Rummel, den die Luxustouristen mitbringen, lässt die Tiere mit Sicherheit nicht unbeeinflusst!

Ausflüge nach Nosy Iranja sind möglicherweise nicht ganz einfach zu organisieren: fragen Sie in Hell-Ville bei den ansässigen Reiseveranstaltern, ob ein Betreten des unbewohnten Westteils der Insel zur Zeit überhaupt gestattet und möglich ist, wenn man nicht dort "residiert": vorausgesetzt, man beachtet die sensiblen Zonen der Strände, kann/konnte man hier wunderbar zelten und eine paar Tage wie Robinson Crusoe leben....aber Vorsicht bei "Wanderungen" über die Insel: die Tide ist auch hier beträchtlich, und es ist zur Ebbe und Flut mit starken Strömungen zu rechnen, die einem schnell die Beine unter dem Rumpf wegziehen und einen abtreiben lassen, es sind schon viele Unglücke geschehen!

(siehe Nosy Iranja unter "Nosy Bé" im A-Z Orte)

Teil 2

St. Marie

oder: von Walen und Piraten

Dies ist ohne Zweifel und völlig zu Recht eine der Hauptattraktionen Madagaskars: Die kleine Insel vor der Ostküste hat sich in den letzten Jahren aus dem großen Schatten der Hauptinsel herausbewegt und ist eines der beliebtesten Ziele geworden.
Nosy Boraha, wie die Insel St. Marie auf malagasy heißt, liegt östlich von Soanierana-Ivongo im Meer, die kürzeste Entfernung zum madag. Festland beträgt nur 8 Kilometer (zwischen dem südlichsten Punkt St. Maries und dem weit ins Meer hinausragenden **Cap Antsiraka**), jedoch muss für eine Überfahrt mit mindestens 30 Kilometern gerechnet werden.
Die Insel ist etwa 58 Kilometer lang und zwischen einem und knapp 6 Kilometern breit.Sie erstreckt sich über eine Fläche von ca. 210 km² und ist das ganze Jahr über mit feuchtwarmem, tropischem Klima gesegnet.
Nördlichster Punkt ist **Cap Antsirakakambana**, wo sich unweit davon auch einer der Leuchttürme der Insel, der **"Albrand"**, befindet.
Den äußersten Süden hingegen markiert **Cap Vohiba** auf der kleinen **Ile aux Nattes**, wo der **Leuchtturm von Blevec** über der Insel thront.
Hauptstadt der Insel ist **Ambodifotatra**, welches an der Südwestküste liegt.
Die Zahl der Einwohner wird mit etwa 17.000 angegeben, zur Hochsaison gesellen sich noch mehrere Hundert Urlauber hinzu.
Die kommen vor allem der Strände wegen, aber auch Taucher machen einen Großteil des Kontingents aus: die Riffe sind von erhabener Schönheit, mehrere interessante Wracks locken daneben. In den Monaten Juli bis September kommen aber viele Touristen v.a. der **Buckelwale** wegen nach St. Marie: zu Tausenden ziehen die sanften Meeressäuger an der Insel vorbei und sind mit dem Boot – aber auch schon von Land aus recht gut – zu beobachten. Dabei sorgen Fachleute internationaler Schutzorganisationen dafür, das der Rummel um die Tiere nicht überhand nimmt und verbindliche Verhaltensmaßregeln eingehalten werden. So darf man sich den Tieren allenfalls auf 100 Meter nähern und auch nur von der Seite anfahren. Die in den Booten meist mitgeführten **Hydrophone** erlauben (Glück vorausgesetzt) auch einen akustischen Eindruck: die Gesänge der Buckelwale sind berühmt!

Aber auch landschaftlich hat Nosy Boraha einiges zu bieten: verträumte Buchten, **Mangrovenwälder**, Teiche und Wasserfälle, alles relativ einfach vom Hauptort (am besten mit Fahrrad, Motorroller oder Quad) zu erreichen. (siehe Sehenswürdigkeiten)

Die Einwohner – eigentlich den **Betsimisaraka** zugehörig, verraten einiges über die wechselvolle Geschichte der Insel: ein Blick in die vielen, teils stark europäisch aussehenden Gesichter zeigt, dass die Einwohner nicht umsonst früher "malata" oder **"Zanamalata"** genannt wurden. Und dass die Kontakte mit europäischen Seefahrern bzw. Piraten mehr als nur platonischer Natur waren!

Geschichte

Auch an diesem Ort vermischen sich historisch belegbare Fakten und Legenden. Der Name Nosy Boraha soll von dem Wort **Ibrahim** (oder Abraham) herrühren und auf eine

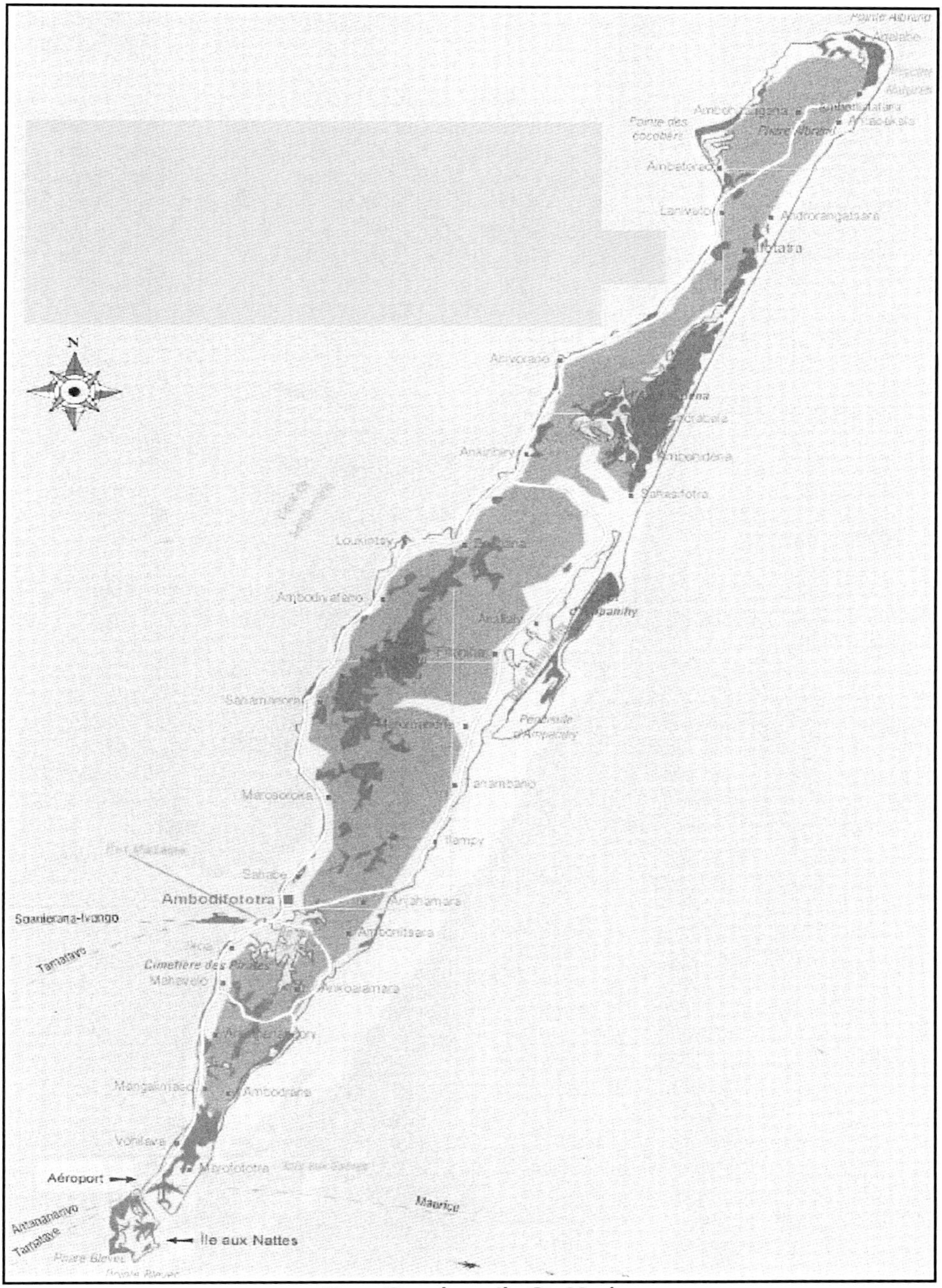

Nosy Boraha – Ile St. Marie

frühe **arabische oder jüdische Besiedelung** hindeuten. Tatsächlich haben archäologische Untersuchungen an der Ostküste der Insel Relikte aus dem **16. Jh**. zutage gebracht, die diese These stützen.
Im lokalen Dialekt wird die Insel auch **Nosy Mbavy,** "Insel der Frauen" genannt, was ebenfalls mit der Geschichte zusammenhängen soll: danach wurde ein **schiffbrüchiger Jude** - von den einheimischen und feindseligen Frauen hart bedrängt und mit dem Tode bedroht – einst von einer mitleidigen alten Frau versteckt und versorgt. Zum Dank versprach ihr der Fremde, dass es seiner Retterin nie mehr an Wasser fehlen würde: und sogleich sprudelte eine Quelle aus dem Boden!
Schließlich existiert noch die lokale Version der Geschichte von **Jonas**, den der Wal verschlang: immerhin liefern die jährlich wiederkehrenden Buckelwale einen realistischen Hintergrund. So soll nach dieser Legende einst ein Mann namens **Boraha** von einem Wal verschlungen und weitab der Gestade seiner Insel verbracht worden sein. Jedoch gelang es Boraha, sich zu befreien und er wurde, ebenso phantastisch, von einem **Delfin** zurück gebracht!

Kommen wir zu den geschichtlichen Tatsachen: spätestens **Ende des 17.Jh.** war St. Marie ein berüchtigter Schlupfwinkel europäischer **Piraten** geworden. Auch hier belegen archäologische Funde von der Ile aux Forbans bei Ambodifotatra diese These. Es waren wohl mehrere hundert Mann, die von hier aus Handelsschiffe angriffen und einen idealen Rückzugsort hatten.

Der Pirat **Thomas White** gilt den Betsimisaraka als Stammesbegründer, seine Ehe mit einer Königstochter ist nur eine von vielen Mischehen, die die Geschichte Madagaskars beeinflusst haben.
Für die Geschicke St. Maries war jedoch die Beziehung zwischen **Betty**, Tochter des Betsimisaraka-Königs **Ratsimilaho** und dem französischen Abenteurer **Jean Onésine de Filet**, genannt **"La Bigorne"**, folgenschwerer (siehe allg. Teil, Kapitel "Geschichte")
Als Mitgift zur Ehe "überreicht", fiel die Insel **1750** als Erbe von "La Bigorne" an Frankreich, und obwohl erste französische Siedler bereits **1754** ihr Glück hier versuchten, wurden diese (nach der Schändung des Grabes von König Ratsimilaho) niedergemacht, die unglückliche Witwe Bety ins Exil nach Mauritius gejagt!
Daher gelang die endgültige Inbesitznahme erst **1818**, als der Franzose **Sylvain Roux** mit 180 Mann auf der Insel an Land ging und trotz furchtbarer Verluste

durch feindselige Einwohner und Krankheiten daran ging, die Insel für Frankreich um zu gestalten.

Neben der Anlage von Plantagen machte Frankreich sich die Insel auch auf andere Weise dienlich: Von 1900 bis 1957 war die Insel Standort eines **"Bagnos"**, eines **Gefangenenlagers** der Kolonialverwaltung.
Die gesamte Infrastruktur geht denn auch auf die Arbeit tausender Sträflinge zurück.

Durch den besonderen Statut als "Erbschaft" Frankreichs stellte sich angesichts der bevorstehenden Unabhängigkeit Madagaskars von Frankreich auch für die Einwohner die Frage der weiteren Staatszugehörigkeit. Wie im Falle der Insel Nosy Bé (siehe dort) entschieden sich die Bewohner in einem **Referendum** für eine weitere Zugehörigkeit zur madagassischen Republik.

St. Marie heute

In den 70er Jahren als touristisches Traumziel ins Blickfeld geraten, stellt der Fremdenverkehr heutzutage die wichtigste Einnahmequelle der Insulaner dar.
Über die ganze Insel hinweg sind Hotelanlagen (natürlich fehlen auch die exklusivsten Adressen nicht!) verteilt, im Hauptort Ambodifotatra kann man sehen, wohin der unregulierte Bauboom der Hoteliers führen kann: dicht an dicht stehen hier die Betonklötze einer südafrikanischen Hotelgruppe und verschandeln die einstmals schöne Strandpromenade, die Anwohner sehen das Meer jedenfalls nicht mehr!
Auch die soziokulturellen Auswirkungen des Tourismus sind zu spüren und schon oft im Mittelpunkt kritischer Anmerkungen gewesen: Neben erhöhten Preisen hat der Kampf um die Ariary der Touristen dazu geführt, dass der Neid, mit dem die Menschen einander begegnen, zu harten Auseinandersetzungen führt!
Verbunden mit dem Umstand, dass die Bewohner St. Maries als wenig zimperlich bei der drastischen Klärung von bestimmten Angelegenheiten gelten, leider eine weniger schöne Seite der so friedlich erscheinenden Insel.
Deshalb ist es nicht nur das Inseldasein, welches St. Marie in vielen Dingen ganz anders als das übrige Madagaskar erscheinen lässt.

Auch die kulturellen Eigenheiten sind nämlich recht beträchtlich: zwar werden auch auf der Insel St. Marie **Leichenwenden** abgehalten, allerdings heißen diese hier **Mampandrimandry** und werden nach einem anderen Rhythmus und keineswegs "ewig" durchgeführt.
Die Mystik der Einheimischen und die vielen **fadys** machen St. Marie deshalb auch zu einem geheimnisvollen und ein wenig märchenhaften Ort, zu welchem die Schönheit der Insel eine perfekte Kulisse bietet.

Ambodifotatra – "unter einem Baum, der Fotatra heisst"

Der Hauptort der Insel zählt heute etwa 3000 Seelen und ist zentraler Ausgangsort für fast alle Ausflüge. Ambodifotatra liegt etwa 12 Kilometer nördlich des Flughafens und ist ein recht lang gezogener Ort: Nördlich der **Baie des Forbans**, die durch einen Steindamm überquert wird, liegt das eigentliche **Zentrum,** in welchem sich einer der beiden Häfen, Banken, Post, Internetcafes und alle Arten von Einkaufsmöglichkeiten befinden. Oben auf dem Hügel an der Baie des Forbans, im Viertel **Ambarisomotra** können Sie die **kath. Kirche** von **1857** sowie das **alte Fort** ansehen, welches den Franzosen als Straflager diente. Jetzt ist die Anlage wieder vom madag. Militär genutzt, Vorsicht also bei Fotos!
Weiter nördlich, im Stadtteil **Vohipatakana**, öffnet sich am Hafen eine schöne Promenade, an der auch meistens sehr viel los ist: nicht nur die hier gelegenen Banken, auch Motarrad- , Auto- und Fahrradverleihfirmen sind hier ansässig, dazu jede Menge Restaurants, Bars, Geschäfte....
Wenn Sie der strandnahen Straße, der **Arabe La Bigorne**, weiter nordwärts folgen, kommen Sie nach etwa 700 Metern zum **Grab von F. Albrand**, einem franz. Kommandanten des Forts, welcher 1826 starb.
Weiter nördlich kommen Sie an das Ortsende, von wo aus die Piste nahe der Westküste bis hinauf nach **Cap Albrand** führt**,** wie das nördliche Cap Antsirakakambana auch heißt.
Wenn Sie sich vom Hafen aus südwärts wenden und der **Lalana Carayon**, wie die Hauptstraße heisst, folgen, überqueren Sie die Baie des Forbans auf einem massiven Steindamm, welcher die Bucht vom offenen Meer trennt. Etwa auf halber Strecke des Dammes gelangen Sie auf die kleine **Ilôt Madame,** wo der zweite Hafen von

Ambodifotatra angesiedelt ist.
Am südlichen Ende der Bucht schließlich kommen Sie zu einer der Hauptattraktionen der Insel, dem berühmten Piratenfriedhof.

Piratenfriedhof

Der Zugang zum Friedhof befindet sich direkt an der Hauptstraße am Südende der Bucht und ist gut ausgeschildert.
Nach Entrichtung des Eintrittspreises und des Guide-Lohnes wird man Sie zunächst am Ufer der Bucht entlang führen, über glitschige Steine und hügelaufwärts geht der etwas verwunschen wirkende Weg.
Oben auf dem Hügel öffnet sich dem erstaunten Besucher der Blick auf die Ruhestätten zahlreicher Ausländer, die hier zwischen dem 17. und 19.Jh. bestattet wurden. Die Gräber, teils mit Totenkopf und anderen Insignien der Piratenzunft geschmückt, werden teils heute noch von den Verwandten und Nachfahren der Toten gepflegt (die dann aus Frankreich anreisen) – aber auch hier hat der Tourismus bedauerliche Schäden verursacht: so wurde vor einigen Jahren eine bronzene Inschriftentafel von einem der Gräber gestohlen, die Täter waren Reisende von einem Kreuzfahrtschiff!
Ein Rundgang durch das gartenähnliche Gräberfeld ist ein faszinierender
Streifzug durch die Jahrhunderte und Nationen, eine Spurensuche ganz besonderer Art.

Tägl. von 8 bis 17 Uhr geöffnet, Eintritt: 5000 Ar., Guide Verhandlungsache, teilweise verlangen die Burschen 20.000 Ar. - etwas viel für eine knappe Stunde!

Umgebung von Ambodifotatra

Südwärts der Hauptstadt, am Piratenfriedhof vorbei, zieht sich die Hauptstraße über mehrere Kilometer hinweg genau parallel zum Meer. Sowohl viele Einheimische als auch Touristen wohnen hier, zahlreiche Hotels direkt am Meer wetteifern um die Gunst der Gäste.

Am Südende des Ortes liegt linker Hand der **"Endemika"** genannte private Park, in welchem gegen 10.000 Ar. Eintritt zahlreiche endemische Tiere und Pflanzen, sogar schwarze Varis (!) besichtigt werden können.

Etwa 12 Kilometer südlich von Ambodifotatra geht die Straße über eine weite, grasige Ebene: der **Flughafen** von St. Marie ist hier, fast am Südende der Insel angelegt.
Wenn Sie die Abzweigung Richtung Osten nehmen, führt die Piste sie hinauf in die Hügelkette, an deren südlichem Rand das Hotel **Chez Vavatte** befindet: neben seiner (leider sehr abseitigen) herrlichen Lage inkl. Aussichtspunkt verfügt das Hotel auch über einen kleinen "Privatstrand" an der Ostküste (etwa 50 Meter treppab zum Meer) . Vom Hotel aus führen auch mehrere Pfade zum südlichen Aussichtspunkt sowie hinab zur **Grotte von Ankarena** – wer Lust verspürt, kann sich hier auf die Suche nach dem angeblich verborgenen **Piratengold** machen oder einfach nur am Strand faulenzen oder die Flughunde in der Grotte beobachten. Von hier aus bietet sich eine Umrundung der Südspitze an, der Weg führt am Fuße der südlichen Hügelausläufer herum, südwärts erhebt sich die Silhouette von **Nosy Nato**, der Ile aux Nattes aus dem seichten Meer. Bei Ebbe ist die Lagune so flach, dass die zahlreichen Krebssammler gerade mal bis zu den Hüften im Wasser stehen. Wieder am Flughafen angekommen, haben Sie die Wahl: je nach Zeitplan zurück in den Hauptort – oder hinüber zur Ile aux Nattes.

Nosy Nato - Ile aux Nattes

Die kleine Insel an der Südspitze von St. Marie verdient wenigstens einen halben Tag Zeit, falls Sie nicht gleich vorhaben, hier Quartier zu nehmen: zahlreiche Bungalowanlagen (allesamt in Strandnähe) untersch. Preislagen locken mit geradezu bilderbuchhaften Eindrücken: Palmen, weißer Sand, türkisfarbenes Wasser....
Dazu kann sich die Insel einer endemischen Kostbarkeit sondergleichen rühmen: die Orchideenart **Eulophiella roempleriana** gedeiht nur hier auf dieser kleinen Insel und ist damit eine der seltensten Pflanzen der Erde!
An der Ablegestelle (nehmen Sie die Piste, die vom Flughafen aus südwärts führt, man kann sich eigentlich nicht verirren) werden Sie von zahlreichen "Pirogiers" umringt, die Sie für 5.000 Ar. hin- und wieder zurück rudern möchten.
Egal, wie lange Ihr Ausflug über die Ile aux Nattes dauert – Ihr Mann wird zur Stelle sein, wenn Sie zurück wollen!
Die Überfahrt durch das seichte Wasser könnte man bei Ebbe auch zu Fuß machen, es dauert nur ein paar Minuten, bis das Boot auf dem weißen Sand der Ile aux Nattes anlandet.

Die Insel ist weitaus ursprünglicher als ihre größere Schwester – Automobile findet man hier gar nicht, das Leben, wenngleich stark vom Fremdenverkehr beeinflusst, geht seinen Gang ruhiger und leiser, das Lied der Wellen und der Blick aufs glitzernde Wasser geben den Dingen ein friedliches, idyllisches Gesicht.

Wenn Sie gut zu Fuß sind, ist die Insel in etwa 3 Stunden umrundet: empfehlenswerteste Variante ist der Weg immer am Strand entlang, zunächst der Ostseite der Insel folgend. Haben Sie die Bungalowanlagen im "Hauptort" **Aniribe** hinter sich gelassen, begegnet Ihnen auf Ihrem Weg von einem Traumstrand zum nächsten kaum eine Seele. Am Südende, am **Cap Vohiba**, geht der Weg nicht mehr weiter: hier, an einer einsamen Bungalowanlage, müssen Sie landeinwärts nach rechts abbiegen. Folgen Sie einem der zahlreichen Pfade immer bergauf – nach etwa 20 Minuten gelangen Sie unweigerlich zum **Leuchtturm von Blevec**, der hier malerisch und einsam über die Insel blickt. Selbstverständlich auch für den Reisenden ein Ort zum Umschau halten: ein traumhafter Blick!
Vom Leuchtturm aus können Sie sich entweder wieder meerwärts halten, um auch die Westseite zu begehen, oder sie folgen direkt der breiten Hauptstraße, die vom Leuchtturm durch Reisfelder und kleine Siedlungen hinab Richtung Hauptort/Anlegestelle führt.

Hinweis: Wer einen tieferen Einblick in die endemische und äußerst vielfältige Flora und Fauna der Insel haben will, sollte unbedingt die Mitnahme eines Guides erwägen! Fragen Sie in Ihrem Hotel oder folgen Sie den Kontaktdaten der unzähligen Flyer und Werbeplakate, die überall in Ambodifotatra und allen Hotels aushängen. (Die Auswahl ist sehr groß!!!)

Forêt d´Ampanihy

Diese Sehenswürdigkeit ist wie alles auf St. Marie am besten mit einem Fahrzeug zu machen, zu Fuß zieht sich die Stecke sehr in die Länge!
Sie verlassen Ambodifotatra in nördlicher Richtung, am **Grab von Albrand** vorbei.
Die Piste geht nun immer in Reichweite der Ostküste hinauf, zur Regenzeit eine schlammige Angelegenheit. Die zahlreichen Dörfer entlang der Piste gleichen denen auf

dem Festland: aus Palmfasern und Holz gefertigte Pfahlhütten, die sich überall unter dem schattigen Blätterdach des **Forêt d´Ikalalao** aneinander reihen. Dieser 400 ha große Wald ist der Rest der primären Vegetation der Insel, welche spätestens mit der Ankunft der Franzosen weichen musste.
Im Dorf **Maromandia**, etwa 15 Kilometer nördlich von Ambodifotatra geht eine Erdpiste nach Osten, zum Dorf **Anafiafy**, welches nach etwa 4 Kilometern erreicht ist. Hier erwartet Sie nicht nur das erstklassige Restaurant **Chez Helene**, sondern auch eine besondere Attraktion: Im Dorf/Restaurant wird man Ihnen rasch einen Bootsführer besorgen, der Sie im Einbaum zunächst durch das Gewirr der Mangroven rudert. Über eine weite, mit Brackwasser gefüllte Lagune geht die Fahrt hinüber zur Halbinsel von Ampanihy. Die schmale Landzunge ist zu Fuß rasch überquert und lockt mit einem mehrere Kilometer langen, einsamen Strand unter Palmen - wären nicht auch hier die allgegenwärtigen **mokafoy**, die Sandfliegen, könnte man den Ort als perfekt bezeichnen.

Piscine Naturelle d´Ambodiatafana

Dieser Ort liegt fast ganz am Nordende von St, Marie und ist von Ambodifotatra aus gut 40 Kilometer entfernt! Die Piste verläuft auch hierhin nahe der Westküste von St. Marie, durch **Lonkitsy** am **Cap Tafondro**, wo sich auch ein weiterer "Hafen" befindet: immerhin ist das madag. Festland in Gestalt des **Cap Antsiraka** nur 8 Kilometer entfernt!
Weiter nördlich liegt **Anivorano** als nächste größere Ansiedlung, gefolgt von **Ifotatra**. In jedem dieser Orte finden sich exklusive Hotelanlagen, insbesondere am **Cap Antirakaraiky** 8 Kilometer nördlich von Ifotatra. Hier am Strand nördlich des Caps befindet sich auch der **"turtle beach"** – wie der Name sagt, dient der Strand den seltenen **Meeresschildkröten** zur Eiablage.
Um aber zur Piscine zu gelangen, müssen Sie schon weiter südlich, im Dorf **Ambatoroa** die Piste Richtung Leuchtturm von Albrand einschlagen. Dieser folgt nach 4 Kilometern auf holpriger Piste. Nach weiteren 1,5 Kilometern, am Dorf **Ambodiatafana**, sind Sie endlich am Ziel: die Piscine Naturelle lockt mit einer wunderbaren Bade- und Rastmöglichkeit, ein Wasserfall, ein klarer Teich inmitten einer grandiosen Naturkulisse. Nicht umsonst eines der beliebtesten Touristenangebote der ganzen Insel!
Um von hier aus zum Cap Albrand zu gelangen, bietet sich ein optionaler Rundweg an: er führt an der Ostküste hinauf bis zum nördlichsten Kap und folgt dann der Westküste hinab bis zum Cap Antsirakaraiky (Achtung: mindestens 8 Kilometer, kann sehr anstrengend werden)

Ortsverzeichnis von A-Z

In diesem Teil finden Sie wichtige Informationen über die beschriebenen Orte mit Schwerpunkten Unterkunft und Gastronomie.
Zusätzlich finden Sie nützliche Adressen und Informationen zum Thema Banken/Postämter/Reiseveranstalter vor Ort

Die Hotels bzw. Restaurants sind dabei wie folgt gekennzeichnet:

* * * * * *	**mehr als 100 Euro/Nacht**
* * * * *	**60 – 100 Euro/Nacht**
* * * *	**25 – 60 Euro/Nacht**
* * *	**10 – 25 Euro/Nacht**
* *	**5 – 10 Euro/Nacht**
*	**weniger als 5 Euro/Nacht**

Die Fahrzeiten gelten, sofern nicht anders angegeben, für Allradfahrzeuge und gelten für den Idealfall – evtl. Wartezeiten z.B. Fährüberquerungen und deren Dauer sind nicht berücksichtigt!!

Alle Telefonnummern wurden nur zusammen mit der entspr. Ortskennnummer angegeben, d.h. diese gelten in der angegebenen Form nur für innermadagassische Telefonate – für Telefonate aus dem Ausland müssen Sie zunächst die Ländervorwahlnummer(n) 00261 20 wählen.

***Ortsverzeichnis*:**

● Ambalavao

Anreise:

Auf der RN 7 von Fianarantsoa (54 km nördlich) oder Ihosy (152 km südlich).

Unterkunft:

* * *

Hôtel Bougainvillée, bekanntestes Hotel am Ort, bekannt für die überaus prächtigen, namensgebenden Pflanzen am Eingangsbereich. Zentrale Lage, 8 preiswerte Zimmer und 14 Bungalows. Beliebter Fahrertreffpunkt. Mit (wenig empfehlenswertem) Restaurant. Auf dem Hotelgelände befindet sich die Manufaktur des Antaimoro-Papiers (nebst Laden)
Tel.: 75 340 01, mobil: 034 0820601

* * bis * * *

La Résidence du Betsileo, relativ neues Hotel mit 12 Zimmern, sehr verkehrsgünstig und zentral gelegen. Mit Restaurant.

mobil: 033 0286389 oder 034 1426897
email: residencedubetsileo@gmail.mg.

Tsienimparihy Hotel, und zentral (gleich hinter dem Markt) gelegenes Hotel mit 12 preiswerten Zimmern, leider ziemlich heruntergekommen, die Zimmer sind abgewohnt und z.T. mit Schimmel befallen!
Das Restaurant und die Patisserie kann man aber gerade noch gelten lassen, als Unterkunft nicht empfehlenswert!
Tel.: 75 341 28, mobil: 033 0260722 oder 033 1165723
email: hoteltsienimparihy@yahoo.fr

* *
Hôtel Samoina, nettes, direkt an der Hauptstraße am Nordrand der Stadt befindliches Hotel mit 5 Bungalows und 8 einfachen Zimmern. Mit Restaurant
Tel.: 75 341 48, mobil: 033 0502961

Essen und Trinken:

Kein besonders großes Angebot, die meisten Hotels verfügen über gute Restaurants. Daneben empfehlen sich (neben den zahlreichen Garküchen am Markt) folgende Restaurants:

Restaurant Fraîche Heure, an der Hauptstraße südlich des Zentrums gelegenes Restaurant , neben cuisine malagasy auch Pizza und andere Spezialitäten.

Einkaufen:

Ambalavao ist bekannt für das **Antaimoro-Papier**, das hier (auf dem Hotelgelände des Bougainvilleé) hergestellt wird. In dem Laden nebenan werden allerhand schöne Dinge verkauft, die aus den blumenverzierten Papierbögen hergestellt werden. (Achtung: hier werden auch Artikel aus **Krokodilleder** verkauft, Finger weg!!!)
Seidenlambas kann man ebenfalls in guter bis sehr guter Qualität hier erwerben: Sowohl im Laden am Hôtel Bougainvillée (relativ teuer) oder günstiger in einem der vielen privaten Haushalte, in denen die Dame des Hauses webt. In der Regel wissen alle Fahrer und Guides, wo man gute und preiswerte Ware bekommt. Ein Besuch bei den sehr freundlichen und kunstfertigen Weberinnen lohnt auf jeden Fall. Achten Sie auf die Herkunft der Seide (am besten einheimische) und die Webmuster, es wird leider sehr viel „modischer" Schnickschnack aus importierter Seide verkauft!

Reiseveranstalter/Tour Operator/Guide:

Die definitiv beste Adresse für alle Arten von Exkursionen um Ambalavao herum ist **JB Trekking**. Jean-Baptiste versteht es, sehr ordentliche Dienstleistungen zu günstigen Preisen anzubieten. Vertrauenswürdig – empfehlenswert!
Die Agentur befindet sich an Taxi-Brousse-Station (gegenüber Bougainvillée-Hotel). email: jbtrekking@gmx.com

Post/Paositra:

Gegenüber der Stadthalle befindlich.

● Ambanja/Ankify

Anreise:
- Straße: Über die gut ausgebaute RN 6 von Norden (Ambilobe/Antsiranana) aus. Oder von Süden aus Richtung Tana/Mahajanga
- Flugzeug: Ambanja verfügt zwar über eine rel. große Landebahn, wird aber nur selten von Air Madagascar angeflogen. Der Flughafen der Insel Nosy Bé ist die einzige Möglichkeit, ansonsten bleibt nur Charterflug.
- Schiff: mit dem Küstensegler oder Motorschiff, unregelmäßige Verbindung zu Häfen an der Westküste

Unterkunft/Essen&Trinken:

Ambanja selber hat wenig gute Unterkünfte zu bieten – die besten liegen etwas außerhalb. Essen kann man sowohl **„auf der Straße"** in den hotely – oder im jeweiligen Hotelrestaurant.

In Ankify:

* * * *

Le Baobab, schöne Anlage mit 8 Bungalows, nahe der Bootsanlände in Ankify gelegen. Restaurant in schöner Lage, Lemuren, die sich in den Bäumen tummeln, ein Tennisplatz und andere Annehmlichkeiten runden das Angebot ab.
mobil: 032 0720887
email: yvonchristophe@ymail.com

Hôtel La Mer, etwa 5 Kilometer von Ankify entfernt am Meer (am besten mit dem Boot von Ankify aus zu erreichen), unter deutscher Leitung stehendes Hotel mit 3 Bungalows und mehreren komfortablen Zimmern. Europ. Standard!
Mit Restaurant
mobil: 032 0482261
email: info@hotel-la-mer.com, homepage: www.hotel-la-mer.com

* * *

Le Dauphin Bleu, ebenfalls unter deutscher Leitung stehendes Ressort, mehrere Kilometer von Ankify entfernt (Bootstransfer möglich).
Sehr schönes und komfortables Ressort aus 8 steinernen Bungalows. Mit Restaurant.
Tel.: 86 926 11,mobil: 032 0466781

* * bis * * *

Hermitage Plage, in der Bucht von **Ampasindava** einsam und idyllisch gelegenes Traumressort für den kleineren Geldbeutel! Etwas schwer zu erreichen: 40 km über holpriger Piste Richtung Südwest von Ambanja aus. Oder Sie fahren von Ankify aus mit dem Boot!
Die Anlage bietet mehrere Bungalows in herrlicher Lage direkt am Meer und unter Palmen. Mit Restaurant.

In Ambanja:

* *

Hôtel Palma Nova, mitten im Ort gelegenes, sauberes und rel. komfortables Hotel, mit Restaurant.
Tel.: 86 500 41, mobil: 032 0461121
email: palma_nova@yahoo.fr, homepage: www.hotel-nord-madagascar.com

Hôtel Patricia, unter chinesisch/madagassischer Leitung stehendes, sehr familiäres Hotel. Untersch. Preis– und Komfortstufen. Sehr hilfsbereite Besitzer, hervorragende Küche.
Tel.: 86 500 22 oder 86 928 87, mobil: 032 4862228

*

Hôtel Sambirano, eben noch akzeptables Hotel mit mehreren, einfach ausgestatteten Zimmern. Sehr preiswert!
Tel.: 86 920 60

● Ambatofotsy

Anreise:
Über die RN 7 von Tana, mit dem Taxi-Brousse 1-2 Std., mit dem Mietwagen etwa eine dreiviertel Stunde, je nach Verkehr.

Unterkunft/Essen und Trinken:

* * bis * * *

Hotel Restaurant Carat, Anlage mit 19 Bungalows und gutem Restaurant.
Tel.: 24 262 31, mobil: 034 0123420
homepage: wwhort.mg

* * *

Chalet Bonne Place, Lot XV 100, Anosibe/Ambatofotsy, Anlage mit 4 Bungalows und Restaurant **Le Mitas**
mobil: 032 0779230 oder 033 1178865 oder 033 1286388
email: restomitas@yahoo.fr

● Ambatofinandrahana

Anreise:
Über die RN 35 Richtung Morondava von Ivato-Centre (10 km südlich Ambositra an der RN 7, nur zur Winterzeit machbar!!!)

Unterkunft:

* *

Hotel du Marbre, 12-Zimmer-Haus mit Restaurant und wunderbarem Garten mit einheimischen Pflanzen.

Essen&Trinken:

Mehrere Restaurants, hotely und Garküchen im Ort entlang der Hauptstraße. Einfache, aber in der Regel gut zubereitete Gerichte zum Spottpreis.

● Ambatolampy

Anreise:
- Straße: Auf der RN 7 von Tana aus.
- Eisenbahn: Die Bahnlinie von Tana nach Antsirabe führt durch Ambatolampy hindurch, ist aber nur sporadisch in Betrieb.

Unterkunft/Essen und Trinken:

* * * bis * * * *
Hotel Antsaha, Anlage mit 27 Bungalows. Das Ressort liegt etwas abseits, kurz vor Ambatolampy (von Tana aus kommend) biegt man rechts ab und gelangt nach wenigen hundert Metern hierher. Reiten, Tennis, Swimmingpool und andere Annehmlichkeiten werden geboten. Das Restaurant ist bestens für eine Mittagsrast auf dem Weg nach Süden geeignet!
Tel.: 44 050 02, mobil: 032 4056469 oder 033 1222046
email: antsaha@freenet.mg.

* *
Manja Ranch, Lot B 153, Mandrevondry/Ambatolampy. Etwa 2 km südlich der Stadt gelegenes Ressort mit hübschen Zimmern und Campingmöglichkeit. Doug aus Amerika und seine madagassische Frau Bijou kümmern sich herzlich um ihre Gäste. Sie führen nicht nur ein gutes Restaurant, sondern auch einen **Fahrradverleih** und helfen gerne, andere sportliche Aktivitäten zu organisieren.
mobil: 033 1199370 oder 032 0464857
email: bijouxline@yahoo.fr

Hotel au Rendez-vouz des Pecheur, sauberes 9-Zimmer-Hotel mit großem, sehr beliebtem Restaurant unter albanischer Leitung.
Tel.: 42 492 04, mobil: 032 0509843
email: locogico@yahoo.fr

*
Njara Hotel, das preisgünstigste Hotel am Ort, welches noch empfohlen werden kann. Direkt im Ort, nahe dem Marktplatz. Mit Restaurant.

● Ambatondrazaka (Lac Alaotra)

Anreise:
- Straße: Über die relativ holprige RN 44 von Moramanga aus (155 km, 5 Std.)
- Flugzeug: Mehrere Landepisten für Kleinflugzeuge am Lac Alaotra und nahe Ambatondrazaka, kein regelm. Flugverkehr.

Unterkunft:

Ambatondrazaka ist wie kaum eine Stadt Madagaskars überhaupt nicht auf Gäste eingestellt: es hat wenig Unterkünfte zur Auswahl:

* * *

Hôtel Restaurant Belle Rive, neu eröffnetes Haus unter madagassischer Leitung, komfortabel und sauber. Gutes Restaurant – wahrscheinlich die beste Wahl am Ort!

* bis * *

Max & Irene, relativ zentral gelegenes Haus mit 8 sauberen Zimmern. .
Tel.: 54 813 86

Plaisier, zentral gelegenes Haus mit 10 sehr einfachen Zimmern, teils mit warmem Wasser. Mit Restaurant (chinesisch)
Tel.: 54 812 61

Nab' Hotel, am Ortseingang gelegen, 10 einfache Doppelzimmer ohne Komfort. Kein Restaurant!
Tel.: 54 812 13

Essen&Trinken:

Ein echtes Problem hier. Praktisch kein Restaurant (außer in den wenigen Hotels) und keinerlei Auswahl.

Restaurant a la´ bonne Ruche, chinesischer Laden mit sehr langsamer Bedienung. Akzeptabel – schon mangels Wahlmöglichkeit!

● Ambila-Lemaintso

Anreise:
Über eine recht holprige Piste von Ampasimanolotra (Brickaville) aus (15 Kilometer, 30 Minuten), dann muss man noch über den Kanal übersetzen, da sich der Ort auf einer Landzunge zwischen Meer und Kanal erstreckt.

Unterkunft/Essen&Trinken:

Überraschend gutes Angebot, zwar nur wenige Hotels, doch meistens komfortabel und empfehlenswert. Allerdings ist fließendes Wasser ein Problem im ganzen Ort, auch der Hotels!

* * *

Relais Malaky, das vielleicht beste Haus am Ort. Mit Restaurant. Guter Service. Direkt am Bahnhof gelegen.
Tel.: 56 260 13 oder 22 644 15

Le Nirvana, ordentliches Haus mit 8 Zimmern untersch. Preis– und Komfortstufen, unter franz. Leitung, zentral gelegen.

mobil: 032 55 852 69 oder 032 04 537 46

*

Tropicana, mehrere neue Bungalows, einfach, freundlicher Service.
Essen auf Wunsch und Bestellung

● Ambilobe

Anreise:
- Straße: über die RN 6 von Norden (Antsiranana, 140 km, ca 2 - 2,5 Std.). Oder über die RN 6 von Süden (Tana 940 km, Ambanja 100 km). Oder über die RN 5A von Osten (Iharána/Vohémar, 170 km, 5-6 Std., je nach Saison auch mehr!).
- Flugzeug: Ambilobe verfügt über eine Landepiste für kleinere Maschinen, aber kein regelm. Flugverkehr!

Unterkunft:

Insgesamt sehr wenig Auswahl – Ambilobe ist kein Ort, der auf Tourismus ausgerichtet ist.

* * bis * * *

Florida Eden, zentral gelegen, nette Bungalows und Zimmer untersch. Komfort-und Preisstufen. Mit Restaurant.
mobil: 032 0503383 oder 032 5525108

Hôtel National, die wohl beste Unterkunft am Ort. Das zentral gelegene Hotel ist relativ neu und verfügt über zahlreiche Zimmer in unterschiedlichen Preis – und Komfortstufen, teils mit Klimaanlage. Sehr hübsch sind die breiten Balkone und Zwischengänge, in denen morgens das Frühstück serviert wird.
Tel.: 82 065 41

* *

Noor Hotel, neben der Tankstelle am nördlichen Ortsende gelegenes, traditionsreiches Haus. Rel. komfortable Zimmer, teils mit Badezimmer. Ziemlich ruhig, sehr netter Service. Mit Restaurant.
Tel.: 82 061 95 oder 82 066 04

*

Hôtel Amicale, nur für den Notfall zu empfehlendes Hotel, gegenüber dem National. Eher laut durch die hauseigene Disco, keine Moskitonetze, könnte sauberer sein!

Essen&Trinken:

Mehrere hotely und Garküchen, besonders auf dem Markt kann man sich ganz gut „durchprobieren“ .

Restaurant L´ Escargot, mitten im Ort gelegenes Restaurant, netter Service. Empfehlenswert!

Post/Paositra:

Bislang existieren weder Banken noch Wechselstuben. Postamt vorhanden, jedoch nicht sicher immer geöffnet.

● Amboasary – Lac Anony

Anreise:
Auf der RN 13 von Fort Dauphin (Taolanaro) aus. (75 km, 1,5 Std) Oder von Osten aus Richtung Tuléar oder Ihosy.

Unterkunft/Essen&Trinken:

Zahlreiche hotely, in denen man einfach, schmackhaft und sehr billig essen kann.

* * *
Discovery Hotel**,** im südlichen Stadtteil gelegene, ruhige Anlage mit 11 komfortablen Bungalows. Mit Restaurant.

● Ambohimanga (ehem. Rova)

Anreise:
Auf der RN 3 von Tana aus in nordwestlicher Richtung, etwa 22 km vom Stadtzentrum entfernt.

Unterkunft/Essen und Trinken:

* * *bis * * * *
Relais du Rova, nettes 10-Zimmer-Hotel, ebenfalls etwa 5 km vor Ambohimanga an der RN 3. Mit Bar und Restaurant.
Tel.: 22 017 17, mobil: 034 2201717
email: relais-rova@mel.moov.mg, homepage: www.hotels.restaurant.madagascar.com

● Ambohitra-Joffreville

Anreise:
Über die gut asphaltierte Straße von Antsiranana (biegt bei **Antanamitarana** von der RN 6 ab), etwa 30 Kilometer. Mit Taxi-Brousse oder Mietwagen/Taxi ab Antsiranana.

Unterkunft/Essen&Trinken:

Da Ambohitra in nächster Nähe zum **Nationalpark Montagne d´Ambre** liegt, sollte man meinen, dass es hier touristisch gut entwickelt sei. Weit gefehlt – der verblichene, fast bizarre Charme des ehem. Wohnorts der Franzosen ist zwar einen Besuch wert und die Aussicht hinab nach Diego ist auch sehr schön. Da Antsiranana jedoch nur einen Katzensprung entfernt ist, nehmen die meisten Besucher lieber dort Quartier.
Dennoch gibt es auch hier sogar eine Spitzenunterkunft und ein paar gute, preiswerte Alternativen.

* * * * * *

Le Domaine de Fontenay, gewiss eines der besten Hotels von ganz Madagaskar: 8 Doppelzimmer und eine Suite in einem wunderschönen alten Herrenhaus erwarten den Besucher und umgeben ihn mit Charme, Stil und Luxus. Ein erstklassiges Restaurant, eine Bibliothek und ein schöner Garten runden das hervorragende Angebot ab. Unter deutscher Co-Leitung.
Tel.: 82 908 71, mobil: 032 1134581
email: contact@lefontenay-madagascar.com
homepage: www.lefontenay-madagascar.com.

* * * * *

Nature Lodge, wunderschöne Anlage mit 10 geschmackvollen Bungalows, herrlich gelegen.
Erstklassige Bar&Restaurant. Sehr zu empfehlen. Gehört zum *Grill du Rova* in Tana (siehe dort) und kann auch dort gebucht werden.
mobil: 032 0712306
email:naturelodge@wanadoo.mg.
homepage:www.naturelodge-ambre.com.

* * *

Hôtellerie du Monastére, das Benediktinerkloster bietet eine ganze Auswahl an einfachen, aber sehr sauberen Zimmern, teils mit Bad. Essen im Gemeinschaftsraum, mit kleinem Souvenirladen (Handarbeiten).
mobil: 032 0479534
email:contact@gitesaintbenoit.com

* *

Auberge Sakay Tany, einfache Zimmer mit rel. wenig Komfort, aber sauber und ordentlich. Preiswerte Alternative.
mobil: 032 0428122
email: contact@sakay-tany.com
homepage: www.sakay-tany.com

Parkverwaltung

Parc National Montagne d`Ambre
mobil: 033 0246799

- **Ambohitralanana – siehe Cap Est-Masoala-Halbinsel NP**

- **Ambohitsara**

Anreise:
- Straße: auf der RN 11A von Nosy Varika (45 km, 2-3 Std.) oder Mananjary (55 km, 3 Std.) aus.
- Schiff: Regelmäßiger Bootsverkehr auf dem Canal des Pangalanes von und nach Toamasina und Manajary.

Unterkunft/Essen&Trinken:

Da die meisten Reisenden nur auf der Durchreise sind, um den berühmten **steinernen Elefanten** anzusehen, hat der Ort wenig zu bieten. Einzig für Kanalreisende und/oder Ruhesuchende gibt es eine reizvolle Möglichkeit:

* *

Auberge Ambohitsara, einzige Unterkunft am Ort, 7 hübsche Bungalows am Kanal, reizender Service. Essen auf Bestellung.
Tel.: 22 267 21 (Tana), mobil: 032 0726721

● Ambositra

Anreise:
Über die RN 7 von Tana aus (ca. 260 km, 4-5 Std.) bzw. von Fianarantsoa aus (ca. 160 km, 2-3 Std.). Mit Taxi-Brousse oder Mietwagen.

Unterkunft:

* * * bis * * * *

Angelino Tsaralaza, Rue de Commerce (westliche Hügelseite), herausragendes Gästehaus. 7 saubere und komfortable Zimmer.
Tel.: 47 711 92, mobil: 032 0786881
email: Angelino-hotel@moov.mg

* * *

Spezialtipp des Verfassers:

Hotel L ` Artisanat (Chez Victor), Manarintsoa, sehr zentral unterhalb der Kirche und der Rue de Commerce gelegen. Schönes Hotel mit 12 Bungalows und 10 Zimmern im traditionellen Zafimaniry-Stil aus Edelholz. Hervorragendes Restaurant, exzellenter Service.
Tel.: 47 710 19, mobil: 034 6464253 oder 033 0456697 oder 032 5199609
email: artisan_hôtel@yahoo.fr

* * bis * * *

Hôtel Violette, etwa 1 km nördlich der Stadtmitte gelegenes Hotel mit 10 komfortablen Zimmern und einem Bungalow. Zimmer in untersch. Preislagen, Restaurant.
Tel.: 47 710 84, mobil: 032 4202890
email: motel-violette@moov.mg, homepage: www.motel-violette.com

* *

Hôtel Manja, in zentraler Lage an der RN 7 unterhalb des Hügels gelegenes 14-Zimmer-Haus. Sehr schöne, grosse Zimmer bzw. Suiten, teils mit Balkon. Mit Restaurant. Der Eingang zu dem von der lauten Hauptstrasse etwas zurückgesetzten Hotel erfolgt durch ein buntbemaltes Blechtor, dass abends durch einen Schlitz entriegelt bzw. geöffnet werden muß.
Tel.: 47 710 21, mobil: 033 1500513
email: toursmanja@moov.org.

Residénce Mahatsinjo, sehr freundliches Gästehaus an der RN 7 , etwa 1 km nördlich des zentralen Hügels. Die Eigner lassen den Gast spüren, dass er willkommen ist: neben

individueller Bekochung nach Wunsch durch die Frau des Hauses organisiert Herr **Jean-Noel** auch Touren zu den Zafimaniry-Dörfern und zu anderen Sehenswürdigkeiten.
Tel.: 47 710 36
email: jeannoeltours@yahoo.fr.

La Relais des Tropiques, am südlich des Hügels gelegenes 10-Zimmer-Hotel unter indischer Leitung. Einfach, aber sauber und preiswert. Sehr gutes Restaurant im Hause.
Tel.: 47 711 26, mobil: 033 0271126 oder 033 0278920

* bis * *
Grand Hotel, zentral an der Rue de Commerce gelegenes traditionsreiches Hotel mit 14 Zimmern. Obwohl das Grand Hotel eindeutig schon bessere Zeiten gesehen hat, konnte es viel von seinem Charme bewahren. Mit Restaurant.
Tel.: 47 712 62, mobil: 034 0638806 oder 032 4076047
email: fabricestephane@yahoo.fr oder fabricestephane@gmail.com

Auberge Prestige, sehr familiäres Gästehaus mit 8 Zimmern in zentraler Lage an der Rue de Commerce. Der Besitzer ist sehr um das Wohl der Gäste bemüht und organisiert auf Wunsch auch Touren zu den Sehenswürdigkeiten der Umgebung. Besonders für Familien zu empfehlen.
Tel.: 47 711 35

Essen und Trinken

Die meisten Hotels verfügen über eigene Restaurants. Für Feinschmecker und Restaurantliebhaber ist Ambositra eher eine karge Stadt. Daher nur wenige Tipps:

Hotely Tanamasoandro, RN 7, mitten im Stadtzentrum am östl. Hügelrand. Wunderbar einerichtetes, preiswertes aber sehr gutes madagassisches Restaurant. Sehr zu empfehlen!
Tel.: 47 713 65

***Restaurant Oasis Annexe*,** an der RN 7 nördlich des Hügels neben dem Markt gelegenes Restaurant mit Snack-Bar, Frühstück (mit Live-Musik,) „take-away-food“sowie einer Dachterasse mit Blick auf das geschäftige Markttreiben.

Einkaufen in Ambositra

Natürlich ist Holz das beherrschende Material der Stadt. Zahlreiche Läden und unzählige Straßenhändler ringen um die Gunst der Käufer. Beste Adresse jedoch ist Chez Victor ("Artisan") gegenüber dem Grand Hotel mit der hauseigenen Schreinerei und Schnitzerei – v. a., wenn Sie die Herstellung der fragilen Einlegearbeiten sehen wollen.

Banken und Wechselstuben:

BNI – CL, an der RN 7 am südlichen Rand des Hügels, mit Geldautomat.

BOA, schräg gegenüber der BNI-CL an der RN 7, mit Geldautomat.

Reiseveranstalter/Fremdenführer:

Manja Tours (im gleichnamigen Hotel) organisiert Touren zu den Zafimaniry-Dörfern.

Indigobe, LOT VII F 16 Andrefatsena, sehr professionelle und vielseitige Agentur, organisiert Touren zu den Zafimaniry und vieles andere (auf Wunsch fast alles!)
mobil: 032 41132498
email: info@indigobe.com

● Ambovombe

Anreise:
- Straße: Von Fort Dauphin (Taolanaro) von Osten aus auf der RN 13 (110 km, 3 Std.) Oder von Nordosten aus auf der RN 13 von Ihosy über Betroka (über 300 km,16-20 Std.) Oder auf der RN 10 von Tuleár aus (ca. 520 km, 20-24 Std.)
- Flugzeug: Ambovombe verfügt über eine Landepiste für kleinere Flugzeuge. Kein planmäßiger Flugverkehr, nur Charter.

Unterkunft/Essen&Trinken:

* *

L´Oasis, wohl das beste Hotel am Platz. 8 schöne, saubere und preiswerte Zimmer mit Balkon. Mit Restaurant. Kein fließendes Wasser, Gemeinschaftsdusche, Strom nur zeitweilig.
Tel.: 92 700 16

*

Jo´s Hotel-Restaurant, Bungalowanlage direkt am Ortseingang, wenn man von Westen kommt. 5 Zimmer und 2 Bungalows, sauber, einfach und preiswert. Mit Restaurant. Preiswerte Alternative. Sehr hilfsbereites Personal. Die Bungalows haben Dusche, die Zimmer Gemeinschaftsdusche und -WC auf dem Flur.
Tel.: 92 704 75 mobil: 032 0798972

Ezaka Magnevarova, einfaches 13-Zimmer-Haus mit einfachen, billigen Zimmern ohne fließend Wasser. Gemeinschaftsdusche/-WC. Mit Restaurant.

● Ampanihy

Anreise:
- Straße: von Nordwesten aus Tuléar/Betioky auf der RN 10 (Tuleár-Ampanihy ca. 290 km, 13 Std.) Oder von Südosten aus Fort Dauphin/Tsihombe auf der RN 10 (Fort Dauphin-Ampanihy 420 km, 10 Std.)
- Flugzeug: Landepiste außerhalb des Ortes, kein planmäßiger Flugverkehr, nur Charter.

Unterkunft/Essen&Trinken:

Fast keine Auswahl:

* *

Hôtel Angora, nettes Hotel mit 6 sauberen Zimmern und einigen Bungalows etwa 100 Meter vom Restaurant entfernt. Mit Campingmöglichkeit.
Tel.: 94 434 30

*
Relais des Antandroy, einfaches, preiswertes und sauberes Gästehaus mit eigenem Restaurant.

Chez Tahio, sehr einfaches Hotely mit sehr preiswerter, aber guter Küche. Als Unterkunft gerade noch akzeptabel!

● Ampasimanolotra (Brickaville)

Anreise:
- Straße: Über die RN 2 von Tana aus (knapp 270 Kilometer, 6-7 Std.) oder Toamasina (100 Kilometer, 1,5 bis 2 Std.).
- Eisenbahn: Tägliche Verbindung von Tana und Toamasina aus.

Unterkunft/Essen&Trinken:

Kaum Auswahl, schon gar keine Besonderheiten.

* *
Bricka Cool Hotel, mit seinen 8 einfachen Bungalows wohl das beste Haus am Ort.

Bungalow Dauphin, nette Anlage, mit Restaurant.
mobil: 033 1422478

*
Hôtel des Amis, kaum empfehlenswerte Absteige, nur für Notfälle. Sehr preiswert!

Hôtel Restaurant Mevasoa, mit 3 einfachen Bungalows eine noch akzeptable Alternative. Essen auf Bestellung.

Restaurant Florida, an der Hauptstraße, preiswert, ganz gut.

Post/Paositra:

Postamt vorhanden, unregelm. Besetzt!

● Ampefy - siehe Lac Itasy

● Ampijoroa - siehe Ankarafantsika-Nationalpark

● Anakao

Anreise:
- Straße: von Tuléar aus auf holpriger Piste. (55 km, ca. 3-4 Std. Fahrt mit Taxi-Brousse, etwa 1,5-2 Std. mit dem Mietwagen, 4WD empfohlen!)
- Schiff: von Tuléar aus mit der Piroge (2 Std.) oder Speedboat (45 min) oder von St. Augustine aus mit der Piroge (30 min).

Unterkunft:

* * * * *

Club Ressort Anakao, das teuerste und wahrscheinlich auch beste Hotel am Ort. Sophie und Peter haben hier ein traumhaftes Hotel geschaffen, dass keine Wünsche offen lässt! Mit Restaurant, außerdem reichlich Wassersportmöglichkeiten: Windsurfen, Bootstouren, Tauchen/Schnorcheln, Hochseefischen.
Tel.: 22 336 28
email: mda@wanadoo.mg

* * * *

Chez Diego, nette Anlage mit 7 schönen Bungalows, allerdings z.T. etwas laut! Insgesamt reichlich überteuert, (Gemeinschaftstoilette, warmes Wasser auf Anfrage!)
mobil: 032 0434142 oder 032 0227520

Prince Anakao, größtes Ressort am Ort, 25 hübsche Bungalows (allerdings ohne warmes Wasser, auch sollten Sie unbedingt ein Moskitonetz verlangen, da z.T. nicht vorhanden! Erstklassiges Restaurant!
Tel.: 94 439 57 oder 94 902 00, mobil: 032 4085833
email: prinve.anakao@gmail.com, homepage: www.hotelprinceanakao.com.

* * *

Longo Vezo, schönes. gepflegtes Ressort mit 8 Bungalows und eigener Tauchbasis. Auch Bootstouren, Surfen und andere Aktivitäten buchbar.
Tel./Fax: 94 437 64, mobil: 032 0263123
email: longovezo@simicro.mg

Safari Vezo, das wahrscheinlich älteste Haus am Platz, seit vielen Jahren ein Begriff. Nicht umsonst: 23 schöne Bungalows und die erstklassige Tauchbasis sowie zahlreiche andere buchbare Aktivitäten.
Tel./Fax: 94 413 81, mobil: 032 0263887
email:safarivezo@moov.mg, homepage: www.safarivezo.com

La Réserve, 6 nette Bungalows etwas außerhalb des Ortes. Einfach, aber gemütlich und sehr schön gelegen. Hervorragende Küche. Bootstouren (Walbeobachtungen, Fischen usw.) buchbar.
mobil: 032 0214155
email:quad@dts.mg

*

Chez Emile, nette Anlage mit 6 einfachen, sehr preiswerten Bungalows. Trotzdem sehr nett, sauber und familiär. Eine v.a. bei den Einheimischen beliebte Bar und ein kleiner Laden gehören auch dazu.
mobil: 032 0402376

Essen&Trinken

Die meisten Hotels und Ressorts haben eigene Restaurants – Fisch und Meeresfrüchte überwiegen praktisch überall (je nach Saison variabel, so gelten für Hummer und Garnelen in manchen Monaten Fangverbote!) Wer gar keinen Fisch oder Meerestiere mag, hat in Anakao ein echtes Problem....!

Restaurant Chez Emile, hübsches Restaurant, hat neben Fisch und Meerestieren auch andere Speisen im Angebot. Sehr empfehlenswert! Siehe Hotel Chez Emile (oben)

Mme Coco, sehr schönes und empfehlenswertes Restaurant, hervorragende Küche!

● Andapa – Marojejy-NP

Anreise:
- Straße: Über die gut ausgebaute RN 3 B von Sambava aus (ca.100 km, 3 Std.).
- Flugzeug: Andapa verfügt über einen Flugplatz, wird aber nicht regelmäßig von Air Madagascar angeflogen. Charterservice.

Unterkunft:

* *bis * * * *
Hôtel Riziki, die zugleich billigste und auch teuerste Unterkunft in Andapa, je nachdem, welchen Komfort man bevorzugt: Das etwas außerhalb gelegene Hotel (an der Hauptstraße Richtung Sambava) bietet nicht nur 5 einfache, saubere Zimmer an (trotzdem mit fließendem Warmwasser!) sondern auch mehrere sehr komfortable Bungalows in höherer Preislage.
Tel.: 88 072 31, mobil: 032 0200743 oder 032 4021422
email: riziky.andapa@gmail.com

* * *
Hôtel Beanana, kleines Hotel mit 5 Zimmern. Gute Unterkunft in bester und sehr ruhiger Lage, netter Service. Erstklassiges Frühstück!
Tel.: 88 070 47 mobil: 032 4022610
email: scothlopao@yahoo.fr
homepage: http://hotel-beanana.no-ip.com.

* *
Vatsoa, zentral gelegenes Hotel mit 8 Zimmern und einem Bungalow, relativ komfortabel. Gutes Restaurant, eine preiswerte Alternative.
Tel.: 88 070 78
email: hotelvatsoa@yahoo.fr

Essen&Trinken:

Restaurant Maroantsetra, gegenüber dem Vatsoa gelegenes, preiswertes und gutes Restaurant.

Banken/Wechselstuben/Post:

Es existiert eine Filiale der **BOA**, ebenso ein **Postamt.**

Reiseveranstalter/Fremdenführer:

Piéces Auto, empfehlenswerte „Agentur" in Andapa, organisiert auch Touren in die Schutzgebiete.
homepage: http://travel.marojejy.com

Hinweis: Obgleich die Schutzgebiete mittlerweile wieder "unbeschränkt" geöffnet sind, stellt das Problem der Holzwilderei ein n.w.v. nicht zu unterschätzendes und – durch offenkundige Protektion "von oben" – nicht ungefährliches Gefahrenpotential dar! Die Holzdiebe sind z.T. bewaffnet und nicht gerade erpicht auf Zeugen Ihrer Verbrechen. Erkundigen Sie sich nach der aktuellen Lage und gehen Sie keinesfalls ohne Begleitung nach Marojejy!

Parkverwaltung:

Parc National de Marojejy
Tel.: 88 070 27

● Andasibe

Anreise:
- Straße: Von Tana aus der gut ausgebauten RN 2 (knapp 150 Kilometer, ca. 3 Std.) oder von Toamasina (Tamatave) aus. (220 Kilometer, 4-5 Std.)
- Eisenbahn: Von Tana aus täglich.

Unterkunft/Essen & Trinken

* * * * *

Vakona Forest Lodge, teuerste und beste Unterkunft am Ort, ca. 3 km außerhalb von Andasibe idyllisch gelegen. 22 komfortable Bungalows, große Eingangshalle mit offenem Feuer. Zahlreiche Aktivitäten wie Reiten, Wellness/Spa, Lemurenzoo(!) Mit Restaurant.
Tel.:22 624 80 Fax: 22 230 70
email: izouard@bow.dts.mg

* * *

Feon´ny Ala, fast direkt am Parkeingang Andasibe NP unweit der Abzweigung zur RN 2 gelegen. 30 einfache Bungalows untersch. Preislagen, ziemlich gutes Restaurant, schöne Lage direkt am Lac Rouge. Mit etwas Glück werden Sie hier morgens von den Indris geweckt!
Tel.: 56 832 02, , mobil: 033 0583202

Eulophiella Lodge, etwas außerhalb (abseits der RN2 unweit des Dorfes **Ambolomborona**) gelegen (Beschilderung beachten, wenn man von Moramanga kommt.) 10 Zauberhafte Bungalows, am Rande des Waldes gelegen. Gutes Restaurant, familiärer Service, empfehlenswert!
Die Besitzer organisieren auch geführte Exkursionen in den Wald.
Tel.: 22 242 30, mobil: 032 0756782

Buffet de la Gare, traditionsreiches Haus nahe dem Bahnhof von Andasibe. Schon seit über 70 Jahren in Betrieb, verfügt das Haus heute über 13 Bungalows in unterschiedlichen Komfortvarianten. Sehr schönes Restaurant, guter Service.
Tel.: 56 832 08

* *

Hôtel Orchidée, einfaches Haus mit 10 Zimmern. Zentral gelegen, mit Restaurant.
Tel.: 56 832 05

Post/Paositra:

Regelmässig besetztes Postamt in Andasibe (Ort)

Parkverwaltung:

Parc National de Andasibe/Mantadia
Tel.: 56 832 21

● Andavadoaka

Anreise:
- Straße: von Morombe aus auf schlechter Straße, etwa 40 Kilometer, 2 Std.) oder von Tuléar aus. (180 km, 8 Std., nur mit 4x4 möglich)
- Schiff: von Morombe aus (5 Std.) oder von Tuléar aus (1-2 Tage) möglich.
- Flugzeug: Seit 2012 regelmässiger Flugverkehr mit Air Madagascar von/ab Morondava

Unterkunft:

* * * * * *

Laguna Blu Ressort, Spitzenklasse in jeder Hinsicht: luxuriöse und perfekt ausgestattete Bungalows, europäischer Standard, professioneller Service. Fast unnötig zu erwähnen ist auch die erstklassige Küche im Restaurant. Unter italienischer Leitung.
Zum Ressort gehört auch eine eigene Tauchbasis, das **Manta Diving Center.**
Medizinische Versorgung inklusive: eine eigene Klinik ist ebenfalls vorhanden
Das Ressort organisiert Ihren Tranfer gerne: von Morombe aus oder von Tuléar aus.
Sat-Phon: 088 707 626 706 34
email: lagunabluresort@lagunabluresort.com, homepage: www.lagunabluresort.com

* * *

Manga Lodge, wunderschöne Bungalowanlage direkt an der Bucht, etwas abgelegen. Mit sehr gutem Restaurant und erstklassigen Bade– und Schnorchelmöglichkeiten. Unter französischer Leitung.
Sat-Phon: 088 163 155 445 4

*

Hôtel Coco Beach, schöne, einfache und sehr preiswerte Bungalows in paradiesischer Lage. Gute Küche.
mobil: 032 0740499
Kontakt auch über **Blue Ventures** oder **Hôtel Baobab** in **Morondava** (siehe dort bzw. unter **Reiseveranstalter** weiter unten)

Chez Antoine, schöne, saubeer und ordentliche Bungalows (in allen Farben!), sehr familiärer und herzlicher Service, sehr gute Küche, alles zum Spottpreis – eine sehr gute Alternative!

Reiseveranstalter:

Blue Ventures sind federführend in der vorsichtigen Erschließung der Region für den Tourismus. Insbesondere die Einbindung der lokalen Bevölkerung ist neben dem

Naturschutz oberstes Ziel.
homepage: www.blueventures.org

Andohahela-Nationalpark

Andohahela ist eines der Top-Higlights hier im Süden und wird daher von allen Reiseveranstaltern und Tour-Operators in Taolanaro als Ausflugsziel angeboten. Wenn Sie „unabhängig“ hin wollen, bedenken Sie den schlechten Zustand der Pisten, die praktisch nur mit 4x4 zu machen sind. Da der Park außerdem fast keine Infrastruktur aufweist, ist Camping die bevorzugte Unterbringung, außerdem müssen Verpflegung und Wasser mitgebracht werden. Da für den Besuch des Nationalparks außerdem eine Erlaubnis erforderlich ist bzw. Eintritt bezahlt werden muss, empfiehlt sich die Organisation des Ausfluges über einen der „Spezialisten“ in Taolanara, (siehe Taolanaro im A-Z Orte)

Anreise:
Mit dem Allradfahrzeug von Taolanaro aus.

- **Teil 1 – Malio**: Nur mit dem Allradfahrzeug zu erreichen, über die RN 13 Richtung Westen, nach ca. 20 km (kurz vor **Manambaro**) geht eine sehr schlechte Piste nach Norden. Nach etwa 7 km erreichen sie das Dorf **Malio**, von wo aus Sie mit einem Guide den Parkteil erkunden können. Nur während der Trockenzeit (Mai – November) machbar!
- **Teil 2 - Mangatsiaka und Ihazofotsy**: Auf der RN 13 ca. 50 km Richtung Westen bis kurz hinter **Ranopiso,** danach biegt man nach Norden ab und kommt nach etwa 7 km ans Ziel.
- **Teil 3 – Tsimelahy:** Auf der RN 13 Richtung Westen, nach etwa 10 km geht die schlechte Piste dann für 10 km nach Norden.

Unterkunft/Essen und Trinken:

Praktisch nur Camping möglich, mehrere z.T. recht gut ausgestattete Campingplätze in allen Parkteilen (der schönste ist im Teil 3). Bescheidene Einkaufsmöglichkeiten und Essen in **Manambaro** und **Ranopiso** an der RN 13 . Ansonsten auch Unterkunft in **Amboasary** möglich (siehe dort).

* *
Centre d´Interpretation Andohahela, etwa 8 km außerhalb von Taolanaro gelegen, bietet neben umfassender Information auch mehrere einfach ausgestattete Zimmer, ein kleines Restaurant sowie einen Campingplatz für Selbstversorger an.
Tel.: 92 212 68

Parkverwaltung:

Parc National d'Andohahela
Tel.: 92 212 68

● Andrambovato

Anreise:
Mit der FCE-Eisenbahn von **Fianar** aus, Ankunft von Fianar (Di., Do., Sa.) um 09:00 morgens, aus der Gegenrichtung von **Manakara** kommend (Mi., Fr., So.)gegen 14:00.
Es existiert keine Autostraße, lediglich ein Fußweg von Sahambavy aus.

Unterkunft:

* * *

Tsara Guest House Cabins, vom selben Betreiber wie das Tsara in Fianar (Adresse und Kontakt siehe dort). Schöne, romantische Bungalows direkt am Rande des Urwald, etwas abseits vom Dorf. Selbstversorgung!!!

Gite Lac Hotel, ein Außenressort des Lac Hotels in Sahambavy (siehe dort), komfortable und saubere Bungalows in schöner Lage. Außerdem Campingmöglichkeit und Zeltverleih für „nicht angemeldete" Gäste. Versorgung durch den Wächter der Anlage, dieser fungiert auch als Koch. Die Lebensmittel sind von Ihnen zu organisieren bzw. werden auf Veranlassung besorgt!

Essen und Trinken:

Kulinarisch hat Andrambovato wenig Aufregendes zu bieten: einige Garküchen und auf der Straße zubereitete Speisen bieten einfache, preiswerteste Kost. Wenn jedoch der Zug im Ort hält, verwandelt sich der Bahnhof schnell in einen Markt mit zahlreichen Speisemöglichkeiten (siehe „auf Schmalspur durch den Dschungel"), Getränke können in einem der wenigen kleinen Läden am Ort gekauft werden, daneben gibt es lediglich Dinge des nötigsten Bedarfs zu kaufen!

● Andringitra-Nationalpark

Anreise:
Auf der Piste von Ambalavao aus Richtung **Antanifotsy** oder von Ambalavao aus über **Vohitsara** Richtung **Morafeno**.
Oder von **Ivohibe** aus Richtung **Antambohobe**.

Nur mit dem Mietwagen oder (seltenen) Taxi-Brousse erreichbar. Oder aber zu Fuß oder Fahrrad von Ambalavao aus: reizvolle Alternativen!

Unterkunft:

Andringitra ist eigentlich etwas für Camper bzw. Leute, denen eine oder zwei Nächte im Zelt nichts ausmachen. Der am günstigsten gelegene und bekannteste Campingplatz ist der **Belambo-Campingplatz** nahe dem Namoly-Eingang. Mit Kochstellen, WC, Schutzhütte.

Daneben existieren im Tsaranoro-Tal noch drei ziemlich komfortable „**Camps**":

* * * *

Camp Catta, Hüttenanlage mit 6 Holzhütten und (preiswerterer) Campingmöglichkeit.

Relativ gut eingerichtet mit elektr. Strom und ordentlichen Sanitäranlagen. Das besondere sind die zahlreichen Kattas, die sich auf dem Gelände tummeln sowie das wunderbare Bergpanorama.Vorbuchungen über Cotsoyannis Hotel Fianar:
Tel.:75 514 72 oder 75 505 68
email: cotso@malagasy.com oder camp.catta@campcatta.com
homepage: www.campcatta.com

Tsara Camp, komfortable Zeltanlage mit 10 großen, festen Zelte auf Holzböden, alle mit eigenem WC und Sanitärbereich. Dazu ein „Restaurant", Getränkeverkauf, alles inmitten einer faszinierenden Landschaft. Das Camp hat auch ein eigenes Lemurenreservat im Tsaranoro-Tal. Allerdings nicht so einfach hinzukommen: 35 km südlich Ambalavao geht von der RN 7 kurz vor der Ortschaft Tanambao eine Straße bzw. schlechte Piste ab zum Camp. Abseits von den bekannten Touren in Andringitra gelegen, können diese aber hier vor Ort organisiert und gebucht werden. Wird ebenfalls von Boogie Pilgrim (!) in Tana gemanagt!
Tel.: 25 30 70, Fax: 25 30 69
email: tsaracamp@simicro.mg oder tsaracamp@boogiepilgrim-madagascar.com
homepage: www.tsaracamp-madagascar.com.

* *
Meva-Camp, unterhalb des Camp Catta gelegen, direkt unter den eindrucksvollen Kletterfelsen und dem Pic Chamäleon. Sauber, einfach. Preiswert.

Feste Unterkünfte:

* *
Le Gité, in **Ambalamanandray** gelegene Anlage mit mehreren Bungalows in einfacher Ausstattung. Etwas abseits von der Hauptpiste, für Selbstversorger.
Die Anlage wird vom WWF unterhalten, der in Ambalavao auch eine Niederlassung unterhält.
Tel.: 75 340 81

Tranogasy, in dem Flecken **Ambalakajaha** gelegene Anlage mit mehreren Bungalows bzw. Chalets in herrlicher Berglage. Mit Restaurant und für diese Gegend beachtlichem Komfort. Touren können hier organisiert und gebucht werden, auch Ausrüstung ist zu mieten!
mobil: 033 1126427 oder 033 1430678
email: contact@tranogasy.com. oder statatsiresy@wwf.mg.
homepage: www.tranogasy.com

Parkverwaltung:

Parc National d' Andringitra
Tel.: 75 340 81

● Ankanin´ny Nofy (Lac Ampitabe)

Anreise:
Nur in Verbindung mit einem Allradfahrzeug und per Boot möglich. Von **Amposimanolotra** (Brickaville) aus geht nach etwa 20 km eine holprige Piste von der

RN2 ab, auf welcher Sie nach etwa 7 Kilometern nach **Manambato am Lac Rasoabe** kommen. Von dort Überfahrt zu einem der gewählten Hotels.

Unterkunft/Essen&Trinken:

Das **„Nest der Träume“** verfügt über mehrere reizvolle, fast traumhaft anmutende Unterkünfte:

* * * *

Le Palmarium, sehr schöne Anlage mit mehreren geräumigen, komfortablen Bungalows, hauseigener Badestrand, Restaurant. Transfer wird organisiert!
mobil: 033 14 847 34
email: hotelpalmarium@yahoo.fr, homepage: www.palmarium.biz

Buschhaus, eines der bekanntesten und am meisten gelobten Hotels von ganz Madagaskar: 12 schöne Bungalows, eine exzellente Küche sowie der gute Service machen einen Abstecher hierher sehr lohnend! Unter deutscher Leitung
Tel.: 22 530 70, Fax: 22 530 69
email: bushhouseboogiepilgrim@madagascar.com, homepage: www.bushhouse-madagascar.com

* * *

Pangalanes Hotel, 12 gemütliche Bungalows direkt am Vohibola Park. Wunderbar gelegen, gutes Restaurant.
Tel.: 53 334 03 oder 53 321 77

Ony Hôtel, ebenfalls ein echter Tip: 6 geräumige, gemütliche und gepflegte Bungalows, sehr gute Küche, herrliche Bademöglichkeiten. Transfer wird organisiert!
mobil: 033 1158725
email: onyhotellaoka@moov.mg, homepage: http://onyhotel.free.fr

- **Ankarafantsika-Nationalpark (und Ampijoroa)**

Anreise:
- Straße: über die RN 4 von Mahajanga aus (110 km, 1,5-2 Std.) Oder über die RN 4 von Antananarivo (von Süden, 470 km, 7-8 Std.). Oder über die RN 6 von Norden (aus Richtung Antsiranana, 650 km, 10 Std.)

Unterkunft:

* * * bis * * * *

Gite d´Ampijoroa, einzige „feste“ Unterkunft am Nationalpark. Von der Parkverwaltung unterhalten, stehen 6 einfache Zimmer und 5 Bungalows direkt am Lac Ravelobe zur Verfügung. Elektrisches Licht, aber keine Steckdosen(!)
Tel.: 62 226 56

* * bis * * *

Camping Lodge, direkt am Parkeingang, in mehreren Preiskategorien nutzbares Ressort: Für Camper mit eigenem Zelt (6.000 Ar./Nacht) stehen ein gutes Dutzend bedachte

Plattformen zur Verfügung. Mit Küchenbenutzung (20.000Ar./Tag) und der Möglichkeit, komfortable Zelte vor Ort zu mieten: einfache Zelte 10.000 Ar./Nacht, sog. „Safari-Zelte" für 25.000 Ar./Nacht.
Also trotz Camping nicht ganz billig!

* bis * *
Ambodimanga Camping, etwa 700 m vom Parkeingang im gleichnamigen Dorf befindlich. 16 bedachte Plattformen für Camper (4.000 Ar./Nacht), daneben auch 3 einfache Bungalows (30.000 Ar./Nacht) für Selbstversorger.

Essen&Trinken:

Restaurant La Pygargue, direkt am Eingang gelegenes Restaurant unter madagassischer Leitung. Einfache, preiswerte und gute Gerichte.

Nationalparkverwaltung:

Madagascar National Parcs, Mahajanga, 14 Rue Ph. Tsiranana
Tel.: 62 780 00, mobil: 033 0213136
email: akf.parks@gmail.com, homepage: parcs-madagascar.com

• Ankarana (Réserve Naturelle des Tsingy de Ankarana)

Anreise:

Eingang Mahamasina
- Straße: Auf der RN 6 von Norden (Antsiranana, 90 km, ca. 2-2,5 Std.) von Süden (Ambanja/Mahajanga/Tana). Oder über die RN 5 A von Iharana aus und dann von Ambilobe aus auf der RN 6.
- Flugzeug: Keine Landung im Reservat möglich, nur (sehr beliebte) Panoramarundflüge ab Antsiranana. Wenn Sie per Flugzeug anreisen wollen, benutzen Sie die Landepiste in **Ambilobe.** (Nur Charter)

Eingang Matsaborimanga
- Straße: Von Norden aus Antsiranana über die RN 6 bis zum Dorf **Anivorano**, dann die Piste südwestlich bis **Antanamisondrotra**. Von Süden aus Ambilobe über die RN 6 bis zum Dorf **Tanambao-Maivorahonabe**, dann nach Westen abbiegen.

Unterkunft/Essen&Trinken:

Das Ankarana-Reservat bietet (außer den Campingplätzen) kaum touristische Infrastruktur. Wenn Sie nicht in Antsiranana oder Ambilobe übernachten (siehe dort), bleiben nur wenige Alternativen:

* *
Chez Tonton, etwas abseits im Dorf **Ambatomitsangana** gelegenes Hotel mit 12 Zimmern. Die Anlage fügt sich hervorragend ins Gelände ein, alleine die Flora ist schon den Aufenthalt wert. Netter Service, gute Küche. Wenig Komfort (nur kaltes Wasser aus dem Eimer), dennoch ein Geheimtipp für Leute, die Atmosphäre mehr schätzen als Luxus!

*

Chez Robert, nahe dem Osteingang gelegene Anlage mit mehreren einfachen Bungalows ohne großen Komfort. Sehr gutes „Restaurant“
Tel.: 82 065 65

Spezialtipp des Verfassers:

Chez Goulam, ebenfalls nahe dem Osteingang gelegenes Ressort mit 10 einfachen Bungalows – umgeben von typischer Trockenvegetation. Mit Open-Air-Restaurant (erstklassige Küche, gegessen wird, was der Chef und seine Jungs kochen.) Sehr individueller Service, Goulam ist ein sehr weitgereister Mensch (kennt auch Deutschland ganz gut) und ist obendrein einer der versiertesten Guides in Ankarana.
Vor allem zur Abendzeit ist die Stimmung in der Anlage unvergleichlich: Das Rot des Sonnenuntergangs taucht den Platz in ein unwirkliches Licht, bei Einbruch der Nacht wird das Feuer entzündet und das Essen bei Kerzenschein serviert.
Einfach wunderbar!
mobil: 032 0269106

Parkkverwaltung:

Madagascar National Parcs
Tel.: 82 066 09

● Antalaha

Anreise:
- Straße: Auf der RN 5A von Norden. (Sambava 92 km, Mahajanga 550 km)
- Flugzeug: Zweimal pro Woche mit Air Madagascar von Tana (via Maroantsetra) oder Mahajanga aus.
- Schiff: Unregelmäßiger Küstenverkehr nach/von Maroantsetra.

Unterkunft/Essen&Trinken:

* * * *

Hôtel Palissandre, zentral gelegenes Hotel mit 20 komfortablen und gepflegten Zimmern. Mit Restaurant!
Tel.: 88 810 30
email: h.palissandre@sat.blueline.mg

Spezialtipp des Verfassers:

Ocean Momo, etwas außerhalb (südlich des Verladekais am Hafen) gelegen. Herrliche Bungalowanlage aus Edelholz mit Blick aufs Meer und eigenem Privatstrand.
Das Mobiliar des Hauptgebäudes zählt mit zum elegantesten und schönsten, was man aus Rosenholz machen kann.
Erstklassiges Restaurant mit Terrasse und Blick aufs Meer, herzlicher und sehr professioneller Service.
Einziger Schwachpunkt ist die Lage etwas außerhalb – nach Einbruch der Dunkelheit sollten Sie besser nicht zu Fuß hierher unterwegs sein, es gab in der Vergangenheit mehrere Überfälle auf Touristen (u.a. auch auf den Verfasser)

Tel.: 88 907 54, mobil: 032 0234069 oder 033 1433999
email: momo@wanadoo.mg oder oceanmomo@blueline.mg
homepage: www.ocean-momo.com

* *
Vitasoa, zentral gelegenes, preiswertes und gutes Hotel mit einem sehr annehmbaren Restaurant, ein hervorragender Tip für Preisbewußte.
mobil: 032 4076574

Chez Nanie – direkt am südlichen Ende des Strandes beim Verladekai gelegen. Preiswertes Hotel und gutes Restaurant. (Langusten!)
mobil: 032 0459148
email: nanieehotel@yahoo.fr

Banken/Wechselstuben:

BMI-CL, im „Zentrum gelegen, mit Geldautomat.

Post/Paositra:

Postamt nahe dem Büro der Air Madagascar im Stadtzentrum.

Reiseveranstalter/Guides:

Projet d´Analalava. Die empfehlenswerteste Möglichkeit, die Region um Antalaha kennen zu lernen: Das küstennahe Ressort ist eine Gründung von **Erik Steiner** aus Rapperwil/Schweiz. Erik betreibt nicht nur praktische Entwicklungshilfe vor Ort, sondern bietet auch Exkursionen und Aktivitäten rund um Masoala an. Professionelles Management, unbedingt förderungswürdig!
mobil: 032 0771364 oder 032 0434027
homepage: www.projet-analalava.com

● Antananarivo

Anreise:

Flugzeug: mehrmals pro Woche internationale Abflüge/Landungen von/nach:
-Paris
-Bangkok
-Nairobi
-Réunion
-Mauritius
-Johannesburg
-Mailand
-Hangxhou
(Mit Corsair, Air France, Kenya Airways , South African Airways, Air Madagascar, Air Mauritius)

Straßenverbindungen zu allen Teilen des Landes!

Unterkunft:

Zwar verfügt die Hauptstadt über einige, z.T. recht noble Unterkünfte , jedoch befindet sich die Hauptdrehscheibe des internationalen Verkehrs in **Ivato**, etwa 12 km von Tanas Innenstadt entfernt. Daher hat Ivato in den letzten Jahren mit einem zunehmenden Angebot an Hotels in allen Preislagen der Innenstadt etwas das Wasser abgegraben. Umso mehr, als sich alle erforderlichen Einrichtungen wie Geldwechsel- und Informationsmöglichkeiten hier finden. Auch im Falle verlorenen Gepäcks ist eine flughafennahe Unterkunft ebenso zu überlegen wie im Falle nur kurzen Aufenthaltes.

Fast alle Hotels, insbesondere die empfohlenen, organisieren gerne den Transfer vom/zum Flughafen. Der Gast wird dann vom Fahrer am Flughafen mit einem Pappschild, welches seinen Namen trägt, ausfindig gemacht und durch die Masse der dienstbaren Gei(st)er am Terminal zum Wagen geleitet.

* * * * * *

Lediglich die Innenstadt von Tana verfügt über einige Luxushotels:

Hotel Royal de Palissandre, 13 Rue Andriandahifotsy/Farovohitra, ein geschmackvoll eingerichtetes 35-Zimmer-Hotel der Luxusklasse. Sehr empfohlenes Haus in zentraler Lage mit allen Annehmlichkeiten wie Wellness-Bereich, Pool, erstklassigem Restaurant und Bar. Frühstück inklusive!
Tel.: 22 605 60, Fax: 22 326 14
email: hotelpalissandre@simicro.mg

Tana Carlton Hotel , Rue Pierre Stibbe, am Westufer des Lac Anosy gelegenes 170-Zimmer-Hotel der Luxusklasse. Im Hochhaus befinden sich mehrere Restaurants, ein Swimmingpool (auf für Nicht-Gäste benutzbar), Internetcafe und div. Boutiquen.
Tel.: 22 260 60, Fax: 22 260 51,
email: contact@carlton.mg , homepage: www.carlton-madagascar.com

Hotel Colbert, Rue Printsy Ratsimamanga/Antaninarenina, das traditionsreiche 140-Zimmer-Haus gilt gerade unter Franzosen als erste Wahl. Nicht umsonst: der exzellente Service, das französische Spitzenrestaurant sowie die phantastische Patisserie machen einen Aufenthalt zur Wohltat. Wellness, Hallenbad, Casino, Internetcafe.
Tel.: 22 202 02, Fax:22 340 12 oder 22 254 97,
email: colbert@wanadoo.org

* * * * *

Tana Plaza Hotel, 2 v de l´Independence am Bahnhof gelegenes 75 -Zimmer-Haus der gehobenen Klasse. Konferenzraum, Internet. Frühstück inklusive!
Tel.: 22 218 65, Fax: 22 642 19,
email: contact@siceh-hotels.com, homepage: www.siceh.com

Sunny Hotel, Rue Ralaimongo, verkehrsgünstig am Nordostufer des Lac Anosy gelegenes 16-Zimmer-Haus mit guter Küche.
Tel.: 22 263 04, Fax: 22 290 78
homepage: www.sunnymada.com

Hotel du Louvre, 4 Pl. Philibert Tsiranana, sehr gutes 60-Zimmer-Haus mit gutem Restaurant, Dachterasse mit Bar und Wellnessangebot. Internet.
Tel.: 22 390 00, Fax: 22 640 40 ,
email: hoteldulouvre@simicro.mg, homepage: www.hotel-du-louvre.com.

* * * *

Innenstadt:

Spezialtipp des Verfassers:

Hôtel La Ribaudiére, 18 Rue Paul Dussac, zentral unterhalb des Rova gelegenes, schönes Hotel, neu renoviert. Trotz der Lage ruhig und stilvoll, erstklassiges Restaurant!
Tel.: 24 215 25,mobil:: 032 0241151
email: contact@hotel-laribaudiere.com, homepage: www.hotel-laribaudiere.com

Radama Hotel, 22 Av. Ramanantsoa/Isoraka, besonders bei Geschäftsleuten beliebtes 16-Zimmer-Hotel mit vielen Annehmlichkeiten wie Internet, TV, Klimaanlage. Außerdem das bekannte Restaurant ***Tatao***, in welchem ausgezeichnete internationale und madagassische Gerichte zubereitet werden. Abends Livemusik.
Tel.: 22 319 27, Fax: 22 253 23,
email: radama@simicro.mg, homepage: www.radama-hotel.com

Hotel de L´Avenue, Avenue de L´Independence, beliebtes 15-Zimmer-Haus für Selbstversorger. Internetcafe, Bar und Restaurant.
Tel.: 22 228 18, Fax: 22 356 24 ,
email: bj-karim@malagasy.com

Hotel Sakamanga, Rue Andrianary Ratianarivo, sehr beliebtes 30-Zimmer-Haus mit vielen Annehmlichkeiten, einem sehr guten Restaurant sowie Filmprogramm ab 17 Uhr. Meist ausgebucht.
Tel.: 22 358 09, mobil: 032 0266834 oder 033 1176927,
email: saka@malagasy.com, homepage: www.sakamanga.com

Résidence Lapsoa, 15 Rue de la Réunion/Isoraka, sehr schönes 10-Zimmer-Haus mit gutem Restaurant.
Tel.: 22 611 40
email: corossol@malagasy.com

Hotel La Varangue, 17 Rue Printsy Ratsimamanga/Antaninarenina, sehr gemütliches und familiär geführtes 7-Zimmer-Haus mit zahlreichen Annehmlichkeiten und einem exzellenten Restaurant.
Tel.: 22 273 97, Fax: 22 552 30
email: varangue@simicro.mg

Ausserhalb:

Aparthotel, Rte de Ambohipo/Ambatoroka, gemütliches 14-Zimmer-Haus, vor allem bei Geschäftsleuten beliebt. Sehr gutes Restaurant **Tranovola.**
Tel.: 22 334 71 oder 22 249 84, Fax: 22 334 94,
homepage: www.tranovola.com

Panorama Hotel, Rte d´Andrainarivo, komfortabel ausgestattetes 55-Zimmer-Haus mit Pool und Restaurant. Etwas abseits.
Tel.: 22 412 44 oder 22 412 45, Fax: 22 421 47, mobil: 033 1105435 oder 033 0705435
email: panorama@blueline.mg, homepage: www.panorama-tana.com

Antshow Madagascar, Lot V K 67 Ter AC, Ambatolava/Morarano, ein sehr ungewöhnliches 5–Zimmer-Haus mit besonderem Service. 24 Std.- Küchenservice sowie das zweimal im Monat stattfindende Musik-Event mit einheimischen SängerInnen und Musikern machen diesen Ort zu eine besonderen Tipp.
Tel.: 22 565 47
email: info@antshow.nu,
homepage: www.antshow.nu.

Hotel Gregoire, Lot II M 53, Ter Mahakovy/Besarety, komfortables 30-Zimmer-Haus in der Nähe des Handwerkermarktes von Andravoahangy.
Tel.: 22 222 66, Fax: 22 292 71
email: gregoire@bow.dts.mg, homepage: www.madagascar-contacts.com/gregoire/.

Résidence du Rova, Pl. Ratsimandrava/Ambohijatovo, nahe dem Rova gelegenes 30-Zimmer-Haus für Selbstversorger, d.h. mit voll eingerichteter Küche.
Tel.: 22 341 46, Fax: 22 239 12
email: residence.rova@moov.mg, homepage: www.residence-antananarivo.com.

Chez Lorenzo´s, Lot II M 35 N, Androhibe, gemütliches, kleines 5-Zimmer-Haus mit familiärem Service. Mit Restaurant, Frühstück inklusive!
Tel.: 22 427 76, Fax: 22 421 71,
email: lorenzo@moov.mg

Irianja Guesthouse, Lot AVB 100, Avarabohitra, Itaosy, sehr individuell geführtes Gästehaus mit besonderem Service: Neben der erstklassigen Küche wird der Gast ausserdem mit Massagen und pythotherapeutischen Behandlungen verwöhnt
mobil: 033 1154656
email: info@irianja.com

* * *

Innenstadt:

Hotel Shalimar, 5 Rue Mahafaka, 25-Zimmer-Haus mit Zimmern in untersch. Ausstattungs- und Preislagen, teils mit Dusche/Bad. Restaurant mit indisch/chinesischer Küche.
Tel.: 22 640 03, Fax: 22 689 93

Ivotel, Rue Razafindratandra, ordentlich ausgestattetes 20-Zimmer-Hotel.
Tel.: 22 227 16,
email: sitivotel@moov.mg

Hotel Mellis, 3 Rue Indira Gandhi, ordentlich ausgestattetes 50-Zimmer-Haus in guter Lage, Zimmer teils mit Balkon.
Tel.: 22 234 35 oder 22 660 70 oder 22 625 35,
email: resa@madagascar-hotel-mellis.com, homepage: www.madagascar-hotel-

mellis.com

Hotel Jean Laborde, 3 Rue de Russe, einfach ausgestattetes 13-Zimmer-Haus mit verschiedenen Zimmern und Preislagen. Teilweise etwas laut!
Tel.: 22 330 45, Fax: 22 327 94

Ile Bourbon, 12 Rue Benyowski, gemütliches 9–Zimmer-Hotel mit familiärem Service.
Tel.: 22 279 42, Fax: 22 624 96,
email: hotelbourbon@freenet.mg

White Palace Hotel, 101 Rue de Liége, das modern ausgestattete 70-Zimmer-Haus liegt verkehrsgünstig in der Unterstadt.Frühstück inklusive!
Tel.: 22 664 59 oder 22 669 98, Fax: 22 602 98
email: white-palace@malagasy.com

Hotel Anjary, 89 Rue de Liége, komfortabel ausgestattetes 130-Zimmer-Hotel mit gutem Ruf!
Sehr gutes Restaurant ***Terasse Exotique***
Tel.: 22 244 09 oder 22 279 58, Fax: 22 234 18,
homepage: www.anjary-hotel.com

Ausserhalb:

Ivato Hotel, 700m vom Flughafen gelegenes 26-Zimmer-Haus mit gutem Komfort.
Tel.: 22 445 10, Fax: 22 586 93
email:info@madagascartravelservice.com

Sifaka Auberge, Lot I 52 A, Antanetibe/Ivato, familiäres, ruhiges 8-Zimmer-Haus mit sehr gutem Restaurant ***Clos Semilion.***
Tel.: 22 481 32, Fax: 22 441 74, mobil: 032 0717467
email: sifaka.auberge@moov.mg

Tonga Soa, Mandrosoa, nur 5 min. vom Flughafen entfernt liegt dieses familiäre, gemütliche Gästehaus. 4 Zimmer und ein Bungalow erwarten den Gast. Neben dem paradiesischen Garten darf sich der Reisende außerdem an der vorzüglichen Küche des Hauses erfreuen
Tel.: 22 442 88, Fax: 22 254 50, mobil: 032 0218111

AGAPE, ca. 3 Kilometer vom Flughafen Ivato entferntes Gästehaus in der "Villa Ifanambinanay". Trotz des guten Rufes v.a. bei französichen Kunden nicht zu empfehlen: Die Essens- und Getränkepreise sind extrem überzogen, der Service ist "anonym" und unfreundlich Einfache Zimmer (4 Doppelzimmer), 2 davon direkt am Pool – insgesamt überteuert, der Standard rechtfertigt den Preis keinesfalls!!
Tel.: 22 444 64, mobil: 032 6307807 oder 032 2431295
email: jeand357@yahoo.fr, homepage: www.chambres-agapé.com

Motel Anosy, Route d´ Arivonimamo, RN 1/Anosy (beim Blumenmarkt), gemütliches 32-Zimmer-Haus mit Extras wie Tennisplatz und Swimmingpool. Gutes Restaurant mit intern. Küche.
Tel.: 22 670 83 oder 22 670 89

La Relais de la Haute Ville, Rue Pierre Rapiera/Ambohijatovo, schönes altes Hotel im kolonialen Stil mit 9 Zimmern. Mit Restaurant.
Tel.: 22 604 58, mobil: 033 1175542 oder 033 1177620
email: rhv@moov.mg, homepage: www.relaisdelahauteville.com

La Karthala, 48 Rue Andriandahifotsy, nur einen Steinwurf von der Av. de la Independence entfernt betreibt **Mme Rafalimanany** ihr bekanntes 8-Zimmer-Etablissement mit familiärem Charme.
Tel.: 22 248 95, Fax: 22 272 67
email: le_karthala@yahoo.fr

Hotel Shanghai, 4 Rue Rainitovo/Antsahavola, 19-Betten-Haus ohne großen Charme.
Tel:. 22 314 72 oder 22 675 13, Fax: 22 315 61
email: shanghai@malagasy.com.

Grace Guesthouse Ankanin´ny Soa**,** in Ambatobe nahe dem **Lyzeeum Francais** gelegenes, sehr familiäres Gästehaus mit 8 Zimmern.
Tel.: 24 326 80, mobil: 033 1201052 oder 033 1165885
email: akany_soa@yahoo.fr

* *

Mada Hotel, Rue Agosthino Neto Andavamamba, einfach ausgestattetes 19-Zimmer-Haus, untersch. Ausstattung und Preislagen der Zimmer. Wenig zu erwarten.
Tel.: 22 636 90

Moonlight Hotel, Rue Rainandriamampandry/Ambondrona, sehr einfaches, charmantes Haus der unteren Preislage mit 10 Zimmern. Ideal für "abgebrannte" Alleinreisende, ab 3 Euro 50 kommt man hier bereits halbwegs anständig unter!
Tel.: 22 268 70
email: hasinaherizo@yahoo.fr

Hotel Lambert, Lot SIAC 3/ Ambondrona, einfaches 24-Zimmer-Haus, trotz des niedrigen Preises sauber und ganz ordentlich.
Tel.: 22 229 92, mobil: 032 4090495
email: hotellambert@yahoo.fr, homepage: www.hotellambert.tk.

Hotel Isoraka**,** 11 Av. G. Ramanantsoa, einfaches, aber sauberes 7-Zimmer-Haus mit hilfsbereitem Personal. Untersch. Zimmerausstattungen und Preise. Trotz der etwas lauten Lage noch zu empfehlen.
Tel.: 22 355 81, Fax.: 22 355 81

Essen&Trinken in Tana

Dieses Thema ist weitaus reizvoller zu behandeln als die leidige Unterkunft – man darf ohne Übertreibung sagen, dass in Tana auch sehr verwöhnte Gaumen, aus welchem Lande sie auch stammen mögen, auf ihre Kosten kommen. Insbesondere die französische Küche hat hier auf der roten Insel ein wohlbehütetes Refugium gefunden, daneben existieren chinesische, indische und kreolische Restaurants der Spitzenklasse!

Fast alle Hotels der mittleren und oberen Kategorie verfügen i.a. R. über recht gute

Restaurants – daher verwundert es nicht, dass einige der Topadressen für Gourmets in den internationalen Luxushotels zu finden sind! Beachten Sie die z.T. erheblichen Preisunterschiede zwischen den Topadressen mit "internationalen" Tarifen und traditionellen Restaurants, wo das Menü für 5 Euro zu haben ist.

Die Besten – **alle in gehobener bis oberer Preislage** , d.h. auf **europäischem** Niveau:

Grand Orient, Pl. Ambiky, am Bahnhof gelegenes traditionsreiches Chinarestaurant mit exzellenter Küche, großartigem Ambiente – aber auch happigen Preisen!
Tel.: 22 202 88

Tana Plaza Hotel, siehe * * * * * Hotels, verfügt über ein ausgezeichnetes Restaurant mit traditioneller, madagassischer Livemusik. Sehr zu empfehlen!

Sakamanga, hervorragendes Restaurant im bekannten Hotel Sakamanga, siehe * * * * Hotels. Vorausbuchung empfohlen, meist voll!

Restaurant Hotel Colbert, "das" französische Spitzenrestaurant in Tana, im gleichnamigen * * * * * Hotel. Vorausbuchung praktisch unumgänglich!

Tatao, das beliebte Restaurant im * * * * Hotel Radama, madagassisches Spitzenrestaurant, meist gut ausgebucht, Voranmeldung sehr zu empfehlen!!!

Restaurants der gehobeneren Klasse:

Le Grill du Rova, etwa 150m vom Königspalast entfernt befindet sich dieses traditionelle Lokal, welches neben madagassischen Spezialitäten am Sonntagmittag auch Livemusik bietet. Dienstag abends ab 18 Uhr Piano-Bar.
Montag-Samstag: 10:00-22:00, Sonntag: 10:00-18:00
Tel.: 22 627 24, Fax: 22 622 13

Villa Vanille,Pl. Antanimena, das kreolische Restaurant empfängt seinen Gast mit Herzlichkeit, dem wunderbaren Ambiente eines traditionellen Hauses sowie Livemusik jeden Abend! Hervorragender Service, sehr zu empfehlen!
Täglich von 11:30-23:00
Tel.: 22 205 15

Restaurant Tranovola, Rte d´Ambohipo/Ambatoraka, das feine Restaurant offeriert exzellente Küche mit traditionellen Elementen auf eine sehr extravagante Weise. Denstag abends traditionelle Livemusik, Freitag abends Piano-Bar.
Täglich von 11:00-23:00
Tel.: 22 334 71, Fax: 22 334 84
email: tranovola@moov.mg, homepage: www.tranovola.net

Chez Mariette, im gleichnamigen Hotel in der Rue Georges V./Farovohitra gelegenenes Restaurant mit hervorragender Küche. Madagassische Spezialitäten, liebevoll angerichtet und ein hervorragender Service machen das Restaurant meist ausgebucht, daher Voranmeldung dringend anzuraten!
Tel.: 22 216 02, Fax: 22 277 19
homepage: www.sinergic.mg.

Restaurants der mittleren Kategorie

Restaurant Le Rossini, Rue Général Ramanantsoa/Isoraka, französisches Restaurant in netter Lage.
Tel.: 22 342 44

Chez Suzette´s, 23 Rue Raveloary/Isoraka, bekannt für netten Service und sehr gute kreolische Küche. Empfehlenswert!
Tel.: 22 261 00

Savanna Café, an der Hauptstrasse 3 km vom Flughafen gelegen, hervorragende Küche, Riesenportionen zum günstigen Preis, sehr grosse Auswahl. Dazu eine Terasse mit einem der schönsten Ausblicke auf die sonst eher unprätentiöse Stadt. Sehr zu empfehlen!
mobil: 032 0476029, 034 0776029
email: savannacafe@yahoo.fr

La Bousolle, 21 Rue de Dr. Villette/Isoraka, sehr schönes Restaurant französischer Stilrichtung in einem lebendigen Stadtviertel. Essen im Freien möglich, sehr schönes Ambiente!
Tel.: 22 358 10

Restaurant Jasmin, 8 Rue Rasanatseheno, sehr gutes, chinesisches Restaurant. Wird sehr gelobt!
Täglich 12:00-14:00 und 18:00-22:00 Uhr
Tel.: 22 342 96

Nerone, 28 Rue Ratsimilaho/Ambatonakanga, sehr nettes italienisches Restaurant mit gut sortiertem Weinkeller.
Tel.: 22 231 18, Fax: 22 493 93

L´Indigo, 5 Rue Raveloary/Isoraka, hervorragendes Restaurant: Der algerische Eigner bietet dem Gast **mexikanische Küche** in einem wunderbaren Ambiente. Sehr zu empfehlen!
Tel.: 24 22052
email: fhorm@simicro.mg

Cafe de la Gare, im Hauptbahnhofsgebäude von Tana eingerichtetes Restaurant mit grossem Garten, grosser Auswahl und professionellem Service, dazu moderate Preise. Sehrt zu empfehlen, mittags oft voll, da viele "Residants" hier speisen.
Tel.: 22 611 12

Le Kashmir, 5 Rue Dr. Ranaivo, internationale Küche: italienisch, französisch, madagassisch.
Täglich von 07:30-21:00
Tel.: 22 328 42, mobil: 032 0400919

El Pili Pili, 39 Av. de L´Independence/Analakely, preiswertes Restaurant in bester Lage.
Täglich von 09:00-24:00
Tel.: 22 556 14

Glacier Hotel, Av. de L´Independence, das traditionsreiche Hotel ist zwar auch für die dort blühende Prostitution im allabendlichen Cabaret bekannt, bietet dabei aber auch zwei Restaurants und zwei unterschiedlichen Preislagen: Im etwas einfacheren bekommt man europäische und madagassische Gerichte zu günstigen Preisen, im etwas nobleren daneben erwarten den Gast dann schon ein gehobenes Ambiente, guter Service und ausgezeichnete Küche, immer noch relativ preiswert!
Tel.: 22 202 60, Fax: 22 203 32

Restaurants der unteren Preislage

Keineswegs zu verachten sind die zahlreichen, einfachen Restaurants und Snack-Bars, die Tanas Besucher zumindest nicht verhungern lassen: Die Qualität ist nach Meinung des Verfassers trotz des oft überraschend günstigen Preises der Gerichte durchweg als gut zu bezeichnen, hier in Tana drückt eben auch die Konkurrenz und zwingen zur Einhaltung gewisser Standards, die auf dem Lande oft völlig fehlen!

Wie bei vielen kulinarischen Einrichtungen in Madagaskar herrscht auch in der Hauptstadt ein z.T. rasanter Wandel, sowohl was die Zahl und Besitzer der Lokale als auch die Qualität anbelangt . Daher wird hier nur eine Auswahl präsentiert, die nach Meinung d. Verf. empfehlenswert und aktuell ist:

Minou, Rue Ratsimilaho/Ambatonakanga, chinesisch, europäisch oder malagasy: alles sehr gut und zu günstigem Preis!
Tel.: 22 288 62

Chalet de Roses, 13 Rue Rabary/Antsahavola, das nette Restaurant offeriert neben madagassischen und europäischen Gerichten auch sehr gute Pizza!
Tel.: 22 642 33

Dun Huang, 1 Rue J. Andriamisa/Analakely, oder in der zweiten Dependence in der Rue Dr. Raseta/Andraharo.
Gute chinesische Küche, reichliche Portionen, guter Service, daher an beiden Standorten beliebt.
Tel.: 22 669 65, Fax: 22 669 67, mobil: 033 1118842

Lounge d´Art, Rue des 77 Parlementaires Francais/Antsahavola, Restaurant und Pub mit guter europäischer Küche. Sehr gemütlich.
Tel.: 22 612 42

Gioia Restaurant, 15 Rue de Liége/Ambatomena, besonders für Pastafreunde eine Offenbarung, Sehr reichliche Portionen, liebevoll zubereitet.
mobil: 033 1194324

Shalimar, 5 Rue Mahafaka/Tsaralalana, indisch/pakistanisch dominierte Küche, auch für Vegetarier zu empfehlen. Beliebtes Frühstückslokal, oft voll.
Tel.: 22 260 70

Pizza Express, Galerie Kamoula, 26 Av de L´Independence, mit integriertem Lieferservice arbeitendes Restaurant. Sehr gute Pizzas.
Täglich bis 02:00 morgens!

Tel.: 22 228 18 oder 22 310 30, Fax: 22 356 24

Chez Arnaud, 21 Rue Rabozaka nahe dem **Tzimbazaza**, gilt als eines der besten Pizzarestaurants in der Stadt. Preiswert!
Tel.: 22 226 49

Korean BBQ, Lot IV D 48 F Ter /Lac Behoririka, traditionelles koreanisches Restaurant, hier kann der Gast sein Fleisch erst auswählen und dann selber am Tisch grillen! Sehr gutes Preis-Leistungsverhältnis!
Tel.: 22 681 88, mobil: 033 0703307 oder 033 1266688

Azalée, Lot I 92 Cite 67ha Sud, preisgünstiges Restaurant, bekannt für gutes Essen und raschen Service.
Mobil: 033 1216710

La Chaumiére, Rte. d´Ivato, an der Straße zum Flughafen gelegenes Restaurant mit sehr guter Küche aus Réunion in gemütlichem Ambiente.
Tel.: 22 442 30, Fax: 22 489 64

Le Buffet du Jardin, Pl. de l´Independence, elegantes Schnellrestaurant. Billig, aber nichts Besonderes.

Pandora 1 Rue Rabobahaly/Antaninarenina. Dieser **Nachtclub** bietet Schnellgerichte und Pizza von 18:00 bis 06:00 früh!
Tel.: 22 377 48

Mad´Delices, Av. Grandidier/Isoraka, sehr gute Schnellgerichte und Pizzas zum r günstigen Preis, nette Atmosphäre. Klasse Eiscreme!
Tel.: 22 266 41, mobil: 032 0254673

Daneben befinden sich noch zahlreiche Eisdielen, Snackbars und Restaurants unter den Arkaden der **Av. de la Independance**

Nachtleben

Madagaskars Hauptstadt hat natürlich auch für Nachtschwärmer allerhand zu bieten: Zahlreiche Restaurants bieten Livemusik an und nicht zuletzt existieren einige Nachtclubs und Cabarets, die heiße Rhythmen und Tanz bis zum Morgengrauen bieten. In den Clubs ist meist ganz gut was los – natürlich Freitagabends und am Samstag noch mehr!

Hinweis: Neben den schon genannten Sicherheitshinweisen für männliche Alleinreisende gilt: nach 21 Uhr erkennt man den Unterschied zwischen einer Prostituierten und einem anständigen Mädchen ganz einfach: Brave Mädchen schlafen um diese Zeit!

Hotel Glacier , Av. de L´Independence, bietet neben seinen beiden Restaurants und dem Hotelbetrieb auch den angesagtesten Treffpunkt der Stadt – zumindest was alleinreisende Vazáha und junge Madagassinnen anbelangt! Als Anmachlokal berüchtigt, für seine Liveshows berühmt – ein Besucher sollte sich ruhig ein Bild von der bunten, quirligen, und z.T. sexuell recht aufgeladenen Atmosphäre machen. Nirgendwo sonst kann man das

Aufeinanderprallen von zwei so unterschiedlichen Welten wie die der armen, hübschen Mädchen, die sich für ein paar Euro verkaufen und den reichen, gealterten Vazaha, die sich mit diesen Geschöpfen umgeben, so anschaulich verfolgen wie hier! Natürlich kann man hier auch wunderbar abtanzen, Bier trinken und einfach Spaß haben...

Le Caveau, 4 Rue Generaly Rabehevitra/Antaninarenina, angesagte Diskothek mit vielen diskreten Nischen und Logen.
Tel.: 22 343 93

Cohiba, im **Carlton-Hotel** befindlicher Nachtclub.

Pandora, 1 Rue Rabobalahy/Antaninarenina, sehr beliebtes Nachtlokal.
Tel.: 22 377 48

"a", Rue Printsy Ratsimamanga/Antaninarenina, nahe dem Hotel Colbert, neuer Nachtclub.

Groove Box, nahe dem **Tsimbazaza** gelegenes Nachtlokal mit wechselnden Livebands: Donnerstag Jazz, Freitag internationale Musik, Samstag Tanzmusik

Le Bus, Antanimena, sehr beliebtes Nachtlokal mit Livemusik.
Tel.: 22 691 00

Einkaufen in Tana

Natürlich bietet eine Metropole auch Gelegenheit zum Shoppen – nicht nur handwerklich Gefertigtes, auch Mode und Fashionware kann man hier einkaufen. Wer noch kein Mitbringsel für zu Hause hat, wird in Tana gewiss fündig.
Handwerkliche Produkte bietet u.a.:

Marche´ Artisanal, *der* Handwerkermarkt von Tana an der Rte du Digue/RN 4 Richtung Ivato 4 km vom Stadtzentrum entfernt, an der Straße nach Ivato.
Hier bekomt man eine riesige Vielfalt an Handwerkskunst aus ganz Madagaskar: Antaimoro-Papier, Solitaire-Spiele, Holz– und Lederarbeiten, Musikinstrumente, allerdings ungefähr dreimal so teuer wie andernorts.......eine weiterer

Marché Artisanal findet sich an der Rue Ramananarivo/Andravoahangy, 2 km nordöstlich vom Stadtzentrum. Nicht ganz so groß wie erstgenannter, aber ebenso sehenswert.

Baobab Company. Das bekannte Label bietet modische Kleidung für Damen und Herren mit einem typischen Hauch von Madagaskar. Die Baobab-Mode wird auch in Ranohira, Antsiranana, Tuléar und auf Réunion und Mauritius vertrieben. In Tana werden die Kleider der Marke in Ihren Stammläden neben dem Sakamanga-Hotel bzw. neben dem Pallissandre angeboten – die meist sehr farbenfrohe Freizeitkleidung ist einen Besuch wert!

Maki Corporation und ***Kameleon*** sind Marken eines weiteren, überregional arbeitender Anbieter von Freizeitkleidung und Fashionwear. In Ambatonakanga, nahe dem Hotel Raffia, findet sich der gut geführte Laden. V.a. für T-Shirts erste Adresse.

BioAroma, 54 Av. Gen. Ramamantsoa/Isoraka, auf Biokosmetik spezialisierter Laden und Beauty-Shop: Neben einem breiten Angebot an versch. Kosmetika bietet BioAroma auch eine Palette an Angeboten wie Maniküre, Pediküre, Phyto – und Aromatherapie....
Montag-Freitag 08:00-18:00, Samstag 09:00-17:00, Sonntag 09:00-12:00
Tel.: 22 545 57 oder 22 326 30
mobil: 032 0257523 oder 033 1438374
email:bioaroma@simicro.mg

Malagasy Arts, 26 Av. Gen. Ramanantsoa/Isoraka, schöne Auswahl an handwerklich Gefertigtem.
Tel.: 22 295 13, mobil: 033 0504174
email: artejardinmalagasy@yahoo.fr

Viva Home, 23 Rue Ramelina/Antaninarenina, hervorragend geführtes Geschäft für Holzarbeiten.
Tel.: 22 692 71

Galerie d´Art Malgache Yeden, 9 Rue Dr. Villette/Isoraka, Kunsthandwerk von bester Qualität – nicht ganz billig!
Tel.: 22 244 62, Fax: 22 240 86

Vatosoa Boutique, Lot IV 2 3 A / Ilanivato, ein Spezialgeschäft für wundervolle **lamba mena** (Seidentücher)
Tel.: 22 320 01

Atelier Jacaranda, Antsofinondry, an der Hauptstraße nach Moramanga gelegener Betrieb, der auf **Batikarbeiten** spezialisiert ist.
Die daneben befindliche

Galerie Le Bivouac bietet Seidenmalkunst, Holzarbeiten – alles in sehr guter Qualität.
Tel.: 22 429 50

Le Village, Lot 3 6 F / Ambohibao, an der Straße nach Ivato. Dies ist ein Paradies für Liebhaber von **Modellschiffen** und nautisch Interessierte: Hier entstehen Modelle berühmter und weniger bekannter Schiffe! Liebevolle Handarbeit und überaschender Detailreichtum machen die Schiffe nicht nur zum Anschauen, sondern auch zum Kauf interessant. Falls Sie sich für eines der Spitzenmodelle für über 1400 Euro entscheiden, brauchen Sie es nicht im Handgepäck nach Hause schippern: Auf Wunsch wird auch international verschickt!
Tel.: 22 451 97 ,mobil: 032 0712950
homepage: www.maquettesdebateaux.com.

Lisy Art Gallery, Rte. de Mausolée (nahe Panorama-Hotel), ein sehr weitläufiges Geschäft mit einer riesigen Auswahl an madagassischem Handwerk und Kunst. Sehr freundlicher Laden!
Tel.: 22 277 33, mobil: 032 0244416 oder 033 1408500

Daneben sei auch noch auf die vielen anderen Geschäfte und Boutiquen hingewiesen, die Tana zu bieten hat und die mit Ihrer Farbenpracht und ihrem Glamour in einem unwahrscheinlichen Kontrast zur allgegenwärtigen Armut stehen!

Autovermietungen:

AINA Travel, LOT II/ F 19, Ambondrona,
Tel.: 22 341 77, mobil: 033 1453789 oder 032 0703877

Budget, 4 Av. de L´Independence
Tel.: 22 611 11 oder 22 317 08, Fax: 22 331 31 oder 22 33 26

HERTZ, Immeuble SICAM – Anlakely und am Airport Ivato
Tel.: 22 229 61, Fax: 22 336 73

Sixt
Tel.: 22 297 66 oder 22 621 50, Fax: 22 297 49

EUROP-Car
Tel.: 22 690 41

Locauto
Tel.: 22 21981 oder 22 350 83

Banken und Wechselstuben

BOA Bank of Africa,
1. Avenue de l´Independence/Analakely, schräg gegenüber dem Bahnhof
2. Place de l´Independence am Nordende des Platzes, wo die Treppen aus der Unterstadt emporkommen.
3. Ecke Rue General Rabehevitra/Place de l´Indep./Antaninarenina, am Hotel Louvre.
Tel.: 22 391 00, Fax: 22 294 08
email: boa@boa.m, homepage: www.boa.mg

MCB Mauritius Commercial Bank
(frühere Union Commercial Bank UCB)
1. Rue Solombavambahoaka/Antsahavola
2. Rue Rainitovo/Antsahavola
Tel.: 22 272 62, Fax: 22 287 40
homepage: www.mcbmadagascar.com

BNI/Credit Lyonnais:
1. Place du 19. Mai 1946/Analakely
2. 76 Rue du 26.Juin 1960/Analakely
3. Ivato Airport/Im Terminalgebäude
Tel.: 22 397 30, Fax: 22 337 49
email: info@bni.mg

BFV-SG:
14 Rue General Rabehevitra/Isoraka (neben dem **shoprite**-Supermarkt Nähe Carlton Hotel)
Tel.: 22 264 24, Fax: 22 235 40
homepage: www.bfvsg.mg

Socimad
1. Rue Radama I. /Analakely
2. Ivato Airport/Im Terminalgebäude

Western Union-CECAM Rue Rabehevitra/Antaninarenina, Hauptsitz in Antsirabe:
Tel.: 44 487 05, Fax: 44 486 53, mobil: 033 02 019 60
homepage: www.westernunion.com

● Antanambe

Anreise:
- Straße: auf der schlechten RN 5 von Manompana (35 km, 2-3 Std) oder von Mananara (50 km, 5 Std.)
- Boot: Es besteht die Möglichkeit, das Motorboot der Nationalparkverwaltung zu chartern- siehe Mananara-Nord NP

Unterkunft/Essen&Trinken:

Obwohl extrem abgeschieden und schwer erreichbar, hat der Ort doch etwas Besonderes zu bieten: Neben dem einzigartigen Mananara-Nord Nationalpark in der Nähe auch angenehme Unterkunft:

* * * bis * * * *
Chez Gradin, ein traumhaft schöne und exzellent geführte Anlage, komfortabel, gepflegt – ein herrlicher Ort zum Ausspannen. Der Inhaber organisiert auch Bootstouren (Schnorcheln, Fischen) und Exkursionen. Auch des Restaurants wegen ein echter Tipp für Genießer, sehr zu empfehlen!
mobil: 033 0110059
email:info@tanymarina.com

homepage:www.tanymarina.com

* * *

Hôtel Vahibe, etwa außerhalb gelegenes Hotel mit 8 netten, gepflegten und rel. komfortablen Zimmern. Gutes Restaurant

● Antoetra - Zafimaniry-Dörfer

Anreise:
Über eine schlechte Straße von Ivato-Centre, 10 km südlich Ambositra an der RN 7 gelegen, mit Taxi-Brousse (stressig) oder besser Mietwagen (4 WD empfohlen), in ca. 1 – 1,5 Stunden.

Unterkunft:

* * *

Sous de Soleil de Mada, zwischen Ivato-Centre und Antoetra gelegenes 8-Bungalow-Lodge. Im traditionellen Stil errichtet, sehr gutes Restaurant. Die freundlichen Eigner organisieren Touren zu den Dörfern.
mobil: 032 4073562

email: souslesoleildemada@gmail.com

* bis * *

Hotel Gite Papavalo*,*(Relais Zafimaniry) mitten im Ort gelegenes, einfaches „Hotel“ mit 4 Zimmern und sehr freundlicher Leitung. Mme Fleur ist auch gerne bei der Organisation von Touren zu den Zafimaniry-Dörfern behilflich.
Tel.: 22 007 65, mobil: 032 0217707
email:papavalo@malagasy.com
homepage: www.papavalotrekking.com

Essen&Trinken:

Mehrere kleine Restaurants im Ort. In den Dörfern dagegen kaum Restaurants in unserem Sinne.

● Antsirabe

Anreise:
- Straße: Über die RN 7 von Tana (von Norden) oder Fianarantsoa (von Süden) aus, eine weitere Straßenverbindung ist die RN 34 nach Miandrivazo an der Westküste (220 km, 4 Std.). Daneben existiert noch eine "Piste" Richtung Ampefy/Lac Itasy – nur zur Trockenzeit machbar!!!
- Flugzeug: Eine Landebahn für kleinere Flugzeuge existiert ebenfalls.

Unterkunft:

* * * *

Hotel Le Trianon, Ecke Av. Marechal Foche und Rue Lyantey, komfortables 7-Zimmer-Hotel der gehobenen Klasse. Sehr gutes Restaurant!
Tel.: 44 051 40, mobil: 034 0505140
email: hotel.letrianon@gmail.com

Hotel des Thermes, am oberen Ende der Av. d l´Independence gelegenes Hotel mit kolonialem Flair, eines der schönsten Hotels der ganzen Insel. Mit allem Komfort wie Pool, Tennis, Minigolf, Bar und Restaurant. (Etwas überteuert!)
Tel.: 44 487 61 oder 44 487 62, Fax: 44 497 64
mobil: 032 0526266
email: sht@moov.mg

Arotel, an der Rue Ralaimongo gelegenes 45-Zimmer-Hotel. Sehr gelobtes Haus mit schönem Garten, Pool. (auch für Nicht-Gäste geöffnet)
Tel.: 44 481 20 oder 44 485 73 oder 44 485 74, Fax: 44 491 49

* * *

Hotel Diamant, 110 Rte d´Andranobe, traditionsreiches Hotel mit komfortablen Zimmer und gutem Restaurant. Internetcafe.
Tel.: 44 488 40 oder 44 493 72
email: mada-cyber@gmail.com

Résidence Camélia, Rue Clemenceau, sehr nettes 10-Zimmer-Haus mit schönem

Garten.
Tel.: 44 488 44
email: camelia@simicro.mg

Hotel Le Retrait, Rte d´Andranomadio, (etwas von der Av. M. Foch zurückgesetzt an einer Seitenstraße) gutes und preiswertes 13-Zimmer-Hotel. Mit Frühstück, kein Restaurant!
Tel.: 44 050 29

Le Royal Palace, Route d'Ambositra, neugebautes Hotel mit 40 Zimmern und Suiten untersch. Kategorien, sehr nobel und geschmackvoll, grosse Zimmer mit allem Komfort, teils mit Küche. Swimmingpool, Fitnessraum und gutes Restaurant.
mobil: 034 4904040
email: royalpalace@moov.mg

Green Park, Rue Labourdonnaise/Tsarasaotra, entzückendes, sauberes kleines 8-Zimmer-Hotel im lebendigen Stadtteil Tsarasaotra. Sehr gutes Restaurant!
Tel.: 44 051 90

Prima Guest House, Lot 0906 B 270, an der Rte. d´Antananarivo/RN 7 gelegenes gemütliches und gepflegtes Gästehaus mit 4 Zimmern. Und dem deutschen Restaurant **Manambina**.
Tel.: 44 493 02, mobil: 033 1976725
email: rest.manambina@yahoo.fr

Hotel Le Bouzou, Lot 0910 A 85, etwa 1,5 km nordwestlich des Bahnhofs an der RN 7 (gleich neben dem Hippodrom) gelegenes, indisches Hotel. 10 gemütliche Zimmer, ein familiärer Service sowie das hervorragende Restaurant (italienisch, indisch, französisch und malagasy) empfehlen dieses preisgünstige Hotel.
Tel.: 44 932 44, mobil: 032 0230552

Soa Guesthouse, Lot 0910 E 101, etwa 1 km nordwestlich des Bahnhofes an der RN 7 gelegenes reizend mit einheimischen Kunstwerken ausgestattetes Gästehaus mit 5 hübschen Zimmern in ruhiger Lage.
mobil: 032 0227990 oder 033 15 27990
email: soa_guesthouse@hotmail.com

* *

Ville d´Eau, Lot 22 J 80, Rue Ralaimongo, einfaches 10-Zimmer-Haus.
Tel.: 44 499 70, mobil: 032 0204587
email: villedeauabe@gmail.mg

La Joie, Rue Duplex/Antsenankely, einfaches 6-Zimmer-Haus ohne großen Komfort. Schon ab 8.000 Ar.!
Tel.: 44 962 47

Spezialtipp des Verfassers:

Les Cahmbres de Voygeur, Rte Circulaire,
Eine riesiger, im "Zen"-Stil eingerichteter, japanischer Garten bietet die stilvolle

Umrahmung dieser schönen Bungalowanlage. Sehr gelungene Architektur, hervorragender Service, tolles (Frühstück-) Restaurant.
Absolut empfehlenswert!
Tel.: 44 979 38
email: androdenis@yahoo.fr.
homepage: www.chambres-voyageur.com

Centre MSD Tsarafaritra. Ziemlich außerhalb der Stadtmitte südlich im Vorort Mandanitresaka gelegenes Haus mit 40 Zimmern und dem ganz besonderen Service: Das in einem christlichen Zentrum liegende Hotel wird von Betty Lauber aus der Schweiz gemanagt. Betty ist ein wahres Organisationstalent und das Hotel mit seinem schönem Garten und der erstklassigen Küche wärmstens zu empfehlen.
Tel.: 44 481 62, mobil: 033 14 120 27

Cercle Mess Mixte, Av. Marechal Foch nahe der Kreuzung zur Av. de l´Independence, preiswertes und ordentliches 30-Zimmer-Haus. Cyber-Cafe, das sehr gute Restaurant **"Zandina"** sowie viele Läden mit Edelsteinen vor dem Haus.
Tel.: 44 483 66

Pension Nitricia, Lot 1118 P 261, an der Rte. d´Andranobe etwa 1,5 km nördlich vom Stadtzentrum gelegene familiäre Pension mit 8 hübschen Zimmern, besonders für Selbstversorger geeignet, die Zimmer verfügen z.T. über Kochgelegenheiten. Sehr schöner Garten, kein Restaurant, nur Frühstück!
Tel.: 44 493 02 oder 44 963 80, mobil: 033 1434920

Au Geranium, Rte. de Velodrome, nahe der nordwestlichen Ecke des Parc de l´Est gelegenes charmantes, sehr gepflegtes und freundliches Gästehaus mit 8 Zimmern.
Tel.: 44 497 31, mobil: 032 0704544

*

Hotel Restaurant Tantely, Rue Ernest Renan, traditionsreiches 6-Zimmer-Haus mit einfacher Ausstattung, aber sauber und ansehlich. Preiswertes Restaurant im Haus.
Tel.: 44 491 31

Hotel Restaurant Domoina Annexe, Lot 24 B 21/Mahazarivo, einfaches 8-Zimmer-Hotel mit ebenso preiswertem Restaurant.
mobil: 032 0796139 oder 032 0212980

Hotel Bike Eddy, direkt südlich neben dem Bahnhof gelegenes, sehr einfaches 8-Zimmer-Haus. Sehr preiswert, mit Restaurant.
Tel.: 44 495 91

Essen und Trinken:

Die meisten „besseren Hotels“, verfügen zum Teil über sehr gute Restaurants . Ansonsten ist die Gastronomieszene hier stark im Wandel und Wechsel. Was gestern gut war, kann heute – oder morgen – schon abgewirtschaftet sein.

Es sind folgende Restaurants empfohlen:

Spezialtipp des Verfassers:

La Venise, Lot 0912 C 021, Rue Clemenceau nahe dem Bahnhof, sehr schönes und elegant eingerichtetes Restaurant mit europäisch geschultem Personal und sehr annehmbaren Preisen. Hervorragende cuisine malgache, italienische und franz. Spezialitäten, gut sortierter Weinkeller.
mobil: 032 1141161

Restaurant Arché, Rue Stavanger , etwa 300 m vom Hotel des Thermes entfernt, " französisches" Restaurant mit abendlicher Livemusik. War früher deutlich besser, nur noch eingeschränkt zu empfehlen, wenn man sehr hungrig ist!
mobil: 032 0247925

Restaurant Mirana, Av. Jean Ralaimongo, preiswertes (Schnell-) Restaurant, Speisen zum Mitnehmen, Snacks und Frühstück (für das Frühstück am ehesten zu empfehlen)
Tel.: 44 491 81, mobil: 033 1119987

Restaurant Manambina, Lot 0906 B 270, Rte d´Antananarivo. Deutschsprachigen Reisenden sei dieses Restaurant empfohlen: hier spricht man nicht nur deutsch, sondern isst auch sehr gut französisch, chinesisch und madagassisch. Auch vegetarische Küche! Leider nur bis 21 Uhr geöffnet!
Tel.: 44 493 02

Restaurant Razafimamonjy, Av. Jean Ralaimongo, gegenüber dem Markt gelegenes Restaurant mit Bar und hervorragender madagassischer Livemusik. Sehr zu empfehlen!
Tel.: 44 483 53

Nachtleben:

In Antsirabe ist abends relativ wenig los: einige Restaurants und Hotels bieten gelegentlich (mit Vorankündigung) Livemusik an, im „madagassischen“ Teil der Stadt existieren daneben noch einige einfache Bars und Diskotheken.
Empfehlenswerte Nachtlokale sind:

Tahiti Nachtclub im Hotel Diamant. Besonders am Wochenende ist hier eine Menge los – wer Abwechslung und heiße Rhythmen sucht und abends um neun noch nicht ins Bett geht wie die Madagassen, ist hier genau richtig......

Palace im Hotel Imperial, auch ein schöner Ort, um die Nacht zum Tage zu machen. Sehr gute Drinks!

Banken/Wechselstuben:

BNI – CL, Avenue Jean Ralaimongo, 300m südlich der Av. d l´Indep., mit Geldautomat.

BOA, Avenue Jean Ralaimongo, 50 Meter von der BOA entfernt, selbe Straßenseite. Mit Geldautomat.

BFV, Avenue Jean Ralaimongo, schräg gegenüber der BOA. Mit Geldautomat.

Reiseveranstalter:

Spezialtipp des Verfassers:

Urlaub auf Madagaskar, das Unternehmen des Deutschen Klaus Konnerth, der seit vielen Jahren in Madagaskar lebt und Land und Leute wie kaum ein zweiter kennt und den Menschen der roten Insel in Zuneigung verbunden ist. Kompetenter Ansprechpartner für alle Arten von Touristik, organisiert auch abseitige Touren und verfügt über ein Netzwerk einheimischee Fachleute. Sehr empfehlenswert!
mobil: 033 1204892
email: konnerth1@hotmail.com
homepage: www.urlaub-auf-madagaskar.de

● Antsiranana (Diego-Suarez)

Anreise:
- Straße: Über die RN 6 aus Richtung Süden (Tana 1080 km, 20 Std.) bzw. die RN 5 A von Osten (Iharana/Vohemar, 310 km, dank der neu ausgebauten RN 5 A in mittlerweile 5 Std. Möglich).
- Flugzeug: Mindestens einmal pro Tag ab/an Antananarivo, daneben regelm. Regionalverbindungen nach Mayotte und Moroni (Komoren), Charterflüge ab/an Nosy Bé.
- Schiff: Als drittgrößter Hafen des Landes gehen regelmäßige Schiffe sowohl nach Übersee als auch der regionale Küstenverkehr (sowohl Ost- als auch Westküste hier „vor Anker". Gelegentlich ist die Bucht von Diego auch Ankerplatz intern. Kreuzfahrtschiffe.

Unterkunft

Bedingt durch seine zentrale touristische Bedeutung verfügt Diego über zahlreiche Unterkunftsmöglichkeiten aller Preislagen. Besonders im Spitzensegment
* * * * * * finden Sie hier Hotels, bei denen nicht einmal die Hauptstadt Tana mithalten kann.
Aber auch darunter gibt es durch alle Preisstufen hinweg qualitativ gute bis sehr gute Unterkünfte – Konkurrenz belebt auch hier das Geschäft!

* * * * * *

Le Grand Hôtel, 46 Rue Colbert, ein neues und zentral gelegenes 60-Zimmer-Hotel der Luxusklasse. Mit Swimmingpool (auch für Nicht-Gäste - 10.000 Ar.)und Spitzenrestaurant.
Tel.: 82 230 63 oder 82 230 64, Fax: 82 225 94
email: grandhotel_diego@yahoo.fr, homepage: www.grand-hotel-diego.com.

Hôtel La Note Bleue, außerhalb des Stadtzentrums (an der Straße nach Ramena) gelegenes Spitzenhotel.16 luxuriöse Zimmer untersch. Größe und eine perfekte Ausstattung. Insbesondere die herrliche Lage mit Blick auf den **Pain du Sucre** (Zuckerhut) von Diego und das umfangreiche Angebot (Wassersport, Fitnesscenter, Swimmingpool u.v.a.) machen das Note Bleue zu einer der besten Adressen in der Stadt!
Tel.: 82 210 54, mobil: 032 0712548 oder 032 0766626
email: diegobai@hotellanotebleue.mg, homepage: www.notebleuediegobaie.com.

* * * * *

Allamanda, in der Rue Richelieu gelegenes, fast neues Hotel der Spitzenklasse, bietet allen Komfort und intern. Standard.
Tel.: 82 210 33, Fax: 82 221 80
email: resa.allamanda@blueline.mg, homepage: www.hotels-diego.com.

* * * *

King´s Lodge. Die unter deutscher Leitung stehende Lodge liegt etwa 8 km außerhalb am Fuße der Montagne des Francais ! 10 Zimmer mit allem Komfort ,ausgezeichneter Service, erstklassiges Restaurant – ein idealer Ausgangspunkt für Exkursionen ins nahe gelegene Bergland. Schon aufgrund seiner herrlichen Lage zu empfehlen – das Hotel verfügt auch über einen sehr engagiert gestalteten botanischen Garten. Wird sehr gelobt!
Tel.: 82 225 99, mobil: 032 0490810
email: info@kingdelapiste.com
homepage: www.kingdelapiste.de.

Panorama Hotel, unter der selben Leitung wie die *King´s Lodge* stehendes Ressort mit 12 schönen und komfortablen Bungalows. Liegt etwas ausserhalb Richtung Ramena – und hat einen wunderbaren Blick auf die Bucht mit dem Zuckerhut. Mit großem Swimmingpool und hervorragendem Restaurant. Kontakt siehe ***Kings Lodge***

* * *

Le Jardin Exotique, zentral in der Rue Louis Brunet Nr. 9 gelegenes Hotel mit 15 Zimmern in untersch. Komfort-und Preisstufen. Schöne Lage mit Blick auf die Bucht, sehr liebevoll gestaltet (mit kleinem Garten).
Tel.: 82 219 33
homepage: www.jardinexotique.hotel-diegosuarez.com.

Hôtel Emeraude, Rue Rigault, zentral gelegenes 18-Zimmer-Haus. Ordentliche Zimmer in untersch. Preis- und Komfortstufen.
Tel.: 82 225 44, mobil: 032 0278381
email: contact@hotelemeraude.mg
homepage: www.hotelemeraude-diego.com.

Hôtel Les Arcades, 3 Av. Tollendal, zentral gelegenes 8-Zimmer-Haus mit herrlichem kolonialen Flair. Neben komfortablen Zimmern bietet das Haus auch ein sehr beliebtes Restaurant.
Tel.: 82 231 04
email: arcades@blueline.mg

Hôtel de la Poste, Rue Richelieu, nahe dem Hafen gelegenes Haus mit 30 relativ komfortablen Zimmern – einige brandneu, einige etwas abgewohnt.
Mit Bar und gutem Restaurant
Tel.: 82 220 44, Fax: 82 239 23, mobil: 032 0478575
email: contact@diego-hoteldelaposte.com, homepage: www.diego-hoteldelaposte.com

Villa La Baie de Diego Suarez, 5 Rue Richelieu, unter französischer Leitung stehendes Haus mit 6 komfortablen und gemütlichen Zimmern. Herzlicher und professioneller Service – auch Wunsch werden auch Ausflüge und Touren in die Umgebung von Diego organisiert.

Mit schönem Blick auf die Bucht. Kein Restaurant, nur Frühstück!
Tel.: 82 225 95, mobil: 032 4025059
email: baiedediegosuarez@gmail.com, homepage: www.baiedediegosuarez.com

Hôtel La Rascasse, Rue Surcol, zentral gelegenes Haus mit 10 schönen und komfortablen Zimmern.
Sehr netter Service, hervorragendes Restaurant im 1. Stock.
Tel.: 82 223 64

Hôtel Colbert, 51 Rue Colbert, zentral gelegenes Haus mit 25 komfortablen und preiswerten Zimmern. Sehr gutes (aber überteuertes) Restaurant.
Tel.: 82 232 89, Fax: 82 232 90
email: hicdiego@dts.mg.

* *

Hôtel Qrchidée, Rue Surcouf, zentral gelegenes Hotel unter chinesischer Leitung. Einfach, aber ordentlich und sauber. Untersch. Komfort– und Preisstufen. Mit Restaurant!
Tel.: 82 210 65

Hôtel Fian-tsilaka, 13 Bd. Etienne, einfaches Haus mit 10 Zimmern untersch. Preis– und Komfortstufen. Mit ebenso preiswertem Restaurant.
Tel.: 82 223 48

*

Chez Yvette Giron, Rte. de la SIM/Polygone III, privates Gästehaus mit mehreren sehr preiswerten, aber gepflegten Zimmern. Herzliche, einladende Atmosphäre, wird trotz des sehr niedrigen Preises einhellig gelobt und kann daher bedenkenlos empfohlen werden. Ohne Restaurant, aber mit exzellentem Frühstück. Ein echter „Geheimtipp“!

Essen&Trinken

Le Melville, Rue Richelieu, „europäisches“ Restaurant mit erstklassigem Service und wunderbarem Ambiente – Blick auf die Bucht inklusive. Sehr empfehlenswert!

La Relais Joffre, Place Joffre, rustikales Freiluftrestaurant nahe dem Hafen. Einfache, preiswerte Gerichte, viel Atmosphäre.

La Vanilla, Av. Sourcouf, beliebtes Restaurant, sicherlich eines der besten der Stadt – und das bei bodenständigen Preisen.
Tel.: 82 229 25

Balafomanga, Rue Francois de Mahey, erstklassiges französisches Restaurant – allerdings auch ziemlich teuer!
Tel.: 82 228 94

La Grilladon, Av. Sourcouf, schönes Restaurant mit gutem Service, erstklassigem Essen (zahlreiche Spezialitäten) und (außenliegender) Bar. Empfehlenswert!

Spezialtipp des Verfasssers:

La Rosticciera, Rue Colbert: das italienische Restaurant ist mittlerweile legendär. Nicht von ungefähr, die Einrichtung, die Speisen, der erstklassige Service machen den Besuch zu einem – für Madagaskar! – fast einzigartigen Erlebnis.
Tel.: 86 236 22

Libertalia, am Place Foch , schönes, stimmungsvolles Restaurant – sowohl im 1. Stock als auch im angrenzenden Gartenrestaurant werden preiswerte und schmackhafte Speisen serviert.
Am Wochenende sehr belebt – Musik, Tanz & leichte Mädchen!
Tel.: 82 221 94

Le Tsara Bé Vaovao, Rue Colbert, sehr schönes Restaurant mit Tischen zur Straße hin, empfehlenswert.
mobil: 032 0494097

San Diego Rock Cafe, Av. Tollendal, beliebtes Restaurant mit Bar, zur Straße hin offen. Sehr nette Atmosphäre, Pizza&Hamburger lassen keine Wünsche offen.
Tel.: 82 219 88

Banken&Wechselstuben:

BMOI, Rue Flacourt nahe dem Hafen

BNI – CL, Av. de France

BFV, Rue Richelieu

Post/Paositra:

Postamt an der Ecke Bd. Sakaramy und Bd. Etienne (am Place Foch)

Reiseveranstalter/Tour Operators:

Selbstverständlich wimmelt es in Diego von Menschen, die sich anheischig machen, Ihnen alles Mögliche zu organisieren. Schon am Flughafen bekommt man die ersten – mehr oder minder seriösen – Angebote. Beliebt sind die Touren nach Montagne d´Ambre, ins Smaragdmeer sowie zu den vier Buchten.
Besser und vertrauenswürdiger sind allemal Arrangements über Ihr Hotel – in aller Regel wissen fast alle Hoteleigner eine gute Adresse.
Darüber hinaus empfehlen sich folgende Agenturen:

Ecotours, 14 Av. Sourcouf, eine der preiswertesten Agenturen in Diego, vor allem für englischsprechende Reisende interessant, da mehrere der festangestellten Guides zwar kein Deutsch, aber sehr passabel Englisch sprechen. Sehr zu empfehlen.
mobil: 032 4011814
email: madagascarecotours@yahoo.fr.

Cap Nord Voyages, 51 Rue Colbert, kompetente und sehr individuelle Agentur, sehr

gutes Preis-Leistungsverhältnis.
Tel.: 82 235 06, mobil: 032 0718874
email: cap.nord.voyages@moov.mg, homepage: www.cap-nord-voyages.com.

King de la Piste, Bd. Bazeilles, unter deutscher Leitung stehende Agentur. York Pareik (dem auch zwei Hotels gehören) organisiert Touren besonders zu schwer erreichbaren Zielen. Sehr kompetent und zuverlässig – das hat allerdings auch seinen Preis.
Tel./Fax: 82 225 99, mobil: 032 0490810
email: info@kingdelapiste.com, homepage: www.kingdelapiste.de

Nature et Océan, 5 Rue Cabot, sehr professionelle Agentur, organisiert sowohl Landausflüge (mit 4x4) als auch Ausflüge auf dem Wasser (Tauchen/Schnorcheln/Fischen). Sehr empfehlenswert.
Tel.: 82 226 32

Zanatany Tours, alteingesessenes Team von professionellen Guides, die alle Sehenswürdigkeiten aus der Westentasche kennen – praktisch alle denkbaren Touren sind buchbar und werden von **Luc Hyacinthe Kotra** und seinen Mitarbeitern perfekt organisiert. Erstklassig!
Tel.: 82 237 88, Fax: 82 224 44

Autoverleih/Fahrradverleih:

Bicycles, Rue Colbert, kleiner, aber feiner Verleih von technisch recht guten Mountainbikes mit Zubehör. Zivile Preise, super Service.

ADA Location Bd. Duplex, im **SICAM-Haus,** vertrauenswürdige Mietwagenfirma, mehrere Fahrzeugtypen (in der Regel nur mit Fahrer). Zivile Preise!
Tel.: 82 224 98
email: sicam.diego@simicro.mg

● Antsohihy

Anreise:
-Straße: Über die gut ausgebaute RN 6 von Norden (Ambanja/Ambilobe/Antsiranana) aus. Oder von Süden aus Richtung Tana/Mahajanga.
-Flugzeug: Antsohihy verfügt zwar über einen „Flugplatz“ - allerdings existiert keine regelm. Flugverbindung, lediglich Charterflüge.

Unterkunft/Essen&Trinken

Auch hier kann man in zahlreichen hotely und Restaurants gut und billig essen. Daneben unterhalten die meisten Hotels ebenfalls recht gute Restaurants.

* *
Blaina Hôtel III, beste Unterkunft am Ort: 8 relativ komfortable Bungalows sind ebenso zu empfehlen wie das gute Restaurant. (Essensvorbestellung empfohlen, sehr „mora mora“)
Tel.: 67 012 03

* bis * *

Hôtel La Plaisance, einfaches Hotel mit wenig Komfort, aber ordentlich und sauber. Zum Teil etwas Laut, da manche Zimmer zur Straße gehen und am Wochenende oft Tanzveranstaltungen in der Bar des Hauses stattfinden. Gutes Restaurant
Tel.: 67 710 40

*

Hôtel de France, eines der ältesten Häuser am Platz – hat aber schon bessere Tage gesehen, nur im Notfall zu empfehlen .
Tel.: 67 711 29

Hôtel Central, einfaches 12-Zimmer-Haus, Gemeinschaftsdusche/-WC, einfaches Restaurant.
Tel.: 67 710 96

● Arboretum d´Antsokay - siehe Tuléar

● Baie de Baly NP - siehe Soalala

● Bealanana

Anreise:
- Straße: Von Antsohihy aus über die RN 6 nach Norden, nach ca. 20 km nach Nordosten (rechts) abbiegen. Insgesamt etwa 120 km auf einer relativ guten, landschaftlich sehr reizvollen Piste.
- Flugzeug: Bealanana verfügt über eine Landepiste für kleine Flugzeuge, kein regelm. Flugbetrieb, nur Charterflüge!

Unterkunft/Essen&Trinken:

* bis * *

Hôtel La Créte, relativ komfortables Hotel sauber und gemütlich. Mit untersch. Preis– und Komfortstufen. Empfehlenswert!

Spezialtipp des Verfassers:

Restaurant Faniry, einfaches, exzellentes „Restaurant“ - die Besitzerin zaubert nahezu alle gewünschten Dinge (nicht nur kulinarisch) her. Sehr freundlich, äußerst bescheidene Preise, sehr lecker!

● Beheloka – Tsimanampetsotsa NP

Anreise:
- Straße: Auf relativ guter Piste von Tuléar aus (90 km, mit dem Mietwagen mindestens 4 Std.) **Keine öffentlichen Verkehrsmittel hierher!** Oder von Betioky an der RN 10 aus (ca. 80 km auf rauher Piste!)
- Boot: Möglich, aber schwierig, da die Boote von Ebbe und Flut abhängig sind und es schon ein ganzes Stück zu fahren ist! Am besten in Tuléar (an der Abfahrtstelle nach

Anakao fragen oder bei den örtlichen Reiseveranstalter, s.dort) In Anakao findet sich möglicherweise auch ein Fischer, der bereit ist, Sie zu fahren.

Hinweis: Die Reiseveranstalter in Tuléar (siehe dort) bieten Touren (Mietwagen) nach Tsimanampetsotsa an (60.000 Ar. p.P. und Tag, mindestens zwei Teilnehmer)

Unterkunft/Essen&Trinken

* * *

La Canne á Sucre, schöne Anlage mit 15 komfortablen Zimmern und 4 Bungalows. Unter französischer Leitung. Mit Restaurant.
Tel.: 94 437 21, mobil: 032 0264896

*

Finaritra Hotel, einfaches Haus mit 6 Zimmern ohne Komfort, Gemeinschaftsplumpsklo im Freien, einfaches Restaurant. Für sehr Preisbewusste!

● Bekopaka – siehe Bemaraha/Tsingy de Bemaraha NP/Bekopaka

● Belo-sur-Mer

Anreise:
- Straße: Über eine schlechte Piste von Morondava aus. (70 km, 4 Std.) Oder über eine schlechte Piste und viele Umwege von Süden. (Morombe, 150 km Luftlinie, mindestens 14 Stunden)

Achtung: beide Pisten sind nur von Mai bis Oktober befahrbar, außerhalb dieser Saison bleibt nur das Schiff als Vehikel.

- Schiff: Ab Belo-sur-Tsiribihia, Maintirano, Morondava, Morombe oder Tuléar unregelmäßig mit dem Küstensegler oder dem Motorschiff. Oder Bootscharter in Morondava, die dortigen Reiseveranstalter und Tour Operators helfen gerne weiter (siehe unter Morondava).
Preis: mit dem Segler von Morondava etwa 50.000 Ar., evtl. Zwischenstopp für die Nacht erforderlich. (Der Törn dauert 8-10 Stunden!)

Unterkunft/Essen&Trinken:

* * *

Ecolodge du Menabé, sehr nettes Hotel unter professioneller Leitung, mit 8 ordentlichen, komfortablen Zimmern. Das Haus unterhält auch eine eigene Tauchbasis und bietet Kurse und Exkursionen an. Sehr gutes Restaurent.
Mobil: 033 0943632
email: info@menabelo.com, homepage: www.menabelo.com

* *

Le Dauphin, 8 saubere und gepflegte Bungalows mit Gemeinschaftsdusche/-WC.
Sehr gutes Restaurant und netter Service.
mobil: 032 4031097 oder Kontakt über MadaBar in Morondava.

*

Chez Lova, trotz des niedrigen Preises ein Geheimtip: Madame Vola spricht mehrere Sprachen (auch ein wenig Deutsch) und führt Ihr „Reich“ mit unwiderstehlichem Charme und Können.
Saubere und ordentliche Zimmer, erstklassige Küche, abends oft Live-Musik.
Organiisiert auch Touren. Wird sehr gelobt!
mobil: 032 4089249
email: restolovabelo@yahoo.fr

Chez Dorothé (Dorohotel), 6 einfache Bungalows (Gemeinschaftsdusche/WC), sehr nett am Strand gelegen.
Gutes Restaurant. Organisiert Touren auf dem Wasser/an Land.

Restaurant „Double Z“, mitten im Ort gelegenes Restaurant, nicht nur der sehr guten Essen wegen ein Begriff: hier ist abends Livemusik geboten, daher oft voll!

● Belo-sur-Tsiribihina

Anreise:
- Straße: Über die RN 8 (Allee des Baobabs) von Morondava aus, 110 Kilometer auf Sandpiste, ca. 4 Stunden.Oder über eine – nur zur Trockenzeit befahrbare – ziemlich schlechte Piste von Norden/Bekopaka (Tsingy de Bemaraha), 100 Kilometer, 5 Stunden.
- Flugzeug: Eine Landebahn ist vorhanden, allerdings wird Belo nur 2x pro Monat von Air Madagascar angeflogen. Charterflüge (Rundflüge über die Tsingy!) machen öfter Zwischenlandung,
- Schiff: Es herrscht reger Schiffsverkehr auf dem Tsiribihina: sowohl von flussaufwärts (Miandrivazo, ca. 160 km, 3 Tage per Boot) als auch von abwärts, aus der Mündung des Flusses am Meer, (50 km) wo sich das Flussdelta in einem Mangrovendickicht bis zum Meer auffächert. Die Flussfähren sind außerdem unerlässlich für das Übersetzen zwischen Belo und der RN 8 nach Süden – es existiert keine Brücke über den Tsiribihina!

Unterkunft:

Trotz seiner Bedeutung als Grablege und einstiges Zentrum des Sakalava-Reiches Menabe hat Belo nur wenig akzeptable Unterkünfte vorzuweisen. Wahrscheinlich, weil fast alle (Durch-)Reisenden der **Tsingy** wegen kommen und dann so rasch wie möglich weiter nach Süden wollen, um dem Sonnenuntergang an der **Allée des Baobabs** rechtzeitig beizuwohnen.

* * *

Karibou Hotel, das beste Hotel am Ort, 25 ordentliche Zimmer und ein sehtr gutes Restaurant zeichnen dieses Etablissement aus. Sehr zu empfehlen!
mobil: 032 5187213 oder 033 0186253

* *

Ravinala Hotel, am Ortseingang (neben dem Mad Zebu) gelegenes 20-Zimmer-Haus, unterschiedliche Preis- und Komfortstufen, freundliches und hilfsbereites Personal. Kein Restaurant!
mobil: 032 4675529 oder 032 1152152

* bis * *

Hôtel du Menabe, am Ortseingang gelegenes Hotel, einfach, aber sauber. Sehr freundliches Personal, sehr gutes Restaurant.
mobil: 032 4263535 oder 032 4282410

*

Hôtel Suzanna, einfaches Hotel mit wenig Komfort, aber sauber und ordentlich.
Mobil: 032 0300751

Tsiribihy Hotel, eine preiswerte Alternative, falls sonst nichts zu haben ist! Noch akzeptabel.

Essen&Trinken

Zwar sind gute Restaurants hier rar gesät – man kann aber (wie fast überall) in kleinen hotely und Garküchen ganz gut essen, selbstredend am besten am Markt. Zahlreiche Bars laden ebenso ein.
Kulinarisch hat Belo vor allem ein Pfund, mit dem es wuchern kann: die hier servierten **Garnelen** aus dem Fluss gehören mit zum Besten, was auf Madagaskar zu essen ist!

Mad Zebu Restaurant, das **unbestritten beste Lokal am Platz**! Etwas außerhalb des Stadtzentrums gelegen, bietet das Restaurant zunächst einmal schöne Plätze halb im Freien mit Blick auf die Straße. Dann die Küche: Novelle Cuisine vom Feinsten zum moderaten Preis, nicht ganz so zum Sattessen geeignet, qualitativ jedoch unbestritten exzellent! Für Feinschmeckersehr zu empfehlen, und sei es nur auf der Durchreise.
Achtung: Das Lokal verfügt – eigenartigerweise! - über keinen Wein im Angebot!
mobil: 032 4038715 oder 032 0758955

Restaurant Pacifique, nahe dem Markt (zentral) gelegenes Restaurant. Sehr schmackhafte Alternative zum Mad Zebu, nicht ganz so schön aufgemacht und deutlich einfacher. Aber dennoch hervorragende Küche, auch hier am besten **Crevettes**.

Post/Paositra:

Ein **Postamt** ist immerhin vorhanden, aber keine Gewähr für regelm. Öffnungszeiten!

● Bemaraha – Tsingy de Bemaraha NP/Bekopaka

Anreise:
- Straße: Über eine relativ schlechte Piste von Süden /Belo-sur-Tsiribihina (100 km, 4 Std.) bzw. Morondava (180 km, 8 Std.).
- Flugzeug: Landepiste für Kleinflugzeuge in Antsalova (50 km nördlich des Parkeingangs bei Bekopaka). Oder in Belo-sur-Tsiribihina (100 km südlich).

Unterkunft/Essen&Trinken:

Das Dorf Bekopaka verfügt – außer dem Eingang zum Nationalpark und der (hochmodernen) Flussfähre über keinerlei aufregende Gastronomie.

Die besten Restaurants haben auch hier die wenigen, guten Hotels – nahe der

Anlegestelle am Haupteingang befinden sich auch mehrere saisonal betriebene, einfache und ganz gute Restaurants (genau gegenüber dem Campingplatz am Fluss)
Es existieren darüber hinaus auch recht gute Campingmöglichkeiten (die günstigeren Tourangebote ab/an Morondava beinhalten oft nur Übernachtung im Zelt!

* * * *

L´Olympe du Bemaraha, etwa 3 Kilometer vom Parkeingang und außerhalb von Bekopaka gelegenes Ressort mit 20 komfortablen und schönen Bungalows, sehr malerisch auf dem Hügel gelegen – herrliche Aussicht und phantastische Sonnenuntergänge garantiert!
Gutes Restaurant (etwas teuer!), insgesamt aber sehr zu empfehlen.
email: olympedubemaraha@yahoo.fr

Relais de Tsingy, schöne Anlage mit 7 komfortablen Bungalows, mit herrlicher Aussicht auf das Umland. Restaurant ganz gut, aber auch nicht ganz billig.
War schon mal besser!

Tsingy Lodge, nahe dem Parkeingang gelegene Anlage mit 6 Bungalows, einfach, sauber und ordentlich. Sehr guter Service.
Erstklassige Küche, eine gute Alternative zu den außerhalb liegenden Ressorts. Empfehlenswert!
mobil: 032 1150756 oder 032 4070398
email: tsingy-lodge@yahoo.fr, homepage: www.tsingy-lodge.com.

* * *

Tanankoay, 4 einfache Bungalows und ein Zeltplatz machen diese Anlage zu einer preiswerten Alternative. Günstig nahe dem Parkeingang gelegen. Ganz ordentlich ausgestattet.
mobil: 032 0222662
email: rj_tony@yahoo.fr.

Camp Croco, ein „Zeltplatz" der gehobenen Art: auf der Südseite des Flusses gelegen, erwarten den Gast 8 feste Zelte mit Betten und beachtlichem Komfort. Sehr zu empfehlen!
Tel.: 22 630 86 oder 22 623 62, Fax: 22 344 20
homepage: www.madcameleon.com

*

Camping Manambolo, der größte und preiswerteste Campingplatz vor Ort: direkt am Nordufer des Manambolo nahe dem Parkeingang gelegen. Mit Ziehbrunnen(!), schattigen Bäumen und Nähe zu div. Bars und Restaurants. Billigste Alternative!

Chez Ibrahim, trotz des niedrigen Preises eine gute Wahl: neben der Möglichkeit, Touren im NP zu organisieren empfehlen auch der erstklassige Service diese Unterkunft! Einfach, aber sauber und ordentlich.
Ein „Ableger" des **Hôtel Morondava Beach**, Buchungen daher über deren Adresse:
Tel.: 95 523 18, mobil: 032 0469228
email: mbeach@blueline.mg, homepage: www.hgj-mbeach.com.

Reiseveranstalter/Fremdenführer:

Fast alle „besseren“ Hotels in Morondava organisieren Touren hierher, natürlich in Kombination mit der „Allée des Baobabs“. Die Preise sind variabel, ein Arrangement für 3 Tage ab/an Morondava incl. 4X4 und Unterbringung in gutem Hotel kann dabei schon 400 Euro kosten! Preise vergleichen bzw. Handeln lohnt sich in jedem Fall!

Project Bemaraha
Tel./Fax: 22 627 84
email: tsingy@simicro.mg

Parkverwaltung:

Tel.: 22 013 96

- **Berenty-Reservat**

Anreise:
- Straße: Auf der gut ausgebauten RN 13 von Taolanaro aus in westlicher Richtung nach etwa 90 km (1,5 Std. Fahrtzeit). Die gebräuchlichste Variante ist auf der rauhen Piste von Tuléar/Ambovombe aus.

Beachten Sie, dass Sie in diesem Fall die Unterkunft vor Ort vorgebucht haben müssen, sonst wird Fam. de Heaulme den Zutritt verweigern!

- Flugzeug: Berenty verfügt über eine eigene Landebahn für Kleinflugzeuge, ein entspr. Reisebudget vorausgesetzt, können Sie sich direkt einfliegen lassen (siehe Reiseveranstalter unter Taolanaro im A-Z Orte)

Unterkunft:

* * * *
Berenty Lodge, mehr als ein Dutzend rel. komfortabler Bungalows, teils mit Moskitonetz, elektr. Strom bis 22:00. Die Bungalows sind vorzubuchen bei **Hotel Le Dauphin/Taolanaro** (siehe dort) oder bei **Hotel Capricorne/Toliara** (siehe dort).
Bedenken Sie, dass Berenty von vielen Gruppen besucht wird und oft überfüllt ist!
Sonst bietet sich auch die Möglichkeit, in Amboasary(siehe dort) unter zu kommen.
Tel.: 92 910 56
email: berenty@madagascar-resorts.com, homepage: www.madagascar-resorts.com

Essen&Trinken:

Restaurant direkt am Besucherzentrum, nicht ganz billig, aber sehr gut (praktisch ohne Alternative!)

• Betioky - Bezaha Mahafaly-Reservat und Tsimanampetsotsa NP

Anreise:
- Straße: Von Norden ab Tuléar/Andranovory/Isalo NP über die RN 10. Tuléar-Betioky ca. 4-5 Std. mit Mietwagen, ca. 8 Std. mit dem Taxi-Brousse (ca. 10.000 Ar.) Oder von Süden ab Fort Dauphin (Taolanaro) bzw. Ampanihy über die RN 10. Ampanihy-Betioky ca. 6 Std. mit dem Mietwagen, nach Regenfällen z.T. bedeutend mehr!
- Flugzeug: Betioky verfügt über eine Landepiste für kleinere Flugzeuge, kein planmäßiger Flugverkehr, nur Charter.

Unterkunft

Betioky hat wenig Auswahl zu bieten: Neben einigen hotely und kleinen Imbissmöglichkeiten gibt es fast keine Unterkünfte und Restaurants.

*

Hôtel Mahasoa, das einfache Hotel bietet 5 Bungalows und 4 Zimmer, alles sehr preiswert und ohne großen Komfort. Die Bungalows sind hier etwas billiger(!) – der Toiletten wegen, welche bei den Bungalows außerhalb liegen (und z.T. ganz schön geruchstark sind....)

Essen&Trinken:

Hotely Mahafaly, einfaches, aber sehr schmackhaftes Essen, direkt an der Hauptstraße.

Parkverwaltung:

Parc National de Tsimanampetsotsa
Tel.: 95 522 64

• Bezaha Mahafaly – Réserve Naturelle de Bezaha Mahafaly

Anreise::
-Von Betioky aus auf schlechter Piste, nur mit Allradfahrzeugen und viel Erfahrung zu bewältigen, mindestens 2-3 Std. (35 km!) Oder alternativ mit einem **Zebukarren**, den man in Betioky mieten kann: 6 bis 7 Std. holpriger Fahrt durch eine sehr interessante Landschaft.

Unterkunft/Essen&Trinken:

Keine Restaurants oder Einkaufsmöglichkeit, bringen Sie Proviant mit. Wasser kann an den Campingplätzen aus Quellen entnommen werden (Micropur-Tabletten nicht vergessen!)

Mehrere einfache Campingplätze mit einfachen Toiletten und Duschen. 10.000 Ar./p.P. und Nacht.

Parkverwaltung:

Tel.: 94 435 70

● Boriziny (Port Bergé)

Anreise:
- Straße: Über die RN 6 aus Richtung Süden (Tana) oder Norden (Antsiranana) aus.
- Flugzeug: Boriziny verfügt über eine Landepiste für kleinere Flugzeuge – kein regelm. Flugverkehr, nur Charter!

Unterkunft/Essen&Trinken:

Boriziny ist kein Ort für Urlauber und Vergnügungsreisende: außer einigen hotely und kleinen Restaurants gibt es keinerlei touristische Infrastruktur. Ebenso sind akzeptable Unterkünfte kaum vorhanden. Lediglich zwei Hotels am Ort sind verfügbar:

* * bis * * *
Hôtel Le Monde, bestes Hotel am Platz, bietet mehrere einfache und saubere Zimmer mit unterschiedlichen Preis– und Komfortstufen an. Mit Restaurant.

*
Hôtel Zinnia, wenig empfehlenswertes Hotel der untersten Kategorie (gilt wohl auch für Sauberkeit und Komfort!). Nur hartgesottenen Reisenden zu empfehlen - bevor Sie hier absteigen, sollten Sie besser eine Nacht im Auto/Zelt oder unter freiem Himmel vorziehen!

Parkverwaltung:

Reserve Naturelle de Bezaha Mahafaly
Tel.: 94 435 70

● Brickaville – siehe Ampasimanolotra

● Cap Est – Masoala-Halbinsel NP/Ambohitralanana

Anreise:
- zu Fuß: Von Maroantsetra aus. (6 Tage)
- Straße: Von Antalaha aus (50 km, Taxi-Brousse etwa 3 Stunden)
- Schiff: Von Antalaha oder von Maroantsetra aus unregelm. Küstenverkehr.

Unterkunft:

* *
La Résidence du Cap, einfaches Hotel unter franz. Leitung.

*
Hôtel du Voyageur, nette Anlage mit 15 einfachen Bungalows, sehr einfach und preiswert.

Essen&Trinken:

wenige hotely und Garküchen – kein Ort für Feinschmecker!

Parkverwaltung:

Parc National de Masoala
mobil: 032 0267572

● Cap St. Marie (Réserve Naturelle de Cap St. Marie)

Anreise:
- Straße: auf schlechter Piste von Tsihombe an der RN 10 aus. (65 km, ca. 7 Std.) Oder von Lavanono/Tranovaho/Beloha an der RN 10 aus (45 km, 4-5 Std) Nur mit Allradfahrzeug machbar!
- Boot: Mit dem Motorboot oder Segelboot von Betanty (Faux Cap) aus. (Siehe Libertalia unter Faux Cap im A-Z). Oder alternativ von Lavanono aus.

Unterkunft/Essen&Trinken:

Keinerlei Infrastruktur, Camping auf Anfrage möglich, Proviant (v.a Trinkwasser) muß mitgebracht werden. In den Dörfern **Ankororoka, Antsarika** und **Ankaratravitra** bescheidenste Unterkünfte, z.T. sehr gutes Essen und bescheidene Einkaufsmöglichkeiten.

Parkverwaltung:

Reserve Naturelle de Cap St. Marie
Tel.: 94 435 70

● Diego-Suarez – siehe Antsiranana

● Farafangana

Anreise:
- Straße: Auf der RN 12 von Manakara aus. (112 km, ca. 3-4 Std.) Oder von Vangaindrano aus auf der RN 12 (ca. 70 km, keine Zeitangabe, mehrere Flussüberquerungen mit Fähren).
- Flugzeug: Es existiert eine Landebahn, jedoch kein regelm. Flugverkehr.
- Schiff: Da der Canal des Pangalanes hier kaum noch „schiffbar“ ist, nur seltene Bootsanbindung v.a. nach Norden (Manakara). Kein Seehafen vorhanden!

Unterkunft/Essen&Trinken:

* * *
Austral Hôtel, bietet rel. komfortable und saubere Zimmer. Mit Restaurant.
Tel.: 73 000 97, mobil: 032 0501765

Les Cocotiers, nahe dem Markt gelegen, gemütliche, saubere Zimmer, gutes Restaurant.
Tel.: 73 011 87, mobil: 032 0245705

* *
Hôtel Tsaravatsy, zentral gelegen, gutes Restaurant (chinesisch und malagasy)
Tel.: 73 910 36

Miarina, mehrere saubere, einfache Zimmer, - wer die Farbe Rot liebt, ist hier gut aufgehoben! Sehr gutes Restaurant.

Coco Beach, strandnahe Bungalows (am Leuchtturm), Essen auf Bestellung.

*
Centre Recreatif Abba, strandnah gelegene Bungalows ohne großen Komfort, kein Restaurant!
Tel.: 73 000 76

Banken/Wechselstuben:

Es existieren zwei Banken, eine Filiale der **BFV** sowie eine **BOA.**

Post/Paositra:

Es existiert ein regelmäßig besetztes Postamt nahe dem Markt.

● Faux Cap (Betanty)

Anreise:
Auf schlechter, holpriger Piste von Tsihombe an der RN 10 aus. (30 km, ca. 2 Std.) Oder über die Piste aus Westen von Cap St. Marie aus. (30 km, ca. 2 Std.)

Unterkunft/Essen&Trinken:

* * * *
Libertalia, Anlage mit 7 steinernen Bungalows. Mittlerweile leider ziemlich heruntergekommen, die Bungalows sind winzig und ungepflegt, für fast 30 Euro pro Nacht eine Unverschämtheit!
Etwas windig, aber einzigartig in der Lage und dem Panorama. Überteuertes Restaurant, extrem überzogene Getränkepreise.
Falls der Chef da ist, Bootstouren nach Cap St. Marie buchbar.
Tel.: 92 211 13, mobil: 032 0756041
email: madalibertalia@yahoo.fr, homepage: www.madalibertalia.com

* *
Cactus Hôtel, sehr einfache und etwas heruntergekommene Anlage mit 16 spartanischen Bungalows ohne fließend Wasser und Strom. Entschädigt mit herrlicher Lage und gutem Essen - freundlicher Service, die Besitzerin ist auch als Dorflehrerin tätig und weiß viel zu erzählen.

● Feonarivo Atsinanana (Fénérive Est)

Anreise:
– Straße: Auf der gut ausgebauten RN 5 von Toamasina (Tamatave) aus (110 km, 2-2,5 Std.) oder von Soanierana-Ivongo. (55km, 1-1,5 Std.)

Unterkunft/Essen&Trinken:

Mehrere hotely, Restaurants und Gästehäuser.
Beste Unterkunft am Ort ist

* * *
La Ruschia Village, schöne, gepflegte Bungalowanlage, ca. 4 Kilometer außerhalb des Ortes gelegen. Mit gutem Restaurant.
Tel.: 53 314 56
*
Belle Rose Bungalows, mehrere einfache Bungalows, preiswert und sauber. Netter Service.
Essen auf Bestellung!
Tel.: 57 300 38

Tonga Soa Coco Plage , einfache Bungalows direkt am Meer, kaum Komfort, Essen auf Bestellung!
Tel.: 57 300 07

● Fianarantsoa

Anreise:
- Straße: Über die RN 7 von Tuléar aus (5 Std.) oder von Tana aus (5-6Std.), Fianar markiert ungefähr die Mitte der „Hochlandroute".
- Flugzeug: Regelmäßige Air Madagascar-Flüge von Tana aus. Der Flugplatz von Fianar befindet sich etwa 3 km nördlich des Stadtzentrums.
- Eisenbahn: 2-tägige Zugverbindung von/nach Manakara an der Ostküste.

Unterkunft:

* * * *
Tsara Guesthouse, Av. de l´Independence/Ambatolahikosoa, nach vielen Jahren immer noch eine der Topadressen in Fianar! Die ehemalige Kirche beherbergt heute ein Hotel mit 15 Zimmern, ein Restaurant und einen herrlichen Garten mit Aussicht auf die Stadt.
Tel.: 75 502 06, Fax: 75 512 09
homepage: www.tsaraguest.com

* * *
Hôtel Soafia, Ambalakisoa, etwas außerhalb des Stadtzentrums an der RN 7 gelegenes, 80-Zimmer-Haus für Liebhaber des etwas Unüblichen: Die Innenausstattung wurde von Reisenden als Mischung aus *Disneyland, Puppenhaus und chinesischem Tempel* beschrieben. Trotz des etwas bizarren Ambiente ein ordentliches, komfortables Haus mit einer sehr beliebten Patisserie und einem gut sortiertem Laden im Haus.
Tel.: 75 503 53 oder 75 513 13
email: contact@soafia-hotel.com, homepage: www.soafia-hotel.com

Hôtel Soratel, Immeuble Soraka/Ampazambazaha, direkt am Bahnhof gelegen, sehr beliebtes 25-Zimmer-Haus mit komfortablen Zimmern. Frühstück bzw. Snack-Bar im Haus, kein Restaurant!
Tel.: 75 516 66, Fax: 75 516 78, mobil: 033 0898888

email. contact@soratel.com, homepage: www.soratel.com.

Hôtel Tombontsoa, Bd. Hubert Garbit direkt im Zentrum oberhalb der Hauptstraße gelegenes, 8-Zimmer-Haus mit gutem Ruf, sehr komfortablen Zimmern und allerhand Extras: Pool, Tennis, Sauna. Gutes Restaurant
Tel.: 75 514 05, mobil: 034 0455965
email: contact@hotel-tombontsoa.com, homepage: www.hotel-tombontsoa.com.

Plaza Inn, Av. de l´Indep./direkt neben dem Zoma gelegenes, 40-Zimmer-Haus mit preiswerten und sauberen Zimmern. Etwas unpersönlich, aber akzeptabel.
Tel.: 75 515 72

Cotsoyannis Hotel, zentral in der Rue de Prince Ramaharo gelegenes, traditionsreiches 20-Zimmer-Hotel. Sehr schöne und komfortable Zimmer/Familienzimmer, ein gutes Restaurant im Haus.
Tel.: 75 514 72
email: cotso@malagasy.com.

Zomatel, Av. de l´Indep, beliebtes und komfortables 32-Zimmer-Hotel mit sehr gutem Restaurant, Eisdiele und Billardcafe auf dem Hotelgelände. Ganz nett, allerdings haben die Zimmer den Nachteil, dass die sechseckigen (!) Fenster auf den Flur hinausgehen, außerdem ganz schön hellhörig.
Tel.: 75 507 97, Fax: 75 513 76, mobil: 034 0725527
email: zomatel@zomatel.com, homepage: www.zomatel-madagascar.com.

Peniela Guest House, Rue du Rova, in der Oberstadt gelegenes traditionelles Haus mit schöner Einrichtung, in erstklassiger Lage. Sehr ruhig und gepflegt.
mobil: 032 4048656 oder 032 0273963
email: peniel.house@yahoo.fr

Mahamanina Hotel, Rte. d´Andriamboasary, etwa 400 Meter nördlich des Bahnhofs an der „alten Straße" nach Tana gelegenes 22-Zimmer-Hotel mit hervorragendem Restaurant.
Tel.: 75 521 11 oder 75 502 50, mobil: 032 0493148
email: hotel-mahamanina@moov.mg, homepage: www.hotelmahamanina.com

* *

Hotel Chez Papillon, direkt am Bahnhof gelegenes 12-Zimmer-Haus mit preiswerten, ordentlichen Zimmern (auch Familienzimmer)
Tel.: 75 508 15, Fax: 75 518 76

Raza Hotel, am östlichen Ende der Av. de l´Indep. (nahe dem Zoma) gelegenes, schönes kleines Gästehaus mit 3 Zimmern und sehr familiärem Service. Trotz des niedrigen Preises sehr zu empfehlen, wunderbare Atmosphäre. Vorausbuchung empfehlenswert!
Tel.:75 519 15, mobil: 033 1234242

Hôtel Mini Croq, 150 Meter nördlich des Bahnhofs an der alten Straße nach Tana, der Ancienne Rt. D´Antananarivo gelegenes 17-Zimmer-Haus in ruhiger Lage. Sehr sauber und komfortabel, trotz des günstigen Preises. Mit Restaurant.
Tel.: 75 501 72

email: minicroqhotel@dts.mg.

*

Ancre d´Or, 50 Meter von der Taxi-Brousse-Station entferntes Hotel ohne großen Komfort. Mit Restaurant.

Vatolahotel, Bd. Philibert Tsiranana, bei Reisenden aus allen Ländern als Geheimtipp und sehr gute Adresse geschätzt. Der Familienbetrieb kümmert sich herzlich und zuvorkommend um seine Gäste, die Preise sind sehr bescheiden – ein solches Haus kann wohl nur auf Madagaskar existieren! Essen nach Wunsch und auf Vorbestellung, **Herr Fidy** wir Sie sicher fragen, wann und was Sie zu essen wünschen!
Tel.: 75 515 98

Notre Dames de Cenacle, Maison d´Accueil, 3 km nördlich des Stadtzentrum gelegenes, kleines Haus mit 6 Zimmern, von Ordensschwestern betrieben. Sehr ruhig, sauber und preiswert
Tel.: 75 514 23

Auberge Betania, Rue Joseph Randriantsilanizaka, über eine Seitentreppe am Buchladen zu betretendes, sehr familiäres Gästequartier mit 5 untersch. Zimmern. **Mamy und Hasina** kümmern sich erstklassig um die Gäste, darüber hinaus organisieren die beiden auch allerhand Touren und Exkursionen und sind als Fahrer bzw. Guide im Geschäft. Sehr zu empfehlen, wenn auch ungewöhnlich!
Tel.: 75 520 79

Essen und Trinken:

Le Croustillard, 80 nördlich des Bahnhofs an der **Galana-Tankstelle** gelegenes, chinesisch/kantonesisches Restaurant. Exzellente Küche, dazu nicht mal teuer.
Gosena Restaurant, an der alten Straße von der Neustadt zu Oberstadt gelegenes, hervorragendes Restaurant mit internationalen und madagassischen Spezialitäten. Sehr preiswert.
Tel.: 75 516 16

L´Ancre d´Or, an der Rue du Gen. Leclerc zentral gelegenes, sehr gutes Restaurant mit Bar. Erstklassiger Service, sehr preiswert. Am Wochenende Livemusik.

Restaurant Le Panda, Bd. Hubert Garbit. Das chinesische Restaurant offeriert ganz besondere Spezialitäten: Fledermaus, Frosch, Krokodil, Wildschwein und andere, allerdings nur saisonal erhältliche „Köstlichkeiten“. Wer es lieber ganz normal (mit Rind und Schwein) mag, kommt auch auf seine Kosten, die Dekoration des Restaurants ist – nun ja, sehr apart: Schlangenhäute, Schildkrötenpanzer und andere Präparate zieren das Etablissement.
Tel.: 75 505 69

Espace Relax, Av. du Gen. Leclerc, kleines, aber feines Restaurant mit internationaler Küche – sehr gute Pizza! (Auch zum Mitnehmen)

Restaurant Zomatel, (siehe * * * Hotels), erstklassige Küche, schönes Ambiente, moderater Preis.

Casa Delices, an der Ancienne Rt. Du Anatananarivo (neben Mini Croq Hotel), kleines, preisgünstiges und sehr gutes Restaurant mit internationaler Küche.

Nachtleben:

Besonders an den Wochenenden ist in Fianar ganz schön was los, zahlreiche Bars und Clubs haben dann die ganze Nacht geöffnet und bieten madagassischen Überschwang und heiße Musik. Daneben empfehlen sich folgende "Läden":

Chez Tantine, nahe der Taxi-Brousse-Station, (100 Meter südlich des Bahnhofes), wahrscheinlich der angesagteste Nachtclub in Fianar, v.a. einheimisches Publikum. Sehr empfehlenswert!

Moulin Rouge, 500 Meter in nördlicher Richtung vom Bahnhof aus, war mal **der Treff** in Fianar, mittlerweile nicht mehr ganz so gut besucht. V.a. sonntags ist aber immer noch ganz gut was los. Internationale Musik, internationales Publikum.

Banken:

BFV, Bd. Ph. Tsiranana, unweit des Zoma und nahe dem Bahnhof. Geldautomat.

BOA, : neben der BFV und am Bahnhof, jeweils mit Geldautomat.

BNI – CL : Gegenüber den beiden erstgenannten.Geldautomat.

Post:

An der Route MDRM, schräg gegenüber dem Bahnhof und an der Av. de l´Independence nahe dem Zoma.

Lokale Guides und Reiseveranstalter :

MadTrekking, gegenüber dem Tsara Guest House, professionelles und sehr individuelles Unternehmen, organisiert Ausflüge in die Umgebung, hilft beim Ticketkauf und bei der Unterkunft.
Sehr zu empfehlen.
Tel.: 75 503 73, mobil: 032 0222173
homepage: www.madtrekking.com

Lôlô Voyages, organisiert Touren (trekking) und Ausflüge zu anderen Sehenswürdigkeiten. Wird sehr gelobt.
Tel.: 75 520 80
email: lolovoyages@dts.org.

Association des Guides sud MadaTrek
mobil: 033 1457287
homepage: www.madagascar-moratours.com

Marao de Fianar, sehr professionelle und vertrauenswürdige Agentur in Fianar, organisiert alle Arten von Exkursionen, äußerst individuell!

mobil: 032 0406495
email: aurelienmada@yahoo.fr.

Tourist Information (ORTF), gegenüber dem Bahnhof gelegenes Büro, zentrale Informationsmöglichkeit.

La Maison de Guides, gegenüber dem Bahnhof gelegene Agentur unter Selbstverwaltung zahlreicher Guides. Profesionelle Guides organisieren auch ausgefallene Trekkingtouren und Ausflüge. Empfehlenswert!!!
Tel.: 75 517 30
mobil: 032 4056856
email: coeurmalague@hotmail.com

Einkaufen in Fianar:

Auch Fianar hat einiges zu Bieten, wenn man sich die Zeit zum Schlendern und Shoppen nimmt.
Neben zahlreichen Läden, in welchen Halbedelsteine, Holzschnitzereien, Papierarbeiten und Textilien angeboten werden, sei hier als besonderer Tip empfohlen:

Labo Men – der Photograph **Pierrot Men** ist v.a. für seine schwarzweiß-Photos international bekannt geworden, zahlreiche „Postkartenmotive" Madagaskars stammen von Ihm. Sein Laden befindet sich direkt am Soafia-Hotel. Auch Plakate und Poster kann man hier kaufen.
Tel.: 75 500 23

- **Fort Dauphin - siehe Taolanaro**

- **Foulpointe – siehe Mahavelona**

- **Ifaty – Mangily**

Eines "der" Strandgebiete schlechthin in Madagaskar. Traumhafte (Sand-)Strände, lauschige Lodges und Bungalows und eine Vielzahl von Möglichkeiten machen Ifaty zu einem Ort, der vielleicht noch eine große Zukunft als Tourismusbrennpunkt vor sich hat.

Anreise:
- Straße: Über die Piste nordwärts von Tuléar, etwa 25 km entfernt. Mit Mietwagen oderTaxi (20.000 Ar.) oder Taxi-Brousse. (2 Stunden Fahrt)
- Boot:: Von Tuléar oder Anakao/San Augustine aus.

Unterkunft/Essen&Trinken:

Praktisch alle Unterkünfte in Ifaty und Mangily befinden sich in mehr oder weniger direkter Strandnähe bzw. beiderseits der Piste, sind allerdings relativ weit verstreut! Sowohl Luxusklasse als auch lowest-budget erhältlich, Ifaty hat für jeden Anspruch das Richtige. Bedenken Sie, das wirklich gute Sandstrände vor allem im nördlicher gelegenen Mangily zu finden sind!

* * * * *

Hôtel Paradisier, traumhaft schöne Anlage mit 21 luxuriösen Bungalows. Teuerste Unterkunft am Platze, internationaler Standard. Hervorragendes Restaurant.
Tel.: 22 351 65, Fax: 22 351 67
email: paradisier@paradisier.net, homepage: www.paradisier.com.

Nautilus, schöne Anlage mit 17 Bungalows am Meer. Erstklassiges Restaurant. Eigene Tauchbasis **(Gipsy Club).**
Tel.: 94 418 74, mobil: 032 0741874 oder 033 1141874
email: nautilus@moov.mg, homepage: www.nautilusmada.com

Dunes d'Ifaty, schöne Anlage mit gehobenem Komfort (und Preis). Mit Restaurant und eigener Tauchbasis (Club Nautique)
Tel.: 94 414 80, mobil: 034 070971
email: dunesifaty@shgi.com, homepage: www.lesdunesdifaty.com

* * * *

Mangily Hotel, sehr komfortable Anlage mit schönen Bungalows und eigener Tauchbasis. Unter französisch/madagasischer Leitung. Wird sehr gelobt!
Tel.: 94 421 97 Fax: 94 414 19, mobil: 032 0255428
email: mangilyhotel@hotmail.com.

Hôtel de la Saline, schöne Anlage mit 10 komfortablen Bungalows in herrlicher Aussichtslage. Erstklassiges Restaurant.
Tel.: 94 417 03, Fax: 94 413 84,mobil: 032 0753193
email: issoufaly@simicro.mg

Lakana Vezo, 10 schöne Bungalows, mit Tauchbasis und Bootscharter. **(Club Nautique)** Auch über **Hotel Le Capricorne in Tuléar** buchbar (siehe dort)
Tel.: 94 428 79

Club Bamboo, schöne Anlage mit 23 hübschen Bungalows und großem Garten. Kleiner Pool und Restaurant.
Tel.: 94 902 13, mobil: 032 0404427
email: bamboo.club@moov.mg, homepage: www.bamboo_club.com

* * *

Ifaty Beach Club, hübsche Anlage mit Tauchbasis und (überteuertem)Restaurant.
Tel.: 94 914 27, mobil: 034 2970999 oder 034 3146384
email: ifatybeachclub@moov.mg, homepage: www.ifaty.com

Hôtel Vovotelo, schönes Ressort mit 16 Bungalows, Restaurant (gut, aber teuer). Dazu gehört die 3 km entfernte Anlage ***Casa Nostra***, die hoch auf den Klippen liegt und ein unvergl. Panorama bietet!
Tel.: 94 937 18, mobil: 034 2937736 oder 034 3199099
email: hotelvovtelo@gmail.mg, homepage: www.hotelmada-vovotelo.com.

* *

Chez Daniel, sehr schöne Anlage mit 3 (!) komfortablen Bungalows unter französischer Leitung. Trotz des niedrigen Preises ein Geheimtipp, der familiären Atmosphäre wegen.

Kein Restaurant, aber Frühstück nach Wunsch!
email: bigorno@malagasy.com

Chez Alex, einfache Bungalowanlage mit Gemeinschaftsdusche/WC. Auch Bootstouren (mit der Piroge) können organisiert werden.
mobil: 032 0409829

Chez Freddy, gegenüber Chez Alex gelegene Bungalowanlage, einfach, aber preiswert. Gutes Restaurant.
Tel.: 94 439 01

*

Chez Suzie, familiäres Bungalowanlage, sehr einfach aber sauber und ordentlich. Kein Strom, kein fließend Wasser, eben „lowest budget“

Chez Pauline, einfache Bungalowanlage, etwas abseits vom Strand, aber dennoch eine billige Alternative. Sauber und ordentlich.

● Ifotaka

Anreise:
Über Amboasary an der RN 13, ca 75 km westlich Taolanaro. Mietwagen oder Taxi-Brousse von Amboasary aus

Unterkunft/Essen&Trinken:

Vor allem Campingmöglichkeiten und Zeltverleih, daneben auch mehrere einfache Bungalows. Keine Restaurants, aber die Möglichkeit, sich gegen wenig Geld vor Ort bei den Einheimischen „beköstigen“ zu lassen.

● Iharána (Vohémar)

Anreise:
- Straße: Über die RN 5 A von Süden (Antalaha 240 km, ca. 5 Std., Sambava 150 km, ca. 2-3 Std.) Oder über die RN 5A von (Nord-) Westen (Ambilobe 180 km, ca 5-6 Std. bzw. Antsiranana 320 km, ca. 9-12 Std., je nach Strassenbedingungen!)
- Flugzeug: Iharána verfügt über einen Flugplatz, wird aber nicht regelmäßig angeflogen. Charterservice!

Unterkunft&Essen&Trinken:

Obgleich Iharána ein sehr schöner Ort ist, verfügt er doch nur über eine geringe Anzahl (empfehlenswerter) Unterkünfte und Restaurants. Eigentlich seltsam, vor allem kulinarisch hat Iharána als Hafen – und Fischerort allerhand Köstliches aus dem Meer zu bieten.....
* * * *
La Baie d´Iharána, neues Hotel unter italienischer Leitung, mit 17 komfortablen Zimmern, direkt am Meer gelegen. Gutes Restaurant, auf Wunsch werden Touren und Exkursionen in die Umgebung organisiert. Gute Gelegenheit zum Kauf von frischer Vanille – die Besitzerin führt auch einen Verarbeitungsbetrieb für die edlen Schoten.
mobil: 032 0713146 oder 032 0513149 oder 032 0522168

homepage: www.chezclaudette.freevar.com

* * *

Sol y Mar, nicht ganz so „komfortabel“ und neu wie das **Baie,** dennoch diesem eher vorzuziehen: 8 Bungalows direkt am Wasser, wunderschöne Speiseterrasse mit Meerblick. Die Bungalows sind hübsch eingerichtet: stören Sie sich bitte nicht an den Geckos an den Wänden und evtl. vorhandenen (übrigens bildschönen) Fröschen im Bad, die halten die Moskitos kurz!
Erstklassige Küche, hervorragender Service!
Tel.: 88 063 56

Nachtleben:

Zanzibar, der Treffpunkt vor allem am Wochenende, wenn Livemusik geboten wird. Auch ein recht gutes Restaurant als Alternative zu den Hotelrestaurants.

Banken/Wechselstuben:

BOA (Bank of Africa) an der Hauptstraße im Ortszentrum. Geldautomat

Post/Paositra:

Das **Postamt** liegt ebenfalls zentral an der Hauptstraße.

● Ihosy

Anreise:
- Straße: Von Tuléar (ca. 330 km, 5-6 Stunden) auf der RN 7 oder von Fianarantsoa. (ca. 205 km, 3-4 Std.)
- Flugzeug: Charterflüge, kein regelmäßiger Flugverkehr.

Unterkunft/Essen&Trinken:

Neben zahlreichen hotely hat Ihosy nur wenig „gehobene“ Unterkünfte zu bieten, desgleichen Restaurants. Selbstverständlich kann man – wie überall in Madagaskar – in den einfachen Restaurants der Einheimischen sehr preiswert und sehr gut essen. Einige Unterkünfte verfügen auch über ein eigenes Restaurant.

* * *

Zaha Motel, sehr beliebtes Ressort mit mehreren komfortablen und schönen Bungalows, alle mit WC und Bad. Wird gelobt!
Tel.: 75 740 83

Relais Bara, zentral gelegenes, gutes 15-Zimmer-Haus mit Zimmern in mehreren Kategorien und Ausstattungen (und Preisen) zum Teil mit eigenem WC und Bad, sonst mit Gemeinschaftsdusche und -WC.
Tel.: 75 800 17

*

Nirina Hôtel, im Zentrum der Stadt gelegenes, einfaches 10-Zimmer-Haus mit sehr gutem

Restaurant.
Tel.: 75 801 44

Chez Eva, etwas außerhalb der Stadt gelegenes, familiäres 6-Zimmer-Gästehaus mit einfacher Ausstattung, sauber und ordentlich. Mit Restaurant!

Banken:

BNI – CL an der Hauptstraße im Ort.

Reiseveranstalter/Guides:

Alexandre Ralainandrasana, LOT I M 14, Andrefantsena, an der Hauptstraße im Ort hat Alexandre sein Büro. Er organisiert Besuche bei den Sehenswürdigkeiten und zeigt Ihnen gerne Ihosy und die nähere Umgebung.

● Isalo-Nationalpark - siehe Ranohira

● Itampolo

Anreise:
Von Norden mit dem Allradfahrzeug von Anakao (ca. 135 km) aus. Oder von Ejeda im Nordosten aus. (ca. 85 km auf schwieriger Piste) Oder von Süden/Androka aus. (55km).

Sämtliche Alternativen nur mit dem Allradfahrzeug zu empfehlen!

Unterkunft/Essen&Trinken:

* * *
Gite d´Etape `Sud Sud`,die komfortabelste und schönste Unterkunft am Ort: 4 Bungalows und 4 Zimmer, preiswert und komfortabel. Sehr gutes Restaurant. Mit Campingmöglichkeit!
Tel.: 94 415 27
email: c.alain@moov.org,
homepage: www.chez.com/photovoyage/itampolo.html.

*
Chez Nany, trotz des sehr niedrigen Preises ein Tipp: 1 Bungalow und mehrere Leichtbauunterkünfte plus Campingmöglichkeiten machen dieses Ressort interessant. Nur 80 m vom Wasser entfernt, idyllisch und ruhig gelegen. Mit gutem Restaurant. Herrlich zum Relaxen!

● Joffreville – siehe Ambohitra

● Katsepy

Anreise:
- Straße: Über die sehr holprige „Umgehungsstraße“, die bei Ankazomborona an der RN 4 nach Süden (Richtung Marovoay) abgeht, bei Maroala den Betsiboka überquert und

dann in einem weiten Bogen südlich Mahajanga am Lac Kinkony vorbei bis nach Katsepy führt.
- Schiff: mit der Fähre von Mahajanga (geht am Quai Barriquand ab): Tägl: 9:00, 11:00 und 14:30 an Mahajanga, Rückfahrt ab Katsepy 10:00, 12:00 und 15:30 Preis: 2.500 Ar./p.P.

Unterkunft/Essen&Trinken

Die Adresse überhaupt – und ein Grund, überhaupt hierher zu fahren ist

Chez Chabaud. Das Restaurant, seit vielen Jahren im Besitz der Familie Chabaud, wird nunmehr von Christiane Cabaud, einer der Töchter der Gründerin, mit demselben Charme geführt wie schon vor 30 Jahren – das Restaurant verdient wegen des Ambientes, der Atmosphäre und der hervorragenden Speisen wegen in jedem Fall einen Besuch.
Familie Chabaud bietet außerdem hier in Katsepy auch * * * Unterkünfte an:
7 schöne und gut ausgestattete Bungalows stehen zur Übernachtung bereit, wenn Sie ihr Abendessen hier nehmen: die letzte Fähre nach Mahajanga geht um 15:30!
Ebenso wie für das Restaurant gilt: am besten vorher reservieren!
Tel.: 62 233 27, mobil.: 032 0706734

Mme Chabaud ist gerne bei der Organisation von Touren in die nähere Umgebung behilflich, u.a. sind hier auch **Campingmöglichkeiten am Lac Kinkony** buchbar.

● Lac Itasy (Ampefy)

Anreise:
Über die RN 1 von Tana bis Analavory, dann links abbiegen nach Ampefy.

Unterkunft/Essen und Trinken:

* * *
Hotel Relais de la Viege, Ilot Boisé Antanimarina, an der Straße nach Soavinandrina gelegenes, gemütliches Haus mit 6 Zimmern und 7 Bungalows. Besonders kinderfreundliches Haus mit sehr nettem Service und gutem Restaurant.
mobil: 032 0279620 oder 032 4108529

La Terrasse, schöne Bungalowanlage mit 10 Wohneinheiten, mitten im Ort Ampefy rechter Hand der Hauptstraße gelegen. Die einfachen Bungalows sind z.T. direkt am Wasser gelegen, **Mash und Claude,** die Besitzer, organisieren neben hervorragendem Essen im Restaurant auch zahlreiche Freizeitmöglichkeiten wie Flussfahrten mit dem Boot, Wander- und Trekkingtouren usw.
Tel.: 48 840 28, mobil: 032 0716780
email: laterasse.ampefy@wanadoo.mg

Hotel Kavitaha, linker Hand an der RN 1 zwischen Analavory und Ampefy gelegen. Das 21-Zimmer-Hotel bietet neben Restaurant und Übernachtung auch zahlreiche Aktivitäten an: Fahrradtouren, Bootstouren, Angeln, Tennis......
Tel.: 22 358 01

● Lac Ampitabe - siehe Ankanin´ny Nofy

● Lac Andraikiba (bei Antsirabe)

Anreise:
Von Antsirabe über Betafo aus (Pousse-Pousse oder Mietwagen, ca. 8 km)

Unterkunft/Essen&Trinken:

* * *
Hotel Dera. Das schöne Hotel bietet in einer weitläufigen Anlage mehrere Zimmer und 6 Bungalows in originellem Zuschnitt an. Das Terrassenrestaurant mit wundervollem Seeblick ist alleine schon einen Besuch wert – und die hervorragende Pizza erst recht!
Tel.: 44 052 42 oder 44 938 01

● Lavanono

Anreise:
Auf schlechter Piste von Beloha an der RN 10 aus (35 km, 3 Std.) oder von Ankororoka/Faux Cap aus. (40 km, 4-5 Std.)

Unterkunft/Essen&Trinken:

* * *
Chez Gigi, schöne Bungalowanlage direkt am Meer, mit exzellenter Küche (Langusten!) Familiärer Service, sauber und gepflegt – ein wunderbarer Ort zum Ausspannen weitab der Zivilisation, am Ende der Welt gelegen!

● Madiorano

Anreise:
Über die Piste nördlich von Tuléar/Ifaty.

Unterkunft/Essen&Trinken:

* * * *
La Mira, schönes, komfortables Haus unter französisch/madagassischer Leitung. Erstklassige Küche, alles frisch aus dem Meer!
Tel.: 94 912 71,mobil: 032 0262144
email: lamira.hotel@moov.mg
homepage: www.hotel-lamira.com

* * *
Chez Bernard, sehr schöne Anlage mit 5 Bungalows direkt am Meer, unter französischer Leitung. **Bernard**, der *Patron*, ist ein sehr interessanter Globetrotter und macht den Aufenthalt an sich schon lohnenswert. Erstklassige Küche.

● Maevatanana

Anreise:
Über die gut ausgebaute RN 4 von Süden (Antananarivo 300 km, 4 Std.) Oder von Nordwesten (Mahajanga 270 km, 3-4 Std.). Alternativ über die gut ausgebaute RN 6 von Antsiranana aus. (780 km, 10 Std.)

Unterkunft:

Maevatanana hat weder kulinarisch noch in Bezug auf Unterkunft viel zu bieten – auf eine Übernachtung sollten Sie verzichten, es gibt nur ein Hotel am Ort:

* bis * *
Hôtel Betsiboka, direkt a der RN 4 gelegenes Hotel mit langer Tradition und Vergangenheit, aber spürbar heruntergekommener Gegenwart. Mehrere Zimmer in untersch. Preis– und Komfortvarianten. Nur für den Notfall zu empfehlen!

Essen&Trinken:

Mehrere hotely am Ort, daneben existieren noch:

Chou-Chou, nettes chinesisches Lokal mit sehr guter Küche zu echten Spottpreisen. Ideal für die Mittagsrast!

Kat-Sam Restaurant, traditionelles, einfaches madagassisches Restaurant mit allerhand lokalen Spezialitäten. Trotz des niedrigen Preises zu empfehlen.

● Mahajanga (Majunga)

Anreise:
- Auf der RN 4 von Tana (570 km) oder Antsiranana. (850km)

Tipp: *Transport Premiére Classe* fährt regelmäßig im komfortablen Reisebus von Tana nach Mahajanga und zurück. 70.000Ar./p.P.
homepage: www.majunga.org

- Flugzeug: regelmäßige Flugverbindungen (Air Madagascar) nach Tana und Antsiranana. Daneben Flugcharter/Lufttaxi zu den noblen Strandressorts nördlich von Mahajanga.
- Schiff: Unregelmäßige Verbindungen zu Orten entlang der Westküste, nach Afrika und der arab. Halbinsel. Am Hafen findet man gewöhnlich einen Lastensegler, der in die gewünschte Richtung fährt. Ein echtes Abenteuer!

Regelmäßiger Fährverkehr nach Nosy Bé: Der Segler **„Jean-Pierre Calloc´h“** fährt einmal wöchentlich (Freitag) nach Nosy Bé (Dauer: etwas 20 Std.) und ist montags wieder in Mahajanga.
Buchungen: ***Malagasy Sambo Ligne***, Tel.: 62 226 86, mobil: 032 0221686

Unterkunft:

Mahajanga ist ein relativ teures Pflaster – zwar sind die Preise für Reisende immer noch sehr günstig, im Vergleich zum übrigen Umland aber deutlich höher! Insbesondere bei den Unterkünften ist ein deutlich höheres Niveau (sowohl was den Komfort als auch die Übernachtungspreise anbelangt) zu erwarten.

Zunächst einige (Luxus-)Ressorts weiter entfernt (nordwestlich) von Mahajanga, wahre Orte, um Träume wahr werden zu lassen:

* * * * * *

Lodge des Terres Blanches, 100 km von Mahajanga an der **Baje de la Mahajamba** gelegenes Ressort des ehemaligen Buschpiloten **Jack Cauvin.** Einfache, aber komfortable Ausstattung, ideal für Freunde des Wassersports, insbesondere der Hochseefischerei – hier kann man auch Boote für Angeltouren chartern. International bekannt und besucht, viele Stammgäste! Anreise per Boot (100 Euro) oder Kleinflugzeug (150 Euro) ab Mahajanga wird organisiert. Sehr zu empfehlen! (ca. 120 Euro/p.P und Nacht!)
Tel.: 62 338 20, mobil: 032 0515155
email: lodgeterresblanches@gmail.com
homepage: www.lodgeterresblanches.com

Buchungen: **Madagascar Discovery Tours**, Antananarivo
Tel.: 22 351 65
homepage: www.madagascar-discovery.com

Anjajavy, 120 km norwestlich von Mahajanga gelegenes **Traumressort**, vielleicht das perfekteste und luxuriöseste Hotel auf ganz Madagaskar. (Sicher eines der teuersten: 200 – 280 Euro /p.P. und Nacht! - spezielle Honeymoon-Angebote für Jungvermählte!)
25 traumhafte Häuser mit allem Komfort, inmitten eines 500 ha großen Naturschutzgebietes. Zahlreiche Tiere und Pflanzen (Lemuren!) machen den Aufenthalt äußerst abwechslungsreich, die Küche ist internationaler Spitzenstandard. Exkursionen ins Umland möglich, zahlreiche Sportmöglichkeiten vorhanden. Schlichtweg perfekt.
Tel.: 62 320 00

Buchungen über die **Zentrale in Frankreich:** 31 Rue de Bellefond, 75009 Paris
email: contact@anjajavy.com
homepage: www.anjajavy.com.

Anreise nur mit Air Hotel per Kleinflugzeug:
- ab /an Tana/Ivato (Montag, Donnerstag und Samstag, 480 Euro p.P.)
- ab/an Nosy Bé (Montag und Donnerstag)

mobil: 032 0722828
email: airhotel@wanadoo.org

La Maison de Marovasa-Bé , ebenfalls 120 km nördlich von Mahajanga und 20 km von Anjajavy entferntes Luxusressort. Nicht ganz so idyllisch wie die beiden erstgenannten – die Umgebung ist durch den hier praktizierten Wanderfeldbau arg entwaldet. Die Besitzer sind daher auch stark im Naturschutz, insbesondere bei Wiederaufforstungsmaßnahmen engagiert.
Dennoch eine reizvolle Alternative: 3 luxuriöse Suiten und 6 Zimmer bieten dem verwöhnten Gast alles, was sein Herz begehrt – alle Preise verstehen sich „all inclusive“ (auch der Wein ist inbegriffen).

Zimmer: 150 Euro pro Nacht und Person, Suite: 200 Euro.
Anreise nur per Lufttaxi: 300 Euro/p.P. hin– und zurück ab Tana, 150 Euro/p.P. hin- und zurück ab Mahajanga.
email: contactparis@marovasabe.com oder marovasabe@skyfile.com
homepage: www.marovasabe.com.

In der Stadt:

La Piscine, Bd. Marcoz/La Corniche. Sehr komfortables 30-Zimmer-Haus mit Blick aufs Meer. Großer Pool, zahlreiche Annehmlichkeiten und ein hauseigener Nachtclub.
Tel.: 62 241 72, Fax: 62 239 65, mobil: 034 1554702
email: ***piscinehotel@moov.mg***, homepage: www.piscinehotel.com

Sunny Hotel, an der nördlichen Ausfallstraße nahe dem Flughafen gelegen. Ein hiesiger Ableger der bekannten Sunny-Kette. In gewohnter, gehobener Qualität präsentiert sich auch das Sunny in Mahajanga: 40 Zimmer und 4 Suiten bieten allen Komfort, dazu zahlreiche Angebote wie Schwimmbad, Tennisplatz, Fitneßcenter. Ein gutes Restaurant rundet das Angebot ab.
Tel.: 62 235 87 (Mahajanga) oder 22 263 04 (Antananarivo), Fax: 22 290 78
email: rasseta@dts.mg

* * * *

Außerhalb der Stadt:

Antsanitia Ressort, 25 km nördlich von Mahajanga direkt am Meer gelegenes Ressort mit 12 komfortablen Bungalows in traumhafter Lage. Die Betreiber legen großen Wert auf die Kooperation mit der lokalen Bevölkerung und haben sich nicht zuletzt deshalb dem Ökotourismus verschrieben. Zahlreiche Freizeit- und Sportaktivitäten möglich. Gutes Restaurant!
Tel.. 62 023 34
email:contact@antsanitia.com, homepage: www.ansanitia.com

In der Stadt:

Le Tropicana, Rue Administrateur Lacaze, in zentraler Lage befindliches 12-Zimmer-Haus. Mit Swimming-Pool und Restaurant.
Tel.: 62 220 69
email: hotel-tropicana@tiscali.fr
homepage: www.hotel-majunga.com

Coco Lodge, 49 Av. de France, schönes , gepflegtes und komfortables 18-Zimmer-Haus. Zentrale Lage, mit Swimming-Pool. Kein Restaurant, nur Frühstück!
Tel.: 62 230 23 oder 62 238 18, Fax: 62 226 92
email: cocolodge@moov.mg, homepage: coco-lodge.com

New Hotel, 13 Rue Henri Palu, gemütliches und komfortables 20-Zimmer-Hotel mit sehr freundlichem Service und einem erstklassigen Restaurant. Sehr zu empfehlen!
Tel.: 62 221 10, Fax: 62 293 91

Hôtel de France, 10 Av. du Maréchal Joffre, traditionsreiches Haus mit 20 Zimmern in

zentraler Lage. Untersch. Preis- und Komfortklassen. Touren in die Umgebung können hier organisiert werden.
Tel.: 62 223 27

* * *

Hôtel Ravenala, Quai Orsini, einfaches, aber sauberes 10-Zimmer-Haus direkt am Hafen.
Tel.: 62 229 68

New Continental Hotel, Av de la République, zentrale gelegenes, sauberes und gepflegtes Haus unter indischer Leitung. Komfortabel und gemütlich – emfehlenswert!
Tel.: 62 225 70, Fax: 62 241 19

Le Nouveau Baobab, Rue du Maréchal Joffre, einfaches aber ordentliches 12 – Zimmer-Haus.
Tel.: 62 223 19

* *

Spezialtipp des Verfassers:

Chez Chabaud, Av. du General de Gaulle, trotz des niedrigen Preises ein Tipp der besonderen Art. Mme Chabaud führt ihr reizendes 18-Zimmer-Haus mit viel Charme und Engagement. Wird sehr gelobt!
Restaurant auf der anderen Straßenseite.
Tel.: 62 233 27 oder 62 067 34, Fax: 62 233 27
email: tesfas1@yahoo.fr

Chez Karon, etwas außerhalb (2 km) des Zentrums in nördlicher Richtung gelegenes 24-Zimmer-Hotel. Preiswert, aber sehr ordentlich. Hervorragender Service, erstklassiges Restaurant. Organisiert Touren und Exkursionen (auch Jagdtouren auf Wildenten und Schwarzwild , daher vor allem bei einer gewissen französichen Klientel sehr beliebt!).
Tel.: 62 226 94, Fax: 62 293 44
email: chez karon@moov.mg

*

Hôtel Kanto, Bd. La Corniche, 2 km nördlich des Zentrum gelegenes 10- Zimmer-Haus. Trotz des sehr günstigen Preises eine akzeptable Unterkunft.

Essen&Trinken:

Mahajanga ist in kulinarischer Hinsicht so abwechslungsreich und bunt, wie es das Völkergemisch dieser Stadt erahnen lässt. Vor allem die hier ansässigen Inder und Pakistanis betreiben viele kleine Restaurants, in denen man praktisch durchweg sehr gut (und sehr scharf!) essen kann. Aber auch traditionelle madagassische und internationale Speisen fehlen nicht. Hier nur eine kleine Auswahl:

Pakiza, Av. de la République, indisches Restaurant mit sehr großer Speisenauswahl. Hervorragender Eiscreme (eine Wohltat in dieser Stadt!) und Milchshakes. Sehr empfehlenswert!
Tägl. außer dienstags geöffnet.

Bel Air, Bd. Marcoz, madagasisches Restaurant in unvergleichlicher Lage: Blick aufs Meer und den Boulevard davor , ein wunderbarer Platz zum Essen!

Le Grilladin, Av. Gallieni, unter indischer Leitung stehendes Restaurant mit hervorragenden Gerichten (sehr scharf!) und einer sehr langen Speisekarte. Hervorragend!

La Zoreole, Av. de la Liberation, kreolisches Restaurant mit hervorragendem Service und Bar, ideal als Beginn einer heißen Nacht in Mahajanga!

La Filibuste, Rue V. Emmanuel, hervorragendes Restaurant, insbesondere für Fisch und Meerestiere bekannt!

Quai Quest, Rue V. Emmanuel, kein Restaurant sondern ein Kaffee-/Teehaus mit sehr schönem, kunsthandwerklichem Ambiente. Reiches Angebot an versch. Fruchtsäften, Kuchen und anderen „kleinen Köstlichkeiten“

Spezialtipp des Verfassers:

Parad´Ice, Bd. Poincarre, Snackbar und Eisdiele in Einem. Und was für Eis-einfach ein Traum! Auch die übrigen kleinen Gerichte und Snacks sind nicht zu verachten, ideal auch als Frühstückslokal! Unbedingt zu empfehlen.

Banken und Wechselstuben:

BFV , an der Kreuzung der Av. de France und der Rue du Maréchal Joffre

BNI-CL, Av. du Maréchal Joffre, (80 Meter südlich der BFV)

BOA, Rue Georges V./Place de la Liberté

BTM, Rue Richelieu (Parallelstraße zum Quai Moriceau)

Post/Paositra:

Rue Batot (gegenüber der Kathedrale)

Fremdenverkehrsämter:

MNP Mahajanga, 14 Av. Ph. Tsiranana, die hiesige Vertretung der Nationalparkverwaltung.
Tel.: 62 226 56
homepage: www.parcs-madagascar.com.

ORTM, 10 Rue du Maréchal Joffre, das regionale Fremdenverkehrsamt. Hervorragende Informationsquelle für nahezu alle Attraktionen der Umgebung. Hilfsbereites Personal, sehr zu empfehlen!
Tel.: 62 241 81

● Mahambo

Anreise:
Auf der gut ausgebauten RN 5 von Toamasina oder Mahavelona (Foulpointe) aus (90 bzw.30 km).

Unterkunft/Essen&Trinken:

* * *
La Pirogue, das wohl beste Ressort am Ort. Direkt am Meer gelegen, schöne, komfortable Bungalows, Restaurant, zahlreiche Aktivitäten buchbar. (Fahrradverleih, Quad, Tauchen....)
Tel.: 57 301 71, mobil: 033 0876818 oder 033 0876810
email:: la.pirogue@gmail.com, homepage: www.pirogue-hotel.com

* *

Dola Hotel, eine stattliche Anzahl von Bungalows versch. Preis– und Komfortstufen.

Tel.: 57 331 01

email: hoteldola_madagascar@voila.fr, homepage: http://hoteledola.sitevoila.fr

Hôtel Ylang-Ylang, 10 sehr hübsche und gepflegte Bungalowanlage, relativ komfortabel.Preiswertes (chinesisches) Restaurant.
Tel.: 57 331 00
email: mamitina@moov.mg

Le Recif, schöne Bungalows, sauber, preiswert – hervorragendes Restaurant!!!
Tel.: 57 300 50, Fax: 57 301 32

*
Le Zanatany, einfache Bungalowanlage im Ortskern, ohne Komfort, aber gutes Restaurant!
Tel.: 57 301 35

● Mahanoro

Anreise:
- Straße: auf der holprigen und in der Regenzeit extrem rutschigen RN 11 A von Vatomandry (68 km, 3-4 Std.) oder von Nosy Varika(95 km, 5 Std.) aus.
- Flugzeug: Es existiert ein relativ großes Rollfeld, jedoch z.Zt. kein regelmäßiger Verkehr
- Schiff: Auf dem Canal des Pangalanes regelmässiger Bootsverkehr von und nach Norden (Toamasina) und Süden (Mananjary)

Unterkunft/Essen&Trinken:

* *
Le Tropicana, beste Unterkunft am Ort, direkt am Strand gelegen Anlage mit einfachen, aber relativ komfortablen und gepflegten Bungalows (heisses Wasser!) Sehr empfehlenswertes Restaurant.

Tel.: 53 901 33

* bis * *
Hôtel Vanilla, zentral an der RN 11A gelegen, 8 einfache Zimmer ohne Komfort.

Ansafa, einfaches Haus ohne Komfort. Mit Restaurant
mobil: 033 0237637

Hôtel Mahamanina, zentral gelegen, einfache Ausstattung, netter Service.
Tel.: 53 902 03

Banken/Wechselstuben:

Es existiert eine Filiale der **BOA**, die aber keine Karten akzeptiert, nur Bargeld!

Post/Paositra:

Postamt vorhanden (unregelm. Besetzt)

● Mahavelona (Foulpointe)

Anreise:
- Straße: Auf der gut ausgebauten RN 5 von Toamasina aus (60 km, 1,5 Std.) oder Soanierana-Ivongo (100 km, 2 Std.)
- Schiff: Unregelmäßiger Bootsverkehr nach St. Marie.

Unterkunft:

Obwohl durch seine malerische Lage zum Badeort geradezu prädestiniert, hat Mahavelona Schlimmes hinter sich: 2009 wurde durch eine verheerende Feuersbrunst fast die ganze Stadt eingeäschert, einige zentral gelegenen Hotels und Restaurants wurden ebenfalls ein Raub der Flammen.
Inwieweit die – auch vorher eher bescheidene – Infrastruktur wieder hergestellt wurde, ist momentan nicht genau bekannt. Es steht aber zu erwarten, daß sich Mahavelona auch von dieser Katastrophe erholen wird: die Ostküste wird regelmäßig von Zyklonen heimgesucht, die Menschen sind Rückschläge dieser Art fast gewöhnt.

* * * *
Manda Beach Hotel, bestes Haus am Platz (zumindest vor dem Brand), bietet das "Manda"12 komfortable Bungalows, ein gutes Restaurant – und eine „haifreie“ Bademöglichkeit. Sehr zu empfehlen!
Tel./Fax: 57 220 00 , mobil: 033 1522000
email: mandabeach@moov.mg, homepage: www.mandabeach-hotel.com

* * *

Hôtel Mangabé, 8 gemütliche und saubere Bungalows, versch. Preis – und Komfortstufen..

Generation Hôtel, mehrere schöne Bungalows und gemütliche Zimmer, schöner Garten. Nicht strandnah!
Tel.: 57 220 22
email:generationhotel@moov.mg, homepage: www.generation-hotel-foulpointe.com

* *
Au Gentil Pécheur, einfache, preiswerte Bungalows, gutes Restaurant.
Tel.: 57 220 16
email: augentilpecheur@yahoo.fr

Essen&Trinken:

Zahlreiche kleine Restaurants und Garküchen.

Le Foulpointe gilt als bestes Restaurant am Ort. Wird gelobt.

Banken/Wechselstuben/Post:

Derzeit keine Bank, Post vorhanden.

● Maintirano

Anreise:
- Straße: Gute Neuigkeiten: Die RN 1 von Tana/Tsiroanomandidy ist in jüngster Zeit neu befestigt worden. Von Tana aus in 10 Std. machbar. Die RN 34 aus Süden(Antsalova/Tsingy de Bemaraha ist nur zur Trockenzeit ratsam. (Antsalova 70 km, ca. 4 Std.) Von Norden aus besteht die Möglichkeit, sich von Mahajanga aus (mit viel Zeit und Geduld) bis hierher „durchzuarbeiten".
- Schiff: Küstenfrachtverkehr mit Seglern und – seltener – Motorschiffen. Ab Mahajanga oder Morondava (jeweils mindestens 2 – 3 Tage!)
- Fluzeug: Regelmäßiger Flugverkehr mit Twin Otter der Air Madagascar von/nach Mahajanga und Morondava. Oder Charter.

Unterkunft/Essen&Trinken:

Kein besonders vielfältiges Angebot: bestes Haus am Ort ist

* * *
Vazimba Hotel, schöne Anlage mit gepflegten Bungalows und gutem Restaurant.
mobil: 033 0862059 oder 033 0879948
email: hotel@vazimbahotel.mg, homepage: www.vazimbahotel.mg

Banken/Wechselstuben/Post:

Es existiert eine Filiale der **BMI** und ein **Postamt.**

• Malaimbandy

Anreise:
- Straße: Über die RN 34 von Norden/Miandrivazo aus, ca. 120 km, mit dem PKW 2 Std., Taxi-Brousse 4 Std..
Oder über die gut intakte RN 35 von Westen/Morondava aus, ca. 160 km, 2 Stunden mit dem Auto! Dann die sehr schlechte RN 35 von Osten/Ambositra aus, 240 km, 8-10 Stunden (4x4), Taxi-Brousse möglich, dauert aber je nach Saison noch weitaus länger!
- Flugzeug: Malaimbandy verfügt über eine Landepiste für kleinere Maschinen, wird aber nur selten (Charter) angeflogen.

Unterkunft/Essen&Trinken:

Malaimbandy ist eigentlich kein Ort für Touristen: praktisch keine akzeptablen Unterkünfte.
Der Flecken ist eher was zum kurz Rasten, ehe man weiter west– oder ostwärts reist.

*
Menabé, einfachstes hotely, gute Küche, mehrere sehr einfache und kaum empfehlenswerte Zimmer.

Banken/Wechselstuben:

Tatsächlich gibt es hier eine Filiale der **CECAM**, wenn auch nicht regelmäßig geöffnet.

Post/Paositra:

Postamt (und Briefkasten) vorhanden, unregelmäßig geöffnet.

• Manakara

Anreise::
- Eisenbahn: Mit der FCE von Fianarantsoa aus.
- Straße: Auf der RN 12 von Alakamisy-Ambohimaha. (Von der RN 7 nördlich von Fianarantsoa abgehend) Oder auf der RN 25 und dann der RN 12 folgend von Mananjary aus.
-Flugzeug: Sporadisch mit Air Madagascar, zumindest im Winterhalbjahr kein regelmäßiger Flugbetrieb, nächster regelmäßig angeflogener Flugplatz Mananjary (oder Farafangana).

Unterkunft:

Manakara ist kein Traumziel für verwöhnte Gäste, ordentliche Hotels sind eher rar und oft ausgebucht.

* * *
Vanilla Hotel, gegenüber dem Stadion gelegen, bestes Hotel am Ort, reizender Service und erstklassiges Essen.
Tel.: 72 210 23, mobil: 033 1471040
email: hotelvanillemanakara@yahoo.fr

Vanilla Annexe, 5 Kilometer südlich der Stadt direkt am Meer gelegene Bungalowanlage, 12 hübsche Bungalows in traumhafter Lage, sicherer Badestrand – und ein extrem windschiefes "Panoramarestaurant", welches aussieht, als sei es aus Treibholz gezimmert: das Meer und die Zyklone nagen unbarmherzig am Strand und haben das alte Restaurant längst verschlungen. Trotzdem super Essen und aufmerksamer Service. Unterkunft (und Essen) am besten über Hotel Vanilla im Ort vorbuchen.
Tel.: 72 210 23

* * * bis * *
Parthenay Club, sehr ruhige und gemütliche Bungalowanlage neben einer Clubanlage, für hiesige Verhältnisse sehr komfortabel. Direkt am Hafen. Mit Restaurant, Pool.
Tel.: 72 216 63, mobil: 034 2980314
email: hotelparthenay@yahoo.fr

Le Flamboyants, in einer Seitenstraße gelegenes, entzückendes Hotel mit 6 hübschen und preiswerten Zimmern. Schöner Garten, relativ ruhig, herrliche Frühstücks- und Sonnenterrasse.
mobil: 032 5245951

* *
Hotel Sidi, ziemlich großes Haus mit 45 Betten, Restaurant, Innenhof, Disco – daher z.T. sehr laut.
Tel.: 72 212 85, mobil: 032 4028902 oder 033 0280390

Delices, preiswertes, ordentliches Hotel mit Zimmern untersch. Preislage und Ausstattung. Wird sehr gelobt!
Tel.: 72 217 34, mobil: 033 0220337 oder 032 4174795

Padoula, Lot I B 132, preiswertes, leider etwas heruntergekommenes Hotel in Strandnähe, schönes Panorama, Campingmöglichkeit.
Tel.: 72 216 23

Hotel Eden Sidi. Diese ehemals herrliche, jetzt völlig heruntergekommene Bungalowanlage 13 km nördlich von Manakara ist einen Besuch wert: auf der Sandpiste am besten mit Auto oder Fahrrad zu erreichen, erwarten den Besucher nicht nur ein "Zoo" mit allerhand Lemuren, Vögeln und Reptilien, sondern auch optionale Bootsfahrten auf dem Pangalanes. Vorbestellung vorausgesetzt, zeigt die immer noch hervorragende Küche, was sie zu bieten hat. Gegessen wird unter Palmen in herrlichem Ambiente!
Tel.: 72 212 85, mobil: 034 1088362

Essen&Trinken:

Essen kann man eigentlich in der ganzen Stadt in den zahlreichen Garküchen und hotely, bei den Straßenhändlern und den kleinen Restaurants nahe dem Markt und jenseits der Brücke.

Restaurant La Gourmandise, direkt am Markt gelegenes Restaurant mit hervorragenden, hausgemachten Spezialitäten, sehr preiswert.

Restaurant Chez Lulu, etwa 200 Meter hinter dem Bahnhof (an der Hauptstraße in

Richtung Ranomafana/Hochland) gelegenes Restaurant mit französischer Metzgerei! Daher neben madag. Küche auch deftige Wurstspezialitäten und anderes aus der Hausschlachtung im Angebot. Sehr gut!

Banken/Wechselstuben:

Es existiert eine **BNI-Filiale** im östlichen Stadtteil, etwa 150 Meter nördlich der Brücke.

Dann noch eine Filiale der **BOA** im Westteil, gegenüber dem Stadion. Beide jeweils mit Geldautomat!

Post/Paositra:

Filiale im östlichen Teil, nahe der BOA-Bank.

● Manambato

Anreise:
- Straße: auf rauher Piste von der RN 2 aus zu erreichen (etwa 20 km nördlich Brickaville ostwärts abbiegen und festhalten.
- Schiff/Boot: Regelmäßiger Bootsverkehr nach Toamasina, Manambato ist auch der Punkt, wo Gäste der Hotels am Ankanin´ny Nofy abgeholt werden. (45 min Bootstransfer)

Unterkunft/Essen&Trinken:

Da der Ort vor allem bei den Einheimischen als Ausflugsort und Ferienparadies bekannt ist, sind die wenigen Unterkünfte vor allem am Wochenende rasch ausgebucht. Wo möglich, vorab reservieren!

* * *

Hôtel Rasoa Beach, sehr familienfreundliches Ressort mit mehreren schönen Bungalows untersch. Größe und Preislagen, teils mit Seeblick. Mit gutem Restaurant, empfehlenswert!
Tel.: 56 720 18 Fax: 56 720 19, mobil: 032 0236187

Chez Luigi, das wohl beste Ressort am Ort: Komfortable, schöne und gepflegte Bungalows. Mit Restaurant.
Oft ausgebucht, am besten vorher reservieren!
Tel.: 56 720 20
email: chezluigi@yahoo.com

Les Acacias, 8 saubere, relativ komfortable Bugalows untersch. Preisstufen. Kein Restaurant, aber Essen wird aus Wunsch serviert.
Tel.: 56 720 35 oder 22 404 29 Fax: 22 404 29 (Tana), mobil: 032 4312993
email: info@acaciasbungalows.com, homepage: www.acaciasbungalows.com

* *

Au Bon Coin Zanatany, einfache, aber ordentliche Bungalows untersch. Größe und Preise. Direkt am Ortseingang, mit sehr gutem Restaurant.

*

Hôtel Hibiscus, mehrere sehr einfache Bungalows, immerhin mit Seeblick. Nichts besonderes, aber noch akzeptabel. Essen auf Wunsch!

● Mananara

Anreise:
- Straße: Auf der holprigen, oft rutschigen RN 5 von Maroantsetra (120 km, 8-10 Std.) oder Manompana (84 km, 4 Std.) oder Soanierana-Ivongo (125 km, 6 Std.) aus.
- Schiff: Unregelmäßiger Küstenverkehr von Maroantsetra und Toamasina aus, von Maroantsetra aus sind auch schnelle Motorboote mietbar (nicht ganz billig!) Regelmäßiger Frachtverkehr von und nach St. Marie: der Kahn, der abends um 21 Uhr abgeht und morgens um 9 Uhr ankommt, nimmt auch Passagiere mit. (12.000 Ar.)
- Flugzeug: Landepiste vorhanden, aber kein regelm. Fluverkehr, evtl. Charter möglich!

Unterkunft/Essen&Trinken:

* *

Aye-Aye Hôtel, strandnahes Ressort mit schönen, rel. komfortablen Bungalows – inkl. freilebender Lemuren! Sehr gutes Restaurant. Der Inhaber organisiert auch Ausflüge zur Aye-Aye-Insel.
mobil: 032 1215624

*

Ton-Ton Galet, einfache, gemütliche Bungalowanlage, gutes Restaurant!

Chez Roger, nicht nur wegen der 7 reizenden Bungalows zu empfehlen: der Besitzer ist außerdem der Besitzer der Aye-Aye-Insel und daher erste Adresse, wenn es um Besuche dort oder andere Exkursionen geht. Einfache, saubere Zimmer, gutes Restaurant.

Parkverwaltung:

Reservés de Biosphere de Mananara-Nord
Tel.:22 589 28

● Mananjary

Anreise:
- Straße: Auf der RN 11A von Norden/Nosy Varika (110 km) oder über die RN 25 via Ranomafana Richtung Hochland/RN 7/Fianarantsoa (ca. 200 km).
- Schiff: Regelmäßig Boote auf dem Canal des Pangalanes nach Norden, Richtung Toamasina, südwärts ist der Kanal nur noch mühsam „schiffbar“, v.a. durch die vielen (Schling-)Pflanzen, die ein Fortkommen erschweren. Da Manajary auch über einen Seehafen verfügt, existiert ein geringes Frachtaufkommen entlang der Küste (Fort Dauphin).
- Flugzeug: Regelmäßige, aber relativ seltene Flugverbindung mit Air Madagascar nach Tana.

Unterkunft:

* * * * *

Vahiny Lodge, ziemlich luxuriöses Etablissement, bietet 5 massive Bungalows, elegant und komfortabel : Pool, Sonnenterrasse, Strandbad, Boutique und ein gutes Restaurant. Direkt am Kanal gelegen.
mobil: 032 0246822
email: vahinylodge@yahoo.fr

* * *

Jardin de la Mer, durch Zyklone in der Vergangenheit arg gebeutelt, bestand das Arrangement bis vor 2 Jahren nur aus 7 Bungalows, gemütlich und rel. komfortabel. Restaurant (sofern wieder aufgebaut)
Tel.: 73 940 80
email: jardindelamer@free.fr

* * bis * * *

Sorafa Hôtel, 10 Zimmer und 4 gepflegte Bungalows, Pool, gutes Restaurant
Tel.: 72 090 30 oder 72 092 0, mobil: 034 14268951
email: sorafahotel@gmail.com,homepage: www.sorafa-hotel.com

* *

Chez Yvonna , saubere, einfache Bungalows, sehr gepflegt. Sehr guter Service. Essen auf Bestellung.
mobil: 032 0204993

*

Chez Stenny, 2 gemütliche, saubere und einfache Zimmer, 3 ebensolche Bungalows. Sehr netter Service.
Tel.: 72 942 66

Essen&Trinken:

Auch hier gibt es zahllose Möglichkeiten, sich zu verköstigen: hotely und Garküchen, kleinere Restaurants.

Restaurant Le Grillion, neben der Kathedrale gelegenes Restaurant mit sehr gutem Essen zu sehr fairen Preisen. Empfehlenswert!

Route de Epices, das beste Restaurant im Ort, an der Hauptstraße nahe der Kathedrale. Sehr gut!

Banken/Wechselstuben

Ex existiert eine Filiale der **BOA** sowie eine **BNI-Bank,** jedoch eingeschränkter Service (evtl. kein Umtausch von Fremdwährung oder Reiseschecks)
.
Post/Paositra:

Es existiert ein **Postamt** – Öffnungszeiten variabel!

● Mandritsara

Anreise:
- Straße: Über die RN 32 von Antsohihy (190 km) aus
- Flugzeug: Mandritsara verfügt über eine Landebahn, jedoch über keine regelm. Fluganbindung. Nur Charter!

Unterkunft/Essen&Trinken:

Mehrere hotely und einfache Unterkünfte. Essen wie überall gut und billig.
Bestes Hotel am Platz:

* *
Hôtel Pattes, gemütliches und rel. komfortables Hotel mit gutem Restaurant!
.

● Mangily - siehe Ifaty

● Mania

Anreise:
- Straße: Auf teils schlechter Piste von Morombe (130 km, 5 -6 Std) einschl. Überquerung des Mangoky mit einer unkalkulierbaren Fähre. Oder von Belo-sur-Mer auf ebenfalls schlechter Piste (90 km, 4 Std.)
- Flugzeug: regelmässige Flüge mit Air Mada über Morondava/Morombe/Tuléar.

Unterkunft/Essen und Trinken:

Man wundert sich in der Tat, wieso diese "Stadt" überhaupt regelmässig angeflogen wird – kulinarisch und in Bezug auf Unterkünfte hat sie praktisch nichts zu bieten! Mania ist vielmehr als Zwischstopp jener Reisender anzusehen, die die anstrengende Tour entlang der Westküste (Tuléar-Morondava oder zurück) unternehmen wollen und dabei als Haltstation praktisch unerlässlich. Neben allerhand Garküchen und einigen hotely existiert lediglich

* *
Kanto Hotel, in der Ortsmitte gelegen. 15 ganz nette Bungalows und relativ gute Küche.
mobil: 032 5562792 oder 034 0814458

● Manompana

Anreise:
- Straße: Auf der (schlechten) RN 5 von Soanierana-Ivongo aus (42 km, 2 Std.) oder von Mananara (84 km, 4 Std.) oder Maroantsetra (195 km, 10 Std.) aus
- Schiff: Regelmäßige Boote nach St. Marie.

Unterkunft/Essen&Trinken:

Nichts Besonderes – aber die abgeschiedene Lage des Ortes und der schöne Strand machen Manompana zum „Geheimtipp“ für Ruhesuchende.

*

Chez Loulou, zentral gelegene Anlage mit 8 einfachen und preiswerten Bungalows. Mit Meerblick und gutem Restaurant!

Chez Wen Ki, etwas abseits gelegene Bungalows, sehr gepflegt, einfach und preiswert. Exzellente Küche, hervorragender Service. Mit Fahrradverleih!

Mahle Hôtel, ein wenig außerhalb gelegene Anlage mit traumhaftem Meerblick, sehr gutes Restaurant, hervorragender Service. Sehr zu empfehlen!

Hôtel Antsiraka, zentral gelegenes Haus mit sehr einfachen, billigen Zimmern. Noch zu empfehlen.

● Mantasoa (Lac Mantasoa)

Anreise:
Von Tana aus ostwärts auf der RN 2 bis **Manjakandriana,** hier rechts abbiegen nach **Mantasoa** (ist angeschrieben). Mit dem Mietwagen von Tana aus etwa 1,5 Stunden, mit dem Taxi-Brousse etwa 4 Std.

Unterkunft/Essen und Trinken:

* * *

Hotel Domaine de l´Ermitage, das etwas angestaubte 30-Zimmer-Hotel ist zwar in Bezug auf die Zimmer nicht herausragend, aber das Restaurant und die schöne Atmosphäre des Hauses machen dies wieder wett Sonntags abends Bufet mit Livemusik, das Ganze ist im Stil eines Clubs aufgemacht und bietet auch sportliche Aktivitäten wie Reiten, Tennis, Bootstouren und Wassersport auf dem Lac Mantasoa an.
Tel.: 42 660 54, mobil: 034 0496064 oder 033 1101084
email: eremitagehotel@moov.mg, homepage: www.eremitagehotel-mantasoa.com

Le Riverside, gepflegte Bungalowanlage mit 12 separaten Einheiten. Die beste Adresse am Ort, mit herrlichem Blick über den See. Neben erstklassigem Essen im eigenen Restaurant bietet das Ressort auch Jetski, Billard, Bootstouren und andere sportliche Aktivitäten an. Ein sehr schöner Ort zum Entspannen!
Tel.: 42 660 85, mobil: 033 1264021

Le Chalet Suisse, etwas abseits gelegene Anlage mit 8 entzückenden Bungalows unter schweizerischer Leitung. Das exzellente Restaurant bietet denn auch Schweizer Spezialitäten wie Raclette und Fondue. Sehr empfehlenswert!
Tel.: 42 660 95, mobil: 032 5839713 oder 034 4266095
email: chaletsuissematountasoa@gmail.com , homepage: www.lechaletsuisse.com

● Maroantsetra - Masoala Halbinsel NP und Nosy Mangabe

Anreise:
- Straße: auf einer sehr üblen Piste von Soanierana-Ivongo/Mananara aus, wenig zu empfehlen.
- Flugzeug: Ein– bis zweimal pro Woche ab Tana/Mahajanga mit Air Madagascar.
- Schiff: Unregelmäßiger Küstenverkehr von Antalaha und Toamasina aus.

- zu Fuß: Auf dem Masoala-Treck von Antalaha oder von Cap Est aus.

Unterkunft:

* * * *
Relais du Masoala, teuerste aber auch beste Unterkunft am Ort, schöne und komfortable Bungalows mit Pool, herrlichem Garten, Blick auf die Bucht und vielen buchbaren Ausflugsmöglichkeiten – der amerikanische Eigner organisiert Ihnen mit seinen bestens versierten Guides alle nur denkbaren Exkursionen.
Tel.: 22 349 93
email: relais@simicro.mg, homepage: www.relaismasoala.com

* * *
Coco Beach, die wahrscheinlich empfehlenswerteste Unterkunft, falls das Relais ausgebucht ist. Schöne, relativ komfortable Bungalows aus edlem Tropenholz, etwas langsamer Service, dafür aber schönes Restaurant mit Terasse und Blick auf den Fluß. Gepaart mit Rakoto Vazaha´s erstklassigem Allroundservice vor Ort eigentlich die Empfehlung schlechthin!
mobil: 032 4702591

*
Hôtel du Centre, zentral und nahe dem Marktplatz gelegenes Ressort mit einfachen, aber sauberen Zimmern und Bungalows.
Tel.: 57 721 31

Hôtel Antongil, zentral gelegenes 8–Zimmer-Haus mit einfachen Zimmern (schöne Balkone) und nettem Service. Mit Restaurant.
Tel.: 57 720 17

Maroa Hôtel, zentral gelegenes, einfaches und preiswertes Bungalow-Ressort, mit Restaurant.
mobil: 032 5069293

Essen&Trinken:

Maroantsetra bietet als Hafenstadt natürlich Zugriff auf fast alle Köstlichkeiten des Meeres: saisonal natürlich auch Garnelen, Krabben und Langusten! In den Hotels werden Sie natürlich sehr gut bekocht – wer dennoch Abwechslung will, dem stehen einige Möglichkeiten offen:

Restaurant Rive Droite, Freiluftrestaurant direkt am Fluss (nahe dem Coco Beach). Schöner Platz zum Essen. Beim Abendessen können die vielen Insekten aber extrem lästig werden!

La Pagode, an der Hauptstraße (am Marktplatz) gelegenes Restaurant, preiswert, sehr gute Küche. Leider nur abends geöffnet.

Baguette d´Or, ebenfalls an der Hauptstraße, hervorragendes Restaurant unter chinesischer Leitung. Vor allem die Meeresdelikatessen sind eine wahre Freude

Etoile de Mer, schräg gegenüber dem Pagode gelegen, chinesisch, sehr preiswert und einfach.

Pizza Grillade, 100 Meter neben dem Etoile am Markt gelegen. Einfaches hotely mit sehr preiswerten, aber guten und schmackhaften Gerichten.

Banken/Wechselstuben:

BOA-Filiale an der Hauptstraße 100 Meter vom Fluss entfernt. Nur Bargeldtausch möglich, bislang noch kein Geldautomat.

Post/Paositra:

Postamt am Südende des Marktplatzes.

Fremdenführer/Reiseveranstalter/Guides:

MNP, Büro der Nationalparkverwaltung am südöstlichen Eck des Marktplatzes (neben den Satellitenschüsseln).
mobil: 032 0267572

Explorer Madagascar, sehr vielseitige Agentur unter Selbstverwaltung lokaler Guides, die alle möglichen Exkursionen (Masoala-Treck, Nosy Mangabe u.v.a.) organisieren.
Tel.: 57 721 49, mobil: 033 1447120
email: f-f@moov.mg

Maroa Tours, BP Maroantsetra 512, wahrscheinlich beste Adresse vor Ort – kompetent und preiswert gemanagt vom Allroundtalent **Rakoto Vazaha.**
mobil: 033 1205719 oder 032 4348209
email: maroatours@gmail.com
homepage: http://maroatours.com

3M Loisirs, unter französischer Leitung. **Christian**, der Eigner, organisiert nahezu alle möglichen Touren und stattet die Gäste auch mit allen benötigten Ausrüstungsgegenständen aus.
Hervorragender Service, mehrsprachig, nicht ganz billig!

Adrien Bemirhary, der wahrscheinlich einflussreichste Bootsverleiher am Ort – am besten, Sie bilden eine Gruppe, ehe Sie ihn um ein Speedboat ersuchen!
Tel.: 57 721 42, mobil: 032 0203910

Paul Harimala, einer der erfahrensten und besten Guides der Gegend, organisiert und führt Touren zu allen möglichen ielen, insbesondere den Masoala-Trek, an.
Tel.: 53 339 12, Fax: 53 3131 50, mobil: 033 0225943
email: laly_son@yahoo.fr

● Marojejy-NP - siehe Andapa

Masoala-Halbinsel NP – Tampolo

Anreise:

Nur mit dem Boot von Maroantsetra aus. (etwa 2 Stunden Fahrtzeit)

Unterkunft/Essen&Trinken:

* * * * * bis * * * * * *
Masoala Forest Lodge, die beste und auch teuerste Unterkunft auf der Halbinsel. 2005 mit erheblichem Aufwand errichtet und unter schweizer/südafrikanischer Leitung. 5 feste Zelte (möbiliert mit Holzboden), separate Toiletten und Badezimmer, alles auf sehr gehobenem Niveau!
Die Lodge bietet nicht nur Unterkunft, sondern auch alle möglichen Aktivitäten zu Lande und auf dem Wasser an.
Tel.: 22 261 14
Sat-Phon: +41 526241077 (Let's go-Schweiz)
email: info@letsgo.ch
homepage: www.masoalaforestlodge.com

* * * *
Tampolodge, sehr schöne Anlage mit einfachen, aber gemütlichen Bungalows in herrlicher Lage, unter italienischer Leitung. Hervorragendes Restaurant.
mobil: 033 1133870
homepage: www.masoalamadagascar.com oder
http://tampolodge.marojejy.com/Masoala_e.htm

Arollodge, schöne Anlage mit 8 einfachen Palmblatthütten, unter franz. Leitung. Das Büro befindet sich in Maroantsetra nahe dem Coco Beach.
Sehr einfache Unterkunft, Strom nur stundenweise, aber kompetenter Service und vielfältige Aktivitäten buchbar. Transfer von Maroantsetra wird gerne organisiert. (180 Euro/bis zu 4 Personen)
mobil: 033 12 90277
email: masoala@free.fr

* * *
Nördlich und südlich von Tampolo existieren gute Campingmöglichkeiten, am besten bei der Parkverwaltung – oder bei Rakoto Vazaha – nachfragen.

Miandrivazo

Anreise::
- Straße: Über die RN 34 von Antsirabe (von Osten, 220 km, etwa 4 Std.). Oder über die RN 34 von Malaimbandy (von Süden, 120 km, 2 Std.) und weiter von/nach Morondava (280 km/ 4 Std.) oder Ambositra (360 km/10Std.). Mit dem PKW an ab Antsirabe gut machbar, mit dem Taxi-Brousse billig, aber ab Ambositra eine zienliche Qual – zur Regenzeit fast unmöglich!
- Flugzeug: Unregelmäßige (Charter-) Verbindungen, meist Geschäftsleute, Luxusreisende oder Jäger.

Unterkunft/Essen&Trinken:

* *

La Pirogue (ehemals ***Hôtel Lakana***), hübsche Anlage mit großartigem Blick auf den Ort und den Fluss, 6 einfache Zimmer und 6 nette, relativ komfortable Bungalows, etwas außerhalb des Ortes nahe der Straße nach Antsirabe gelegen. Sehr gutes Restaurant auf erhöhtem Punkt mit Terasse und Aussicht. (Vorsicht: beim Abendessen erhebliche Störung durch vom Licht der Lampen angelockte Insekten!) Empfehlenswert!
mobil: 032 0750837
email: lakanahotel@yahoo.fr.

Hotel Baobab, fast neues Hotel in zentraler Lage mit 7 hübschen, sauberen und rel. komfortablen Zimmern. Gutes Restaurant.
Tel.: 95 720 01

Chez la Reine Rasalimo, schöne Anlage mit 20 sauberen und ziemlich gut ausgestatteten Bungalows,sehr gutes Restaurant. Empfehlenswert, schon der schönen Lage mit Blick auf den Fluss wegen! Reservierung nur in Tana (Publitours)möglich:
Tel.: 22 255 32, Fax: 22 255 32

*

Le Relais de Miandrivazo, mitten im Ort am Hauptplatz gelegenes 8 – Zimmer Haus. Einfach, preiswert, aber sauber und ordentlich. Mit Restaurant. Vor allem am Wochenende ist hier ganz schön was los – es kann laut werden! Fließend Wasser nur zeitweilig!

Hôtel Lazaima, fast zentral gelegenes, kleines Hotel, sehr einfach, aber familiär und ausgesprochen herzliche Atmosphäre. Trotz des Spottpreises noch akzeptabel.

Coin d´Or, nahe dem La Pirogue an der Straße nach Antsirabe gelegene Bungalowanlage. 10 ordentliche, saubere und einfach ausgestattete Häuschen bieten eine preiswerte Alternative und ein herrliches Panorama. Mit Restaurant
mobil: 032 4006538

Banken&Wechselstuben:

Nicht bekannt.

Post/Paositra:

Am Hauptplatz im Ort gelegen, unregelmäßig besetzt!

Reiseveranstalter:

Die örtliche **AGPM** (Association Guide Piroguier Miandrivazo) ist der Zweck– und Dachverband der Fremdenführer und Bootsleute.
Wenn Sie ihre Flussfahrt hier buchen, vergewissern Sie sich unbedingt, daß ihre Gewährsleute Mitglieder dieser Organisation sind.

Hinweis: Vor der Bootsfahrt unbedingt (ein echter Guide weiß dass!) zur örtlichen

Registratur beim Polizeichef, direkt am Markt gehen und sich eintragen lassen.

Parkverwaltung:

Parc National de Masoala
mobil: 032 0267572

- **Mitsinjo (Mahavavy-Kinkony-Feuchtgebietskomplex oder Réserve Naturelle de Lac Kinkony)**

Anreise:
- Straße: Über die Piste von **Katsepy** aus (etwa 5 Stunden mit Taxi-Brousse ab Fähre Katsepy oder 3 Stunden mit dem Mietwagen / 4x4 empfohlen!).
- Schiff: Küstensegler oder Motorboot von Mahajanga bis **Namakia** (siehe dort). Motorboot 5 Stunden, Segler mehr – falls die oft rauhe See überhaupt eine Seefahrt zulässt!
- Flugzeug: mit Air Mada (Twin Otter) zweimal die Woche über **Soalala** (80 km entfernt, siehe dort)

Unterkunft/Essen&Trinken:

Mitsinjo ist gewiss kein Ort der gehobenen Gastronomie – man kann (wie fast überall) in den hotely im Ort einfach und sehr billig essen.

*

Chez Kaloper *(Jean Cesar)*, einziges Hotel am Ort, 5 einfache Zimmer mit Gemeinschaftsdusche-/WC. Kein Restaurant, Essen kann aber (über eines der hotely) geordert werden. Mit Campingmöglichkeit im angrenzenden Garten.

- **Montagne d´Ambre Nationalpark – siehe Antsiranana oder Ambohitra (Joffréville)**

- **Moramanga**

Anreise:
- Straße: Von Tana aus (117 km) oder von Tamatave aus (250 km) auf der gut ausgebauten RN 2. Oder von Ambatondrazaka am Lac Alaotra aus (155 km)
- Eisenbahn: Täglich von/bis Brickaville. Von da ab bis Toamasina (Tamatave) und zurück

Unterkunft:

* * * *

Bezanozano Hotel, 15 schöne Zimmer in zentraler Lage, gutes Restaurant.. Das Beste!
mobil: 033 2876166 , homepage: www.bezanozanohotel.com

* *

Hôtel Restaurant Nadia, zentral gelegenes 13-Zimmer-Haus, alle Zimmer mit WC/Dusche. Am Wochenende etwas laut wegen der Disco im Restaurant.
Tel.: 56 822 43

Hôtel Emeraude, 24-Zimmer-Haus, unterschiedliche Preise und Komfortstufen, zentrale Lage.
Tel.: 56 821 57, Fax: 56 822 35

Espace Diamant Hotel, zentral gelegenes Haus mit 21 Zimmer untersch. Preis– und Komfortstufen. Sauber und gepflegt, eine der besten Adressen am Ort.
Tel.: 56 823 76, mobil: 033 1498950

Hôtel Restaurant Fihanvanana, relativ gepflegtes Haus mit 13 Zimmern untersch. Komfort- und Preisstufen. Noch zu empfehlen. Gutes Restaurant!
mobil: 033 1259123 oder 032 4609739

*

Hôtel Maitso an´ Ala, Einfaches Haus mit 6 einfachen aber gemütlichen Zimmern, trotz des niedrigen Preises sauber und ordentlich.

Essen&Trinken

Ebenso wie bei den Unterkünften wenig Spitzenauswahl:

Restaurant Coq d´Or, zentral gelegenes Restaurant unter chin. Leitung. europäisch/madagassisch/chinesische Karte, gute Auswahl, sehr lecker!
Achtung: Nur bis 20 Uhr geöffnet, sonntags gar nur bis 15 Uhr!!!

Restaurant Jovenna, an der Tankstelle befindliches Restaurant mit sehr guter Küche zum kleinen Preis. Ideal für kurze Stopps. Vermieten auch einfache Zimmer.

Banken:

BOA mit Geldautomat, dann eine **BMI** und eine **BFV**, alle an der Hauptstrasse gelegen.

Post/Paositra:

In der Ortsmitte hinter dem Markt gelegen, regelm. Öffnungszeiten

● Morombe

Anreise:
- Straße: Schlechte Piste von Norden (**Ambohibe** ca. 30 km, 2-3 Std.) Oder über die schlechte Straße aus Richtung Nordosten (RN 55 bzw. RN 9 aus **Manja** bzw. **Mandabe**). Dann die schlechte Piste aus südlicher Richtung (**Tuléar/Ifaty** ca. 200 km, 10 Std.) in Küstennähe – wie alle Straßenverbindungen in dieser Region gilt: nur zur Trockenzeit (Mai-November) befahrbar. Weiterhin eine schlechte Straße (RN 9) im Inland aus Süden (Tuléar, 240 km, je nach Straßenlage bis zu 24 Std.)
- Schiff: Am besten mit Piroge oder Boutre **ab Morondava**, Preis Verhandlungssache. Mindestens 2 – 3 Tage Dauer!
- Flugzeug: Morombe verfügt über einen Flugplatz (ausserhalb der Stadt, 20 Minuten zu Fuß, keine Taxis!) und wird regelmäßig von Air Madagascar mit kleinen Maschinen (von/nach Tuléar über Morondava) angeflogen

Unterkunft/Essen&Trinken:

Als ehemaligem Badeort haftet Morombe immer noch ein gewisser Charme an – obwohl touristisch in den letzten Jahren deutlich im Niedergang begriffen, bietet der Ort doch eine recht stattliche Auswahl an Unterkünften (teils mit Restaurant), jedoch kein gehobenes Niveau.
Essen können Sie – wie überall in Madagaskar und an der Küste üblich – in den hotely und Garküchen. Natürlich ist Fisch hier die erste Wahl!

* * *
Hôtel Baobab, ziemlich neue Anlage mit 20 schönen Bungalows, wahrscheinlich eine der besten Unterkünfte. Komfortabel und mit sehr gutem Restaurant. Empfehlenswert!
Reservierungen über das Büro in Tana:
Tel.: 22 427 01
email: luxxor@blueline.mg

* * bis * * *
Lakana Volamena, sehr angenehmes und gastliches Haus mit mehreren Bungalows in untersch. Komfort– und Preisstufen. Sehr überteuertes Restaurant!
mobil: 032 0214724

*
La Croix du Sud, einfaches Hotel mit 12 Zimmern, wenig Komfort, aber sauber. Gutes Restaurant. Büro in Tana
Tel.: 22 427 01
email: luxxor@blueline.mg

Hôtel Crabe, einfaches, preiswertes Hotel ohne großen Komfort - schon ab 3 Euro/Nacht!
mobil: 032 0214724

Nachtleben:

In Morombe ist abends ganz schön was los: mehrere Bars und Nachtclubs machen an praktisch allen Wochentagen die Nacht zum Tage.

Hinweis: Morombe ist berüchtigt als eine Hochburg des Sextourismus (vor allem Pädophile treiben sich hier gerne herum.....)

Eine Auswahl:

Ny Antsika

Relax Club

Eclipse

Banken/Wechselstuben:

Morombe verfügt über eine Filiale der **BOA**

Post/Paositra:

Mitten im Ort befindet sich auch das **Postamt,** sogar mit regelmäßigen Schalterstunden!

• Morondava

Anreise::
- Straße: Über die RN 35 von Malaimbandy (160 km, 2 Std.) oder Miandrivazo 280 km, 4-5 Std.) Oder über die RN 8 von Norden (Belo-sur-Tsiribihina, 110 km, ca. 4-5 Std.) Oder über eine schlechte Piste von Süden (Belo-sur-Mer bzw. Manja)
- Schiff: Regelm. Küstenfrachtverkehr mit Tuléar und Mahajanga.
- Flugzeug: Regelmäßige Linienverbindung von/nach Tana mit Air Madagascar, meist via Tuléar. Regelmäßig auch von/nach Mahajanga (über Morombe). Neuerdings auch 4 mal die Woche nach/von Ranohira (Isalo-NP)

Unterkunft:

* * * *

Chez Maggie/Masoandro, in Nosy Kely gelegene, strandnahe Anlage mit 8 schönen Bungalows. Neben einem sehr guten Restaurant und Pool bietet der amerikanische Eigner auch Touren (Allée des Baobabs, Tsiribihina-Bootstouren, Tsingy) sowie Bootstransfers nach Tuléar oder Belo an. Sehr entgegenkommender Service, absolut empfehlenswert.
Tel.: 95 523 47, mobil: 032 4732670
email: info@chezmaggie.com, homepage: www.chezmaggie.com.

Le Renala aux Sable d ´Or, schöne Anlage mit 11 komfortablen Bungalows und 6 Zimmern, in Nosy Kely gelegen.
Tel.: 95 520 89, mobil: 032 0497688
email: renala.reception@hotmail.fr

Baobab Café, mit 26 Zimmern eines der größte Hotels in Morondava. In Nosy Kely (ziemlich weit südlich) gelegen. Sehr schön, allerdings durch die nahen Mangroven (direkt hinter dem Gebäude) manchmal von einem leichten Moderduft eingehüllt.
Mit Pool, Billardcafe, erstklassigem Restaurant und einem großen Angebot an buchbaren Aktivitäten und Exkursionen. Sehr zu empfehlen.
Tel.: 95 520 12, Fax: 95 521 86, mobil: 032 0740507
email: baobab@blueline.mg, homepage: www.baobabtour.mg.

Les Mantalys, außerhalb, nahe dem Flughafen gelegenes Ressort mit 8 schönen und komfortablen Bungalows. Neben einer gepflegten Gartenanlage bietet das Hotel auch einen großen Pool sowie ein erstklassiges Restaurant. Sehr empfehlenswert.
Tel.: 95 928 47, mobil: 032 4204877
email: hotelmantalys@yahoo.fr, homepage: www.hotel-matalys.com

* * *

Hôtel Morondava Beach, hübsche Anlage mit 12 Bungalows in untersch. Komfort – und Preisstufen auf Nosy Kely. Sehr guter Service, zahlreiche Touren und Unternehmungen buchbar (Tsingy.....)

Hervorragendes Restaurant. Preiswerte, sehr gute Alternative!
Tel./Fax: 95 523 18, mobil: 032 4021399

Les Bougainvilliers, direkt am Strand gelegenes Ressort mit 9 Bungalows und in untersch. Preis– und Komfortstufen. Sehr gutes Restaurant.
Besonders attraktiv: der Inhaber ist Chef der Vereinigung der Fremdenführer von Morondava und daher besonders kompetent bei der Organisation von Touren und Aktivitäten.
Tel.: 95 521 63 oder 95 921 63
email: bvl_nd@yahoo.fr

Spezialtipp des Verfassers:

Les Piroguier, zwar außerhalb in Betania (2 km südlich der Stadt, auf der anderen Seite des Flußes, am besten mit einer Piroge übersetzen, die Boote gehen im Süden von Nosy Kely ab), dafür etwas ganz Besonderes: 4 entzückende Bungalows auf Stelzen, familiärer und herzlicher Service – alles in einem ruhigen kleinen Fischerort.
Ideal zum die Seele baumeln lassen. Einfach klasse!
Tel.: 95 526 19
email: piroguiers@yahoo.fr.

Hôtel Les Philaos, Nosy Kely, schönes, preiswertes und ziemlich komfortables Haus mit 17 ordentlichen Zimmern, untersch. Preis– und Komfortstufen. Guter Service. Ohne Restaurant, aber mit „Lieferdienst".
Tel.: 95 520 81, Fax: 95 527 13, mobil: 032 0562102
email: sica@wanadoo.mg.

* *
Hôtel L´Oasis, zentral gelegenes Ressort mit mehreren Bungalows, war früher ganz nett, jetzt ziemlich heruntergekommen. Preiswert – aber man bekommt auch Besseres für weniger Geld! Abends teilw. laut (Livemusik)!
mobil: 032 0493180

Hôtel Trecicogne, nahe der Bootsanlände im Süden von Nosy Kely gelegen. Preiswertes, sauberes und rel. komfortables Hotel mit Zimmern in untersch. Preis – und Komfortstufen. Sehr gutes Restaurant, Touren und Aktivitäten buchbar.
Tel.: 95 924 25, mobil: 032 0468760
email: trecicogne@moov.mg, homepage: www.hoteltrecicogne.com

Zoom Hotel, zentral gelegenes Hotel mit 10 Zimmern in untersch. Preis – und Komfortstufen. Sauber, rel. komfortabel (z.T. Klimaanlage). Kein Restaurant, aber „Lieferdienst"
Tel.: 95 920 59, Fax: 95 522 42

Le Batelage, zentral gelegenes 8-Zimmer-Haus, rel. komfortabel, ganz passabel.
Tel.: 95 920 35

Hôtel Central, zentral (an der Hauptstraße) gelegen, daher teilw. laut. 10 einfache Zimmer ohne großen Komfort.
mobil: 032 0562102

Essen&Trinken

Zahlreiche Restaurants und hotely, selbstverständlich ist Morondava auch in Sachen Fisch&Krebse eine gute Adresse.....

Spezialtipp des Verfassers:

La Campannina, Nosy Kely. Italienisch/madagassische Fusion, eine sehr gelungene dazu. Erstklassiger Service, schönes Ambiente, das Essen hervorragend - sicher mit das beste Restaurant am Ort. Bodenständige Preise. Am besten Tisch für den Abend reservieren – oft voll!
Tel.: 95 527 49, mobil: 032 0467090

L´Oasis, zum gleichnamigen Hotel gehörendes (Garten -) Restaurant mit schöner Bar, tolles Ambiente! **"Jean, le Rasta"** (eine lokale Größe) hat das Hotel einst von der europ. Vorbesitzerin übernommen, das Oasis war bis vor Jahren auch als Restaurant die erste Adresse.
Seither sind ein paar Jahre vergangen – die besten liegen wohl schon eine Weile zurück: Da hier oft Livemusik angesagt ist, eignet sich das Oasis gut zum „warm werden" oder Tanzen – als Restaurant kann es nicht mehr empfohlen werden.
Tel.: 95 522 22

Le Thai Bar, direkt am Meer gelegenes, sehr gutes Restaurant, ein schönerer Platz zum Essen wird sich kaum finden lassen – allerdings windet es abends oft!
Tel.: 95 520 83, mobil: 032 4012923

La Siréne, zentral gelegenes Restaurant, vor allem der Meerestiere wegen ein Geheimtipp. Erstklassige Garnelen und Langusten (nach Saison), wunderbar zubereitet. Ein Genuss!
Tel.: 95 521 55

Mada Bar, in der Ortsmitte an der Hauptstraße gelegen, nicht nur ein sehr gutes Restaurant – auch Eiscreme bekommt man hier, in der Hitze der Stadt eine Wohltat!
Tel.: 95 929 53, mobil: 034 0419419 oder 032 0470399
email: madabar69@yahoo.fr

Jamaica Bar, nahe der Thai Bar gelegen, wunderbar direkt am Wasser, ein idealer Ort, um dem Sonnenuntergang zuzusehen.....reiche Auswahl an Drinks!
mobil: 032 0279756

Nachtleben:

My Lord, an der Abzweigung Richtung Nosy Kely gelegene Disco und Bar – ganz nett, aber abends vorwiegend Prostituierte!

Reiseveranstalter/Guides/Fremdenführer:

Yves Marahao, vor allem für Reisende, die nicht französisch sprechen, ideal: Yves spricht sehr gut englisch. Sehr kompetent, er organisiert Ihnen, was Sie wollen. Garantiert!
Sehr empfehlenswert!

Tel.: 95 520 89
email: codemena@malagasy.com

Chez Maggie, am gleichnamigen Hotel (siehe dort). Vielfältiges Angebot an Touren, Guides in mehreren Sprachen wählbar. Bodenständige Preise. Empfehlenswert!

Baobab Tours, am gleichnamigen Hotel (siehe dort). Wahrscheinlich professionelste Agentur vor Ort – mit Angeboten, die keine Wünsche offen lassen, insbesondere Wassersportler kommen hier auf ihre – relativ hohen! - Kosten.

Jean Raherinirina, erfahrener und kompetenter Guide, spricht englisch und organisiert praktisch fast alles!
Tel.: 95 921 14 mobil: 032 0470453
email: hyerna2002@yahoo.fr

Banken/Wechselstuben:

BFV, an der Hauptstraße mitten im Ort, schräg gegenüber dem Hotel Central.

Post/Paositra:

Postamt an der Hauptstraße, schräg gegenüber dem Markt.

- ## Namakia (Mahavavy-Kinkony-Feuchtgebietskomplex oder Réserve Naturelle de Lac Kinkony)

Anreise:
- Straße: Über die Piste von **Katsepy** aus in etwa 5 Stunden mit Taxi-Brousse ab Fähre Katsepy oder 3,5 Stunden mit dem Mietwagen (4x4)
- Schiff: Küstensegler oder Motorboote von/bis Mahajanga. Motorboot 5 Stunden, Segler mehr – falls die oft rauhe See überhaupt eine Seefahrt zulässt!
- Flugzeug: Air Mada fliegt (Twin Otter) zweimal die Woche über Soalala (70 km entfernt)

Unterkunft/Essen&Trinken:

Einfache Garküchen und hotely sowie die Restaurants der vorhandenen Hotels.

* bis * * *
Le Cercle, bestes Hotel am Ort, in einer ehemaligen Zuckerfabrik untergebracht. Bietet 10 saubere und komfortable (Doppel-) Zimmer in untersch. Preis– und Komfortstufen an. Mit Restaurant.

*
Chez Madame Zaza, sehr einfaches Hotel, mehrere einfache Zimmer ohne Komfort, mit Gemeinschaftsdusche/- WC. Einfaches Restaurant.

- ## Namoroka (Tsingy de Namoroka NP) - siehe Soalala

• Nosy Bé

Anreise:
- Flugzeug: - Tägliche Verbindung nach Antananarivo,
  - regelmäßige Flüge von/nach Mailand,
  - regelmäßige Flüge von/nach Paris,
  - regelmäßige Flüge ab/an Réunion,
  - regelmäßige Verbindung auf die Komoren

-Straße: Über die gut ausgebaute Küstenstraße von Süden (Tana) oder Norden (Antsiranana) aus.

-Schiff: Regelmäßige Fährverbindungen ans Festland (Ankify oder Antsahampano). Regelmäßiger Passagier– und Frachtverkehr von/nach Antsiranana und Mahajanga

- Andoany (Hell-Ville)

Hauptstadt der Insel und Brennpunkt der gut entwickelten touristischen Infrastruktur.
Da sich zahlreiche Unterkünfte jedoch außerhalb Hell-Villes – praktisch entlang der gesamten Küste – befinden, werden diese gesondert aufgeführt.

Unterkunft:
In Andoany findet man normalerweise relativ preiswerte Unterkünfte, die „Luxusressorts" von Nosy Bé befinden sich jedoch alle außerhalb des Hauptortes

* * *

La Plantation, Rue de Fortin, kleines Hotel mit 5 sauberen Zimmern, rel. komfortabel. Mit gutem Restaurant!
Tel.: 86 614 38, mobil: 032 0793445 oder 032 4004508
email: mdbr-plantation@hotmail.com

Hôtel Abud, Bd. Gen. de Gaulle, eines der größeren Häuser im Ort, 30 Zimmer auf 5 Etagen, untersch. Preis – und Komfortstufen, teils mit Balkon. Gutes Restaurant und Boutique.
Tel.: 86 610 55, Fax: 86 612 57, mobil: 032 0761210
email: abudhotel@yahoo.fr

Hôtel Diamant 10, 10 La Batterie/Westteil der Stadt. Bietet 12 hübsche und rel. komfortable Zimmer.
Tel.: 86 614 48
email: madexof@metclub.mg

Hôtel Belle Vue, Rue Tsiomeko, 14 rel. saubere Zimmer untersch. Preis– und Komfortstufen.
Tel.: 86 613 84
email: bellevuehotel_nosybe@yahoo.fr

* *

Hotêl de la Mer, Bd. Dr. Manceau, früher mit einem wenig schmeichelhaften, fast gleich klingenden französischen Namen belegt (!), bietet rund 20 einfache Zimmer ohne großen Komfort – dafür mit reizendem Meerblick vom Restaurant aus.
Tel.: 86 617 53

Hôtel Rue George V., La Poudriere, 8 einfache Zimmer, wenig Komfort, relativ gepflegt!
Tel.: 86 615 61, mobil: 032 0430710

Essen&Trinken:

Ein recht schmackhaftes Kapitel hier am Ort! Zahlreiche Garküchen und Restaurants fast aller Preislagen, einfachste Gerichte neben französischer Spitzenküche. Bummeln und etwas Geeignetes suchen lohnt sich und macht großen Spaß! (Generell sind die Preise hier höher als im übrigen Madagaskar.)

Le Papillon Mandresy, Rue Passot, zentral gelegenes und sehr beliebtes Restaurant, oft voll.
Tel.: 86 615 82

Restaurant Le Plantation, La Batterie/Rue Fortin, unter europäischer Leitung, nicht ganz billig, dafür exzellenter Service und herrliches Ambiente. Sehr zu empfehlen!!!
Tel.: 86 614 38, mobil: 032 0793445

Le Manava, Rue Tsiomeko, gilt als eines der besten Restaurants der ganzen Insel. Hervorragendes Essen, dabei bodenständige Preise.
mobil: 032 0439454

Salon de Thé – Oasis, Bd. de L´Indenpendence, beliebte Snackbar und Eisdiele, ideal zum Frühstück oder zum Nachmittagskaffee geeignet, leckere Backwaren! Wunderbar!
Tel.: 86 611 79

Nachtleben:

Das wohl zwiespältigste Kapitel der hiesigen Kultur, welche der Tourismus mit sich gebracht hat: Generell sind natürlich die Madagassen vor allem am Wochenende gerne bereit, mal Fünfe grade sein zu lassen, die Tanzclubs und Bars sind brechend voll. Dass diese Orte natürlich auch von Vazáha ausgesucht werden, hat selbstredend die „Schönen der Nacht“ angelockt wie das Licht die Motten!

Prostitution ist leider ein ernstes Thema auf Nosy Bé, die Insel hat immer noch gegen ihren Ruf als "hot spot" für Sextouristen anzukämpfen.
Wer sich also als Fremder in das Nachtleben stürzt, darf nicht erstaunt sein, welches Interesse er bei manchen der einheimischen Damen hervorruft......

Au Vieux Port, am Hafen gelegene Disco, seit vielen Jahren „der Ort“ in Hell-Ville.
Ab 23 Uhr ist hier Party ohne Ende angesagt, Livemusik und Tanz bis zum Morgen.......

Moulin Rouge, Rue Tsiomeko, tagsüber Pizzeria – abends eines der angesagtesten Tanzschuppen von Nosy Bé.
Tel.: 86 610 36

Number One, beim Hotel de la Mer, dienstags und samstags beliebter Laden zum Tanzen und Feiern.

Reiseveranstalter/Tour Operators:

Dieser Unterpunkt behandelt lediglich die Veranstalter, die Exkursionen zu Fuß bzw. mit dem Mountain-Bike anbieten. Anbieter vor allem der Wassersportarten werden gesondert aufgeführt.

Evasions Sans Frontiére, Hell-Ville, organisiert Touren auf Nosy Bé und im weiteren Umkreis.
Tel.: 86 062 44, mobil: 032 1100296
homepage: madadecouverte.com

Green Adventure, Hell-Ville, vielseitige Agentur, gutes Preis-Leistungs-Verhältnis.
mobil: 032 0757312
email: greenadventures@hotmail.it

Autovermietungen:

Nosy Easy Rent, Hell-Ville
Tel.: 86 063 08, mobil: 033 1161100
email: nosyeasy.rent@live.fr, homepage: www.nosyeasyrent.com

Nosy Red Cars, Ambataloaka
Tel.: 86 620 35
email: nosyredcars@simicro.mg

Motorradvermietungen:

ZigZag
Tel.: 86 633 99, auch Fahrräder.

Moto Mada, Ambataloaka
mobil: 032 0268025

Fahrradverleih:

Nosy Velo, Hell-Ville
Tel.: 86 614 15 oder 86 500 41, mobil: 032 0461121

Tauchbasen:

Selbstverständlich hat Nosy Bé seit vielen Jahren seinen Ruf als exzellentes Revier für Sporttaucher: eine breite Palette von Anbietern ist daher vor Ort angesiedelt!

Manta Dive Club, Madirokely
email: info@mantadiveclub.it
mobil: 032 0720710

Aventura Diving, Madirokely
Tel.: 86 063 16, mobil: 032 0488880
email: info@aventura-diving.com

homepage: www.aventura-diving.com

Madagascar Dive Club, Madirokely, eine der traditionsreichsten und besten Basen.
Tel.: 86 060 46
email: madiro@simicro.mg

Tropical Diving/Hôtel Coco Plage, Ambatoloaka
mobil: 032 0712790
email: tropical.diving@moov.mg oder ***tropicaldiving@simicro.mg***, homepage: www.tropical-dinving.com

Oceanes Dream, Ambatoloaka,
Tel.: 86 614 26, mobil: 032 0712782
homepage: www.oceanesdream.com

Sakatia Lodge, am gleichnamigen Strand (siehe dort) gelegen.
Tel.:86 615 14, mobil: 032 0712675
email: sakatialodge@netclub.mg

Segeln/Yachtcharter:

Madavoile, renommiertes Unternehen, bietet nicht nur Segeltörns, sondern auch Tauchen und Hochseefischen an. Sehr zu empfehlen!
Tel.: 86 065 55, mobil: 032 0422355
email: info@madavoile.com, homepage: www.madavoile.com

Madanautique, Segeltörns und Katamarane zum Chartern – wird sehr gelobt!
mobil: 032 0707213
email: manau@wanadoo.mg, homepage: www.madanautique.com

Tropical Adventures, Hell-Ville,
Verchartert den **„Star Cat"-** Katamaran.
mobil: 032 0479880
email: info@star-cat.net

Indian Ocean Charter, unter südafrikanischer (und sehr erfahrener) Leitung. Neben Segeltörns auch Tauchen und Fischen im Angebot.
email: info@indianoceancharters, homepage: www.indianoceancharters.com

Alefa, Madirokely, bietet Törns und Exkursionen im traditionellen Segelboot, allerdings mit erheblichem Komfort – nicht ganz preiswert!
Tel./Fax: 86 615 89, mobil: 032 0712707
email: alefa@simicro.mg

Hochseefischen:

Auch die Liebhaber dieser Sportart kommen hier auf Ihre Kosten:

Bouana Péche, Ambatoloaka
Tel.: 86 920 19, mobil: 032 0494448

Manou, Madirokely
Tel.: 86 616 12, mobil: 032 0444484 oder 032 4084519
email: manoufishing@simicro.mg, homepage: www.manou-fishing.com

Barracuda, Ambatoloaka
Tel.: 86 620 66, mobil: 032 0262992
email: barracuda@simicro.mg

Banken/Wechselstuben:

BNI/Credit Lyonnaise, Rue Passot nahe dem Hafen.
Mit Geldautomat.
Mo-Fr.: 8 Uhr 30 bis 15 Uhr 30 geöffnet.

BOA, Rue Gallieni, nahe dem Markt gelegen.
Mo.-Fr.: 8 Uhr 30 bis 11 Uhr 30 und 14 Uhr 30 bis 16 Uhr 30

BFV, Rue de Docteur Meclair
Mo.-Fr.: 07 Uhr 30 bis 11 Uhr und von 14 Uhr bis 17 Uhr

Postamt:

Rue de Docteur Meclair, gegenüber der BFV Bank.

Parkverwaltung:

Reserve'Integrale de Lokobe
Tel.: 86 610 86

– Ambonara

Der kleine Ort nordwestlich von Andoany ist eine gute Alternative zu der oft lauten Stadt und hat seinen ganz eigenen Charme.

Anreise:
Auf der rel. gut intakten Route de L´Quest von Andoany aus (ca. 2 Kilometer).

Unterkunft:

Bestes Haus am Platz ist das

* *
Villa Fany, es bietet 8 hübsche, gemütliche Zimmer und ein sehr nettes Restaurant.
Tel.: 86 611 70, mobil: 032 0234379
email: villafany@villafany.com
homepage: www.villafany.com

Essen&Trinken:

Der Ort ist außergewöhnlich dicht mit Restaurants „gepflastert", jedoch haben manche Etablissements Probleme mit der Hygiene, da der Strom fehlt. Hier einige der Besten:

Chez Angeline, galt einmal als das Beste, was Nosy Bé kulinarisch vorzuweisen hatte. Heutzutage etwas weniger mondän, kann man hier immer noch hervorragend – vor allem Meeresfrüchte und Fisch - genießen.
Tel.: 86 616 21, mobil: 032 0267778

Karibou, originelles, talienisches Restaurant, Pizza inklusive. Empfehlenswert!
Tel.: 86 616 47

Restaurant d´Ambonara, sehr schön inmitten einer Plantage gelegen, hervorragende Küche!
Tel.: 86 613 67
email: ambonara@wanadoo.mg

Nachtleben:

Ambonara hat auch einen gewissen Ruf bei Nachtschwärmern und Amüsierwilligen: Obgleich nicht besonders groß, existieren hier zahlreiche Nachtklubs, Bars und Discos.

Le Djembe, womöglich **die exklusivste Disco** in ganz Madagaskar, extravagantes Interieur, sehr professionelle Ausstattung. Wirkt fast wie aus einer anderen Welt....

Le Casino – natürlich kann man auf Nosy Bé auch kräftig „zocken" gehen:
Am Ortsausgang auf einem Hügel gelegen, bietet der Laden Glücksspiel, Drinks, samstags Livemusik.

Le Lion d´Or, beliebte Bar, am Wochenenden Livemusik und „schwer was los"

Le Jackpot, noch eine Gelegenheit für Zocker, ihr Geld in netter Atmosphäre loszuwerden.

– Ambatoloaka/Madirokely

Anreise:
Auf der Route de L´Quest von Andoany aus (ca. 8 Kilometer) westwärts, dann nach Süden (Richtung Meer) abbiegen. Beide Orte liegen dicht nebeneinander (und direkt am Meer), wobei Madirokely als der ruhigere Teil gilt. Gute Unterkünfte und ebensolche Küche gibt es in großer Auswahl:

Unterkunft/Essen&Trinken:

* * * * * *
Hôtel Madiro, Madirokely, eine der besten Adressen in ganz Madagaskar – die natürlich ihren Preis hat!
Geschmackvolle Zimmer mit allem Komfort, Pool und Restaurant inklusive.
Tel.: 86 060 46, mobil: 032 0438677 oder 032 0475048

email: madirohotel@moov.mg, homepage: www.madirohotel.com

* * * * *

L´Heure Bleue, Madirokely, 11 luxuriöse Bungalows am Meer, mit Pool, erstklassigem Restaurant und allen Annehmlichkeiten.
Tel.: 86 060 21, mobil: 032 0220361
email: **heure.bleue@simicro.mg**, homepage: www.heurebleue.com

Marlin Club, Madiroleky, 16 komfortable Zimmer und mehrere Bungalows, exklusiv und sehr gut augestattet. Mit Hochseefischerbasis, Tauchmöglichkeit, Tourangebote zu den vorgelagerten Inseln. Erstklassiges Restaurant!
Tel.: 86 610 70, Fax: 86614 45, mobil: 032 0712562
email: marlin.club@simicro.mg, homepage: www.marlin-club.com

Chez Pat, Ambatoloaka, 6 schöne, komfortable Zimmer mit Meerblick, direkt am Wasser. Exzellenter Service.
mobil: 032 0479315

L´Espadon, Ambatoloaka, luxuriöse Anlage mit 20 schönen Bungalows, teil mit Meerblick. Organisiert auch Angeltörns.
Tel.: 86 921 47, mobil: 032 5660751
email:contact@hotelespadon-nosybe.com, homepage: www.espadon-nosybe.com

* * * *

Chez Senga, Madirokely, 6 schöne, saubere Bungalows, relativ komfortabel. Erstklassige Küche, netter Service!
mobil: 032 4037801

Hôtel L´Ylang Ylang, Amabatoloaka, 11 schöne, komfortable Zimmer, sehr gepflegt. Unter englischer Leitung, guter Service und sehr gute Küche.
Tel.: 86 614 01 oder 86 928 13, mobil: 032 0712693
homepage: www.hotel-lylangylang.com

Les Boucaniers, Ambatoloaka, etwas abseits vom Wasser, aber dennoch mit schönem Meerblick gesegnete Anlage, 16 schöne Bungalows, komfortabel und gepflegt.
Tel.: 86 620 38, mobil: 032 0267520
email: info@lesboucaniers.com, homepage: www.hotel-lesboucaniers.com

La Résidence d´Ambatoloaka, 12 Zimmer, relativ komfortabel, hat schon bessere Tage gesehen. Gutes Restaurant!
Tel.: 86 920 66

Chez Gerard et Francine, Ambataoloaka, beliebtes Hotel am Südende des Ortes 12 komfortable Zimmer in ruhiger Lage, sehr reizvoll gelegen.
Tel.: 86 061 05, mobil: 032 0712793
email: geretfra@simicro.mg, homepage: www.hotelgerardetfrancine.com

* * *

La Riviera, Ambatoloaka, nette kleine Anlage mit 6 Bungalows, sehr hübsch.

Tel.: 86 614 05

Coucher du Soleil, Ambataoloaka, bietet 7 schöne und ordentliche Bungalows und ein hervorragendes Restaurant. Sehr zu empfehlen!
Tel.: 86 928 42, mobil: 032 0208721
email: coucherdusoleil@moov.mg

Hôtel Coco Plage, Ambataoloaka, etwas außerhalb am Meer gelegen – war früher ein Geheimtipp, jetzt ziemlich heruntergekommen. Vielleicht geht es mit dem hübschen Hotel (12 Zimmer mit Meerblick) aber auch wieder aufwärts, die Standards und sind hier manchmal wechselhafter als die Gezeiten......
mobil: 032 0776964

– Ambondrona

Anreise:
Nicht weit (1,5 Kilometer nördlich) von Ambataoloaka und Madirokely gelegen, über die Rt. de L´Quest von Andoany aus (ca. 9 Kilometer), dann Abzweigung nach links runter ans Meer nehmen. (Beschilderung beachten)

Unterkunft/Essen&Trinken:

* * * * * *
Domaine Manga Bé, ohne Zweifel eines der exklusivsten und besten Hotels von ganz Madagaskar!
Mehrere luxuriöse, geschmackvolle Suiten, Bungalows und Zimmer, diskreter und exzellenter Service: wer es ganz stilvoll mag und das nötige Kleingeld hat, ist hier richtig!
Tel.: 86 060 88, mobil: 032 4209282
email: info@domainemangabe.com, homepage: www.domainemangabe.com

* * * *
Tsara Loky, nette Anlage mit 5 Zimmern und mehreren Bungalows, rel. wenig komfortabel eingerichtet, aber sauber.
Tel: 86 610 22

– Ampasy

Anreise:
Über die Rt. d L´Quest von Andoany aus. (9 Kilometer)

Unterkunft/Essen&Trinken:

Die vorhandenen Hotels sind relativ exklusiv: billige Unterkunft ist hier Fehlanzeige!

* * * * *
Les Cocotiers, schöne Anlage mit 25 strandnahe Bungalows, herrliche Lage und gute Ausstattung. Mit Tauchbasis und Fahrradverleih. Empfehlenswert!
Tel.: 86 611 58 oder 86 068 00 mobil: 032 1444800
email: cocotier@moov.mg, homepage: http://lescocotiers.nemo.it

Belle Plage Suite, 15 schöne Bungalows, unter professioneller schweizer Leitung. Mit Pool, eigenem Strand, komfortabel und zu empfehlen!
Tel.: 86 927 34
homepage: www.belleplage.com

Hôtel Nosy Bé, sehr grosses und gepflegtes Hotel mit 35 Zimmern und einigen Bungalows, schön gelegen, allerhand Komfort und Optionen: Quadverleih, Paragliding, Wasserski, Tauchen......
Tel.: 86 061 51
email: nosy.be.hotel@simicro.mg, homepage: www.nosybehotel.com

– Orangea Plage

Anreise:
Etwa 2 Kilometer von Djamandjary entfernt, 15 Kilometer von Andoany aus. Von der Westroute nach links (Beschilderung beachten) abbiegen.

Unterkunft/Essen&Trinken:

Orangea Plage ist eine der exklusivsten Ecken von Nosy Bé, wer die unvergleichliche Schönheit der Sonnenuntergänge an der Westküste sehen will, kann dies hier für entsprechende Münze auch tun. Internationaler Service, höchste Standards, – und Preise!

* * * * * *

Vanila Hôtel, ca. 2 Kilometer nordwestlich von Djamandjary gelegen, 30 sehr komfortable Zimmer/Suiten, mit Pool und hervorragendem Restaurant. Sehr exklusiv – und rege besucht!
Tel.: 86 921 01, Fax: 86 921 05
email: *info@vanila-hotel.com*, homepage: www.vanila-hotel.com

La Auberge Orangea, bietet 10 schöne, komfortable Bungalows inmitten eines schönen Gartens an. Professionelles Management, hervorragende Küche – meist voll, Vorbuchung empfohlen!
Tel.: 86 610 67
homepage: www.orangea-nosybe.com

Coral Noir, die vielleicht exklusivste Adresse vor Ort, 10 Bungalows und 14 sehr komfortable Zimmer, strandnah, mit Pool, herrlichem Garten und sehr gutem Service. Unter italienischer Leitung, das Restaurant sucht seinesgleichen! Vorbuchung empfohlen!
Tel.: 86 920 52, Fax: 86 920 54
email: coralnoir@netclub.mg, homepage: www.coralnoir.com

* * * * *

Chanty Beach , ideal für Selbstversorger: 2 luxuriöse Chalets und 4 schöne Zimmer mit Meerblick, professionell geleitet. Mit Privatstrand und sehr gutem Restaurant!
Tel.: 86 614 73, Fax: 86 614 74
homepage: www.chantybeach-hotel.com

* * * *
Alabado, 3 Kilometer nordwestlich von Djamandjary gelegen, 8 Bungalows mit Meerblick, preiswerteste Alternative vor Ort!
Tel.: 86 922 00, mobil: 032 0232393

– Andilana

Anreise:
Über die rel. gut ausgebaute Route de L´Quest von Andoany aus
(30 Kilometer),etwa 40 Minuten.

Unterkunft/Essen&Trinken:

Andilana ist ein ebenso exklusiver Ort wie Orangea und die Bucht von Befotaka – preiswerte Unterkünfte sind eher selten, der Ort und die Schönheit der Landschaft wird direkt in bare Münze verwandelt.

* * * * * *
Venta Club, auf der **Antalimanandi**-Halbinsel, eines der seltenen "all-inclusive-Ressorts" in Madagaskar! 200 (fast die Hälfte des gesamten Bettenkontingentes von Nosy Bé !!!) luxuriöse Zimmer, Animation, Privatstrand, Pool, Clubatmosphäre, professionelles Management. Unter italienischer Leitung, die Anlage ist derart gut gebucht, das Air Madagascar z. T. eigene Charterflüge von Mailand nach Nosy Bé anbietet! Wer nach Madagaskar will, ohne hinterher zu wissen, wo genau er eigentlich war, ist hier richtig: vermutlich ließe sich die Mehrheit der Gäste hier auch in die Türkei verfrachten und sie würden den Unterschied kaum bemerken..... Teurer Urlaub „von der Stange“, Luxus, Essen én masse` (und minimaler Kontakt zu Land und Leuten) garantiert!
Tel.: 86 634 60
email: andilana.booking@ventaglio.com, homepage: www.ventaclub-andilana.com

* * * * *
Le Grand Bleu (Auberge), an der südlichen Befotaka Bay gelegenes Ressort mit 12 schönen Bungalows – zwar etwas abseits vom Wasser, dennoch wundervoller Blick über die Bucht. Organisiert Bootstouren, Quads, Hochseefischen und Tauchen.
Tel.: 86 920 23, Fax: 86 634 08, mobil: 032 1424816
email: legrandbleu@moov.mg, homepage: www.legrandbleunosybe.com.

Hôtel Au Belvédére, 6 Bungalows und 5 einfache Zimmer, nicht strandnah, aber mit schöner Aussicht auf die Bucht. Hervorragendes Restaurant ***Chez Loulou.***
Tel.: 86 928 08, mobil: 032 0461996

* * * *
Chez Eugenie, eine echte Alternative zu den überteuerten Hotels in der Nachbarschaft: das kleine Hotel verfügt über 6 hübsche Zimmer, erstklassigen Service und eine hervorragende Küche! Wird sehr gelobt!
email: chezeugenie.nosybe.madagascar@gmail.com

– Baie de Befotaka

Anreise: Über die rel. gut ausgebaute Route de L´Quest von Andoany aus. (35 Kilometer,

1 Stunde)

Unterkunft/Essen&Trinken:

Einzige Unterkunft am nördlichen Teil der Baie ist

* * * * * *

Amarina Beach Hotel, 35 exklusive Zimmer/Suiten am wohl schönsten Strand der ganzen Insel. Mit allen „Schikanen", sämtliche Wassersportaktivitäten buchbar, erstklassiges Restaurant.
Tel.: 86 921 28, Fax: 86 921 26, mobil: 032 0730747
email: **reception@amarinahotel.com**, homepage: www.amarinahotel.com

– Baie de Ambatozavavy

Anreise:
- Straße : Richtung Flughafen, etwa 6 Kilometer nordöstlich von Hell-Ville geht die Piste nach rechts zur Bucht runter (4-5 holprige Kilometer)
- Schiff/Boot: Von Andoany/Hell-Ville aus (1-2 Stunden)

Unterkunft/Essen&Trinken:

* * * * * *

Jungle Village, Ampasypohy, traumhafte Anlage mit 2 Luxusappartements und 6 ebenso schönen Bungalows. Direkt am Lokobe Reservat gelegen. Erstklassig!
Tel.: 86 928 19, mobil: 033 1422238
email: ***contact@nosybe-junglevillage.net***, homepage: www.junglevillage.com

* * * * *

Fihavanana, das „Dorf" verfügt über 10 schöne und komfortable Bungalows unter teilw. lokaler Selbstverwaltung. Das nahe Lokobe-Reservat lockt hier vor allem Ökotouristen her, zumal man Exkursionen (Nachtwanderungen!) problemlos und unter kundiger Führung von hier aus machen kann. Anfahrt mit dem Motorboot von Andoany aus organisierbar. Sehr empfehlenswert !
Tel.: 86 612 36

– Nosy Sakatia

Anreise:
Die kleine Insel in der Bucht von Befotaka ist mit dem Boot (der ansässigen Hoteliers) erreichbar. Mit dem Auto auf der Route de L`Quest von Andoany aus bis Ambaro (36 Kilometer, ca. 1 Stunde), von dort aus Überfahrt.

Unterkunft/Essen&Trinken:

* * * * *

Sakatia Passions, 10 schöne Bungalows, sehr gute Küche, Tauchbasis – an einem wunderschönen (Privat-)Strand gelegen.
Tel.: 86 060 22
homepage: www.sakatiapassions.com

* * * *

Sakatia Dive Inn, 8 Bungalows, die preiswertere und weniger komfortable Alternative auf Nosy Sakatia, für Taucher natürlich ebenso empfehlenswert. Guter Service.
Tel.: 86 061 52, mobil: 032 0712675
email: info@madagascartravelservice.com

– Nosy Komba (Nosy Ambariovato)

Anreise:
Die kleinere Nachbarinsel in der Bucht von Andoany ist problemlos von dort aus mit dem Boot erreichbar. Sämtliche Hotels organisieren auf Wunsch gerne den Transfer!

Unterkunft/Essen&Trinken:

In der Vergangenheit und Gegenwart haben immer wieder (auch deutsche) Aussteiger versucht, hier dauerhaft Fuß zu fassen. Einige mit Erfolg – mehrere Hotels untersch. Kategorien locken auch Langzeiturlauber mit niedrigem Budget hierher...Aber auch Exklusives ist geboten! In sämtlichen Hotels wird außerdem (fast überall hervorragend!) für die Gäste gekocht!
Bis auf das Tsara Komba und das Jardin Vanille (die beide an der ruhigen Südseite der Insel, in Sichtweite vom Festland, liegen), befinden sich alle Unterkünfte beim „Hauptort" **Ampangorinana.**

* * * * * *

Tsara Komba, lediglich drei Bungalows, dafür sehr luxuriös und entspr. teuer. Der hohe Preis wird mit der Förderung öffentlicher Maßnahmen begründet.
mobil: 032 0744040
homepage: www.tsarakomba.com

* * * * *

Jardin Vanille, 8 schöne Bungalows (hoch!) über dem Strand, ruhig und abgeschieden gelegen, unter franz. Leitung.
mobil: 032 0249323
homepage: www.jardinvanille.com

* * *

Chez Yolande et Jean-Paul, Ampangorinana, hübsches und gepflegtes Haus mit 4 Zimmern und 2 Bungalows, ordentlich und sauber, gute Küche!!! Preiswerte Alternative, empfehlenswert!
Tel.: 86 921 40
email: casinca@hotmail.com

Floralies, Ampangorinana, traditionsreiche Anlage an einem der einsamsten Strände der Insel gelegen, 6 Bungalows, rel. komfortabel, mit gutem Restaurant und Bar.
mobil: 032 0220038
email: floralieskomba@moov.org

* *

Les Lemuriens, Ampangorinana, 6 einfache Bungalows, sauber, netter Service, ein Tip für preisbewusste Reisende .

Tel.: 86 921 40
email: hotel-lemuriens@yahoo.fr

Residence de Nosy Komba, Ampangorinana, 4 einfache Zimmer, (teils mit Dusche), sauber und ordentlich.

Jack&Mary, „Hotel" oder Gästehaus mit 2 (!) Zimmern, herrlichem Meerblick und reizendem Service. Sehr empfehlenswert!

– Nosy Mitsio/Tsara Banjina

Anreise:
Einzige Möglichkeit, nach Tsara Banjina zu gelangen ist der vom Hotel aus organisierte Bootstransfer von/nach Andoany (Hell-Ville)bzw. die Fly-In-Variante mit dem Kleinflugzeug. (Beides teuer!) Falls Sie auf der Insel ein Quartier gebucht haben, wird man Ihnen allerdings die selbstorganisierte Anreise im Boot gestatten!

Die übrigen Inseln des Mitsio-Archipels sind u.U. von Nosy Bé aus (Yachtcharter oder Bootstransfer) aus „buchbar", die dortigen Reiseveranstalter helfen Ihnen bei der Organsiation der (mehrtägigen Exkursion)

Unterkunft/Essen&Trinken:

Die kleine Insel im Mitsio-Archipel beherbergt nur eine – sehr exklusive – Anlage, die Insel ist quasi komplett Hotelgelände...

* * * * * *
Constance Lodge Tsarabanjina, eine der nobelsten Adressen Madagaskars! 21 luxuriöse Bungalows und Chalets, ein Tauchcenter, alle erdenklichen Wassersportarten, exklusive Küche: bei Preisen zwischen 200 und 600 Euro p.P. pro Nacht/je nach Saison und Wahl der Unterkunft darf der Bootstransfer von/nach Nosy Bé denn auch ruhig 200 Euro kosten!
mobil: 032 0515229
email: **resa@tsarabanjina.com**, homepage: www. Tsarabanjina.com

– Nosy Iranja

Anreise:
Zumindest der bewohnte Teil der 50 Kilometer westlich von Nosy Bé gelegenen Insel Nosy Iranja kann nur über einen gebuchten Transfer des Hotels erreicht werden. Quasi im Privatbesitz!
Ob ein Besuch des unbewohnten Teils der Insel zur Zeit überhaupt möglich ist, erfahren Sie bei den Reiseveranstaltern in Hell-Ville: immerhin lohnt sich der Trip schon der Überfahrt wegen, die auch mit einem Besuch an der **„Russenbucht"** kombiniert werden kann. Ansonsten ist Nosy Iranja ein weiteres kleines Paradies im Ozean....Postkartenidylle pur!

Unterkunft/Essen&Trinken:

* * * * * *

Iranja Resort, ein weiteres Beispiel eines „Traumhotels“ am indischen Ozean – zwei Dutzend luxuriöse Bungalows rund um die Insel verteilt, all-inclusive-Luxus-Urlaub für Leute mit dem nötigen Budget. Ob die neuen südafrikanischen Eigner sich ebenso intensiv um den Schutz der bedrohten hier vorkommenden Meeresschildkröten scheren wie deren Vorgänger, kann nicht gesagt werden.
mobil: 032 0734131
email: hotels@legacyhotels.co.za, homepage: www.iranjalodge.co.za

● Nosy Boraha – Ile St. Marie

Anreise:
- Flugzeug: Praktisch täglich Flugverbindung nach Tana, meist über Toamasina.
- Schiff: Regelmäßige Schiffsverbindungen von/nach Toamasina, Soanierana-Ivongo, Mahavelona (Foulpointe), Manompana, Mananara.

– Ambodifotatra:

Unterkunft:

* * *

L' Hortensia, zentral und direkt an der Hauptstraße gelegenes Haus, 12 Zimmer, teils mit Meerblick. Mit Restaurant.
Tel.: 57 403 69, mobil: 033 0257809
email: lamerveille_hortensia@yahoo.fr

* *

Hotel Le Zinnia, 6 Bungalows direkt am Hafen, mit Restaurant.
Tel.: 57 400 09, Fax: 57 400 32, mobil: 032 0253811
email: lamerveille_hortensia@yahoo.fr

La Bigorne, kleines Hotel mit 2 Zimmern und 2 Bungalows. Gutes Restaurant.
Tel.: 57 401 23

Le Drakkar, nördlich des Zentrums am Meer gelegene Anlage mit 7 einfachen Bungalows.
Tel.: 57 400 22

La Banane, einfaches, zentral gelegenes Hotel mit 10 Zimmern. Gutes Restaurant.
mobil: 032 0228026

Essen&Trinken:

Obwohl fast alle Hotels über eigene, meist gute Restaurants verfügen, seien hier noch besonders erwähnt:

Le Barachois, am Hafen gelegenes Restaurant, große Auswahl, preiswert!

Chez Claudine, sehr zu empfehlendes Restaurant, bekannt für exzellente Meeresfrüchte – Langusten inklusive!

La Jardine, preiswertes Restaurant, auch für das Frühstück sehr zu empfehlen.

Banken/Wechselstuben:

- **BOA,** direkt am Hafen, mit Geldautomat.
- **BNI,** ebenfalls am Hafen, mit Geldautomat.

Post/Paositra:

Das **Postamt** ist direkt am Hafen.

Tauchbasen:

Les Lemurien Palme Dive Center, gut ausgestattete und professionell geführte Basis mit Büro in Ambodifotatra. Wird sehr gelobt.
Tel.: 57 040 15mobil: 032 0481656
email: lemurienpalme@moov, homepage: www.lemurien-palme.com

Il Balenottero, hervorragend ausgestattete Basis, vielfältige Angebote.
Tel.: 57 400 36 oder 22 450 17
email: ilbalonettero@simicro.mg, homepage: www.ilbelanottero.com

– Nördlich von Ambodifotatra

Unterkunft/Essen&Trinken:

* * * * *

Hôtel Masoandro Village, etwa 25 km nördlich von Ambodifotatra, in Lonkintsy gelegene Anlage mit 20 schönen Bungalows. Eigener Strand.
Tel.: 57 040 05 oder 22 640 54
email: info@hsm.mg

* * * *

La Crique, in Lonkintsy, 12 komfortable Bungalows, sehr gutes Restaurant. Spitzenlage direkt am Wasser!
Tel.: 57 902 45 oder 57 040 77, mobil: 034 0311725 oder 032 4142213
homepage: www.lacrique.net

Atafana, 12 km nördlich von Ambodifotatra, in Maromandia gelegene Anlage mit 9 schönen Bungalows am (Privat-) Strand. Restaurant, Fahrzeugverleih.
Tel.: 57 908 24, mobil: 032 0463781 oder 032 4362055
email: hotel_atafana@yahoo.fr, homepage: www.atafana.net

* * *

Absolute Paradise, am "Betty Plage" , 5 Kilometer nördlich von Ambodifotatra gelegene Anlage mit 6 Bungalows, Restaurant. Sehr schöne Lage!
Tel.: 57 900 20
homepage: www.absolute-paradise.com

Betty Plage, am gleichnamigen Strand gelegene Anlage. 8 geräumige Bungalows, gutes Restaurant.
Tel.: 57 400 66

La Cocoteraie Robert, die am weitesten vom Hauptort enfernte Anlage, (40 Kilometer), am **Cap Antsirakaraiky** (mit dem "turtle beach"). 14 Bungalows untersch. Komfort- und Preisstufen. Restaurant. Herrliche, einsame Lage
Tel.: 57 401 70

Le Rocher, in Maromandia, 10 Bungalows, mit Restaurant.
Tel.: 57 040 16 oder 57 912 98, mobil: 034 0406578 oder 032 4061650
email: emi-tsialefitra@yahoo.fr

* *
Voaniva, in Maromandia gelegen, mehrere Zimmer und Bungalows. Restaurant.

– Südlich von Ambodifotatra

Unterkunft/Essen&Trinken:

* * * * * *
Princesse Bora Lodge, nicht weit vom Flughafen, etwa 11 km südlich von Ambodifotatra gelegen. 6 luxuriöse Bungalows, erstkl. Restaurant. Die teuerste und beste Unterkunft auf St. Marie.
Tel.: 57 040 03, mobil: 032 0709048
email: resa@princessebora.com
homepage: www.princesse-bora.com

* * * * *
Les Bungalows de Vohilava, 10 Kilometer südlich vom Hauptort, 5 sehr geräumige Bungalows, vielseitiger Service, Restaurant. Wird sehr gelobt!
Tel.: 57 040 65, Fax: 57 401 40, mobil: 032 0475784
email: vohilava@malagasy.com

Hôtel Lakana, etwa 7 km südlich des Hauptortes gelegen, 16 Bungalows, teils auf dem Wasser errichtet, Restaurant und vielfältige Angebote (Exkursionen, Walbeobachtung usw.)
Tel.: 57 040 32, Fax: 57 401 33, mobil: 032 0709022
email: lakana@moov.mg
homepage: www.sainte-marie-hotel.com

Soanambo, 10 km südlich des Hauptortes gelegen, 40 ziemlich einfallslose Bungalows, vielfältige Angebote, Fahrzeugverleih. Mit Restaurant.
Tel.: 57 401 37 oder 22 536 06, mobil: 032 1141425
email: info@hsm.mg

Vanivola, 5 km südlich des Hauptortes, 8 Zimmer und 8 Bungalows, sehr schöne Lage. Restaurant, Bar, Nachtklub.
Tel.: 57 400 90, mobil: 032 4197303

email: info@vanivola.com,homepage: www.vanivola.com

* * * *

Libertalia, 9 schöne Bungalows, 3 Kilometer südlich Ambodifotatra, eines der beliebtesten Hotels der Insel, oft ausgebucht! Gutes Restaurant, vielfältige Angebote.
Tel.: 57 903 33, mobil: 032 0276323
email: libertalia@moov.mg, homepage: www.lelibertalia.com

La Baleine, 6 Kilometer südlich des Hauptortes, 8 Bungalows, wenig Komfort.
Tel.: 57 401 34 oder 57 903 36

Vanilla Café, 5 km südlich Ambodifotatra, 8 schöne Bungalows, Restaurant, vielfältige Angebote.
Tel.:57 403 05
email: ylang2@wanadoo.fr, homepage: www.vanillacafe.com

* * *

La Palourde, 6 km südlich Ambodifotatra, 5 nette Bungalows, Restaurant.
Tel.: 57 403 07, mobil: 032 4050003

Chez Pierrot, 7 Kilometer südlich, 6 hübsche Bungalows, Restaurant.
Tel.: 57 401 43, mobil: 032 0204055
email: chezpierrot@moov.mg

Chez Vavate, auf der südlichen Hügelkette nahe des Flughafens gelegen, herrliche Aussicht! 8 Bungalows und 10 Zimmer untersch. Preislagen, Restaurant.
Tel.: 57 905 66 oder 57 401 15, mobil: 032 4115113
email: vavate@mel.moov.mg

* *

Manaos Gargotte, 4 km südlich des Hauptortes gelegen, 5 einfache Bungalows, gutes Restaurant. Sehr preiswert!
mobil: 032 4001994

*

***Chez Didier*,** nahe dem Flughafen, 5 Bungalows, sehr einfach und billig. Ziemlich laut!

– Ostküste

Unterkunft/Essen&Trinken:

* * * *

***Boraha Village*,** 4 Kilometer östlich von Ambodifotatra (zwischen Ostende der Baie des Forbans und der Ostküste) gelegen, 8 Bungalows, Restaurant, besonders für Hochseefischer ein idealer Ort! (Entspr. Angebote!)
Tel.: 57 912 18, mobil: 032 5454768
email: borahavillage@live.fr, homepage: www.borahavillage.com

Mora Mora Hôtel, 12 hübsche Bungalows, in Ankoatamare an der Ostküste, 5 Kilometer

von Ambodifotatra entfernt gelegen. Vielfältige Angebote (Tauchen, Walbeobachtung, Fischen...) Restaurant und sehr guter Service.
Tel.: 57 401 14 oder 57 913 78, mobil: 032 0709099
email: moramora@moov.mg, homepage: www.moramora.info

Hôtel C´est La Vie, etwa 5 Kilometer genau östlich von Ambodifotatra an der Ostküste, 7 schöne Bungalows in Traumlage, Restaurant.

* * *
Paradis d´Ampanihy, in Anafiafy, 12 Kilometer nordöstlich Ambodifotatra gelegen. Bester Zugang zur Lagune und Halbinsel von Ampanihy, hervorragendes Restaurant ***Chez Helene***.
Tel: 57 042 06

* *
Hôtel Lagon Bleu, 6 Kilometer südlich von Ampanihy, in Marofilao gelegene Anlage mit 6 einfachen Zimmern, direkt am Meer. Restaurant.

La Mangrove Gourmande, in Anafiafy/Ampanihy an der Ostküste, 8 einfache Bungalows und ein hervorragendes Restaurant. Sehr preiswert!

– Nosy Nato/Ile aux Nattes

Unterkunft/Essen&Trinken:

* * * * *
Maningory, 7 schöne Bungalows mit allem Komfort, hervorragendes Restaurant – einfach perfekt!
Tel.: 57 040 69 oder 57 902 58, mobil: 032 0709005
email: **maningoryhotel@moov.mg**, homepage: **www.maningoryhotel.com**

* * * *
Meva Paradis, 6 schöne Bungalows, Restaurant – herrlich!
Tel.:57 042 08, mobil: 032 4680281 oder 032 0220780
email: hotel@mevaparadis.com, homepage: www.mevaparadis.com

Baboo Village, 14 schöne Bungalows, gutes Restaurant, sehr breites Angebot an Sportaktivitäten.
Tel.: 57 905 63, mobil: 032 0479126
email: info@baboo-village.com, homepage: www.baboo-village.com

* * *bis * * * *
Les Lémuriens, 10 schöne Bungalows, halbzahme Lemuren, gutes Restaurant.
mobil: 032 4235767
email: info@lémuriens.com, homepage: www.les-lémuriens.com

Petite Traverseé, an der Westseite gelegene, preiswerte Anlage mit 8 schönen Bungalows.
Tel.: 57 040 61

* * *

La Bonne Etoile, 15 einfache, schöne Bungalows, Restaurant, schöne Lage!
mobil: 032 4069143

Chez Titi, an der Westseite gelegen, 10 hübsche Bungalows, gutes Restaurant.
Tel.: 57 040 19

* *

Chez Regine, 6 einfache Bungalows ohne Komfort, sehr gutes Restaurant.
Tel.: 57 042 14

● Nosy Varika

Anreise:
- Straße: Auf der RN 11 A von Mahanoro (95 km, 4-5 Std.) oder von Mananjary (110 km, 5-6 Std.) aus.
- Schiff: Regelmäßiger Bootsverkehr auf dem Canal des Pangalanes von und nach Toamasina oder Mananjary.
- Flugzeug: Rollfeld vorhanden, kein regelm. Flugverkehr!

Unterkunft/Essen&Trinken

Nosy Varika zählt zu den entlegensten und ärmsten Regionen der Insel – entsprechend knapp das Angebot – dafür ideal für Pangalanesreisende:

*

La Petite Oasis, einzige Unterkunft am Ort, 8 einfache, saubere Bungalows direkt am Kanal, kleines Restaurant.

● Ramena

Anreise:
Von Diego Suarez/Antsiranana auf der Straße Richtung Osten etwa 18 km, mit dem Taxi-Brousse etwa 5.000 Ar, mit dem Taxi 40.000 (hin und zurück). Etwa 45 Min. Fahrzeit.

Unterkunft:

Aufgrund seiner Nähe zu allerhand interessanten Zielen und seiner schöne Lage am Meer ist Ramena eine sehr reizvolle Alternative zu einem Hotel in Antsiranana.

* * *

Fihary Hotel, hübsche Anlage mit 14 komfortablen Chalets, alle mit Dusche/WC. Sehr gutes Restaurant.
Tel.: 82 294 13

Ramena Nofy, ein echter Tipp für Genießer: 10 schöne Bungalows fast direkt am Meer, reizender Service und ein exzellentes Restaurant machen das „Nofy“ zur empfehlenswertesten Adresse!
Tel.: 82 228 62

Les 5 Trop Prés, eine relative neue, sehr nette Anlage mit 4 gepflegten Bungalows in fast direkter Strandnähe. Sehr empfehlenswert – auch des Restaurants wegen!
mobil: 032 0774060 oder 032 0772463
homepage: www.normanda.com.

* *
La Case En Falafy, hübsche und gepflegte Bungalowanlage mit untersch. Komfort– und Preisstufen.
Mit Pool und sehr schönem Freiluftrestaurant mit Bar. Etwas abseits vom Strand gelegen.
mobil: 032 0267433 oder 032 0462740
email: contact@case-en-falafy.com, homepage: www.case-en-falafy.com

Radamena, in Strandnähe gelegene Anlage mit 8 Bungalows in untersch. Komfortstufen, sehr einfach!

Essen&Trinken:

Neben den genannten Hotels, die zumeist über eigene Restaurant verfügen, empfiehlt sich

Restaurant Emeraude, direkt am Wasser , nahe dem Fihary Hotel gelegenes Restaurant mit gutem Service und ebensolcher Küche. Zu empfehlen!

● Ranohira (Isalo-Nationalpark)

Anreise:
- Straße: Auf der RN 7 von Norden (Ihosy ca. 95 km) oder von Süden (Tuléar ca. 240 km).
- Mit dem Flugzeug: Mit Air Madagascar 4 mal pro Woche ab Morondava (!) oder Charterverbindungen zum Flugplatz 10 km nördlich v. Ranohira oder zur Landebahn am Relais de la Reine.

Unterkunft:

* * * * *
Jardin du Roy, die Topadresse , etwa 4 km südlich von Ranohira! Luxuriöse Anlage mit 15 Bungalows, allem Komfort und Spitzenservice in einzigartiger Lage. Hervorragende Küche, Verkauf von Saphiren, edelstes Interieur aus Tropenholz – ein seltenes Beispiel einer wirklich gelungenen Luxusherberge. Selbstverständlich mit Pool, Transferservice und einem reichen Dienstleistungsangebot. Perfekt!!!
Tel.: 22 336 23 oder 22 351 65, Fax: 22 351 67
email: mda@mda.mg, homepage: www.hotels-isalo.com

La Relais de la Reine, hervorragendes Ressort mit 37 Zimmern /Bungalows. 9 km südlich von Ranohira bei Saorano gelegen, bietet das Ressort allen Komfort in sehr gehobener Qualität! Die Gebäude sind aus Naturstein gebaut und fügen sich sehr harmonisch in die Landschaft ein. Tennisplatz, Pool, Pferdeverleih, Transfer und eine große Zahl von Dienstleistungen. Sehr zu empfehlen! (Gleiche Besitzer wie J.du Roy.)
Tel.: 22 336 23 oder 22 351 65, Fax: 22 351 67
email: mda@mda.mg

homepage: www.hotels-isalo.com

* * * *

Le Palme de l´Isalo, 10 km außerhalb/südlich von Ranohira. 12 komfortable Zimmer inmitten einer traumhaften Landschaft.
mobil: 032 0501764 oder 033 0253456
email: austal@netclub.mg

Isalo Ranch, 3 km südwestlich von Ranohira gelegene Anlage unter deutscher Leitung. 15 afrikanische Rundhütten mit allem Komfort inmitten eines schönen Gartens, mit Pool und Restaurant.
Tel.: 24 319 02 (Antananarivo) oder 26 011 11, mobil: 033 1551025
email: info@isalo-ranch.com, homepage: www.isalo-ranch.com

* * *

Hôtel Orchidée d'Isalo, größtes Haus am Platz (32 Zimmer) in Ranohira, untersch. Preis- und Komfortstufen. Neues, geräumiges Restaurant, guter Service, kann als 1. Wahl im Ort sehr empfohlen werden.
Tel.: 75 801 78, mobil: 032 4467684 oder 032 4538718

Momo Trek, mitten im Ort gleich beim Büro der Parkverwaltung gelegene Anlage mit 19 ordentlichen Bungalows. Durch die Nähe zum örtlichen Dieselkraftwerk etwas laut. Mit Campingmöglichkeit.
mobil: 032 4418790

Motel d´Isalo, große Bungalowanlage an der nördlichen Zufahrt zum Ort, 60 komfortable Bungalows. Zwar etwas außerhalb, aber eine preiswerte Alternative.
Tel.: 22 330 82(Tana), mobil: 032 4083795

Chez Berny, mitten am Hauptplatz in Ranohira gelegen, die ehem. Zapfsäule und der „John Deere"-Kühler mit den Zebuhörnern am Eingang zum Restaurant sind ein schon legendäres Bild. 15 Zimmer, die besten im Hauptgebäude aus Natursteinen. Das Restaurant ist allerdings weniger gut, insgesamt überteuert und nur als 2. Wahl zu empfehlen!.
Tel.: 75 801 76, Fax: 94 413 53

* *

Chez Alice, reizende Bungalowanlage etwa 500 Meter außerhab des Ortes. Mehrere im traditionellen Stil gehaltene Hütten mit untersch. Komfortstufen. Großartige Aussicht garantiert!
Sehr gutes Restaurant. Mit Campingmöglichkeit.
mobil: 032 0404222 oder 032 0205568

Maison Chez Thomas, einfaches Haus mit 20 Zimmer untersch. Preis- und Komfortstufen.
mobil: 032 4370869

Essen&Trinken:

Neben den meist sehr guten Restaurants der Hotels noch folgende Empfehlung:

Hotely Aina, neben dem Postamt gelegenes, kleines Restaurant mit einheimischen Spezialitäten. Wird sehr gelobt, trotz des einfachen Ambiente. Wird von Guides des Nationalparks betrieben, daher auch erstklassige Informationsbörse für Touren in den Park!

Banken und Wechselstuben:

Es gibt derzeit keine Bank in Ranohira! Achten Sie daher auf Planung Ihrer Ausgaben bis zur nächsten Möglichkeit (Ihosy oder Tuléar!)

Post/Paositra:

An der Hauptstraße 100 m vom Ortskern (Richtung Markt) befindet sich das **Postamt** – zum Erstaunen des Verfassers 2012 wieder regelm. geöffnet. Sogar Briefmarken erhältlich!

Parkverwaltung:

Madagascar National Parks, das Büro der Parkverwaltung befindet sich ca. 100 Meter vom Chez Berny entfernt.
mobil: 032 0481552

● Ranomafana (Ranomafana-Nationalpark)

Anreise:
Von Norden über die RN7 bis **Ambohimahasoa** und dann weiter über die neugebaute Teerstrasse, die sich später mit der RN 25 vereinigt. Oder von Süden über die RN 7 von Fianarantsoa aus bis **Alakamisy-Ambohimaha** und dann weiter auf der RN 25. Von Osten her von **Manakara** bzw. **Mananjary** an der Ostküste aus über die RN 12 (von Manakara) bzw. RN 25 (von Manajary).

Unterkunft:

* * * *

Hotel Domaine Nature, sehr schöne Anlage mit 18 Bungalows auf halbem Weg zwischen Parkeingang und Hauptort. Mit empfehlenswertem Restaurant. Wunderbare Aussicht auf das Tal des Namorona. **Vorsicht: auffallend viele Überfälle auf Gäste in letzter Zeit, besser meiden!**
Tel.: 75 750 25

Setam Lodge, etwa 800 Meter vom Parkeingang malerisch am Hang gelegene, elegante Bungalowanlage (14 Bungalows) der gehobenen Kategorie, Service eher schlecht, gilt als das "nobelste" Hotel am Ort......
Mit Restaurant und schönem Panoramablick.
Tel.: 24 310 71 oder 24 324 31, Fax: 22 324 31
email: setamlodge@wanadoo.org.

* * *

Centrest Hôtel, kurz vor dem Ortseingang (neben dem geschlossenen Museum) am Hang gelegene, preiswerte und empfehlenswerte Anlage. 7 Bungalows und 12 Zimmer mit

untersch. Komfort und Preislagen, teils mit Gemeinschaftsdusche.
Gutes Restaurant.
Tel.: 75 750 13

Ihary, unmittelbar am Ortsrand gelegene Anlage mit 14 sauberen und gemütlichen Bungalows und gutem Restaurant. Allerdings z.T. etwas laut.
Tel.: 75 523 02, mobil: 032 0252698 oder 033 1285722

Chez Gaspard, kleine Anlage mit 16 hübschen Bungalows direkt an der kath. Kirche gelegen. Unterschiedliche Komfort- und Preisklassen.Sehr zu empfehlen!

Tropic Village, etwa 8 km südlich von Ranomafana in dem Dorf **Mahatsinjorano** gelegenes Ressort mit 15 schönen Zimmern. Gutes Restaurant, trotz der abgelegenen Lage sehr zu empfehlen!
Tel: 22 695 76, Fax: 22 695 76
email: tropic.r@wanadoo.org.

* *
Ravenala Hotel, gegenüber dem ehem. Museum am Ortseingang gelegenen, sehr schöne Anlage mit 8 Bungalows, gutem Service und sehr nettem Restaurant. Empfehlenswert!

Palmerie Hotel, zentral gelegenes, preiswertes Hotel mit 8 akzeptablen Zimmern. Restaurant vis-a-vis über die Straße.

Hotel Relax, außerhalb, etwa 6 km südlich des Hauptortes gelegenes Hotel mit 12 hübschen, komfortablen Zimmern und einem sehr guten Restaurant **La Terrace**

* (lowest budget)
Rian´nala, ein unweit des Parkeingangs gelegenes Ressort mit 24 Zimmern und mehreren Bungalows, sehr einfach, aber sauber und freundlich. Hervorragendes Essen im Restaurant, trotz des sehr niedrigen Preises eine gute Alternative.
Campingmöglichkeit vorhanden!

Essen und Trinken:

Neben den Hotels, die in der Regel über eigene Restaurants verfügen, empfehlen sich noch folgende Lokale:

Chez Tantely, mitten im Ort gelegenes, madagassisches Restaurant mit sehr nettem Service und preiswertem, gutem Essen.

Varibolo, schräg gegenüber dem Parkeingang gelegenes Restaurant mit niedrigen Preisen und gutem Essen. Ideal für eine Stärkung nach der Wanderung durch den Wald. Auch zum Frühstücken empfehlenswert!

● Sahambavy

Anreise:
- Straße: Über die RN 7 von Fianar 13 km nördlich bis **Anzomakely**, im Ort dann nach

links abbiegen. Sahambavy liegt nach weiteren 10 km malerisch im schönen Tal, dass mit Reisfeldern und anderen Kulturpflanzen bedeckt ist.
- Eisenbahn: Ab Fianar oder Manakara, 2. Halt hinter Fianar, Ankunftszeit etwa 7:40 aus Fianar und etwa gegen 15:00 aus Manakara.

Unterkunft:

* * * *
Lac Hotel, am Ufer des Sees malerisch gelegene, schöne Anlage mit 30 Bungalows in einem herrlichen Garten. Ein schöner Ort zum Entspannen, sehr gutes Restaurant. Ideal für Bahnreisende nach Manakara, da der Bahnhof genau gegenüber liegt!
Tel.: 75 959 06 oder 75 958 73
homepage: www.lachotel.com

Essen und Trinken:

Diverse Garküchen und viele fliegende Händler, die v.a. wenn der Zug naht, den Bahnhof in ein Restaurant verwandeln!

● Sakaraha (Zombitse-Vohibasia NP)

Anreise:
Über die RN7 von Tuléar (ca. 130 km) oder von Ranohira (ca. 115 km).

Unterkunft/Essen&Trinken:

Wenig Auswahl und Komfort zu erwarten, die empfehlenswertesten Unterkünfte sind:

*
Hôtel Venus, etwa 1 km nordlich des Ortes gelegene, sehr nette Anlage mit 10 einfachen Bungalows, sehr sauber und ordentlich! Untersch. Preis– und Ausstattungsstufen. Hervorragendes Restaurant!

Palace Club, am südlichen Ortsende gelegenes 3-Zimmer-Hotel mit Bar, hervorragendem Restaurant und Nachtclub.

Le Relais de Sakaraha, zentral an der Taxi-Brousse-Station gelegene Anlage mit 8 wunderbaren Chalets, allesamt sehr sauber und ordentlich. Zur Anlage gehört auch ein Restaurant und eine Diskothek. Sehr zu empfehlen!

Post/Paositra:

Postamt schräg gegenüber dem Markt, 200 Meter von der Kirche entfernt.

Parkverwaltung:

Parc National de Zombitse/Vohibasia
mobil: 032 0468854

• Salary

Anreise: Auf schwieriger Piste von Süden (Ifaty/Tuléar, ca 70-100 km oder von Norden (Andavadoaka/Morombe, 60-150km)

Unterkunft/Essen und Trinken:

Das grösste Pfund, mit dem die Bucht von Salary wuchern kann, ist ihre Abgeschiedenheit, ihre traumhafte Schönheit inmitten einer sagenhaften Dünenlandschaft. Es existieren lediglich zwei Unterkunftsmöglichkeiten.

* * * * *

Salary Bay, luxuriöse Anlage mit 20 geschmackvollen Bungalows, Tauchbasis, Quadverleih, Spitzenküche – alles zum entspr. Preis. Das Ressort verfügt auch über eine Landebahn für Charterflugzeuge.
Tel.: 75 514 86, mobil: 032 4912016
email: salarybay@malagasy.com, homepage: www.salarybay.com

* * *

Chez Francesco&Claire, inmitten der Dünen gelegene Anlage mit 12 einfachen Bungalows, gutem Restaurant und – auf Wunsch! - Musik und Tanzprogramm der ansässigen Mikea, die auch an den Einnahmen der Anlage beteiligt werden. Mme Claire ist eine begnadete Entertainerin, gegen die Tina Turner vergleichsweise armselig wirkt. Toller Service, unbedingt zu empfehlen!!! email: salaryfrancesco@yahoo.it

• Sambava

Anreise:
- Straße: Über die gut ausgebaute RN 5 A von Norden (Iharána/Vohémar, 150 km, 2-3 Std., Ambilobe 330 km, 5 Std., Mahajanga 470 km, 7-8 Std.) oder von Süden(Antalaha 92 km, 1,5 – 2 Std.).
- Flugzeug: Mehrmals pro Woche mit Air Madagascar von Mahajanga oder Tana aus.

Unterkunft:

Sambava ist kein Ort für Luxusreisende: die vorhandenen Unterkünfte sind allesamt preiswert bis spottbillig, die Qualtät ist dennoch durchweg annehmbar. Besonders die strandnahen Ressorts haben Ihren eigenen Reiz: Sambava hat eine großartige Küste mit eindrucksvoller Brandung, Kokospalmen, Sandstrände...

* * *

Orchidea Beach II, am südlichen Stadtende direkt am Strand gelegen, das wahrscheinlich beste Hotel am Ort. **Marco Filossi** und seine chinesische Gattin bewirtschaften das schöne Hotel mit glücklicher Hand – nachdem 2004 das alte Orchidea Beach durch einen Zyklon zerstört wurde.
2 Bungalows (sehr hübsch, aber direkt am Fußweg, der über den Strand geht) und 8 komfortable und großzügige Zimmer, liebevoll ausgestattet.
Mit Restaurant, sehr zu empfehlen!
Tel./Fax: 88 923 24, mobil: 032 0438377

email: orchideabeach2@yahoo.fr

Las Palmas, schöne Bungalowanlage direkt am Meer, am südlichen Stadtrand. Unterschiedl. Komfortstufen (teils Klimaanlage und Warmwasser)
Die Besitzer organisieren auch Exkursionen zu den nahen Kokos– und Vanillepflanzungen und den Verarbeitungsbetrieben. (Restaurant war 2008 noch im Bau, bis dahin gab es nur Frühstück und Getränke)
Tel.: 88 901 98 , mobil: 032 4007372 oder 032 0514576
email: laspalmas.hotel@gmail.com

Hôtel Carrefour, strandnah am südlichen Stadtrand bietet das Hotel 31 relativ komfortable und saubere Zimmer in untersch. Komfort– und Preisstufen an. Teilweise mit Meerblick, vorher erfragen! Mit Restaurant.
Tel.: 88 920 60, mobil: 032 4434008
email: hotelcarrefour@moov.mg

Hôtel Paradise, preiswerte Zimmer in untersch. Komfortstufen. Achtung: vor allem am Wochenende laut, unten ist ein Nachtklub untergebracht.Mit Restaurant.
Tel.: 88 922 97

Melrose Hotel, am nördlichen Strandabschnit gelegen, kleines Hotel in schöner Lage mit 8 Zimmern. Kein Restaurant, nur Frühstück und Getränke.
Tel.: 88 966 41,mobil: 032 0457214
email: melrosehotelÿahoo.fr

Sunny Hotel, nahe dem Flughafen gelegen. 16 saubere und rel. komfortable Zimmer. Gutes Restaurant, Fitnessraum.
Ein Ableger der Sunny–Kette (siehe Mahajanga, Tuleár, Tana)
Tel.: 88 923 01 oder: 22 263 04, Fax: 22 299 078 (Tana)
homepage: www.sunnymada.com

* *

Hôtel Cantonnais, am südlichen Stadtrand (leider ohne Meerblick!) gelegenes, preisewertes 8-Zimmer-Haus. Zimmer in untersch. Komfort- und Preislagen.
Mit Restaurant – eine gute Alternative!
Tel.: 88 921 24

L´Ambassadeur, unter Rucksackreisenden recht populäres, sehr preisgünstiges Hotel am südlichen Stadtrand. Noch akzeptabel.

*

La Romance de Jupiter. Hinter dem wohlklingenden Namen verbirgt sich ein einfaches Hotel, direkt an der Taxi-Brousse-Haltestelle.
Nur für Billig-Reisende zu empfehlen, die spät mit dem überladenen Vehikel ankommen und keine Energie mehr haben, sich was Besseres zu suchen.
mobil: 032 0463389

Essen&Trinken:

Sambava ist kein Eldorado für Feinschmecker – die Nähe um Meer bringt aber auch hier eine Menge Meeresgetier und Krebse aller Art auf den Teller.

Hotel Orchidea Beach II bietet die wohl beste Tafel in der ganzen Stadt. Besser reservieren! (siehe unter Unterkunft)

Trondomena, direkt am Markt auf der anderen Seite der Brücke (im Norden von Sambava) gelegenes Restaurant. Preiswert und einfach, aber sehr gute (madagassische) Küche. Ideal für einen Imbiss nach einem Stadtrundgang.

Etoile Rouge, südlich nahe dem Unabhängigkeitsdenkmal gelegenes Restaurant unter chinesischer Leitung. Sehr anständige Portionen, gute Auswahl, empfehlenswert!

La Dynastie, ebenfalls ein „Chinese", auf der selben Straßenseite wie das Dynastie, 150 Meter nördlich des Unabhängigkeitsdenkmals. Gutes Essen, große Portionen – störend sind nur die vielen Insekten vor allem abends.

Banken&Wechselstuben:

„Traditionell" dicht beieinander liegen nicht weniger als 5 Geldinstitute:

BMOI – an der RN 5 A im Zentrum, neben dem „Magro" Supermarkt.

BFV – in der Parallelstraße hinter der BMOI. Erste Adresse zum Geldwechsel!

MCM – schräg gegenüber der BFV.

BOA – an der RN 5 A, schräg gegenüber der BMOI. Geldautomat

BNI – CL, ebenfalls an der RN 5 A, kurz vor der Brücke über den Fluss, neben der Apotheke. Geldautomat

Post/Paositra:

Das **Postamt** befindet sich gegenüber dem Magro-Supermarkt an der Hauptstraße.

Reiseveranstalter/Guides/Fremdenführer:

Evrard Benasoavina : Spezialitäten sind Pirogenfahrten auf dem **Bemarivo** und dem **Lokoho** sowie Besuche in den Nelken-, Vanille- und Kokosplantagen. Ausflüge nach Marojejy ebenfalls machbar. Sehr empfehlenswert.
email: benasoavina@yahoo.fr
mobil: 032 8029869

● Sarodrano - siehe St. Augustine

● Soalala (Baie de Baly NP/Tsingy de Namoroka NP)

Anreise:
- Straße: Über die Piste von Katsepy über Namakia und Mitsinjo, 2xwöchentlich ab Katsepy mit dem Taxi-Brousse (12-14 Std.) oder Mietwagen (4x4, etwa 8 Std.)

- Schiff: Mit dem Motorschiff oder einem Küstensegler ab Mahajanga (an den Quais erfragen)
- Mit dem **Cargoschiff** der **Aquamas-Shrimpfabrik** in Soalala mehrmals wöchentlich ab Mahajanga
- Flugzeug: 2x/Woche wird Soalala angeflogen – die kleine Twin Otter ist meist lange vorher ausgebucht, erfragen Sie mögliche Transfers bei der Air Madagascar bzw. den Charterflugunternehmen (siehe allg. A-Z)

Unterkunft:

Wenig Auswahl, die beste und aus mehreren Gründen empfehlenswerteste Unterkunft ist

* bis * *
Chez la Mere de Nadia. Der Franzose **Maurice Bonafus** unterhält nicht nur dieses hübsche Hotel mit wenigen einfachen, aber ordentlichen und sauberen Unterkünften und Restaurant. Maurice ist auch die Koryphäe und Kontaktperson, wenn es um den Besuch der Nationalparks Baie de Baly und Tsingy de Namoroka geht. Ein bestens organisierter Guide-Dienst ermöglicht aber auch andere (und ausgefallenere) Touren.
Man kann ruhigen Gewissens sagen, dass man um Maurice nicht herum kommt, wenn man diese Gegend erkunden will.
Reservierungen und Anfragen unter
mobil: 034 0103679 (Maurice) oder 033 1217956 (Nadia, Maurice´ Tochter in Mahajanga)
email: lakana2005@yahoo.fr

Essen&Trinken:

Neben den hotely und kleinen Restaurants empfiehlt sich

Georgina´s Bar, beliebter Treffpunkt für Reisende und Einheimische – schon der vorhandenen (sehr respektablen) Kühltruhe und des meist laufenden Fernsehers wegen, der unentwegt madagassische Musikvideos abnudelt. Serviert auch einfache Speisen.

● Soanierana-Ivongo

Anreise:
- Straße: Auf der RN 5 von Toamasina (Tamatave) aus. (160 km, 3–3,5 Std.) Oder von Maroantsetra aus unregelmäßige Taxi-Brousse Verbindungen, die 245 Kilometer benötigen wenigstens 2-3 Tage, mit dem Allradfahrzeug ist die Strecke in 16 Stunden (in der Trockenzeit) machbar. Nach Manompana bzw. Mananara ebenfalls (42 bzw. 126 Kilometer, mit Allradfahrzeug 2 bzw. 6 Std.)
- Schiff: Von Soanierana-Ivongo aus gehen täglich (in kurzen Abständen) Fährboote zur **Ile St. Marie** ab. (3 Std. Fahrzeit, ziemlich wacklige Sache!) Daneben auch unregelm. Verbindungen nach Toamasina und Maroantsetra

Unterkunft/Essen&Trinken:

Soanierana-Ivongo verfügt nur über geringe Kapazitäten und wenig Auswahl: Als Badeort ungeeignet, ist der Ort eher als Durchgangsstation für Reisende nach Maroantsetra oder St. Marie interessant und lohnt eine Übernachtung nicht!

*
Zanatany Hotel, mehrere einfache Zimmer ohne Komfort. Nettes Restaurant.

Relais de St. Marie, Bungalowanlage mit mehreren sauberen und einfachen Unterkünften, ohne Komfort, aber gepflegt

Hôtel Espace, wahrscheinlich die beste Unterkunft: 8 einfache Bungalows, sauber und gepflegt. Günstige Lage nahe der Bootsanlegestelle, gutes Restaurant.

• St. Augustine/Sarodrano

Anreise::
- Straße: von Tuléar mit Mietwagen oder Taxi-Brousse (Abfahrt gegen Mittag am Sammelplatz der Taxi-Brousse in Tuléar)
- Schiff: mit dem Boot von Tuléar aus. (Piroge oder Speedboot, je nach Wunsch)

Unterkunft/Essen&Trinken

* * *
Chez Andrea, hübsches Hotel nahe Sarodrano unter italienischer Leitung. Geschmackvolle Einrichtung, erstklassige Küche, sehr familiär und freundlich!
Zu buchen bei Boogie Pilgrim in Tana:
Tel.: 22 530 70
email: contact@boogie-pilgrim.net, homepage: www.boogie-pilgrim.net

La Mangrove, schöne Anlage mit 10 Bungalows, kein Sandstrand, aber guter Zugang zum Wasser. Selber Eigner wie Chez Alain in Tuléar. Mit Tauchbasis, Bootstouren und -transfers von Tuléar aus. Sehr gut!
Tel.: 94 415 27
email: calain@moov.mg, homepage: www.chez-alain.net.

* *
Hôtel Melody Beach, herrlich gelegenes Ressort mit 15 hübschen Bungalows, nur 5 km von der RN 7 entfernt. Preiswert und gut!
mobil: 032 0216775

• St. Marie (Ile) – siehe Nosy Boraha

• Tamatave – siehe Toamasina

• Tampolo – siehe Masoala Halbinsel NP

• Taolanaro (Fort Dauphin)

Anreise:
- Straße:Von Norden über die (schlecht ausgebaute) RN 12A entlang der Ostküste aus Richtung Farafangana. Oder von Norden über die (schlechte) RN 13 durch den zentralen Süden aus Richtung Ihosy über Ambovombe.
Von (Nord-)Westen über die holprige RN 10 nahe der Südwestküste au Richtung Tuléar

(Toliara).
- Flugzeug: Tägliche Flugverbindungen mit Tana, z.T. über Tuléar.
-Schiff: Unregelmäßiger Küstenverkehr (fast nur Fracht):
Regelmäßige Überseeverbindung (Fracht) nach Durban (Südafrika). Regelmäßige Überseeverbindung (Titanerz nach Kanada) der Rio Tinto Minengesellschaft.

Unterkunft:

* * * * *

Sunny Hotel, eine Dependence der Sunny-Hotel-Kette, die im ganzen Land Ressorts unterhält.
Sehr komfortabel, aber etwas außerhalb nahe dem Flughafen gelegen. Mit Swimmingpool und sehr gutem Restaurant.
Tel.: 92 902 14
homepage: www.sunnymada.com.

* * * *

Hôtel Lavasoa, wunderschöne Anlage mit 5 Bungalows, sehr komfortabel, mit Balkon und Meerblick. Die Anlage liegt direkt am Libanona Beach und bietet neben sehr familiärem Service der französischen Eigner auch sehr interessante Exkursionen an entlegenere Sehenswürdigkeiten an. Vermietet Allradfahrzeuge. Kein Restaurant, nur Frühstücksraum.
Tel./Fax: 92 211 75
email: info@lavasoa.mg, homepage: www.lavasoa.com.

Hôtel Le Dauphin, eines der größten Hotels am Ort, 52 komfortable Zimmer und ein schöner Garten mit Restaurant.
Tel.: 92 910 56, mobil: 032 1130028
email: ledauphin@madagascar-resorts.com, homepage:www.madagascar-resorts.com

Hôtel Croix du Sud, direkt neben dem Dauphin gelegen bzw. dazugehörend.
Tel.: 92 910 56
homepage: www.madagascar-resorts.com

Le Galion, das dritte im Bunde, neben dem Dauhin und dem Croix du Sud gelegen.
Tel.: 92 910 56
homepage: www.madagascar-resorts.com

Libanona Beach, interessante Alternative zu deHeaulmes! Neues Hotel in bester Lage mit Blick auf den Strand und den Pic Louis. Komfortable Zimmer, auch für Selbstversorger geeignet! Mit Frühstück.
Tel.: 92 213 78, mobil: 033 1251046
email: libanonabeachview@fortnet.net.

* * *

Hôtel Nepenthes, im Stadtteil Antaisikoro gelegene, ruhige Anlage mit 6 netten Bungalows. Sehr gutes Restaurant. Mit Boots-Charterservice!
mobil: 033 1253113 oder 032 0445554
email: delphin_andreas@yahoo.fr

Soavy Hotel, etwas außerhalb des Zentrums gelegenes Hotel mit 15 Zimmern und 4 Bungalows in versch. Komfort- und Preisklassen. Sehr gutes Restaurant La Vanille.
Tel.: 92 213 59, mobil: 032 4243705
email: deriazi@yahoo.fr, homepage: www.soavy.com.

Gina Village, gepflegte Anlage mit 10 Bungalows und drei Zimmern in unterschiedlichen Komfort– und Preisklassen. Herrlicher Garten, sehr ruhig und familiär.
Tel.: 92 918 08, mobil: 033 0798766 oder 034 1087190
email: ginavillage@yahoo.fr, homepage: www.gina-village.com

Hôtel Panorama, schön gelegene Anlage mit 4 reizenden Bungalows, alle mit Balkon und schöner Aussicht auf die Bucht, sehr beliebt und oft ausgebucht.
Tel.: 92 216 56, mobil: 033 1251604
email: panorama@fortnet.net.

Hôtel Village Petit Bonheur, einfache Anlage mit 5 einfachen Bungalows, sehr guter Service. Mit preiswertem, gutem Restaurant. Organisiert Touren zu versch. Sehenswürdigkeiten.
Tel.: 92 212 60
email: villagepetitbonheur@fortnet.net.

Chez Anita, sehr beliebtes Ressort mit 8 Zimmern und 6 Bungalows in einem herrlichen Garten, sehr gepflegt, in angenehm ruhiger Lage. Hervorragendes Restaurant mit schöner Terrasse. Wird sehr gelobt!
Tel.: 92 213 22, mobil: 032 0465590
email: anitahotel@fortnet.net.

Tournesol, etwas außerhalb gelegenes Hotel mit 8 komfortablen Zimmern. Schöner Garten.
Tel.: 92 216 71, mobil: 033 1251316

* *

Hôtel Mahavoky, einfaches, sehr beliebtes 12-Zimmer-Haus. Gemeinschaftsdusche/WC, Spielhalle mit Pool, Kicker, Tischtennis. Preiswertes, sehr gutes Restaurant.
Tel.: 92 213 97, mobil: 032 0799079

Mahavoky Annexe, in bester Lage, 9 einfache Zimmer, teils mit Meerblick. Gutes, preiswertes Restaurant.
Tel.: 92 213 97, mobil: 032 0799079

Sahil Hotel, sehr nettes Hotel mit 7 sauberen und ordentlichen Zimmer, in dieser Preislage wohl die beste Unterkunft! Sehr freundliches Personal, sehr gutes Restaurant!
Tel.: 92 216 04

*

Age d´Or, einfaches , kleines Gästehaus im Stadtteil Bazarikely. Sehr familiäre Atmosphäre.

Hôtel Chez Jaqueline, im Stadtviertel Ampasimasay gelegenes, einfaches 6-Zimmer-Haus. Kein Restaurant, aber Lieferdienst auf Bestellung.

Tel.: 92 217 68

Essen&Trinken:

Gewiss eine der bemerkenswertesten Seiten der Stadt: Natürlich überwiegen in dieser Hafenstadt die Spezialitäten des Meeres, die Küche ist dabei sehr vielseitig und kann mit mancherlei angenehmen Überraschungen aufwarten!
Langusten, Austern und andere Delikatessen bekommt man fast überall (je nach Saison) und frisch aus dem Meer, vor allem deshalb ist Fort Dauphin ein Dorado für Feinschmecker!
Daneben gibt es eine große Auswahl an internationaler und europäischer Küche: für jeden Geschmack (und Geldbeutel) gewiss das Richtige!

Die nachfolgende Auswahl kann nur einen kleinen Teil der regionalen Restaurants und wiedergeben, die Zahl der Lokale ist fast unüberschaubar und stetem Wandel unterzogen! Außer Speiselokalen finden Sie in Fort Dauphin auch eine große Zahl von Snack-Bars und Schnellrestaurants.

Da die meisten „gehobenen" Hotels über eigene Restaurants verfügen, wird auf diese hier nicht weiter eingegangen, sondern nur jene aufgelistet, die eigenständig existieren.

Restaurant Las Vegas, Rte. Nationale 13, ein gepflegtes, preiswertes Lokal, in welchem neben hervorragender Pizza (selbstverständlich) auch erstklassige Fischspezialitäten und traditionelle madagassische Gerichte angeboten werden. Mit schöner Terasse in einem lebendigen Stadtviertel gelegen. Empfehlenswert!
mobil: 033 1253055 oder 032 1153055

Chez Georges, am Libanona Beach gelegenes Restaurant mit erstklassigem Fisch und Meeresfrüchten (gefüllte Krabben!) Achtung: manche Gerichte brauchen offenbar viel Zeit – es empfiehlt sich Vorbestellung!

Mahavoky Annexe, am Hafen gelegenes, sehr beliebtes Restaurant. Nicht ohne Grund: die vielfältige Speisekarte (insbesondere das Meeresfrüchtegratin), alles exzellent zubereitet, machen einen Besuch überaus lohnend! Sehr empfehlenswert!

Les Chasseurs, direkt am Markt im Viertel Tanambao gelegenes Restaurant. Freundliches, aufmerksames Personal, reele Preise, auch für größere Reisegruppen vorbereitet.
Tel.: 92 216 47, mobil: 032 4039570 oder 033 1436861

Le Recreát, Av. Marechal Foch/am Hafen gelegenes Restaurant mit schönem Ambiente und Bewirtung im Freien. Meeresfrüchte und traditionelle Küche in bester Qualität, beeindruckende Portionen zu einem geradezu lächerlichen Preis.... Sehr zu empfehlen!

Oasis, Av. Gallieni/am Hafen, mit traditioneller Küche und internationalen Spezialitäten wie Cheeseburger, Pizza u.a.sehr empfehlenswert!

Chez Vivie, im Viertel Bazarikely gelegenes Lokal, einheimische Küche zu Spottpreisen – dennoch ein Tipp, daß Essen ist sehr gut!
Tel.: 92 214 40

Spezialtipp:

Chez Perline, Rte. Nationale 13/Stadtviertel Esokaka, sehr empfehlenswertes Fischrestaurant, die Langusten und Krabben gehören zum Besten, was Fort Dauphin zu bieten hat!
mobil: 033 1143306 oder 032 0492951

Nachtleben:

Das Nachtleben der Stadt ist ein Kapitel für sich – berüchtigt, gerühmt, heiß und bunt!
Als allein reisender Vazáha ist vom Besuch der Clubs vielleicht lieber abzuraten, die Sex-Anmache in einigen Lokalen ist mindestens ebenso aggressiv wie in gewissen Etablissements auf Nosy Bé...
Ist man aber zu zweit oder in einer Gruppe unterwegs, kann eine Nacht in Fort Dauphin zu einem unvergesslichen Erlebnis werden – wie überall auf Madagaskar spielen Tanz und Musik hier eine gewichtige Rolle, ebenso wie der **Rum.**.....

Tranobongo/Chez Martine´s, Rte Nationale 13, beliebte Bar mit sehr guten Snacks und preiswerten Getränken – der ideale Start ins Nachtleben, welches gleich nebenan wartet, im
Mafana Club, angesagteste Diskothek der Stadt, opulentes Interieur, mit Freiterrasse und herrlichem Blick auf die „Schiffswrackbucht".
Dienstags bis sonntags jeweils von 17:00 bis 04:00, montags geschlossen.
homepage: www.mafanaclub.mg

Gina Nightclub, am gleichnamigen Hotel gelegener Club, sehr beliebt, sehr laut – und sehr viele Prostituierte, die recht aufdringlich sind!
Tägl. von 21:00 bis 04:00 geöffnet.

Las Vegas Bar, im gleichnamigen Hotel angesiedelte Bar, beeindruckende Auswahl an Rhúm arrangées und anderen, sehr preiswerten Drinks. Freundliches Personal, ideal zum „Anwärmen".

Banken/Wechselstuben:

BNI – CL, Ecke Av. du Marechal Foch/Av. Gallieni am Hafen.

BFV, Av. du Marechal Foch, schräg gegenüber der BNI.Geldautomat!

BOA, Av. du Marechal Foch, 300 m nordwestlich der beiden erstgenannten Banken.Mit Geldautomat!

Post/Paositra:

Am Place de France/Hafen.

Reiseveranstalter/Tour Operators/
Mietwagenverleih:

Fy Tours**,** Rue Circulaire, direkt am Strand gelegene Agentur mit vielfältigen Angeboten,

insbesondere Individualtouren. **Herr Ranaivo** vermietet sehr günstige Allradfahrzeuge und organisiert auf Wunsch Exkursionen und Touren zu allen nur denkbaren Orten – alles sehr professionell und dabei preiswert. Absolut empfehlenswert!
Tel.: 92 211 71, mobil: 032 0421204
email: fytour1@yahoo.fr.

Safari Laka, am Gina Motel angesiedelte Agentur. Mietwagenverleih und Organisation von Exkursionen und Touren – auch zu entlegenen und weniger bekannten Zielen. Daneben Boots- Trekking- und Mountainbiketouren im Angebot. Sehr zu empfehlen!
Tel.: 92 212 66,mobil: 032 0232996
email: safarilakatours@yahoo.fr, homepage: www.safarilaka.com.

Air Fort Service, Av. Marechal Foch, professionelle und alteingesessene Agentur. Mietwagenverleih(Pkw und Busse), Flugreservierungen und Flugzeugcharter, Organisation von Exkursionen und Touren. Das Reservat **Nahampoana** gehört der Agentur, Besuche dort hier buchen.
Tel.: 92 212 24
homepage: www.airfortservices.com.

Hertz Fort Dauphin, Av. du Marechal Foch, von der **Fam. de Heaulme** betriebener Mietwagenservice.
mobil: 032 0541675

Fort Dauphin Tourist Office, Rue Realy Abel, erstklassige Informationsbörse und Organisation von Exkursionen und Touren. Sehr zu empfehlen!
mobil: 032 0284634
email: rollandee2000@yahoo.fr

Fahrradvermietungen:

Taolanaro und die Umgebung eignen sich hervorragend für Ausflüge mit dem Drahtesel. Daher finden sich am Ort auch zahlreiche Vermietungen.

Trajectoire, am Motel Gina angesiedelte Agentur, vermietet neben Fahrrädern auch Autos und Motorräder . Organisation von Touren und Exkursionen (auch mit dem Motorrad!) durch den gesamten Süden.

FTL Madagascar, gegenüber der BFV Bank gelegene Agentur. Fahrrad – und Motorradverleih.
mobil: 032 0793003
email: alain.ftlfd@yahoo.fr, homepage: www.ftl.mu.

Cap Sud, direkt am Libanona Beach gelegene Agentur. Fahrrad– und Motorradverleih.
Mobil: 032 4256014

Bootstouren/Wassersport:

Ankoba Sports, neben der BNI Bank gelegen. Die Agentur organisiert alles, was man auf und im Wasser unternehmen kann: Surfen, Bootstouren, Angelausflüge, Wasserski, Tauchen und Schnorcheln.....

Die zur Agentur gehörende Strandbar an der Baie de Galions ist schon für sich einen Besuch wert.
Tel.: 92 215 15, mobil: 033 1251417
email: ankoba@fortnet.net, homepage: www.ankoba.com.

Base Nautique Vinanibe, etwa 7 km südwestlich von Fort Dauphin im Ort Ambinanibe (am Cap Ranavalona) gelegene Agentur für alles, was der Wassersportler wünscht: Wasserski, Surfen, Bootstouren.....
Schöne Unterkünfte und sehr gutes Restaurant!
Tel.: 92 211 32
homepage: www.perso.wanadoo.fr

● Toamasina (Tamatave)

Anreise:
- Straße: Auf der RN 2 von Tana aus (370 km, ca. 8 Std.)
- Flugzeug: Regelmäßige Verbindung (praktisch täglich) von und nach Tana, da Toamasina auf der Flugroute nach Norden liegt, auch nach St. Marie oder evtl .Maroanatsetra/Masoala.
- Eisenbahn Regelmäßige Zuganbindung über Brickaville nach Tana.
- Schiff: Als bedeutendste Hafenstadt Madagaskars wird Toamasina von einer ganzen Reihe von Fracht– und Fährlinien angefahren, z. T. auch ab Deutschland. Als Hafen ist Toamasina für den Reisenden eher als Ziel/Anfang von Küstenschiffverbindungen interessant, insbesondere nach Norden (Maroantsetra/Vanilleküste/Antsiranana).

Hinweis: Toamasina ist auch Start bzw. Endstation vieler Bootstouren auf dem Canal des Pangalanes, der von hier ab fast 600 Kilometer nach Süden – immer parallel zur Küste! - verläuft. Üblicher Einschiffungsort für Fracht und Passagiere ist der Port Fluviale südwestlich des Stadtzentrums.
Unterkunft:

In einer so bedeutenden Stadt findet sich eine ganze Reihe ordentlicher Unterkünfte aller Preislagen, natürlich auch ganz Exklusive! Daher stellt diese Auflistung nur eine Auswahl dar.

* * * * *
Hôtel Neptune, 35 Bd. Ratsimilaho, mit 40 Zimmern in zentraler Lage befindliches Haus, schöne Lage mit Meerblick, gutes Restaurant.
Tel.: 53 322 26, Fax: 53 324 26
homepage: www.hotel-neptune-tamatave.com

Hôtel Sharon, Bd. de la Libération, das wahrscheinlich beste Hotel in Toamasina, 35 Zimmer mit sehr komfortabler Ausstattung, schönes Ambiente, kompetenter Service. Erstklassiges Restaurant **La Rose des Vents.**
Tel.: 53 304 20, Fax: 53 331 29
email: sharonhotel@moov.mg, homepage: www.sharonhotel.com

* * * *

Le Toamasina, Rue de la Colonne, sehr gutes, ziemlich komfortables Hotel. Empfehlenswert.
Tel.:53 335 49, Fax: 53 336 12
email: letoamasinahotel@wanadoo.org

Hôtel Miramar, Bd. Ratsimilaho, gepflegte und komfortable Bungalowanlage nördlich der Stadt, nahe dem Flughafen. Sehr gutes Restaurant, sehr zu empfehlen!
Tel.: 53 328 70
email: miramar-hotel-tmv@netcourier.com, homepage: www.miramar-hotel-tamatave.com

* * *

Villa Vohitsoa, Rte. d´Ivoloina, ein gepflegtes und gemütliches Gästehaus unter schweizerisch-/deutscher Leitung. Durch seine Lage (nahe dem Flughafen) ideal für „Zwischenstopper"
Tel.: 53 349 00, mobil: 032 4010060

Hôtel Royal, Rte. d´Ivoloina, ordentliches Haus mit 14 geräumigen Zimmern, nahe dem Flughafen gelegen.
Tel.: 53 311 15 oder 53 311 81

Hôtel Longo, Rue A. Pierre, ordentliches und gepflegtes Haus mit 25 Zimmern untersch. Preis – und Komfortstufen. Sehr gutes Restaurant.
Tel.: 53 339 54, Fax: 53 344 13

Generation Hotel, Bd. Joffre, gepflegtes und empfehlenswertes Hotel mit 28 Zimmern, bietet neben dem sehr guten Restaurant auch Bootstransfers nach Mahavelona (Foulpointe) an, da das Hotel dort eine Niederlassung hat.
Tel.: 53 321 05 Fax: 53 328 34
homepage: www.hotel-generation.com

Les Flamboyants, Bd. de la Libération, preiswertes und sauberes Haus mit 30 Zimmern untersch. Komfort- und Preisstufen. Mit gutem Restaurant.
Tel./Fax: 53 323 50

La Ravinala, Bd. Ratsimilaho, in Strandnähe gelegenes, gemütliches 10-Zimmer-Haus mit sehr gutem Restaurant. Empfehlenswert!
Tel.: 53 308 83
email: vdbdtruong@belgacom.net

Le Joffré, eines der schönsten und traditionsreichsten Hotels der Stadt, 18 saubere und gepflegte Zimmer (untersch. Preis- und Komfortstufen), preiswert und zu empfehlen.
Tel.: 53 323 90, Fax: 53 332 94
homepage: www.tamatave-hotel-joffre.com

Hôtel Capricorne, Rue de la Batterie, sehr schönes und preisgünstiges Hotel mit 20 netten Zimmern untersch. Preis– und Komfortstufen. Gutes Restaurant.
Tel.: 53 347 40 Fax: 53 347 39

Auberge des Iles, Bd. Augagneur, ein ganz besonders Etablissement: mit 4 Zimmern eher ein Gästehaus als ein Hotel (Reservierung empfohlen), bietet das gepflegte Haus schöne und geräumige Unterkunft und netten Service. Sehr gutes, kreolisches Restaurant ***Le Kenzo*** (!)
Tel.: 53 349 10

* *

Hôtel Plage, Bd. de la Libération, im „heißesten" Viertel Toamasinas gelegen, besonders bei Nacht ist allerhand los. Laute Disco im Haus, strandnah – mit 45 Zimmern nicht gerade klein – vielleicht zu groß, um es wirklich gut in Schuss zu halten. Preiswerte Alternative für junge, partyliebende Reisende ohne Ansprüche.
Tel.: 53 320 90, Fax: 53 30724
email: hotel_plage@simicro.mg

Hôtel National, Rue Lattre de Tassigny, 14 saubere und relativ komfortable Zimmer in zentraler Lage, preiswert und familiär.
Tel.: 53 322 90

Hôtel Jupiter, Bd. Augagneur, relativ zentral gelegenes 10-Zimmer-Haus, ganz ordentlich, mit gutem Restaurant.
Tel.: 53 321 01

Concordia, Rue de l´Aeroport, nahe dem Flughafen befindliche Bungalowanlage, komfortabel und gemütlich, gutes chinesisches Restaurant.
Tel./Fax: 53 317 42
email: chanpowoo@wanadoo.mg, homepage: http://takelaka.dts.mg/concordia/.

Hôtel Salama, Rue Lt. Hubert, etwas heruntergekommenes, aber preiswertes 18-Zimmer-Haus in zentraler Lage. Etwas laut durch die nahe gelegene Moschee.
Tel.: 53 307 50

Finaritra Bungalows, außerhalb der Stadt, aber verkehrsgünstig direkt an der Hauptstraße gelegenes Ressort mit 8 hübschen Bungalows.
Tel.: 53 339 79, mobil: 032 1190707 oder 032 4012274

*

Mahatoky Hotel, Bd. de la Liberté, einfaches, genau am Busbahnhof gelegenes Haus ohne großen Komfort. Gutes Restaurant
Tel.: 53 300 21

Hôtel Capucine, Rue Guynemer, 12 einfache, saubere Zimmer. Mit Restaurant.
mobil: 032 0451727

Eden Hotel, Bd. Joffre, einfaches 10-Zimmer-Haus mit sauberen Zimmern, inkl. Warmwasser.
mobil: 032 4024778 oder 032 0462882

Essen&Trinken:

Hier dürften sich Feinschmecker wohl fühlen: kaum eine Stadt Madagaskars verfügt über so viele Restaurants wie Toamasina. Hier nur eine kleine Auswahl:

L´Univers, Bd. Joffre, besonders für Nachtschwärmer ein Tipp, da rund um die Uhr geöffnet. Grillspezialitäten und einfache Gerichte, sehr zu empfehlen.
mobil: 032 0459308

Restaurant Mora Mora, Bd. Labourdonnais, am Stadion gelegen. Sehr gute madagassische und französische Gerichte. Dienstag Ruhetag
mobil: 032 0277599

La Bateau Ivre, Bd. Ratsimilaho, in Strandnähe – innerhalb des ehemaligen öffentlichen Schwimmbad gelegen, auch Bademöglichkeit! Gediegenes Interieur, vor allem der Meeresfrüchte wegen ein kulinarischer Tip! Täglich geöffnet.
Tel.: 53 302 94
homepage: www.hotel-restaurant-tamatave.com

Lilas, Rte. d´Ivoloina, ein kleines, aber sehr feines chinesisches Restaurant. Wunderbar! Montags Ruhetag
Tel.: 53 324 12

Perroquet Bleu, Rue Aviateur Goulette, kleines Restaurant mit Gartenbar, auf italienische Küche (Pizza!) spezialisiert. Täglich geöffnet.
mobil: 032 0267288

La Récrea, Bd. Ratsimilaho, in schöner Strandlage, gutes Essen, Boutique und Bar, sehr empfehlenswert! Täglich geöffnet.
mobil: 032 0461071
email: jnp@wanadoo.mg

Le Pacifique, Rue Clemenceau, empfehlenswertes, preiswertes chinesisches Restaurant. Montag Ruhetag.
Tel.: 53 322 23

Le Zoreol, Bd. Joffre, beliebter Treffpunkt mit Bar, Billardraum und TV. Sehr gute Pizza und kreolische Spezialitäten. Preiswert! Täglich geöffnet.
Tel.: 53 332 36

Restaurant Fortuna, Rue de la Batterie, sehr gutes chinesisches Restaurant. Empfehlenswert auch die angrenzende Suppenküche. Montags geschlossen.
Tel.: 53 338 28

Adam&Eve Snack Bar, Rue Nationale, der ideale Stopp zum Frühstück oder Imbiss, sehr lecker. Empfehlenswert!
Tel.: 53 334 56
email: adameve33456@yahoo.fr

Tutti Frutti, Rue de la Batterie, die beste Eisdiele in der Stadt, auch kleinere Mahlzeiten, Milchshakes und dgl. Montags geschlossen.

Neben den genannten Restaurants existieren noch eine Unmenge anderer Restaurants,

Snack-Bars, Eisdielen und Kaffees.

Nachtleben:

Wie überall im „urbanen“ Madagaskar ist in Toamasina – v.a. am Wochenende – ganz schön was los, aber auch unter der Woche gibt es Gelegenheiten:

Pandora Station, Bd. Ratsimilaho, strandnaher Nachtclub mit kleinem Restaurant. Montags Ruhetag.
Tel.: 53 300 92

Queens Club, Bd. Joffre, Nachtclub mit Livemusik und Bar.

Stone Club, Bd. Augagneur, am Wochenende sehr beliebt, viele „leichte Mädchen“, teils Livemusik. Montags Ruhetag

Banken/Wechselstuben:

Es existieren mehrere Banken:

- **BFV Bank**, Ecke Av. de l ´Indep./Bd. Joffre
- **SBM**, Ecke Rue du Marechal de Lattre/Bd. Joffre
- **BMOI**, Bd. Joffre, hundert Meter südlich der SBM
- **BOA**, Bd. Augagneur

Post/Paositra:

Das **Postamt** befindet an der Av. de l´Independence.

Autovermietungen:

MR Auto, Bd. Joffre, empfohlenes Geschäft, Preise in Ordnung!
Tel.: 53 308 70
mobil: 033 1104991

HERTZ/SICAM, Bd. de l´OUA, sehr schnelles und flexibles Unternehmen.
Tel.: 53 321 04, Fax: 53 334 55
email: sicam@sicam.mg oder sicam.tamatave@simicro.mg

Tropical Service, 34, Bd. Joffre, nicht nur Autoverleih, auch Bootstickets zu allen näheren Zielen (St. Marie, Canal des Pangalanes) erhältlich. Sehr kompetenter Unternehmer, gute Preise.
Tel.: 53 336 79, Fax: 53 334 80
homepage: www.croiserie-madagascar.com

Fahrradverleih:

Loulou Velos, Bd. Joffre, hat ziemlich taugliche Räder zu guten Preisen zu vermieten.
mobil**:** 032 04 414

Fremdenverkehrsamt:

ORTT, Rue Victor Hugo, direkt neben dem Generation Hotel.
Tel.: 53 310 92, mobil: 030 4024778
email: officetourismv@yahoo.fr

● Toliara (Tuléar)

Anreise:

-Straße: Auf der RN 7 von Nordosten (Tana) aus. Oder auf der RN 10 von Taolanaro (Fort Dauphin) aus.
- Schiff: Regionaler Schiffsverkehr mit anderen Städten der Westküste: Morombe-Morondava-Belo-Sur-Mer.
- Flugzeug: Tägliche Flugverbindung (Air Madagascar)von Tana aus, meist über Fort Dauphin oder Morondava

Unterkunft:

In einer Großstadt wie Tuléar gibt es zahlreiche Unterkunftsmöglichkeiten, die empfehlenswertesten sind:

* * * * bis * * * * *
Bakuba Concept,,etwa 14 km außerhalb des Zentrums (Richtung Arboretum d'Antsokay) gelegenes Hotel mit besonderer, sehr origineller Ausstattung. Patricia und Bruno haben hier eine wahre Oase der Erholung und des guten Geschmacks geschaffen. Zimmer und Bungalows in versch. Preislagen, zahlreiche Aktivitäten buchbar, ein hauseigener Catamaran steht am Strand von Ankilibe zur Verfügung. Erstklassiges Restaurant, toller Service.
mobil: 032 5152897 oder 032 4854050
email: bakubaconcept@gmail.mg, homepage: www.bakubaconcept.com

Residence Eden Ecolodge, in Ambanilia, südlich des Stadtzentrums an der Strasse Richtung Sarodrano gelegene Lodge mit 3 Zimmern und Suite und 3 sehr komfortablen Bungalows, gehobener Standard. Hervorragends Restaurant, traumhafte Lage am Meer. Zahlreiche Aktivitäten und Exkursionen buchbar, die Lodge liegt direkt in einem Naturschutzgebiet!
mobil.: 032 8452593 oder 034 9763800
email: residence.eden@orange.mg, homepage: www.hoteltulearanakao.com

* * * *
Le Capricorne, etwa 1,5 km vom Zemtrum an der RN 7 gelegenes 10-Zimmer-Haus mit schönem Garten und sehr gutem Restaurant. Empfehlenswert!
Tel.: 94 428 79
email: capric@dts.mg.

* * *
Hôtel Albatros, Route du Porte, am Hafen gelegenes 10-Zimmer-Hotel mit ordentlichem Komfort.

Tel.: 94 432 10

Hôtel Palétuvier, Bd Lyautay, zentral direkt am Meer gelegenes Hotel mit 14 ordentlichen Zimmern, Restaurant und sehr schönem Garten.
Tel.: 94 440 39

Le Recif, Bd Lyautay, zentral am Meer gelegenes Hotel, 15 komfortable Zimmer mit Meerblick, Swimmingpool und gutes Restaurant, empfehlenswert!
Tel.: 94 446 88, mobil: 032 4075539

Plazza sud Hotel, Bd Lyautay, traditionsreiches, jetzt ziemlich heruntergekommenes Hotel direkt am Meer, 20 abgenutzte Zimmer mit untersch. Komfort.
Tel.: 94 445 21

Tropical, Rue Campistron, zentral gelegenes 20-Zimmer-Haus, sehr sauber und komfortabel, wird gelobt! Kein Restaurant, aber Frühstück auf Anfrage!
Tel.: 94 438 31

Chez Alain, Rte Interet General, etwas außerhalb vom Zentrum gelegenes Hotel mit 20 Zimmern untersch. Komfort– und Preisklassen. Sauber und gepflegt, sehr gutes Restaurant und Fahrradverleih. Empfehlenswert!
Tel.: 94 415 27
email: calain@moov.mg, homepage: www.chez-alain.net.

Arboretum d´Antsokay/Auberge de la Table, außerhalb Tuleárs, direkt am gleichnamigen Naturschutzgebiet gelegenes Ressort mit mehreren, einfach ausgestatteten Bungalows.
Tel.: 94 936 39, mobil: 034 0760015
email: info@antsokayarboretum.org, homepage: antsokayarboretum.com

Le Refuge, zentral gelegenes, sehr ordentliches Haus mit 12 guten Zimmern. (Mit Swimmingpool.)
Tel.: 94 423 28, Fax: 94 425 94, mobil: 032 0253049
email: aloalo_south@yahoo.fr

*

Hôtel Central, zentral direkt am Markt gelegenes 10-Zimmer-Haus. Einfach, aber ordentlich und sauber, sehr geräumige Zimmer mit Balkon.

Chez Lala, Route du Potre, gegenüber der Bootsabfahrtstelle nach Anakao gelegenes, einfaches Haus mit 15 Zimmern. Trotz des niedrigen Preises akzeptabel, sehr ruhig und relativ komfortabel.
Mit Fahrrad– und Quadverleih!
Tel.: 94 434 17

La Pirogue, Bd. Lyautay, direkt am Meer gelegene Anlage mit 8 Bungalows und einem Doppelzimmer. Ganz ordentlich, aber z.T. etwas laut! Sehr gutes Restaurant!
Tel.: 94 415 37

Analamanga, 200 Meter vom Zentrum entferntes Ressort mit 6 Bungalows und 3

Zimmern, einfach, aber ordentlich. Wird gelobt!
Tel./Fax.: 94 415 47

Essen&Trinken

Kulinarisch ist Tuléar eine der ersten Adressen des Landes: vor allem Meeresspezialitäten sind hier sehr preiswert (und sehr delikat zubereitet) ein echter Tipp. Zahlreiche Restaurants sind in der Stadt zu finden:

Le Jardin de Gian Carlo, zentral im Viertel Tanambao gelegenes Restaurant im italienischen Stil. Sehr geschmackvoll eingerichtet, exzellente Meeresspezialitäten auf gewaltigen Platten. Sehr empfehlenswert!
Tel.: 94 428 18

La Maison, Bd. Gallieni, hervorragendes Restaurant, sehr schön eingerichtet, internationales Niveau zu sehr akzeptablen Preisen, hervorragende Pizza und Meeresfrüchte.
Tel.: 94 447 61, mobil: 032 0772747
email: lamaisonrestaurant@hotmail.com

La Terasse, Bd. Philibert Tsiranana, zenral gelegenes Restaurant mit madagassischen Spezialitäten und *englischem Frühstück!* Sehr gemütlich, da man praktisch im Freien isst.
mobil: 032 0265060

L´Escale (Vassilis), wer Abwechslung liebt, is(s)t hier genau richtig: Auch auf Madagaskar kann man „zum Griechen" gehen. Das Restaurant offeriert denn auch griechische Spezialitäten – der Besitzer kam einst aus Hellas nach Madagaskar und hat ein Stück Heimat hierher gebracht! Empfehlenswert!
Tel.: 94 432 83

Pourquoi Pas, Bd. Gallieni, kleines, einfaches aber sehr gutes Restaurant mit einheimischen Spezialitäten. Sehr preiswert!

La Bernique, Bd. Gallieni, mehr eine Bar als ein Restaurant: neben kleinem Imbiß wird eine unglaubliche Auswahl an Whisky angeboten – für Liebhaber deftiger Abendstunden eine echte Herausforderung!

Pâtisserie Le Goûtaisie, Rue du Lt. Chanaron, entzückendes Frühstückslokal, aber auch zum Mittagessen oder Halt machen sehr zu empfehlen. Für Schokoladenfreunde "der" Tipp in Tuléar.

Le Table, direkt am Arboretum d´Antsokay gelegenes Restaurant mit hervorragender (und preiswerter) Küche.

Nachtleben:

Club Zazah, Bd. Lyautay, sehr bekannter Nachtclub, mittlerweile etwas arg zum Abschlepport für „Crevêttes“ heruntergekommen. Gelingt es dem Besucher, sich derlei vom Leib zu halten, kann man hier ganz gut tanzen und „einen draufmachen....“
Tel.: 94 418 19

L´Hacienda, Bd. Lyautay, Disco und Nachtbar, mit etwas besserem Ruf!

Banken und Wechselstuben:

- **Socimad**, Rue Pére Joseph Castan

- **BNI-CL**, Place du Marché, Geldautomat.

- **Tayybi Change,** Rue du Marché

- **BFV,** Rue du Marché

- **BOA,** Rue Campistron, Geldautomat.

Post/Paositra:

Postamt am Bd. Gallieni.

Wassersport und Tauchsport:

Tuléar ist ein Zentrum für **Sporttaucher** aus aller Welt: die zahlreichen Korallenriffe im Kanal von Mozambique locken jedes Jahr zahlreiche Interessierte an. Dabei ist die Unversehrtheit der marinen Welt schon längst dahin: auch hier haben die Korallenriffe in den letzten Jahren erheblichen Schaden genommen, daher ist ein verantwortungsvoller Umgang mit diesen empfindlichen Ökosystemen unerlässlich. Zahlreiche Tauchbasen (überwiegend mit strandnahen Hotels verbunden) bieten Exkursionen zu den Riffen oder zu anderen Attraktionen an. Neben Tuléar sind v.a. **Ifaty/Mangily** und **Anakao** beliebte „Tauchbasen“ (siehe dort im A-Z) .

L´Ancre Bleue, beim Hotel Chez Alain.
Tel.: 94 415 27
email: chez.alain@simicro.mg.

Club Nautique, beim Lakana Vezo Hotel/Ifaty
Tel.: 94 428 85

Atimoo Plongée
mobil: 032 0452917
email: info@atimoo.com, homepage: www.atimoo.com

Ifaty Beach Club
mobil: 032 0260047
email: ifatybeachclub@wanadoo.org.

L´Atlantide, Anakao. Personell und technisch erstklassig ausgerüstete Basis.
Tel.: 94 932 73
email: lalbatross_8@yahoo.fr.

Centre Nautique et Touristique, Ifaty.
mobil: 032 0265907

email: fred.lucasl@caramail.com.

Bootstouren:

Vor allem nach **Anakao/St. Augustine** fährt man natürlich mit dem Boot. Entweder, sie mieten eines der zahlreichen Fischerboote am Hafen an, die Sie südwärts oder auch zu anderen Ausflugszielen bringen. Das ist preiswert, sehr malerisch und eben etwas langsam. Oder Sie nehmen die teurere, schnellere Variante: Mit dem Schnellboot , welches täglich mehrmals von der Ablegestelle nahe dem Chez Lalah/Rue du Port abgeht.

Location Catamaran, organisieren Fahrten an die Westküste und zu Ausflugszielen im Kanal von Mozambique.
Tel.: 94 433 17

Club Nautique, beim Dunes Hotel/Ifaty, organisiert u.a. Fahrten im Speedboat zu Zielen an der Westküste.
Tel.: 94 428 85

**Reiseveranstalter/Tour Operators/
Mietwagenverleih:**

Les Vedettes d´Anakao, Mahavatse 2, organisieren – neben dem Verleih von Mietwagen (auch Allradautos!!!)! - Tagesausflüge zu Zielen wie Anakao, Sarodrano und zum Tsimanampetsotsa-NP
Tel.: 94 437 21
mobil: 032 0462409
email: vedettes@tulear-tourisme.com

Mihaja Bis Hotel, organisiert Ausflüge und Mietwagen.
Tel.: 94 445 43
email: miharemana05@yahoo.de

Trajectoire, BP 283 vom Eigner eines Hotels in Madiorano betriebene Agentur. Organisiert Touren ins Makay-Gebirge und Bootstouren auf dem Mangoky, bislang noch ein echter Geheimtipp!
Tel./Fax: 94 433 00
email: trajectoire@simicro.mg

• Tsihombe

Anreise:
Auf staubiger, steiniger Piste (RN 10) entweder von Westen aus Tuléar/Beloha oder von Osten aus Fort Dauphin/Ambovombe aus. Außerdem Straßenverbindungen nach Faux Cap im Süden (30 km, 2 Std.) und nach Norden Richtung Antanimora an der RN 13/von Fort Dauphin bzw. Betroka und Ihosy

Unterkunft/Essen&Trinken:

Wenig Auswahl, mehrere hotely und Imbissmöglichkeiten.

*

Paradis du Sud, einfaches, aber sehr schönes und sauberes Gästehaus mit 4 Bungalows und 4 Zimmern. Gemeinschaftsbad/-dusche. Kein Restaurant, aber auf Wunsch wird nach Bestellung für Sie gekocht. Sehr zu empfehlen!

• Tsimanampetsotsa NP - siehe Beheloka

• Vangaindrano

Anreise:
- Straße: auf der anstrengenden RN 12 von Vangaindrano (ca. 70 km, keine Zeitangabe möglich wg. Fährüberquerungen und Jahreszeit).
- Schiff: Bootsverkehr den Mananara-Fluß hinauf und hinab, kein Seehafen.

Unterkunft/Essen&Trinken:

Wenig zu bieten – einige wenige hotely und Restaurants (plus den obl. Garküchen und Marktständen, wo man – wie überall auf Madagaskar – ganz gut essen kann.

* * *

Tropic Hôtel, wurde urprünglich für die Sonnenfinsternis 2002 errichtet – die Touristen blieben jedoch aus! Eine der empfehlenswerten Unterkünfte im sonst wenig gastlichen Ort. Zentral gelegen, relativ sauber.

* *

Shell Motel, an der gleichnamigen Tankstelle gelegen, die wahrscheinlich beste Adresse im Ort. Etwas außerhalb. Mit Restaurant

*

Hôtel Antsika, preiswerte, saubere Unterkunft in 10 Zimmern versch. Komfortstufen. Essen auf Bestellung.

• Vatomandry

Anreise:
- Straße: Über die relativ gute RN 11A von Tana (260 km, 8 Std.) bzw. Toamasina (190 km, 5-6 Std.) oder von Mahanoro (68 km, 3 Std., wenn alles gut läuft).
- Flugzeug: Vatomandry wird einmal pro Woche von Air Madagascar angeflogen
- Schiff: Optionale Motorbootverbindung nach Toamasina auf dem Canal des Pangalanes (5 Std., ziemlich teuer!)

Unterkunft/Essen&Trinken:

* * *

Hôtel Casa d´Oro, nahe dem Hafen gelegenes Hotel mit 10 Zimmern und 6 Bungalows, gemütlich , sauber und relativ komfortabel. Sehr gutes Restaurant.
Tel.: 53 822 63, mobil: 033 1202629

* *

Espace Zaza Robert, nördlich des Stadtzentrums gelegenes Ressort mit sauberen,

gemütlichen Zimmern untersch. Preis– und Komfortstufen. Essen auf Bestellung (kein Restaurant, aber Bar und Snacks.)
Tel.: 53 821 03

Fontsy de Vatomandry, nahe dem Hafen gelegenes, einfaches Haus mit mehreren einfachen Bungalows und Zimmern. Mit Restaurant
Tel.: 22 315 61 (Tana)

Haiti Beach, einfaches Hotel mit Zimmern versch. Größe, Preise und Komfortstufen.
Tel.: 53 821 26

Grand Hôtel, etwas südlich des Zentrums gelegen, 10 einfache, saubere Zimmer und ein ganz gutes Restaurant.
Tel.: 53 821 77

La Reseda, etwas außerhalb gelegenes Ressort mit 6 einfachen, sauberen Bungalows. Mit Restaurant.
Tel.: 53 822 05

Banken&Wechselstuben/Post:

Keine Bank, nur Post (unregelmäßig!)

- **Vohémar - siehe Iharána**

- **Zombitse-Vohibasia Nationalpark - siehe Sakaraha**

Allgemeines A – Z

Dieses Register enthält nützliche Informationen zu den alphabetisch geordneten Themengebieten:

Anreise

Die üblichste Form der Anreise ist wohl das **Flugzeug**, zwar gibt es gelegentliche Frachtschiffe, die von Bremerhaven aus Toamasina an der Ostküste anfahren bzw. zahlreiche Schiffsverbindungen nach Tanzania, Zanzibar und die umliegenden Inseln – aber diese Art ist wohl kaum zu empfehlen und wird daher nicht weiter ausgeführt.

Die momentan von Europa ausgehenden Flugverbindungen sind:

– von Paris: Flughafen Charles de Gaulle(CDG) mit Air France und Air Madagascar
Flughafen Orly (ORY) mit Corsairfly

Da die genannten Verbindungen für Reisende aus Deutschland, der Schweiz und Österreich in fast allen Fällen einen Zubringerflug erfordern, kommen für diese auch folgende, außuropäischen Flugverbindungen in Frage:

– von Frankfurt via Johannesburg (Südafrika) bietet die South African Airline z.Zt. recht günstige Verbindungen an.
– Von Frankfurt bzw. München aus fliegt Air Mauritius regelmäßig nach Réunion oder Mauritius und bietet wohl auch entspr. Arrangements mit Übernachtung auf Réunion (bzw. Mauritus) an
– Von Nairobi in Kenya aus fliegt Kenya Air mehr oder weniger regelmäßig Antananarivo an. Durch den erforderlichen Zubringerflug nach Nairobi ist diese „Möglichkeit" aber sehr umständlich, zumal Kenya selber meist auch nur mit Umsteigeflug (meist über London-Heathrow) erreichbar ist und das Arrangement dadurch sehr zeitraubend und letzten Endes auch nicht billiger wird.

Apotheken

In allen Provinzhauptstädten findet man recht gut sortierte Apotheken, die auch (bei uns verschreibungspflichtige) Antibiotika und andere Arzneien verkaufen. Die Produkte kommen meist aus Frankreich, Südafrika oder den arab. Emiraten. In kleineren Städten existieren oft staatl. Medikamentenmagazine, die aber mehr für die Grundversorgung der Bevölkerung gedacht sind.
Aber auch bei den genannten Apotheken gilt: Nur zu empfehlen, wenn die Not keine andere Wahl lässt, für die Herkunft und Qualität der angebotenen Mittel kann keinesfalls Gewähr übernommen werden. Nehmen Sie in jedem Falle alle Ihre erforderlichen Medikamente in ausreichender Menge von zu Hause aus mit, bedenken Sie dabei auch evtl. erst während der Reise auftretende Malaisen wie Durchfall, Zahn- oder Ohrenweh, äußere Verletzungen und die Malaria. (Siehe „Gesundheit")

Ärzte/Kliniken/Rettungsdienste:

In Antananarivo:

Ärzte für Allgemeinmedizin:

- **Dr. Marcelle Herilala,** Lot II A 73/Ampandrana, Antananarivo

In Deutschland ausgebildete Ärztin, u.a. auch Gynäkologie, und Ultraschalldiagnostik

Tel.: 22 285 54
email: dr.herilala@moov.mg

- **Dr. Modestine Rakotonanahary,** ITA 48 Ter./Ambaniala-Itaosy, Antananarivo
Ärztin für Allgemeinmedizin
Tel.: 22 679 95
email: ambaniala@yahoo.fr

- **Dr. Louis Razafinarivo,** 15 Rue J.J. Rabearivelo/Antsahavola, Antananarivo
Allgemeinmedizin, Chirurgie
Tel.: 22 268 62 oder 22 235 54
email: razafinarivo-louis@yahoo.fr
(siehe auch Clinique des Soeurs)

- **Centre de Diagnostique de Neurologie,** 29 Rue Rabezavana/Ambodifilao, Antananarivo.

Dr. Andrianaina Raharison, Neurologe
Dr. Carmela Ravida, Allgemeinmedizinerin/Kinderärztin/Gynäkologie
Tel.: 22 630 46

- **Centre Diagnostique et d´Urgence,** Lot II U 97, Antananarivo.

Tel.: 22 329 56
email: cdu.urgence@simicro.mg

Zahnärzte:

- **Dr. Ruben Rostan,** Dentalklinik an der Seventh Day Adventist Clinic, Soamanandrariny, Antananarivo.

Tel.: 22 529 70 oder 22 593 82

- **Dr. Nadia Rabedasy,** 9 Rue de la Réunion/Isoraka, Antananarivo.

Tel.: 22 358 70

- **Dr. Jean Marc Chapuis**, 13 Av. de l´Independence, Antananarivo.

Tel.: 22 208 88

- **Dr. Laurette Rakotomanandray**, 10 Rue Rainitovo/Antsahavola, Antananarivo.

Tel.: 22 253 90

Hals-Nasen-Ohren:

- **Prof. Dr. Casimir Rabenatoandro**, Antsahavola-Amboasarikely, Antananarivo

Tel.: 22 222 45

Gynäkologen:

- **Dr. Hary Noa Randrianasolo**, Lot IV K 29 Ter/Ankadifotsy, Antananarivo.

Tel.: 22 608 80 oder 22 235 54

Radiologen/Ultraschalldiagnostiker:

- **Dr. Aurélie Rajaonah**, Centre Médical d´Ambatomena, 28 Rue Jean-Jaurés, Antananarivo.

Tel.: 22 211 70

Diabetologen/Internisten:

- **Prof. Dr. Georges Ramahandridona**, Hospital Général de Befelalatanana.

Tel.: 22 223 84 oder 22 220 47

Krankenhäuser:

- **Polyclinique et Maternité d´Ilafy**, Andafiavaratra-Ambohitratahaba, Antananarivo,modern eingerichtete Klinik

Tel.: 22 425 66 oder 22 425 69 oder 22 425 73, Fax: 22 425 64
email: clinilaf@yahoo.fr

- **Centre de Santé policlinique d´Ilafy**, Behoririka, Antananarivo.

Tel.: 22 641 oder 22 603 63, Fax: 22 313 50
email: clinilaf@yahoo.fr

- **Clinique des Soeurs St. Francois**, Ankadifotsy, Antananarivo.

Tel.: 22 235 54 oder 22 695 20, Fax: 22 230 95

- **MM 24x24**, Rte. de l´Universitaire, Antananarivo.

Teilweise mit deutschsprachigem Personal arbeitende, moderne Klinik.
Tel.: 22 235 55 , Fax: 22 323 24
email: mm24@wanadoo.org

- **Centre Hospitalier de Soavinandrina**, Antananarivo, Mit allen medizinischen Fachdisziplinen eingerichtete Klinik, preisgünstig, im Landesschnitt sicher eines der besten Häuser.

Tel.: 22 397 53 oder 22 397 51, Fax: 22 645 69
Notfallnummer mobil: 032 0723030
email: cenhososa@wanadoo.org

Ambulanzen/Notfallpraxen:

- **Medical Plus** , Rte Circulaire, 24-Std-Ambulanzbetrieb und "Hausbesuche" zu sehr moderaten Tarifen machen diese Einrichtung einmalig!

Tel.: 22 567 58, Fax.: 22 629 71

- **Mpitsabo Mikambana**, Rte de l´Universite´, Antananarivo.

Tel.: 22 235 55
email.: mm24@wanadoo.org

Labormedizin:

- **Institut Pasteur**, Rue Institut Pasteur/Ampasapito, sehr bekannte und gelobte Klinik,

v.a. für Malaria und andere Tropenkrankheiten die erste Wahl!
Tel.: 22 401 64
email: ipm@pasteur.mg

- **Escape Medical,** Lot IV O 110 GA, Ambodivona. Bestens ausgestattete Ambulanz, inklusive Rettungshubschrauber!

Tel.: 22 625 66 oder 22 219 72 mobil: 032 0208816
Notfallnummer: 032 0703901

- **CDT Centre de Diagnostique de Tananarivé**, Lot IV L 176/Anosivavaka, Antananarivo.

Tel.. 23 307 60
email: cdtmada@simicro.mg

Rettungshubschrauber/Rettungsflugzeuge:

- **Madagascar Helicopter -** Antananarivo

Tel.: 22 547 62 oder 22 324 95 oder 22 289 15, Fax: 22 324 93

- **Helimission Madagascar – Antananarivo**

Tel.: 22 445 43

- **MAF – Mission Aviation Fellowship** – Antananarivo

Tel.: 22 453 22

- **Espace Médical/Group Aérotour** – Antananarivo

Tel.: 22 260 97

- **Hazovato -** Antananarivo

Jean Pierre Monloup
Tel.. 22 489 25

- **Hospital Militaire** – Antananarivo

Tel.: 23 397 51, Fax: 23 645 69

Antsiranana / Diego – Suarez):

- **Docteur Anante,** Diego-Suarez

Tel.: 82 225 96

Antsirabe:

Ärzte:

- **Dr. Tahiry Randrianosolo**

Tel.: 44 497 06 oder 44 496 51

Antalaha:

Ärzte:

- **Dr. Patrice Zafindrianompy**

mobil: 032 0231770

Fianarantsoa:

Ärzte:

- **Dr. Solange Marianne**

mobil: 032 0225885

Mahajanga/Majunga:

- **Espace Médical**

Tel.: 62 241 75

- **CHU**

Tel.: 62 229 16

Morondava:

Ärzte:

- **Dr. Pepin Jean Paul**

Tel.: 95 526 95

- **Dr. Ravoson Baholy**

mobil: 032 4017587

- **Dr. Victor**

mobil: 032 02265075 oder 032 0222572

Nosy Be´:

- **Espace Medical**

Dr. Celestin
mobil: 032 0219988

Toamasina/Tamatave:

- **Espace Médical**

Tel.: 53 315 66

- **Dr. Seraphin Dinh Van, Toamasina**

mobil: 032 0217417

- **Dr. Claude Henri**

mobil: 032 0708823
.

Toliara/Tuléar:

Ärzte/Allgemeinmedizin/Kliniken:

- **Clinique St.Luc**,Rue St. Paul/Anketa, Tuleár. Privatklinik mit ordentlicher Ausstattung. Nicht für Tauchunfälle(Caisson-Krankheit) ausgelegt!

Tel.: 94 422 47, mobil: 032 0229451
email: cliniquesaint-luc@dts.mg.

- **Centré Hôspital Régional**, Tsenengea, staatliches Krankenhaus mit Grundversorgung, auch für Tauchunfälle ausgelegt.

Tel.: 94 418 55

Zahnärzte:

- **Dr. Ismail Moise**

Tel.: 94 463 75

Autofahren

Für Touristen meist nur ein teilnehmender Aspekt – die wenigsten Reisenden werden sich den zweifelhaften Luxus eines Mietwagens ohne Fahrer leisten wollen.
Natürlich bietet Madagaskar mit seinen rauhen Pisten speziell Off-Road-Fans sicher allerhand Vergnügen, aber die wenigsten Agenturen werden Fahrzeuge ohne Fahrer vermieten, eine Ausnahme bietet immerhin **Hertz** in Fort-Dauphin.
Der Autoverkehr auf Madagaskar ist – nun ja: pragmatisch.
Die Überlandbusse sind voll bis zum Bersten, die LKW überladen bis sonstwo, der technische Zustand der Fahrzeuge erscheint uns Europäern oft bedenklich! Vergessen Sie dabei nicht, dass die Madagassen über ein bemerkenswertes Geschick im Umgang mit Motoren verfügen und zumindest die allerwesentlichsten Komponenten eines Motorfahrzeuges am Laufen halten, mag uns das Ergebnis auch noch so wahnwitzig vorkommen.
Allerdings spricht die hohe Zahl der Todesofer auf den Überlandrouten – speziell Taxi-Brousse-Insassen!!!- Bände über die Situation auf den Straßen. Auch LKW sind überdurchschnittlich oft in Unfälle verwickelt, die zahlreichen Wracks speziell an der RN 2 nach Osten zeigt dies eindringlich.
Daher verwundert es auch nicht, dass für die Bestimmung von Entfernungen neben der Kilometerangabe meist auch die „Stundenangabe" erfolgt, oft ein ernüchterndes Erlebnis!

Auto-/Motorradverleih

Einen Wagen ohne Fahrer werden Ihnen nur Ausnahmefirmen anbieten – die madagassischen Straßen– und Verkehrsverhältnisse erzwingen diese Maßnahme geradezu, die Wagen sind teuer und wertvoll, Ersatzteile ebenso!
Mit **Motorrädern** und neuerdings **Quads-Bikes** sieht es da schon liberaler aus: ein international gültiger Führerschein vorausgesetzt, können Sie solche Gefährte in Tana, aber auch in Fort Dauphin, Diego-Suarez, Tuléar und auf Nosy Bé mieten.

Die Preise schwanken – für einen PKW müssen Sie mit etwa 40-50 Euro aufwärts (ohne Sprit, plus Fahrer) rechnen, für Allradfahrzeuge sind höhere Preise von ca. 75-100

Euro/Tag fällig.

Antananarivo

Autovermietungen:

Eurorent, 2b, Rue Rahamefy, Tana 101
Tel.: 22 297 66 oder 22 621 50

AVIS, 3 Rue Patrice Lumumba, Tana 101,
Tel.: 22 340 80 oder 22 204 35, Fax: 22 216 57

Aventour, 55, Route de Mahajanga, Tana 101
Tel 22 317 61

AINA Travel, LOT II/ F 19, Ambondrona
Tel.:22 341 77
mobil: 033 1453789 oder 032 0703877

Budget, 4 Av. de L´Independence
Tel.. 22 611 11 oder 22 317 08 Fax: 22 331 31 oder 22 33 26

Hertz, Immeuble SICAM – Anlakely und am Airport Ivato
Tel.: 22 229 61 Fax: 22 336 73

Sixt
Tel: 22 297 66 oder 22 621 50 Fax: 22 297 49

EUROP-Car
Tel.. 22 690 41

Spezialtipp des Verfassers:

Agentur Aurelia Robison – hervorragender Service, zivile Preise!
mobil: 034 2933690 oder 033 0117181, email: aurelia.robison@moov.mg

Motorradverleih:

Madagascar on Bike, Talatamaty (ca. 5 km vom Airport)
Tel/Fax: 22 484 29
email: info@madagascar-on-bike.com, homepage: http://madagascar-on-bike.com

Mada Traces, Tel./Fax: 22 450 21

Diego – Suarez/Antsiranana

Autovermietungen:

ADA Location, Bd. Duplex/im Secam-Gebäude,
Tel.: 82 224 98, email: sicam.diego@simicro.mg

Motorradverleih:

Mada Traces
Tel./Fax: 82 236 10

Fort Dauphin/Taolanaro

Autovermietungen:

Hertz Fort Dauphin, neben der Jovenna-Tankstelle im Stadtzentrum. Tel.: 032 05 416 75

Air Fort Service, organisiert nahezu alle Fahrzeuge, auch Flugzeuge!
Tel.: 92 212 24
email: air.fort@wanadoo.mg
homepage: www.airfortservices.com

Safari Laka, am Gina Motel angesiedelte Agentur. Mietwagenverleih und Organisation von Exkursionen und Touren – auch zu entlegenen und weniger bekannten Zielen. Daneben Boots-, Trekking- und Mountainbiketouren im Angebot. Sehr zu empfehlen!
Tel.: 92 212 66, mobil: 032 0232996
email: safarilakatours@yahoo.fr
homepage: www.safarilaka.com.

Motorradverleih:

Trajectoire Fort Dauphin, am Gina Motel, auch Fahräder sind erhältlich!
Tel./Fax: 92 212 06
mobil: 032 0760122
email: trajectoire.evolution@fortnet.net
homepage: www.trajectoire.it

Cap Sud, beim Restaurant Chez Georges, vermietet auch Fahrräder, mobil: 032 42 560 14

FTL, Gegenüber der BFV-Bank im Zentrum, auch Fahrräder
mobil: 032 0793003
email: alain.ftlfd@wanadoo.fr
homepage: www.ftl.mu.

Tuléar/Toliara

Autovermietungen:

Les Vedettes d´Anakao, Mahavatse, Tuleár,
Tel.: 94 437 21, mobil: 032 0462409
email: vedettes@tulear-tourisme.com

Motorradverleih:

Trajectoire Tuléar

Tel.: 92 433 00
email: trajectoire@simicr.mg, homepage: www.trajectoire.it

Nosy Bé

Autovermietungen:

Nosy Easy Rent, Hell-Ville,
Tel.: 86 063 08, mobil: 033 1161100
email: nosyeasy.rent@wanadoo.mg
homepage: www.nosyeasyrent.com

Nosy Red Cars, Ambataloaka,
Tel.: 86 620 35
email: nosyredcars@simicro.mg

Motorradverleih:

ZigZag
Tel.: 86 633 99, auch Fahrräder.

Moto Mada, Ambataloaka,
mobil: 032 02 680 25

Toamasina/Tamatave

Autovermietungen:

MR Auto, Bd. Joffre, empfohlenes Geschäft, Preise in Ordnung!
Tel.: 53 308 70, mobil: 033 11 049 91

HERTZ/SICAM, Bd. de l´OUA, sehr schnelles und flexibles Unternehmen.
Tel.: 53 321 04, Fax: 53 334 55
email: sicam@sicam.mg oder sicam.tamatave@simicro.mg

Tropical Service, 34, Bd. Joffre, nicht nur Autoverleih, auch Bootstickets zu allen näheren Zielen (St. Marie, Canal des Pangalanes) erhältlich. Sehr kompetenter Unternehmer, gute Preise.
Tel.: 53 336 79, Fax: 53 334 80
email: tropicalservice@wanadoo.mg
homepage: www.croiserie-madagascar.com

Fahrradverleih:

Loulou Velos, Bd. Joffre, hat ziemlich taugliche Räder zu guten Preisen zu vermieten.
mobil: 032 04 414

Baden

Ein leidiges Thema: grundsätzlich ist weder gegen ein Bad in Binnengewässern wie im

Meer einzuwenden. Die tropischen Strände, die traumhaften Wasserfälle und Seen Madagaskars laden Wasserfreunde geradezu ein.
Allerdings gilt es einige Risiken zu beachten, welchen man hierzulande nicht ausgesetzt ist.

Bilharziose (oder **Schistosomiasis**) ist eine Krankheit, die ausschließlich in stehenden Binnengewässern vorkommt, auch, wenn diese „auf den ersten Blick“ sauber aussehen. Gewässer mit einem starken Wasserdurchsatz kommen kaum in Betracht, anders sieht es mit vielen Reisfeldern, Tümpeln und dgl. aus.Hier ist u. U. auch auf ein Durchwaten mit bloßen Füßen zu verzichten – allerdings brauchen die Parasiten eine gewisse „Ruhe“, um sich durch die Haut zu bohren. Rasches Bewegen stellt somit einen gewissen Schutz dar.

Krokodile stellen nur noch an einigen entlegenen Orten ein Risiko dar – es soll aber nicht verschwiegen werden, dass vor allem zur Regenzeit jedes Jahr Menschen und Rinder vor allem am **Manambolo** den Raubechsen zum Opfer fallen. Auch in einigen Seen sind die Tiere noch zu finden – die Ortsansässigen werden Sie aber darauf hinweisen.

Bedenken sie bei der Wahl Ihres Badeplatzes auch, das in Madagaskar **Kläranlagen** unbekannt sind und daher in der Nähe von menschlichen Ansiedlungen möglicherweise Verunreinigungen durch Abwässer gegeben sind. Im Zweifelsfalle fragen oder bleiben lassen!

Beim Baden im Meer ist zu beachten, das es vor allem vor der Ostküste Madagaskars eine ganze Menge **Haie** gibt. Das Baden im Meer ist daher nur dort sicher, wo eine Korallenbank Schutz vor den Tieren bietet. So ist die Insel St. Marie ringsum von einem Kranz aus Korallen umgeben, der das seichte, ufernahe Wasser frei von den Haien hält.
In Taolanaro/Fort Dauphin sieht es günstiger aus, hier gelten keine Beschränkungen bzgl. der Haie.
Aber auch hier gilt: Fragen Sie besser nach oder nehmen Sie im Zweifel Abstand.

Banken und Wechselstuben

Die folgend genannten Banken sind allesamt auf Madagaskar tätig und kommen für Umtausch bzw. Geldtransfers in Frage. Zum Teil verfügen die genannten Institute auch über Geldautomaten, das Netz dieser "Cash machines" wird momentan stetig ausgeweitet. Das Tageslimit bei Bankautomaten beträgt meist 400.000 Ariary.
Sie benötigen unbedingt Ihren Reisepass zum Umtausch – auch wenn Sie eine der Wechselstuben benutzen, die in den genannten Orten von Indern betrieben werden. Diese sind übrigens eine gute Notlösung, falls am Automat nichts geht und es gerade Sonntag ist.....

BOA

UCB

BNI/Credit Lyonnais

BFV-SG

Socimad

Western Union

Die lokalen Vertretungen finden Sie im A-Z Orte.

Benzin/Diesel

Von einem Tankstellennetz vergleichbaren Dichte wie hierzulande können die Madagassen nur träumen – aber in den Ballungszentren und Verkehrknotenpunkten wie Diego-Suarez, Mahajanga, Tana, Tamatave, Fianar, Antsirabe, Tuléar und Fort Dauphin und besonders an den viel befahrenen Nationalstraßen wie der RN 7, der RN 2 und der RN 4 befindet sich ein mittlerweile doch „ausreichend" geknüpftes Netz von Tankstellen, meist „Jovenna".
Die Tankstellen sind nach europäischen Standards eingerichtet, auch der klimatisierte „Shop" fehlt nicht.
Diesel und Benzin mit 95 bzw. 98 Oktan ist daher fast überall problemlos zu bekommen, ersteres auch an entlegenen Orten, da viele Dörfer auch zur Stromerzeugung auf Dieselkraftstoff angewiesen sind. Bedenken Sie aber, dass Abstecher in sehr entlegene Regionen bzw. abseits der Hauptstrecken zur peniblen Planung des Spritverbrauchs und der Erreichbarkeit von Nachschub zwingen.
Vor allem die Ostküste mit Ihren entlegenen Küstendörfern ist noch ein Problemgebiet, ebenso wie der heiße Süden zwischen Tuléar und Fort Dauphin kann ein Problem werden. Da Sie aber kaum je ohne Fahrer unterwegs sein werden, sind Sie selber in der Regel dieser Fragestellung enthoben: die Fahrer kennen Ihrer Routen wie ihre Westentasche....

Übrigens ist Benzin und Diesel auf Madagaskar nicht wesentlich billiger als bei uns – die Weltbank und der IWF haben schon vor Jahren unnachgiebig auf die Angleichung der Energiepreise auf internationales Niveau gedrängt!

Bettler

Natürlich in einem solch armen Land keine Seltenheit. Allerdings sind – wie übrigens in ganz Afrika! – fast alle Menschen, selbst die ärmsten, zu stolz, um fremde Weiße um Hilfe anzubetteln.
Daher ist es ausschließlich dem Auseinanderbrechen der traditionellen Famillienstrukturen zuzurechnen, dass die Zahl der Bettler – vor allem **bettelnde Kinder** – in den letzten Jahren zugenommen hat.

Sich mit diesem Problem auseinander zu setzen heißt in erster Linie: Machen Sie sich klar, dass Sie weder die Armut Einzelner wie auch die des Landes durch Almosen und Geschenke beseitigen können. Wenn Ihr Sie Gewissen plagt und Sie sich durch eine Geldspende an ein armes Kind – und sei es „nur" ein Euro – Erleichterung verschaffen möchten, bedenken Sie: ein Euro ist mitunter der Tageslohn eines Feldarbeiters, wenn Sie einem Kind eine solche Summe einfach schenken, leisten Sie unweigerlich Beitrag zu einer weit schlimmeren Entwicklung. Dann werden sich die Feldarbeiter fragen, was denn dann ihre Arbeit noch wert ist und ob man mit Betteln nicht leichter und bequemer über die Runden kommt?

Machen Sie sich ferner klar, dass die Devisen, die Sie durch Ihren Besuch im Land lassen, unwiderlegbar zum Wachsen und Gedeihen beitragen – insbesondere, wenn Sie den Menschen vielerorts etwas von Ihren Produkten abkaufen.

Vor allem in den größeren Städten, besonders aber in Antsirabe werden Autos mit Reisenden oft von einer Traube von Bettlern und armen Straßenverkäufern umringt, die handgearbeiteten Schmuck, Spielzeug und andere Kleinigkeiten anbieten. Auch eine Form der Bettelei, viele der „Verkäufer“ sind kleine Kinder und werden mit Sicherheit organisiert losgeschickt. Wenn Sie anfangen, hier von der Autoscheibe aus Geschäfte zu machen, haben Sie bald allerhand Hände im Fahrzeug mit demselben Artikel, ein kleiner Tumult kann sich bilden.
Es ist nicht leicht, einem armen Kind in die Augen zu sehen, das zerlumpt dasteht und schüchtern um eine kleine Gabe bittet – wenn Sie (was sich eigentlich immer empfiehlt und anbietet) eine Gabe in Form von etwas zu Essen oder Süßigkeiten geben, ist das in Ordnung (auch, wenn manche "Apostel" vor der Gefahr durch **Karies** warnen) – aber achten Sie hier darauf, dass die Zahl der Kinder überschaubar klein ist, sonst verwandelt sich die liebe, bedauernswerte Kinderschar urplötzlich in ein schreiendes Knäuel von Körpern.
Auch **Buntstifte,** Bälle und ganz besonders **Kugelschreiber** haben sich – vor allem in sehr entlegenen Gegenden – als Spenden an Kinder sehr bewährt!

Botschaften und Konsulate

Vertretungen der Republik Madagaskar

In Deutschland:

Botschaft der Republik Madagaskar
D-14612 Berlin-Falkensee, Seepromenade 92

Tel. 03322-23140, Fax. 231429.

In Österreich:

Generalkonsul Prof. Dr. Robert Krapfenbauer
Pötzleinsdörfer Str. 94-96 A-1184 Wien/Austria
Tel.: (0043) 1 479 1273, Fax: (0043) 1 479 1274

In der Schweiz:

Generalkonsulat Madagaskar
Kappeler Gasse 14 CH-8022 Zürich/Switzerland
Tel.: (0041) 1 212 8566 Fax: (0041) 1 211 8018

Vertretungen auf Madagaskar:

Botschaft der Bundesrepublik Deutschland
101 Lalana Pastora Rabeony Ambanidia, BP 516, Antananarivo
Tel.: (00261 20) 22 238 02 oder 22 216 91, Fax: 22 266 27
email: amballem@dts.mg

Botschaft der Schweiz
Immeuble „Aro“, Solambavambahoaka, Frantsay 77, BP 118, Antananarivo
Tel.: (00261 20) 22 629 97, Fax: 22 289 40
email: swiemant@dts.mg

Honorarkonulat der Republik Österreich
Antananarivo
Tel.: (00261 20) 22 424 25 und (00261 20) 22 262 05

Buchhandlungen

In Madagaskar eine Seltenheit: lediglich in größeren (Universitäts-) Städten, wo vor allem kirchliche Einrichtungen tätig sind, gibt es **konfessionelle Buchhandlungen**. Die Auswahl ist aber sehr bescheiden.

In Tana existieren aber einige Buchhandlungen, die auch für Reisende interessant sein könnten:

Librairie Mixte, an der Rue de Juin 26, Analakely

BiblioMad, Rue Indhira Gandhi

Librairie de Madagascar, Av. de l´Indépendence

Hinweis: Alte Bücher und Zeitschriften werden am „Flohmarkt“ nahe dem Monument am Ende der Av. de l`Indépendende gehandelt. Für Menschen, die seltene Schriften über Madagaskar suchen, die erste Adresse!!!

Camping

Grundsätzlich kann man gegen Camping nichts sagen und an vielen Orten wie den Waldreservaten Madagaskars ist dies sogar die einzige Übernachtungsmöglichkeit.
Neben den logistischen Feinheiten wie Transport des Materials hat zumindest bei Camping abseits von Siedlungen die sich verschärfende Sicherheitslage dazu geführt, dass man sehr vorsichtig sein sollte bzw. sich das Risiko vor Augen führt. Wichtig sind in jedem Falle vertrauenswürdige Begleiter, die ein Auge auf die Gegend und Sie haben.
Wenn Sie auf eigene Faust mit dem Zelt unterwegs sind und halbwegs sicher sein wollen, fragen Sie im nächstbesten Dorf um Gastrecht und die Erlaubnis zum Zelten. Man wird Sie Ihnen kaum verweigern.

Checkliste (siehe Reisevorbereitungen)

Edelsteine

Sicherlich eine der schönsten Formen, ein Souvenir zu erwerben – aber auch Anziehungsgrund für Glücksritter, Händler, Schmuggler und andere zweifelhafte Existenzen.
Obwohl Madagaskar schon seit langem über zahlreiche Niederlassungen auch deutscher Firmen (meist aus Idar–Oberstein, dem deutschen Edelsteinzentrum) verfügt und nahezu

alle erdenklichen Edel– und Schmucksteine gefunden werden, stellt der Export dieser Preziosen nur einen sehr kleinen Posten im Exportvolumen der roten Insel dar. Der Verdacht – in Anbetracht der beträchtlichen Fördermengen und dem sporadischen Auftauchen von höchstpreisigen Edelsteinen aus Madagaskar im Ausland – liegt nahe, dass ein Löwenanteil der Förderung auf korrupten oder illegalen Wegen in den Handel gelangt.

Wenn Sie Edelsteine ausführen möchten, brauchen Sie ein Zertifikat, welches Ihnen der Verkäufer (falls es kein Straßenhändler ist, und davon gibt es viele!) ausstellt und bei der Ausfuhr vorgelegt werden muss.
Wer über genügend Sachkunde verfügt, kann tolle Schnäppchen machen, allerdings kaum bei den wirklich kostbaren Sachen wie Rubin, Smaragd, Saphir – die erstklassigen Stücke unter diesen Steinen werden direkt an den Minen aufgekauft und kommen nicht in den Straßenhandel.
Selbstverständlich wird aber auch erstklassige Ware vor Ort verkauft – allerdings auch zu internationalen Preisen!

Einkaufen/Souvenirs

Madagaskar ist ein wunderbarer Ort zum Einkaufen: die Menschen verfügen über großes handwerkliches und künstlerisches Geschick, Handarbeit ist obendrein geradezu beschämend billig und ermöglicht daher den preisgünstigen Einkauf von Produkten, die hierzulande kein Mensch herstellen oder bezahlen würde: hier seien insbesondere die **Intarsien– und Furnierarbeiten** der Leute von Ambositra genannt. Ein etwa 1 Meter im Durchmesser messender, runder Tisch mit einer hoch komplexen Intarsienarbeit (Tierszenen, Menschenszenen, Landschaftsbilder) für den die Schreiner drei Wochen (zu zweit!) brauchen, geht für 150 Euro weg.

Kleidung und **Textilien** sind ebenfalls ein schönes Mitbringsel: neben traditionellen Webarbeiten aus Seide und Baumwolle existieren auch mehrer Fashion-Labels, welche moderne, internationale Freizeitkleidung anbieten, zum Teil in den eigenen Läden (Carambole, Baobab Company, Maki Corporation).

Vanille – zur Erntezeit wischen August und November ein besonders schönes Souvenir: fast überall überteuert und in minderer Qualität angeboten, holt man diese am besten an der Ostküste.
Das Kilo erstklassige Ware ist hier schon für weniger als 20 Euro zu haben – Beziehungen und Verhandlungsgeschick vorausgesetzt!

Manche Souvenirs sollten Sie aber besser stehenlassen: **Krokodilledersachen** – oft aus offenkundig dubioser Quelle oder auch mit "Zertifikat" wie an der Croc-Farm in Tana – sollten Sie keinesfalls kaufen: Selbst die angeblich korrekte Farmhaltung der Reptilien gelingt nämlich nur, wenn regelmäßig Eier aus der Natur „entnommen“ werden, um Inzucht und Degeneration vorzubeugen.
Auch hier nix als übler Kommerz mit den Tieren – außerdem ist der Handel mit derlei "Ware" international geächtet, schon von daher lassen sich deutsche Zollbeamte kaum von selbst gedruckten **„Cites“**- Anhängern beeindrucken.
Die vor allem im Süden Madagaskars oft angebotenen (meist aus Scherben zusammengesetzten) **Eier des Riesenfußstrauß** Aepyornis maximus stellen zugegebenermaßen eine starke Verlockung dar: im europ. Handel sind vereinzelt

angebotene Exemplare extrem selten und teuer, hier kosten die Dinger oft nur 15 Euro. Dazu sei gesagt: selbst, wenn Ihnen der Verkäufer frech eine angebl. Bescheinigung ausstellt, wird das Ei spätestens in Tana am Flughafen beschlagnahmt. Die Ausfuhr der 300 und mehr Jahre alten Relikte ist **absolut verboten!**

Dies gilt auch für praktisch alle **Orchideenarten,** sei es als Ableger oder ganze Pflanze. Vorsicht auch bei Samen und dgl: **Biopiraterie** ist auch den Madagassen mittlerweile ein Begriff!

Achten Sie beim Souvenirkauf auch darauf, welche Hölzer sie erwerben: bei (größeren) Tropenholzartikeln wie aus Ebenholz oder Palisander werden entspr. Papiere ausgestellt bzw. diese Artikel sind bei der Ausfuhr deklarationspflichtig. Gehen Sie am Flughafen Ivato zum Schalter der Behörde für Wald und Umwelt – der Beamte wird Ihnen kostenlos ein entspr. Ausfuhrzertifikat ausstellen.

Rosen- und Ebenholz in unbehandeltem Rohzustand dürfen nicht ausgeführt werden, daher lohnt sich Kauf keinesfalls!

Hinweis: Es kann nicht ausgeschlossen werden, daß bestimmte Holzarten nicht nach Deutschland eingeführt werden dürfen, selbst bei Vorliegen der Herkunfts– und Ausfuhrpapiere!

Einreise/Ausreise

Einreise:

Reisende aus der EU benötigen neben einem Reisepass, welcher noch mind. 6 Monate Gültigkeit aufweisen muss, ein **Visum**. Dieses ist bei den Botschaften im Ausland (in Deutschland: Berlin/Falkensee) erhältlich. Schneller geht es direkt am Flughafen in Tana: das Visum wird auch direkt vor Ort ausgestellt, dass dauert halt ein wenig länger als für die Reisenden, die schon ein Visum haben – aber das Fluggepäck wird ohnedies sehr „mora mora" angekarrt.

(Siehe auch „Visa")
Die Einfuhr von Devisen ab 10.000 Euro ist deklarationspflichtig – aber darum schert sich niemand!
Es dürfen ferner **1 Liter hochpr. Alkohol, 500 Zigaretten oder 500g Tabak** eingeführt werden.
Teure Elektronische Geräte und **Goldschmuck** ab 50 Gramm sollten Sie ebenfalls deklarieren – sonst kann es bei der Einreise nach Europa Probleme geben.
Der Import von **Fleischprodukten** in jeder Form ist wegen Seuchengefahr verboten, ebenso die Einfuhr von Waffen und Drogen.

Ausreise:

Es dürfen offiziell nur 25 000 Ar. ausgeführt werden.
Die Restgeldmenge loszuwerden ist aber kein Problem am Flughafen!

Problematischer wird es mit anderen Dingen, die man frühestens hier – wenn nicht gar am deutschen Zoll – los wird.

Eine ganze Reihe von Dingen, die man Ihnen wohlfeil zum Kauf anbietet, darf nicht ausgeführt werden bzw. unterliegt strengen Ausfuhrkontrollen.

Orchideen – gleich, welcher Gattung – dürfen nicht ausgeführt werden.
Selbiges gilt für die beliebten naturschädigenden, illegalen **Farntöpfe**, die oft gerne als Transportgefäß dazu erworben werden.

Ebenholz und Rosenholz dürfen als Rohware nicht ausgeführt werden – handelt es sich jedoch um Kunstgegenstände neueren Datums, können Sie bei der **Direction des Eaux et Forets** am Flughafen ein Ausfuhrzertifikat bekommen. Möglichst Kaufbeleg vorweisen (falls überhaupt vorhanden).

Edel- und Halbedelsteine, ob geschliffen oder nicht, dürfen nur mit entspr. Zertifikaten, die man beim Kauf ausstellt, ausgeführt werden. Falls derartige Papiere nicht vorhanden sind, (gilt natürlich für all die schönen Sachen aus dem Sraßenverkauf) **Direction des Mines** am Flughafen aufsuchen.
Die Ausfuhr von **Krokodilen** (lebend oder präpariert) und **Krokodilledersachen** ohne Zertifikat ist ebenfalls verboten.

Absolut nicht ausgeführt werden dürfen: **einheimische Antiquitäten, Aepyornis-Eier, bedrohte Tier– und Pflanzenarten,** (vor allem **Reptilien** und **Amphibien,** aber auch alle **Lemurenarten**), sämtliche **Meeresmuscheln** des indischen Ozeans.

Kommerzielle Ausfuhrgenehmigungen werden vom **Minstére des Commerce,** Direction des Exportations in Tana (Stadttei Ambohidady) erteilt.

Die Ausfuhr von **Vanille** ist offiziell nur bis zu einer perönlichen Höchstgrenze erlaubt – letztens lag diese bei 1 Kilogramm p.P. !

Eisenbahn

Die Madarail unterhält – nach vielen Jahren der Stagnation und ausgerechnet in Zeiten der Krise wieder auf Expansionskurs – ein respektables Streckennetz: Von Tana nach nach Brickaville, von Brickaville bis Toamasina, die alte Hochlandroute von Tana nach Antsirabe ist ebenfalls wieder in Betrieb.
Und nicht zu vergessen der legendäe Dschungelexpress von Fianarantsoa nach Manakara, den die FCE /Fianar-Cote d´Est – Gesellschaft unterhält.
Deren Website www.FCE.com informiert (eventuell wieder, war lange Zeit nicht erreichbar) über den aktuellen Stand

Michelin – eine Besonderheit diesen Kalibers bekommen Eisenbahnfreunde heutzutage nur noch auf Madagaskar geboten: der dieselbetriebene Schienenbus aus den 50-er Jahren verkehrt auf Gummireifen auf den mittlerweile reaktivierten Strecken und sogar auf einem Teilstück der FCE. Livrierte Kellner, bequeme Rattansessel, eine wohlgefüllte Bar und Snacks geben der Fahrt ein geradezu dekandentes, koloniales Flair, dazu die Landschaft, die dem Auge schmeichelt – für Gruppenreisende „die „ Möglichkeit, Madagaskar auf ganz und gar ungewöhnliche Art zu erleben.

Aktuelle Fahrpläne über die Zugverbindungen sowie weitere Informationen erhalten Sie auf der Website der Madarail:

www.madarail.mg

Elektrizität

Netzspannung 230 Volt–50 Hz. Stecker aus Deutschland problemlos verwendbar. Bedenken Sie aber, dass die Stromversorgung vielerorts nur durch ein örtl. Kraftwerk (Dieselgenerator) oder ein entspr. Aggregat des Hotels gewährleistet wird. Oft ist elektr. Strom nur abends zwischen 18 und 21 Uhr da, wichtig für Handynutzer.
Aber auch in den großen Städten kommt es bisweilen zu Stromausfällen oder starken Netzschwankungen – die Glühlampen „dimmen“ sich plötzlich herab bzw. gehen ganz aus....

Entfernungen

Grundsätzlich gilt bei Straßenverbindungen: die Kilometeranzahl sagt zunächst nichts über die Reisedauer aus. Realistischer sind die üblichen „Stundenangaben“, aus denen man sich dann meist schon vorneweg ein Bild von den Straßenverhältnissen und der daraus resultierenden Durchschnittsgeschwindigkeit machen kann. Erschrecken Sie nicht, wenn für 100 Kilometer 10 Stunden und mehr angegeben werden.....

Essen und Trinken

Da Essen und Trinken ein wichtiger Punkt für jeden Reisenden darstellen, sei gleich gesagt: Atmen sie auf, die Küche ist Ihnen vielleicht vertrauter als Sie glauben, weniger scharf, als es erwartet wird – und natürlich vom allfälligen Reis dominiert!
Obwohl die Madagassen auch Kartoffeln, Maniok, Papaya (grün als Gemüse!) und Nudeln als Beilage kennen, darf der Reis nie fehlen: normalerweise wird bereits zum Frühstück ein 2-Pfund-Berg Reis vertilgt.
Die Gerichte sind vielseitig, Rind (omby)– Schweinefleisch (kisoa) und Geflügel stellen einen Hauptanteil dar, sind aber auf dem Land längst nicht jeden Tag üblich! Fisch und an den Küsten Meeresfrüchte aller Art sind für viele Reisende Grund genug, immer wieder hierher zu reisen: Obwohl ein bitterarmes Drittweltland, verfügt Madagaskar doch über einige **Spitzenrestaurants** von internationalem Ruf – und dies keineswegs nur in der Hauptstadt Tana!

Gemüse und Früchte sind sehr stark an unsere Gewohnheiten angepasst: alles, was Sie von hier kennen, wird dort auch angebaut und gegessen, in wunderbar frischer, ökologisch/biologisch meist super Qualität – daher entsprechend wohlschmeckend und mit unseren Massenprodukten aus Zuchtfabriken nicht annähernd zu vergleichen!
Der koloniale Einfluss hat dafür gesorgt, dass viele Gerichte aus der europäischen, speziell der französischen Küche übernommen wurden. Aber auch asiatische und kreolische Elemente finden sich auf den Speiseplänen – alles in allem für jeden etwas dabei.
Lediglich das übliche Frühstück (continentale), welches man den "Vazáha" vorsetzt, bereitet mitunter Kummer – das von mir so genannte „Koma-Brot“, ein aus viel Luft und ein wenig Weißmehl bestehendes Klein-Baguette, meist viel zu wenig Butter und ein Kleks Marmelade – am besten Sie ordern noch ein Omelette dazu oder wählen gleich das Frühstück á la malgache: Ein sattes Pfund weißen, gekochten Reis mit Gemüsebrühe und Fleisch!
Wäre da nicht der allerorten **ausgezeichnete Kaffee**, könnte man fast an Fatalismus

glauben: wirklich überall dasselbe!

Der Mangel an Butter (und dem leckeren Joghurt) wird zumindest teilweise durch die schwere Verfügbarkeit derselben erklärbar: seit die Molkereibetriebe des früheren Präsidenten Ravalomanana verwüstet und geschlossen wurden, mangelt es allenthalben an Milch und Milchprodukten.

Als Getränke empfehlen sich das beliebte **THB-Bier,** welches in versch. Sorten (Light, Fresh, Strong) in der 0,33- (petit model)oder 0,66–Literflasche (grand model) angeboten wird. Obwohl aus Mais gebraut, kommt es einem deutschen Pilsener geschmacklich enorm nahe, auch die Hopfung ist (dem ursprünglich deutschen Brauer) perfekt gelungen. Alternativ dazu empfiehlt sich seit 2010 auch **SKOL**, ein mindestens ebenso gutes Bier wie das THB, in der 0,5-Literflasche.

Der Genuß von **Leitungswasser** ist aus hygienischen Gründen nirgendwo anzuraten – hier ersetzt die 1,5-Literflasche „Eau Vive" dieses Manko.
Aber auch **Limonaden** wie Cola, Fanta (ja, das in der alten Rillenflasche, sogar in mehreren Varianten – Johannisbeere, Orange, Limette) sind zu haben, daneben „Bonbon Anglais", eine Brause, die gekühlt genau wie Red Bull schmeckt .
Wein wird ebenfalls auf Madagaskar angebaut, die Meinungen darüber gehen auseinander: die einen sagen, er sein nur was für Patrioten, andere sprechen den Rebgewächsen durchaus ernsthafte Qualitätskriterien zu. Ein gut gekühlter „Cote de Fianar" ist zumindest zum Essen trinkbar.
Daneben sind an den touristischen „Brennpunkten" oft auch Weine aus dem nahe liegenden Südafrika im Angebot.
Magenleidenden sei das hervorragende Heilwasser **Visy** empfohlen, welches mit seinem Bikarbonatgehalt und anderen Mineralien einem angegriffenen Magen (auch bei Sodbrennen super) schnell wieder auf Vordermann hilft!

(siehe auch Allgemeiner Teil)

Fahrradfahren/Fahrradverleih

Da das Fahrradfahren mittlerweile auf Madagaskar zu den bevorzugtesten Fortbewegungsformen zählt, finden sich im Lande nicht nur eine Unzahl von billigen, minderwertigen Fahrrädern aud Fernost – sondern auch an allen touristischen Zentren Fahrradvermietungen.
Die bei Punkt „Auto– Motorradvermietung" angegebenen Agenturen, welche unter Motorradvermietung genannt wurden, vermieten in aller Regel auch brauchbare Drahtesel. Daneben wurden die lokal bekannten Fahrradverleihagenturen im Kapitel A-Z Orte bei den jeweiligen Orten benannt.

Feiertage/Gedenktage

Die Madagassen feiern gerne – was sich auch in der Anzahl der staatlichen und der traditionellen regional und ethnisch untersch. Feiertage, niederschlägt:

Offizielle, staatliche Feiertage sind:

- 1. Januar – Neujahr.
- 29. März – Tag der Märtyrer, Gedenktages des Aufstands von 1947

- Ostern(und Ostermontag, je nach Termin)
- 1. Mai – Internationaler Tag der Arbeit.
- Christi Himmelfahrt (je nach Termin)
- Pfingsten(und Pfingstmontag, je nach Termin)
- 26. Juni – Unabhängigkeitstag
- 1. November – Allerheiligen
- 25. Dezember – Weihnachten
- 30. Dezember – Jahrestag der Republik

Traditionelle Feiertage (und nicht genau auf einen bestimmten Kalendertag vorhersagbar) sind:

- Monat März: Alahamady Bé - das traditionelle Neujahrsfest.
- Monat Mai: Taralily – Erntedankfest der Reisbauern.
- Monat Mai oder Juni: Donia, das größte Musikfestival des indischen Ozeans, Termin im Internet erfragen, sehr zu empfehlen!!!
- Monat Juni: Fisemanga Ampasantegniny und Tromba: Fest der Reinigung der Sakalava.
- Monat Juni: Todi Tranomanara – Fest der Leichenwende bei den Betsimisaraka.
- Monat Juli: Fanampoam´ Bé – Fest der Reinigung der Königsreliquien der Sakalava von Boeny (Boina).
- Monate Juli bis September: Famadihana, die traditionele Leichenwende der Hochlandbewohner.
- Monate September bis November: Fanamaboarana, Reinigung der Königsreliquien bei den Antakarana.
- Monat Oktober: Sambatra – Beschneidungsfest.
- Monat November: Tsanga Tsaina – Königsfest der Antakarana

Fernsehen (siehe Medien)

Flora und Fauna

Wahrscheinlich „der" Anziehungspunkt für die meisten seriösen Reisenden, bietet Madagaskar mit seiner einmaligen Vielfalt endemischer Lebensformen doch einen „hot spot" der Biodiversität an, der seinesgleichen sucht.
Um Enttäuschungen gleich vorzubeugen: der ursprüngliche Waldbestand der ursprünglich völlig grünen Insel ist auf wenige Enklaven geschrumpft, die nur noch etwa 10-15% der Landesfläche ausmachen. Besonders das Auseinanderreißen großer Wanderungszonen hat dazu geführt, das viele Tierarten nur noch auf klägliche Restpopulationen verweisen können, die sich aufgrund beschränkter Lebnsräume nur noch schwer vermehren können. Paradebeispiel sind hier die **Indri-Indris**: Früher (bis in die 60er Jahre) von Tana durchgehend bis Tamatava nachts schreiend und singend, leben die letzten Vertreter der Riesenlemuren nun im Reservat Analamazoatra und in Zahamena, wo sie einer unsicheren Zukunft entgegen sehen.
Ein Großteil der Insel wird von kargen Böden, steppenartigen Weiden, wüstengleichen Landstrichen und Sekundärbewaldung bestimmt. Dabei spielen die allgegenwärtigen Reisfelder eine wichtige Rolle in der Architektur der Landschaft.
Wer den Tier – und Pflanzenreichtum Madagaskars erleben will, muß daher die zahlreichen **Schutzgebiete und Reservate** aufsuchen, dabei ist für nahezu alle Arten von Spezialinteressen eine Menge geboten:

- **Lemuren**, die Feuchtnasen– oder Halbaffen genannten Vertreter dieser Primatengruppe leben nur noch auf Madagaskar und einigen umliegenden Inseln. Auf der übrigen Welt längst von höherentwickelten Affen verdrängt, konnten sich diese drolligen Wesen hier eine ökologische Nische erhalten – wenngleich stark bedroht durch Bejagung (ja, es gibt Menschen – v.a. Chinesen!!! - die gerne Lemuren essen), Abholzung ihrer Refugien und andere infrastrukturelle Massnahmen.
- **Reptilien**: neben der Unzahl von **Fröschen**, die es hier - fossilen Funden zufolge schon seit 150 Mio. Jahren – gibt, stellen vor allem die farbenprächtigen **Chamäleons** mit ihrer hier einmaligen Artenvielfalt eine Hauptmotiv vieler Naturfreunde dar.
- **Vögel** sind auf Madagaskar eine ebenso attraktives Ziel mancher Reisender. Einige Nationalparks wie z.B. der Zombitse Nationalpark sind speziell auf die Welt der Vögel „zugeschnitten". Aber auch in nahezu allen anderen Parks finden Sie eine erstaunlich reiche Vogelwelt, besonders den **Drongo**, den Vanga , viele Reiher und Flamingos, welche die zahlreichen Feuchtzonen beherrschen – Ornithologen preisen Madagaskar schon lange als „paradiesisch" an.

Die **Flora Madagaskars** ist ebenso reich an endemischen Besonderheiten: Zwar gibt es Affenbrotbäume (Baobabs) auch in Afrika oder Australien: aber wer weiß, das Madagaskar über sieben Arten verfügt, während Afrika nur eine einzige kennt?
Bei den **Orchideen** sieht es besonders interessant aus: eine Unzahl endemischer Arten lockt die Besucher der Regenwaldreservate mit ihren bizarren Farben und Formen.
Sukkulenten, Pachypodien, Euphorien und **Didiereaceen** stellen die dominierende Vegetation des heißen Südens dar, sind aber auch in anderen Regionen zu finden. Diese fast prähistorisch anmutenden Pflanzengattungen existieren hier in bislang noch kaum vollständig erforschter Vielfalt.

In den Gewässern vor der Küste Madagaskar findet sich ein ebenso reiches, vielfältiges Leben: gewaltige **Korallenriffe** umgeben die Insel, von der tropischen Meeresfauna seien hier besonders die **Buckelwale** genannt, die alljährlich von Juli bis September an den Küsten zu beobachten sind: Faux Cap, die Bucht von Antongil sowie die Insel St. Marie sind hierfür am besten geeignet!

Fluggesellschaften

Air Madagascar: , 31 Av. de L´Independence
Tel.: 22 222 22 oder 22 441 02 oder callcenter: 22 510 00, Fax: 22 337 60
email:AirMad@dts.org
homepage: www.airmadagascar.com.
In Europa: Landsberger Straße 155, 80687 München
Tel.: 089 5525 3315, Fax: 5450 6855
homepage: www.airmadagascar.de

Air France, Rte. des Hydrocarbures/Ankorondrano
Tel.: 23 230 01 oder 23 230 41, Buchungen unter Tel.: 23 230 23
Fax: 23 230 41

In Europa: Zeil 5 60313 München
Tel.: 01805-830 830 Fax: 069 95 307 162
homepage: www.air-france.de

Corsair, 1 Rue Rainitovo/Antsahavola
Tel.: 22 633 36, Fax: 22 626 76
email: corsair@wanadoo.mg
homepage: www.corsairfly.com.

Air Mauritius
und
Air Austral, 77 Rue Solombavambahoaka/Antsahavola
Tel.: 22 359 90 oder 23 604 46 oder 23 634 26

In Europa: Poststraße 2-4, 60539 Frankfurt
Tel.: 069 2400 190

Charterfluguntemehmen:

Aéromarine - Antanananrivo
Tel.: 22 580 26

Madagascar Flying Service B.P. 129, 101 Antananarivo-Ivato
Tel.: 22 450 80, Fax: 22 453 66
email: mfs@bow.dts.mg

Traveaux et Transport Aériens de Madagascar (TAM) 31, Av. de L´Independance, Antanananarivo, Tel.: 22 22 222
email: tamdg@dts.mg

Fotographieren

Durch die tropische Lichtverhältnisse wird ganz allgemein die Verwendung eines **Polfilters** empfohlen.

Speicherkarten und Filmmaterial sind Mangelware und sollten in ausreichender Menge mitgebracht werden.

Das Fotographieren ist normalerweise kein Problem und im Falle von Menschen nicht zwingend an die Zahlung einr Geldsumme geknüpft, wie dies in anderen afrikanischen Ländern offenbar mittlerweile „normal“ ist.
Wenn Sie Menschen – auch, wenn es Kinder sind! - fotographieren möchten, fragen Sie freundlich um deren Erlaubnis, man wird Sie Ihnen selten verweigern.
In Tana, wo sich eine Menge allein gelassener Kinder in Banden herumtreiben, gelten aber rauhere Sitten: wenn Sie es wagen sollten, eine zerlumpte Kinderschar abzulichten, ohnen einen entspr. Obulus zu entrichten, werden Sie schnell zum Mittelpunkt eines lautstarken, schrillen Tumultes.....

Militärische Einrichtungen, Polizeieinrichtungen (Straßenkontrollen!) sowie Flughäfen und deren Repräsentanten dürfen nicht fotographiert werden!

Frauen

Für Frauen ist Madagaskar ein ziemlich sicheres Reiseland – zumindest sind die Risiken

speziell für allein reisende Frauen nicht größer als für die Herren der Schöpfung. Selbstverständlich gibt es auch auf Madagaskar Kriminalität (meist Diebstähle oder Straßenräubereien). Jedoch werden Frauen – im Gegensatz zu vielen anderen Reiseländern – in aller Regel nicht angemacht und angepöbelt, auch nicht in freizügiger Garderobe.
Von **sexuellen Übergriffen** gegenüber weibl. Reisenden ist dem Autor nur extrem selten zu Ohren gekommen.
Ein Grund könnte die starke Rolle sein, die der madagassischen Frau im sozialen Wertesystem zukommt – welche die madagassischen Frauen auch selbstbewusst spielen und so den vielleicht wichtigsten Beitrag zum Überleben dieses Landes leisten.

Fremdenverkehrsämter

Kompetenteste Einrichtung dieser Art ist die

Maison du Tourisme de Madagascar, welche sich in Antananarivo am Place de l´Indépendence BP 3224 befindet.
Tel.: 22 351 78, Fax: 22 695 22
email: mtm@simicro.mg
homepage: www.tourisme-madagascar.com

Daneben finden sich auch lokale Einrichtungen bei den jew. Ortsbeschreibungen im A-Z Orte.

Führerschein

Wenn Sie unbedingt selber Auto fahren wollen oder müssen oder ein Motorrad mieten wollen, benötigen Sie einen international gültigen (EU-) Führerschein.

Geld/Währung/Kreditkarten

Landeswährung ist der **Ariary**, der den bis vor einigen Jahren gültigen Franc Malagasy abgelöst hat. Da beide Währungen eine Zeit lang nebenher gültig waren und viele Geldscheine auch noch (klein gedruckt) den „alten“ Franc-Wert aufgedruckt haben, sei gesagt: der alte Franc war genau 5 mal soviel wert wie der neue Ariary – besonders auf dem Lande wird vielfach noch in Franc gerechnet, was dann zu Teils wunderlichen Rechenspielen führt, wenn etwas zu bezahlen ist. Oft wird auch der zu zahlende Betrag im alten „Franc-Wert“ genannt, zum Teil mit der Absicht, den Unwissenden zu „beschummsen“: Bezahlt man dann die genannte Summe mit neuen Ariary, was immerhin den fünffachen Betrag ausmacht, erhält man kein Wechselgeld. Diesen Verkäufern sofort auf die Finger klopfen! Aber auch entlang der Touristenroute wird oft versucht, dem Reisenden für ein – zugegebenermaßen sehr billiges – Souvenir den fünffachen Betrag aus der Tasche zu ziehen. Man sagt dann, dass das Stück statt 2000 Ariary „10 000“ kostet – und lässt den Zusatz „alte Franc“ einfach weg. Die meisten Touristen merken den Schwindel zunächst kaum, da es meistens ziemlich kleine Summen sind. Trotzdem aufpassen und lieber nachfragen, welche Währung gemeint ist bzw. Rechnungsstellung in Ariary verlangen, das ist keine Überheblichkeit sondern die reguläre Zahlungsweise!

Mit **Euro** kommt man auf Madagaskar sehr gut durch: vor allem touristische Dienstleistungen (Automiete, Touren, Flüge) lassen sich problemlos in Euro begleichen.

Kreditkarten sind in allen größeren Städten an entspr. Geldautomaten einsetzbar, Tageslimit meist 400.000 Ariary!

Da auf dem Lande die höchste Banknote (10.000 Ariary, umgerechnet 3 Euro 50!!!) bereits eine Riesensumme darstellt und die meisten Dinge des tägl. Gebrauchs deutlich billiger sind (für 100 Ariary bekommt man schon ein Kilo Bananen oder eine Samosa!), ist genügend Kleingeld von Vorteil, da die Leute größere Banknoten (5000 und 10000 Ariary oft nicht wechseln können!
Es existieren Scheine von 10000, 5000, 2000, 1000, 500 und 100 Ariary. Dazu noch Münzen, deren kleinste – die 1 Ariary-Münze - nach Meinung des Autors einen höheren Materialwert als den Nennwert besitzt.....ist immerhin aus Kupfer!

Traveller-Schecks sind immer noch eine sehr sichere Art, seine Reisekasse mitzuführen – der Nachteil ist die oft umständliche, manchmal mit Gebühren verbundene Umtauschprozedur, in den madagassischen Banken sind oft lange Schlangen und es geht „mora mora" voran. Da ist die Kreditkarte, die obendrein unabhängig von den Öffnungszeiten ist, schon praktischer.....

Gepäck

Da die meisten Reiserouten durch Madagaskar mit gewissen Unbequemlichkeiten verbunden ist, sollte Ihr Reisegepäck sparsam und praktisch ausgerichtet sein. Ein (am besten wasserdichter) Seesack oder ein großer Tourenrucksack ist einem Hartschalenkoffer in jedem Falle vorzuziehen: bedenken Sie, daß bei vielen Aktivitäten **Träger** vonnöten sind, die sich mit einem Ruck– oder Seesack allemal leichter tun als mit einem sperrigen Koffer! Andererseits kann der „ungebremste" Kauf von oft fragilen Souvenirs Probleme bereiten. Der Verfasser hat gute Erfahrungen mit dem Kauf eines billigen - weil in China gefertigten – Koffer gemacht, welcher, gegen Ende der Reise gekauft, die vielen Souvenirs halbwegs heil aus dem Lande bringt.

Gesundheit und Hygiene

Als Tropenland beherbergt Madagaskar auch einige gesundheitl. Risiken und Besonderheiten.
Da sind zum einen natürlich die typischen Tropenkrankheiten, insbesondere **Bilharziose** und **Malaria**, die den Einheimischen – und auch dem unvorsichtigen Reisenden – Probleme bereiten können.

Beide Krankheiten lassen sich durch Vorbeugung gut vermeiden: im Falle der **Malaria** durch **konsequente Chemoprophylaxe** (mit Malarone/Lariam/Doxycyclin) und **Mückenschutz** (Moskitonetz, Repelent), im Falle der **Bilharziose** durch das Vermeiden **verdächtiger Gewässer:** herumwaten oder baden in stehenden Gewässern ist zumindest fragwürdig, auch Reisfelder sind nicht ohne Risiko.

Spezielle Impfungen sind nicht vorgeschrieben – eine Ausnahme bildet die **Gelbfieberimpfung,** die nachgewiesen werden muss, falls man vor der Einreise in einem Expositionsgebiet (Afrika!) war.

Empfohlen wird aber eine Impfung gegen **Hepatitis A und B und Tetanus.** Die oft angeratene „Impfung" gegen **Cholera** ist zu vernachlässigen, da sie keinen 100%-igen

Schutz bietet, nur sehr begrenzt (6 Monate) wirksam ist und eine Choleraerkrankung durch die im Folgenden genannten Maßnahmen vermieden werden kann – überdies tritt Cholera nur sehr sporadisch auf und wird vorwiegend durch **unsauberes Trinkwasser** übertragen.

Durchfallerkrankungen sind häufig – und neben Anpassungsschwierigkeiten an das Essen – oft eine Folge mangelnder Vorsicht: Leitungswasser ist gut zum Waschen: aber Trinken sollten sie es nirgendwo! Vorsichtige Naturen raten auch vom Zähne putzen mit Hahnenwasser ab, dem ist entgegen zu halten, dass die Verwendung von schäumender Zahncreme so ziemlich alles abtötet, was sich im Mund breit macht!
Obst und Gemüse sollten unbedingt mit sauberem Wasser gewaschen oder geschält werden, mit Salaten hat der Verf. noch nie Probleme gehabt – vorsichtige Naturen nehmen hier etwas scharfes **Piment** dazu!

Die **hygienischen Verhältnisse** auf Madagaskar sind zum Teil unbeschreiblich und wären Stoff für ein eigenes – höchst unappetitliches Buch. Das liegt nicht an der Mentalität oder dem mangelnden Verständnis der Madagassen: dies sind nämlich sehr saubere und ordentliche Menschen, die großen Wert auf Körperpflege legen. Die vielen badenden Menschen und die allgegenwärtigen Wäscherinnen an allen Flüssen des Landes belegen dies!

Aber die Verhältnisse speziell der **Sanitäranlagen** sind oft erbärmlich.

Da, wo es genug fließendes Wasser gibt, sind diese im Regelfall besser.

Plumps – und Stehklos sind ebenso die Regel wie **Abtritte**, in denen lediglich ein Spalt zwischen zwei Holzdielen (sowie der Geruch) auf die Verwendung hinweist.

Die sanitären Anlagen in den allermeisten Hotels sind aber – trotz gewisser baulicher Mängel, Defekte und Schönheitsfehler – meist akzeptabel und ausreichend.

Häfen

Insgesamt 18 Seehäfen, bedeutendste sind Toamasina, Taolanaro, Mahajanga und Antsiranana.(Siehe auch „allgemeiner Teil")

Handeln

Eigentlich wie überall: die Preise für Nahrungsmittel, für Hotel – und Restaurantbesuche und dgl. sind angegeben und nicht verhandelbar! Anders sieht es bei Souvenirs und auch z.T. bei touristischen Dienstleistungen aus: Vor allem bei ersteren kann Handeln durchaus sinnvoll sein, wenn es sich nicht gerade um „Bagatellbeträge" unterhalb der 1000-Ariary-Schranke handelt.
Bei Edelsteinen und anderen Kunstwerken, die sie „auf der Straße" erstehen möchten, bietet sich ein Taschenrechner an. Dann sollten Sie auf ein erstes Preisangebot mit einem Drittel des Geforderten kontern. Das hört sich unverschämt an und die Leute tun auch so. Aber schließlich endet das Ganze dann halt doch an einem Punkt, an welchem der Verkäufer zufrieden ist und zumindest ein wenig verdient hat. Mit dem Taschenrechner lassen sich Missverständnisse schneller beheben und das Handeln geht auch schneller: mitunter ist der Unterschied von „dimy" und „di mille" eben auch bei

Französisch – und Madagassischkenntnissen mitunter nicht so leicht rauszuhören. Gerade bei Geld macht die schwierige Aussprache des Französischen das Verstehen von Zahlwörten manchmal schwierig.

Hotels / Unterkunft

Als ausgesprochenes Entwicklungsland sind die Hotelstandards weit von unseren Vorstellungen entfernt. Das hat nichts mit der Sauberkeit zu tun: sie werden kaum in die Verlegenheit kommen, eine ausgesprochen schmutzige Unterkunft angeboten zu bekommen. Aber in Bezug auf sanitäre Ausstattung und vor allem eine vernünftige Matratze herrschen oft noch sehr bescheiden Verhältnisse.
Vor allem die Matratzen in den preiswerten Unterkünften bestehen oft nur aus einer Schaumstoffbahn, die meist recht hübsch und ansprechend dekoriert ist und dem Bett zumindest optisch einen guten Eindruck verpassen. Beim Probeliegen folgt dann die Erkenntnis, dass wiederum mit Rückenschmerzen gerechnet werden muss.
Unterkünfte der gehobenen Klasse – und davon gibt es vor allem in Tana und den Touristenzentren mehr, als man denkt! - bieten selbstverständlich auch Komfort und Ausstattung nach internationalem Standard, aber es hat eben seinen Preis.
Die überall befindlichen „hotely" sind übrigens nicht – wie der Name vermuten ließe – als Unterkünfte gedacht, wenngleich Sie dort auch meist eine Pritsche bekommen würden, um zu schlafen. Diese Etablissements sind mehr als „Schnellrestaurant" und Zwischenstopp für LKW-Fahrer und andere madag. Reisende gedacht.

Siehe auch Einteilung der Kategorien im A-Z Orte

Impfung (siehe Gesundheit)

Internet (siehe Kommunkation)

Karten

Nicht mehr ganz so schwierig, wie noch vor Jahren: mittlerweile bieten mehrere Verlage (Kümmerle&Frey, Reise-Know-How) gute Übersichtskarten für Madagaskar an.
Detailkarten sind aber immer noch schwierig zu bekommen: der früher existierende 12-teilige Kartensatz Madagaskar, der mit viel Glück noch (meist auch nicht vollständig) an manchen Tankstellen an der RN 7 angeboten wird, ist eine Rarität und auch nicht mehr besonders aktuell.
An praktisch allen Nationalparks sind Orientierungskarten zu bekommen!
Wer exakte Karten z.B. für die Masoala-Halbinsel haben will, kann diese an folgenden Adressen erfragen:
Nationales Geographisches Institut IGN , 107 Rue de la Boétié , 75008 Paris

Agence National de Madagascar , Rue Ralaimongo, Antanananarivo

Institut Géographique et Hydrographique National, Rue Dama-Nitsoha Razafindtsalam, Ambanidia, Antananarivo 101
Tel.: 22 229 35, Fax: 22 252 64
email: ftm@bow.dts.mg

Kinder

Der Stolz der Madagassen und auch für Reisende kein Problem: mit Kindern haben Sie auf Madagaskar keine Schwierigkeiten, wenn Sie die üblichen Gesundheits– und Hygienemassregeln beachten. Madagaskar ist ein äußerst kinderfreundliches Land, die Frauen auf dem Lande haben im Schnitt 5 Kinder (!), entsprechend hoch ist die Anzahl der Zöglinge im Lande.
In den meisten Hotels brauchen Kinder nichts zu bezahlen oder kommen preiswert in einem „Beistellbett" unter.
Für Heranwachsende kann der Besuch dieses Landes zu einem einmaligen, lehrreichen und sehr spannenden Erlebnis werden, welches unvergesslich – und vielleicht ein wenig prägend – bleibt!

Kleidung

Generell darf gesagt werden: man kleidet sich praktisch und legér. Ihnen wird rasch auffallen, dass die Madagassen den „europäischen" Kleidern verfallen sind, was wohl an den vielen „Mitumba" liegt (Kleiderspendepakete aus Europa). Vor allem auf dem Lande begegnet einem ein kunterbuntes Sammelsurium aus abgelegten T-Shirts, Hosen, Jacken und Kinderkleidern. Vor allem Winterjacken erfreuen sich bei den kälteempfindlichen Madagassen großer Beliebtheit, für unsere Augen ist ein Madagasse, der bei über 30 Grad im Schatten in einer wattierten Ski-Jacke daherkommt, zumindest gewöhnungsbedürftig.
Allerdings muss gesagt werden, dass vor allem die Frauen Madagaskars gesteigerten Wert auf Äußerlichkeiten legen und meist adrett und - wenn möglich modisch- auftreten.
Sonntag ist überall auf dem Lande daran erkenntlich, dass alle Leute – und vor allem die Kinder – im besten Gewand gekleidet sind, welches die Menschen sich leisten können.
Regionale Unterschiede an der Bekleidung zu erkennen erweist sich als schwer – die Volksstämme Madagaskars verfügten in der Vergangenheit aber durchaus über spezielle Stammestrachten, wovon alte Schwarzweiß-Photos eindrucksvoll Zeugnis ablegen.Im Gegensatz zu vielen Völkern im übrigen Afrika gelang es den Madagassen leider nicht, diese ethnischen Besonderheiten so zu bewahren, dass es noch ein bedeutender kultureller Bestandteil sein könnte.
Doch es heißt ja (manchmal nicht zu Unrecht), dass die Touristen oft die am schlechtesten gekleideten Menschen sind!
Selbstverständlich sollten auch Sie Zugeständnisse an die Reise machen und praktische, evtl. regenabweisende Freizeit- und Trekkingbekleidung aus Baumwolle oder modernem Kunstgewebe vorziehen. Bestimmter Garderobenzwang herrscht nirgendwo – aber ein sauberes Hemd und eine saubere Hose sollten selbstverständlich sein.
Hüte sind – wie auch anders in den Tropen! – verbreitet und auch dem Reisenden sehr zu empfehlen.

Klima

Tropisch bzw. subtropisch. An den Küsten viel Niederschläge, im übrigen Land nur während der Regenzeit (November bis April), welches auch die heißeste Jahreszeit ist. (Südsommer)

In der Trockenzeit (Mai bis Oktober) sind die Temperaturen niedriger (wie auch die Niederschlagsmengen. Daher vor allem im Hochland viel trockene Steppe und nicht die

Blütenpracht des Südsommers, dafür moderate Temperaturen.(Südwinter)

Generell: Hohe Tagestemperaturen an den Küsten, niedrige (z.T. Frost) Nachttemperaturen im Gebirge.

(Siehe auch Allgemeiner Teil)

Kommunikation

Telefon

Es existiert ein aus kolonialen Zeiten stammendes Festnetz.
Die in diesem Reiseführer genannten Festnetznummern wurden in der Regel ohne die Landesvorwahl angegeben.

Landesvorwahl Madagaskar aus dem Ausland: 00261–20 (und dann die Ortsvorwahl plus 5-stellige Rufnummer)
Bei Festnetztelefonaten im Inland die Vorwahl **261-20** (und dann Ortsvorwahl und 5-stellige Rufnummer.
Bei Telefonaten vom Handy ins madag. Festznetz hingegen die **20** vorwählen, dann die Festnetznummer

Ausnahme ist bei der Benutzung der Telefonzellen: hier wird statt der **261-20** die **261-32** oder **33** verwendet. (Nicht ganz unkompliziert das Ganze)

Ortvorwahlen Madagaskar:

Tana:	22 oder 24
Antsirabe:	44
Antsiranana:	82
Farafangana:	72
Fianarantsoa:	75
Ile St. Marie:	57
Mahajanga:	62
Maintirano:	69
Manakara:	72
Moramanga: 56	
Morondava:	95
Nosy Bé:	86
Sambava:	88
Taolanaro:	92
Toamasina:	53
Tuléar:	94

Landesvorwahl Deutschland aus Madagaskar: 0049 (dann die erste Null vor der Ortsvorwahl weglassen)

Vor allem in den letzten fünf Jahren ist eine starke Zunahme an Telefonzellen überall im Lande spürbar. Selbst in entlegenen Ortschaften überrascht den Reisenden daher ein grünes Telma-Telefon.

Allerdings sind die Telefone nach Beobachtung des Verfassers nur selten in betriebsbereitem Zustand, in Ambositra mussten vier Telefone durchprobiert werden, bis ein funktionierendes Exemplar gefunden ward!
Für die Telefone ist durchweg eine Karte erforderlich (gibt es aber längst nicht überall, nur in Postämtern, Telekomläden oder zu erfragenden Geschäften. Ist aber ein recht preiswertes Vergnügen: mit 100 units lassen sich schon einige Minuten nach Deutschland verquasseln).

Die Karten sind nach Einheiten „units" gestaffelt: 25, 50, 75 oder 100.

In Tana und größeren Orten sind darüber hinaus auch besondere Kartentelefone in Betrieb, die eine **Prepaid-Funktion** haben; beim Kauf einer vermeintlichen Karte erhielt der Verfasser am Airport Ivato einen Beleg mit einer freizurubbelnden Nummer. Diese galt es dann, nach französischen oder "malagasy"-Anweisungen in einem bestimmten Rhythmus einzugeben. Hat natürlich nicht mal geklappt, als die Bilettverkäuferin hilfsbereit dazukam!!!

Daher dürfte im Zeitalter der mobilen Kommunikation das **Handy** das bevorzugte Kommunikationsmittel sein.

Mittlerweile existieren mit **Airtel, Telma** und **Orange** mindestens drei Mobilfunkbetreiber, deren Prepaidkarten man praktisch überall bekommt. Schließlich besitzen die Madagassen – aller bitteren Armut zum Trotz - Handys sonder Zahl. Wenn Sie über das Land fahren, werden Sie rasch feststellen, dass das Land flächendeckend mit Sendeanlagen überzogen worden ist, die Investitionen waren sicher nicht gering – werden von den telefoniefreudigen Madagassen aber sicher rasch herein geholt.....!
Die flächendeckende Telefonie hat - bei allen Vorteilen - aber auch den unschönen Nachteil, dass selbst in den entlegensten und abgeschiedensten Gegenden die Handys der Guides klingeln und mitunter fleissig ge- sms-t wird !
Eine entspr. SIM-Karte ist mit 2000 Ar. sehr billig, wer mit einer derartigen Karte nach Europa ins Festnetz telefoniert, wird sich über die extrem niedrigen Gesprächskosten sehr wundern, so kostet ein 3-minütiges Telefonat ins deutsche Festnetz um die 4000 Ar – etwa 1,50 Euro! Daher ist für häufigere Anrufe "zu Hause" der Kauf einer derartigen SIM-Karte eine billige und lohnende Investition!
Die Prepaidkarten aller Anbieter schliesslich sind in 1000, 2000, 5000 und 10.000 Ariary gestaffelt erhältlich, häufig kann man ein Guthaben auch direkt beim Strassenverkäufer per SMS auf sein Handy aufladen lassen!

Internet

Auch das Internet hat – wie sollte es anders sein! – schon lange Einzug gehalten. Waren Internetcafes aber noch vor Jahren auf die größeren Städte beschränkt, hat sich im Schlepptau der mobilen Telefonie auch das schnurlose Internet durchgesetzt.
Clevere (und finanzkräftige Guides) verfügen z.T. schon über die Möglichkeit, per Laptop praktisch aus dem Dschungel zu kommunizieren.
Viele Hotels verfügen mittlerweile über WIFI-Verbindungen, die in der Regel für Gäste kostenlos sind. Daneben schliessen Internet-Sticks die technische Lücke, ein !Telma-Stick kostet etwa 20.000 Ar., ein Monatsguthaben (30 Tage Dauer, bis zu 1 Giga Datentransfer) kostet 55.000 Ar.
Beachten Sie aber, das Internetkonnektion in entlegenen Regionen oft langsam oder gar

nicht verfügbar ist!

Internetcafes tauchen deshalb in letzter Zeit auch in entlegeneren Orte auf.

In den größeren Städten werden Sie nicht lange nach einem Schild „Internet“ Ausschau halten müssen. Durch das neue **überseeische Glasfaserkabelnetz**, an welches Madagaskar seit 2008 angebunden ist, wurde die Übertragungsgeschwindigkeit drastisch erhöht - und das Ganze auch billiger! Daher nutzen immer mehr Madagassen dieses Tor zur Welt.

Konsulate (siehe Botschaften)

Korruption

Wie in allen afrikanischen Ländern eines der zentralen Probleme: angefangen von den riesenhaften Summen, welche die jeweiligen Potentaten aus der Vergabe von Schürf– und Bohrrechten in ihre Taschen lenken, über die „Gebühren“ bei der Vergabe von wichtigen Immigrations– oder Geschäftsdokumenten bis hin zu den Geldern, welche die Straßenpolizisten abkassieren: Korruption ist derart selbstverständlich, dass die meisten Menschen gar nichts anders von ihren – auch den gewählten! - Amtsträgern erwarten, als dass diese sich bereichern!
Dabei ist die Grenze durchaus fließend: dem Verfasser wurde nach Aufklärung eines Diebstahls und der Wiederbeschaffung des gestohlenen Geldes nahe gelegt, dem örtlichen Polizeiposten – in Person des Polizeichefs! - eine „Spende" von umgerechnet 15 Euro zu überreichen, die Männer hätten schließlich (was stimmte!) bis in die Nacht hinein ermittelt und Sprit verfahren (auch richtig).
Ob es sich dabei um Korruption oder nicht handelt, mag jeder selber beantworten.

Zumindest gibt es eine Anti-Korruptions-Aktion **Bianco**, die schon von der früheren Regierung ins Leben gerufen wurde: deren Aktivität beschränkt sich ganz offenbar auf Plakate, die noch auf den Flughäfen zu sehen sind.

Aber durch die verwirrenden politischen Verhältnisse der letzen drei Jahre ist eine regelrechte Raubrittermentalität hochgekommen: in bislang ungekanntem Ausmaß werden die letzten Regenwaldreservate der Ostküste hemmungslos im Auftrag chinesischer und französischer Geschäftemachern geplündert und zerstört: die Gier nach tropischen Hölzern, verbunden mit den märchenhaften Gewinnen, die sich beim Handel mit Edelholz, aber auch mit exotischen Tieren wie den vom Aussterben bedrohten Strahlen– und Schnabelbrustschildkröten erzielen lassen, lässt alle Schranken fallen, die sog „Amtsträger“ - egal ob in der Regierung oder bei den lokalen Behörden – werden einfach „geschmiert“. Traurig, aber wahr!

Auf dem internationalen Korruptions-Index rangiert Madagaskar übrigens auf Platz 123 von 178 : 1=keine Korruption, z.B. Norwegen, 178=durch und durch korrupt , z.B. Nigeria.

Kreditkarten (siehe Geld)

Kriminalität

Zugegeben ein ernstzunehmendes Thema: Waren bis vor 5 Jahren Überfälle und dgl. die Ausnahme und Diebstähle ebenso, hat sich – vor allem seit der Machtübernahme eines ehem. Diskjockeys, der sich momentan „Präsident“ nennt, eine zunehmende Unsicherheit breit gemacht! Zum einen liegt es daran, dass die politischen Unruhen tausende von Madagassen um Lohn und Brot gebracht haben (die jetzt geschlossenen Lebensmittelbetriebe des ehem. Präsident Ravalomanana waren der größte Arbeitgeber im Lande!), zum anderen an der zunehmenden Verselbständigung der Polizei– und Sicherheitskräfte! Besonders Polizisten sind zunehmend in kriminelle Machenschaften verwickelt – und sei es nur, indem korrupte Amtsträger ihre Schusswaffen an Dritte „vermieten“
Zwar ist Madagaskar bislang noch weit von Verhältnissen entfernt, welche man aus Südafrika oder Kenia kennt – aber bestimmte Maßregeln sollte man beherzigen, will man den Urlaub nicht durch unangenehme Zwischenfälle verderben:

- Vermeiden Sie – insbesondere in größeren Städten – Spaziergänge nach Einbruch der Dunkelheit.
- Vermeiden Sie auffälligen Schmuck, teure Fotoapparate und dgl., tragen Sie diese nicht offensichtlich herum.
- Taxi-Brousse-Fahrten während der Nacht auf Überlandstrecken bergen ein hohes Risiko!
- Insbesondere in Tana gilt: bei Autofahrten in der Stadt die Fenster raufkurbeln und am besten die Tür verriegeln. Exkursionen nur in einheimischer Begleitung.
- Camping an abgelegenen Orten ist ebenfalls kritisch zu bewerten: zwar besteht meist die Möglichkeit, sich Polizisten als „Wächter“ zu engagieren (so was ist z.B. in Isalo üblich!), jedoch besteht auch bei dieser Vorkehrung ein Risiko: dass Polizisten oft gemeinsame Sache mit Banditen machen ist bekannt, womöglich bedeutet eine Beteiligung an einem gelungenen Raub einen erheblich höheren Gewinn als der Wächterlohn......!
- Bestimmte Formen der Kriminalität blicken sogar auf eine lange Tradition zurück: die Dahallos, die Viehdiebe der Bara, betrieben ihr „Handwerk“ früher als Mutprobe und zum Erwerb des Brautpreises. Heute werden Zebus gleich herdenweise mit Maschinenpistolen im Anschlag gestohlen und gleich auf LKW verladen..... !

Sieht man vom äusseren Süden des Landes, der in letzter Zeit durch bürgerkriegsähnliche Auseinandersetzungen zwischen Viehdieben und der Bevölkerung von sich reden machte und daher nur mit Vorsicht oder gar nicht zu Lande bereist werden sollte, darf Madagaskar aber immer noch als relativ sicheres Reisland gelten. In letzter Zeit hat es aber den Anschein, als ob die Skrupellosigkeit der Kriminellen zunimmt, es gab allein 2010-2012 mehr als ein Dutzend Morde an Ausländern, vor Jahren noch undenkbar!

Kulturinstitute

Das für deutschsprachige Reisende interessanteste Kulturinstitut dürfte der **CGM** sein (Cercle-Germano-Malgache), das frühere **Goethe-Institut**. Sitz der Gesellschaft ist in Tana, genau am unteren Ende der „Escalier Ranavalona“, jener Treppe, die von Analakely hinauf zum Königshügel (Rova) führt. Der CGM leistet seit vielen Jahren eine unschätzbar wertvolle Arbeit insbesondere bei der Sprachausbildung madagassischer Schüler und Schülerinnen in Deutsch. Wer einmal einen Absolventen dieser Deutschkurse im Gespräch erlebt, wird sicher überrascht sein, wie gut dieser offenbar die (nicht ganz einfache) deutsche Grammatik sowie ein dezidiertes und ausgesucht gutes Vokabular beherrscht! Lediglich die Aussprache bereitet Mühe, dabei wurde der Verfasser fast schmerzlich daran erinnert, daß viele seiner täglichen Zeitgenossen in Deutschland kaum zu solch ausgefeilter Rede fähig wären....!

Kunst

Als Mischvolk asiatisch-afrikanischer Herkunft haben die Madagassen eine vielgestaltige und farbige Kultur. Die 18 verschiedenen Volksgruppen, welche es heute offiziell gibt, haben dazu beigetragen, eine fast unübersehbare Vielfalt kultureller und auch künstlerischer Eigenheiten entstehen zu lassen.
Musik und Tanz spielen im Leben der Madagassen eine wichtige Rolle. Wenn auch die „klassischen" madagasischen Instrumente wie Valiha, Kabosy, Ziehharmonika und Flöte im Zeitalter des Techno-Pop-Malagasy etwas mehr Mühe haben, sich durchzusetzen, kommt der unverkennbare Klang madagassischer Musik gerade durch deren Einsatz zur Geltung. Daneben hat Madagaskar auch einige Musiker hervorgebracht, die in der ganzen Welt bekannt geworden sind – und die allesamt vor allem klassische madagassische Musik auf althergebrachten Instrumenten darbieten: Der inzwischen verstorbene Flötist **Rakoto Frah**, der Weltklassegittarist **d´Gary,** der besonders bei seinem Volk, den Bara, wie ein König verehrt wird sowie die Gruppe **Mahaleo**.

Eine Besonderheit Madagaskars ist das „Straßentheater" **hira gasy**, eine meist den ganzen Tag andauernde Abfolge von Sketchen, Darbietungen, Gesang und Tanz, dargeboten von zwei Gruppen von 6 Schauspielern. Das Ganze ist weniger als durchgehende Aufführung zu sehen ist, welche einem Handlungsfaden folgt – vielmehr eine bunte Folge folkloristischer Darstellungskunst, wobei dem Gesang und dem Erzählen von Geschichten traditionell besondere Beachtung zukommt.
Die Tänze Madagaskars sind – wie nicht anders zu vermuten! - sehr beschwingt, stark rhythmus– und körperbetont und eigentlich dass, was wir Europäer als „heiß" bezeichnen. Besonders beliebte, heiße Tänze sind der **Salegy** und der **Kwassa-kwassa.**

An bildenden Künsten herrscht kein Mangel: die berühmten Zafimaniry- Schnitzereien sind zwar weltbekannt, jedoch verstehen sich die Madagassen auch auf Malerei und Bildhauerei, wovon die teils erstklassigen Skulpturen der Sakalava und der Mahafaly eindrucksvoll Zeugnis geben.
Besonders die Grabkunst der Mahafaly zählt zu den bekanntesten Bildern Madagaskars im Ausland: teils sehr moderne Skulpturen von Autos und sogar Flugzeugen nebst comicartiger Bemalung des Mausoleums machen diese Grabstätten zu einer beliebten Touristenattraktion.
Fast überall im Lande wird man Ihnen sehr schöne **handgemalte Bilder, Stickarbeiten** und **Klöppelzeug** anbieten. Auch die bekannten **Automodelle aus Recyclingblech** stellen an sich Kunstwerke dar und sollten hier erwähnt werden.

Literatur

Literatur ist immer noch ein Stiefkind der madagassischen Kultur – Bücher kaufen und lesen ist bei einem so armen Volk eher die Ausnahme. Die Zahl von Neupublikationen, besonders auf malagasy, ist sehr gering.
Die bekanntesten Autoren Madagaskar sind der 1937 verstorbene Lyriker Jean-Joseph Rabearivelo, der Poet Jaques Rabemananjara sowie die „modernen" Autoren Michéle

Rakotoson und Luc Raharimanana.

Malaria (siehe Gesundheit)

Maße und Gewichte

Es gibt das metrische System mit Meter, Zentimeter, Kilo und Gramm.
Auf den Märkten existiert daneben eine traditionelle Maßeinheit: das **Kapoaka**, was genau dem Inhalt eine 300 ml-Kondensmilchdose entspricht. Vor allem Reis, aber auch alle anderen streufähigen Waren werden so umgesetzt.

Märkte

Überall auf Madagaskar einen Besuch wert! Auf dem Lande überwiegen natürlich die Produkte des Landes sowie einfache Dinge des täglichen Bedarfs. Die farbige Vielfalt, die Frische der Waren, die Atmosphäre und Gerüche des Marktes sind ein Erlebnis, das man immer wieder aufs neue sucht – falls einen nicht die Stände der Fleischer oder der Fischhändler allzu unangenehm berühren: Hier geht es rustikal zu, die Waren werden auf der Erde oder auf einfachen Betonbänken angeboten, das Fleisch ist ohne Kühlung und der Trockenfisch atmet unglaubliche Dünste aus.
Tierschutz wird ebenfalls klein geschrieben, Geflügel wird kurzerhand gleich zu mehreren kopfunter mit zusammengebundenen Beinen in der Hand getragen...!
In den größeren Städten und besonders in Tana gibt es aber auch größere **„Zoma“** - der einst weltgrößte Freiluftmarkt, der Zoma von Tana, wurde vor Jahren zwangsweise verkleinert und verlagert: das Ganze hatte sich zu einer wahren Stadt in der Stadt entwickelt, Verkehrschaos, unkontrollierbare Verkaufskonzessionen, zunehmende Diebstähle und Anarchie erforderten schließlich drastische Maßnahmen der Stadtverwaltung.
Hier gab und gibt bis auf wenige Ausnahmen es eigentlich alles zu kaufen, was der Mensch je erfand und benutzt hat, in allen Zuständen von fast neu bis fast unkenntlich.

Medien

Ein relativ schnell abzuhandelndes Thema:

Grundsätzlich ist anzumerken, dass in Madagaskar aufgrund des niedrigen Entwicklungsniveaus die Medienlandschaft weitaus „dürrer“ ist als in Europa.
Zwar ist die Zahl der Analphabeten rückläufig – aber die schiere Armut sorgt dafür, daß sich die wenigsten Einwohner den Zugang zur „Medienwelt“ leisten können.

Fernsehen und Radio ist mit den staatlichen Sendungen (die vor allem Politiker an verschiedenen Lokalitäten bzw. ausschließlich Musik-Videos zeigen) kaum geeignet, das Bildungsniveaus zu heben oder wirklich zu informieren, obwohl dieses Medium – neben dem Radio - noch am weitesten verbreitet ist. Außerdem sind internationale (französische) Sendungen zu empfangen, die wenigstens einen kurzen, gefilterten Blick auf die Außenwelt erlauben.

Zeitungen existieren mehrere: allerdings sorgt auch hier die Armut und die mangelhafte Infrastruktur dazu bei, dass eine flächendeckende Versorgung mit aktuellen Printmedien

unmöglich ist. Außerhalb der Städte liest kaum jemand Zeitung – hier ist das Papier vielmehr als Rohstoff interessant.
Falls Sie eine Zeitung erworben haben – werfen Sie sie nicht weg, wenn Sie durch sind: es gibt genügend Menschen, die sich über ein abgelegtes Druckwerk herzlich freuen...
Die bekanntesten Zeitungen sind **L´Express, Tribune** und **Midi-Madagaskar** – daneben existieren noch einige Monatszeitschriften, von denen „**Vintsy**" besonders empfohlen werden darf: das Magazin wird mit Hilfe des WWF herausgegeben und informiert die Madagassen didaktisch geschickt über praktischen Umweltschutz.

Internet. Dieses „Medium" könnte vielleicht schaffen, was Entwicklungsprogramme und Kampagnien nicht geschafft haben: den Menschen einen relativ unbeschränkten Blick auf die Welt zu ermöglichen und so ihre Mentalität zu verändern. Ein Freund erzählte mir einmal, dass amerikanische Wissenschaftler vor nicht langer Zeit einige Dörfer an der Ostküste besucht haben. Die Menschen waren der festen Überzeugung, von grenzenlosem Wald umgeben zu sein: einfach deshalb, weil keiner von Ihnen je über einen Rayon von 10 Kilometern hinausgekommen war.
Als man Ihnen per „Google Earth" zeigte, dass Sie in einer immer kleiner werdenden, grünen Enklave zu Hause waren, war die Betroffenheit groß!
Der Autor jedenfalls ist fest davon überzeugt, dass der Blick über den eigenen Tellerrand hinaus ein notwendiger Bestandteil fortschrittlichen Verhaltens ist.

Mietwagen (siehe Autoverleih)

Motorrad (siehe Auto-/Motorradverleih)

Musik (siehe Kunst)

Nachtleben

Eine zweischneidige Sache: Auf der einen Seite gibt es vor allem in küstennahen Touristenzentren wie Nosy Bé oder auch in Tana über ein recht buntes, aufregendes Nachtleben, zahlreiche Diskos und Clubs mit Livemusik und Tanz. Reichlich Rum, Bier und hübsche Mädchen (siehe Prostitution) machen für viele Reisende ab und an, für eine bestimmte Sorte von Reisenden aber jede Nacht zum Tag! Vor allem Freitagabend und Samstagabend ist natürlich auch dem Lande manchmal was los, - dann fallen schon zur Tageszeit zahlreiche Betrunkene beiderlei Geschlechts ins Auge.
Insgesamt aber gehen die Madagassen – als überwiegendes Landvolk! - mit den Hühnern ins Bett und stehen früh auf. Nach 21 Uhr ist vielerorts „der Bordstein hochgeklappt" und fast alle Lichter sind erloschen......

Notfall/Unfall (siehe Ärzte/Kliniken/Rettungsdienste)

Öffnungszeiten

Sehr variabel und Änderungen unterworfen.Vor allem auf dem Lande oft anders – manchmal ist auch ohne erkennbaren Grund geschlossen!

Ungefähre Angaben:

Ämter und Behörden:	Mo.-Fr. 8-12 und 14-16 Uhr
Banken:	Mo.-Fr. 8-15 Uhr (Tana)
(übriges Land)	Mo.-Fr. 8-12 und 14-16 Uhr
Post:	Mo.-Fr. 8-17 Uhr, Sa./So. 8-11
Geschäfte:	Mo.-Fr. 9-12 und 14-18 Uhr

Post / Telefon usw. (siehe Kommunikation)

Prostitution

Kein angenehmes Thema – auf Madagaskar jedoch aktueller denn je!

Aufgrund des extremen sozialen Gefälles zwischen reichen „Vazaha“ und der überwiegend armen Bevölkerung ist die Idee, den eigenen Körper gewinnbringend zu vermarkten, keine madagassische Erfindung.

Wie in vielen Entwicklungsländern treffen zwei Welten aufeinander, die gegensätzlicher nicht sein könnten: satte, gutsituierte (männliche) Reisende mit gesichertem sozialem Hintergrund und bitterarme, gut aussehende Mädchen, die nur davon träumen, der Armut irgendwie zu entfliehen.
Kein Wunder also, dass Madagaskar schon seit vielen Jahren ein „Geheimtipp“ für Sextouristen ist.
Diese Entwicklung ist eine der verwerflichsten und niederträchtigsten überhaupt: geht es hier doch schließlich um die schlimmste Ausbeutung, denen Frauen überhaupt ausgesetzt sind!

Aber auch „normale“ Reisende geraten manchmal in Versuchung, wenn sich heiße Musik, Tanz und Alkohol an einem der vielen Orte bunten Nachtlebens zur sinnlichen Falle verbünden.

Hierzu sei gesagt: Was Sex mit Minderjährigen anbelangt (keine Seltenheit: vor allem in abgelegenen Regionen befriedigen zahlreiche verkommene Existenzen ihr Verlangen mit Kindern beiderlei Geschlechts) kennt der Gesetzgeber in Madagaskar kein Pardon: bis zu 20 Jahren Zwangsarbeit drohen!

Da in Madagaskar auch Ehebruch unter Strafe steht, ist nicht auszuschließen, dass „überhitzte“ Reisende gezielt in kompromittierende Situationen gebracht werden, um Geld abzupressen.

Abgesehen davon: Das Risiko, von der Dame betäubt, bestohlen oder gar mit bleibenden Andenken (wie einer HIV-Infektion) versehen zu werden, ist nicht zu unterschätzen!

Reiseapotheke

Neben der Malaria-Prophylaxe (egal ob Lariam, Malarone oder Doxycyclin) gehören folgende Sachen in die Reiseapotheke:

- Steriles Verbandsmaterial (am besten sterile Wundpflaster 5x7 oder 8x10 cm, Kompressen, Dreiecktuch)
- Haut – und Wunddesinfektionsmittel (zur Not tut es auch hochprozentiger Alkohol)
- Durchfallmittel (Loperamid, Kohle)
- Schmerzmittel/Antiphlogistikum: Ibuprofen, Aspirin, Voltaren
- Fieberthermometer
- Leukoplast/Pflastermaterial
- Spezifische, vom Hausarzt verordnete Medikamente in ausreichender Menge.
- Chinin 500 mg als „Reserve" gegen Malaria
- evtl. sterile Kanülen, Spritzen, Nahtmaterial, Schere, Pinzette

(siehe auch „Gesundheit")

Reiseart/Individualreise

Obwohl mittlerweile immer mehr Anbieter auch aus dem deutschsprachigen Raum Madagaskar als Pauschalangebot anbieten (oft die „altbekannten Afrika-Spezialisten), hat eine Reise nach Madagaskar immer etwas individuelles, soviel ist sicher.
Wer dem Zwang der Reisegruppe entfliehen will und Madagaskar dennoch umfassend kennen lernen will, dem empfehlen sich zahlreiche Agenturen in Madagaskar, die vorkonzipierte Tourenpakete im Angebot haben. Diese stellen Ihnen auch gerne Ihre ganz persönliche Wunschreise zusammen. Dies hat den Vorteil max. Individualität und Unabhängigkeit, dazu Sicherheit und Komfort. Nachteil: der oft hohe Preis!

Die Rucksacktouristen waren – nach dem Ende der Kolonialzeit – die ersten Reisenden, die Madagaskar für die Europäer wiederentdeckt haben. Daher sind viele Reisenden immer noch am liebsten auf sich gestellt mit dem Rucksack unterwegs und nutzen die landesübichen Transportmittel. Zugegeben kommt man bei dieser Art des Reisens in sehr intensiven Kontakt mit Land und Leuten – aber was an Kosten gespart wird, geht eben an Zeit drauf, daher ist diese Art der Reise nur Menschen mit viel Zeit im Gepäck anzuraten. Angesichts der gestiegenen Kriminalität im Lande sind natürlich auch Rucksackreisende einem erhöhten Risiko ausgesetzt, ausgeraubt zu werden...!

Reisevorbereitungen(Checkliste)

- Wichtigste Vorbereitung: Ihr Pass! Er sollte mindestens 6 Monate gültig sein.

- Reisedokumente (Tickets/elektr. Ticketbeleg), Geld, Scheckkarte, Traveler Schecks, zwei Kopien des Reisepasses).

- Impfungen (Polio, Tetanus, Hep. A und B, evtl. Gelbfieber (ist nur bei Einreise über ein Gelbfieber-Endemiegebiet erforderlich) sollten frühzeitig vorgenommen werden.

- Zahnbehandlungen auf Madagaskar sind oft brachial und kaum erhaltend – lassen Sie ihre Zähne besser vorher checken!

- Leichte Baumwollkleidung oder pflegeleichte Mischgewebesachen. Regenbekleidung. Pullover oder Jacke – vor allem im Hochland kann es nachts ganz schon frisch werden. Trekkingschuhe und/oder Trekkingsandalen (sehr zu empfehlen!) Sonnenhut! Badekleidung.

- Alle benötigten Drogerieartikel besser mitnehmen – in Madagaskar gibt es zwar Shampoos, (Sonnen-) Cremes, Hygieneartikel usw. als Import aus Frankreich: die Preise sind jedoch astronomisch hoch! Aus Erfahrung klug rate ich, wenigstens **eine Rolle Toilettenpapier** mitzunehmen!

- Taschenlampe/Stirnlampe, Batterien, Feuerzeug/Streichhölzer und ein oder zwei Kerzen.

- Fotokamera, Film – bzw. Speicherkarte. Hier gilt ähnliches wie bei den Drogerieartikeln.

- Geldgurt (viel sicherer und weniger lästig als ein Brustbeutel), Taschenmesser, flexible Wasserflasche, Nähzeug, Armbanduhr, Sonnenbrille, Ersatzbrille bzw. ausreichend Zubehör für Kontaktlinsenpflege. Elektr. Adapter sind nach meiner Erfahrung weder für der Föhn noch für div. Ladegeräte erforderlich. „Unsere" Stecker passen in aller Regel.

Reisezeit (siehe „Allgemeiner Teil" und „Klima")

Religion

52% Animisten.
41% Christen, von denen Protestanten in allen Ausrichtungen mit etwa 20% und Katholiken mit etwa eben soviel nur eine Minderheit bilden: den „Rest" teilen sich mehrere Dutzend unabhängige Kirchen und eine unüberschaubare Vielzahl verschiedener Sekten.
7% Muslime.
Den Rest teilen sich Hindus, Konfuzianer, und andere auswärtige Religionen.

(siehe auch „Allgemeiner Teil)

Restaurants

Durch die frühere Kolonialmacht Frankreich hat sich ein gewisser Standard etabliert, der zwar mit allen Mängeln und Schwächen eines Entwicklungslandes behaftet ist, aber doch wenigstens vertraute Menüangebote (die Karten sind meist malagasy/französisch, oft gibt es aber gar keine Karte sondern eine Tafel, auf der die jeweiligen Tagesangebote angeschrieben sind.)

An Restaurants herrscht eigentlich kein Mangel, die Unterschiede in Preis und Standard fast himmelweit: Besonders entlang der Touristenrouten, an den Ballungszentren und natürlich in Tana finden Sie gehobene und z. T. Spitzenrestaurants von internationalem Ruf.
Dies sind aber Ausnahmen – die Restaurants, egal ob chinesisch, indisch oder malgasy bewegen sich überwiegend im selben Niveau, sowohl in Angebot als auch Ausstattung.
Generell sind die Preise ziemlich moderat – außer in den Luxusfresstempeln, wo natürlich ein oder zweihundert Euro locker weg sind.

Aber selbst einfache und oft überraschend preiswerte Restaurants sind zum großen Teil mit viel Fleiß und Arbeit zu hübschen, gepflegten Oasen gediehen, insbesondere, wenn sie noch über einen Garten verfügen.

Wo es wenig oder keine Restaurants gibt, insbesondere auf den Märkten, locken im ganzen Lande kleine Garküchen oder regelrechte „Straßenküchen", wo zu ebener Erde gekocht wird. Besonders die Samosas und die „Brochettes de Zebu" sind überall ein (ungefährlicher) Genuss. Achten Sie darauf, dass die Speisen gut durchgegart sind, dann besteht nirgendwo Gefahr.

Sport

Ein weites Feld, könnte man sagen – Madagaskar bietet sportlich Veranlagten Reisende eine Fülle von Möglichkeiten.

Zu Lande:

Fahrradtouren/Mountainbiking :Eine immer beliebter werdende Reiseart. Nicht nur die großen Nationalstraßen mit den bekannteren Sehenswürdigkeiten lassen sich per Drahtesel erkundigen: auch abgelegene und als wenig wegsam bekannte Gegenden werden neuerdings von Mountainbikern erobert: selbst die Masoala-Halbinsel mit Ihrem stark bedrohten Regenwald ist schon Ziel von Enthusiasten gewesen und auch im Marojejy-Nationalpark (man kann es sich eigentlich nur schwer vorstellen) sollen schon die ersten Fahrradfahrer den Weg durch den unwegsamen Urwald steil bergauf zum „Summit" versucht haben.

Motorradtouren: Auch eine beliebte Reiseart, allerdings nur geübten Fahrern mit ausreichend Praxis anzuraten. Motorräder mieten siehe unter Auto-/Motorradverleih.

Wandern/Trekking: im ganzen Land traumhafte Wanderrouten und grandiose Landschaften, die zu Fuß zu erkunden es lohnt. Besonders beliebte Ziele mit teils mehrtägige Routen sind: Isalo-Nationalpark, Andringitra-Nationalpark, Ambalavao-Manakara (ein vielbegangener Rum – und Marihuana-Schmuggelweg, inkl. Pirogenfahrt auf dem Canal des Pangalanes, 5-6 Tage), der Masoala-Treck von Antalaha nach Maroantsetra oder umgekehrt, das touristisch noch kaum erschlossene Tsaratanana-Gebirge, der Zahamena-Nationalpark und und und....

Klettern: Wird fast ausschließlich im Andringitra-NP und in Montagne de Francais bei Antsiranana betreiben, Camps vor Ort vorhanden. Nur freeclimbing, kein technisches Klettern erlaubt!

Golf: Es existieren drei Golfplätze auf Madagaskar.

- Mahavelona (Foulpointe), am Manda Beach
  Tel.: 22 322 43
- In Antsirabe – Ivohitra
- in Tana – Golf du Rová , Anfakanana Ambohidratrimo, ca. 15 Kiiometer außerhalb der City Richtung Ivato gelegen.

Tel.: 22 229 61

Reiten: Madagaskar scheint kein günstiges Pflaster für Pferde zu sein, an wenigen Orten wie in Antsirabe am Lac Andraikiba oder in Morondava werden manchmal Reitpferde für Kurzausritte angeboten. Die Tiere machen allesamt einen ziemlich mageren und heruntergekommenen Eindruck.

Wassersport:

Tauchen: Sicherlich eine der am häufigsten praktizierte Sportart und Hauptreisegrund vieler Touristen. Nicht von ungefähr: Besonders die Gewässer um Nosy Bé, St. Marie sowie die Korallenriffe der Westküste (Anjajavy, Anakao, Tuléar, Anadavadoaka) locken mit einer tropischen Meeresflora- und Fauna, die Ihresgleichen sucht. In Tuléar ist übrigens sogar eine Deko-Kammer vorhanden (siehe Ärzte/Klinike). Zahlreiche, perfekt ausgestattete Tauchbasen.

Schorcheln: siehe „Tauchen", jedoch mit der Möglichkeit, auch seichtere Gewässer zu erkunden – vor allem die Ile St. Marie ist ein Schnorchlerparadies ohnegleichen. Aber auch Fort Dauphin im Süden wird von vielen Reisenden besonders im Hinblick aufs Schnorcheln erwähnt.
Ziehen Sie zum Schnorcheln stets ein T-Shirt an, die Sonne wirkt beim Schnorcheln sehr viel stärker und Sie können sich in kurzer Zeit übel den Rücken verbrennen....

Surfen/Kite : Obgleich Madagaskar über 5000 Kilometer Küstenlinie verfügt, sind die Wind– und Brandungsverhältnisse fast nur im Südwesten geeignet. Aber dafür richtig: ein fast konstanter Wind aus Südwest, eine gleichbleibend starke Brandung, traumhafte Strände: perfekte Bedingungen. Als einer der weltbesten Orte zum Kite-Surfen gilt mittlerweile Itampolo, als ebenso gutes Surfrevier ist Lavanono zu empfehlen. Nicht ganz einfache Anreise, dafür locken erstklassige Bedingungen.

Segeln/Hochseefischen: Vor allem auf Nosy Bé Möglichkeiten, Segeltörns zu unternehmen, ebenso wie Fischen. Letzteres ist an zahlreichen Orten die Westküste runter bis Tuléar möglich.
In der Luft:

Bislang noch wenig touristisch erschlossene Gefilde: In Tana und in Fort Dauphin besteht die Möglichkeit, **Flugzeuge zu chartern** (siehe Fluggesellschaften). Auf Nosy Bé werden auch **Ballonfahrten** und **Motordrachenflüge** angeboten.

Paragliding/Drachenfliegen: Derzeit nur in Andrigitra zu finden und problemlos zu machen, jedoch finden aufgeschlossene Leute sicher auch anderswo gute Gelegenheiten, den Schirm aufzuspannen oder den Drachen zusammen zu bauen.

Der bislang einzige Anbieter von Paragliding, der auch über eine entspr. Trainerlizenz verfügt, ist der in Ambalavao ansässige **Michel Amedé Ramiandrisoa**
mobil: 033 73 37922 oder 032 4847913
email: amade.ramiandrisoa@yahoo.com

Nicht unerwähnt bleiben soll ausserdem das bislang auf Madagaskar einzigartige **"fliegende Schlauchboot",** ein mit einem starren Drachen und einer Luftschraube versehene Zodiak, welches in Ifaty gemietet werden kann und wie ein Wasserflugzeug gehandhabt wird. Vor allem zur Zeit der Walwanderung sehr beliebt (und nicht ganz billig)

Sprache

(siehe Allgemeiner Teil „Sprache)

Strände

Eine derart große Insel verfügt selbstverständlich über eine stattliche Anzahl von Stränden, zum Teil mit ganz ordentlicher Infrastruktur (Bars, Restaurants, Hotel– und Bungalowanlagen)

Eine kleine Auswahl:

Ramena – Antsiranana/Diego-Suarez
Anakao/St. Augustines Bay bei Tuléar
Ifaty-Tuléar
Belo-sur-Mer
Evatra bei Fort Dauphin
Itampolo
Ile St. Marie

Taxi (siehe „Verkehrsmittel“)

Telefon (siehe Kommunikation)

Tourismus

Wichtige Einnahmequelle des Landes und Arbeitgeber vieler Madagassen: Vor allem die vielen Beschäftigten in den Hotels und Restaurants, das Personal in den Reservaten und Parks, die vielen Guides und Dienstleister, Träger usw. sind stark oder ausschließlich von der Einnahmequelle Tourismus abhängig. Daraus folgt zwingend, das die vielen Schutzgebiete nur mit Einnahmen zahlender Besucher vor der Zerstörung zu bewahren sind. Touristen bringen aber – neben Einnahmen für Land und Leute – noch etwas anderes mit: andere Lebensanschauungen, andere Gedanken, andere Einsichten. Die Madagassen sind sehr kontaktfreudig, unterhalten sich gerne, lernen gern dazu und werden aufgeschlossenen Reisenden auch vieles schenken und mitgeben: heitere Gelassenheit, viel Lächeln und Gastfreundschaft. Der Reisende verändert vielleicht seine Weltsicht ein wenig, überdenkt manches, was ihm seither wichtig erschien, bekommt einen Begriff für die fernen Schattenseiten unserer Konsumgesellschaft und kommt am Ende wieder oder trägt in seiner Heimat die Kunde von der schönen, bedrohten Insel weiter.
Obwohl der Tourismus durchaus seine negativen Folgen hat (Prostitution, negative Einflüsse auf bislang intakte Sozialstrukturen, Bettelei, „Kommerzialisierung“ einfacher Leute usw.) hat, darf festgestellt werden, daß allerorten auf Madagaskar ein vorbildlicher Ökotourismus praktiziert wird.
Schwarze Schafe mal ausgenommen, wird in allen Reservaten, Parks und Schutzgebiete von Guides und Parkwächtern auf umweltverträgliches Verhalten geachtet und hingewiesen, die Einrichtungen der Parks an sich sind ebenfalls streng nach ökologischen Gesichtspunkten errichtet: hier haben Entwicklungshilfe, Ausbildung und Forschung Hand in Hand eine gute Arbeit gemacht und zumindest bei den im Tourismus tätigen Madagassen ein Bewusstsein für die Notwendigkeit des Erhalts der Naturschätze Madagaskars geschaffen.

Trinkgeld

Generell: natürlich sind **„Tips“** in Madagaskar üblich.

Bei Restaurants sind 5% als Trinkgeld angemessen, wenn Sie mit dem Service zufrieden waren. Bei Lokalen, wo man mit geradezu herablassender Langeweile und noch dazu ignorant behandelt wird (das gibt es leider manchmal, das erklärt auch die oft kurze Lebensdauer mancher Restaurants), kann man getrost auch auf ein Trinkgeld verzichten, ohne sich schlecht zu fühlen.

Bei touristischen Dienstleistungen wie den Diensten eines Guides oder eines guten Fahrers, der Sie sicher durch alle Schwierigkeiten manövriert, sieht die Sache anders aus:

Zwar könnte man einwenden, dass diese Jungs schon zu den privilegierteren Madagassen zählen und auf Geschenke eigentlich weniger angewiesen sind – anscheinend machen sich v.a. viele französische Reisende diese Ansicht gerne zu eigen und sind daher als geizig verschrien!

Andererseits haben alle diese Männer und Frauen Familien und tragen mit Ihrer Tätigkeit durchaus zur Entwicklung des Landes bei: eine solide Anerkennung in Form von 20-30 Euro für eine Wochentour sind nicht zu viel, auch wenn die Summen einem durchschnittlichen Monatslohn eines Feldarbeiters nahe kommen. Bedenken Sie, dass ein Guide durch seine Tätigkeit zwangsläufig auf einem höheren Lebensstandard existiert als die arme Landbevölkerung. Er hat meist studiert und kommt von vorne herein aus der (sehr schmalen) Mittelschicht des Landes. Setzen Sie außerdem die Kosten einer Tour oder der Reise in Relation.

Trinkwasser

Eines der größten Probleme Madagaskars. Obwohl es insgesamt nicht an Niederschlägen mangelt, treten diese leider oft in Form saisonaler_Überschwemmungen und Hochwasser auf, gefolgt von monatelanger Dürre. Der Mangel an Wasserleitungs – und Speichersystemen bedingt die oft herrschende Wasserknappheit. Auch die zunehmende Erosion des Bodens durch die Abholzung fast aller Wälder hat dazu beigetragen, das die Wasserversorgung immer schwieriger wird. Hinzu kommt der hohe Verbrauch für den Naßreisbau.
In den größeren Städten verfügen zwar viele Gebäude über einen Wasseranschluss, aber das (oft stark gechlorte) Leitungswasser sollte nicht getrunken werden.
Unbedenklich sind zahlreiche Quellen und Bäche in Isalo und anderen NP – aber besser vorher fragen.
Als Trinkwasser findet überall das 1,5-Liter-Gebinde „Eau Vive“ Verwendung.

Verkehrsmittel

Madarail SA.– Die Eisenbahngesellschaft des Landes verwaltet wieder ein recht respektables Verkehrsmittel: Mittlerweile verkehrt sogar wieder ein Zug auf der wunderschönen Route von Tana nach Antsirabe und auch die „alte“ Schmalspurtrasse von Moramanga nach Toamasina ist jüngst wieder für den Personenverkehr freigegeben worden. Konkret heißt das, dass man bis Brickaville „durchfahren“ kann (zahlreiche Halts inbegriffen). Dort kann man dann den **„Soa Dia“** besteigen, einen ganz neu restaurierten

„Touristenzug“ bis Toamasina.
Von Tana nach Antsirabe geht es in 5 Stunden und an 16 Haltestationen durch auf einer der schönsten Trassen der Welt! Abfahrtszeiten erfragen (Internet oder Telefon)
Damit sind fast alle Trassen, welche schon während der Kolonialzeit in Betrieb waren, wieder befahrbar – eine Ausnahme bildet die Linie, welche früher von Ambatondrazaka östlich des Lac Alaotra in Ufernähe nach Norden bis Andilamena fuhr: die Gleise sind längst abgebaut worden und der ursprüngliche Steckenverlauf ist kaum mehr zu erkennen.
Die Madarail hat ihre Agentur hinter dem Hauptbahnhof von Tana – wer sich nach dem neuesten Stand der Entwicklungen informieren,die Abfahrtszeiten erfragen oder Tickets kaufen möchte, kann hier nachfragen.
Tel.: 22 345 99
homepage: www.madarail.mg

FCE Fianar-Cote d´Est - Eisenbahn: Von Fianar im zentralen Hochland bis hinunter nach Manakara an der Ostküste schlängelt sich auf 163km die alte Schmalspurtrasse durch 48 Tunnels und über 67 Brücken – eine der spektakulärsten und schönsten Bahnstrecken weltweit!
Tel.: (0261)-20 75 513 54
email: fce@blueline.mg

Air Madagascar bietet ein engmaschiges Inlandsflugnetz – allerdings werden entlegene Orte selten oder gar nur auf „charter“ angeflogen. An Landepisten herrscht übrigens kein Mangel, für „Buschpiloten“ ist Madagaskar ein Traum!
Durch div. finanzielle und technische Probleme hat Air Madagascar derzeit Probleme, ihren Inlands- und Überseeflugverkehr halbwegs termingerecht durchzuführen – Verspätungen von 6 Stunden und mehr oder Stornierungen kommen dauernd vor! Am besten vor dem Aufsuchen des – oft außerhalb und rel. abseits Welt gelegenen Rollfeldes – anrufen, ob und wann der Flug denn erwartet wird.

Taxi-Brousse – ohne Zweifel „dass“ Verkehrsmittel schlechthin! Damit ist nicht etwa ein bestimmter Fahrzeugtyp gemeint: zum Taxi-Brousse taugt ein R 4 genauso wie ein uralter Mercedes 1513-Laster mit entspr. Aufbau. Im Stadtverkehr überwiegt natürlich der altbekannte Mercedes 207 oder 208, der oft unglaubliche Menschenmengen befördert. Im Überlandverkehr kommen alle möglichen Fahrzeuge zum Einsatz, die vielen „Kotztüten“, welche auf den kurvenreichen Bergstrecken der RN 7 auf der Straße liegen, zeugen von den Strapazen, denen Reisende bei dieser zugegebenermaßen billigen Reiseart ausgesetzt sind. Enge, Hitze, Dieselgestank – daneben aber auch hautnaher Kontakt zu den Einheimischen, viel Flair und Kommunikation! Nur der niedrige Fahrpreis spricht – auch die Sicherheitswarnungen beachtend! - dafür, diese Art des Reisens zu empfehlen, wenn man nicht in Zeitdruck ist! Bei langen Überlandstrecken gibt es auch die Möglichkeit, einen zweiten Sitz „dazu zu buchen“, was mehr Platz verspricht.

Taxi-Bé - das „große Taxi“ wird ebenfalls auf den Überlandstrecken eingesetzt, ist aber kleiner und in der Regel „nur“ ein PKW. Etwas flexibler in der Abfahrtszeit, aber etwas teurer als das Taxi-Brousse.

Taxi – wie überall auf der Welt am Schild auf dem Dach kenntlich, auf Madagaskar meist gelb oder orange lackiert. Die Preise sind sehr verschieden, oft existiert auch ein ortsüblicher Tarif (z.B in Fort Dauphin für einen City-Transfer 5000 Ariary einfach). Am besten vorher den Preis aushandeln.

Visa

Besucher aus Deutschland, Österreich und der Schweiz benötigen ein **Visum,** welches momentan **bis zu 30 Tagen Dauer kostenfrei** ausgestellt wird. Dies geschieht über die jew. Vertretung von Madagaskar oder einfacher direkt am Flughafen Ivato. Dort stellen Sie sich einfach in der Schlange an, die zu den Visa führt. Achten Sie auch darauf, dass Sie ihre **Immigration-Card** korrekt und vollständig ausgefüllt haben – das kleine Heft, das auf den ersten Blick wie eine Werbeprospekt aussieht, enthält das Formular, welches Sie am Zoll bei der Einreise bedingt brauchen.
Wer länger als 30 Tage bleiben will, kann entweder ein 60-Tage-Visum für 57 Euro oder ein Dreimonatsvisum für 96 Euro kaufen!

Egal, welches Visum sie benötigen: achten Sie darauf, dass ihr Reisepass noch **mindestens 6 Monate gültig ist** – und überziehen Sie die visagenehmigte Aufenthaltsdauer besser nicht: mit so was versteht man dort gar keinen Spaß!

Vorwahlen (siehe Kommunikation)

Währung (siehe Geld)

Zeitungen (siehe Medien)

Zeitzone /Zeitverschiebung

Da die Mitteleuropäische Sommerzeit hier unbekannt ist, beträgt der Zeitunterschied zu Deutschland plus zwei Stunden (während der Sommerzeitphase in Deutschland) und plus eine Stunde in der Winterphase, d.h., wenn es in Deutschland 12 Uhr mittags ist, ist es auf Madagaskar schon 13 Uhr.
Durch die Äquatornähe ist Sonnenuntergang und –aufgang ziemlich konstant: von 5 Uhr früh bis 19 Uhr im Südsommer, von 8 Uhr bis 17 Uhr im Südwinter.

Zoll (siehe Einreise/Ausreise)

Stichwortregister von A-Z

(**Fettgedruckte** Seiten bezeichnen Orte im A-Z Orte.
Schräggedruckte bezeichnen Seiten im A-Z Allgemein.
"ff" bezeichnet Seiten mit fortlaufendem Text zum Stichwort.

A

B

C

D

E

F

G

H

I

J

K

L

M

N

O

P

S

T

U

V

W

Y

Z

Dieses Buch ist hier zu Ende...

...aber hier ist auch der Anfang Ihres persönlichen Madagaskar-Abenteuers!!!

Madagaskar Touren

Wir stellen uns vor:

Unser Unternehmen hat sich von Anfang an auf individuellen Tourismus in Madagaskar spezialisiert! Unsere Angebote beinhalten nicht nur die gängigen Reiseziele wie die RN 7, die Insel Nosy Bé und andere Hauptattraktionen. Wir bieten darüber hinaus auch maßgeschneiderte Touren für speziell Interessierte wie Geologen, Botaniker, Ornithologen und Zoologen an.
Außerdem kommen auch sportliche Reisende voll auf ihre Kosten, egal, ob Sie Freeclimbing, Paragliding, Kanufahren, Tauchen oder sonst eine Wassersportart betreiben wollen.
Schließlich – aber nicht endlich! - bieten wir besonders Reisenden mit Kindern spezielle Angebote: da es in Madagaskar keine gefährlichen Tiere gibt und das Land extrem kinderfreundlich ist, können wir Kindern bereits ab 3 Jahren sichere und unvergessliche Eindrücke bieten.

Klaus Konnerth, seit 8 Jahren in Madagaskar lebend, ist ein profunder Kenner des Landes und der Menschen.

Nicole Konnerth ist als gebürtige Madagassin eine unverzichtbare Vermittlerin zwischen der madagassischen Kultur der Lebenswirklichkeit der Gäste.

Besuchen Sie unsere Webseite, schauen Sie in unser Gästebuch und überzeugen Sie sich von der Qualität, die wir Ihnen bieten. Komfort, Sicherheit und individueller persönlicher Service sind unsere Stärken und garantieren Ihnen einen unvergleichlichen Urlaub in einem der faszinierendsten Länder der Erde.

Kontakt: konnerth1@hotmail.com
www-urlaub-auf-madagaskar.com
skype:voyagevoyages
Tel.: (00261)331204892